2025 변호사시험 대비
[제9판]

꼭 봐야 할
민소법
핵심기출 OX

PREFACE

『꼭 봐야 할 핵심기출 OX(오엑스)』(꼭기오)시리즈는 수험생들이 압도적으로 선택하고 있는『UNION 기출문제집』시리즈(인해 간)에 근간을 두면서도 합격을 위한 실전용 최적 교재로서 개발되었습니다. 간단하게 그 특징을 살펴보면 다음과 같습니다..

첫째, 지금까지 출제된 모든 기출문제[변호사시험 13회분(2012~2024), 모의시험 36회분(2011~2023)]를 심층분석하여 핵심기출문제를 중심으로 오엑스(O,X) 처리하였습니다.

둘째, 최고의 문제만을 엄선하였을 뿐만 아니라 중복 없이 입체적으로 배열함으로써 수험 효과성을 극대화하였습니다.

셋째, 최신판례를 업데이트하였을 뿐민 아니라 교차검토를 통하여 신뢰 받을 수 있는 교재로서 완성도를 극대화하였습니다.

모쪼록 본서를 통해 시험을 준비하시는 모든 분들에게 합격의 영광이 있기를 간절히 바랍니다. 도서출판 인해 역시 수험생의 의견을 최우선시 하여 더 좋은 교재가 될 수 있도록 노력을 멈추지 않을 것임을 약속드립니다.

또한 본 교재가 출간되기까지 도와주시고 세심하게 신경써주신 도서출판 인해 사장님과 오지훈, 강윤지, 오나경 디자이너에게 감사의 마음을 전합니다.

2024.06 희망이 오는 길목에서
MGI 메가고시 연구소

CONTENTS

▶ 기출지문 · 09

제1편 | 총 론 · 11

제1장 민사소송 · 12
  제1절 민사소송의 목적과 개념 · 12
  제2절 민사소송과 다른 소송제도와의 관계 · 12
  제3절 소송에 갈음하는 분쟁해결제도 · 13
  제4절 민사소송의 이상과 신의칙 · 13
  제5절 민사소송절차의 분류 · 16

제2장 민사소송법 · 17
  제1절 민사소송법의 의의 · 17
  제2절 민사소송법의 성격 · 17
  제3절 민사소송법의 종류 · 17
  제4절 민사소송법의 효력범위 · 17
  제5절 민사소송법의 연혁 · 17

제2편 | 소송의 주체 · 19

제1장 법 원 · 20
  제1절 민사재판권 · 20
  제2절 민사법원 · 22
  제3절 법관의 제척·기피·회피 · 23
  제4절 법원사무관등에 대한 제척·기피·회피 · 31
  제5절 관 할 · 31

제2장 당사자 · 52
  제1절 총 설 · 52
  제2절 당사자의 확정 · 52
  제3절 당사자의 자격 · 57
    제❶항 ▌당사자능력
    제❷항 ▌당사자적격
    제❸항 ▌소송능력
    제❹항 ▌변론능력
  제4절 소송상의 대리인 · 76
    제❶항 ▌총 설
    제❷항 ▌소송상 대리인의 종류
    제❸항 ▌소송대리인의 권한
    제❹항 ▌소송상대리인의 지위
    제❺항 ▌대리권의 소멸
    제❻항 ▌무권대리인

제3편 | 제1심 소송절차 · 93

제1장 소송의 개시 · 94
  제1절 소의 의의와 종류 · 94
  제2절 소송요건 · 96
    제❶항 | 총 설
    제❷항 | 소의 이익
  제3절 소송물 · 121
  제4절 소의 제기 · 123
  제5절 재판장의 소장심사와 소제기 후의 조치 · 123
  제6절 소송구조 · 131
  제7절 소제기의 효과 · 131
    제❶항 | 소송계속
    제❷항 | 중복 소제기의 금지
    제❸항 | 실체법상의 효과
  제8절 소제기의 특수한 방식-배상명령신청 · 157

제2장 변 론 · 158
  제1절 변론의 의의와 종류 · 158
  제2절 변론에 관한 원칙 · 158
    제❶항 | 공개심리주의
    제❷항 | 쌍방심리주의
    제❸항 | 구술심리주의
    제❹항 | 직접심리주의
    제❺항 | 처분권주의
    제❻항 | 변론주의
    제❼항 | 적시제출주의
    제❽항 | 집중심리주의
    제❾항 | 직권진행주의와 소송지휘권
  제3절 변론의 준비(기일전의 절차) · 191
    제❶항 | 준비서면
    제❷항 | 변론준비절차
  제4절 변론의 실시 · 193
  제5절 변론조서·전문심리위원제도 · 196
  제6절 변론기일에 있어서 당사자의 결석 · 198
  제7절 변론의 내용 · 204
  제8절 기일과 기간 · 211
    제❶항 | 기 일
    제❷항 | 기 간
  제9절 송 달 · 218
  제10절 소송절차의 정지 · 234

제3장 증 거 · 246
  제1절 총 설 · 246
  제2절 증명의 대상-요증사실 · 246
  제3절 불요증사실 · 247
  제4절 증거조사의 개시절차와 실시 · 261
    제❶항 | 증거조사의 개시절차
    제❷항 | 증거조사의 실시
  제5절 자유심증주의 · 290
  제6절 증명책임 · 294

제4편 | 소송의 종료 · 305

제1장 총 설 · 306

제2장 당사자의 행위에 의한 소송의 종료 · 309

　제1절 소의 취하 · 309
　제2절 청구의 포기·인낙 · 321
　제3절 재판상 화해 · 323
　제4절 조 정 · 334

제3장 종국판결에 의한 종료 · 335

　제1절 재판일반 · 335
　제2절 판결의 종류 · 336
　　제❶항 ▮ 판결의 종류
　　제❷항 ▮ 판결의 성립
　제3절 판결내용의 확정·판결의 성립 및 선고 · 339
　제4절 판결의 효력 · 342
　　제❶항 ▮ 기속력
　　제❷항 ▮ 판결의 경정
　　제❸항 ▮ 형식적 확정력
　　제❹항 ▮ 기판력
　　제❺항 ▮ 기타 판결의 효력
　　제❻항 ▮ 판결의 부존재
　　제❼항 ▮ 당연무효의 판결
　　제❽항 ▮ 판결의 편취(사위판결)
　제5절 종국판결의 부수적 재판 · 391

제5편 | 병합소송 · 397

제1장 병합청구소송 · 398

　제1절 소의 객관적 병합 · 398
　제2절 청구의 변경 · 415
　제3절 중간확인의 소 · 420
　제4절 반 소 · 420

제2장 다수당사자소송(당사자의 복수) · 432

　제1절 공동소송(소의 주관적 병합) · 432
　　제❶항 ▮ 총 설
　　제❷항 ▮ 공동소송의 요건
　　제❸항 ▮ 공동소송의 유형
　　제❹항 ▮ 특수한 형태의 공동소송
　제2절 선정당사자 · 467
　제3절 소송참가 · 472
　　제❶항 ▮ 총 설
　　제❷항 ▮ (단순)보조참가
　　제❸항 ▮ 공동소송적 보조참가
　　제❹항 ▮ 소송고지
　　제❺항 ▮ 독립당사자참가
　　제❻항 ▮ 공동소송참가
　제4절 당사자의 변경 · 496
　　제❶항 ▮ 총 설
　　제❷항 ▮ 임의적 당사자 변경
　　제❸항 ▮ 소송승계

제6편 | 상소심절차 · 507

제1장 상 소 · 508

제2장 항 소 · 521
   제1절 총 설 · 521
   제2절 항소의 제기 · 521
   제3절 항소심의 심리 · 532
   제4절 항소심의 종국판결 · 533

제3장 상 고 · 541
제4장 항 고 · 547

제7편 | 재심절차 · 553

제8편 | 간이소송절차 · 567

제9편 | 민사집행법 · 573

▶ 판례색인 · 591

꼭 봐야 할 민소법 핵심기출 OX

기출지문

꼭 봐야 할 민소법 핵심기출 OX

제1편
총론

제1장 민사소송
제2장 민사소송법

제1장 민사소송

제1절 민사소송의 목적과 개념

제2절 민사소송과 다른 소송제도와의 관계

◎ 15년 변시

1.
   (1) 사실혼 부당파기로 인한 손해배상청구는 가사소송사건이다.
   (2) 이혼을 원인으로 하는 배우자 이외의 제3자에 대한 손해배상청구는 가사소송사건이다.
   (3) 협의상 이혼에 따른 재산분할청구권 보전을 위한 사해행위 취소 및 원상회복청구는 가사소송사건이다.
   (4) 부부간 명의신탁해지를 원인으로 한 소유권이전등기청구는 가사소송사건이다.

해설 [1], [2], [3] 가사소송법 제2조 제1항 제1호 다목 참조.

> 가사소송법 제2조(가정법원의 관장 사항) ① 다음 각 호의 사항(이하 "가사사건"이라 한다)에 대한 심리와 재판은 가정법원의 전속관할로 한다.
>   1. 가사소송사건
>   가. 가류 사건
>   다. 다류 사건
>   1) 약혼 해제 또는 사실혼관계 부당 파기로 인한 손해배상청구(제3자에 대한 청구를 포함한다) 및 원상회복의 청구
>   2) 혼인의 무효·취소, 이혼의 무효·취소 또는 이혼을 원인으로 하는 손해배상청구(제3자에 대한 청구를 포함한다) 및 원상회복의 청구
>   4) 「민법」 제839조의3에 따른 재산분할청구권 보전을 위한 사해행위 취소 및 원상회복의 청구

[4] 부부간의 명의신탁해지를 원인으로 한 소유권이전등기청구나 민법 제829조 제2항에 의한 부부재산약정의 목적물이 아닌 부부 공유재산의 분할청구는 모두 통상의 민사사건으로, 그 소송절차를 달리하는 나류 가사소송사건 또는 마류 가사비송사건인 이혼 및 재산분할청구와는 병합할 수 없다 (대판 2006.01.13. 2004므1378).

정답 O, O, O, ×

제3절 소송에 갈음하는 분쟁해결제도

제4절 민사소송의 이상과 신의칙

Ⅰ 민사소송의 4대 이상

Ⅱ 민사소송과 신의칙

24년 변시

2. 법원이 화해권고결정을 할 것인지는 당사자의 이익, 그 밖의 모든 사정을 참작하여 직권으로 행하는 것이지만, 청구권의 발생 자체는 명백함에도 신의칙 위반을 이유로 법원이 원고의 청구를 배척하는 판결을 하는 경우에 그 판결에 앞서 화해적 해결을 시도하지 않았다면 위법하다.

 민사소송절차에서 법원이 화해를 권고하거나 화해권고결정을 할 것인지 여부는 당사자의 이익, 그 밖의 모든 사정을 참작하여 직권으로 행하는 것이므로, 청구권의 발생 자체는 명백하지만 신의칙에 의하여 이를 배척하는 경우에 판결에 앞서 화해적 해결을 시도하지 않았다고 하여 위법이라고 할 수 없다(대판2009.12.10. 2008다78279).

정답

24년 변시

3. 제1심 법원이 제1차 변론준비기일에 부적법한 당사자표시정정신청을 받아들이고 피고가 이에 명시적으로 동의하여 제1심 및 항소심에서 본안판결이 선고된 경우, 그 후 피고가 위 표시정정신청이 부적법하다고 주장하는 것은 인정되지 아니한다.

 제1심법원이 제1차 변론준비기일에서 부적법한 당사자표시정정신청을 받아들이고 피고도 이에 명시적으로 동의하여 제1심 제1차 변론기일부터 정정된 원고인 회사와 피고 사이에 본안에 관한 변론이 진행된 다음 제1심 및 원심에서 본안판결이 선고되었다면, 당사자표시정정신청이 부적법하다고 하여 그 후에 진행된 변론과 그에 터잡은 판결을 모두 부적법하거나 무효라고 하는 것은 소송절차의 안정을 해칠 뿐만 아니라 그 후에 새삼스럽게 이를 문제삼는 것은 소송경제나 신의칙 등에 비추어 허용될 수 없다.(대법원 2008.06.12. 2008다11276).

정답

24년 변시

4. 원고가 소권(항소권을 포함한다)을 남용하여 청구가 이유 없음이 명백한 소를 반복적으로 제기한 것에 대하여 법원이 변론 없이 판결로 소를 각하하는 경우에는 재판장은 직권으로 피고에 대하여 공시송달을 명할 수 있다.

해설 민사소송법 제194조 제4항

> **민사소송법 제194조(공시송달의 요건)** ① 당사자의 주소등 또는 근무장소를 알 수 없는 경우 또는 외국에서 하여야 할 송달에 관하여 제191조의 규정에 따를 수 없거나 이에 따라도 효력이 없을 것으로 인정되는 경우에는 법원사무관등은 직권으로 또는 당사자의 신청에 따라 공시송달을 할 수 있다.
> ② 제1항의 신청에는 그 사유를 소명하여야 한다.
> ③ 재판장은 제1항의 경우에 소송의 지연을 피하기 위하여 필요하다고 인정하는 때에는 공시송달을 명할 수 있다.
> ④ 원고가 소권(항소권을 포함한다)을 남용하여 청구가 이유 없음이 명백한 소를 반복적으로 제기한 것에 대하여 법원이 변론 없이 판결로 소를 각하하는 경우에는 재판장은 직권으로 피고에 대하여 공시송달을 명할 수 있다.
> ⑤ 재판장은 직권으로 또는 신청에 따라 법원사무관등의 공시송달처분을 취소할 수 있다.

정답

24년변시, 14년(2)·(3)·16년(1)·21년(3) 모의

5.
> (1) 신의칙에 반하는지 여부는 당사자의 주장이 없더라도 법원이 직권으로 판단할 수 있다.
>
> (2) 乙은 자기 소유의 A부동산을 甲에게 매도하고 인도하였는데 그 후 甲은 乙에 대하여 A부동산에 대한 매매계약의 무효를 주장하며 매매대금반환청구의 소(전소)를 제기하였다. 그 후 甲은 乙이 甲에 대하여 제기한 A부동산에 대한 인도청구의 소(후소)에서는 그 매매계약의 유효를 주장하였다. 甲이 제기한 전소가 취하되어 소송이 종료된 경우 乙이 제기한 후소에서 甲이 그 매매계약이 유효하다고 주장하는 것은 신의칙에 반한다.
>
> (3) 甲의 청구가 명시적 일부청구로 사실심에 계속 중인 경우 甲은 용이하게 청구취지를 확장할 수 있으므로, 별소로 나머지 부분에 대한 청구를 하는 것은 소권의 남용에 해당하여 부적법하다.

해설 [1] 신의성실의 원칙에 반하는 것 또는 권리남용은 강행규정에 위배되는 것이므로 당사자의 주장이 없더라도 법원은 직권으로 판단할 수 있다(대판 1989.09.29. 88다카17181). [2] 甲이 제기한 전소가 취하되어 소송이 종료된 경우라면 乙이 제기한 후소에서 甲이 그 매매계약이 유효하다고 주장한다고 하더라고 그 모순의 정도나 상대방 乙의 불이익의 정도가 크지 않다고 할 것이므로 신의칙에 반한다고 할 수 없다. [3] 종전 청구가 명시적 일부청구라 하여도 사실심 계속 중에 제기되었음이 명백한 이상 종전 소송에서 청구취지의 확장으로 용이하게 이 사건 소송의 청구를 할 수 있었는데도 별소로 잔부청구를 하는 것은 소권남용에 해당되어 부적법한 것으로 각하를 면하지 못할 것이다(대판 1996.03.08. 95다46319).

정답

21년(3) 모의

6.
> 무효인 공정증서상 집행채무자로 표시된 자가 그 공정증서를 집행권원으로 한 경매절차 진행 중 변제를 주장하여 매각허가결정에 대한 항고를 하고 매각대금까지 배당받은

후 매수인에 대하여 공정증서의 무효를 이유로 강제경매도 무효라고 주장하더라도 이는 신의칙에 위반되지 않는다.

> **해설** 무효인 공정증서상에 집행채무자로 표시된 자가 그 공정증서를 채무명의로 한 경매절차가 진행되고 있는 동안에 공정증서의 무효를 주장하여 경매절차를 저지할 수 있었음에도 불구하고 그러한 주장을 일체 하지 않고 이를 방치하였을 뿐 아니라, 오히려 공정증서가 유효임을 전제로 변제를 주장하여 경락허가결정에 대한 항고절차를 취하였고 경락허가결정확정 후에 경락대금까지 배당받았다면, 특별한 사정이 없는 한 집행채무자로 표시된 자는 경락인에 대하여 그 공정증서가 유효하다는 신뢰를 부여한 것으로서 객관적으로 보아 경락인으로서는 이와 같은 신뢰를 갖는 것이 상당하다고 할 것이므로, 그 후 집행채무자로 표시된 자가 경락인에 대하여 공정증서의 무효임을 이유로 이에 기하여 이루어진 강제경매도 무효라고 주장하는 것은 금반언 및 신의칙에 위반되는 것이라고 보아야 한다(대판 1992.07.28. 92다7726).

정답

21년(3) 모의

7. 항소심에서 항소인의 추완항소를 받아들여 심리 결과 본안판단에서 항소가 이유 없다고 기각하자 항소인이 상고이유에서 추완항소의 부적법을 주장하는 것은 허용될 수 없다.

> **해설** 민사소송의 당사자 및 관계인은 소송절차가 공정 신속하고, 경제적으로 진행되도록 신의에 쫓아 성실하게 소송절차에 협력해야 할 의무가 있으므로, 당사자 일방이 과거에 일정 방향의 태도를 취하여 상대방이 이를 신뢰하고 자기의 소송상의 지위를 구축하였는데, 그 신뢰를 저버리고 종전의 태도와 지극히 모순되는 소송행위를 하는 것은 신의법칙상 허용되지 않고, 따라서 원심에서 피고의 추완항소를 받아들여 심리 결과 본안판단에서 피고의 항소가 이유 없다고 기각하자 추완항소를 신청했던 피고 자신이 이제 상고이유에서 그 부적법을 스스로 주장하는 것은 허용될 수 없다(대판 1995.01.24. 93다25875).

정답

21년(3) 모의

8. 한쪽 당사자가 다른 청구에 관하여 관할만 발생시킬 목적으로 본래 제소할 의사가 없는 청구를 병합한 것이 명백한 경우에는 관할선택권의 남용으로서 신의칙에 위배되므로, 관련재판적 규정을 적용할 수 없다.

> **해설** 민사소송의 당사자와 소송관계인은 신의에 따라 성실하게 소송을 수행하여야 하고(민사소송법 제1조 제1항), 민사소송의 일방 당사자가 다른 청구에 관하여 관할만을 발생시킬 목적으로 본래 제소할 의사 없는 청구를 병합한 것이 명백한 경우에는 관할선택권의 남용으로서 신의칙에 위배되어 허용될 수 없으므로, 그와 같은 경우에는 관련재판적에 관한 민사소송법 제25조의 규정을 적용할 수 없다(대결 2011.09.29. 2011마62).

정답

🕐 13년 변시, 18년(3) 모의

9. (1) 채무자가 소멸시효 완성 후 시효를 원용하지 아니할 것 같은 태도를 보여 권리자로 하여금 이를 신뢰하게 하였고, 이후 권리행사를 기대할 수 있는 상당한 기간 내에 권리행사가 있었다면 소멸시효 완성을 주장하는 것은 신의성실 원칙에 반하는 권리남용으로 허용될 수 없다.

(2) 실효의 원칙은 항소권과 같은 소송법상의 권리에 대하여도 적용될 수 있지만, 법원은 구체적으로 권리불행사 기간의 장단·당사자 쌍방의 사정·객관적으로 존재한 사정 등을 모두 고려하여 사회통념에 따라 위 원칙의 적용 여부를 합리적으로 판단하여야 한다.

▶해설 [1] 채무자가 소멸시효 완성 후 시효를 원용하지 아니할 것 같은 태도를 보여 권리자로 하여금 이를 신뢰하게 하였고, 채권자가 그로부터 권리행사를 기대할 수 있는 상당한 기간 내에 자신의 권리를 행사하였다면, 채무자가 소멸시효 완성을 주장하는 것은 신의성실 원칙에 반하는 권리남용으로 허용될 수 없다(대판 2015.12.23. 2014다14627). [2] 실효의 원칙은 항소권과 같은 소송법상의 권리에 대하여도 적용될 수 있다고 할 것이다. 그리고 실효의 원칙의 요건으로서 실효기간의 길이와 의무자인 상대방이 권리가 행사되지 아니하리라고 신뢰할 만한 정당한 사유가 있었는지의 여부는 일률적으로 판단할 수 있는 것이 아니라 구체적인 경우마다 권리를 행사하지 아니한 기간의 장단과 함께 권리자측과 상대방측 쌍방의 사정 및 객관적으로 존재한 사정 등을 모두 고려하여 사회통념에 따라 합리적으로 판단하여야 한다(대판 1996.07.30. 94다51840).

정답

제5절 민사소송절차의 분류

13년(3) 모의

10. 원고는 소 제기 전은 물론 제기 후에도 계쟁 부동산에 대해 처분금지가처분을 신청할 수 있다.

▶해설 처분금지가처분은 민사집행법상의 보전처분으로 원고가 집행권원을 얻기 전이라면 소 제기전은 물론 제기 후에도 권리실행이 곤란한 염려를 소명하여 계쟁부동산에 대하여 신청할 수 있다.

민사집행법 제300조(가처분의 목적) ① 다툼의 대상에 관한 가처분은 현상이 바뀌면 당사자가 권리를 실행하지 못하거나 이를 실행하는 것이 매우 곤란한 염려가 있을 경우에 한다.

정답

제2장 민사소송법

제1절 민사소송법의 의의

제2절 민사소송법의 성격

제3절 민사소송법의 종류

제4절 민사소송법의 효력범위

제5절 민사소송법의 연혁

꼭 봐야 할 민소법 핵심기출 OX

제2편
소송의 주체

제1장 법원
제2장 당사자

제1장 법원

제1절 민사재판권

23년(3) 모의

1. 전속적 관할합의의 경우 사건을 다른 관할 법원에 이송하는 것은 허용되지 아니한다.

   해설 전속적 관할합의의 경우 법률이 규정한 전속관할과 달리 임의관할의 성격을 가지기 때문에, 법원은 공익상의 필요에 의하여 사건을 다른 관할 법원에 이송할 수 있다(대결 2008.12.16. 2007마1328).

   정답

21년(3) 모의

2. 우리나라 영토 내에서 행해진 외국의 사법적 행위에 대하여는 재판권의 행사가 외국의 주권적 활동에 대한 부당한 간섭이 될 우려가 있다는 등의 특별한 사정이 없는 한, 그 국가를 피고로 우리나라 법원이 재판권을 행사할 수 있다.

   해설 우리나라의 영토 내에서 행하여진 외국의 사법적 행위가 주권적 활동에 속하는 것이거나 이와 밀접한 관련이 있어서 이에 대한 재판권의 행사가 외국의 주권적 활동에 대한 부당한 간섭이 될 우려가 있다는 등의 특별한 사정이 없는 한, 외국의 사법적(私法的) 행위에 대하여는 당해 국가를 피고로 하여 우리 나라의 법원이 재판권을 행사할 수 있다(대판 1998.12.17. 97다39216(전합)).

   정답

21년(3) 모의

3. 우리나라 법원에 외국을 제3채무자로 하는 추심명령에 대한 재판권이 인정되지 않는 경우에는 추심금 소송에 대한 재판권도 인정되지 않는다.

   해설 우리나라 법원이 외국을 제3채무자로 하는 추심명령에 대하여 재판권을 행사할 수 있는 경우에는 그 추심명령에 기하여 외국을 피고로 하는 추심금 소송에 대하여도 역시 재판권을 행사할 수 있다고 할 것이고, 반면 추심명령에 대한 재판권이 인정되지 않는 경우에는 추심금 소송에 대한 재판권 역시 인정되지 않는다고 보아야 한다(대판 2011.12.13. 2009다16766).

   정답

21년(3) 모의

4.
(1) 국제재판관할을 결정할 때는 개별 사건에서 법정지와 당사자 및 분쟁이 된 사안의 실질적 관련성을 객관적인 기준으로 삼아 합리적으로 판단하여야 한다.

(2) 제조물책임소송에서 손해발생지 법원에 국제재판관할권이 있는지를 판단할 때는 제조업자가 손해발생지에서 사고가 발생하여 그 지역의 법원에 제소될 것임을 합리적으로 예견할 수 있을 정도로 제조업자와 손해발생지 사이에 실질적 관련성이 있는지를 고려하여야 한다.

▣ 해설 국제재판관할은 당사자 간의 공평, 재판의 적정, 신속 및 경제를 기한다는 기본이념에 따라 결정하여야 한다. 구체적으로는 소송당사자들의 공평, 편의 그리고 예측가능성과 같은 개인적인 이익뿐만 아니라 재판의 적정, 신속, 효율 및 판결의 실효성 등과 같은 법원 내지 국가의 이익도 함께 고려하여야 하고, 이러한 다양한 이익 중 어떠한 이익을 보호할 것인지는 개별 사건에서 법정지와 당사자 사이의 실질적 관련성 및 법정지와 분쟁이 된 사안 사이의 실질적 관련성을 객관적인 기준으로 삼아 합리적으로 판단하여야 한다. 특히 물품을 제조·판매하는 제조업자에 대한 제조물책임소송에서 손해발생지 법원에 국제재판관할권이 있는지를 판단하는 경우에는 제조업자가 손해발생지에서 사고가 발생하여 그 지역의 법원에 제소될 것임을 합리적으로 예견할 수 있을 정도로 제조업자와 손해발생지 사이에 실질적 관련성이 있는지를 고려하여야 한다(대판 2013.07.12. 2006다17539).

정답 ○, ○

21년(3) 모의

5. 대한민국 법원의 관할을 배제하고 외국법원을 관할법원으로 하는 국제재판관할 합의는 당해 사건이 대한민국 법원의 전속관할에 속하는 경우에도 지정된 외국법원이 그 외국법상 당해 사건에 대하여 관할권을 가지는 한 유효하다.

▣ 해설 대한민국 법원의 관할을 배제하고 외국의 법원을 관할법원으로 하는 전속적인 국제관할의 합의가 유효하기 위하여는, 당해 사건이 대한민국 법원의 전속관할에 속하지 아니하고, 지정된 외국법원이 그 외국법상 당해 사건에 대하여 관할권을 가져야 하는 외에, 당해 사건이 그 외국법원에 대하여 합리적인 관련성을 가질 것이 요구된다고 할 것이고, 한편 전속적인 관할 합의가 현저하게 불합리하고 불공정한 경우에는 그 관할 합의는 공서양속에 반하는 법률행위에 해당하는 점에서도 무효이다(대판 1997.09.09. 96다20093).

정답 ×

16년 변시

6. 대한민국 법원의 관할을 배제하고 외국의 법원을 관할법원으로 하는 전속적인 국제관할의 합의가 현저하게 불합리하고 불공정하여 공서양속에 반하는 법률행위에 해당하는 경우에는 무효이다.

> **해설** 판례는 전속적 국제재판관할합의가 유효하기 위해서는 ㉠ 해당 사건이 대한민국 법원의 전속관할에 속하지 아니할 것, ㉡ 지정된 외국법원이 그 외국법상 해당사건에 대해 관할권을 가질 것, ㉢ 해당 사건이 그 외국법원에 대하여 합리적 관련성을 가질 것, ㉣ 전속적 관할합의가 현저히 불합리하고 불공정하여 공서양속에 반하는 법률행위에 해당하지 아니할 것을 요구하고 있다(대판 2011.04.28. 2009다19093).

정답 O

제2절 민사법원

I 민사법원의 종류

14년(3) 모의

7. 원고는 피고에게 대여금 1천만 원의 지급을 구하는 소를 제기하여 1심에서 500만 원의 지급을 명하는 판결을 선고받았다. 이 사건의 항소심은 지방법원본원 합의부 혹은 일부 지방법원지원 합의부 관할이다.

> **해설** 1) 사안은 소가가 1천만 원이므로 지방법원 및 그 지원의 단독판사의 관할에 속한다(법원조직법 제32조 제1항 제2호, 민사 및 가사소송의 사물관할에 관한 규칙 제2조 본문 참조).
>
> **법원조직법 제32조(합의부의 심판권)** ① 지방법원과 그 지원의 합의부는 다음의 사건을 제1심으로 심판한다.
> 2. 민사사건에 관하여는 대법원규칙으로 정하는 사건
> **민사 및 가사소송의 사물관할에 관한 규칙 제2조(지방법원 및 그 지원 합의부의 심판범위)** 지방법원 및 지방법원지원의 합의부는 소송목적의 값이 5억원을 초과하는 민사사건 및 「민사소송 등 인지법」 제2조 제4항의 규정에 해당하는 민사사건을 제1심으로 심판한다. 다만, 다음 각호의 1에 해당하는 사건을 제외한다. <개정 2002. 6. 28., 2004. 12. 29., 2015. 1. 28., 2022. 1. 28.>
> 1. ~ 4. 생략

2) 소가 5억 원 이하의 민사사건으로 지방법원 단독판사가 심판한 소송의 판결·결정·명령에 대한 항소사건은 지방법원본원합의부 및 일부 지방법원지원합의부의 관할에 속한다(법원조직법 제32조 제2항).

> **법원조직법 제32조(합의부의 심판권)** ② 지방법원 본원 합의부 및 춘천지방법원 강릉지원 합의부는 지방법원단독판사의 판결·결정·명령에 대한 항소 또는 항고사건 중 제28조 제2호에 해당하지 아니하는 사건을 제2심으로 심판한다. 다만, 제28조의4 제2호에 따라 특허법원의 권한에 속하는 사건은 제외한다.

정답 O

Ⅱ 법원의 구성
Ⅲ 기타의 사법기관

제3절 법관의 제척·기피·회피

Ⅰ 법관의 제척

20년(1)(2)·23년(3) 모의

8. (1) 종중이 당사자인 사건에 대한 합의부 구성 법관 3인 중 1인이 그 종중의 구성원인 경우 법관의 제척사유에 해당한다.
   (2) 甲 종중의 종중재산 처분에 관한 甲 종중 총회결의의 무효확인을 구하는 소송에서 甲 종중의 구성원인 판사는 사건에 관여할 수 없다.

   해설 종중 규약을 개정한 종중 총회 결의에 대한 무효확인을 구하는 소가 제기되었는데 원심 재판부를 구성한 판사 중 1인이 당해 종중의 구성원인 사안에서, 그 판사는 민사소송법 제41조 제1호에 정한 '당사자와 공동권리자·공동의무자의 관계에 있는 자'에 해당한다(대판 2010.05.13. 2009다102254).

   민사소송법 제41조(제척의 이유) 법관은 다음 각호 가운데 어느 하나에 해당하면 직무집행에서 제척(제척)된다.
   1. 법관 또는 그 배우자나 배우자이었던 사람이 사건의 당사자가 되거나, 사건의 당사자와 공동권리자·공동의무자 또는 상환의무자의 관계에 있는 때

   정답  ○, ○

15년 변시, 15년(1)·23년(3) 모의

9. (1) 법관은 전심에서 변론과 증거조사를 한 경우라도 해당 사건의 최종변론과 판결의 합의에 관여한 적이 없다면 그 사건 상소심의 직무집행에서 제척되지 않는다.
   (2) 제1심 법원의 촉탁에 의해 다른 법원의 D판사가 증거조사를 실시한 경우 D판사는 환송 후 항소심의 직무집행에서 제척된다.

   해설 법관의 제척원인이 되는 전심관여라 함은 최종변론과 판결의 합의에 관여하거나 종국판결 및 상급심의 판단을 받는 중간적인 재판에 관여함을 말하는 것이고 최종변론 전의 변론이나 증거조사 또는 기일지정과 같은 소송지휘상의 재판에 관여한 경우는 포함되지 않는다(대판 1997.06.13. 96다56115).

   정답  ○, ×

10. A사건에 대하여 제1심 법원의 재판장으로 판결을 한 판사가 대법관으로 임명된 경우에 그 판사는 A사건의 상고심에 관여할 수 없다.

> **해설** 민사소송법 제41조 제5호의 이전심급이란 상고심에서는 2심 또는 1심을 말한다. 설문의 판사는 1심 재판에 관여하였으므로 상고심에 관여할 수 없다(이시윤, 신민사소송법 11판, p.85).
>
> **민사소송법 제41조(제척의 이유)** 법관은 다음 각호 가운데 어느 하나에 해당하면 직무집행에서 제척(제척)된다.
> 5. 법관이 불복사건의 이전심급의 재판에 관여하였을 때. 다만, 다른 법원의 촉탁에 따라 그 직무를 수행한 경우에는 그러하지 아니하다.

정답

11. 제1심에서 A사건의 재판장에 대한 기피신청사건에 관여한 판사는 제2심에서 A사건의 합의부원으로 사건에 관여할 수 있다.

> **해설** 재판장에 대한 기피신청에 관여한 판사는 본안에 관여한 것이 아니므로, 그 판사가 상급심 사건에 관여하여도 민사소송법 제41조 제5호의 제척사유에 해당하지 않는다.
>
> **참조판례** 본안사건의 재판장에 대한 기피신청사건의 재판에 관여한 법관이 다시 위 본안사건에 관여한다 하더라도 이는 민사소송법 제37조 제5호 소정의 전심재판관여에는 해당하지 아니한다(대결 1991.12.27. 91마631).

정답

12. (1) A사건의 변론준비나 증거조사에 관여한 판사는 A사건의 상급심 재판에 관여할 수 있다.
(2) 항소심 법관이 당해 항소사건의 제1심 절차의 변론과 증거조사에 관여하고 판결의 합의와 판결서의 작성에는 관여하지 않은 경우 법관의 제척사유에 해당한다.

> **해설** 법관이 전심재판에 관여하였다 함은 그 전심최종 변론에 관여하여 판결의 평결에 관여하였음을 말하며 그 이전의 변론이나 증거조사에 관여한 경우를 포함하지 않는다(대판 1971.02.23. 70다2938).
>
> **민사소송법 제41조(제척의 이유)** 법관은 다음 각호 가운데 어느 하나에 해당하면 직무집행에서 제척(除斥)된다.
> 5. 법관이 불복사건의 이전심급의 재판에 관여하였을 때. 다만, 다른 법원의 촉탁에 따라 그 직무를 수행한 경우에는 그러하지 아니하다.

정답

20년(1)(2)모의

13. **확정판결에 대한 재심소송을 담당하는 법관이 그 대상 사건의 심리와 판결에 관여한 경우 법관의 제척사유에 해당한다.**

해설 재심사건에 있어서 그 재심의 대상으로 삼고 있는 원재판은 민사소송법 제37조 제5호의 '전심재판'에 해당한다고 할 수 없고, 따라서 재심대상 재판에 관여한 법관이 당해 재심사건의 재판에 관여하였다 하더라도 이는 민사소송법 제422조 제1항 제2호 소정의 "법률상 그 재판에 관여하지 못할 법관이 관여한 때"에 해당한다고 할 수 없다(대판 2000.08.18. 2000재다87).

정답

20년(1) 모의

14. **법관과 당사자 일방이 부부였으나 이혼한 사이인 경우 법관의 제척사유에 해당한다.**

해설 민사소송법 제41조 제1호 참조.

> **민사소송법 제41조(제척의 이유)** 법관은 다음 각호 가운데 어느 하나에 해당하면 직무집행에서 제척(除斥)된다.
> 1. 법관 또는 그 배우자나 배우자이었던 사람이 사건의 당사자가 되거나, 사건의 당사자와 공동권리자·공동의무자 또는 상환의무자의 관계에 있는 때

정답

20년(1) 모의

15. **법관과 당사자 일방의 변호사인 소송대리인이 부부인 경우 법관의 제척사유에 해당한다.**

해설 민사소송법 제41조 제4호 참조.

> **민사소송법 제41조(제척의 이유)** 법관은 다음 각호 가운데 어느 하나에 해당하면 직무집행에서 제척(除斥)된다.
> 4. 법관이 사건당사자의 대리인이었거나 대리인이 된 때

▶ 민사소송법 제41조 제4호의 제척사유는 법관이 사건당사자의 직접 대리인이었거나 대리인이 된 때를 의미하므로 법관과 당사자 일방의 소송대리인이 부부인 경우는 제척사유가 아니다.

정답

20년(1) 모의

16. 재판장이 절차를 밟지 않은 증인신청을 철회할 것을 종용하고 변론을 종결할 의향을 표시한 경우 법관의 제척사유에 해당한다.

■해설 민사소송법 제41조 제3호 참조.

민사소송법 제41조(제척의 이유) 법관은 다음 각호 가운데 어느 하나에 해당하면 직무집행에서 제척(除斥)된다.
3. 법관이 사건에 관하여 증언이나 감정(鑑定)을 하였을 때

▶ 민사소송법 제41조 제3호의 제척사유는 법관이 직접 증언이나 감정을 하였을 경우를 의미하므로 재판장이 증인신청을 철회할 것을 종용하거나 변론을 종결할 의향을 표시한 경우는 제척사유가 아니다.

정답

20년(1) 모의

17. 법관이 당해 사건의 사실관계와 관련 있는 형사사건의 심리와 판결에 관여한 경우 법관의 제척사유에 해당한다.

■해설 민사소송법 제41조 제5호 참조.

민사소송법 제41조(제척의 이유) 법관은 다음 각호 가운데 어느 하나에 해당하면 직무집행에서 제척(除斥)된다.
5. 법관이 불복사건의 이전심급의 재판에 관여하였을 때. 다만, 다른 법원의 촉탁에 따라 그 직무를 수행한 경우에는 그러하지 아니하다.

참조판례 원심재판장이 본건 소유권이전등기말소청구소송과 동일내용의 다른 사건에 관하여 그 사건의 피고들에게 패소판결을 하였다 하여도 그것만으로 법관제척이나 기피사유가 있다고 할 수 없다(대판 1984.05.15. 83다카2009).

▶ 민사소송법 제41조 제5호의 제척사유는 전심에 관여한 사건과 동일 사건이어야 하므로 당해사건의 사실관계와 관련 있는 형사사건의 심리와 판결에 관여한 경우는 제척사유가 아니다.

정답

18년(3) 모의

18. (1) 채권자가 주채무자를 상대로 제기한 소송을 담당한 법관이 주채무자의 연대보증인인 경우, 제척의 사유가 된다.
(2) 재심대상재판에 관여한 법관이 재심청구사건을 담당할 수 있다.

■해설 [1] 민사소송법 제41조 1호에서 공동권리자·공동의무자의 관계는 소송목적이 된 권리관계에 관하여 공통되는 법률상 이해관계가 있어 재판의 공정성을 의심할 만한 사정이 존재하는 지위에 있는 관계를 의미한다(김홍엽, 민사소송법 제7판, p.57). [2] 민사소송법 제37조 제5호(현 제41조 제5호)에 규정된 전심재판이라 함은 그 불복사건의 하급심재판을 말하는 것으로서 재심사건에서 그 재심의 대상

으로 삼고 있는 확정된 원재판은 이에 해당하지 아니하므로 재심대상재판에 관여한 법관이 나아가 그 재심사건의 재판에 관여하여도 이를 제척사유에 해당한다고 볼 수 없다(대판 1987.07.28. 87마590).

> 민사소송법 제41조(제척의 이유) 법관은 다음 각호 가운데 어느 하나에 해당하면 직무집행에서 제척된다.
> 1. 법관 또는 그 배우자나 배우자이었던 사람이 사건의 당사자가 되거나, 사건의 당사자와 공동권리자·공동의무자 또는 상환의무자의 관계에 있는 때
> 5. 법관이 불복사건의 이전심급의 재판에 관여하였을 때. 다만, 다른 법원의 촉탁에 따라 그 직무를 수행한 경우에는 그러하지 아니하다.

정답  ○, ○

16년(2) 모의

19. 법원은 제척의 이유가 있는 때에는 직권으로 또는 당사자의 신청에 따라 제척의 재판을 한다.

▎해설 민사소송법 제42조 참조.

> 민사소송법 제42조(제척의 재판) 법원은 제척의 이유가 있는 때에는 직권으로 또는 당사자의 신청에 따라 제척의 재판을 한다.

정답 ○

15년(1) 모의

20. 합의체의 구성원인 법관의 제척에 대해서는 그 법관이 소속한 법원의 합의부에서 결정으로 재판한다.

▎해설 민사소송법 제46조 제1항 참조.

> 민사소송법 제46조(제척 또는 기피신청에 대한 재판) ① 제척 또는 기피신청에 대한 재판은 그 신청을 받은 법관의 소속 법원 합의부에서 결정으로 하여야 한다.

정답 ○

Ⅱ 법관의 기피

16년(2)·18년(3) 모의

21. (1) 합의부 재판장에 대한 기피신청은 그 합의부에 신청한다.
(2) 제척 또는 기피신청에 정당한 이유가 있다는 결정에 대하여는 불복할 수 없다.

▎해설 [1] 민사소송법 제44조 제1항 참조.

민사소송법 제44조(제척과 기피신청의 방식) ① 합의부의 법관에 대한 제척 또는 기피는 그 합의부에, 수명법관·수탁판사 또는 단독판사에 대한 제척 또는 기피는 그 법관에게 이유를 밝혀 신청하여야 한다.
② 제척 또는 기피하는 이유와 소명방법은 신청한 날부터 3일 이내에 서면으로 제출하여야 한다.

[2] 민사소송법 제47조 제1항 참조.

민사소송법 제47조(불복신청) ① 제척 또는 기피신청에 정당한 이유가 있다는 결정에 대하여는 불복할 수 없다.
② 제45조 제1항의 각하결정 또는 제척이나 기피신청이 이유 없다는 결정에 대하여는 즉시항고를 할 수 있다.
③ 제45조 제1항의 각하결정에 대한 즉시항고는 집행정지의 효력을 가지지 아니한다.

 ○, ○

18년(3) 모의

22. **변론종결 전에 기피신청을 받은 법관이 변론을 진행하여 판결을 선고한 경우에는 기피신청에 대한 재판을 할 이익이 없다.**

해설 정지하지 않고 판결을 비롯하여 소송행위를 하였을 때에 뒤에 기피결정이 있으면 그 행위가 위법하게 되므로 재판을 할 이익이 있다(이시윤, 신민사소송법 제11판, p.91).

비교판례 변론종결 후 판결선고 전 기피신청이 있음에도 불구하고 제48조 단서의 규정에 따라 본안사건에 대하여 '종국판결'을 선고한 경우에는 기피신청의 목적은 사라지므로 기피신청에 대한 재판을 할 이익이 없게 된다(대결 2007.05.02. 2008마427).

 ×

15년(1)·18년(1) 모의

23. **당사자가 법관을 기피할 이유가 있다는 것을 알면서도 본안에 관하여 변론하거나 변론준비기일에서 진술을 한 경우에는 기피신청을 하지 못한다.**

해설 민사소송법 제43조 제2항 참조.

민사소송법 제43조(당사자의 기피권) ① 당사자는 법관에게 공정한 재판을 기대하기 어려운 사정이 있는 때에는 기피신청을 할 수 있다.
② 당사자가 법관을 기피할 이유가 있다는 것을 알면서도 본안에 관하여 변론하거나 변론준비기일에서 진술을 한 경우에는 기피신청을 하지 못한다.

 ○

18년(1) 모의

24. **(1) 기피하는 이유와 소명방법은 신청한 날부터 3일 이내에 서면으로 제출하여야 한다.**

(2) 기피신청이 신청의 방식에 어긋나거나 소송의 지연을 목적으로 하는 것이 분명한 경우에는 신청을 받은 법원 또는 법관은 결정으로 이를 각하한다.

[1] 민사소송법 제44조 제2항 참조.

민사소송법 제44조(제척과 기피신청의 방식) ① 합의부의 법관에 대한 제척 또는 기피는 그 합의부에, 수명법관·수탁판사 또는 단독판사에 대한 제척 또는 기피는 그 법관에게 이유를 밝혀 신청하여야 한다. ② 제척 또는 기피하는 이유와 소명방법은 신청한 날부터 3일 이내에 서면으로 제출하여야 한다.

[2] 민사소송법 제45조 제1항 참조.

민사소송법 제45조(제척 또는 기피신청의 각하 등) ① 제척 또는 기피신청이 제44조의 규정에 어긋나거나 소송의 지연을 목적으로 하는 것이 분명한 경우에는 신청을 받은 법원 또는 법관은 결정으로 이를 각하한다.

정답  ○, ○

15년(1)·18년(1) 모의

25. **(1) 법원은 기피신청이 있는 경우에는 그 재판이 확정될 때까지 소송절차를 정지하여야 한다.**

(2) 기피신청이 있은 후 법원이 절차를 정지시키지 않고 쌍방불출석의 효과를 발생시킨 경우, 그 후 기피신청 각하결정이 확정되었다면 절차위반의 흠결은 치유된다.

[1] 민사소송법 제48조 참조.

민사소송법 제48조(소송절차의 정지) 법원은 제척 또는 기피신청이 있는 경우에는 그 재판이 확정될 때까지 소송절차를 정지하여야 한다. 다만, 제척 또는 기피신청이 각하된 경우 또는 종국판결을 선고하거나 긴급을 요하는 행위를 하는 경우에는 그러하지 아니하다.

[2] 기피신청에 대한 각하결정 전에 이루어진 변론기일의 진행 및 위 각하결정이 당사자에게 고지되기 전에 이루어진 변론기일의 진행은 모두 민사소송법 제48조의 규정을 위반하여 쌍방불출석의 효과를 발생시킨 절차상 흠결이 있고, 특별한 사정이 없는 이상, 그 후 위 기피신청을 각하하는 결정이 확정되었다는 사정만으로 민사소송법 제48조의 규정을 위반하여 쌍방불출석의 효과를 발생시킨 절차 위반의 흠결이 치유된다고 할 수 없다(대판 2010.02.11. 2009다78467).

정답  ○, ×

15년 변시, 16년(1)·(2) 모의

26. (1) 상고법원이 원심판결을 파기하고 사건을 원심법원에 환송하는 판결을 하는 경우, 환송 전 원심법원의 최종변론과 판결의 합의에 관여한 판사는 환송 후 원심법원의 위 사건에 대한 재판에 관여할 수 있다.
(2) 환송 전과 환송 후의 항소심은 동일한 심급이므로 환송 전의 항소심판결에 관여한 C판사는 환송 후의 항소심재판에 관여할 수 있다.
(3) 본안사건의 재판장에 대한 기피신청사건의 재판에 관여한 법관은 다시 위 본안사건에 관여할 수 있다.

해설 [1], [2] 법관의 제척원인이 되는 전심관여라 함은 이전심급의 재판 즉 하급심재판에 관여하는 것으로, 환송 전의 원심판결은 이전심급의 재판이 아니므로 환송 전 원심법원의 최종변론과 합의에 관여한 판사가 환송 후 항소심 재판에 관여하는 것은 민사소송법 제41조 제5호의 전심관여에는 해당하지 아니한다. 다만, 동법 제436조 제3항에 의하여 환송 전 원심법원의 최종변론과 판결의 합의에 참여한 판사는 환송 후의 항소심 재판에 관여할 수 없게 된다.

민사소송법 제436조(파기환송, 이송) ① 상고법원은 상고에 정당한 이유가 있다고 인정할 때에는 원심판결을 파기하고 사건을 원심법원에 환송하거나, 동등한 다른 법원에 이송하여야 한다.
② 사건을 환송받거나 이송받은 법원은 다시 변론을 거쳐 재판하여야 한다. 이 경우에는 상고법원이 파기의 이유로 삼은 사실상 및 법률상 판단에 기속된다.
③ 원심판결에 관여한 판사는 제2항의 재판에 관여하지 못한다.

[3] 본안사건의 재판장에 대한 기피신청사건의 재판에 관여한 판사가 다시 위 본안사건에 관여한다 하더라도 이는 민사소송법 제41조 제5호 소정의 전심재판 관여에는 해당하지 아니한다(대결 1991.12.27. 91마631).

정답

15년(1)·16년(2) 모의

27. 법원은 제척 또는 기피신청이 있는 경우에는 그 재판이 확정될 때까지 소송절차를 정지하여야 하지만 종국판결을 선고하는 경우에는 그러하지 아니하다.

해설 민사소송법 제48조 참조.

민사소송법 제48조(소송절차의 정지) 법원은 제척 또는 기피신청이 있는 경우에는 그 재판이 확정될 때까지 소송절차를 정지하여야 한다. 다만, 제척 또는 기피신청이 각하된 경우 또는 종국판결을 선고하거나 긴급을 요하는 행위를 하는 경우에는 그러하지 아니하다.

정답

Ⅲ 법관의 회피

| 제4절 | 법원사무관등에 대한 제척·기피·회피 |

| 제5절 | 관 할 |

I 총 설

16년 변시

28. 관할의 원인이 동시에 본안의 내용과 관련이 있는 경우, 법원은 원고가 주장하는 청구원인사실을 기초로 하여 관할권의 유무를 판단할 것이지, 본안의 심리를 한 후에 관할의 유무를 결정할 것은 아니다.

> **해설** 관할의 원인이 동시에 본안의 내용과 관련이 있는 때에는 원고의 청구원인사실을 기초로 하여 관할권의 유무를 판단할 것이지, 본안의 심리를 한 후에 관할의 유무를 결정할 것은 아니다(대결 2004.07.14. 2004무20).

정답 ○

II 직분관할

III 사물관할

18년(2) 모의

29. 토지관할뿐만 아니라 사물관할에도 변론관할이 성립할 수 있다.

> **해설** 사물관할은 성질상 전속관할이 아닌 임의관할에 속한다. 따라서 사물관할에는 합의관할이나 변론관할이 생길 수 있다(대결 1965.02.16. 64마907).

정답 ○

17년(3) 모의

30. 소송목적의 값이 2억 원을 초과하는 민사사건은 지방법원 및 지방법원지원의 합의부에서 제1심으로 심판한다.

> **해설** 민사 및 가사소송의 사물관할에 관한 규칙 제2조 참조.

> 민사 및 가사소송의 사물관할에 관한 규칙 제2조(지방법원 및 그 지원 합의부의 심판범위) 지방법원 및 지방법원지원의 합의부는 소송목적의 값이 5억원을 초과하는 민사사건 및 「민사소송 등 인지법」 제2조제4항의 규정에 해당하는 민사사건을 제1심으로 심판한다. 다만, 다음 각호의 1에 해당하는 사건을 제외한다. <개정 2002. 6. 28., 2004. 12. 29., 2015. 1. 28., 2022. 1. 28.>

정답 ×

17년(3) 모의

31.
(1) 소송목적의 값은 소를 제기한 때를 기준으로 하여 산정한다.
(2) 단독사건에 대하여 지방법원 합의부에 항소가 제기된 후 그 항소심에서 합의부의 사물관할에 속하는 청구로 확장되었더라도 관할에는 영향이 없다.
(3) 제소 당시 「소액사건심판법」의 적용대상인 소액사건이 그 후 병합심리로 인하여 그 소송목적의 값의 합산액이 2,000만 원을 초과할 경우, 소액사건에 해당하지 아니한다.

해설 [1] 민사소송등 인지규칙 제7조 참조.

민사소송등 인지규칙 제7조(소가산정의 기준시) 소가는 소를 제기한 때(법률의 규정에 의하여 소의 제기가 의제되는 경우에는 그 소를 제기한 것으로 되는 때)를 기준으로 하여 산정한다.

[2] 단독사건에 대하여 지방법원 합의부에 항소가 제기된 후 그 항소심에서 합의부의 사물관할에 속하는 청구로 확장이 되었다하여도 관할에는 영향이 없고, 그 항소심에서 확장된 청구에 대하여 심판을 하였다 하여 위법이 있다고 할 수 없다(대판 1970.06.30. 70다743).

[3] 단독사건에 대하여 지방법원 합의부에 항소가 제기된 후 그 항소심에서 합의부의 사물관할에 속하는 청구로 확장이 되었다하여도 관할에는 영향이 없고, 그 항소심에서 확장된 청구에 대하여 심판을 하였다 하여 위법이 있다고 할 수 없다(대판 1970.06.30. 70다743). 판례는 소액사건심판법의 적용대상인 소액사건에 해당하는지 여부는 제소 당시를 기준으로 정하여지는 것이므로, 병합심리로 그 소가의 합산액이 소액사건의 소가를 초과하였다고 하여도 소액사건임에는 변함이 없다고 판시하였다(대판 1992.07.24. 91다43176). ▶ 2016. 11. 29. 소액사건심판규칙 제1조의2의 개정으로 현재는 소액사건에 해당하는 상한 소가가 3,000만 원으로 변경됨.

정답

16년 변시

32. 「법원조직법」에서 소송목적의 값에 따라 관할을 정하는 경우 그 값은 소로 주장하는 이익을 기준으로 계산하여 정한다.

해설 민사소송법 제26조 제1항 참조.

민사소송법 제26조(소송목적의 값의 산정) ① 법원조직법에서 소송목적의 값에 따라 관할을 정하는 경우 그 값은 소로 주장하는 이익을 기준으로 계산하여 정한다.

정답

🕐 16년 변시

33. 특정부동산에 설정된 근저당권등기의 말소를 구하는 소에 있어서 소송목적의 값은 일응 그 피담보채권액에 의할 것이나, 그 근저당권이 설정된 당해 부동산의 가격이 피담보채권액보다 적을 때에는 부동산의 가격에 의한다.

해설 특정부동산에 설정된 근저당권등기의 말소를 구하는 소송에 있어서의 소가는 일응 그 피담보채권액에 의할 것이나 그 근저당권이 설정된 당해 부동산의 가격이 피담보채권액 보다 적을 때는 부동산의 가격이 소가산정의 기준이 되는 것이다(대판 1976.09.28. 75다2064).

정답 ○

🕐 16년 변시

34. 해고무효확인청구와 그 해고가 무효임을 전제로 한 임금지급청구가 1개의 소로 제기되는 경우 그 중 다액인 소송목적의 값에 의한 인지만을 소장에 붙이면 된다.

해설 청구의 병합에서 소가 합산의 원칙의 예외로서 1개의 소로써 주장하는 여러 청구의 경제적 이익이 동일하거나 중복되는 때에는 중복되는 범위 내에서 흡수되고 그 중 가장 다액인 청구의 값을 소송목적의 값으로 한다(민사소송 등 인지규칙 제20조). 즉 동일한 권원에 기하여 확인 및 이행청구를 병합한 경우 합산하지 않고 가장 다액의 청구의 값을 소송목적의 값으로 한다.

민사소송 등 인지규칙 제20조(중복청구의 흡수) 1개의 소로써 주장하는 수개의 청구의 경제적 이익이 동일하거나 중복되는 때에는 중복되는 범위 내에서 흡수되고, 그중 가장 다액인 청구의 가액을 소가로 한다.

정답 ○

🕐 16년 변시

35. 과실(果實)·손해배상·위약금(違約金) 또는 비용의 청구가 소송의 부대목적이 되는 경우에는 그 값은 소송목적의 값에 넣지 아니한다.

해설 민사소송법 제27조 제2항 참조.

민사소송법 제27조(청구를 병합한 경우의 소송목적의 값) ① 하나의 소로 여러 개의 청구를 하는 경우에는 그 여러 청구의 값을 모두 합하여 소송목적의 값을 정한다.
② 과실·손해배상·위약금 또는 비용의 청구가 소송의 부대목적이 되는 경우에는 그 값은 소송목적의 값에 넣지 아니한다.

정답 ○

🍊 13년 변시

36. 소송목적의 값의 산정은 단순병합의 경우에는 원칙적으로 병합된 청구의 값을 합산하나, 선택적·예비적 병합의 경우에는 병합된 청구의 값 중 다액을 기준으로 한다.

▪︎해설 소송목적의 값을 산정함에 있어서 '단순병합'의 경우에는 '소가합산의 원칙'에 의하며 청구의 값을 합산하고, '예비적·선택적 병합'의 경우에는 '중복청구의 흡수의 법리'에 의하여 병합된 청구의 값 중 다액을 기준으로 소가를 산정한다(민사소송법 제27조 제1항, 민사소송 등 인지규칙 제20조).

민사소송법 제27조(청구를 병합한 경우의 소송목적의 값) ① 하나의 소로 여러 개의 청구를 하는 경우에는 그 여러 청구의 값을 모두 합하여 소송목적의 값을 정한다.
민사소송 등 인지규칙 제20조(중복청구의 흡수) 1개의 소로써 주장하는 수개의 청구의 경제적 이익이 동일하거나 중복되는 때에는 중복되는 범위 내에서 흡수되고, 그중 가장 다액인 청구의 가액을 소가로 한다.

정답

16년(2) 모의

37. 甲이 乙, 丙, 丁을 공동피고로 하여 乙에 대하여는 9,000만 원의 대여금을, 丙에 대하여는 8,000만 원의 매매대금을, 丁에 대하여는 7,000만 원의 부당이득금을 각 청구하는 경우, 지방법원 단독판사가 관할권을 갖는다.

▪︎해설 하나의 소로 여러 개의 청구를 하는 경우에는 그 여러 청구의 값을 모두 합하여 소송목적의 값을 정하므로 각각의 청구가 단독판사의 관할사건에 속한다 하더라도 그 합산한 가액이 5억 원을 초과하면 합의부의 관할사건이 된다(민사소송법 제27조 제1항, 민사 및 가사소송의 사물관할에 관한 규칙 제2조). 사안의 경우 甲이 乙, 丙, 丁을 공동피고로 하여 하나의 소로 여러 개 청구를 하는 경우로 청구의 값을 모두 합하면 2억 4천만 원이 되므로 단독판사가 관할권을 갖는다.

정답

Ⅳ 토지관할

23년(3) 모의

38. 전속적 관할합의의 경우 사건을 다른 관할 법원에 이송하는 것은 허용되지 아니한다.

▪︎해설 전속적 관할합의의 경우 법률이 규정한 전속관할과 달리 임의관할의 성격을 가지기 때문에, 법원은 공익상의 필요에 의하여 사건을 다른 관할 법원에 이송할 수 있다(대결 2008.12.16. 2007마1328).

정답

21년(2) 모의

39. 법인, 그 밖의 사단 또는 재단의 보통재판적은 이들의 주된 사무소 또는 영업소가 있는 곳에 따라 정하고, 사무소와 영업소가 없는 경우에는 주된 업무담당자의 주소에 따라 정한다.

> 해설 민사소송법 제5조 참조.
>
> 민사소송법 제5조(법인 등의 보통재판적) ① 법인, 그 밖의 사단 또는 재단의 보통재판적은 이들의 주된 사무소 또는 영업소가 있는 곳에 따라 정하고, 사무소와 영업소가 없는 경우에는 주된 업무담당자의 주소에 따라 정한다.

정답

21년(2) 모의

40. 선박 또는 항해에 관한 일로 선박소유자, 그 밖의 선박이용자에 대하여 소를 제기하는 경우에는 선적이 있는 곳의 법원에 제기할 수 있다.

> 해설 민사소송법 제13조 참조.
>
> 민사소송법 제13조(선적이 있는 곳의 특별재판적) 선박 또는 항해에 관한 일로 선박소유자, 그 밖의 선박이용자에 대하여 소를 제기하는 경우에는 선적이 있는 곳의 법원에 제기할 수 있다.

정답

21년(2) 모의

41. 대한민국에 주소가 없는 사람 또는 주소를 알 수 없는 사람에 대하여 재산권에 관한 소를 제기하는 경우에는 청구의 목적 또는 담보의 목적이나 압류할 수 있는 피고의 재산이 있는 곳의 법원에 제기할 수 있다.

> 해설 민사소송법 제11조 참조.
>
> 민사소송법 제11조(재산이 있는 곳의 특별재판적) 대한민국에 주소가 없는 사람 또는 주소를 알 수 없는 사람에 대하여 재산권에 관한 소를 제기하는 경우에는 청구의 목적 또는 담보의 목적이나 압류할 수 있는 피고의 재산이 있는 곳의 법원에 제기할 수 있다.

정답

21년(2) 모의

42. 불법행위로 인한 손해배상과 관련한 손해배상책임의 채무부존재확인소송의 경우 불법행위지에 근거한 토지관할이 인정된다.

> 해설 불법행위로 인한 손해배상과 관련한 채무부존재확인소송으로서 제1심법원은 민사소송법 제18조에 따라 불법행위지에 근거한 토지관할이 인정될 뿐만 아니라, 기록에 의하면 피고가 제1심법원에

서 관할 위반의 항변을 하지 않고 본안에 관하여 변론하였음을 알 수 있어 민사소송법 제30조에 따른 변론관할도 인정된다(대결 2011.07.14. 2011그65).

민사소송법 제18조(불법행위지의 특별재판적) ① 불법행위에 관한 소를 제기하는 경우에는 행위지의 법원에 제기할 수 있다.

정답

21년(2) 모의

43. 약속어음은 그 어음에 표시된 지급지가 의무이행지이고, 그 의무이행을 구하는 소송의 토지관할권은 지급지를 관할하는 법원에 있고, 재산권에 관한 소여서 채권자의 주소지에도 토지관할이 인정된다.

해설 약속어음은 그 어음에 표시된 지급지가 의무이행지이고, 그 의무이행을 구하는 소송의 토지관할권은 지급지를 관할하는 법원에 있고, 채권자의 주소지를 관할하는 법원에 있는 것이 아니다(대결 1980.07.22. 80마208).

정답

18년(2) 모의

44. 부동산소유권이전등기 말소등기청구의 소는 그 소유권이전등기 말소등기의무의 이행지인 원고의 주소지의 법원에 제기할 수 있다.

해설 부동산등기의 신청에 협조할 의무의 이행지는 성질상 등기지의 특별재판적에 관한 민사소송법 제19조에 규정된 '등기할 공무소 소재지'라고 할 것이므로, 원고가 사해행위취소의 소의 채권자라고 하더라도 사해행위취소에 따른 원상회복으로서의 소유권이전등기 말소등기의무의 이행지는 그 등기관서 소재지라고 볼 것이지, 원고의 주소지를 그 의무이행지로 볼 수는 없다(대판 2002.05.10. 2002마1156).

정답

17년(2) 모의

45. 국가의 보통재판적은 그 소송에서 국가를 대표하는 관청 또는 대법원이 있는 곳에 인정된다.

해설 민사소송법 제6조 참조.

민사소송법 제6조 (국가의 보통재판적) 국가의 보통재판적은 그 소송에서 국가를 대표하는 관청 또는 대법원이 있는 곳으로 한다.

정답

17년(2) 모의

46. 매매계약으로 인한 특정물 인도청구의 소는 특별한 사정이 없으면 매매 당시 그 물건이 있었던 장소의 소재지 법원에 제기할 수 있다.

> 해설 민사소송법 제8조, 민법 제467조 참조.

> 민사소송법 제8조 (거소지 또는 의무이행지의 특별재판적) 재산권에 관한 소를 제기하는 경우에는 거소지 또는 의무이행지의 법원에 제기할 수 있다.
> 민법 제467조 (변제의 장소) ① 채무의 성질 또는 당사자의 의사표시로 변제장소를 정하지 아니한 때에는 특정물의 인도는 채권성립당시에 그 물건이 있던 장소에서 하여야 한다.

정답 ○

16년(2)·17년(2) 모의

47. 다수인의 소송목적이 되는 권리나 의무가 같은 종류의 것이고, 사실상 또는 법률상 같은 종류의 원인으로 말미암은 것인 경우에는 그 다수인은 공동소송인이 될 수 있고, 이 경우 그 다수인 사이에 관련재판적이 생긴다.

> 해설 민사소송법 제25조의 관련재판적은 제65조 전문의 공동소송관계에서만 인정된다. 즉 소송의 목적이 되는 권리나 의무가 ㉠ 여러 사람에게 공통되거나 ㉡ 사실상 또는 법률상 같은 원인으로 생긴 경우의 공동소송인의 경우에 관련재판적이 인정되므로(민사소송법 제25조 제2항), 사안처럼 다수인의 소송목적이 되는 권리나 의무가 같은 종류인 경우의 제65조 후문의 공동소송관계에서는 관련재판적이 인정되지 아니한다.

정답 ×

V 지정관할
VI 합의관할

 16년·17년 변시, 20년(3)·23년(3) 모의

48. (1) 관할의 합의의 효력은 부동산에 관한 물권의 특정승계인에게는 미치지 않는다.

(2) 부동산 양수인이 근저당권이 설정된 부동산의 소유권을 취득한 특정승계인에 해당할 경우, 근저당권설정자와 근저당권자 사이에 이루어진 관할합의의 효력은 그 부동산 양수인에게도 미친다.

> 해설 관할의 합의의 효력은 부동산에 관한 물권의 특정승계인에게는 미치지 않는다고 새겨야 할 것인바, 부동산 양수인이 근저당권 부담부의 소유권을 취득한 특정승계인에 불과하다면(근저당권 부담부의 부동산의 취득자가 그 근저당권의 채무자 또는 근저당권설정자의 지위를 당연히 승계한다고 볼 수는 없다), 근저당권설정자와 근저당권자 사이에 이루어진 관할합의의 효력은 부동산 양수인에게 미치지 않는다(대결 1994.05.26. 94마536).

정답 ○, ×

17년(2) 모의

49. 원고가 전속적 관할합의를 위반하여 소를 제기한 경우 피고가 본안에 관하여 변론하면 변론관할이 생긴다.

> 해설 민사소송법 제30조, 제31조 참조. 전속적 관할합의는 임의관할에 해당한다.

> 민사소송법 제30조 (변론관할) 피고가 제1심 법원에서 관할위반이라고 항변하지 아니하고 본안에 대하여 변론하거나 변론준비기일에서 진술하면 그 법원은 관할권을 가진다.
> 민사소송법 제31조 (전속관할에 따른 제외) 전속관할이 정하여진 소에는 제2조, 제7조 내지 제25조, 제29조 및 제30조의 규정을 적용하지 아니한다.

정답

13년 변시, 16년(2) 모의

50. (1) 甲과 乙이 매매계약을 체결하면서 '이 매매계약과 관련된 제1심 소송은 부산지방법원만을 관할법원으로 한다'는 유효한 합의를 하였고, 그 후 甲이 乙을 상대로 위 매매계약에 기한 대금지급청구 소송을 부산지방법원에 제기한 경우, 부산지방법원은 현저한 손해나 지연을 피하기 위한 이송을 할 수 있다.

(2) 전속적 관할의 합의가 유효하더라도 합의한 법원이 아닌 다른 법원에 변론관할이 생길 수 있고, 법원은 사건을 다른 법정관할법원으로 이송할 수 있다.

> 해설 전속적 합의관할은 임의 관할이며 법정의 전속관할인 것은 아니므로 변론관할이 발생할 수 있다. 즉, 합의된 법원이 아닌 다른 법원에 제소하여 부적법한 경우라 하여도 피고가 이에 응소하면 변론관할에 의하여 관할이 인정될 수 있다(민사소송법 제30조). 또한 전속적으로 합의된 법원이라도 현저한 지연을 피한다든지 공익상의 필요가 있을 때에는 다른 법정관할법원에 이송할 수 있다(민사소송법 제35조).

> 민사소송법 제30조(변론관할) 피고가 제1심 법원에서 관할위반이라고 항변(抗辯)하지 아니하고 본안(本案)에 대하여 변론(辯論)하거나 변론준비기일(辯論準備期日)에서 진술하면 그 법원은 관할권을 가진다.
> 민사소송법 제35조(손해나 지연을 피하기 위한 이송) 법원은 소송에 대하여 관할권이 있는 경우라도 현저한 손해 또는 지연을 피하기 위하여 필요하면 직권 또는 당사자의 신청에 따른 결정으로 소송의 전부 또는 일부를 다른 관할법원에 이송할 수 있다. 다만, 전속관할이 정하여진 소의 경우에는 그러하지 아니하다.

정답

13년(2) 모의

51. 당사자의 관할의 합의로 항소심 관할법원을 정할 수 있다.

> 해설 합의관할은 제1심법원의 임의관할에 한정된다. 따라서 제1심법원이 아닌 항소심법원에 대해서는 관할합의를 할 수 없다.

정답

선택형 사례문제

문 1
21년 변시, 22년(3) 모의

서울특별시 서초구(서울중앙지방법원 관할구역)에 사는 甲은 수원시에 사는 乙에게 甲 소유의 X토지(인천광역시 소재)를 대금 2억 원에 매도하였다. 그 후 甲은 乙을 상대로 X토지 매매계약상의 매매대금 2억 원과 소장송달 다음 날부터 다 갚는 날까지 연 12%의 비율에 의한 지연손해금을 청구하는 소를 제기하였다. 이에 관한 설명 중 옳지 <u>않은</u> 것을 모두 고른 것은? (다툼이 있는 경우 판례에 의함)

ㄱ. 甲의 배우자 丙은 변호사 자격이 없더라도 위 소송에서 법원의 허가를 얻어 甲의 소송대리인이 될 수 있다.
ㄴ. 甲이 제1심에서 전부 패소하여 제1심 판결에 대해 항소한 경우, 항소심의 관할법원은 고등법원이다.
ㄷ. 甲이 서울중앙지방법원에 위 소를 제기한 후 소송계속 중 대전광역시로 주소를 이전한 경우, 서울중앙지방법원의 관할은 소멸한다.
ㄹ. 甲이 서울동부지방법원에 위 소를 제기하였는데, 乙이 관할위반의 항변을 하지 아니하고 매매계약의 효력을 다투는 답변서를 제출하여 그것이 진술간주된 경우, 서울동부지방법원은 관할권을 가진다.

① ㄱ, ㄴ ② ㄷ, ㄹ ③ ㄱ, ㄴ, ㄷ
④ ㄴ, ㄷ, ㄹ ⑤ ㄱ, ㄴ, ㄷ, ㄹ

해설 관할

ㄱ. (X) 연 12%의 비율에 의한 지연손해금은 부대청구로 별개의 소송물이나 소가 산정에 산입하지 아니하므로(이시윤, 신민사소송법 14판, p.102) 소가는 2억이다. 또한, 5억 원 이하의 단독사건 중 소송목적의 값이 1억 원을 초과하는 사건의 경우 원칙적으로 비변호사대리가 허용되지 않는다. 민사소송법 제27조 제2항, 민사소송규칙 제15조 제1항 제2호 가목 및 민사 및 가사소송의 사물관할에 관한 규칙 제2조 참조.

> 민사소송법 제27조(청구를 병합한 경우의 소송목적의 값) ① 하나의 소로 여러 개의 청구를 하는 경우에는 그 여러 청구의 값을 모두 합하여 소송목적의 값을 정한다.
> ② 과실(果實)·손해배상·위약금(違約金) 또는 비용의 청구가 소송의 부대목적(附帶目的)이 되는 경우에는 그 값은 소송목적의 값에 넣지 아니한다.
> 민사소송규칙 제15조(단독사건에서 소송대리의 허가) ① 단독판사가 심리·재판하는 사건으로서 다음 각 호의 어느 하나에 해당하는 사건에서는 변호사가 아닌 사람도 법원의 허가를 받아 소송대리인이 될 수 있다.
>   1. 「민사 및 가사소송의 사물관할에 관한 규칙」 제2조 단서 각 호의 어느 하나에 해당하는 사건
>   2. 제1호 사건 외의 사건으로서 다음 각 목의 어느 하나에 해당하지 아니하는 사건
>   가. 소송목적의 값이 소제기 당시 또는 청구취지 확장(변론의 병합 포함) 당시 1억원을 넘는 소송사건
>   나. 가목의 사건을 본안으로 하는 신청사건 및 이에 부수하는 신청사건(다만, 가압류·다툼의 대상에 관한 가처분 신청사건 및 이에 부수하는 신청사건은 제외한다)

민사 및 가사소송의 사물관할에 관한 규칙 제2조(지방법원 및 그 지원 합의부의 심판범위) 지방법원 및 지방법원지원의 합의부는 소송목적의 값이 5억원을 초과하는 민사사건 및 「민사소송 등 인지법」 제2조제4항의 규정에 해당하는 민사사건을 제1심으로 심판한다. 다만, 다음 각호의 1에 해당하는 사건을 제외한다. <개정 2002. 6. 28., 2004. 12. 29., 2015. 1. 28., 2022. 1. 28.>

ㄴ. (X) 법원조직법 제32조 참조.

법원조직법 제32조(합의부의 심판권) ② 지방법원 본원 합의부 및 춘천지방법원 강릉지원 합의부는 지방법원단독판사의 판결·결정·명령에 대한 항소 또는 항고사건 중 제28조제2호에 해당하지 아니하는 사건을 제2심으로 심판한다. 다만, 제28조의4제2호에 따라 특허법원의 권한에 속하는 사건은 제외한다.

ㄷ. (X) 민사소송법 제8조, 제33조 및 민법 제467조 참조. ▶ 서울지방법원은 민사소송법 제8조의 '의무이행지'로서 적법한 관할에 해당하고, 법원의 관할의 표준이 되는 시기는 '소 제기 시'이므로, 소송계속 중 甲이 대전광역시로 주소를 이전한 경우라도, 서울지방법원의 관할은 소멸하지 않고 존속한다.

민사소송법 제8조(거소지 또는 의무이행지의 특별재판적) 재산권에 관한 소를 제기하는 경우에는 거소지 또는 의무이행지의 법원에 제기할 수 있다.
민법 제467조(변제의 장소) ① 채무의 성질 또는 당사자의 의사표시로 변제장소를 정하지 아니한 때에는 특정물의 인도는 채권성립당시에 그 물건이 있던 장소에서 하여야 한다.
② 전항의 경우에 특정물인도 이외의 채무변제는 채권자의 현주소에서 하여야 한다. 그러나 영업에 관한 채무의 변제는 채권자의 현영업소에서 하여야 한다.
민사소송법 제33조(관할의 표준이 되는 시기) 법원의 관할은 소를 제기한 때를 표준으로 정한다.

ㄹ. (X) 동법 제27조(현행 제30조) 소정의 응소관할이 생기려면 피고의 본안에 관한 변론이나 준비절차에서의 진술은 현실적인 것이어야 하므로 피고의 불출석에 의하여 답변서 등이 법률상 진술 간주되는 경우는 이에 포함되지 아니한다(대결 1980.09.26. 80마403).

민사소송법 제30조(변론관할) 피고가 제1심 법원에서 관할위반이라고 항변(抗辯)하지 아니하고 본안(本案)에 대하여 변론(辯論)하거나 변론준비기일(辯論準備期日)에서 진술하면 그 법원은 관할권을 가진다.

정답 ⑤

문 2
19년(2) 모의

관할의 합의 중 유효한 것을 모두 고른 것은? (다툼이 있는 경우 판례에 따름)

> ㄱ. 분양자와 입주자 사이의 아파트 분양계약에 관한 소송은 분양자가 지정하는 법원을 관할법원으로 한다는 관할의 합의
> ㄴ. 甲과 乙 사이의 모든 소송은 서울중앙지방법원을 관할법원으로 한다는 관할의 합의
> ㄷ. 종국판결 뒤에 양 쪽 당사자가 상고할 권리를 유보하고 항소를 하지 아니하기로 하는 합의
> ㄹ. 甲과 乙 사이의 임대차계약에 관한 소송은 서울중앙지방법원 합의부를 관할법원으로 한다는 관할의 합의
> ㅁ. 甲과 乙 사이의 채권양도계약에 관한 제1심 소송은 부산고등법원을 관할법원으로 한다는 관할의 합의

① ㄱ, ㄴ
② ㄱ, ㄷ, ㄹ
③ ㄷ, ㄹ
④ ㄹ, ㅁ
⑤ ㄴ, ㄷ, ㅁ

해설 관할의 합의

ㄱ. (X) 재항고인(대한주택공사)이 상대방과 사이에 이 사건 아파트 분양계약을 하면서 그 계약 제13조에서 "본 계약에 관한 소송은 재항고인이 지정하는 법원을 관할법원으로 한다"고 규정하였음은 결국 전국의 법원중 재항고인이 선택하는 어느 법원에나 관할권을 인정한다는 내용의 합의라고 볼 수 밖에 없어 관할법원을 특정할 수 있는 정도로 표시한 것이라고 볼수 없을 뿐만 아니라, 이와 같은 관할에 관한 합의는 패소자의 권리를 부당하게 침해하고 공평원칙에 어긋나는 결과가 되어 무효라고 할 것이므로 원심이 같은 취지와 이유에서 이 사건 소송에 관하여 상대방의 이송신청을 받아들여 재항고인이 제기한 서울민사지방법원으로부터 본래의 법정 관할법원인 부산지방법원으로 이송한다는 결정을 하였음은 정당한 것으로 인정되고 반대의 견해에서 원심결정에 관할에 관한 법리오해, 심리미진 내지는 이유불비의 위법이 있다고 하는 논지는 채용될 수가 없다(대결 1977.11.09. 77마284).

ㄴ. (X) 민사소송법 제29조 제2항 참조. 지문과 같이 법률관계를 특정하지 않고 막연하고 포괄적으로 합의하면 무효이다.

> **민사소송법 제29조(합의관할)** ① 당사자는 합의로 제1심 관할법원을 정할 수 있다.
> ② 제1항의 합의는 일정한 법률관계로 말미암은 소에 관하여 서면으로 하여야 한다.

ㄷ. (○) '종국판결 뒤에 양 쪽 당사자가 상고할 권리를 유보하고 항소를 하지 아니하기로 하는 합의'는 민사소송법 제390조 제1항 단서에 규정되어 있는 비약상고합의이다. 불항소의 합의라고도 한다. 법률에 규정된 소송행위로서 법에 규정된 방식과 요건을 갖춘다면 유효하다.

> **민사소송법 제390조(항소의 대상)** ① 항소(抗訴)는 제1심 법원이 선고한 종국판결에 대하여 할 수 있다. 다만, 종국판결 뒤에 양 쪽 당사자가 상고(上告)할 권리를 유보하고 항소를 하지 아니하기로 합의한 때에는 그러하지 아니하다.
> ② 제1항 단서의 합의에는 제29조제2항의 규정을 준용한다.

ㄹ. (○) 갑과 을 사이의 임대차계약에 관한 소송이라고 특정하였고, 서울중앙지방법원 합의부라고 하여 임의관할 영역 중에서도 토지관할, 사물관할에 대하여 합의하였다. 토지관할과 사물관할은 법률이 전속관할이라고 규정하지 않는 한 합의로 다른 법원에 관할권을 발생시킬 수 있기에 사안의 합의는 유효하다.

ㅁ. (X) 갑과 을의 관할 합의는 무효이다. 당사자는 합의로 제1심 법원의 임의관할에 대해서 정할 수 있는데 부산고등법원은 제1심 재판에 대한 항소·항고를 맡는 법정관할 중 심급관할로서 전속관할이다. 즉, 합의관할이 인정될 수 없다.

정답 ③

Ⅶ 변론관할

🕐 16년·17년·22년 변시, 16년(2)·23년(3) 모의

52. (1) 변론기일에 원고만이 출석하여 변론하고 피고는 답변서를 제출하였으나 출석하지 아니하여 위 답변서에 적혀 있는 사항이 진술간주된 경우, 변론관할이 발생한다.

(2) 甲이 乙을 피고로 하는 소를 토지관할권이 없는 서울중앙지방법원에 제기하였는데, 乙이 본안에 관한 내용이 기재된 답변서를 제출한 후 제1회 변론기일에 출석하지 않아 이 답변서가 제1회 변론기일에서 진술간주되었다면, 서울중앙지방법원에 변론관할이 생긴다.

해설 민사소송법 제27조(현행 30조) 소정의 응소관할(변론관할)이 생기려면 피고의 본안에 관한 변론이나 준비절차에서의 진술은 현실적인 것이어야 하므로 피고의 불출석에 의하여 답변서 등이 법률상 진술 간주되는 경우는 이에 포함되지 아니한다(대결 1980.09.26. 80마403).

민사소송법 제30조(변론관할) 피고가 제1심 법원에서 관할위반이라고 항변(抗辯)하지 아니하고 본안에 대하여 변론하거나 변론준비기일에서 진술하면 그 법원은 관할권을 가진다.

정답 X, X

선택형 사례문제

문 1
24년 변시, 23년(3) 모의

아래 약정서에 따라 乙을 상대로 제기하는 소의 관할법원에 관한 설명 중 옳지 <u>않은</u> 것은? (다툼이 있는 경우 판례에 의함)

약정서

채권자   甲 (750101-1234567)
         서울 서초구 서초로 125, 305동 1301호
         (서초동, ○○아파트)
채무자   乙 (850201-2345678)
         서울 송파구 백제고분로 211, 203동 901호
         (삼전동, ××아파트)

甲과 乙은 다음과 같이 약정한다.

약 정 사 항
1. 乙은 2023. 10. 30.까지 甲에게 100,000,000원을 지급한다.
2. 乙은 2023. 10. 30.까지 甲에게 서울 강북구 오현로 145 대 300㎡에 관하여 2023. 10. 1. 증여를 원인으로 한 소유권이전등기절차를 이행한다.

2023. 10. 1.
甲 ㊞
乙 ㊞

---

① 甲은 약정 사항 제1항과 제2항의 이행을 구하는 소를 乙의 주소지 관할법원에 제기할 수 있다.
② 甲은 약정 사항 제1항만의 이행을 구하는 소를 甲의 주소지 관할법원에 제기할 수 있다.
③ 甲은 약정 사항 제2항만의 이행을 구하는 소를 甲의 주소지 관할법원에 제기할 수 있다.
④ 甲과 乙이 적법하게 관할합의를 한 이후 甲이 乙에 대하여 가지는 위 1억 원 채권을 丙에게 적법하게 양도하였다면, 丙이 그 양수금의 지급을 구하는 소를 제기할 경우 甲과 乙 사이의 관할합의에 구속된다.
⑤ 甲이 약정 사항 제1항의 이행을 구하는 소를 관할권이 없는 법원에 제기하더라도 乙이 관할권 없음을 주장하지 않고 본안에 관하여 변론한 때에는 그 법원에 관할권이 발생한다.

해설 관할

① (○) 약정사항 1과 2 모두 피고는 乙이므로, 민사소송법 제2조 보통재판적에 의하여 乙의 주소지 관할법원에 소를 제기할 수 있다.
② (○) 약정사항 1은 약정금채권이고, 약정사항 2는 소유권이전등기청구이므로 양자는 소송물이 다르고, 따라서 甲은 그 중 약정사항 1만 소를 제기할 수도 있다. 한편, 금전채권은 지참채무이므로 민사소송법 제8조의 의무이행지 특별재판적 규정에 의하여 채권자 甲의 주소지 관할법원에 소를 제기할 수 있다.

③ (X) 부동산등기의무의 이행지는 민사소송법 제21조의 등기·등록에 관한 특별재판적 규정에 의하는 것이지, 등기청구권자의 주소를 의무이행지로 볼 것은 아니라는 것이 판례이므로(대결 2002.05.10. 2002마1156), 약정사항 2인 서초구 소재 토지에 관한 소유권이전등기청구를 채권자 甲의 주소지인 강북구 관할법원에 소를 제기할 수 없다.

④ (O) 관할합의는 지명채권에 관한 것이라면 그 효력이 소송물의 특정승계인에도 미치므로, 약정금채권의 양수인 丙에게도 그 효력이 미친다.

> 관할의 합의는 소송법상의 행위로서 합의 당사자 및 그 일반승계인을 제외한 제3자에게 그 효력이 미치지 않는 것이 원칙이지만, 관할에 관한 당사자의 합의로 관할이 변경된다는 것을 실체법적으로 보면, 권리행사의 조건으로서 그 권리관계에 불가분적으로 부착된 실체적 이해의 변경이라 할 수 있으므로, 지명채권과 같이 그 권리관계의 내용을 당사자가 자유롭게 정할 수 있는 경우에는, 당해 권리관계의 특정승계인은 그와 같이 변경된 권리관계를 승계한 것이라고 할 것이어서, 관할합의의 효력은 특정승계인에게도 미친다(대결 2006.03.02. 2005마902).

⑤ (O) 설문의 약정금채권이행의 소에서의 관할은 임의관할이므로 민사소송법 제30조에 의한 변론관할이 발생할 수 있다. 따라서 피고 乙이 제1심 법원에서 관할위반이라고 항변하지 아니하고 본안에 대하여 변론하거나 변론준비기일에서 진술하면 그 법원은 관할을 가진다.

정답 ③

Ⅷ 전속관할

22년 변시, 23(1) 모의

53.
(1) 지방법원 합의부가 지방법원 단독판사의 판결에 대한 항소사건을 제2심으로 심판하는 도중에 지방법원 합의부의 관할에 속하는 반소가 제기되더라도 이미 정하여진 항소심 관할에는 영향이 없다.

(2) 지방법원 본원 합의부가 지방법원 단독판사의 판결에 대한 항소사건을 항소심으로 심판하는 도중에 소가가 1억 5천만 원에서 5억 5천만 원으로 변경되면 이 사건을 합의사건의 항소심인 고등법원으로 이송하여야 한다.

[해설] 지방법원 본원 합의부가 지방법원 단독판사의 판결에 대한 항소사건을 제2심(항소심)으로 심판하는 도중에 지방법원 합의부의 관할에 속하는 소송이 새로 추가되거나 그러한 소송으로 청구가 변경되었다고 하더라도, 심급관할은 제1심 법원의 존재에 의하여 결정되는 전속관할이어서 이미 정하여진 항소심의 관할에는 영향이 없는 것이므로, 추가되거나 변경된 청구에 대하여도 그대로 심판할 수 있다고 할 것이고, 소론이 주장하는 바와 같이 지방법원 본원 합의부가 소송을 고등법원에 이송하든지, 제1심 법원으로 판결하여 다시 고등법원에 항소할 수 있도록 처리하여야만 되는 것은 아니다(대판 1992.05.12. 92다2066).

정답 ,

IX 임의관할
X 관할권의 조사

17년(2) 모의

54. 법원은 관할에 관한 사항을 직권으로 조사할 수 있다.

해설 민사소송법 제32조 참조.

민사소송법 제32조(관할에 관한 직권조사) 법원은 관할에 관한 사항을 직권으로 조사할 수 있다.

정답

19년(3) 모의

55. (1) 전속관할을 위반한 소를 전속관할권이 없는 법원으로 이송하면 이송받은 법원은 그 소에 관해 심판할 수 없다.

(2) 법원이 전속관할을 위반한 소에 관해 심리하다가 관할법원으로 이송하면 그때까지 한 심리는 권 없는 법원이 한 것으로서 무효로 된다.

해설 [1] 이송결정의 기속력은 당사자에게 이송결정에 대한 불복방법으로 즉시항고가 마련되어 있는 점이나 이송의 반복에 의한 소송지연을 피하여야 할 공익적 요청은 전속관할을 위배하여 이송한 경우라고 하여도 예외일 수 없는 점에 비추어 볼 때, 당사자가 이송결정에 대하여 즉시항고를 하지 아니하여 확정된 이상 원칙적으로 전속관할의 규정을 위배하여 이송한 경우에도 미친다(대결 1995.05.15. 94마1059). [2] 이송결정이 확정된 때에는 소송은 처음부터 이송받은 법원에 계속된 것으로 본다(민사소송법 제40조 제1항). 따라서 처음 소제기에 의한 시효중단이나 기간준수의 효력은 그대로 유지된다(소송계속의 일체성). 이송전에 한 소송행위가 이송 후에도 당연히 효력을 보유하는가에 대해 관할위반의 경우라도 이송 후에 효력을 지속한다고 볼 것이다(통설)(이시윤, 신민사소송법 제7판, p.122). ▶ 소송계속의 일체성이 인정되므로 이송 전에 한 심리가 무효가 되는 것은 아니다.

정답

19년(3) 모의

56. (1) 전속관할을 위반한 판결에 대해서는 항소·상고로 불복할 수 있고, 그 판결이 확정되면 그 확정판결에 대한 재심의 소를 제기할 수 있는 사유로 된다.

(2) 항소심 법원이 전속관할 위반을 이유로 제1심판결을 취소한 경우에, 항소법원은 판결로 사건을 관할법원인 제1심법원으로 이송해야 하는 것이 원칙이지만, 당사자의 동의가 있으면 스스로 본안판결을 할 수 있다.

(3) 상고심법원이 제1심판결의 전속관할 위반을 발견한 경우에는 항소심판결을 파기하고 제1심판결을 취소하여 사건을 전속관할권 있는 제1심법원으로 이송해야 한다.

해설 [1] 전속관할 위반의 경우에는 상소심에서 다툴 수 있다(민사소송법 제411조 단서, 제424조 1항 3호). 다만 전속관할 위반을 간과한 판결이라도 재심의 대상은 아니다(제요 민사Ⅰ, 63).

> 민사소송법 제411조(관할위반 주장의 금지) 당사자는 항소심에서 제1심 법원의 관할위반을 주장하지 못한다. 다만, 전속관할에 대하여는 그러하지 아니하다.
> 민사소송법 제424조(절대적 상고이유) ① 판결에 다음 각호 가운데 어느 하나의 사유가 있는 때에는 상고에 정당한 이유가 있는 것으로 한다.
> 1. 법률에 따라 판결법원을 구성하지 아니한 때
> 2. 법률에 따라 판결에 관여할 수 없는 판사가 판결에 관여한 때
> 3. 전속관할에 관한 규정에 어긋난 때
> 4. 법정대리권·소송대리권 또는 대리인의 소송행위에 대한 특별한 권한의 수여에 흠이 있는 때
> 5. 변론을 공개하는 규정에 어긋난 때
> 6. 판결의 이유를 밝히지 아니하거나 이유에 모순이 있는 때
> 민사소송법 제451조(재심사유) ① 다음 각호 가운데 어느 하나에 해당하면 확정된 종국판결에 대하여 재심의 소를 제기할 수 있다. 다만, 당사자가 상소에 의하여 그 사유를 주장하였거나, 이를 알고도 주장하지 아니한 때에는 그러하지 아니하다.
> 1. 법률에 따라 판결법원을 구성하지 아니한 때
> 2. 법률상 그 재판에 관여할 수 없는 법관이 관여한 때
> 3. 법정대리권·소송대리권 또는 대리인이 소송행위를 하는 데에 필요한 권한의 수여에 흠이 있는 때. 다만, 제60조 또는 제97조의 규정에 따라 추인한 때에는 그러하지 아니하다.
> 4. 재판에 관여한 법관이 그 사건에 관하여 직무에 관한 죄를 범한 때
> 5. 형사상 처벌을 받을 다른 사람의 행위로 말미암아 자백을 하였거나 판결에 영향을 미칠 공격 또는 방어방법의 제출에 방해를 받은 때
> 6. 판결의 증거가 된 문서, 그 밖의 물건이 위조되거나 변조된 것인 때
> 7. 증인·감정인·통역인의 거짓 진술 또는 당사자신문에 따른 당사자나 법정대리인의 거짓 진술이 판결의 증거가 된 때
> 8. 판결의 기초가 된 민사나 형사의 판결, 그 밖의 재판 또는 행정처분이 다른 재판이나 행정처분에 따라 바뀐 때
> 9. 판결에 영향을 미칠 중요한 사항에 관하여 판단을 누락한 때
> 10. 재심을 제기할 판결이 전에 선고한 확정판결에 어긋나는 때
> 11. 당사자가 상대방의 주소 또는 거소를 알고 있었음에도 있는 곳을 잘 모른다고 하거나 주소나 거소를 거짓으로 하여 소를 제기한 때

[2] 항소심 법원은 당사자의 동의와 무관하게 사건을 관할법원인 제1심법원으로 이송하여야 한다.

> 민사소송법 제419조(관할위반으로 말미암은 이송) 관할위반을 이유로 제1심 판결을 취소한 때에는 항소법원은 판결로 사건을 관할법원에 이송하여야 한다.

[3] 상고법원은 원판결을 파기하고 제1심 판결을 취소하고 1심 관할법원으로 이송하여야 한다.

> 민사소송법 제419조(관할위반으로 말미암은 이송) 관할위반을 이유로 제1심 판결을 취소한 때에는 항소법원은 판결로 사건을 관할법원에 이송하여야 한다.
> 민사소송법 제425조(항소심절차의 준용) 상고와 상고심의 소송절차에는 특별한 규정이 없으면 제1장(제3편 제1장 항소)의 규정을 준용한다.

정답 ×, ×, ○

XI 소송의 이송

18년(2) 모의

57. 본소가 단독사건인 경우에 피고가 반소로 합의사건에 속하는 청구를 한 때에는 당사자는 관할위반을 이유로 본소와 반소를 합의부로 이송하여 달라는 신청을 할 수 있다.

▶ 해설 민사소송법 제269조 제2항 참조.

민사소송법 제269조(반소) ② 본소가 단독사건인 경우에 피고가 반소로 합의사건에 속하는 청구를 한 때에는 법원은 직권 또는 당사자의 신청에 따른 결정으로 본소와 반소를 합의부에 이송하여야 한다. 다만, 반소에 관하여 제30조의 규정에 따른 관할권이 있는 경우에는 그러하지 아니하다.

정답 O

18년(2) 모의

58. 항소심에서 제1심판결이 전속관할을 위반한 것이 발견된 경우, 항소심법원은 제1심판결을 취소하고 사건을 관할법원에 이송하여야 한다.

▶ 해설 관할위반을 이유로 제1심판결을 취소한 때에는 항소법원은 판결로 사건을 관할법원에 이송하여야 한다(민사소송법 419조). 전속관할 이외의 관할위반은 항소심에서 주장할 수 없으므로(민사소송법 411조), 여기에서 말하는 관할위반은 결국 전속관할을 위반한 경우를 의미한다.

민사소송법 제411조(관할위반 주장의 금지) 당사자는 항소심에서 제1심 법원의 관할위반을 주장하지 못한다. 다만, 전속관할에 대하여는 그러하지 아니하다.
민사소송법 제419조(관할위반으로 말미암은 이송) 관할위반을 이유로 제1심 판결을 취소한 때에는 항소법원은 판결로 사건을 관할법원에 이송하여야 한다.

정답 O

15년(1)·17년(2)·18년(1) 모의

59. (1) 현저한 손해나 지연을 피하기 위한 이송은 당사자의 신청에 의해서만 할 수 있고, 법원이 직권으로는 할 수 없다.
(2) 손해나 지연을 피하기 위한 이송은 전속관할에는 적용되지 않는다.
(3) 손해나 지연을 피하기 위한 이송신청이 있는 경우, 이송결정과 이송신청의 기각결정에 대하여는 즉시항고를 할 수 있다.

▶ 해설 민사소송법 제35조, 제39조 참조.

민사소송법 제35조(손해나 지연을 피하기 위한 이송) 법원은 소송에 대하여 관할권이 있는 경우라도 현저한 손해 또는 지연을 피하기 위하여 필요하면 직권 또는 당사자의 신청에 따른 결정으로 소송의 전부 또는 일부를 다른 관할법원에 이송할 수 있다. 다만, 전속관할이 정하여진 소의 경우에는 그러하지 아니하다.
민사소송법 제39조(즉시항고) 이송결정과 이송신청의 기각결정에 대하여는 즉시항고를 할 수 있다.

정답 ×, O, O

🍊 16년·18년 변시, 16년(2)·17년(2)·18년(1)·20년(3) 모의

60.
(1) 당사자가 관할위반을 이유로 이송신청을 하는 것은 법원의 직권발동을 촉구하는 의미밖에 없으므로 법원이 이송결정을 하거나 이송신청 기각결정을 하여도 이에 대한 즉시항고는 허용되지 않는다.

(2) 당사자의 관할위반을 이유로 한 이송신청에 대하여 법원이 이송결정을 하였다가 항고심에서 당초의 이송결정이 취소되었다 하여도 이에 대한 신청인의 재항고는 허용되지 않는다.

(3) 당사자가 관할위반을 이유로 한 이송신청에 대하여 법원이 거부하는 재판을 하였다면 당사자는 즉시항고할 수 있다.

(4) 관할위반을 이유로 한 당사자의 이송신청은 단지 법원의 직권발동을 촉구하는 의미밖에 없으므로 이송신청 기각결정에 대하여는 즉시항고가 허용되지 않으나, 법원이 이송신청에 대하여 재판하지 않은 경우에는 재판에 영향을 미친 헌법위반이 있음을 이유로 한 특별항고가 허용된다.

(5) 당사자가 관할위반을 이유로 한 이송신청을 한 경우 이는 단지 법원의 직권발동을 촉구하는 것에 불과하고, 법원은 이 이송신청에 대하여 재판을 할 필요가 없다.

▣ 해설 [1], [2], [3] 수소법원의 재판관할권 유무는 법원의 직권조사사항으로서 법원이 그 관할에 속하지 아니함을 인정한 때에는 민사소송법 제34조 제1항에 의하여 직권으로 이송결정을 하는 것이고, 소송당사자에게 관할위반을 이유로 하는 이송신청권이 있는 것은 아니다. 따라서 당사자가 관할위반을 이유로 한 이송신청을 한 경우에도 이는 단지 법원의 직권발동을 촉구하는 의미밖에 없다. 한편 법원이 당사자의 신청에 따른 직권발동으로 이송결정을 한 경우에는 즉시항고가 허용되지만(민사소송법 제39조), 위와 같이 당사자에게 이송신청권이 인정되지 않는 이상 항고심에서 당초의 이송결정이 취소되었다 하더라도 이에 대한 신청인의 재항고는 허용되지 않는다(대판 2018.01.19. 2017마1332).

[4] 민사소송법 제31조(현재 법 제34조) 제1항의 관할위반에 기한 이송은 원래 법원의 직권조사사항으로서 같은 법 제31조 제2항, 제32조 소정의 이송의 경우와는 달리 당사자에게 이송신청권이 있는 것이 아니므로 당사자가 그 이송신청을 한 경우에도 단지 법원의 직권발동을 촉구하는 의미밖에 없는 것이므로, 그 이송신청에 대한 재판을 할 필요가 없는데도 원심이 그 이송신청을 기각하는 결정을 하였다면, 그 결정은 그 결정에 대한 특별항고인에게 아무런 불이익을 주는 것이 아니며 그 결정에 대하여 특별항고를 할 어떤 이익도 없는 것이 분명하므로 그 특별항고는 부적법하다(대판 1996.01.12. 95그59).

[5] 당사자가 관할위반을 이유로 한 이송신청을 한 경우에도 이는 단지 법원의 직권발동을 촉구하는 의미밖에 없는 것이고, 따라서 법원은 이 이송신청에 대하여는 재판을 할 필요가 없고, 설사 법원이 이 이송신청을 거부하는 재판을 하였다고 하여도 항고가 허용될 수 없으므로 항고심에서는 이를 각하하여야 한다(대결 1993.12.06. 93마524(전합)).

> 민사소송법 제39조(즉시항고) 이송결정과 이송신청의 기각결정(棄却決定)에 대하여는 즉시항고(卽時抗告)를 할 수 있다.

정답 ×, ○, ×, ×, ○

⏱ 18년 변시, 18년(1) 모의

61. 당사자가 즉시항고를 하지 아니하여 이송결정이 확정된 경우, 전속관할의 규정을 위반한 이송결정이라고 하더라도 원칙적으로 기속력이 인정된다.

해설 이송결정의 기속력은 당사자에게 이송결정에 대한 불복방법으로 즉시항고가 마련되어 있는 점이나 이송의 반복에 의한 소송지연을 피하여야 할 공익적 요청은 전속관할을 위배하여 이송한 경우라고 하여도 예외일 수 없는 점에 비추어 볼 때, 당사자가 이송결정에 대하여 즉시항고를 하지 아니하여 확정된 이상 원칙적으로 전속관할의 규정을 위배하여 이송한 경우에도 미친다(대판 1995.05.15. 94마1059).

정답 O

⏱ 16년·18년·22년 변시, 17년(2)·18년(1)·20년(3) 모의

62. (1) 심급관할을 위반한 이송결정의 기속력은 이송받은 동일 심급의 법원과 하급심 법원에는 미치지만 상급심 법원에는 미치지 않는다.

(2) 심급관할을 위배한 이송의 경우, 사건을 이송받은 상급법원은 재이송할 수 있다.

(3) 전속관할의 규정을 위반하더라도 이송결정이 확정되면 원칙적으로 기속력이 인정되지만, 심급관할위반의 이송결정을 한 경우에는 그 기속력이 이송받은 상급심 법원에까지 미치지 아니한다.

해설 민사소송법 제34조 제1항, 제2항의 규정에 의하면 이송결정은 이송을 받은 법원을 기속하여 이송을 받은 법원은 다시 사건을 다른 법원에 이송하지 못하도록 되어 있다. 이와 같은 이송결정의 기속력은 당사자에게 이송결정에 대한 불복방법으로 즉시항고가 마련되어 있는 점이나 이송의 반복에 의한 소송지연을 피하여야 할 공익적 요청은 전속관할을 위배하여 이송한 경우라고 하여도 예외일 수 없는 점에 비추어 볼 때 당사자가 이송결정에 대하여 즉시항고를 하지 아니하여 확정된 이상 원칙적으로 전속관할의 규정을 위배하여 이송한 경우에도 미친다고 할 것이다. 그러나 심급관할을 위배하여 이송한 경우에 이송결정의 기속력이 이송받은 상급심 법원에도 미친다고 한다면 당사자의 심급의 이익을 박탈하여 부당할 뿐만 아니라, 이송을 받은 법원이 법률심인 대법원인 경우에는 직권조사 사항을 제외하고는 새로운 소송자료의 수집과 사실확정이 불가능한 관계로 당사자의 사실에 관한 주장, 입증의 기회가 박탈되는 불합리가 생기므로, 심급관할을 위배한 이송결정의 기속력은 이송받은 상급심 법원에는 미치지 않는다고 보아야 하나, 한편 그 기속력이 이송받은 하급심 법원에도 미치지 않는다고 한다면 사건이 하급심과 상급심 법원 간에 반복하여 전전이송되는 불합리한 결과를 초래하게 될 가능성이 있어 이송결정의 기속력을 인정한 취지에 반하는 것일 뿐더러 민사소송의 심급의 구조상 상급심의 이송결정은 특별한 사정이 없는 한 하급심을 구속하게 되는바 이와 같은 법리에도 반하게 되므로, 심급관할을 위배한 이송결정의 기속력은 이송받은 하급심 법원에는 미친다고 보아야 한다(대판 1995.05.15. 94마1059).

정답 O, O, O

63. 동일한 지방법원 내에서 합의부와 단독판사의 구별은 사무분담 문제에 불과하므로, 동일한 지방법원 내의 합의부와 단독판사 사이에서는 이송의 여지가 없다.

▶해설 민사소송법 제34조 제1항 및 제2항 참조.

민사소송법 제34조(관할위반 또는 재량에 따른 이송) ① 법원은 소송의 전부 또는 일부에 대하여 관할권이 없다고 인정하는 경우에는 결정으로 이를 관할법원에 이송한다.
② 지방법원 단독판사는 소송에 대하여 관할권이 있는 경우라도 상당하다고 인정하면 직권 또는 당사자의 신청에 따른 결정으로 소송의 전부 또는 일부를 같은 지방법원 합의부에 이송할 수 있다.

정답 ×

64. 이송결정이 확정되면 이송결정을 한 법원은 수소법원으로서의 자격을 상실하므로 어떠한 처분도 할 수 없다.

▶해설 민사소송법 제37조 참조.

민사소송법 제37조(이송결정이 확정된 뒤의 긴급처분) 법원은 소송의 이송결정이 확정된 뒤라도 급박한 사정이 있는 때에는 직권으로 또는 당사자의 신청에 따라 필요한 처분을 할 수 있다. 다만, 기록을 보낸 뒤에는 그러하지 아니하다.

정답 ×

65. 재심의 소가 재심제기의 기간 내에 제1심 법원에 제기되었으나 재심사유 등에 비추어 항소심 판결을 대상으로 한 것이라 인정되어 위 재심의 소를 항소심 법원에 이송한 경우, 재심제기의 기간 준수 여부는 제1심 법원에 제기된 때를 기준으로 하여야 한다.

▶해설 재심의 소가 재심제기기간내에 제1심법원에 제기되었으나 재심사유 등에 비추어 항소심판결을 대상으로 한 것이라 인정되어 위 소를 항소심법원에 이송한 경우에 있어서 재심제기기간의 준수 여부는 민사소송법 제36조 제1항(현행 민사소송법 제40조)의 규정에 비추어 제1심법원에 제기된 때를 기준으로 할 것이지 항소법원에 이송된 때를 기준으로 할 것은 아니다(대판 1984.02.28. 83다카1981 (전합)).

민사소송법 제40조(이송의 효과) ① 이송결정이 확정된 때에는 소송은 처음부터 이송받은 법원에 계속(係屬)된 것으로 본다.
② 제1항의 경우에는 이송결정을 한 법원의 법원서기관·법원사무관·법원주사 또는 법원주사보(이하 "법원사무관등"이라 한다)는 그 결정의 정본(正本)을 소송기록에 붙여 이송받을 법원에 보내야 한다.

정답 ○

🕐 22년 변시, 15년(1) 모의

66. 당사자 사이에 전속적 관할합의가 있는 경우, 원고가 법정관할권이 있는 다른 법원에 소를 제기하는 것은 전속 관할의 위반이므로 합의관할 법원으로 이송해야 한다.

▪해설 관할의 합의(민사소송법 제29조)가 성립되면 합의의 내용에 따라 관할이 변동된다. 관할권 없는 법원에 관할권을 발생시키며, 특히 전속적 합의관할의 경우에는 법정관할법원의 관할권을 소멸시킨다. 하지만 합의관할은 전속적 합의관할의 경우에도 그 성질상 임의관할이며 법정의 전속관할(민사소송법 제31조)로 바뀌는 것이 아니다. 따라서 원고가 합의를 무시한 채 다른 법정관할법원에 소를 제기하여도 피고가 이의 없이 본안변론하면 변론관할(민사소송법 제30조)이 생기게 된다. 결국 지문의 전속적 관할합의 위반의 소제기인 경우 전속관할의 위반이라는 설명은 틀렸다.

정답 ×

15년(1) 모의

67. 관할은 소 제기시를 기준으로 정해지므로 1억 원의 손해배상을 청구하는 소를 제기한 후 청구액을 3억 원으로 확장하는 것은 이송사유가 되지 않는다.

▪해설 ㉠ 원칙적으로 소가의 산정은 소제기한 때를 표준으로 한다(민사소송 등 인지규칙 제7조). 소 제기한 때를 표준으로 하여 산정된 소가에 의하여 사물관할이 정해지기 때문에(민사소송법 제33조. 관할항정의 원칙), 뒤에 목적물의 훼손·가격의 변동 등 사정변경이 있어도 관할에 영향을 줄 수 없다(예: 소제기시에 부동산이 금 8천만 원이어서 단독판사의 관할이었는데, 그 뒤 가격이 올라 5억 원을 초과하더라도 합의부로 관할변경이 되지 아니한다). ㉡ 그러나 예외적으로 단독판사에 계속 중 원고의 청구취지 확장에 의하여 소가가 5억 원을 초과하게 되는 때에는 관할위반의 문제(민사 및 가사소송의 사물관할에 관한 규칙 제2조 참조, 지방법원 및 지방법원지원의 합의부가 제1심)가 되므로 변론관할이 생기지 아니한 이상 합의부로 이송하여야 한다. ㉢ 이에 반하여 합의부에 계속 중 청구취지의 감축에 의하여 소가가 5억 원 이하로 떨어졌을 때에는 합의부에서 계속 심리하여도 당사자에게 불리하지 않으므로 단독판사에 이송할 필요가 없다.

▶ 2022. 1. 28. 위 사물관할규칙 제2조가 개정되어 현재는 소가 기준이 2억에서 5억으로 변경되었다.

민사소송 등 인지규칙 제7조(소가산정의 기준시) 소가는 소를 제기한 때(법률의 규정에 의하여 소의 제기가 의제되는 경우에는 그 소를 제기한 것으로 되는 때)를 기준으로 하여 산정한다.
민사소송법 제33조(관할의 표준이 되는 시기) 법원의 관할은 소를 제기한 때를 표준으로 정한다.

정답

제2장 당사자

제1절 총설

제2절 당사자의 확정

I 서설

II 당사자확정의 기준

17년(3) 모의

68. 당사자가 누구인가는 소장에 기재된 표시 및 청구의 내용과 원인 사실 등 소장의 전 취지를 합리적으로 해석하여 확정하여야 한다.

> **해설** 소송당사자가 누구인가는 소장에 기재된 표시 및 청구의 내용과 원인 사실 등 소장의 전취지를 합리적으로 해석하여 확정하여야 한다(대판 2003.03.11. 2002두8459).

정답 O

III 당사자확정 후 당사자의 표시를 바로잡는 방법

 19년 변시

69. 甲 주식회사의 대표이사 乙이 개인 명의로 소를 제기하였다면 乙로부터 甲 주식회사로 원고의 표시를 변경하는 당사자표시정정은 허용되지 아니한다.

> **해설** 일반적으로 당사자표시정정신청을 하는 경우에도 실질적으로 당사자가 변경되는 것은 허용할 수 없고 필요적 공동소송이 아닌 사건에서 소송 도중에 당사자를 추가하는 것 역시 허용될 수 없으므로, 회사의 대표이사가 개인 명의로 소를 제기한 후 회사를 당사자로 추가하고 그 개인 명의의 소를 취하함으로써 당사자의 변경을 가져오는 당사자추가신청은 부적법한 것이다(대판 1998.01.23. 96다41496).

정답 O

🍊 19년 변시, 17년(3) 모의

70. **(1) 소장의 당사자 표시가 착오로 잘못 기재되었음에도 소송계속 중 당사자표시정정이 이루어지지 않아 잘못 기재된 당사자를 표시한 본안판결이 선고·확정된 경우, 그 확정판결은 당연무효는 아니다.**

(2) 소장의 당사자표시가 착오로 잘못 기재되고 이와 같이 잘못 기재된 당사자를 표시한 본안판결이 선고되어 확정되었다면, 그 확정판결의 효력은 잘못 기재된 당사자와 동일성이 인정되는 범위 내에서 적법하게 확정된 당사자에 대하여 미친다.

▸해설 소송당사자가 누구인가는 소장에 기재된 표시 및 청구의 내용과 원인사실 등 소장의 전 취지를 합리적으로 해석하여 확정하여야 하고(대판 2003.03.11. 2002두8459), 비록 소장의 당사자 표시가 착오로 잘못 기재되었음에도 소송 계속 중 당사자표시정정이 이루어지지 않아 잘못 기재된 당사자를 표시한 본안판결이 선고·확정된 경우라 하더라도 그 확정판결을 당연무효라고 볼 수 없을뿐더러, 그 확정판결의 효력은 잘못 기재된 당사자와 동일성이 인정되는 범위 내에서 위와 같이 적법하게 확정된 당사자에 대하여 미친다고 보아야한다(대판 2011.01.27. 2008다27615).

정답

12년(3)·16년(1) 모의

71. **소장에 표시된 원고에게 당사자능력이 인정되지 않는 경우에는 올바른 당사자능력자로 그 표시를 정정하는 것은 허용되고, 법원은 적극적으로 당사자표시를 정정케 하는 조치를 취함이 없이 바로 소를 각하할 수는 없다.**

▸해설 소장에 표시된 원고에게 당사자능력이 인정되지 않는 경우에는 소장의 전취지를 합리적으로 해석한 결과 인정되는 올바른 당사자능력자로 그 표시를 정정하는 것은 허용되며, 소장에 표시된 당사자가 잘못된 경우에 당사자표시를 정정케 하는 조치를 취함이 없이 바로 소를 각하할 수는 없다 (대판 2001.11.13. 99두2017).

정답

Ⅳ 성명모용소송

16년(3) 모의

72. **제3자가 피고를 참칭, 모용하여 소송을 진행한 끝에 판결이 선고되었다면 피모용자인 피고는 상소 또는 재심의 소를 제기하여 그 판결의 취소를 구할 수 있다.**

▸해설 제3자가 피고를 참칭, 모용하여 소송을 진행한 끝에 판결이 선고되었다면 피모용자인 피고는 그 소송에 있어서 적법히 대리되지 않는 타인에 의하여 소송절차가 진행됨으로 말미암아 결국 소송 관여의 기회를 얻지 못하였다 할 것이니 피고는 상소 또는 재심의 소를 제기하여 그 판결의 취소를 구할 수 있다(대판 1964.11.17. 64다328).

정답

V 법인격부인론

VI 제소전 피고가 사망한 경우

23년 변시

73. 당사자표시정정은 당사자로 표시된 자의 동일성이 인정되는 범위 안에서 그 표시만을 변경하는 경우에 한하여 허용되므로 종래의 당사자에 곁들여서 새로운 당사자를 추가하는 것은 허용되지 않는다.

해설 당사자표시 정정은 당사자로 표시된 자의 동일성이 인정되는 범위안에서 그 표시만을 변경하는 경우에 한하여 허용되는 것이므로 종래의 당사자에 곁들여서 새로운 당사자를 추가하는 것은 당사자표시 변경으로서 허용될 수 없고 이는 추가된 당사자에 대한 새로운 상소제기로 보아야 한다(대판 1980.07.08. 80다885).

정답 ○

19년·20년·23년 변시, 11년(1)·12년(3)·15년(2)·17년(3)·20년(3) 모의

74. (1) 원고가 사망자를 피고로 표시하여 소를 제기한 경우, 사망자의 상속인이 처음부터 실질적인 피고이고 다만 그 표시를 잘못한 것으로 인정된다면, 사망자의 상속인으로 피고의 표시를 정정할 수 있다는 것이 대법원판례이다.

(2) 피고로 표시된 자가 이미 사망한 사실을 모른 원고가 그를 피고로 표시하여 제소한 경우, 사망자의 제1순위 상속인이 상속을 포기하였다고 하더라도 제1순위 상속인으로 당사자표시정정이 허용된다.

(3) 피고로 표시된 자가 이미 사망한 사실을 모른 원고가 그를 피고로 표시하여 제소한 경우, 사망자의 상속인으로 당사자표시정정이 허용되고, 상고심에 이르러서도 당사자표시정정의 방법으로 위와 같은 흠결을 보정할 수 있다.

해설 원고가 사망 사실을 모르고 사망자를 피고로 표시하여 소를 제기한 경우에, 청구의 내용과 원인사실, 당해 소송을 통하여 분쟁을 실질적으로 해결하려는 원고의 소제기 목적 내지는 사망 사실을 안 이후의 원고의 피고 표시 정정신청 등 여러 사정을 종합하여 볼 때 [1] 사망자의 상속인이 처음부터 실질적인 피고이고 다만 그 표시를 잘못한 것으로 인정된다면, 사망자의 상속인으로 피고의 표시를 정정할 수 있다. 그리고 이 경우에 실질적인 피고로 해석되는 사망자의 상속인은 실제로 상속을 하는 사람을 가리키고, 상속을 포기한 자는 상속 개시시부터 상속인이 아니었던 것과 같은 지위에 놓이게 되므로 [2] 제1순위 상속인이라도 상속을 포기한 경우에는 이에 해당하지 아니하며, 후순위 상속인이라도 선순위 상속인의 상속포기 등으로 실제로 상속인이 되는 경우에는 이에 해당한다(대결 2006.07.04. 2005마425). 민사소송에서 소송당사자의 존재나 당사자능력은 소송요건에 해당하고, [3] 이미 사망한 자를 상대로 한 소의 제기는 소송요건을 갖추지 않은 것으로서 부적법하며, 상고심에 이르러서는 당사자표시정정의 방법으로 그 흠결을 보정할 수 없다(대판 2012.06.14. 2010다105310).

정답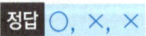

21년(3) 모의

75. 원고가 소제기 이전에 이미 사망한 사실을 간과하고 원고 청구를 인용한 판결은 무효이며 이에 대한 상소는 허용되지 않는다.

> 해설 원고가 소제기 이전에 이미 사망한 사실이 인정된다면 이를 간과한 채 본안판단에 나아가 원고 청구를 인용한 원심판결은 당연무효라 할 것이나 민사소송이 당사자의 대립을 그 본질적 형태로 하는 것임에 비추어 사망한 자를 상대로 한 상고는 허용될 수 없다 할 것이므로, 이미 사망한 자를 상대방으로 하여 제기한 상고는 부적법하다(대판 1994.01.11. 93누9606).

정답 O

20년(3) 모의

76. 원고가 사망사실을 모르고 그 사망자를 피고로 표시하여 소를 제기하였다가 상속인들에 대하여 소송수계신청을 한 경우, 법원은 소송수계신청의 적부에 대해서만 판단하여야 하고, 이를 당사자표시정정신청으로 선해하여서는 안 된다.

> 해설 원고가 피고의 사망 사실을 모르고 사망자를 피고로 표시하여 소를 제기한 경우에, 청구의 내용과 원인사실, 당해 소송을 통하여 분쟁을 실질적으로 해결하려는 원고의 소제기 목적 내지는 사망사실을 안 이후 원고의 피고표시정정신청 등 여러 사정을 종합하여 볼 때에, 실질적인 피고는 당사자능력이 없어 소송당사자가 될 수 없는 사망자가 아니라 처음부터 사망자의 상속자이고 다만 그 표시에 잘못이 있는 것에 지나지 않는다고 인정되면 사망자의 상속인으로 피고의 표시를 정정할 수 있다 할 것인바, 상속개시 이후 상속의 포기를 통한 상속채무의 순차적 승계 및 그에 따른 상속채무자 확정의 곤란성 등 상속제도의 특성에 비추어 위의 법리는 채권자가 채무자의 사망 이후 그 1순위 상속인의 상속포기 사실을 알지 못하고 1순위 상속인을 상대로 소를 제기한 경우에도 채권자가 의도한 실질적 피고의 동일성에 관한 위 전제요건이 충족되는 한 마찬가지로 적용이 된다(대판 2009.10.15. 2009다49964). 소송절차가 중단중에 있을 때 제기된 상소는 원칙적으로 부적법한 것이라고 하겠지만, 이러한 경우에도 상소심 법원에 수계신청을 하여, 그 하자를 치유시킬 수 있다고 할 것인 바, 기록에 의하면, 이 상고가 제기된 이후인 1980.7.1 서울민사지방법원의 결정에 의하여, 변호사 권태홍이 원고 법인의 대표자인 이사장 직무대행자로 선임되고 그에 의하여 같은 달 9. 이 법원에서 중단된 이 사건 소송절차의 수계가 이루어졌으므로(당사자 표시변경으로 표시하여 신청되었으나 소송수계신청의 취지로 보아야 할 것이다) 이 상고 소송절차는 과거에 소급하여 유효로 되었다고 할 것이다(대판 1980.10.14. 80다623). ▶ 설문에서 원고가 피고의 사망 사실을 모르고 사망자를 피고로 표시하여 소를 제기한 경우 사망자의 상속인으로 피고의 표시를 정정할 수 있다 할 것이고, 원고의 소송수계신청을 당사자의표시정정신청으로 선해 가능하다.

정답

16년(1) 모의

77. 피고의 사망사실을 모르고 사망자를 피고로 표시하여 소를 제기한 자는 사망자의 상속인으로 피고표시 정정을 신청할 수 있으나, 항소심에서는 이와 같은 표시정정이 허용되지 않는다.

해설 원고가 당사자 표시 정정전의 피고 1 및 피고 2의 사망사실을 모르고 동인등을 피고로 표시하여 소를 제기하였다가 원고가 그 후 피고의 표시를 그 상속인으로 정정하는 신청을 하였음은 일건 기록상 명백하므로 이는 실질에 있어서는 최초부터 사망한 동인등의 각 재산상속인을 피고로 하여 제소한 것이라고 보아 원고의 당사자 표시 정정신청(항소심에서 신청)은 당연히 허용되어야 할 것이므로 이와 달리 원심이 위 판시와 같은 견해아래 당사자 정정을 허용하지 않고 소를 각하하여야 한다고 단정하였음은 위 법리를 오해한 위법을 면할 수 없다고 원판결의 이점을 논난하는 상고 논지는 그 이유있다(대판 1969.12.09. 69다1230).

정답 ×

 22년 변시, 18년(1)·21년(3) 모의

78. 당사자가 소송대리인에게 소송위임을 한 다음 소 제기 전에 사망하였는데 소송대리인이 이를 모르고 사망한 당사자를 원고로 표시하여 소를 제기한 경우, 소제기는 부적법하다.

해설 당사자가 사망하더라도 소송대리인의 소송대리권은 소멸하지 아니하므로(민사소송법 제95조 제1호), 당사자가 소송대리인에게 소송위임을 한 다음 소 제기 전에 사망하였는데 소송대리인이 당사자가 사망한 것을 모르고 당사자를 원고로 표시하여 소를 제기하였다면 소의 제기는 적법하고, 시효중단 등 소 제기의 효력은 상속인들에게 귀속된다. 이 경우 민사소송법 제233조 제1항이 유추적용되어 사망한 사람의 상속인들은 소송절차를 수계하여야 한다(대판 2016.04.29. 2014다210449).

정답 ×

18년(1)·20년(3) 모의

79. (1) 소 제기 후 소장 송달 전에 피고가 사망한 경우 제1심 판결이 선고되더라도 그 판결은 효력이 없다.
(2) 소 제기 후 소장 송달 전에 피고가 사망한 경우, 1심판결 후 그 판결에 대한 상속인들의 소송수계신청은 적법하다.
(3) 소 제기 후 소장 송달 전에 피고가 사망하였는데 사망한 자를 피고로 하여 제1심 판결이 선고된 경우, 그 판결에 대한 상속인들의 항소는 적법하다.

해설 사망자를 피고로 하는 소제기는 원고와 피고의 대립당사자 구조를 요구하는 민사소송법상의 기본원칙이 무시된 부적법한 것으로서 실질적 소송관계가 이루어질 수 없으므로, 그와 같은 상태에서 제1심판결이 선고되었다 할지라도 판결은 당연무효이며, 판결에 대한 사망자인 피고의 상속인들에 의한 항소나 소송수계신청은 부적법하다. 이러한 법리는 소제기 후 소장부본이 송달되기 전에 피고가 사망한 경우에도 마찬가지로 적용된다(대판 2015.01.29. 2014다34041).

정답 ○, ×, ×

18년(1) 모의

80. **특별한 사정이 없는 한 소제기 당시 이미 사망한 사람을 상대로 한 판결은 무효이고 이에 터잡아 이루어진 소유권이전등기는 부적법한 등기이다.**

해설 사망한 사람을 상대로 한 판결은 무효이고 이에 터잡아 이루어진 소유권이전등기는 특별한 사정이 없는 한 부적법한 등기이다(대판 1980.05.27. 80다735).

정답 ○

제3절 당사자의 자격

제❶항 | 당사자능력

Ⅰ 서 설

Ⅱ 당사자능력자

17년(3)·18년(3) 모의

81. **(1) 민법상의 조합은 소송상 당사자능력이 없다.**

(2) 비법인 사단인지 민법상 조합인지는 조합이란 명칭에 구애됨이 없이 그 실질에 의하여 판단하여야 한다.

해설 [1] 한국원호복지공단법(1984.8.2. 법률 제3742호로 한국보훈복지공단법으로 개정됨) 부칙 제8조 제2항에 의하여 설립된 원호대상자광주목공조합은 민법상의 조합의 실체를 가지고 있으므로 소송상 당사자능력이 없다(대판 1991.06.25. 88다카6358). [2] 민법상의 조합과 법인격은 없으나 사단성이 인정되는 비법인사단을 구별함에 있어서는 일반적으로 그 단체성의 강약을 기준으로 판단하여야 하는바, 조합은 2인 이상이 상호간에 금전 기타 재산 또는 노무를 출자하여 공동사업을 경영할 것을 약정하는 계약관계에 의하여 성립하므로(민법 제703조) 어느 정도 단체성에서 오는 제약을 받게 되는 것이지만 구성원의 개인성이 강하게 드러나는 인적 결합체인 데 비하여 비법인사단은 구성원의 개인성과는 별개로 권리·의무의 주체가 될 수 있는 독자적 존재로서의 단체적 조직을 가지는 특성이 있다 하겠는데, 어떤 단체가 고유의 목적을 가지고 사단적 성격을 가지는 규약을 만들어 이에 근거하여 의사결정기관 및 집행기관인 대표자를 두는 등의 조직을 갖추고 있고, 기관의 의결이나 업무집행방법이 다수결의 원칙에 의하여 행하여지며, 구성원의 가입, 탈퇴 등으로 인한 변경에 관계없이 단체 그 자체가 존속되고, 그 조직에 의하여 대표의 방법, 총회나 이사회 등의 운영, 자본의 구성, 재산의 관리 기타 단체로서의 주요사항이 확정되어 있는 경우에는 비법인사단으로서의 실체를 가진다고 할 것이다(대판 1999.04.23. 99다4504).

정답 O, O

20년(3) 모의

82. **아파트 부녀회도 회원의 가입, 탈퇴와 상관없이 조직이 유지되고 있고 의사결정기관인 임원진이 구성되어 있으며 대외적으로 부녀회를 대표할 회장과 부회장 등의 대표자가 정해져 있는 경우에는 법인 아닌 사단으로서 당사자능력을 갖는다.**

해설 법인 아닌 사단의 실체를 갖춘 아파트 부녀회의 수익금이 아파트 부녀회 회장의 개인 명의의 예금계좌에 입금되어 있는 경우, 위 수익금의 관리·사용권을 승계한 아파트입주자 대표회의가 수익금의 지급을 청구할 상대방은 회장 개인이 아니라 아파트 부녀회이다(대판 2006.12.21. 2006다52723).

▶ 아파트에 거주하는 부녀를 회원으로 하여 입주자의 복지증진 및 지역사회 발전 등을 목적으로 설립된 아파트 부녀회가 회칙과 임원을 두고서 주요 업무를 월례회나 임시회를 개최하여 의사결정하여 온 경우에 법인 아닌 사단의 실체를 갖추고 있다고 본 사례.

정답 O

20년(3) 모의

83. **법인 아닌 사단이 당사자인 소송에서 판결의 기판력은 구성원이 아닌 사단에 대해서만 미친다.**

해설 민사소송법 제48조에 의하여 당사자가 될 수 있는 법인 아닌 사단인 교회에 대한 인락조서의 기판력은 소송당사자가 아닌 사단구성원인 교인에게는 미치지 아니한다(대판 1978.11.01. 78다1206).

정답 O

16년(1) 모의

84. **종중은 명칭, 서면으로 된 종중규약, 대표자 등의 조직을 갖추어야 소송법상 법인 아닌 사단으로서의 당사자능력이 인정된다.**

해설 종중은 종족의 자연발생적 집단으로서 선조의 사망과 동시에 자손에 의하여 성립하는 것이고 성립을 위하여 특별한 조직행위를 필요로 하는 것이 아니며, 반드시 특정한 명칭의 사용 및 서면화된 종중규약이 있어야 하거나 종중의 대표자가 계속하여 선임되어 있는 등 조직을 갖추어야 하는 것도 아니다(대판 1998.07.10. 96다488).

정답 ×

18년 변시, 16년(3) 모의

85. **(1) 어떤 단체가 소 제기 당시에는 법인 아닌 사단으로서의 실체를 갖추지 못하였으나 사실심 변론종결 시 법인 아닌 사단으로서의 실체를 갖추었다면 그 소는 적법하다.**

(2) 어떤 사단법인의 하부조직이 스스로 법인 아닌 사단으로서의 실체를 갖추고 독자적인 활동을 하고 있다면, 그 하부조직은 그 사단법인과는 별개의 독립된 법인 아닌 사단으로서의 당사자능력을 가진다.

해설 [1] 비법인사단이 민사소송에서 당사자능력을 가지려면 일정한 정도로 조직을 갖추고 지속적인 활동을 하는 단체성이 있어야 하고 또한 그 대표자가 있어야 하므로(민사소송법 제52조), 자연발생적으로 성립하는 고유한 의미의 종중이라도 그와 같은 비법인사단의 요건을 갖추어야 당사자능력이 인정된다 할 것이고 이는 소송요건에 관한 것으로서 사실심의 변론종결시를 기준으로 판단하여야 한다(대판 2013.01.10. 2011다64607). [2] 사단법인의 하부조직의 하나라 하더라도 스스로 단체로서의 실체를 갖추고 독자적인 활동을 하고 있다면 사단법인과는 별개의 독립된 비법인사단으로 볼 수 있다(대판 2009.01.30. 2006다60908).

정답  ○, ○

20년(1) 모의

86. **법인 아닌 사단에 해산사유가 발생했다고 하더라도 청산사무가 완료될 때까지 청산의 목적 범위 내에서 그 법인의 당사자능력은 계속 유지된다.**

해설 비법인사단에 해산사유가 발생하였다고 하더라도 곧바로 당사자능력이 소멸하는 것이 아니라 청산사무가 완료될 때까지 청산의 목적범위 내에서 권리·의무의 주체가 되고, 이 경우 청산 중의 비법인사단은 해산 전의 비법인사단과 동일한 사단이고 다만 그 목적이 청산 범위 내로 축소된 데 지나지 않는다(대판 2007.11.16. 2006다41297).

정답 ○

18년 변시, 17년(3) 모의

87. **법인이 아닌 사단에 구성원이 없게 되더라도 바로 소송상의 당사자능력을 상실하였다고 할 수는 없고, 청산사무가 완료되어야 당사자능력이 소멸한다.**

해설 법인 아닌 사단에 대하여는 사단법인에 관한 민법규정 가운데서 법인격을 전제로 하는 것을 제외하고는 이를 유추적용하여야 할 것인바, 사단법인에 있어서는 사원이 없게 된다고 하더라도 이는 해산사유가 될 뿐 막바로 권리능력이 소멸하는 것이 아니므로 법인 아닌 사단에 있어서도 구성원이 없게 되었다 하여 막바로 그 사단이 소멸하여 소송상의 당사자능력을 상실하였다고 할 수는 없고 청산사무가 완료되어야 비로소 그 당사자능력이 소멸하는 것이다(대판 1992.10.09. 92다23087).

정답 ○

18년 변시, 17년(3)·20년(3) 모의

88. (1) 법인이 아닌 사단의 존재 여부와 대표자의 자격에 관한 사항은 직권조사사항이고 당사자의 자백에 구속되지 않는다.
(2) 법인이 아닌 사단이나 재단은 대표자 또는 관리인이 있는 경우에는 그 사단이나 재단의 이름으로 당사자가 될 수 있다.

해설 [1] 법인 아닌 사단 또는 재단의 존재여부 그 대표자 자격에 관한 사항은 소송당사자 능력 또는 소송능력에 관한 사항이고, 소송당사자의 자백에 구속되지 아니할 사항이다(대판 1971.02.23. 70다44). 당사자능력 유무에 관한 사항은 법원의 직권조사사항이므로, 그 당사자능력 판단의 전제가 되는 사실에 관하여는 법원이 당사자의 주장에 구속될 필요 없이 직권으로 조사하여야 할 것이다(대판 1997.12.09. 94다41249).
[2] 민사소송법 제52조 참조.

민사소송법 제52조(법인이 아닌 사단 등의 당사자능력) 법인이 아닌 사단이나 재단은 대표자 또는 관리인이 있는 경우에는 그 사단이나 재단의 이름으로 당사자가 될 수 있다.

정답 O, O

18년 변시, 17년(3) 모의

89. 실종자를 당사자로 한 판결이 특별한 조건 없이 선고되어 확정된 후에 실종선고가 확정되고 그로 인한 사망간주 시점이 소 제기 전으로 소급하는 경우, 위 판결은 당사자능력이 없는 사망한 사람에 대한 것이므로 무효이다.

해설 실종자를 당사자로 한 판결이 확정된 후에 실종선고가 확정되어 그 사망간주의 시점이 소 제기 전으로 소급하는 경우에 위 판결 자체가 소급하여 당사자능력이 없는 사망한 사람을 상대로 한 판결로서 무효가 된다고는 볼 수 없다(대판 1992.07.14. 92다2455).

정답 X

16년(1) 모의

90. 원고가 자신을 고유한 의미의 종중이라고 주장하다가 종중 유사의 단체에 해당한다고 주장하는 것은 당사자변경에 해당하므로 법원은 종중 유사의 권리능력 있는 사단임이 인정되더라도 소각하 판결을 선고하여야 한다.

해설 소송 당사자인 종중의 법적 성격에 관한 당사자의 법률적 주장이 무엇이든 그 실체에 관하여 당사자가 주장하는 사실관계의 기본적 동일성이 유지되고 있다면 이는 당사자변경에 해당하지 아니하고, 그 경우 법원은 직권으로 조사한 사실관계에 기초하여 당사자가 주장하는 단체의 실질을 확정한 다음 그 법률적 성격을 달리 평가할 수 있는 것이고, 이를 기초로 당사자능력 등 소의 적법 여부를 판단하여야 할 것이다(대판 2008.10.09. 2008다45378).

정답 X

23년 변시, 16년(1) 모의

91. (1) 법인 아닌 사단의 총유재산에 관한 소송이 그 구성원들의 이름으로 제기된 경우 법원은 그 구성원 전원이 당사자로 되어 있는지 여부를 직권으로 심리하여야 한다.

(2) 당사자능력이 없는 사단에 대하여 선고된 판결은 무효이므로 그 판결에 대한 항소도 무효이고, 따라서 항소심에서의 당사자표시정정은 허용되지 않는다.

(3) 소장에 표시된 피고의 당사자능력이 인정되지 않는 경우에도 소장 전체의 취지를 합리적으로 해석하여 인정되는 올바른 당사자능력자로 피고의 표시를 정정하는 것은 허용된다.

해설 [1] 당사자능력은 본안판결을 받기 위한 소송요건으로서, 당사자능력의 유무에 관한 사항은 직권조사사항이다. 당사자능력 판단이 전제가 되는 사실에 관하여는 법원이 당사자의 주장에 구속될 필요 없이 직권으로 조사하여야 한다(김홍엽, 민사소송법 제7판, p.145). 따라서 법인 아닌 사단의 총유재산에 관한 소송에서 그 구성원 전원이 당사자로 되어 있는지 여부는 당사자능력 판단이 되는 전제 사실에 해당하므로 법원이 직권으로 조사하여야 할 사항이다. [2] 당사자는 소장에 기재된 표시 및 청구의 내용과 원인사실을 합리적으로 해석하여 확정하여야 하고, 확정된 당사자와의 동일성이 인정되는 범위 내에서라면 항소심에서도 당사자의 표시정정을 허용하여야 한다. 원고가 피고를 정확히 표시하지 못하고 당사자능력이 없는 자를 피고로 잘못 표시하였다면, 당사자 표시정정신청을 받은 법원으로서는 당사자를 확정한 연후에 원고가 정정신청한 당사자 표시가 확정된 당사자의 올바른 표시이며 동일성이 인정되는지의 여부를 살피고, 그 확정된 당사자로 피고의 표시를 정정하도록 하는 조치를 취하여야 한다. …당사자는 소장에 기재된 표시 및 청구의 내용과 원인사실을 합리적으로 해석하여 확정하여야 하고, 확정된 당사자와의 동일성이 인정되는 범위 내에서라면 항소심에서도 당사자의 표시정정을 허용하여야 한다(대판 1996.10.11. 96다3852).

정답 O, ×, O

Ⅲ 당사자능력의 조사와 흠결의 효과

제❷항 | 당사자적격

Ⅰ 서 설
Ⅱ 당사자적격을 갖는 자

24년 변시, 14년(1)·16년(3)·17년(1)·20년(3)·21년(3) 모의

92. (1) 종중재산에 관한 보존행위로서 소를 제기하는 경우에도 종중이 당사자가 되지 않으면 종중원 전원이 당사자가 되어야 당사자적격이 인정된다.

(2) 총유재산의 보존행위로서 소를 제기하는 경우, 법인 아닌 사단이 그 명의로 사원총회의 결의를 거쳐 하거나 또는 그 구성원 전원이 당사자가 되어 필수적 공동소송의 형태로 할 수 있을 뿐이고, 그 사단의 대표자는 사원총회의 결의를 거쳤다 하더라도 혼자서 그 소송의 원고가 될 수 없다.

(3) 법인 아닌 사단의 구성원이자 대표자인 개인은 사원총회의 결의를 거치면 총유재산의 보존행위에 관한 소송에서 자신의 명의로 당사자가 될 수 있다.

해설 총유재산에 관한 소송은 법인 아닌 사단이 그 명의로 사원총회의 결의를 거쳐 하거나 또는 그 구성원 전원이 당사자가 되어 필수적 공동소송의 형태로 할 수 있을 뿐 그 사단의 구성원은 설령 그가 사단의 대표자라거나 사원총회의 결의를 거쳤다 하더라도 그 소송의 당사자가 될 수 없고, 이러한 법리는 총유재산의 보존행위로서 소를 제기하는 경우에도 마찬가지라 할 것이다(대판 2005.09.15. 2004다44971(전합)).

정답 O, O, ×

23년 변시, 20년(2) 모의

93. (1) 등기의무자가 아닌 자나 등기에 관한 이해관계가 있는 제3자가 아닌 자를 상대로 등기의 말소절차이행을 구하는 소는 당사자적격이 없는 자를 상대로 한 것이므로 부적법하다.

(2) 등기명의인이나 그 포괄승계인이 아닌 자를 상대로 등기말소청구를 하는 경우, 이는 당사자적격의 문제가 아니라 본안판단의 문제이므로 청구를 기각하여야 한다.

해설 등기의무자, 즉 등기부상의 형식상 그 등기에 의하여 권리를 상실하거나 기타 불이익을 받을 자(등기명의인이거나 그 포괄승계인)가 아닌 자를 상대로 한 등기의 말소절차이행을 구하는 소는 당사자적격이 없는 자를 상대로 한 부적법한 소이다(대판 1994.02.25. 93다39225).

정답 O, ×

23년 변시

94. 채권자가 채권자대위권을 행사할 당시 이미 채무자가 그 권리를 재판상 행사하여 패소확정판결을 받았더라도 채권자는 채무자를 대위하여 위 채무자의 권리를 행사할 당사자적격이 있다.

해설 채권자대위권은 채무자가 제3채무자에 대한 권리를 행사하지 아니하는 경우에 한하여 채권자가 자기의 채권을 보전하기 위하여 행사할 수 있는 것이기 때문에 채권자가 대위권을 행사할 당시 이미 채무자가 그 권리를 재판상 행사하였을 때에는 설사 패소의 확정판결을 받았더라도 채권자는 채무자를 대위하여 채무자의 권리를 행사할 당사자적격이 없다(대판 1993.03.26. 92다32876).

정답 ×

23년 변시, 22년(1) 모의

95. 집합건물의 관리단으로부터 관리업무를 포괄적으로 위임받은 위탁관리회사는 특별한 사정이 없는 한 구분소유자 등을 상대로 관리비를 청구할 당사자적격이 있다.

해설 집합건물의 관리단이 관리비의 부과·징수를 포함한 관리업무를 위탁관리회사에 포괄적으로 위임한 경우에는, 통상적으로 관리비에 관한 재판상 청구를 할 수 있는 권한도 함께 수여한 것으로 볼 수 있다. 이 경우 위탁관리회사가 관리업무를 수행하는 과정에서 체납관리비를 추심하기 위하여 직접 자기 이름으로 관리비에 관한 재판상 청구를 하는 것은 임의적 소송신탁에 해당한다. 그러나 다수의 구분소유자가 집합건물의 관리에 관한 비용 등을 공동으로 부담하고 공용부분을 효율적으로 관리하기 위하여 구분소유자로 구성된 관리단이 전문 관리업체에 건물 관리업무를 위임하여 수행하도록 하는 것은 합리적인 이유와 필요가 있고, 그러한 관리방식이 일반적인 거래현실이며, 관리비의 징수는 업무수행에 당연히 수반되는 필수적인 요소이다. 또한 집합건물의 일종인 일정 규모 이상의 공동주택에 대해서는 주택관리업자에게 관리업무를 위임하고 주택관리업자가 관리비에 관한 재판상 청구를 하는 것이 법률의 규정에 의하여 인정되고 있다[구 주택법(2015. 8. 11. 법률 제13474호로 개정되기 전의 것) 제43조 제2항, 제5항, 제45조 제1항]. 이러한 점 등을 고려해 보면 관리단으로부터 집합건물의 관리업무를 위임받은 위탁관리회사는 특별한 사정이 없는 한 구분소유자 등을 상대로 자기 이름으로 소를 제기하여 관리비를 청구할 당사자적격이 있다(대판 2016.12.15. 2014다87885).

96. (1) 종중의 대표자를 선출한 결의의 무효나 부존재의 확인을 구하는 소송에서 피고적격을 가지는 자는 종중이다.

(2) 채권자대위소송에서 피보전권리가 없는 것으로 밝혀진 경우 법원은 원고적격 흠결을 이유로 소를 각하하여야 한다.

해설 [1] 문제가 되어 있는 대의원회의의 인준결의가 무효 내지 부존재인 것을 확인받아 피고(개인)들의 위 종중의 도유사나 이사가 아닌 사실을 확정판결로 명확히 하려는 확인의 소에 있어서는 피고들 개인을 상대로 제소할 것이 아니요 위의 종중을 피고로 하여 제소하여야만 원고로서는 이 소를 제기할 확인의 이익이 있다고 볼 수 있다(대판 1973.12.11. 73다1553). [2] 채권자대위소송에 있어서 대위에 의하여 보전될 채권자의 채무자에 대한 권리가 인정되지 아니할 경우에는 채권자가 스스로 원고가 되어 채무자의 제3채무자에 대한 권리를 행사할 당사자적격이 없게 되므로 그 대위소송은 부적법하여 각하할 수밖에 없다(대판 1994.06.24. 94다14339).

97. 자신을 종중대표자라고 주장하는 자가 대표자지위의 확인을 구할 경우, 종중원 전원을 피고로 하거나 종중을 피고로 하여야 한다.

해설 종중 대표자라고 주장하는 자가 종중을 상대로 하지 않고 종중원 개인을 상대로 하여 대표자 지위의 적극적 확인을 구하는 소송은, 만일 그 청구를 인용하는 판결이 선고되더라도 그 판결의 효력은 당해 종중에는 미친다고 할 수 없기 때문에 대표자의 지위를 둘러 싼 당사자들 사이의 분쟁을 근본적으로 해결하는 가장 유효적절한 방법이 될 수 없고 따라서 확인의 이익이 없어 부적법하다(대판 1998.11.27. 97다4104).

19년(2) 모의

98.
(1) 유언집행자가 있는 경우 그의 유언집행에 필요한 한도에서 상속인의 상속재산에 대한 처분권은 제한되며 그 제한을 받는 범위 내에서 상속인은 당사자적격이 없다.
(2) 집합건물의 관리단으로부터 공용부분 변경에 관한 업무를 위임받은 입주자대표회의는 구분소유자들을 상대로 공용부분 변경에 따른 비용을 청구하는 소를 제기할 원고적격이 없다.

[1] 유언집행자는 유증의 목적인 재산의 관리 기타 유언의 집행에 필요한 모든 행위를 할 권리의무가 있으므로, 유증 목적물에 관하여 마쳐진, 유언의 집행에 방해가 되는 다른 등기의 말소를 구하는 소송에 있어서는 유언집행자가 이른바 법정소송담당으로서 원고적격을 가진다고 할 것이고, 유언집행자는 유언의 집행에 필요한 범위 내에서는 상속인과 이해상반되는 사항에 관하여도 중립적 입장에서 직무를 수행하여야 하므로, 유언집행자가 있는 경우 그의 유언집행에 필요한 한도에서 상속인의 상속재산에 대한 처분권은 제한되며 그 제한 범위 내에서 상속인은 원고적격이 없다(대판 2010.10.28. 2009다20840). [2] 집합건물법 제15조 제1항에서 정한 특별결의나 집합건물법 제41조 제1항에서 정한 서면이나 전자적 방법 등에 의한 합의의 방법으로 집합건물의 관리단으로부터 공용부분 변경에 관한 업무를 위임받은 입주자대표회의는 특별한 사정이 없는 한 구분소유자들을 상대로 자기 이름으로 소를 제기하여 공용부분 변경에 따른 비용을 청구할 권한이 있다(대판 2017.03.16. 2015다3570).

99.
(1) 피담보채권의 양도를 원인으로 한 근저당권 이전의 부기등기가 있는 경우에 근저당권설정등기의 말소등기청구는 양수인을 상대로 제기하여야 하고, 근저당권 이전의 부기등기가 전부명령 확정에 따라 이루어지는 경우에도 동일하다.
(2) 근저당권 양도의 부기등기는 기존의 근저당권설정등기에 의한 권리의 승계를 등기부상 명시하는 것뿐이므로, 근저당권설정등기의 말소등기청구는 근저당권의 양수인을 피고로 하여야 한다.

근저당권 이전의 부기등기는 기존의 주등기인 근저당권설정등기에 종속되어 주등기와 일체를 이루는 것이어서, 피담보채무가 소멸된 경우 또는 근저당권설정등기가 당초 원인무효인 경우 주등기인 근저당권설정등기의 말소만 구하면 되고 그 부기등기는 별도로 말소를 구하지 않더라도 주등기의 말소에 따라 직권으로 말소되는 것이며, 근저당권 양도의 부기등기는 기존의 근저당권설정등기에 의한 권리의 승계를 등기부상 명시하는 것 뿐으로, 그 등기에 의하여 새로운 권리가 생기는 것이 아닌 만큼 근저당권설정등기의 말소등기청구는 양수인만을 상대로 하면 족하고 양도인은 그 말소등기청구에 있어서 피고 적격이 없으며, 근저당권의 이전이 전부명령 확정에 따라 이루어졌다고 하여 이와 달리 보아야 하는 것은 아니다(대판 2000.04.11. 2000다5640).

17년 변시, 12년(2)·18년(2) 모의

100. (1) 회사의 대표자에 대한 직무집행정지 및 직무대행자 선임의 가처분신청 사건에 있어서 회사가 아니라 대표자를 피신청인으로 하여야 한다.

(2) A주식회사의 정관에 따라 甲을 대표이사로 선출한 주주총회결의의 효력을 다투는 본안소송과 관련하여 甲에 대한 직무집행정지 및 직무대행자선임의 가처분신청을 할 때에는 A주식회사를 피신청인으로 하여야 한다.

(3) 주주총회결의 취소판결은 대세적 효력이 있으므로 성질상 회사만 피고가 될 수 있다.

해설 [1], [2] 민사소송법 제714조 제2항 소정의 임시의 지위를 정하기 위한 이사직무집행정지가처분에 있어서 피신청인이 될 수 있는 자는 그 성질상 당해 이사이고, 회사에게는 피신청인의 적격이 없다(대판 1982.02.09. 80다2424). [3] 주주총회결의 취소와 결의무효확인판결은 대세적 효력이 있으므로 그와 같은 소송의 피고가 될 수 있는 자는 그 성질상 회사로 한정된다(대판 1982.09.14. 80다2425(전합)).

정답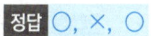

18년(2) 모의

101. 채무자가 甲과 乙을 피공탁자(지분 각 1/2)로 하여 변제공탁한 경우, 甲은 乙과 내부적인 지분이 다르다는 이유로 乙을 피고로 하여 초과지분에 대한 공탁금출급청구권 존재확인의 소를 제기할 수 있다.

해설 변제공탁의 공탁물출급청구권자는 피공탁자 또는 그 승계인이고 피공탁자는 공탁서의 기재에 의하여 형식적으로 결정되므로, 실체법상의 채권자라고 하더라도 피공탁자로 지정되어 있지 않으면 공탁물출급청구권을 행사할 수 없다. 따라서 피공탁자 아닌 제3자가 피공탁자를 상대로 하여 공탁물출급청구권 확인판결을 받았더라도 그 확인판결을 받은 제3자가 직접 공탁물출급청구를 할 수는 없고, 수인을 공탁금에 대하여 균등한 지분을 갖는 피공탁자로 하여 공탁한 경우 피공탁자 각자는 공탁서의 기재에 따른 지분에 해당하는 공탁금을 출급청구할 수 있을 뿐이며, 비록 피공탁자들 내부의 실질적인 지분비율이 공탁서상의 지분비율과 다르다고 하더라도 이는 피공탁자 내부간에 별도로 해결해야 할 문제이다. 채무자가 확정판결에 따라 甲과 乙을 피공탁자(지분 각 1/2)로 하여 판결에서 지급을 명한 금액을 변제공탁한 경우, 甲과 乙은 각자 위 공탁금의 1/2 지분에 해당하는 공탁금을 출급청구할 수 있을 뿐이고, 각자의 지분을 초과하는 지분에 대하여는 甲과 乙이 피공탁자로 지정되어 있지 않으므로 초과지분에 대하여 상대방을 상대로 공탁금출급청구권의 확인을 청구할 수 없다(대판 2006.08.25. 2005다67476).

정답

18년 변시

102. 주한미군 군인의 공무집행 중 불법행위로 인하여 대한민국 국민에게 손해가 발생한 경우, 그 손해배상청구소송에서 대한민국은 피고인 미군 측을 위하여 소송을 수행할 수 있으나 피고가 될 수 없다.

해설 주한미군의 공무집행 중의 불법행위에 대한 손해배상청구에 있어서 대한민국(한미행정협정 23조 제5항)은 법정소송담당 가운데 갈음형에 해당하여 소송을 수행할 수 있고 피고가 될 수 있다.

정답 ×

18년 변시

103. 공유자는 각자 보존행위를 할 수 있으나, 보존행위가 소송행위인 경우에는 특별한 사정이 없는 한 단독으로 할 수 없다.

해설 공유물의 보존행위는 공유물의 멸실 훼손을 방지하고 그 현상을 유지하기 위하여 하는 사실적 법률적 행위로서 이러한 공유물의 보존행위를 각 공유자가 단독으로 할 수 있다(대판 1995.04.07. 93다54736).

정답 ×

18년 변시

104. 비상장회사의 발행주식총수의 100분의 1 이상에 해당하는 주식을 가진 주주가 회사에 회복할 수 없는 손해가 생길 염려가 없음에도 불구하고, 회사에 대하여 이사가 책임을 추궁할 소의 제기를 청구하지 않고 즉시 회사를 위하여 소를 제기한 경우, 그 소는 부적법하다.

해설 발행주식 총수의 100분의 1 이상에 해당하는 주식을 가진 주주가 회사에 회복할 수 없는 손해가 생길 염려가 없음에도 불구하고 회사에 대하여 이사의 책임을 추궁할 소의 제기를 청구하지 않고 즉시 회사를 위하여 소를 제기한 경우, 그 소는 부적법하다(대판 2010.04.15. 2009다98058).

정답 ○

12년·18년 변시, 12년(2)·17년(1) 모의

105. (1) 채권자가 채권자취소권을 행사하려면 사해행위로 인하여 이익을 받은 자나 전득한 자를 상대로 그 법률행위의 취소를 구하는 소를 제기하여야 한다.

(2) 사해행위의 수익자 또는 전득자에 대하여 회생절차가 개시된 경우에 채권자는 관리인을 상대로 사해행위의 취소 및 그에 따른 원물반환을 구하는 소를 제기할 수 없다.

해설 [1] 채권자가 채권자취소권을 행사하려면 사해행위로 인하여 이익을 받은 자나 전득한 자를 상대로 그 법률행위의 취소를 청구하는 소송을 제기하여야 되는 것으로서, 채무자를 상대로 그 소송을 제기할 수는 없다(대판 1991.08.13. 91다13717). [2] 사해행위의 수익자 또는 전득자에 대하여 회생절차가 개시된 경우 채무자의 채권자가 사해행위의 취소와 함께 회생채무자로부터 사해행위의 목적인 재산 그 자체의 반환을 청구하는 것은 환취권의 행사에 해당하여 회생절차개시의 영향을 받지 아니한다. 따라서 채무자의 채권자는 사해행위의 수익자 또는 전득자에 대하여 회생절차가 개시되더라도 관리인을 상대로 사해행위의 취소 및 그에 따른 원물반환을 구하는 사해행위취소의 소를 제기할 수 있다(대판 2014.09.04. 2014다36771).

정답

20년(2) 모의

106. 상속의 포기는 사해행위취소의 대상이 되지 않는다.

해설 상속의 포기는 민법 제406조 제1항에서 정하는 "재산권에 관한 법률행위"에 해당하지 아니하여 사해행위취소의 대상이 되지 못한다(대판 2011.06.09. 2011다29307).

정답

17년 변시, 17년(2) 모의

107. 甲이 乙, 丙의 합유로 소유권이전등기가 마쳐진 부동산에 관하여 명의신탁 해지를 원인으로 한 소유권이전등기절차의 이행을 구할 경우, 乙과 丙 모두를 피고로 하여야 한다.

해설 합유로 소유권이전등기가 된 부동산에 관하여 명의신탁 해지를 원인으로 한 소유권이전등기절차의 이행을 구하는 소송은 합유물에 관한 소송으로서 합유자 전원에 대하여 합일적으로 확정되어야 하는 고유필수적 공동소송에 해당한다(대판 2011.02.10. 2010다82639).

정답

15년·17년 변시, 14년(1)·17년(1)·20년(1) 모의

108. 丙이 甲의 乙에 대한 채권에 관하여 압류 및 추심명령을 받은 경우, 甲은 위 채권에 대한 이행의 소를 제기할 당사자적격을 상실한다.

해설 채권에 대한 압류 및 추심명령이 있으면 제3채무자에 대한 이행의 소는 추심채권자만이 제기할 수 있고 채무자는 피압류채권에 대한 이행소송을 제기할 당사자적격을 상실한다고 하여야 할 것이다(대판 2000.04.11. 99다23888).

정답

20년(1) 모의

109. 채권자가 제3채무자를 상대로 채권자대위의 소를 제기하더라도 채무자는 제3채무자를 상대로 대위의 대상인 채권에 관한 이행의 소를 제기할 수 있는 당사자적격을 상실하지 않는다.

해설 채권자 대위소송은 제3자의 법정소송담당 중 병행형이므로 채권자 대위의 소가 제기되더라도 채무자는 당사자 적격을 갖는다(이시윤, 민사소송법 제7판, p.146).

참조판례 채권자가 채권자대위권을 행사하는 방법으로 제3채무자를 상대로 소송을 제기하고 판결을 받은 경우에는 채권자가 채무자에 대하여 민법 405조 1항에 의한 보존행위 이외의 권리행사의 통지, 또는 민사소송법 77조에 의한 소송고지 혹은 비송사건절차법 84조 1항에 의한 법원에 의한 재판상 대위의 허가를 고지하는 방법 등을 위시하여 어떠한 사유로 인하였던 적어도 채권자대위권에 의한 소송이 제기된 사실을 채무자가 알았을 경우에는 그 판결의 효력은 채무자에게 미친다고 보는 것이 상당하다 할 것이다(대판 1975.05.13. 74다1664(전합)).

정답 O

20년(2) 모의

110. 이행의 소에서 피고가 실제 의무자인지 여부는 본안에서 가릴 문제이기 때문에 실제 이행청구권자나 의무자가 아닌 것으로 판명되더라도 청구기각을 할 것이지 당사자적격이 없다고 하여 소를 각하해서는 안 된다.

해설 급부의 소에 있어서는 원고의 청구자체로서 당사자적격이 판가름되고 그 판단은 청구의 당부의 판단에 흡수되는 것이므로 자기의 급부청구권을 주장하는 자가 정당한 원고이고 의무자로 주장된 자가 정당한 피고이다(대판 1989.07.25. 88다카26499). ▶따라서 이행의 소에서 실제 이행청구권자가 아니거나 의무자가 아닌 경우 청구기각을 하여야 한다.

정답 O

17년(1) 모의

111. 매매계약 해제로 인한 매매대금 반환청구의 소에서 원고가 매매계약의 당사자가 아니더라도 자신이 매매대금 반환청구권자라고 주장하면 원고적격이 인정된다.

해설 이행의 소에 있어서는 원고의 청구자체로서 당사자 적격이 판가름되고 그 판단은 청구의 당부의 판단에 흡수되는 것이므로 자기의 급부청구권을 주장하는 자가 정당한 원고이고 의무자로 주장된 자가 정당한 피고이다(대판 1977.08.23. 75다1676). 따라서 이행의 소의 당사자적격에 있어서 실제로 원고가 이행청구권자이며 피고가 이행의무자일 것을 요하지 않는다(김홍엽, 민사소송법 제7판, p.148).

정답 O

17년 변시

112. 甲이 乙, 丙, 丁을 상대로 제기한 소송에서 乙이 선정당사자로 선정되어 소송을 수행하던 중 甲이 乙에 대한 소를 취하하면 乙은 선정당사자의 지위를 상실한다.

해설 민사소송법 제53조 소정의 선정당사자는 공동의 이해관계를 가진 여러 사람 중에서 선정되어야 하는 것이므로, 선정당사자 본인에 대한 부분의 소가 취하되거나 판결이 확정되는 등으로 공동의 이해관계가 소멸하는 경우에는 선정당사자는 선정당사자의 자격을 당연히 상실한다고 보아야 할 것이다(대판 2006.09.28. 2006다28775).

정답 ○

15년(2) 모의

113. 甲 소유의 임야에 乙의 분묘와 망주석(望柱石)이 있었고, 이를 철거하기 위해 후손이 누구인지를 알아보니 지금까지 乙의 제사를 주재해 온 사람은 B이지만, B는 乙의 차남이었다. 한편 乙의 장남인 A가 있었지만 오래 전에 사망하였고 A의 장남인 C가 있으며, C가 종손이라고 한다. 이 경우 甲은 B를 상대로 자신의 임야에 있는 분묘를 굴이(掘移)하고 망주석을 철거하라는 소를 제기해야 한다.

해설 임야의 소유권에 터잡아 분묘의 철거를 청구하려면 분묘의 설치를 누가 하였건 그 분묘의 관리처분권을 가진 자를 상대로 하여야 할 것이고(대판 1967.12.26. 67다2073 참조), 종손이 있는 경우라면 그가 제사를 주재하는 자의 지위를 유지할 수 없는 특별한 사정이 있는 경우를 제외하고는 일반적으로 선조의 분묘를 수호·관리하는 권리는 그 종손에게 있다(대판 1985.11.12. 84다카1934, 대판 1988.11.22. 87다카414). 사안에서 종손 C가 제사를 주재하는 자의 지위를 유지할 수 없는 특별한 사정이 없으므로, 비록 C의 작은 아버지인 B가 제사를 주재해왔다 하더라도 그에게 제사주재자의 지위를 인정할 수는 없다. 따라서 甲은 C를 상대로 철거청구의 소를 제기하여야 한다.

정답 ×

14년(1) 모의

114. 채권자대위소송을 하는 채권자, 공유자전원을 위해 보존행위를 하는 공유자, 채권질의 질권자, 주주대표소송의 주주, 선정당사자는 법정소송담당자이다.

해설 법정소송담당은 권리관계의 주체의 의사와 관계없이 제3자가 법률의 규정에 의해 소송수행권을 갖는 경우이다. 채권자 대위소송을 하는 채권자(민법 제404조), 공유자전원을 위해 보존행위를 하는 공유자(민법 제265조), 채권질의 질권자(민법 제353조), 주주대표소송의 주주(상법 제403조)는 법률규정에 의해 권리주체와 병행하여 소송수행권을 갖는 경우이다. 그러나 선정당사자(민사소송법 제53조)는 공동의 이해관계가 있는 여러 사람 가운데서 모두를 위하여 당사자가 될 사람을 선정하는 경우 당사자로 선출된 자로써 선정행위에 의해 소송수행권을 갖는 경우이므로 임의적 소송담당이다.

정답 ×

Ⅲ 당사자적격 흠결의 효과

제❸항 ㅣ 소송능력

Ⅰ 서 설
Ⅱ 소송능력의 기준

23년(1) 모의

115. 당사자가 소송행위 당시 미성년이었더라도 성년자로 된 후에 추인하면 소송능력의 흠결은 치유된다.

> 해설 당사자가 소송행위 당시 또는 변호사를 선임할 당시에 미성년자였다고 하더라도 성년이 된 후에 묵시적으로 추인하였다고 보여지는 경우에는 소송능력의 흠결은 없어졌다고 할 것이다(대판 1970.12.22. 70다2297).

정답

20년(2) 모의

116. 법정대리인이 처분을 허락한 재산에 대해서도 미성년자의 소송능력은 인정되지 아니한다.

> 해설 민법상 미성년자는 법정대리인의 동의가 있으면 법률행위를 할 수 있고, 법정대리인이 범위를 정하여 처분을 허락한 재산에 대해서는 임의로 처분할 수 있지만, 이와 같은 경우라도 소송법상 미성년자의 소송능력은 인정되지 아니한다(김홍엽, 민사소송법 제6판, p.172).

정답

19년(3)·20년(2) 모의

117. (1) 미성년자는 독립하여 법률행위를 할 수 있는 경우가 아니면, 친권자의 동의를 받더라도 소송행위를 할 수 없다.

(2) 미성년자가 법정대리인으로부터 허락을 얻은 특정 영업에 관한 법률행위에 대해서는 그 범위 내에서 미성년자의 소송능력이 인정된다.

> 해설 민사소송법 제55조 제1항 제1호, 민법 제8조 참조.
>
> **민사소송법 제55조(제한능력자의 소송능력)** ① 미성년자 또는 피성년후견인은 법정대리인에 의해서만 소송행위를 할 수 있다. 다만, 다음 각 호의 경우에는 그러하지 아니하다.
> 1. 미성년자가 독립하여 법률행위를 할 수 있는 경우
> **민법 제8조(영업의 허락)** ① 미성년자가 법정대리인으로부터 허락을 얻은 특정한 영업에 관하여는 성년자와 동일한 행위능력이 있다.

정답

20년(2) 모의

118. 제한능력자인 미성년자와의 소송에서 패소한 상대방이 미성년자의 소송능력의 흠을 주장하며 상소나 재심의 사유로 삼는 것은 허용되지 않는다.

> **해설** 소송무능력자 측이 승소한 경우에 있어서 패소한 상대방은 승소한 당사자 측의 소송능력의 흠을 주장하여 상소나 재심의 소를 제기할 수 없다(김홍엽, 민사소송법 제6판, p.177).

정답

20년(2) 모의

119. 법정대리인이 미성년자의 소송행위에 대하여 추인을 거절하였다가 다시 추인하면 그 소송행위는 행위시로 소급하여 효력이 생긴다.

> **해설** 피고 소송대리인은 2008. 7. 22.자 상고이유 철회서에 의해 무권대리인인 변호사 유경재의 항소심에서 한 소송행위를 모두 추인하고 소송대리권의 수여에 흠이 있다는 요지의 상고이유 제1점을 철회한다는 의사를 개진하고 있으나, 일단 추인거절의 의사표시가 있은 이상 그 무권대리행위는 확정적으로 무효로 귀착되므로 그 후에 다시 이를 추인할 수는 없다 할 것이다(대판 2008.08.21. 2007다79480).

정답 ×

20년(2) 모의

120. 미성년자의 후견인이 상대방의 소 또는 상소제기에 관하여 소송행위를 하는 경우에는 그 후견감독인으로부터 특별한 권한을 받을 필요가 없다.

> **해설** 민사소송법 제56조 참조.

> 민사소송법 제56조(법정대리인의 소송행위에 관한 특별규정) ① 미성년후견인, 대리권 있는 성년후견인 또는 대리권 있는 한정후견인이 상대방의 소 또는 상소 제기에 관하여 소송행위를 하는 경우에는 그 후견감독인으로부터 특별한 권한을 받을 필요가 없다.

정답

18년(1)·(2) 모의

121. (1) 피한정후견인은 한정후견인의 동의가 필요한 행위에 관하여는 대리권 있는 한정후견인에 의해서만 소송행위를 할 수 있다.

(2) 소송행위를 대리할 권한이 부여된 한정후견인이 피한정후견인을 대리하여 소를 제기하고자 하는 경우 후견감독인이 있으면 그의 동의를 받아야 한다.

> **해설** [1] 피한정후견인은 원칙적으로 소송능력을 인정하면서 예외적으로 한정후견인의 동의를 필요로 하는 행위에 관하여 소송능력을 부정하여 대리권 있는 한정후견인의 대리에 의해서만 소송행위를 할 수 있도록 하였다(이시윤, 신민사소송법 제11판, p.165).

민법 제13조(피한정후견인의 행위와 동의) ① 가정법원은 피한정후견인이 한정후견인의 동의를 받아야 하는 행위의 범위를 정할 수 있다.

[2] 민법 제959조의6, 제950조 참조.

민법 제959조의6(한정후견사무) 한정후견의 사무에 관하여는 제681조, 제920조 단서, 제947조, 제947조의2, 제949조, 제949조의2, 제949조의3, 제950조부터 제955조까지 및 제955조의2를 준용한다.
민법 제950조(후견감독인의 동의를 필요로 하는 행위) ① 후견인이 피후견인을 대리하여 다음 각 호의 어느 하나에 해당하는 행위를 하거나 미성년자의 다음 각 호의 어느 하나에 해당하는 행위에 동의를 할 때는 후견감독인이 있으면 그의 동의를 받아야 한다.
5. 소송행위

정답 ○, ○

18년(1)·21년(2) 모의

122.
(1) 의사능력이 없는 사람을 상대로 소송행위를 하려고 하거나 의사능력이 없는 사람이 소송행위를 하는데 필요한 경우 수소법원에 특별대리인의 선임을 신청할 수 있다.

(2) 특정후견인 또는 임의후견인은 의사무능력자를 위한 민사소송법상의 특별대리인의 선임을 신청할 수 없다.

 민사소송법 제62조의2 제1항 참조.

민사소송법 제62조(제한능력자를 위한 특별대리인) ① 미성년자·피한정후견인 또는 피성년후견인이 당사자인 경우, 그 친족, 이해관계인(미성년자·피한정후견인 또는 피성년후견인을 상대로 소송행위를 하려는 사람을 포함한다), 대리권 없는 성년후견인, 대리권 없는 한정후견인, 지방자치단체의 장 또는 검사는 다음 각 호의 경우에 소송절차가 지연됨으로써 손해를 볼 염려가 있다는 것을 소명하여 수소법원(受訴法院)에 특별대리인을 선임하여 주도록 신청할 수 있다.
민사소송법 제62조의2(의사무능력자를 위한 특별대리인의 선임 등) ① 의사능력이 없는 사람을 상대로 소송행위를 하려고 하거나 의사능력이 없는 사람이 소송행위를 하는 데 필요한 경우 특별대리인의 선임 등에 관하여는 제62조를 준용한다. 다만, 특정후견인 또는 임의후견인도 특별대리인의 선임을 신청할 수 있다.

정답 ○, ×

18년(1) 모의

123. 민사소송법상의 특별대리인은 대리권 있는 후견인과 같은 권한이 있다.

 민사소송법 제62조 제3항 참조.

민사소송법 제62조(제한능력자를 위한 특별대리인) ① 미성년자·피한정후견인 또는 피성년후견인이 당사자인 경우, 그 친족, 이해관계인(미성년자·피한정후견인 또는 피성년후견인을 상대로 소송행위를 하려는 사람을 포함한다), 대리권 없는 성년후견인, 대리권 없는 한정후견인, 지방자치단체의 장 또는 검사는 다음 각 호의 경우에 소송절차가 지연됨으로써 손해를 볼 염려가 있다는 것을 소명하여 수소법원에 특별대리인을 선임하여 주도록 신청할 수 있다.

1. 법정대리인이 없거나 법정대리인에게 소송에 관한 대리권이 없는 경우
2. 법정대리인이 사실상 또는 법률상 장애로 대리권을 행사할 수 없는 경우
3. 법정대리인의 불성실하거나 미숙한 대리권 행사로 소송절차의 진행이 현저하게 방해받는 경우
② 법원은 소송계속 후 필요하다고 인정하는 경우 직권으로 특별대리인을 선임·개임하거나 해임할 수 있다.
③ 특별대리인은 대리권 있는 후견인과 같은 권한이 있다. 특별대리인의 대리권의 범위에서 법정대리인의 권한은 정지된다.

정답

17년(2)·(3) 모의

124. 소송무능력자의 소송행위는 법정대리인이 이를 추인하면 유효로 되지만 소급하여 효력이 생기지는 않는다.

해설 민사소송법 제60조 참조.

민사소송법 제60조(소송능력 등의 흠과 추인) 소송능력, 법정대리권 또는 소송행위에 필요한 권한의 수여에 흠이 있는 사람이 소송행위를 한 뒤에 보정된 당사자나 법정대리인이 이를 추인한 경우에는, 그 소송행위는 이를 한 때에 소급하여 효력이 생긴다.

정답

14년(2)·17년(2) 모의

125. (1) 피성년후견인은 법정대리인의 동의를 받더라도 단독으로 소송행위를 할 수 없는 것이 원칙이다.
(2) 피한정후견인의 소송능력은 원칙적으로 인정되지 않는다.
(3) 미성년자가 독립하여 법률행위를 할 수 있는 경우에는 소송능력이 인정된다.
(4) 미성년자는 민법상 행위무능력자이지만 소송능력은 있다.

해설 민사소송법 제55조 제1항, 제2항 참조.

민사소송법 제55조(제한능력자의 소송능력) ① 미성년자 또는 피성년후견인은 법정대리인에 의해서만 소송행위를 할 수 있다. 다만, 다음 각 호의 경우에는 그러하지 아니하다.
1. 미성년자가 독립하여 법률행위를 할 수 있는 경우
2. 피성년후견인이 「민법」제10조제2항에 따라 취소할 수 없는 법률행위를 할 수 있는 경우
② 피한정후견인은 한정후견인의 동의가 필요한 행위에 관하여는 대리권 있는 한정후견인에 의해서만 소송행위를 할 수 있다.

정답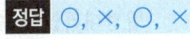

17년(2) 모의

126. 질병, 장애, 연령, 그 밖의 사유로 인한 정신적·신체적 제약으로 소송관계를 분명하게 하기 위하여 필요한 진술을 하기 어려운 당사자는 법원의 허가를 받아 진술을 도와주는 사람과 함께 출석하여 진술할 수 있다.

해설 민사소송법 제143조의2 제1항 참조.

> 민사소송법 제143조의2(진술 보조) ① 질병, 장애, 연령, 그 밖의 사유로 인한 정신적·신체적 제약으로 소송관계를 분명하게 하기 위하여 필요한 진술을 하기 어려운 당사자는 법원의 허가를 받아 진술을 도와주는 사람과 함께 출석하여 진술할 수 있다.

정답 O

Ⅲ 소송능력의 조사와 흠결의 효과

15년(1) 모의

127. 한국대학교 1학년인 甲(18세, 미혼)은 부모 몰래 X카드회사로부터 신용카드를 발급받아 유흥비로 마구 사용하다가 카드대금 2천만 원을 연체하게 되었다. 이로 인해 X카드회사는 甲을 상대로 카드대금 2천만 원의 지급을 청구하는 소를 제기하였다. 소송계속 중 법원은 甲이 18세라는 점을 발견하였더라도 보정을 조건으로 일시적 소송행위를 하게 할 수 있다.

해설 민사소송법 제59조 참조.

> 민사소송법 제59조(소송능력 등의 흠에 대한 조치) 소송능력·법정대리권 또는 소송행위에 필요한 권한의 수여에 흠이 있는 경우에는 법원은 기간을 정하여 이를 보정(補正)하도록 명하여야 하며, 만일 보정하는 것이 지연됨으로써 손해가 생길 염려가 있는 경우에는 법원은 보정하기 전의 당사자 또는 법정대리인으로 하여금 일시적으로 소송행위를 하게 할 수 있다.

정답 O

14년(2) 모의

128. (1) 소송무능력자의 소송행위는 취소될 때까지는 유효하다.

(2) 소송무능력자가 선임한 변호사가 제기한 소는 적법하고도 유효하다.

해설 [1] 소송능력은 개개의 소송행위의 유효요건이다. 따라서 소송무능력자의 소송행위나 무능력자에 대한 소송행위는 무효이다. [2] 미성년자의 소송대리인 선임행위는 무효이다. 그러나 소송무능력자의 소송행위나 그에 대한 소송행위라도 확정적 무효는 아니며, 이른바 유동적 무효이다. 따라서 법정대리인이 추인하면 그 행위시에 소급하여 유효로 된다(민사소송법 제60조). 소송무능력자가 선임한 변호사가 제기한 소는 위법하고 무효이지만 법정대리인이 추인하면 소송능력의 흠은 소급하여 없어지고 적법한 소가 된다.

정답 ×, ×

12년(2)·14년(2) 모의

129. (1) 소송능력의 유무는 법원이 직권으로 조사하여야 한다.
(2) 미성년자가 원고인 경우 법원은 소장 심사단계에서 법정대리인의 기재 누락을 지적하여 보정을 명하여야 하며, 이에 불응하면 소장각하명령을 하여야 한다.

해설 [1] 소송능력의 유무는 법원이 절차의 어느 단계에서도 조사해야 할 직권조사사항이다.
[2] 민사소송법 제249조, 제254조 제1, 제2항 참조.

민사소송법 제249조(소장의 기재사항) ① 소장에는 당사자와 법정대리인, 청구의 취지와 원인을 적어야 한다.
민사소송법 제254조(재판장등의 소장심사권) ① 소장이 제249조제1항의 규정에 어긋나는 경우와 소장에 법률의 규정에 따른 인지를 붙이지 아니한 경우에는 재판장은 상당한 기간을 정하고, 그 기간 이내에 흠을 보정하도록 명하여야 한다. 재판장은 법원사무관등으로 하여금 위 보정명령을 하게 할 수 있다.
② 원고가 제1항의 기간 이내에 흠을 보정하지 아니한 때에는 재판장은 명령으로 소장을 각하하여야 한다.

정답 ○, ○

제❹항 | 변론능력

Ⅰ 서 설
Ⅱ 변론능력이 없는 자
Ⅲ 변론능력 흠결의 효과

18년(3) 모의

130. 법원이 변론능력의 흠을 간과하여 판결한 경우, 상소나 재심의 소가 허용되지 않는다.

해설 법원이 변론능력에 흠이 있음을 간과 또는 묵과하고 진술금지재판 등의 조치를 취하지 않고 종국재판을 한 경우에는 이를 이유로 상소나 재심에 의하여 취소를 구할 수는 없다(이시윤, 신민사소송법 제11판, p.172).

정답

18년(3) 모의

131. 당사자에게 발언금지명령이 내려진 경우 당해 기일에서만 변론능력이 상실되지만, 진술금지명령이 내려진 경우에는 당해 기일 및 그 이후의 모든 기일에서 변론능력이 상실된다.

해설 진술금지의 재판을 받은 자는 변론능력을 상실하여 변론무능력자가 되는데, 그 효력은 당해 변론기일에만 한정하는 것이 아니라 그 심급에 있어서는 그 이후의 변론 전부에 미친다. 이에 반해 발언금지의 명령을 받은 자는 해당 기일만 변론능력이 없다(이시윤, 신민사소송법 제11판, p.170).

민사소송법 제135조(재판장의 지휘권) ① 변론은 재판장(합의부의 재판장 또는 단독판사를 말한다. 이하 같다)이 지휘한다.
② 재판장은 발언을 허가하거나 그의 명령에 따르지 아니하는 사람의 발언을 금지할 수 있다.

정답 O

 13년 변시, 18년(3) 모의

132. (1) 준비기일에서는 진술금지명령을 할 수 없다.

(2) 소 또는 상소를 제기한 사람이 진술금지의 명령과 함께 변호사선임명령을 받고 새 기일까지 변호사를 선임하지 않은 때에는 법원은 결정으로 소 또는 상소를 각하할 수 있다.

(3) 진술금지명령에 대하여는 즉시항고를 할 수 없다.

해설 민사소송법 제286조, 제144조 참조.

민사소송법 제144조(변론능력이 없는 사람에 대한 조치) ① 법원은 소송관계를 분명하게 하기 위하여 필요한 진술을 할 수 없는 당사자 또는 대리인의 진술을 금지하고, 변론을 계속할 새 기일을 정할 수 있다.
② 제1항의 규정에 따라 진술을 금지하는 경우에 필요하다고 인정하면 법원은 변호사를 선임하도록 명할 수 있다.
③ 제1항 또는 제2항의 규정에 따라 대리인에게 진술을 금지하거나 변호사를 선임하도록 명하였을 때에는 본인에게 그 취지를 통지하여야 한다.
④ 소 또는 상소를 제기한 사람이 제2항의 규정에 따른 명령을 받고도 제1항의 새 기일까지 변호사를 선임하지 아니한 때에는 법원은 결정으로 소 또는 상소를 각하할 수 있다.
⑤ 제4항의 결정에 대하여는 즉시항고를 할 수 있다(1항의 결정에 대해 즉시항고가 가능하다는 규정이 없으므로 진술금지명령에 대하여는 즉시항고를 할 수 없다.)
민사소송법 제286조(준용규정) 변론준비절차에는 제135조 내지 제138조, 제140조, 제142조 내지 제151조, 제225조 내지 제232조, 제268조 및 제278조의 규정을 준용한다.

정답 ×, O, O

제4절 소송상의 대리인

제❶항 총 설

Ⅰ 소송상 대리인의 의의
Ⅱ 대리인의 구분

제❷항 | 소송상 대리인의 종류

I 법정대리인의 종류

🍊 21년 변시, 19년(3) 모의

133. (1) 미성년후견인이 소의 취하, 화해, 청구의 포기를 하는 경우에는 후견감독인으로부터 특별한 권한을 받아야 하지만, 상대방의 상소 제기에 관해 소송행위를 하는 경우에는 그러한 권한을 받을 필요가 없다.

(2) 제한능력자를 위한 특별대리인이 소의 취하를 하기 위해서는 후견감독인으로부터 특별한 권한을 받아야 한다. 다만, 후견감독인이 없는 경우에는 가정법원으로부터 특별한 권한을 받아야 한다.

(3) 법정대리인은 당사자에 준하는 지위를 갖지만, 당해 판결의 효력인 기판력과 집행력이 미치지 않는다.

해설 [1], [2] 민사소송법 제56조 및 제62조 참조.

민사소송법 제56조(법정대리인의 소송행위에 관한 특별규정) ① 미성년후견인, 대리권 있는 성년후견인 또는 대리권 있는 한정후견인이 상대방의 소 또는 상소 제기에 관하여 소송행위를 하는 경우에는 그 후견감독인으로부터 특별한 권한을 받을 필요가 없다.
② 제1항의 법정대리인이 소의 취하, 화해, 청구의 포기·인낙(인낙) 또는 제80조에 따른 탈퇴를 하기 위해서는 후견감독인으로부터 특별한 권한을 받아야 한다. 다만, 후견감독인이 없는 경우에는 가정법원으로부터 특별한 권한을 받아야 한다.

민사소송법 제62조(제한능력자를 위한 특별대리인) ① 미성년자·피한정후견인 또는 피성년후견인이 당사자인 경우, 그 친족, 이해관계인(미성년자·피한정후견인 또는 피성년후견인을 상대로 소송행위를 하려는 사람을 포함한다), 대리권 없는 성년후견인, 대리권 없는 한정후견인, 지방자치단체의 장 또는 검사는 다음 각 호의 경우에 소송절차가 지연됨으로써 손해를 볼 염려가 있다는 것을 소명하여 수소법원(수소법원)에 특별대리인을 선임하여 주도록 신청할 수 있다.
1. 법정대리인이 없거나 법정대리인에게 소송에 관한 대리권이 없는 경우
2. 법정대리인이 사실상 또는 법률상 장애로 대리권을 행사할 수 없는 경우
3. 법정대리인의 불성실하거나 미숙한 대리권 행사로 소송절차의 진행이 현저하게 방해받는 경우
② 법원은 소송계속 후 필요하다고 인정하는 경우 직권으로 특별대리인을 선임·개임하거나 해임할 수 있다.
③ 특별대리인은 대리권 있는 후견인과 같은 권한이 있다. 특별대리인의 대리권의 범위에서 법정대리인의 권한은 정지된다.
④ 특별대리인의 선임·개임 또는 해임은 법원의 결정으로 하며, 그 결정은 특별대리인에게 송달하여야 한다.
⑤ 특별대리인의 보수, 선임 비용 및 소송행위에 관한 비용은 소송비용에 포함된다.

[3] 법정대리인은 당사자본인이 아니기 때문에 법관의 제척(민사소송법 제41조 제1·2·4호), 재판적(민사소송법 제2조, 제3조, 제7조)을 정하는 표준이 되지 아니하며, 판결의 효력인 기판력·집행력(민사소송법 제218조)도 받지 않기 때문에 당사자와는 다르다(이시윤, 신민사소송법 제11판, p.179).

18년(2) 모의

134. 「국가를 당사자로 하는 소송에 관한 법률」에 의한 국가소송수행자는 그 소송에 관하여 대리인의 선임을 제외한 일체의 소송행위를 할 수 있다.

▷해설 국가를 당사자로 하는 소송에 관한 법률 제3조, 제7조 참조.

국가를 당사자로 하는 소송에 관한 법률 제3조(국가소송 수행자의 지정 및 소송대리인의 선임) ① 법무부장관은 법무부의 직원, 각급 검찰청의 검사(이하 "검사"라 한다) 또는 「공익법무관에 관한 법률」에서 정한 공익법무관(이하 "공익법무관"이라 한다)을 지정하여 국가소송을 수행하게 할 수 있다.
② 법무부장관은 행정청의 소관사무나 감독사무에 관한 국가소송에서 필요하다고 인정하면 해당 행정청의 장의 의견을 들은 후 행정청의 직원을 지정하여 그 소송을 수행하게 할 수 있다.
국가를 당사자로 하는 소송에 관한 법률 제7조(지정대리인의 권한) 제3조제1항·제2항, 제5조 제1항 또는 제6조 제2항에 따라 법무부장관, 각급 검찰청의 장(제13조에 따라 권한이 위임된 경우만 해당된다) 또는 행정청의 장이 지정한 사람은 그 소송에 관하여 대리인 선임을 제외한 모든 재판상의 행위를 할 수 있다.

정답 O

17년(1)·18년(2) 모의

135. (1) 소송을 수행하고 있는 한정후견인의 대리권행사가 불성실하다는 것만으로는 소송상 특별대리인이 선임될 수 없다.
(2) 법원은 소송계속 중 신청이 없더라도 직권으로 제한능력자를 위한 특별대리인을 선임할 수 있다.
(3) 법원은 소송계속 중 신청이 없더라도 직권으로 의사무능력자를 위한 특별대리인을 선임할 수 있다.

▷해설 [1], [2] 민사소송법 제62조 제1항, 제2항 참조.

민사소송법 제62조(제한능력자를 위한 특별대리인) ① 미성년자·피한정후견인 또는 피성년후견인이 당사자인 경우, 그 친족, 이해관계인(미성년자·피한정후견인 또는 피성년후견인을 상대로 소송행위를 하려는 사람을 포함한다), 대리권 없는 성년후견인, 대리권 없는 한정후견인, 지방자치단체의 장 또는 검사는 다음 각 호의 경우에 소송절차가 지연됨으로써 손해를 볼 염려가 있다는 것을 소명하여 수소법원에 특별대리인을 선임하여 주도록 신청할 수 있다.
 3. 법정대리인의 불성실하거나 미숙한 대리권 행사로 소송절차의 진행이 현저하게 방해받는 경우
② 법원은 소송계속 후 필요하다고 인정하는 경우 직권으로 특별대리인을 선임·개임하거나 해임할 수 있다.

[3] 민사소송법 제62조의2 제1항 참조.

민사소송법 제62조의2(의사무능력자를 위한 특별대리인의 선임 등) ① 의사능력이 없는 사람을 상대로 소송행위를 하려고 하거나 의사능력이 없는 사람이 소송행위를 하는 데 필요한 경우 특별대리인의 선임 등에 관하여는 제62조를 준용한다. 다만, 특정후견인 또는 임의후견인도 특별대리인의 선임을 신청할 수 있다.

정답 , O, O

🔔 21년 변시

136. 의사무능력자를 위한 특별대리인이 재판상 화해를 하는 경우, 법원은 그 행위가 본인의 이익을 명백히 침해한다고 인정할 때에는 그 행위가 있는 날부터 14일 이내에 결정으로 이를 허가하지 아니할 수 있다.

해설 민사소송법 제62조의2 참조.

민사소송법 제62조의2(의사무능력자를 위한 특별대리인의 선임 등) ① 의사능력이 없는 사람을 상대로 소송행위를 하려고 하거나 의사능력이 없는 사람이 소송행위를 하는 데 필요한 경우 특별대리인의 선임 등에 관하여는 제62조를 준용한다. 다만, 특정후견인 또는 임의후견인도 특별대리인의 선임을 신청할 수 있다.
② 제1항의 특별대리인이 소의 취하, 화해, 청구의 포기·인낙 또는 제80조에 따른 탈퇴를 하는 경우 법원은 그 행위가 본인의 이익을 명백히 침해한다고 인정할 때에는 그 행위가 있는 날부터 14일 이내에 결정으로 이를 허가하지 아니할 수 있다. 이 결정에 대해서는 불복할 수 없다.

정답

Ⅱ 임의대리인의 종류

20년(1) 모의

137. 소액사건심판법이 적용되는 소액사건에 관해서는 당사자의 배우자·직계혈족 또는 형제자매는 법원의 허가 없이 소송대리인이 될 수 있으므로 그들은 신분관계를 서면으로 증명하기만 하면 소송대리인으로 인정된다.

해설 소액사건심판법 제8조 참조.

소액사건심판법 제8조 (소송대리에 관한 특칙) ① 당사자의 배우자·직계혈족 또는 형제자매는 법원의 허가없이 소송대리인이 될 수 있다.
② 제1항의 소송대리인은 당사자와의 신분관계 및 수권관계를 서면으로 증명하여야 한다. 그러나 수권관계에 대하여는 당사자가 판사의 면전에서 구술로 제1항의 소송대리인을 선임하고 법원사무관등이 조서에 이를 기재한 때에는 그러하지 아니하다.

정답

15년(2) 모의

138. (1) 甲이 乙에게 금 2,000만 원을 빌려주었는데 甲의 처(妻) 丙이 甲의 위임에 따라 대여금청구의 소를 제기함에 있어서는 법원의 허가 없이도 소송대리인이 될 수 있다.
(2) 한국대학교 1학년인 甲(18세, 미혼)은 부모 몰래 X카드회사로부터 신용카드를 발급받아 유흥비로 마구 사용하다가 카드대금 2천만 원을 연체하게 되었다. 이로 인해 X카드회사는 甲을 상대로 카드대금 2천만 원의 지급을 청구하는 소를 제기하였다. 이 경우 甲의 동생 C는 소송대리인이 될 수 없다.

해설 소액사건심판법이 적용되는 이 사건 소송에서 甲의 처인 丙과 甲의 동생 C는 법원의 허가 없이도 소송대리인이 될 수 있다(과거 2,000만원에서 16년 법 개정으로 3,000만원으로 상향되었다).

소액사건심판법 제8조(소송대리에 관한 특칙) ① 당사자의 배우자·직계혈족 또는 형제자매는 법원의 허가없이 소송대리인이 될 수 있다.
소액사건심판법 제2조(적용범위) ① 이 법은 지방법원 및 지방법원지원의 관할사건중 대법원규칙으로 정하는 민사사건(이하 "소액사건"이라 한다)에 적용한다.
소액사건심판규칙 제1조의2(소액사건의 범위) 법 제2조 제1항의 규정에 의한 소액사건은 제소한 때의 소송목적의 값이 3,000만 원을 초과하지 아니하는 금전 기타 대체물이나 유가증권의 일정한 수량의 지급을 목적으로 하는 제1심의 민사사건으로 한다. 다만, 다음 각호에 해당하는 사건은 이를 제외한다.

정답 O, ×

12년 변시

139. 병원을 운영하는 의료법인이 5,000만 원의 진료비를 청구하는 소송의 항소심에서, 변호사 자격이 없는 위 법인 소속 원무과 담당 직원은 법원의 허가를 얻어 위 법인을 대리하여 소송행위를 할 수 있다.

[해설] 단독판사가 심리·재판하는 사건에서는 변호사가 아닌 사람도 법원의 허가를 받아 소송대리인이 될 수 있으나(민사소송법 제88조 제1항, 민사소송규칙 제15조 제1항), 항소심은 합의부 사건이므로 비변호사의 소송대리가 허용되지 않는다.

정답 ×

제❸항 ┃ 소송대리인의 권한

I 법정대리인의 권한

17년(1)·18년(1) 모의

140. (1) 미성년후견인, 대리권 있는 성년후견인 또는 대리권 있는 한정후견인이 상대방이 제기한 소 또는 상소에 관하여 소송행위를 하는 경우 그 후견감독인으로부터 특별한 권한을 받아야 한다.
(2) 후견감독인이 있는 경우, 미성년후견인이 소의 취하, 화해, 청구의 포기·인낙 또는 소송탈퇴를 하기 위해서는 후견감독인으로부터 특별한 권한을 받아야 한다.

[해설] 민사소송법 제56조 제1항, 제2항 참조.

민사소송법 제56조(법정대리인의 소송행위에 관한 특별규정) ① 미성년후견인, 대리권 있는 성년후견인 또는 대리권 있는 한정후견인이 상대방의 소 또는 상소 제기에 관하여 소송행위를 하는 경우에는 그 후견감독인으로부터 특별한 권한을 받을 필요가 없다.
② 제1항의 법정대리인이 소의 취하, 화해, 청구의 포기·인낙 또는 제80조에 따른 탈퇴를 하기 위해서는 후견감독인으로부터 특별한 권한을 받아야 한다. 다만, 후견감독인이 없는 경우에는 가정법원으로부터 특별한 권한을 받아야 한다.

정답 ×, O

Ⅱ 임의대리인의 권한

22년(1) 모의

141. 소송상 화해나 청구의 포기에 관한 특별수권이 있더라도, 이는 위와 같은 소송행위에 대한 수권이지 그 전제가 되는 소송물인 권리의 처분이나 포기에 관하여 수권이 된 것은 아니다.

> **해설** 소송상 화해나 청구의 포기에 관한 특별수권이 되어 있다면 특별한 사정이 없는 한 그러한 소송행위에 대한 수권만이 아니라 그러한 소송행위의 전제가 되는 당해 소송물인 권리의 처분이나 포기에 대한 권한도 수여되어 있다고 봄이 상당하다(대판 1994.03.08. 93다52105).

정답 ×

20년(1) 모의

142. 지배인이나 국가소송 수행자 등 법률에 의해 재판상 행위를 할 수 있는 대리인이 반소의 제기, 소의 취하, 화해, 청구의 포기·인낙, 상소의 제기 또는 취하, 대리인의 선임을 하기 위해서는 특별한 권한을 따로 받아야 한다.

> **해설** 민사소송법 제90조, 제92조 참조.

상법 제11조(지배인의 대리권) ① 지배인은 영업주에 갈음하여 그 영업에 관한 재판상 또는 재판외의 모든 행위를 할 수 있다.
국가를 당사자로 하는 소송에 관한 법률 제7조(지정대리인의 권한) 제3조제1항·제2항, 제5조제1항 또는 제6조제2항에 따라 법무부장관, 각급 검찰청의 장(제13조에 따라 권한이 위임된 경우만 해당된다) 또는 행정청의 장이 지정한 사람은 그 소송에 관하여 대리인 선임을 제외한 모든 재판상의 행위를 할 수 있다.
민사소송법 제90조(소송대리권의 범위) ① 소송대리인은 위임을 받은 사건에 대하여 반소(反訴)·참가·강제집행·가압류·가처분에 관한 소송행위 등 일체의 소송행위와 변제(辨濟)의 영수를 할 수 있다.
② 소송대리인은 다음 각호의 사항에 대하여는 특별한 권한을 따로 받아야 한다.
 1. 반소의 제기
 2. 소의 취하, 화해, 청구의 포기·인낙 또는 제80조의 규정에 따른 탈퇴
 3. 상소의 제기 또는 취하
 4. 대리인의 선임
민사소송법 제91조(소송대리권의 제한) 소송대리권은 제한하지 못한다. 다만, 변호사가 아닌 소송대리인에 대하여는 그러하지 아니하다.
민사소송법 제92조(법률에 의한 소송대리인의 권한) 법률에 의하여 재판상 행위를 할 수 있는 대리인의 권한에는 제90조와 제91조의 규정을 적용하지 아니한다.

정답 ×

20년(1)·21년(2) 모의

143. 원고가 국가를 상대로 부동산에 관한 소유권이전등기 청구를 하는 경우에 국가를 위한 소송담당자가 법무부장관의 승인 없이 원고의 청구를 인낙하면, 그 인낙은 효력이 없다.

해설 국가를 당사자로 하는 소송에 관한 법률 제7조에 의하면 국가소송수행자로 지정된 자는 당해 소송에 관하여 대리인의 선임 이외의 모든 재판상의 행위를 할 수 있도록 규정되어 있으므로, 소송수행자는 별도의 특별수권 없이 당해 청구의 인낙을 할 수 있고, 그 인낙행위가 같은 법 시행령 제3조 및 같은 법 시행규칙 제11조 제5항 소정의 법무부장관 등의 승인 없이 이루어졌다고 하더라도 소송수행자가 내부적으로 지휘감독상의 책임을 지는 것은 별론으로 하고 그 소송법상의 효력에는 아무런 영향이 없다(대판 1995.04.28. 95다3077).

정답 ✕

20년(1) 모의

144. 소송대리인이 사임서를 법원에 제출해도 상대방에게 그 사실을 통지하지 않은 이상 그 대리인의 대리권은 존속하므로 그 소송대리인에게 한 변론기일 통지는 적법하다.

해설 소송대리인이 사임서를 법원에 제출하였다 하더라도 상대방에게 그 사실을 통지하지 않은 이상 소송절차의 안정과 명확을 기하기 위하여 그 대리인의 대리권은 여전히 존속하는 것인바, 기록에 의하면 재항고인이 소송대리인의 사임서 제출 사실을 상대방에게 통지하였다고 볼 만한 자료가 없으므로 소송대리인에 대한 판결서의 송달은 적법하다고 할 것이고, 원심이 위와 같이 판결서가 송달된 날부터 2주 이내에 항소제기가 없었음을 이유로 항소장을 각하한 것은 정당하며, 달리 원심결정에 재판에 영향을 미친 법령 위반이 없다(대결 2008.04.18. 2008마392).

정답 ◯

19년(2) 모의

145. (1) 수인의 소송대리인이 공동하여 소송대리권을 행사하여야 한다는 약정은 소송법상 무효이다.
(2) 원고의 소취하에 대하여 피고의 소송대리인이 동의하는 것은 특별수권사항이다.

해설 [1] 민사소송법 제93조 참조.

> 제93조(개별대리의 원칙) ① 여러 소송대리인이 있는 때에는 각자가 당사자를 대리한다.
> ② 당사자가 제1항의 규정에 어긋나는 약정을 한 경우 그 약정은 효력을 가지지 못한다.

[2] 소취하에 대한 소송대리인의 동의는 민사소송법 제90조 제2항 소정의 특별수권사항이 아닐 뿐 아니라, 소송대리인에 대하여 특별수권사항인 소취하를 할 수 있는 대리권을 부여한 경우에도 상대방의 소취하에 대한 동의권도 포함되어 있다고 봄이 상당하므로 그 같은 소송대리인이 한 소취하의 동의는 소송대리권의 범위내의 사항으로서 본인에게 그 효력이 미친다(대판 1984.03.13. 82므40).

정답 ◯, ✕

🕐 15년·19년·21년 변시, 16년(1)·18년(2) 모의

146. **(1) 항소심을 수행한 소송대리인과 다른 소송대리인이 상고심을 수행하였는데, 상고심에서 원심판결이 파기환송되어 그 소송이 항소심에 계속 중인 경우, 항소심 소송대리인의 소송대리권은 부활한다.**

(2) 상고심에서 항소심으로 파기환송된 사건이 다시 상고되었을 경우 환송 전 상고심에서의 소송대리인의 대리권은 그 사건이 다시 상고심에 계속되면서 부활하지 아니한다.

(3) 재심의 소에 있어서의 변론은 재심 전 절차의 속행에 해당하므로 재심 전 소송의 소송대리인은 별도의 수권 없이도 재심소송의 소송대리인이 된다.

❚해설❚ [1] 항소심판결이 상고심에서 파기되고 사건이 환송되는 경우에는 사건을 환송받은 항소심법원이 환송 전의 절차를 속행하여야 하고 환송 전 항소심에서의 소송대리인인 변호사 등의 소송대리권이 부활하므로 환송 후 사건을 위임사무의 범위에서 제외하기로 약정하였다는 등의 특별한 사정이 없는 한 변호사 등은 환송 후 항소심 사건의 소송사무까지 처리하여야만 비로소 위임사무의 종료에 따른 보수를 청구할 수 있게 된다(대판 2016.07.07. 2014다1447).

[2] 파기환송후 다시 재상고된 경우 환송 전의 상고심의 소송대리인의 소송대리권이 부활되는 것은 아니다.

❚판례❚ 소송대리권의 범위는 특별한 사정이 없는 한 당해 심급에 한정되므로, 상고심에서 항소심으로 파기환송된 사건이 다시 상고되었을 경우에는 항소심에서의 소송대리인은 그 소송대리권을 상실하게 되고, 이 때 환송 전의 상고심에서의 소송대리인의 대리권이 그 사건이 다시 상고심에 계속되면서 부활하게 되는 것은 아니라고 할 것이어서, 새로운 상고심은 변호사보수의소송비용산입에관한규칙의 적용에 있어서는 환송 전의 상고심과는 별개의 심급으로 보아야 한다(대결 1996.04.04. 96마148).

[3] 재심의 소의 절차에 있어서의 변론은 재심 전 절차의 속행이기는 하나 재심의 소는 신소의 제기라는 형식을 취하고 재심 전의 소송과는 일응 분리되어 있는 것이며, 사전 또는 사후의 특별수권이 없는 이상 재심 전의 소송의 소송대리인이 당연히 재심소송의 소송대리인이 되는 것이 아니다(대판 1991.03.27. 90마970).

정답

18년(2) 모의

147. **소송대리인에게 소송상 화해에 대한 특별수권이 부여된 경우, 특별한 사정이 없는 한 실체법상 화해의 권한도 부여된다.**

❚해설❚ 소송대리인에게 소송상 화해나 청구의 포기에 관한 특별수권이 되어 있다면, 특별한 사정이 없는 한 그러한 소송행위에 대한 수권만이 아니라 그러한 소송행위의 전제가 되는 당해 소송물인 권리의 처분이나 포기에 대한 권한도 수여되어 있다고 봄이 상당하다(대결 2000.01.31. 99마6205).

정답

13년(3)·14년(2)·16년(3)·18년(2) 모의

148. (1) 반소의 제기 및 반소에 대한 응소는 특별수권사항이다.

(2) 본안소송에 관한 소송대리인은 위임을 받은 사건에 대하여 강제집행·가압류·가처분에 관한 소송행위와 변제의 영수를 할 수 있다.

(3) 소송대리인은 위임을 받은 사건에 대하여 일체의 소송행위를 할 수 있으므로 청구의 포기 또는 인낙에 대하여도 특별한 권한을 따로 받을 필요는 없다.

(4) 甲이 변호사 X를 선임하여 乙을 상대로 A 토지에 관하여 매매계약을 원인으로 한 소유권이전등기청구의 소를 제기하였다. 소송대리인 X는 甲으로부터 특별한 권한 수여가 없더라도 A 부동산에 관하여 처분금지가처분신청을 할 수 있다.

해설 민사소송법 제90조 참조.

민사소송법 제90조(소송대리권의 범위) ① 소송대리인은 위임을 받은 사건에 대하여 반소·참가·강제집행·가압류·가처분에 관한 소송행위 등 일체의 소송행위와 변제의 영수를 할 수 있다.
② 소송대리인은 다음 각호의 사항에 대하여는 특별한 권한을 따로 받아야 한다.
  1. 반소의 제기
  2. 소의 취하, 화해, 청구의 포기·인낙 또는 제80조의 규정에 따른 탈퇴
  3. 상소의 제기 또는 취하
  4. 대리인의 선임

정답 ×, ○, ×, ○

22년 변시, 16년(1)·(3)·21년(3) 모의

149. (1) 소송대리인에게 소송상 화해나 청구의 포기에 관한 특별수권이 되어 있다면 특별한 사정이 없는 한 그러한 소송행위에 대한 수권만이 아니라 그러한 소송행위의 전제가 되는 당해 소송물인 권리의 처분이나 포기에 대한 권한도 수여되어 있다고 보아야 한다.

(2) 소송대리권의 범위는 특별한 사정이 없는 한 당해 심급에 한정되어, 소송대리인의 소송대리권의 범위는 수임한 소송사무가 종료하는 시기인 당해 심급의 판결을 송달받은 때까지다.

해설 [1] 소송대리인에게 소송상 화해나 청구의 포기에 관한 특별수권이 되어 있다면, 특별한 사정이 없는 한 그러한 소송행위에 대한 수권만이 아니라 그러한 소송행위의 전제가 되는 당해 소송물인 권리의 처분이나 포기에 대한 권한도 수여되어 있다고 봄이 상당하다. [2] 소송대리권의 범위는 특별한 사정이 없는 한 당해 심급에 한정되어, 소송대리인의 소송대리권의 범위는 수임한 소송사무가 종료하는 시기인 당해 심급의 판결을 송달받은 때까지라고 할 것이다(대결 2000.01.31. 99마6205).

정답 ○, ○

🕐 22년 변시, 16년(3) 모의

150. 선정당사자가 선정자로부터 별도의 수권을 받지 않고 변호사 보수에 관한 약정을 하였다면 위 약정은 선정자의 추인이 없더라도 당연히 선정자에 대하여 효력이 있다.

해설 선정당사자가 선정자로부터 별도의 수권 없이 변호사 보수에 관한 약정을 하였다면 선정자들이 이를 추인하는 등의 특별한 사정이 없는 한 선정자에 대하여 효력이 없다(대판 2010.05.13. 2009다105246).

정답

제❹항 ❙ 소송상대리인의 지위

Ⅰ 법정대리인의 지위

14년(3) 모의

151. 피고가 소송무능력자인 경우 법정대리인에게 송달하지 않고 피고 본인에게 송달해도 적법하다.

해설 소송무능력자에 대한 송달은 무효이다. 따라서 상소기간이 진행하지 아니하고, 판결도 확정되지 아니한다. 단 유동적 무효로서 추인은 가능하다.

민사소송법 제179조(소송무능력자에게 할 송달) 소송무능력자에게 할 송달은 그의 법정대리인에게 한다.

정답

Ⅱ 임의대리인의 지위

16년(1) 모의

152. 소송상 법률관계에서 소송대리권을 발생시키는 소송위임은 당사자 사이의 계약으로 이루어지고, 그 계약서를 법원에 제출하는 방법으로 대리권을 증명하여야 한다.

해설 소송대리인의 권한은 서면으로 증명하여야 한다(민사소송법 제89조 제1항). 여기서 서면은 소송위임장, 회사등기사항증명서 내지 지배인등기사항증명서, 가족관계증명서 등이며, 반드시 계약서만을 의미하지는 않는다.

정답

제❺항 | 대리권의 소멸

I 법정대리권의 소멸

17년(1)·18년(1)·21년(2) 모의

153. 소송절차가 진행되는 중에 법정대리권이 소멸한 경우에는 본인 또는 대리인이 상대방에게 그 사실을 통지하지 아니하면 소멸의 효력을 주장하지 못하지만, 상대방이 소멸 사실을 알고 있었다면 소멸의 효력을 주장할 수 있다.

▸해설 민사소송법 제63조 참조.

> 민사소송법 제63조(법정대리권의 소멸통지) ① 소송절차가 진행되는 중에 법정대리권이 소멸한 경우에는 본인 또는 대리인이 상대방에게 소멸된 사실을 통지하지 아니하면 소멸의 효력을 주장하지 못한다. 다만, 법원에 법정대리권의 소멸사실이 알려진 뒤에는 그 법정대리인은 제56조제2항의 소송행위를 하지 못한다.

정답 ×

II 임의대리권의 소멸

22년(1) 모의

154. 원고인 주식회사의 대표이사가 소송계속 중 사임한 경우 이러한 사실을 상대방이 알았더라도 통지하지 않으면 그의 법정대리권은 소멸하지 아니한다.

▸해설 민사소송법 제60조, 제59조 제1항의 취지는 법인(법인 아닌 사단도 포함, 이하 같다) 대표자의 대표권이 소멸하였다고 하더라도 당사자가 그 대표권의 소멸 사실을 알았는지의 여부, 모른 데에 과실이 있었는지의 여부를 불문하고 그 사실의 통지 유무에 의하여 대표권의 소멸 여부를 획일적으로 처리함으로써 소송절차의 안정과 명확을 기하기 위함에 있으므로, 법인 대표자의 대표권이 소멸된 경우에도 그 통지가 있을 때까지는 다른 특별한 사정이 없는 한 소송절차상으로는 그 대표권이 소멸되지 아니한 것으로 보아야 하므로, 대표권 소멸 사실의 통지가 없는 상태에서 구 대표자가 한 소취하는 유효하고, 상대방이 그 대표권 소멸 사실을 알고 있었다고 하여 이를 달리 볼 것은 아니다 (대판 1998.02.19. 95다52710).

정답 ○

16년(3) 모의

155. 甲이 선정당사자 乙로부터 소송대리권을 수여받은 경우, 乙이 사망하여도 甲의 소송대리권은 소멸하지 않는다.

> 해설 민사소송법 제96조 참조.
>
> 민사소송법 제96조(소송대리권이 소멸되지 아니하는 경우) ① 일정한 자격에 의하여 자기의 이름으로 남을 위하여 소송당사자가 된 사람에게 소송대리인이 있는 경우에 그 소송대리인의 대리권은 당사자가 자격을 잃더라도 소멸되지 아니한다.
> ② 제53조의 규정에 따라 선정된 당사자가 그 자격을 잃은 경우에는 제1항의 규정을 준용한다.

정답

제❻항 ┃ 무권대리인

Ⅰ 의 의

Ⅱ 소송상 취급

12년·24년 변시

156. (1) 적법한 대표자 자격이 없는 종중의 대표자가 한 소송행위는 그 후에 대표자 자격을 적법하게 취득한 대표자가 그 소송행위를 추인하면 행위 시에 소급하여 효력을 갖게 되고, 이러한 추인은 상고심에서도 할 수 있다.
(2) 항소심 법원이 원고 소송대리인의 대리권 흠결을 이유로 소 각하 판결을 선고하자, 원고 소송대리인이 상고를 제기한 다음 상고심에서 원고로부터 대리권을 수여받아 자신이 종전에 한 소송행위를 모두 추인하였다면, 대법원은 항소심 판결을 파기하여야 한다.

> 해설 적법한 대표자 자격이 없는 비법인 사단의 대표자가 한 소송행위는 후에 대표자 자격을 적법하게 취득한 대표자가 그 소송행위를 추인하면 행위시에 소급하여 효력을 갖게 되고, 이러한 추인은 상고심에서도 할 수 있다. 추인으로 인해 제1심 및 원심에서 한 소송행위는 모두 행위시에 소급하여 그 효력을 가지게 되었으므로 대표자격이 없음을 이유로 한 원심판결을 파기하고 원심법원에 환송한다(대판 1997.03.14. 96다25227).

정답 ,

21년(3) 모의

157. 무권대리인이 한 소송행위의 추인은 특별한 사정이 없는 한 소송행위의 전체를 대상으로 하여야 하고, 그중 일부의 소송행위만 추인하는 것은 허용되지 아니한다.

> 해설 무권대리인이 행한 소송행위의 추인은 특별한 사정이 없는 한 소송행위의 전체를 대상으로 하여야 하고, 그 중 일부의 소송행위만 추인하는 것은 허용되지 아니한다(대판 2008.08.21. 2007다79480).

정답

20년(1) 모의

158. 상대방이 무권대리인에게 대리권이 있는 것으로 믿고 그 믿은 데에 정당한 이유가 있을 때에는 무권대리인을 상대로 소송행위를 한 상대방은 민법상 표현대리의 법리에 의해 그 소송행위가 유효함을 주장할 수 있다.

해설 공정증서가 채무명의로서 집행력을 가질 수 있도록 하는 집행인낙 표시는 공증인에 대한 소송행위로서 이러한 소송행위에는 민법상의 표현대리 규정이 적용 또는 준용될 수 없다(대판 1994.02.22. 93다42047).

정답 ×

159. 법인 아닌 사단의 적법한 대표자 자격이 없는 甲이 한 소송행위는 후에 甲이 적법한 대표자 자격을 취득하여 추인을 하더라도 그 행위 시에 소급하여 효력을 가지는 것은 아니다.

해설 민사소송법 제60조, 제64조 참조.

민사소송법 제60조(소송능력 등의 흠과 추인) 소송능력, 법정대리권 또는 소송행위에 필요한 권한의 수여에 흠이 있는 사람이 소송행위를 한 뒤에 보정된 당사자나 법정대리인이 이를 추인한 경우에는, 그 소송행위는 이를 한 때에 소급하여 효력이 생긴다.

민사소송법 제64조(법인 등 단체의 대표자의 지위) 법인의 대표자 또는 제52조의 대표자 또는 관리인에게는 이 법 가운데 법정대리와 법정대리인에 관한 규정을 준용한다.

정답 ×

15년(2) 모의

160. (1) 적법한 권한이 없는 주식회사의 대표자가 수행하여 선고된 판결에 대하여서는 적법한 대표자가 판결확정 전이면 상소를 제기하고, 판결확정 후이면 재심을 청구할 수 있다.

(2) A 주식회사 등기부상의 대표자 甲이 소송을 수행하고 패소판결을 받은 경우, 甲이 진정한 대표자가 아니라면 A 주식회사에게는 패소판결의 효력이 미치지 않는다.

해설 확정판결에 종중 대표권의 흠결을 간과한 잘못이 있다면 바로 그 사유를 들어 재심의 소를 제기할 수 있으니 동 재심사유를 확정짓기 위하여 하는 종중결의 부존재 내지 무효확인의 소에는 소의 이익이 없다(대판 1982.06.08. 81다636). 따라서 그 확정 전에는 상소를 제기할 수 있다. 또한 대표권흠결이 재심사유로 인정되는 것은 기판력이 발생함을 전제하는 것으로서 A 주식회사에는 패소판결의 효력이 미친다.

정답 ○, ×

❖ 선택형 사례문제

문 1

피고의 대표이사이던 甲은 대표이사선임결의 무효확인소송의 제1심이 진행 중 대표이사의 직무집행이 정지되었음에도 원고가 제기한 항소심에 이르러 피고를 대표하여 변호사 乙을 피고 소송대리인으로 선임하면서 그에게 상고제기 권한까지 위임하였다. 이에 乙은 항소심에서 피고를 대리하여 모든 소송행위를 하였고 피고 패소의 항소심판결이 선고된 후 상고를 제기하였다. 다음 설명 중 옳지 <u>않은</u> 것은? (다툼이 있는 경우에는 판례에 의함)

① 항소법원은 乙이 소송대리인으로 선임된 후 乙에게 소송대리권의 흠을 보정하도록 명함에 있어, 보정이 지연됨으로써 손해가 생길 염려가 있는 경우에는 乙에게 일시적으로 소송행위를 하게 할 수 있다.
② 위 상고의 제기는 피고를 대리할 권한이 없는 자에 의하여 제기된 것으로서 부적법하다.
③ 위 상고가 각하된다면, 乙이 그 소송수임에 관하여 중대한 과실이 없는 경우 상고비용은 甲이 부담해야 한다.
④ 상고심에서 피고의 적법한 직무대행자 丁에 의하여 선임된 피고 소송대리인 丙이 항소심에서 乙이 한 소송행위 중 상고제기 행위만을 추인하고 그 밖의 소송행위는 추인하지 아니하는 것은 허용되지 않는다.
⑤ 위 ④ 이후, 丙은 항소심에서 乙이 한 소송행위 중 이전에 추인하지 아니하였던 소송행위를 다시 추인할 수 있다.

∷ 해설 무권대리인의 소송행위

① (○) 소송대리권의 흠은 소송행위에 필요한 권한의 흠에 해당하므로 민사소송법 제59조가 적용된다. 따라서 보정이 지연됨으로써 손해가 생길 염려가 있는 경우에는 법원은 일시적으로 보정 전 당사자에게 소송행위를 하게 할 수 있다.

> 민사소송법 제59조(소송능력 등의 흠에 대한 조치) 소송능력·법정대리권 또는 소송행위에 필요한 권한의 수여에 흠이 있는 경우에는 법원은 기간을 정하여 이를 보정(補正)하도록 명하여야 하며, 만일 보정하는 것이 지연됨으로써 손해가 생길 염려가 있는 경우에는 법원은 보정하기 전의 당사자 또는 법정대리인으로 하여금 일시적으로 소송행위를 하게 할 수 있다.

② (○), ③ (○), ④ (○), ⑤ (×) 기록에 의하면, 피고의 대표이사이던 소외 1은 이 사건 제1심이 진행중이던 2006. 2. 16. 전주지방법원 군산지원 동일자 2005카합480 결정으로 대표이사의 직무집행이 정지되었음에도 원심에 이르러 피고를 대표하여 변호사 유경재를 피고 소송대리인으로 선임하면서 그에게 상고제기 권한까지 위임하였고, 이에 위 변호사는 원심에서 피고를 대리하여 모든 소송행위를 하였을 뿐 아니라 피고 패소의 원심판결이 선고된 후에는 피고의 소송대리인 자격으로 이 사건 상고를 제기하기까지 한 사실을 알 수 있는바, 위와 같이 직무집행이 정지된 대표이사 소외 1에 의하여 선임된 위 변호사에게는 원심에서 피고를 적법하게 대리할 권한이 있었다고 할 수 없으므로, 이 사건 상고는 피고를 대리할 권한이 없는 자에 의하여 제기된 것으로서 부적법하다고 할 것이다(②). 피고의 직무대행자에 의하여 적법히 선임된 상고심에서의 피고 소송대리인은 상고이유서와 석명사항에 대한 의견서(2008. 5. 13.자)를 통하여 원심에서 소송대리인이 한 소송행위 중 상고제기 행위만을 추인하고 그 밖의 소송행위는 추인하지 아니한다는 의사를 개진하고 있는바,

무권대리인이 행한 소송행위의 추인은, 특별한 사정이 없는 한, 소송행위의 전체를 대상으로 하여야 하는 것이고 그 중 일부의 소송행위만을 추인하는 것은 허용되지 아니한다(④). 이 사건에서 위 상고행위만의 추인을 허용할 만한 특별한 사정이 있다고 보기 어려우므로 피고 소송대리인의 위 일부 추인으로 인하여 이 사건 상고제기가 유효하게 되었다고 볼 수 없다. 이 점에 관하여 피고가 상고이유서에서 원용하는 판례는 사안이 달라 이 사건에서 원용하기에 적절한 선례가 될 수 없다. 또한, 피고 소송대리인은 2008. 7. 22.자 상고이유 철회서에 의해 무권대리인인 변호사 유경재의 항소심에서 한 소송행위를 모두 추인하고 소송대리권의 수여에 흠이 있다는 요지의 상고이유 제1점을 철회한다는 의사를 개진하고 있으나, 일단 추인거절의 의사표시가 있은 이상 그 무권대리행위는 확정적으로 무효로 귀착되므로 그 후에 다시 이를 추인할 수는 없다(⑤)할 것이다. 따라서 상고를 각하하고, 상고비용의 부담에 관하여는 민사소송법 제108조, 제107조 제2항을 적용하여 피고에 대한 대표권이 없는 소외 1이 부담하기로 하여(③) 관여 대법관의 일치된 의견으로 주문과 같이 판결한다(대판 2008.08.21. 2007다79480).

정답 ⑤

Ⅲ 쌍방대리의 금지

21년(2) 모의

161. 소송상 쌍방대리를 금지한 변호사법 제31조 제1호의 규정에 위반한 변호사의 소송행위에 대하여는 상대방 당사자가 법원에 대하여 이의를 제기하는 경우 그 소송행위는 무효이지만, 상대방 당사자가 그와 같은 사실을 알았거나 알 수 있었음에도 불구하고 아무런 이의를 제기하지 아니하였다면 그 소송행위는 소송법상 효력이 있다.

해설 변호사법 제31조 제1호의 규정에 위반한 변호사의 소송행위에 대하여는 상대방 당사자가 법원에 대하여 이의를 제기하는 경우 그 소송행위는 무효이고 그러한 이의를 받은 법원으로서는 그러한 변호사의 소송관여를 더 이상 허용하여서는 아니 될 것이지만, 다만 상대방 당사자가 그와 같은 사실을 알았거나 알 수 있었음에도 불구하고 사실심 변론종결시까지 아무런 이의를 제기하지 아니하였다면 그 소송행위는 소송법상 완전한 효력이 생긴다(대판 2003.05.30. 2003다15556).

정답 O

12년 변시, 21년(3) 모의

162. 원고의 소송복대리인으로 변론기일에 출석하여 변론을 하였던 변호사가 같은 사건의 다른 변론기일에 피고의 소송복대리인으로 출석하여 변론한 경우, 원고가 이에 대하여 이의를 제기하지 않았다면 피고의 소송복대리인으로서 한 위 변론은 유효하다.

해설 원고 소송복대리인으로서 변론기일에 출석하여 소송행위를 하였던 변호사가 피고 소송복대리인으로도 출석하여 변론한 경우라도, 당사자가 그에 대하여 아무런 이의를 제기하지 않았다면 그 소송행위는 소송법상 완전한 효력이 생긴다(대판 1995.07.28. 94다44903).

정답 O

Ⅳ 표현대리의 법리 적용여부

21년(3) 모의

163. 이행지체가 있으면 즉시 강제집행을 하여도 이의가 없다는 강제집행 수락의사표시는 소송행위라 할 것이고, 이러한 소송행위에는 민법상의 표현대리규정이 적용 또는 유추적용될 수 없다.

> **해설** 이행지체가 있으면 즉시 강제집행을 하여도 이의가 없다는 강제집행 수락의사표시는 소송행위라 할 것이고, 이러한 소송행위에는 민법상의 표현대리규정이 적용 또는 유추적용될 수는 없다(대판 1983.02.08. 81다카621).

정답 ○

Ⅴ 비변호사의 대리행위에 대한 취급

꼭 봐야 할 민소법 핵심기출 OX

제3편
제1심 소송절차

제1장 소송의 개시
제2장 변론
제3장 증거

제1장 소송의 개시

제1절 소의 의의와 종류

I 서 설
II 소의 종류

◐ 12년 변시, 16년(1) 모의

1. 채권자취소권은 법원에 소를 제기하는 방법으로 행사하여야 하고, 피고가 소송에서 항변으로 행사할 수는 없다.

   해설 채무자가 채권자를 해함을 알고 재산권을 목적으로 한 법률행위를 한 경우, 채권자는 사해행위의 취소를 법원에 소를 제기하는 방법으로 청구할 수 있을 뿐 소송상의 공격방어방법으로 주장할 수 없다(대판 1998.03.13. 95다48599, 48605).

   정답 O

16년(1) 모의

2. (1) 토지경계확정의 소는 형식은 소송사건이지만 실질은 비송사건의 성격을 갖는다.
   (2) 당사자가 토지경계선을 특정하여 확정해 줄 것을 청구하여도 법원은 당사자가 특정한 경계선에 구애받지 않는다.
   (3) 항소심 법원이 토지경계확정소송의 제1심 판결의 결론과 달리 판단하여도 불이익변경금지의 원칙의 적용을 받지 않는다.
   (4) 토지경계확정의 소에서는 소의 취하, 청구인낙, 재판상화해가 허용되지 않는다.

   해설 [1] 형식적 형성의 소는 형식은 소송사건이나 실질은 비송사건인 소를 말한다. 형식적 형성의 소에서는 [2], [3] 법원이 당사자의 주장의 범위나 내용에 구속받지 않으며 처분권주의 및 불이익변경금지의 원칙이 적용되지 않는다. 따라서 원고청구기각이 있을 수 없다. 이러한 소송에는 경계확정의 소, 아버지를 정하는 소 등이 있다(김홍엽, 민사소송법 제7판, p.239). 처분권주의가 배제되기 때문에 [4] 청구인낙, 재판상화해가 허용되지 않는다. 소취하의 인정여부에 대한 직접적인 판례가 없으나 모든 소송물에 대하여 소취하가 인정되고, 위 판례의 취지상 경계확정의 소의 경우에도 소취하는 인정된다.

판례 서로 인접한 토지의 경계선에 관하여 다툼이 있어서 토지 경계확정의 소가 제기되면 법원은 당사자 쌍방이 주장하는 경계선에 구속되지 않고 스스로 진실하다고 인정되는 바에 따라 경계를 확정하여야 하고, 소송 도중에 당사자 쌍방이 경계에 관하여 합의를 도출해냈다고 하더라도 원고가 그 소를 취하하지 않고 법원의 판결에 의하여 경계를 확정할 의사를 유지하고 있는 한, 법원은 그 합의에 구속되지 아니하고 진실한 경계를 확정하여야 하는 것이므로, 소송 도중에 진실한 경계에 관하여 당사자의 주장이 일치하게 되었다는 사실만으로 경계확정의 소가 권리보호의 이익이 없어 부적법하다고 할 수 없다(대판 1996.04.23. 95다54761).

정답 ○, ○, ○, ×

 14년 변시, 12년(2)·15년(1)·16년(2) 모의

3. **(1)** 원고가 공유물분할청구의 소를 제기하면서 현물분할을 청구한 경우, 법원이 경매에 의한 가격분할을 명하는 것은 허용되지 않는다.
   (2) 현물분할하는 경우 분할을 원하지 않는 나머지 공유자를 공유로 남겨 두는 방법은 허용되지 않는다.
   (3) 법원은 甲(분할청구자) 지분의 일부에 대하여만 공유물분할을 명하고 일부 지분에 대해서는 이를 분할하지 아니한 채 공유관계를 유지하도록 할 수 있다.

해설 [1] 공유물분할의 소는 형성의 소로서 공유자 상호간의 지분의 교환 또는 매매를 통하여 공유의 객체를 단독 소유권의 대상으로 하여 그 객체에 대한 공유관계를 해소하는 것을 말하므로, 법원은 공유물분할을 청구하는 자가 구하는 방법에 구애받지 아니하고 자유로운 재량에 따라 공유관계나 그 객체인 물건의 제반 상황에 따라 공유자의 지분 비율에 따른 합리적인 분할을 하면 된다(대판 2004.10.14. 2004다30583). [2] 공유물분할청구의 소에서 여러 사람이 공유하는 물건을 현물분할하는 경우에는 분할청구자의 지분 한도 안에서 현물분할을 하고 분할을 원하지 않는 나머지 공유자는 공유로 남게 하는 방법도 허용되지만, 그 [3] 분할청구자 지분의 일부에 대하여만 공유물 분할을 명하고 일부 지분에 대하여는 이를 분할하지 아니하거나, 공유물의 지분비율만을 조정하는 등의 방법으로 공유관계를 유지하도록 하는 것은 허용될 수 없다(대판 2011.03.10. 2010다92506).

정답 ×, ×, ×

제2절 소송요건

제❶항 | 총 설

Ⅰ 소송요건의 의의

Ⅱ 소송요건의 종류

16년(1) 모의

4. 종중이 종중 소유의 재산에 관한 소송을 제기하는 경우에 소제기에 관하여 사원총회의 결의를 거쳤는지 여부는 소송요건으로서 직권으로 조사할 사항이다.

> **해설** 비법인사단이 당사자인 사건에서 대표자에게 적법한 대표권이 있는지 여부는 소송 요건에 관한 것으로서 법원의 직권조사사항이므로 법원에 판단의 기초자료인 사실과 증거를 직권으로 탐지할 의무까지는 없다 하더라도 이미 제출한 자료에 의하여 대표권의 적법성에 의심이 갈만한 사정이 있다면 그에 관하여 심리·조사할 의무가 있다. 비법인사단이 총유재산에 관한 소송을 제기할 때에는 정관에 다른 정함이 있다는 등의 특별한 사정이 없는 한 사원총회 결의를 거쳐야 하는 것이므로 비법인사단이 이러한 사원총회 결의 없이 그 명의로 제기한 소송은 소송요건이 흠결된 것으로서 부적법하다(대판 2011.07.28. 2010다97044).

정답 O

15년(1) 모의

5. (1) 피보전채권을 행사할 수 없는 경우에는 그 채권을 보전하기 위한 채권자대위소송은 부적법하다.

   (2) 소송물이 특정되었는지 여부는 소송요건으로서 법원의 직권조사사항에 속한다.

> **해설** [1] 채권자대위소송에 있어서 대위에 의하여 보전될 채권자의 채무자에 대한 권리가 인정되지 아니할 경우에는 채권자 스스로 원고가 되어 채무자의 제3채무자에 대한 권리를 행사할 당사자적격이 없게 되므로 그 대위소송을 부적법하여 각하할 수밖에 없다(대판 1990.12.11. 88다카4727).
>
> [2] 민사소송에서 당사자가 소송물로 하는 권리 또는 법률관계의 목적인 물건은 특정되어야 하고, 소송물이 특정되지 아니한 때에는 법원이 심리·판단할 대상과 재판의 효력범위가 특정되지 않게 되므로, 토지소유권확인소송의 소송물인 대상 토지가 특정되었는지 여부는 소송요건으로서 법원의 직권조사사항에 속한다(대판 2011.03.10. 2010다87641).

 O, O

20년(1) 모의

6.
> (1) 사해행위로서의 계약 전부의 취소와 부동산 자체의 반환을 구하는 청구취지 속에는 일부취소를 하여야 할 경우 그 일부취소와 가액배상을 구하는 취지도 포함되어 있다고 볼 수 있으므로 청구취지의 변경 없이도 법원은 그 가액반환을 명할 수 있다.
>
> (2) 근저당권이 설정되어 있는 부동산에 관하여 사해행위가 이루어진 후에 그 근저당권이 말소된 경우, 사해행위를 통해 그 부동산에 관한 권리를 취득한 자에 대해서는 사실심 변론종결시의 부동산가액에서 말소된 근저당권의 피담보채무액을 공제한 금액의 한도에서 그가 취득한 이익에 대한 가액배상을 명할 수 있다.
>
> (3) 채권자는 원칙적으로 자신의 채권액을 초과하여 채권자취소권을 행사할 수 없는데, 채권자의 채권액에는 사해행위 이후 사실심 변론종결시까지 발생한 이자나 지연손해금도 포함된다.

해설 [1] 사해행위를 전부 취소하고 원상회복을 구하는 채권자의 주장 속에는 사해행위를 일부 취소하고 가액의 배상을 구하는 취지도 포함되어 있으므로, 채권자가 원상회복만을 구하는 경우에도 법원은 가액의 배상을 명할 수 있다. [2] 근저당권이 설정되어 있는 부동산에 관하여 사해행위가 이루어진 후 근저당권이 말소되어 그 부동산의 가액에서 근저당권 피담보채무액을 공제한 나머지 금액의 한도에서 사해행위를 취소하고 가액의 배상을 명하는 경우 그 가액의 산정은 사실심 변론종결시를 기준으로 하여야 하고, 기존의 근저당권이 말소된 후 사해행위에 의하여 그 부동산에 관한 권리를 취득한 전득자에 대하여도 사실심 변론종결시의 부동산 가액에서 말소된 근저당권 피담보채무액을 공제한 금액의 한도에서 그가 취득한 이익에 대한 가액 배상을 명할 수 있다. [3] 채권자가 채권자취소권을 행사할 때에는 원칙적으로 자신의 채권액을 초과하여 취소권을 행사할 수 없고, 이 때 채권자의 채권액에는 사해행위 이후 사실심 변론종결시까지 발생한 이자나 지연손해금이 포함된다(대판 2001.09.04. 2000다66416).

정답 ○, ○, ○

Ⅲ 소송요건의 모습
Ⅳ 소송요건의 조사

19년(1) 모의

7.
> (1) 직권조사사항인 소송요건의 증명책임은 원고가 진다.
>
> (2) 제1심 법원이 임의관할 위반을 간과하고 판결하였음이 밝혀지는 경우, 항소심법원은 제1심 법원의 판결을 취소하여야 한다.
>
> (3) 소송요건에 흠이 있는 경우 본안에 대하여 판단하여 청구를 기각할 수 없다.

해설 [1] 제소단계에서의 소송대리인의 대리권 존부는 소송요건으로서 법원의 직권조사사항이고(대판 1978.02.14. 77다2139), 이와 같은 직권조사사항에 관하여도 그 사실의 존부가 불명한 경우에는 입증책임의 원칙이 적용되어야 할 것인바, 본안판결을 받는다는 것 자체가 원고에게 유리하다는 점에 비추어 직권조사사항인 소송요건에 대한 입증책임은 원고에게 있다 할 것이다(대판 1997.07.25.

96다39301). [2] 임의관할은 소송요건 중에서 항변사항으로서 임의관할 위반을 간과하고 본안판결을 하였을 경우에는 그 흠이 치유된다. 다만, 전속관할 위반의 경우에는 상소심에서 다툴 수 있다. 민사소송법 제411조, 제419조, 제424조 제1항 제3호 참조.

> 민사소송법 제411조(관할위반 주장의 금지) 당사자는 항소심에서 제1심 법원의 관할위반을 주장하지 못한다. 다만, 전속관할에 대하여는 그러하지 아니하다.
> 민사소송법 제419조(관할위반으로 말미암은 이송) 관할위반을 이유로 제1심 판결을 취소한 때에는 항소법원은 판결로 사건을 관할법원에 이송하여야 한다.
> 민사소송법 제424조(절대적 상고이유) ① 판결에 다음 각 호 가운데 어느 하나의 사유가 있는 때에는 상고에 정당한 이유가 있는 것으로 한다.
>   3. 전속관할에 관한 규정에 어긋난 때

[3] 소송(심판)요건에 흠결 등이 있어서 본안에 들어가 판단을 할 수 없는 경우에 있어서는 그 소송(심판)은 부적법하다 하여 각하하여야 하고 본안에 대하여는 판단을 할 수 없으므로, 이러한 경우에 본안에 대한 판단이 없다 하여 이를 판결(심결)결과에 영향이 있는 판단유탈이라고 할 수 없다(대판 1997.06.27. 97후235).

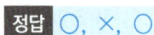 정답 O, ×, O

18년(2) 모의

8. 제소단계에서의 소송대리인의 대리권 존부는 소송요건으로서 법원의 직권조사사항이고, 이에 대한 증명책임은 원고에게 있다.

해설 제소단계에서의 소송대리인의 대리권 존부는 소송요건으로서 법원의 직권조사사항이다. 직권조사사항에 관하여도 그 사실의 존부가 불명한 경우에는 입증책임의 원칙이 적용되어야 할 것인바, 본안판결을 받는다는 것 자체가 원고에게 유리하다는 점에 비추어 직권조사사항인 소송요건에 대한 입증책임은 원고에게 있다. 원고가 소재가 불명인 것으로 판명된 상태에서 원고의 소송대리인에 의하여 소가 제기되었고, 원고가 소송과정에서 어떠한 조치를 취한 바도 없으며, 송달 또한 공시송달의 방법에 의하여 이루어졌다면, 원고 명의로 소를 제기한 소송대리인이 원고로부터 적법하게 소송대리권을 수여받은 바 없었다고 할 것이므로, 이와 같은 경우 당해 소는 대리권이 흠결된 소송대리인에 의하여 제기된 부적법한 소로서 각하되어야 한다(대판 1997.07.25. 96다39301).

 정답 O

12년(3)·15년(1)·17년(2)·18년(1)·(2)·20년(3)·21년(3) 모의

9. (1) 특정한 권리나 법률관계에 관하여 분쟁이 있어도 제소하지 아니하기로 합의한 경우, 위 합의에 위반하여 제기한 소는 권리보호의 이익이 없다.
(2) 소가 부제소 합의에 위배되어 제기된 경우라도 당사자들이 부제소 합의의 효력이나 그 범위에 관하여 쟁점으로 삼아 소의 적법 여부를 다투지 아니하면 법원은 직권으로 소의 적법 여부를 판단할 수 없다.

해설 [1] 특정한 권리나 법률관계에 관하여 분쟁이 있어도 제소하지 아니하기로 합의(이하 '부제소

합의'라고 한다)한 경우 이에 위배되어 제기된 소는 권리보호의 이익이 없고, 또한 당사자와 소송관계인은 신의에 따라 성실하게 소송을 수행하여야 한다는 신의성실의 원칙(민사소송법 제1조 제2항)에도 어긋나는 것이므로, [2] 소가 부제소 합의에 위배되어 제기된 경우 법원은 직권으로 소의 적법 여부를 판단할 수 있다(대판 2013.11.28. 2011다80449).

정답 ○, ×

⏱ 15년 변시, 15년(1)·18년(3) 모의

10. (1) 종중이 비법인사단으로서 당사자능력을 구비하였는지 판단하는 기준시점은 사실심 변론종결 시이다.
   (2) 법인 아닌 사단이 당사자능력이 있는지 여부는 사실심 변론종결시를 기준으로 판단한다.
   (3) 당사자능력은 소송요건에 관한 것으로서 사실심의 변론종결시를 기준으로 판단하여야 한다.

해설 당사자능력은 소송요건에 관한 것으로서 그 청구의 당부와는 별개의 문제인 것이며, 소송요건은 사실심의 변론종결시에 갖추어져 있으면 되는 것이므로 종중이 비법인사단으로서의 실체를 갖추고 당사자로서의 능력이 있는지 여부는 사실심인 원심의 변론종결시를 기준으로 하여 그 존부를 판단하여야 한다(대판 1991.11.26. 91다31661).

비교판례 항소심판결 선고 후 채권압류 및 추심명령에 대한 압류해제 및 추심포기서가 제출되어 피압류채권의 채권자가 그 지급을 구하는 소를 제기할 수 있게 된 경우, 그 소송요건은 직권조사사항으로서 상고심에서도 그 치유를 인정하여야 한다고 한 사례(대판 2007.11.29. 2007다63362).

정답 ○, ○, ○

V 소송요건의 조사결과

제❷항 ┃ 소의 이익

Ⅰ 서 설

Ⅱ 권리보호의 자격(공통된 소의 이익)

24년 변시, 19년(2) 모의

11. (1) 근저당권설정등기의 말소등기절차의 이행을 구하는 소송 도중에 그 근저당권설정등기가 경매절차에서의 매각을 원인으로 하여 말소된 경우에는 더 이상 근저당권설정등기의 말소를 구할 법률상 이익이 없다.
(2) 부제소합의가 있는지 여부는 법원이 당사자의 항변을 기다리지 않고 직권으로 판단할 수 있다.
(3) 소의 이익은 소송요건 중 하나이고, 소송요건의 구비 여부는 사실심 변론종결시를 기준으로 판단하기 때문에 상고심 진행 중 소의 이익이 소멸된 경우 상고심은 이를 고려하여 판단할 필요가 없다.

해설 [1] 특정한 권리나 법률관계에 관하여 분쟁이 있어도 제소하지 아니하기로 합의(이하 '부제소합의'라고 한다)한 경우 이에 위배되어 제기된 소는 권리보호의 이익이 없고, 또한 당사자와 소송관계인은 신의에 따라 성실하게 소송을 수행하여야 한다는 신의성실의 원칙(민사소송법 제1조 제2항)에도 어긋나는 것이므로, 소가 부제소 합의에 위배되어 제기된 경우 법원은 직권으로 소의 적법 여부를 판단할 수 있다(대판 2013.11.28. 2011다80449). [2] 소의 이익은 상고심에서도 소송 요건이다. 따라서, 소의 이익이 흠결 된 경우 소를 부적법 각하한다.

판례 원고가 말소등기절차의 이행을 구하고 있는 근저당권설정등기는 상고심 계속중에 낙찰을 원인으로 하여 말소되었으므로 근저당권설정등기의 말소를 구할 법률상의 이익이 없게 되었고, 따라서 상고심 계속중에 소의 이익이 없게 되어 부적법하게 되었다는 이유로 원심판결을 파기하고 소를 각하한 사례(대판 2003.01.10.2002다57904).

정답 ○, ○, ×

24년 변시, 22년(1) 모의

12. (1) 확정판결에 의한 채권의 소멸시효기간 경과가 임박한 경우에 그 시효중단을 위한 재소는 소의 이익이 있고, 이 경우 후소 법원으로서는 그 확정된 권리를 주장할 수 있는 모든 요건이 구비되어 있는지에 관하여 다시 심리하여야 한다.
(2) 전소 판결로 확정된 채권의 시효를 중단시키기 위한 조치인 재판상 청구가 있다는 점에 대하여만 확인을 구하는 형태의 확인소송도 허용된다

해설 확정된 승소판결에는 기판력이 있으므로, 승소 확정판결을 받은 당사자가 그 상대방을 상대로 다시 승소 확정판결의 전소와 동일한 청구의 소를 제기하는 경우 그 후소는 권리보호의 이익이 없어 부적법하다. 하지만 예외적으로 확정판결에 의한 채권의 소멸시효기간인 10년의 경과가 임박한 경우에는 그 시효중단을 위한 소는 소의 이익이 있다. 나아가 이러한 경우에 후소의 판결이 전소의 승소 확정판결의 내용에 저촉되어서는 아니 되므로, 후소 법원으로서는 그 확정된 권리를 주장할 수

있는 모든 요건이 구비되어 있는지 여부에 관하여 다시 심리할 수 없다. 시효중단을 위한 후소로서 이행소송 외에 전소 판결로 확정된 채권의 시효를 중단시키기 위한 조치, 즉 '재판상의 청구'가 있다는 점에 대하여만 확인을 구하는 형태의 '새로운 방식의 확인소송'이 허용되고, 채권자는 두 가지 형태의 소송 중 자신의 상황과 필요에 보다 적합한 것을 선택하여 제기할 수 있다고 보아야 한다(대판 2018.07.19. 2018다22008(전합)).

정답 ×, ○

24년 변시

13. 원고가 피고에 대하여 손해배상채무의 부존재확인을 구할 이익이 있어 본소로 그 확인을 구하였다면, 피고가 그 후에 그 손해배상채무의 이행을 구하는 반소를 제기하였다 하더라도 그러한 사정만으로 본소청구에 대한 확인의 이익이 소멸하여 본소가 부적법하게 된다고 볼 수는 없다.

해설 소송요건을 구비하여 적법하게 제기된 본소가 그 후에 상대방이 제기한 반소로 인하여 소송요건에 흠결이 생겨 다시 부적법하게 되는 것은 아니므로, 원고가 피고에 대하여 손해배상채무의 부존재확인을 구할 이익이 있어 본소로 그 확인을 구하였다면, 피고가 그 후에 그 손해배상채무의 이행을 구하는 반소를 제기하였다 하더라도 그러한 사정만으로 본소청구에 대한 확인의 이익이 소멸하여 본소가 부적법하게 된다고 볼 수는 없다(대판 2010.07.15. 2010다2428,2435).

정답 ○

23년(3) 모의

14. 제3자를 위한 계약에서 낙약자가 요약자의 이행청구에 응하지 아니하면 특별한 사정이 없는 한 요약자는 낙약자에 대하여 제3자에게 급부를 이행할 것을 소로써 구할 이익이 있다.

해설 이행의 소는 원칙적으로 원고가 이행청구권의 존재를 주장하는 것으로서 권리보호의 이익이 인정되고, 이행판결을 받아도 집행이 사실상 불가능하거나 현저히 곤란하다는 사정만으로 그 이익이 부정되는 것은 아니다. 제3자를 위한 계약에서 제3자는 채무자(낙약자)에 대하여 계약의 이익을 받을 의사를 표시한 때에 채무자에게 직접 그 이행을 청구할 수 있는 권리를 취득하고(민법 제539조), 요약자는 제3자를 위한 계약의 당사자로서 원칙적으로 제3자의 권리와는 별도로 낙약자에 대하여 제3자에게 급부를 이행할 것을 요구할 수 있는 권리를 가진다. 이때 낙약자가 요약자의 이행청구에 응하지 아니하면 특별한 사정이 없는 한 요약자는 낙약자에 대하여 제3자에게 급부를 이행할 것을 소로써 구할 이익이 있다(대판 2022.01.27. 2018다259565).

정답 ○

22년 변시

15. 「부동산 거래신고 등에 관한 법률」 제10조 제1항(구 「국토의 계획 및 이용에 관한 법률」 제117조 제1항) 소정의 토지거래계약에 관한 허가 구역 내의 토지에 대하여 매매계약이 체결되었는데 계약을 체결한 당사자 중 일방이 허가신청절차에 협력하지 않는 경우, 그 상대방은 위 협력의무의 이행을 소로써 구할 이익이 있다.

해설 규제지역 내의 토지에 대하여 거래계약이 체결된 경우에 계약을 체결한 당사자 사이에 있어서는 그 계약이 효력 있는 것으로 완성될 수 있도록 서로 협력할 의무가 있음이 당연하므로, 계약의 쌍방 당사자는 공동으로 관할 관청의 허가를 신청할 의무가 있고, 이러한 의무에 위배하여 허가신청절차에 협력하지 않는 당사자에 대하여 상대방은 협력의무의 이행을 소송으로써 구할 이익이 있다(대판 1991.12.24. 90다12243(전합)).

정답 ○

21년(2) 모의

16. 부동산 근저당권자에 대한 채권자취소소송의 계속 중 사해행위인 근저당설정계약에 기해 설정된 근저당설정등기가 경매절차상 매각으로 인하여 말소된 경우 채권자는 원상회복을 위하여 사해행위인 근저당권설정계약의 취소를 구할 소의 이익이 없다.

해설 채무자와 수익자 사이의 근저당권설정계약이 사해행위인 이상 그로 인한 근저당권설정등기가 경락으로 인하여 말소되었다고 하더라도 수익자로 하여금 근저당권자로서의 배당을 받도록 하는 것은 민법 제406조 제1항의 취지에 반하므로, 수익자에게 그와 같은 부당한 이득을 보유시키지 않기 위하여 그 근저당권설정등기로 인하여 해를 입게 되는 채권자는 근저당권설정계약의 취소를 구할 이익이 있다(대판 1997.10.10. 97다8687).

정답 ×

 15년·19년 변시

17. (1) 혼인무효의 소송 도중 협의이혼으로 혼인관계가 해소되었더라도 혼인무효의 효과가 현재의 법률상태에 직접적이고 중대한 영향을 미치는 경우 혼인무효의 소는 소의 이익이 있다.
    (2) 협의이혼으로 혼인관계가 해소되었지만 현재의 법률상태에 영향을 미치고 있어 그 이혼당사자의 한 쪽이 다른 쪽을 상대로 과거의 혼인관계 무효확인을 구하는 소를 제기한 경우 소의 이익이 있다.

해설 혼인, 입양과 같은 신분관계나 회사의 설립, 주주총회의결무효, 취소 등과 같은 사단적 관계, 행정처분과 같은 행정관계는 그것을 기본으로 하여 수많은 법률관계가 계속하여 발생하고 그 효과도 널리 일반 제3자에게까지 미치게 되어 그로 인한 법률 효과도 복잡다기하게 되어 이것을 단순한 대립 당사자간의 법률관계로서 그로부터 파생되는 법률관계가 그다지 번잡하지 않은 예컨대 매매와 같은 경우와 동일하게 취급하는 것은 적절하지 않고 위와 같은 법률관계에 있어서는 그것이 과거의 것이라 해도 현재의 법률상태에 영향을 미치고 있는 한 그것을 기본으로 하여 발생하는 현재의 수 많은 법률상태에 대하여 일일히 개별적으로 확인을 구해야 하는 번잡한 수속을 반복하는 것 보다는 오히려 현재의 수 많은 개개의 분쟁의 근원이 되는 과거의 법률관계 그 자체의 확인을 구하는 편이 직접적이고도 획일적인 해결을 기대할 수 있어 본래의 민사소송의 목적에도 적합하다(대판 1978.07.11. 78므7).

▸ 판결이유를 살펴보면 과거 일정기간 동안의 혼인관계의 존부의 문제라 해도 혼인무효의 효과는 기왕에 소급하는 것이고 그것이 적출자의 추정, 재혼의 금지 등 당사자의 신분법상의 관계 또는 연금관계법에 기한 유족연금의 수급자격, 재산상속권 등 재산법상의 관계에 있어 현재의 법률 상태에 직접적인 중대한 영향을 미치는 이상 그 무효 확인을 구할 정당한 법률상의 이익이 있다 할 것이다.

정답 O, O

19년 변시

18. **감독청의 허가 없이 학교법인이 학교법인의 기본재산인 부동산을 매도하는 계약을 체결한 후 그 부동산에서 운영하던 학교를 감독청의 허가를 받아 신축교사로 이전하고 준공검사까지 마친 경우, 매수인은 미리 청구할 필요가 있다고 하더라도 감독청의 허가를 조건으로 그 부동산에 관한 소유권이전등기절차의 이행을 청구할 수 없다.**

해설 학교법인이 감독청의 허가 없이 기본재산인 부동산에 관한 매매계약을 체결하는 한편 그 부동산에서 운영하던 학교를 당국의 인가를 받아 신축교사로 이전하고 준공검사까지 마친 경우, 위 매매계약이 감독청의 허가 없이 체결되어 아직은 효력이 없다고 하더라도 위 매매계약에 기한 소유권이전등기절차이행청구권의 기초가 되는 법률관계는 이미 존재한다고 볼 수 있고 장차 감독청의 허가에 따라 그 청구권이 발생할 개연성 또한 충분하므로, 매수인으로서는 미리 그 청구를 할 필요가 있는 한, 감독청의 허가를 조건으로 그 부동산에 관한 소유권이전등기절차의 이행을 청구할 수 있다(대판 1998.07.24. 96다27988).

정답 ×

18년(2) 모의

19. **임야대장 또는 토지대장상의 소유명의 말소를 구하는 청구는 소의 이익이 있다.**

해설 소의 이익에 인정되려면 심판의 대상인 소송물은 법적 판단에 적합한 성질, 내용을 가져야 한다. 따라서 단순한 사실의 존부의 다툼은 원칙적으로 소송의 대상이 되지 아니한다. 판례는 임야대장(대판 1979.02.27. 78다913) · 토지대장(대판 2008.04.10. 2007다82028) · 건축물대장상의 명의말소 · 변경청구에 대하여는 권리관계의 주장이 아니라고 하여 소의 이익을 부정하였다(이시윤, 신민사소송법 제11판, p.223).

정답 ×

22년 변시, 18년(2) 모의

20. 甲, 乙, 丙 순차로 소유권이전등기가 경료된 경우, 甲이 丙을 상대로 한 말소등기청구소송에서 패소확정판결을 받음으로써 직접적으로는 乙 명의 등기의 말소등기 실행이 불가능하게 되었다면, 乙 명의 등기의 말소를 구하는 소는 소의 이익이 없다.

해설 순차적으로 소유권이전등기가 경료된 경우 후순위등기의 말소등기절차 이행청구가 패소확정됨으로써 직접적으로는 그 전순위등기의 말소등기의 실행이 불가능하게 되었다 하더라도 그 전순위등기의 말소를 구할 소의 이익이 없다 할 수 없다(대판 1993.07.13. 93다20955).

정답 ×

18년(1) 모의

21. 전소판결이 확정된 후 판결 내용이 특정되지 아니하여 집행을 할 수 없는 경우에는 전소의 소송물과 동일한 후소를 제기할 권리보호의 이익이 있다.

해설 소송물이 동일한 경우라도 판결 내용이 특정되지 아니하여 집행을 할 수 없는 경우에는 다시 소송을 제기할 권리보호의 이익이 있다(대판 1965.02.03. 64다1387).

정답 ○

14년(2)·17년(2) 모의

22. 근저당권 이전의 부기등기가 경료된 후 그 피담보채무가 소멸한 경우, 주등기인 근저당권설정등기의 말소등기만 구하면 되고 그 부기등기에 대한 말소를 구하는 것은 소의 이익이 없다.

해설 근저당권의 양도에 의한 부기등기는 기존의 근저당권설정등기에 의한 권리의 승계를 등기부상 명시하는 것으로, 기존의 주등기인 근저당권설정등기에 종속되어 주등기와 일체를 이루는 것이어서 근저당권설정등기가 당초 원인무효인 경우 주등기인 근저당권설정등기의 말소만 구하면 되고 그 부기등기는 별도로 말소를 구하지 않더라도 주등기의 말소에 따라 직권으로 말소되는 것인바 … 근저당권이전의 부기등기의 말소를 별도로 구할 소의 이익은 인정되지 않는다(대판 2009.07.09. 2009다21386).

정답 ○

12년(3) 모의

23. 가등기권자가 가등기에 반하는 중간처분등기의 말소등기청구를 본등기청구와 함께 또는 별도로 제기한 경우 적법한 소이다.

해설 부동산등기법 제92조 제1항 참조.

> 부동산등기법 제92조(가등기에 의하여 보전되는 권리를 침해하는 가등기 이후 등기의 직권말소) ① 등기관은 가등기에 의한 본등기를 하였을 때에는 대법원규칙으로 정하는 바에 따라 가등기 이후에 된 등기로서 가등기에 의하여 보전되는 권리를 침해하는 등기를 직권으로 말소하여야 한다.

정답 ×

Ⅲ 권리보호의 이익 내지 필요(각종 소의 특수한 소의 이익)

22년 변시

24. 채권자가 전소로 이행청구를 하여 승소 확정판결을 받은 후 그 채권의 시효 중단을 위한 후소를 제기하는 경우, 후소로 재판상의 청구가 있다는 점에 대하여만 확인을 구하는 형태의 확인의 소도 허용된다.

해설 시효중단을 위한 후소로서 이행소송 외에 전소 판결로 확정된 채권의 시효를 중단시키기 위한 조치, 즉 '재판상의 청구'가 있다는 점에 대하여만 확인을 구하는 형태의 '새로운 방식의 확인소송'이 허용되고, 채권자는 두 가지 형태의 소송 중 자신의 상황과 필요에 보다 적합한 것을 선택하여 제기할 수 있다고 보아야 한다(대판 2018.10.18. 2015다232316).

정답 ○

22년 변시

25. 부동산 경매절차에서 유치권이 주장되지 아니한 경우에는, 담보목적물이 매각되어 그 소유권이 이전됨으로써 근저당권이 소멸하였더라도 채권자인 근저당권자는 유치권을 주장하는 자를 상대로 유치권 부존재확인을 구할 법률상 이익이 있다.

해설 경매절차에서 유치권이 주장되지 아니한 경우에는, 담보목적물이 매각되어 그 소유권이 이전됨으로써 근저당권이 소멸하였더라도 채권자는 유치권의 존재를 알지 못한 매수인으로부터 민법 제575조, 제578조 제1항, 제2항에 의한 담보책임을 추급당할 우려가 있고, 위와 같은 위험은 채권자의 법률상 지위를 불안정하게 하는 것이므로, 채권자인 근저당권자로서는 위 불안을 제거하기 위하여 유치권 부존재 확인을 구할 법률상 이익이 있다. 반면 채무자가 아닌 소유자는 위 각 규정에 의한 담보책임을 부담하지 아니하므로, 유치권의 부존재 확인을 구할 법률상 이익이 없다(대판 2020.01.16. 2019다247385).

정답 ○

22년 변시

26. 원고 소유의 점포를 피고가 점유하고 있는 경우, 원고가 피고를 상대로 위 점포의 인도를 구하는 것과는 별도로 동일한 피고를 상대로 위 점포에 대한 유치권의 부존재확인을 구하는 것도 확인의 이익이 있다.

해설 甲 소유의 점포를 乙 주식회사가 점유하고 있는 상황에서 甲이 점포 인도를 구하는 것과 별도로 乙 회사를 상대로 점포에 대한 유치권 부존재확인을 구하는 것은 확인의 이익이 없어 부적법하다(대판 2014.04.10. 2010다84932).

정답

21년(2) 모의

27. 어느 서면에 의하여 증명되어야 할 법률관계를 둘러싸고 이미 소가 제기되어 있는 경우에는 그 소송에서 분쟁을 해결하면 되므로 그와 별도로 그 서면에 대한 진정 여부를 확인하는 소를 제기하는 것은 특별한 사정이 없는 한 확인의 이익이 없다.

해설 어느 서면에 의하여 증명되어야 할 법률관계를 둘러싸고 이미 소가 제기되어 있는 경우에는 그 소송에서 분쟁을 해결하면 되므로 그와 별도로 그 서면에 대한 진정 여부를 확인하는 소를 제기하는 것은 특별한 사정이 없는 한 확인의 이익이 없다(대판 2007.06.14. 2005다29290).

정답

21년(2) 모의

28. 당해 건물의 소유권에 관하여 국가가 이를 특별히 다투고 있지도 아니하다면, 국가를 상대로 미등기 건물의 소유권 확인을 구하는 것은 그 확인의 이익이 없어 부적법하다.

해설 확인의 소는 분쟁 당사자 사이에 현재의 권리 또는 법률관계에 관하여 즉시 확정할 이익이 있는 경우에 허용되는 것이므로, 소유권을 다투고 있지 않은 국가를 상대로 소유권확인을 구하기 위하여는 그 판결을 받음으로써 원고의 법률상 지위의 불안을 제거함에 실효성이 있다고 할 수 있는 특별한 사정이 있어야 할 것인바, 건물의 경우 가옥대장이나 건축물관리대장의 비치·관리업무는 당해 지방자치단체의 고유사무로서 국가사무라고 할 수도 없는데다가 당해 건물의 소유권에 관하여 국가가 이를 특별히 다투고 있지도 아니하다면, 국가는 그 소유권 귀속에 관한 직접 분쟁의 당사자가 아니어서 이를 확인해 주어야 할 지위에 있지 않으므로, 국가를 상대로 미등기 건물의 소유권 확인을 구하는 것은 그 확인의 이익이 없어 부적법하다(대판 1999.05.28. 99다2188).

정답

21년(2) 모의

29. 국가를 상대로 한 토지소유권확인청구는 그 토지가 미등기이고 토지대장이나 임야대장상에 등록명의자가 없거나 등록명의자가 누구인지 알 수 없을 때 등 특별한 사정이 있는 경우에 한하여 그 확인의 이익이 있다.

해설 국가를 상대로 한 토지소유권확인청구는 그 토지가 미등기이고 토지대장이나 임야대장상에 등록명의자가 없거나 등록명의자가 누구인지 알 수 없을 때와 그 밖에 국가가 등기 또는 등록명의자인 제3자의 소유를 부인하면서 계속 국가소유를 주장하는 등 특별한 사정이 있는 경우에 한하여 그 확인의 이익이 있다. 공간정보의 구축 및 관리 등에 관한 법률 제87조 제4호에 의하면 채권자는 자기의 채권을 보전하기 위하여 채무자인 토지소유자가 위 법에 따라 하여야 하는 신청을 대위할 수 있으나, 같은 법 제84조에 따른 지적공부의 등록사항 정정은 대위하여 신청할 수 없다. 토지대장상의 소유자 표시 중 주소 기재의 일부가 누락된 경우는 등록명의자가 누구인지 알 수 없는 경우에 해당하여 그 토지대장에 의하여 소유권보존등기를 신청할 수 없고, 토지대장상 토지소유자의 채권자는 토지소유자를 대위하여 토지대장상 등록사항을 정정할 수 없으므로, 토지대장상 토지소유자의 채권자는 소유권보존등기의 신청을 위하여 토지소유자를 대위하여 국가를 상대로 소유권확인을 구할 이익이 있다고 보아야 한다(대판 2019.05.16. 2018다242246).

정답 ○

20년 변시

30. 확인의 소는 당사자 사이의 법률관계에 한하지 않고 당사자의 일방과 제3자 또는 제3자 상호 간의 법률관계도 그 대상이 될 수 있다.

해설 확인의 소는 반드시 원고·피고 간의 법률관계에 한하지 아니하고, 원고·피고의 일방과 제3자 또는 제3자 상호간의 법률관계도 그 대상이 될 수 있는 것이나, 그러한 법률관계의 확인은 그 법률관계에 따라 원고의 권리 또는 법적 지위에 현존하는 위험·불안이 야기되어 이를 제거하기 위하여 그 법률관계를 확인의 대상으로 삼아 원고·피고 간의 확인판결에 의하여 즉시 확정할 필요가 있고, 또한 그것이 가장 유효 적절한 수단이 되어야 확인의 이익이 있다(대판 1995.05.26. 94다59257).

정답 ○

20년·22년 변시, 18년(2) 모의

31. (1) 근저당권의 피담보채무에 관한 부존재확인의 소는 근저당권이 적법하게 말소되면 특별한 사정이 없는 한 확인의 이익이 없다.
(2) 근저당권설정자가 근저당권설정등기말소 청구와 병합하여 근저당권설정계약에 기한 피담보채무 부존재 확인을 청구하는 경우 확인의 이익이 없다.

해설 [1] 확인의 소에서 확인의 대상은 현재의 권리 또는 법률관계일 것을 요하므로 특별한 사정이 없는 한 과거의 권리 또는 법률관계의 존부확인은 인정되지 아니하는바, 근저당권의 피담보채무에 관한 부존재확인의 소는 근저당권이 말소되면 과거의 권리 또는 법률관계의 존부에 관한 것으로서 확인의 이익이 없게 된다(대판 2013.08.23. 2012다17585). [2] 확인의 소는 원고의 권리 또는 법률상 지위에 현존하는 불안·위험이 있고 확인판결을 받는 것이 그 분쟁을 근본적으로 해결하는 가장 유효·적절한 수단일 때 허용되는바, 근저당권설정자가 근저당권설정계약에 기한 피담보채무가 존재하지 아니함의 확인을 구함과 함께 그 근저당권설정등기의 말소를 구하는 경우에 근저당권설정자로서는 피담보채무가 존재하지 않음을 이유로 근저당권설정등기의 말소를 구하는 것이 분쟁을 유효·적절하게 해결하는 직접적인 수단이 될 것이므로 별도로 근저당권설정계약에 기한 피담보채무가 존재하지 아니함의 확인을 구하는 것은 확인의 이익이 있다고 할 수 없다(대판 2000.04.11. 2000다5640).

정답 ○, ○

19년(3) 모의

32. **(1) 물상보증인이 근저당권자의 채무자에 대한 채권을 다투고 있는 경우 근저당권자는 물상보증인을 상대로 근저당권의 피담보채권의 존재에 관한 확인의 소를 제기할 수 있다.**

(2) 손해배상채무의 부존재확인을 구하는 본소에 대하여 그 채무의 이행을 구하는 반소가 제기된 경우에는 본소청구에 대한 확인의 이익이 소멸한다.

 [1] 물상보증인이 근저당권자의 채권에 대하여 다투고 있을 경우 그 분쟁을 종국적으로 종식시키는 유일한 방법은 근저당권의 피담보채권의 존부에 관한 확인의 소라고 할 것이므로, 근저당권자가 물상보증인을 상대로 제기한 확인의 소는 확인의 이익이 있어 적법하다(대판 2004.03.25. 2002다20742). [2] 소송요건을 구비하여 적법하게 제기된 본소가 그 후에 상대방이 제기한 반소로 인하여 소송요건에 흠결이 생겨 다시 부적법하게 되는 것은 아니므로, 원고가 피고에 대하여 손해배상채무의 부존재확인을 구할 이익이 있어 본소로 그 확인을 구하였다면, 피고가 그 후에 그 손해배상채무의 이행을 구하는 반소를 제기하였다 하더라도 그러한 사정만으로 본소청구에 대한 확인의 이익이 소멸하여 본소가 부적법하게 된다고 볼 수는 없다(대판 1999.06.08. 99다17401).

정답 ○, ×

19년(3) 모의

33. **(1) 매매계약해제의 효과로서 이미 이행한 것의 반환을 구하는 이행의 소를 제기할 수 있는 경우에는 그 기본되는 매매계약의 존부에 대하여 다툼이 있어 즉시확정의 이익이 있더라도 매매계약 해제확인을 구할 이익이 없다.**

(2) 무허가건물대장은 건물에 관한 물권변동을 공시하는 법률상 등록원부가 아니므로 그 건물주명의기재의 말소를 구하는 청구는 소의 이익이 없다.

 [1] 매매계약해제의 효과로서 이미 이행한 것의 반환을 구하는 이행의 소를 제기할 수 있을지라도 그 기본되는 매매계약의 존부에 대하여 다툼이 있어 즉시 확정의 이익이 있는 때에는 계약이 해제되었음의 확인을 구할 수도 있는 것이므로 매매계약이 해제됨으로써 현재의 법률관계가 존재하지 않는다는 취지의 소는 확인의 이익이 있다(대판 1982.10.26. 81다108). [2] 무허가건물대장이 건물의 물권 변동을 공시하는 법률상의 등록원부가 아니라고 하더라도 그 건물주 명의 기재의 말소를 구하는 청구가 일률적으로 법률상 소의 이익이 없다고 볼 것은 아니고 개별적 사건에 있어 구체적 사정을 고려하여 이를 판단하여야 한다(대판 1998.06.26. 97다48937).

정답 ×, ×

🕰 19년·22년 변시, 21년(2) 모의

34. 근저당권자는 경매절차에서 유치권 신고를 한 사람을 상대로 그 사람이 경매절차에서 유치권을 내세워 대항할 수 있는 범위를 초과하는 유치권의 부존재확인을 구할 법률상 이익이 있다.

> **해설** 민사집행법 제268조에 의하여 담보권의 실행을 위한 경매절차에 준용되는 같은 법 제91조 제5항에 의하면 유치권자는 경락인에 대하여 피담보채권의 변제를 청구할 수는 없지만 자신의 피담보채권이 변제될 때까지 유치목적물인 부동산의 인도를 거절할 수 있어 경매절차의 입찰인들은 낙찰 후 유치권자로부터 경매목적물을 쉽게 인도받을 수 없다는 점을 고려하여 입찰하게 되고 그에 따라 경매목적 부동산이 그만큼 낮은 가격에 낙찰될 우려가 있다. 이와 같이 저가낙찰로 인해 경매를 신청한 근저당권자의 배당액이 줄어들거나 경매목적물 가액과 비교하여 거액의 유치권 신고로 매각 자체가 불가능하게 될 위험은 경매절차에서 근저당권자의 법률상 지위를 불안정하게 하는 것이므로 위 불안을 제거하는 근저당권자의 이익을 단순한 사실상·경제상의 이익이라고 볼 수는 없다. 따라서 근저당권자는 유치권 신고를 한 사람을 상대로 유치권 전부의 부존재뿐만 아니라 경매절차에서 유치권을 내세워 대항할 수 있는 범위를 초과하는 유치권의 부존재 확인을 구할 법률상 이익이 있다 (대판 2016.03.10. 2013다99409).

정답 O

🕰 18년(2)·22년(2) 모의

35. 피고가 권리관계를 다투어 원고가 확인의 소를 제기하였는데 제1심에서 피고가 권리관계를 다투었으나 항소심에 이르러 다투지 않는다면 특별한 사정이 없는 한 확인의 이익이 없다.

> **해설** 권리관계에 대하여 당사자 사이에 아무런 다툼이 없어 법적 불안이 없으면 원칙적으로 확인의 이익이 없다고 할 것이나, 피고가 권리관계를 다투어 원고가 확인의 소를 제기하였고 당해 소송에서 피고가 권리관계를 다툰 바 있다면 특별한 사정이 없는 한 항소심에 이르러 피고가 권리관계를 다투지 않는다는 사유만으로 확인의 이익이 없다고 할 수 없다(대판 2009.01.05. 2008다74130).

정답 ×

 18년·19년 변시

36. 채무자가 피담보채무 전액을 변제하였음을 이유로 저당권설정등기의 말소등기절차이행을 청구하였지만 피담보채무의 범위에 관한 견해 차이로 피담보채무가 남아있는 경우, 채무자의 청구 중에는 확정된 잔존채무의 변제를 조건으로 그 등기의 말소를 구한다는 취지까지 포함되어 있는 것으로 해석할 여지가 있으나 저당권설정등기의 말소를 미리 청구할 필요가 있다고까지 볼 수는 없다.

> **해설** 채무자가 피담보채무 전액을 변제하였다고 하거나 피담보채무의 일부가 남아 있음을 시인하면서 그 변제를 조건으로 저당권설정등기의 말소등기절차 이행을 청구하였지만 피담보채무의 범위에

관한 견해 차이로 그 채무 전액을 소멸시키지 못하였거나 변제하겠다는 금액만으로는 소멸시키기에 부족한 경우에, 그 청구 중에는 확정된 잔존채무의 변제를 조건으로 그 등기의 말소를 구한다는 취지까지 포함되어 있는 것으로 해석하여야 하고, 이러한 경우에는 장래 이행의 소로서 그 저당권설정등기의 말소를 미리 청구할 필요가 있다고 보아야 한다(대판 1996.02.23. 95다9310).

 ×

18년(2) 모의

37. 수표의 제권판결에 대한 취소판결의 확정을 조건으로 한 수표금 청구는 허용되지 않는다.

 제권판결 불복의 소와 같은 형성의 소는 그 판결이 확정됨으로써 비로소 권리변동의 효력이 발생하게 되므로 이에 의하여 형성되는 법률관계를 전제로 하는 이행소송 등을 병합하여 제기할 수 없는 것이 원칙이다. 또한 제권판결에 대한 취소판결의 확정 여부가 불확실한 상황에서 그 확정을 조건으로 한 수표금 청구는 장래이행의 소의 요건을 갖추었다고 보기 어려울 뿐만 아니라, 제권판결 불복의 소의 결과에 따라서는 수표금 청구소송의 심리가 무위에 그칠 우려가 있고, 제권판결 불복의 소가 인용될 경우를 대비하여 방어하여야 하는 수표금 청구소송의 피고에게도 지나친 부담을 지우게 된다는 점에서 이를 쉽사리 허용할 수 없다(대판 2013.09.13. 2012다36661).

 ○

18년(2) 모의

38. 담보권 실행을 위한 경매절차에서 근저당권자는 유치권자로 권리신고를 한 자에 대하여 유치권부존재확인의 소를 구할 법률상의 이익이 있다.

 채무자가 채무초과의 상태에 이미 빠졌거나 그러한 상태가 임박함으로써 채권자가 원래라면 자기 채권의 충분한 만족을 얻을 가능성이 현저히 낮아진 상태에서 이미 채무자 소유의 목적물에 저당권 기타 담보물권이 설정되어 있어서 유치권의 성립에 의하여 저당권자 등이 그 채권 만족상의 불이익을 입을 것을 잘 알면서 자기 채권의 우선적 만족을 위하여 위와 같이 취약한 재정적 지위에 있는 채무자와의 사이에 의도적으로 유치권의 성립요건을 충족하는 내용의 거래를 일으키고 그에 기하여 목적물을 점유하게 됨으로써 유치권이 성립하였다면, 유치권자가 그 유치권을 저당권자 등에 대하여 주장하는 것은 다른 특별한 사정이 없는 한 신의칙에 반하는 권리행사 또는 권리남용으로서 허용되지 아니한다. 그리고 저당권자 등은 경매절차 기타 채권실행절차에서 위와 같은 유치권을 배제하기 위하여 그 부존재의 확인 등을 소로써 청구할 수 있다고 할 것이다(대판 2011.12.22. 2011다84298).

정답 ○

18년(1) 모의

39. 공유자 중 일부가 제3자를 상대로 다른 공유자의 지분의 확인을 구하는 것은 타인의 권리관계의 확인을 구하는 소에 해당한다고 보아야 할 것이므로 그 타인 간의 권리관계가 자기의 권리관계에 영향을 미치는 경우에 한하여 확인의 이익이 있다.

해설 공유자의 지분은 다른 공유자의 지분에 의하여 일정한 비율로 제한을 받는 것을 제외하고는 독립한 소유권과 같은 것으로 공유자는 그 지분을 부인하는 제3자에 대하여 각자 그 지분권을 주장하여 지분의 확인을 소구하여야 하는 것이고, 공유자 일부가 제3자를 상대로 다른 공유자의 지분의 확인을 구하는 것은 타인의 권리관계의 확인을 구하는 소에 해당한다고 보아야 할 것이므로 그 타인 간의 권리관계가 자기의 권리관계에 영향을 미치는 경우에 한하여 확인의 이익이 있다고 할 것이며, 공유물 전체에 대한 소유관계 확인도 이를 다투는 제3자를 상대로 공유자 전원이 하여야 하는 것이지 공유자 일부만이 그 관계를 대외적으로 주장할 수 있는 것이 아니므로, 아무런 특별한 사정이 없이 다른 공유자의 지분의 확인을 구하는 것은 확인의 이익이 없다(대판 1994.11.11. 94다35008).

 정답 O

18년 변시

40. 장래의 이행을 명하는 판결을 하기 위해서는 채무의 이행기가 장래에 도래하여야 할 뿐만 아니라 의무불이행사유가 그때까지 존속한다는 것을 소 제기 시에 확정적으로 예정할 수 있어야 하고, 이러한 책임기간이 불확실하여 소 제기 시에 확정적으로 예정할 수 없는 경우에는 장래의 이행을 명하는 판결을 할 수 없다.

해설 장래의 이행을 명하는 판결을 하기 위하여는 채무의 이행기가 장래에 도래하는 것뿐만 아니라 의무불이행사유가 그 때까지 존속한다는 것을 변론종결 당시에 확정적으로 예정할 수 있는 것이어야 하며 이러한 책임기간이 불확실하여 변론종결 당시에 확정적으로 예정할 수 없는 경우에는 장래의 이행을 명하는 판결을 할 수 없다(대판 2002.06.14. 2000다37517).

 정답 ×

15년·18년 변시

41. (1) 이행기가 도래하지 않았거나 조건이 성취되지 않은 청구권에 관하여 채무자가 미리 채무의 존재를 다투기 때문에 이행기가 도래하거나 조건이 성취되었을 때에 임의이행을 기대할 수 없는 경우, 채권자는 장래이행의 소를 제기할 수 있다.

(2) 이행보증보험계약에서 구상금채권 발생의 기초가 되는 법률상·사실상 관계가 사실심 변론종결 시까지 존재하고 있고 그러한 상태가 앞으로도 계속될 것으로 예상되며 보험자가 피보험자에게 보험금을 지급하더라도 보험계약자 등의 채무이행을 기대할 수 없음이 명백한 경우, 장래 이행보증보험금 지급을 조건으로 미리 구상금 지급을 구하는 장래이행의 소는 적법하다.

해설 [1] 장래의 이행을 청구하는 소는 미리 청구할 필요가 있는 경우에 한하여 제기할 수 있는바, 여기서 미리 청구할 필요가 있는 경우라 함은 이행기가 도래하지 않았거나 조건 미성취의 청구권에 있어서는 채무자가 미리부터 채무의 존재를 다투기 때문에 이행기가 도래되거나 조건이 성취되었을 때에 임의의 이행을 기대할 수 없는 경우를 말한다. [2] 이행보증보험계약에 있어서 구상금채권의 발생의 기초가 되는 법률상·사실상 관계가 변론종결 당시까지 존재하고 있고, 그러한 상태가 앞으로도 계속될 것으로 예상되며, 구상금채권의 존부에 대하여 다툼이 있어 보험자가 피보험자에게 보험금을 지급하더라도 보험계약자와 구상금채무의 연대보증인들의 채무이행을 기대할 수 없음이 명백한 경우 장래 이행보증보험금지급을 조건으로 미리 구상금지급을 구하는 장래이행의 소가 적법하다 (대판 2004.01.15. 2002다3891).

정답 O, O

18년 변시

42. 양도인이 매매계약의 무효를 주장하면서 양수인에게서 받은 매매대금을 변제공탁하였다면, 양도인이 양도부동산에 관한 소유권이전의무의 존재를 다투고 있는 것이므로 양수인으로서는 소유권이전의무의 이행기 도래 전에도 그 이행을 미리 청구할 필요가 있다.

해설 일반적으로 채무자가 채무의 이행기 도래 전부터 채무의 존재를 다투기 때문에 이행기가 도래하거나 조건이 성취되었을 때에 임의의 이행을 기대할 수 없는 경우에는 장래이행의 소로써 미리 청구할 필요가 인정되는데, 양도인측이 계약이 무효가 되었다고 주장하여 양수인으로부터 받은 매매대금을 변제공탁하였다면 양도인측이 양도 부동산에 관한 소유권이전의무의 존재를 다투고 있는 것이므로 양수인으로서는 위 의무의 이행기 도래 전에도 그 의무의 이행을 미리 청구할 필요가 있다고 보아야 한다(대판 1993.11.09. 92다43128).

정답 O

14년(2)·17년(2) 모의

43. (1) 乙이 甲의 X토지에 관한 서류를 위조하여 매매를 원인으로 한 소유권이전등기를 경료한 다음 丙에게 이를 매도하여 소유권이전등기까지 마친 경우, 甲이 丙을 상대로 제기한 소유권이전등기 말소청구가 甲의 패소로 확정되면 乙의 甲에 대한 말소등기의무는 이행불능이 된다.

(2) 위 지문의 경우, 甲이 丙을 상대로 제기한 소유권이전등기 말소청구가 甲의 패소로 확정되면 甲은 乙 명의의 소유권이전등기의 말소를 구할 소의 이익이 없다.

해설 순차적으로 소유권이전등기가 경료된 경우 후순위등기의 말소등기절차 이행청구가 패소확정됨으로써 직접적으로는 그 전순위등기의 말소등기의 실행이 불가능하게 되었다 하더라도 그 전순위등기의 말소를 구할 소의 이익이 없다 할 수 없다(대판 1993.07.13. 93다20955).

정답 O, ×

 22년 변시, 14년(1)·17년(2) 모의

44. (1) 가등기가 채권담보의 목적으로 경료된 것임을 채권자가 다투는 경우, 채무자가 채무변제를 선이행 조건으로 하여 가등기말소를 구하는 소는 소의 이익이 인정된다.

(2) 피고가 피담보채무의 액수를 이미 다투고 있어 원고가 자신의 저당권부 채무를 지급하는 것을 조건으로 하는 피고에 대한 저당권등기말소청구는 소의 이익이 없다.

해설 채권담보의 목적으로 부동산에 관하여 가등기가 경료된 경우 채무자는 자신의 채무를 먼저 변제하여야만 비로소 그 가등기의 말소를 구할 수 있는 것이기는 하지만, 채권자가 그 가등기가 채무담보의 목적으로 된 것임을 다툰다든지 피담보채무의 액수를 다투기 때문에 장차 채무자가 채무를 변제하더라도 채권자가 그 가등기의 말소에 협력할 것으로 기대되지 않는 경우에는 피담보채무의 변제를 조건으로 가등기를 말소할 것을 미리 청구할 필요가 있다 할 것이다(대판 1992.07.10. 92다15376). 의무자의 태도에 비추어 이행기에 즉시 이행을 기대할 수 없는 경우이므로 소의 이익이 있다.

정답 ,

14년(1)·17년(2) 모의

45. 甲의 乙에 대한 금전채권이 제3자에 의해 (가)압류된 상태에서 제기하는 甲의 乙에 대한 금전지급청구는 소의 이익이 없다.

해설 소유권이전등기청구권의 압류나 가압류는 등기청구권의 목적물인 부동산 자체의 처분을 금지하는 대물적 효력은 없고 채무자가 제3채무자에게서 현실로 급부를 추심하는 것을 금지하는 것뿐이므로 채무자는 제3채무자를 상대로 이행을 구하는 소송을 제기할 수 있고 법원은 가압류가 되어 있음을 이유로 이를 배척할 수 없다(대판 2011.08.18. 2009다60077). ▶ 압류, 가압류, 가처분의 경우는 비록 제3채무자가 채무자에 대해 이행을 하여서는 아니되지만, 채무자로서는 집행권원을 취득하거나 시효를 중단할 필요가 있으므로 소의 이익을 인정할 수 있다.

정답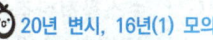

20년 변시, 16년(1) 모의

46. (1) 서면으로 증명될 법률관계에 대하여 당사자 간에 다툼이 없거나 법률관계가 소멸되면 확인의 이익이 없다.

(2) 서면으로 증명되는 계약관계에 대하여 상대방이 그 후 새로운 합의에 의하여 계약관계가 소멸되었다고 주장하는 경우에도 당초의 서면에 대한 진부확인의 소는 소의 이익이 인정된다.

(3) 어느 서면에 의하여 증명되어야 할 법률관계를 둘러싸고 이미 소가 제기되어 있는 경우에 그와 별도로 그 서면에 대한 진정 여부를 확인하는 소를 제기할 확인의 이익이 없다.

(4) 소로써 확인을 구하는 서면의 진부가 확정되어도 서면이 증명하려는 권리관계 또는 법률적 지위의 불안이 제거될 수 없고, 그 법적 불안을 제거하기 위하여 당해

권리 또는 법률관계 자체의 확인을 구하여야 할 필요가 있는 경우에 해당하면 그 증서진부확인의 소는 부적법하다

해설 [1] 화해계약서의 진부확인의 소에서 그 계약내용인 실체법상의 청구권이 소멸한 경우는 확인의 이익이 없다(대판 1967.10.25. 66다2489). [2] 합의서가 원고 등의 강박에 기하여 작성된 것이므로 그 원인이 된 위 화해계약 및 임치계약을 취소한다고 주장하고, 위 각 계약은 위와 같은 사유로 위 피고들에 의하여 취소되었다고 주장하며, 아니라 하더라도 위 계약관계는 피고들 사이의 합의에 의하여 이미 소멸되었다는 취지로 주장하고 있음이 기록상 명백하다면, 그 서면의 진부가 확정되어도 이에 의하여 원고 주장의 위 권리관계 내지 법률적 지위의 불안이 제거될 수 없고, 그 법적불안을 제거하기 위하여서는 당해 권리 또는 법률관계 자체의 확인을 구하여야 할 필요가 있는 경우에 해당한다 할 것이므로, 이 사건 주위적 청구의 소는 즉시 확정의 이익이 없어 부적법하다(대판 1991.12.10. 91다15317). [3] 어느 서면에 의하여 증명되어야 할 법률관계를 둘러싸고 이미 소가 제기되어 있는 경우에는 그 소송에서 분쟁을 해결하면 되므로 그와 별도로 그 서면에 대한 진정 여부를 확인하는 소를 제기하는 것은 특별한 사정이 없는 한 확인의 이익이 없다(대판 2007.06.14. 2005다29290). [4] 가. 증서진부확인의 소는 서면이 그 작성명의자에 의하여 작성되었는가 그렇지 않으면 위조 또는 변조되었는가를 확정하는 소송으로서 이와 같이 서면의 진부라고 하는 사실의 확정에 대하여 독립의 소가 허용되는 것은 법률관계를 증명하는 서면의 진부가 판결로 확정되면 당사자 간에 있어서는 그 문서의 진부가 다투어지지 않는 결과 그 문서가 증명하는 법률관계에 관한 분쟁 자체도 해결될 가능성이 있거나 적어도 그 분쟁의 해결에 기여함이 크다는 이유에 의한 것이다. 나. 소로써 확인을 구하는 서면의 진부가 확정되어도 서면이 증명하려는 권리관계 내지 법률적 지위의 불안이 제거될 수 없고, 그 법적불안을 제거하기 위하여서는 당해 권리 또는 법률관계 자체의 확인을 구하여야 할 필요가 있는 경우에 해당한다 할 것이므로, 즉시확정의 이익이 없어 부적법하다고 한 사례(대판 1991.12.10. 91다15317).

정답 ○, ×, ○, ○

15년(3) 모의

47. 승소확정판결을 선고받은 상태에서 강제집행이 가능함에도 강제집행에 이르지 않은 채 10년의 소멸시효기간이 임박하여 시효중단을 목적으로 동일한 당사자가 동일한 소를 제기하는 경우 소의 이익이 인정되지 않는다.

해설 판례는 확정판결에 기한 채권의 소멸시효기간인 10년의 도과가 임박하여서 강제집행의 실시가 현실적으로 어렵게 되었다면, 그 이전에 강제집행의 실시가 가능하였던가의 여부에 관계없이 시효중단을 위하여 동일내용의 재판상 청구가 불가피하다고 할 것이므로 확정판결이 있었다고 하더라도 시효중단을 위한 동일내용의 소에 대하여 소멸시효완성 내지 중복제소금지 규정에 위반한 것이라고는 할 수 없다고 판시하였다(대판 1987.11.10. 87다카1761).

정답 ×

15년(3) 모의

48. 건물철거소송에서 승소판결을 선고받았으나 당해 부동산에 관하여 지번, 건물구조, 건물 면적이 달라 집행이 불가능하다는 이유로 제기한 동일한 소는 권리보호의 이익이 없다.

해설 판례는 원고가 피고를 상대로 제기한 전 소송에서 법원이 남양주시 별내면 덕송리 176. 전 2,922㎡ 토지 위에 설치된 우사(牛舍) 19㎡의 철거 및 그 부지 25㎡의 인도를 명한 것은 현황과 달리 작성된 감정서에 기재된 대로의 위치 및 면적에 따른 것으로서, 비록 원고의 청구대로 인용된 것이기는 하지만, 그 판결에 기한 강제집행이 불가능하게 되었으므로, 새로운 측량에 기하여 전 소송에서와 달리 우사의 면적(82㎡)과 위치를 새로이 특정하여 제기한 이 사건 소송에 종전 소송의 기판력이 미치지 아니한다고 판단한 것은 위에서 본 법리에 따른 것으로 정당하고, 거기에 기판력에 관한 법리를 오해한 위법이 있다고 할 수 없다고 보면서 소송물이 동일한 경우라도 판결 내용이 특정되지 아니하여 집행을 할 수 없는 경우에는 다시 소송을 제기할 권리보호의 이익이 있다고 판시하였다(대판 1998.05.15. 97다57658).

 정답 ✕

14년(1)·15년(3) 모의변형

49. 甲은 채무자 乙과 함께 공증사무소에 가서 차용증을 공증하였는데 동 차용증에는 채무자 乙의 집행수락문구가 들어있었다. 이 경우 동 차용증은 집행력 이외에 그 원인이 된 실체법상 권리관계에 기판력이 발생하므로, 乙이 甲을 상대로 공정증서(차용증)의 작성원인이 된 채무에 관하여 채무부존재확인의 소를 제기한 경우, 위 소송은 불안제거에 유효적절한 수단이라고 할 수 없으므로 확인의 이익이 없어 부적법하다.

해설 집행권원이란 사법상 일정한 이행청구권의 존재와 범위를 표시함과 동시에 강제집행으로 그 청구권을 실현할 수 있는 집행력을 인정한 공정증서로서, 확정된 종국판결(민사집행법 제24조), 공증인이 작성한 공정증서 등 집행증서(동법 제56조), 조정조서(민사조정법 제29조), 인낙조서(민사집행법 제56조), 확정된 화해권고결정(민사소송법 제231조) 등이 있다. 이 중 집행증서는 소송을 거치지 않고 집행권원을 확보할 수 있다는 점에서 다른 집행권원과 비교된다(그러므로 집행력만 발생할 뿐 기판력은 발생하지 아니한다. 이 점이 다른 집행권원과 차이점이다). 판례에 의하면 청구이의의 소는 집행권원이 가지는 집행력의 배제를 목적으로 하는 것으로서 그 판결이 확정되더라도 당해 집행권원의 원인이 된 실체법상 권리관계에 기판력이 미치지 않으므로, 그 목적이 오로지 공정증서의 집행력 배제에 있는 것이 아닌 이상 청구이의의 소를 제기할 수 있다는 사정만으로 채무부존재확인 소송이 확인의 이익이 없어 부적법하다고 할 것은 아니라고 판시하였다(대판 2013.05.09. 2012다108863).

 정답 ✕

🍊 15년 변시, 15년(1) 모의

50. (1) 채무자가 사해행위로 인한 근저당권의 실행으로 경매절차가 진행 중인 부동산을 매각하고 그 대금으로 근저당권자인 수익자에게 피담보채무를 변제함으로써 근저당권설정등기가 말소된 경우, 채권자는 원상회복을 위하여 사해행위인 근저당권설정계약의 취소를 청구할 소의 이익이 있다.

(2) 사해행위인 근저당권설정계약에 기한 근저당권설정등기가 경매절차상 매각으로 인하여 말소된 후, 그 등기로 인하여 해를 입게 되는 채권자가 근저당권설정계약의 취소를 구하는 소를 제기한 경우 소의 이익이 있다.

해설 채무자와 수익자 사이의 근저당권설정계약이 사해행위인 이상 그 근저당권 실행에 따른 경매절차에서 타인이 소유권을 취득함으로써 근저당권설정등기가 말소되었다고 하더라도 수익자로 하여금 근저당권자로서 배당을 받게 하는 것은 민법 제406조 제1항의 취지에 반하므로, 수익자에게 그와 같은 부당한 이득을 보유시키지 않기 위하여 그 근저당권설정등기로 말미암아 해를 입게 되는 채권자는 근저당권설정계약의 취소를 구할 이익이 있다. 한편 채무자가 사해행위로 인한 근저당권 실행으로 경매절차가 진행 중인 부동산을 매각하고, 그 대금으로 근저당권자인 수익자에게 피담보채무를 변제함으로써 그 근저당권설정등기가 말소된 경우에 위와 같은 변제는 특별한 사정이 없는 한 근저당권의 우선변제권 이행으로 일반 채권자에 우선하여 된 것이라고 봄이 타당하므로, 근저당권이 실행되어 경매절차에서 근저당권설정등기가 말소된 경우와 마찬가지로 수익자로 하여금 근저당권 말소를 위한 변제 이익을 보유하게 하는 것은 부당하다. 따라서 이 경우에도 근저당권설정등기로 말미암아 해를 입게 되는 채권자는 원상회복을 위하여 사해행위인 근저당권설정계약의 취소를 구할 이익이 있다(대판 2012.11.15. 2012다65058).

정답 O, O

🍊 16년 변시, 12년(3) 15년(1) 모의

51. (1) 물상보증인이 근저당권자의 채권에 대하여 다투고 있을 경우 근저당권자가 근저당권의 피담보채무의 확정을 위하여 스스로 물상보증인을 상대로 확인의 소를 제기하는 것은 부적법하다.

(2) 부동산담보권 실행을 위한 경매의 배당절차에서 근저당권자의 채권에 대하여 배당이의를 하며 다투는 물상보증인을 상대로 근저당권자가 피담보채권 존재의 확인을 구하는 소를 제기한 경우 소의 이익이 있다.

해설 근저당권자가 근저당권의 피담보채무의 확정을 위하여 스스로 물상보증인을 상대로 확인의 소를 제기하는 것이 부적법하다고 볼 것은 아니며, 물상보증인이 근저당권자의 채권에 대하여 다투고 있을 경우 그 분쟁을 종국적으로 종식시키는 유일한 방법은 근저당권의 피담보채권의 존부에 관한 확인의 소라고 할 것이므로, 근저당권자가 물상보증인을 상대로 제기한 확인의 소는 확인의 이익이 있어 적법하다(대판 2004.03.25. 2002다20742).

정답 X, O

🕐 15년 변시

52. 丙은 甲보험회사(이하 甲이라 한다)와 자동차종합보험계약이 체결된 자신의 승용차를 운행하던 중 乙의 차량을 추돌하여 乙에게 10주의 치료가 필요한 상해를 입게 하였다. 乙은 甲에게 1억 원을 직접 청구하였으나, 甲은 乙의 일방적 과실로 인한 사고라고 주장하며 그 지급을 거부하면서 乙을 상대로 위 교통사고로 인한 채무부존재확인의 소를 제기하였고, 乙은 이에 대한 반소로서 교통사고로 입은 손해 1억 원의 배상을 청구하는 소를 제기하였다.

1) 甲의 본소는 확인의 소의 보충성의 원칙상 소의 이익이 없어 각하될 것이다.

해설 이행의 소나 형성의 소를 제기할 수 있는 경우에도 같은 권리관계에 관하여 확인의 소를 제기하는 것은 분쟁의 종국적인 해결방법이 아니어서 원칙적으로 허용되지 않는다. 이를 확인의 소의 보충성이라고 한다(김홍엽, 민사소송법 제7판, p.291). 사안의 경우 甲의 본소가 확인의 소의 보충성 원칙을 근거로 소의 이익이 없으려면, 그 전제로 甲이 乙에게 이행청구를 할 수 있는 권리가 존재하여야 하는데, 甲보험회사는 乙에게 아무런 청구권을 가지고 있지 않다. 따라서 갑이 손해배상에 대한 채무부존재확인을 구하는 소송이 분쟁의 종국적인 해결방법이 될 수 있으므로 위 지문은 틀렸다.

정답

2) 乙은 甲을 상대로 반소를 제기하였기 때문에 丙을 상대로는 별도로 소를 제기할 수 없고, 丙을 상대로 소를 제기할 경우 소가 각하된다.

해설 보험자는 가해자인 피보험자의 채무를 병존적으로 인수한 병존적 채무인수관계에 있고(대판 2000.06.09. 98다54397), 통상은 연대채무관계에 있을 뿐이므로 피해자가 가해자인 피보험자와 보험자를 상대로 소를 제기하여도 당사자가 다를 뿐만 아니라 소송상 판결의 효력이 미치는 관계에 있는 것이 아니므로 피해자가 보험자를 상대로 소를 제기한 후 별도로 가해자인 피보험자를 상대로 소를 제기하여도 중복제소금지등의 부적법사유는 없으므로 적법하다.

정답

🕐 15년 변시

53. 경매절차에서 가장임차인의 배당요구에 따라 배당표가 확정된 후, 후순위 진정채권자가 그 배당금지급청구권을 가압류하고 가장임차인을 상대로 배당금지급청구권 부존재의 확인을 구하는 소를 제기한 경우 소의 이익이 있다.

해설 가장 임차인의 배당요구가 받아 들여져 제1순위로 허위의 임차보증금에 대한 배당이 이루어졌으나 이해관계인들의 배당이의가 없어 그대로 배당표가 확정된 후 그 사실을 알게 된 후순위 진정채권자에 의해 그 배당금지급청구권이 가압류되어 가장 임차인이 현실적으로 배당금을 추심하지 못한 경우, 배당을 받지 못한 후순위 진정 채권자로서는 배당금지급청구권을 부당이득한 가장 임차인을 상대로 그 부당이득 채권의 반환을 구하는 것이 손실자로서의 권리 또는 지위의 불안·위험을 근본적으로 해소할 수 있는 유효·적절한 방법이므로, 후순위 진정 채권자가 가장 임차인을 상대로 배당금지급청구권 부존재확인을 구하는 것은 확인의 이익이 없다(대판 1996.11.22. 96다34009).

정답

15년 변시

54. 채무자의 채무초과가 임박한 상태에서 채권자가 이미 채무자 소유의 목적물에 저당권이 설정되어 있음을 알면서 자기 채권의 우선적 만족을 위하여 채무자와 통모하여 유치권을 성립시킨 후, 저당권자가 경매절차에서 그 유치권을 배제하기 위하여 유치권자를 상대로 그 부존재의 확인을 구하는 소를 제기한 경우 소의 이익이 있다.

해설 채무자가 채무초과의 상태에 이미 빠졌거나 그러한 상태가 임박함으로써 채권자가 원래라면 자기 채권의 충분한 만족을 얻을 가능성이 현저히 낮아진 상태에서 이미 채무자 소유의 목적물에 저당권 기타 담보물권이 설정되어 있어서 유치권의 성립에 의하여 저당권자 등이 그 채권 만족상의 불이익을 입을 것을 잘 알면서 자기 채권의 우선적 만족을 위하여 위와 같이 취약한 재정적 지위에 있는 채무자와의 사이에 의도적으로 유치권의 성립요건을 충족하는 내용의 거래를 일으키고 그에 기하여 목적물을 점유하게 됨으로써 유치권이 성립하였다면, 유치권자가 그 유치권을 저당권자 등에 대하여 주장하는 것은 다른 특별한 사정이 없는 한 신의칙에 반하는 권리행사 또는 권리남용으로서 허용되지 아니한다. 그리고 저당권자 등은 경매절차 기타 채권실행절차에서 위와 같은 유치권을 배제하기 위하여 그 부존재의 확인 등을 소로써 청구할 수 있다고 할 것이다(대판 2011.12.22. 2011다84298).

정답

14년(2) 모의

55. (1) 甲은 토지거래허가 전에 관할관청의 허가를 받을 것을 조건으로 미리 장래이행의 소로써 X토지의 소유권이전등기청구도 할 수 없다.
(2) 소재지관서의 농지매매증명이 있을 것을 조건으로 하는 농지에 대한 매매계약을 원인으로 한 소유권이전등기청구는 소의 이익이 없다.

해설 [1] 허가가 있을 것을 조건으로 하여 소유권이전등기절차의 이행을 구하는 부분에 있어서는 허가받기 전의 상태에서는 아무런 효력이 없어 권리의 이전 또는 설정에 관한 어떠한 이행청구도 할 수 없는 것이므로 원심이 이 부분 청구까지도 인용한 것은 같은 법상의 토지거래허가와 거래계약의 효력에 관한 법리를 오해하여 판결에 영향을 미친 위법이 있다(대판 1991.12.24. 90다12243(전합)). 따라서 유동적 무효인 매매계약의 경우 소유권이전등기청구권에 한해서는 토지거래계약에 관한 허가 없이는 장래 발생할 청구권의 기초관계가 변론종결시까지 존재할 것이 확실히 예정되었다고 볼 수 없으므로 허가를 조건으로 한 소유권이전등기청구는 허용되지 아니한다. [2] 농지개혁법 제19조 제2항 소정의 소재지 관서의 증명이 농지매매의 효력발생요건이라는 취지가 매매로 인한 소유권이전의 효과를 발생할 수 없다는 것일 뿐 농지매매 당사자 사이에 채권계약으로서의 효력까지 발생하지 못한다는 것은 아니라고 할지라도, 소재지 관서의 증명을 얻지 아니한 채 체결된 농지의 매매계약을 원인으로 하여 매수인이 매도인을 상대로 현재의 이행의 소로 무조건의 소유권이전등기절차의 이행을 청구하는 경우에는 적어도 사실심의 변론이 종결될 때까지는 소재지 관서의 증명을 얻어야만 인용될 수 있는 것이다. … 매수인은, 그 필요가 있는 한, 장래 이행의 소로 농지매매증명이 발급되는 것을 조건으로 미리 농지에 관한 소유권이전등기절차의 이행을 청구할 수는 있는 것이다(대판 1994.12.09. 94다42402).

정답 ○, ×

선택형 사례문제

문 1

乙이 丙에 대하여 가지는 A 부동산에 관한 소유권이전등기청구권이 甲에 의하여 가압류된 경우에 관한 설명 중 옳지 <u>않은</u> 것은? (다툼이 있는 경우 판례에 의함)

① 乙은 丙에 대하여 위 부동산에 관한 소유권이전등기절차의 이행을 구하는 소를 제기할 수 있고, 법원은 가압류가 되어 있음을 이유로 이를 배척할 수 없는 것이 원칙이다.
② 어떠한 경로로 丙으로부터 乙 명의로 위 부동산에 관한 소유권이전등기가 마쳐졌다면 甲은 부동산 자체를 가압류하거나 압류하면 되고 위 소유권이전등기의 말소를 구할 필요는 없다.
③ 乙이 丙을 상대로 위 부동산에 관한 소유권이전등기절차의 이행을 구하는 소를 제기한 경우, 丙이 위 가압류 사실을 주장하고 증명하였다면 법원은 가압류의 해제를 조건으로 하지 않는 한 소유권이전등기절차의 이행을 명할 수 없다.
④ 丙이 위 부동산에 관하여 丁에게 소유권이전등기를 해주었다면, 甲이 丁에 대하여 위 소유권이전등기가 가압류에 저촉되어 원인무효라고 주장하며 한 말소등기청구는 인용되어야 한다.
⑤ 乙이 위 부동산에 관한 소유권이전등기절차의 이행을 구하는 소를 제기하였으나, 丙이 이에 적극적으로 응소하지 않음으로써 가압류의 사실이 주장되지 않아 乙의 승소로 소유권이전등기가 된 후 결과적으로 그 부동산이 丁에게 소유권이전등기가 되어 甲에게 손해를 입혔다면, 丙은 甲에 대하여 불법행위에 기한 손해배상책임을 부담한다.

해설 | 압류, 가압류

① (○), ③ (○) 소유권이전등기청구권에 대한 압류나 가압류는 채권에 대한 것이지 등기청구권의 목적물인 부동산에 대한 것이 아니고, 채무자와 제3채무자에게 그 결정을 송달하는 외에 현행법상 등기부에 이를 공시하는 방법이 없는 것으로서, 당해 채권자와 채무자 및 제3채무자 사이에만 효력이 있을 뿐 압류나 가압류와 관계가 없는 제3자에 대하여는 압류나 가압류의 처분금지적 효력을 주장할 수 없게 되므로, 소유권이전등기청구권의 압류나 가압류는 청구권의 목적물인 부동산 자체의 처분을 금지하는 대물적 효력은 없고, 또한 채권에 대한 가압류가 있더라도 이는 채무자가 제3채무자로부터 현실로 급부를 추심하는 것만을 금지하는 것이므로 채무자는 제3채무자를 상대로 그 이행을 구하는 소송을 제기할 수 있고 법원은 가압류가 되어 있음을 이유로 이를 배척할 수는 없는 것이지만, 소유권이전등기를 명하는 판결은 의사의 진술을 명하는 판결로서 이것이 확정되면 채무자는 일방적으로 이전등기를 신청할 수 있고 제3채무자는 이를 저지할 방법이 없게 되므로 위와 같이 볼 수는 없고 이와 같은 경우에는 가압류의 해제를 조건으로 하지 않는 한 법원은 이를 인용하여서는 안되는 것이며, 가처분이 있는 경우도 이와 마찬가지로 그 가처분의 해제를 조건으로 하여야만 소유권이전등기절차의 이행을 명할 수 있다(대판 1999.02.09. 98다42615).

② (O) 부동산소유권이전등기청구권의 가압류는 채무자 명의로 소유권을 이전하여 이에 대하여 강제집행을 할 것을 전제로 하고 있는 것이므로, 소유권이전등기청구권을 가압류하였다 하더라도 어떠한 경로로 제3채무자로부터 채무자 명의로 소유권이전등기가 마쳐졌다면 채권자는 이 부동산 자체를 가압류하거나 압류하면 될 것이지 이 등기를 말소할 필요는 없을 것이고, 만일 위와 같은 등기를 원인무효로 보고 말소한다면 가압류채권자는 이를 말소하고 다시 동일한 등기를 한다는 이상한 결과를 가져올 것이다. 다만 이전등기청구권에 대한 가압류가 있으면 그 변제금지적 효력에 의하여 제3채무자는 채무자에게 임의로 이전등기를 이행하여서는 안될 것이고, 이를 이행하여 채무자가 이를 처분한 결과 채권자에게 손해를 입힌 때에는 배상책임을 진다고 보아야 할 것이다(대판 1992.11.10. 92다4680(전합)).

④ (X) 소유권이전등기청구권에 대한 압류나 가압류는 채권에 대한 것이지 등기청구권의 목적물인 부동산에 대한 것이 아니고, 채무자와 제3채무자에게 결정을 송달하는 외에 현행법상 등기부에 이를 공시하는 방법이 없는 것으로서 당해 채권자와 채무자 및 제3채무자 사이에만 효력을 가지며, 압류나 가압류와 관계가 없는 제3자에 대하여는 압류나 가압류의 처분금지적 효력을 주장할 수 없으므로 소유권이전등기청구권의 압류나 가압류는 청구권의 목적물인 부동산 자체의 처분을 금지하는 대물적 효력은 없다 할 것이고, 제3채무자나 채무자로부터 소유권이전등기를 넘겨받은 제3자에 대하여는 취득한 등기가 원인무효라고 주장하여 말소를 청구할 수 없다(대판 1992.11.10. 92다4680(전합)).

⑤ (O) 소유권이전등기청구권에 대한 가압류가 있으면 그 변제금지의 효력에 의하여 제3채무자는 채무자에게 임의로 이전등기를 이행하여서는 아니되는 것이나, 그와 같은 가압류는 채권에 대한 것이지 등기청구권의 목적물인 부동산에 대한 것이 아니고, 채무자와 제3채무자에게 결정을 송달하는 외에 현행법상 등기부에 이를 공시하는 방법이 없는 것으로서 당해 채권자와 채무자 및 제3채무자 사이에만 효력을 가지며, 제3자에 대하여는 가압류의 변제금지의 효력을 주장할 수 없으므로 소유권이전등기청구권의 가압류는 청구권의 목적물인 부동산 자체의 처분을 금지하는 대물적 효력은 없다 할 것이고, 제3채무자나 채무자로부터 이전등기를 경료한 제3자에 대하여는 취득한 등기가 원인무효라고 주장하여 말소를 청구할 수는 없는 것이므로, 제3채무자가 가압류결정을 무시하고 이전등기를 이행하고 채무자가 다시 제3자에게 이전등기를 경료하여 준 결과 채권자에게 손해를 입힌 때에는 불법행위를 구성하고 그에 따른 배상책임을 지게 된다고 할 것인데, 소유권이전등기를 명하는 판결은 의사의 진술을 명하는 판결로서 이것이 확정되면 채무자는 일방적으로 이전등기를 신청할 수 있고 제3채무자는 이를 저지할 방법이 없으므로, 소유권이전등기청구권이 가압류된 경우에는 변제금지의 효력이 미치고 있는 제3채무자로서는 일반채권이 가압류된 경우와는 달리 채무자 또는 그 채무자를 대위한 자로부터 제기된 소유권이전등기 청구소송에 응소하여 그 소유권이전등기청구권이 가압류된 사실을 주장하고 자신이 송달받은 가압류결정을 제출하는 방법으로 입증하여야 할 의무가 있다고 할 것이고, 만일 제3채무자가 고의 또는 과실로 위 소유권이전등기 청구소송에 응소하지 아니한 결과 의제자백에 의한 판결이 선고되어 확정됨에 따라 채무자에게 소유권이전등기가 경료되고 다시 제3자에게 처분된 결과 채권자가 손해를 입었다면, 이러한 경우는 제3채무자가 채무자에게 임의로 소유권이전등기를 경료하여 준 것과 마찬가지로 불법행위를 구성한다고 보아야 한다(대판 1999.06.11. 98다22963).

정답 ④

Ⅳ 소송상의 취급

제3절 소송물

Ⅰ 서 설
Ⅱ 소송물에 관한 견해
Ⅲ 判例의 입장

18년(2) 모의

56. (1) 동일한 사실관계를 기초로 한 부당이득반환청구의 소와 불법행위로 인한 손해배상청구의 소는 서로 소송물이 다르다.

(2) 동일한 건물에 대한 소유권에 기한 건물인도청구의 소와 점유권에 기한 건물인도청구의 소는 서로 소송물이 다르다.

(3) 동일한 건물에 대한 대물변제예약에 기한 소유권이전등기청구의 소와 매매계약에 기한 소유권이전등기청구의 소는 서로 소송물이 다르다.

해설 [1] 부당이득반환청구권과 불법행위로 인한 손해배상청구권은 서로 실체법상 별개의 청구권으로 존재하고 그 각 청구권에 기초하여 이행을 구하는 소는 소송법적으로도 소송물을 달리하므로, 채권자로서는 어느 하나의 청구권에 관한 소를 제기하여 승소 확정판결을 받았다고 하더라도 아직 채권의 만족을 얻지 못한 경우에는 다른 나머지 청구권에 관한 이행판결을 얻기 위하여 그에 관한 이행의 소를 제기할 수 있다(대판 2013.09.13. 2013다45457). [2] 소유권에 기하여 미등기 무허가 건물의 반환을 구하는 청구취지 속에는 점유권에 기한 반환청구권을 행사한다는 취지가 당연히 포함되어 있다고 볼 수는 없고, 소유권에 기한 반환청구만을 하고 있음이 명백한 이상 법원에 점유권에 기한 반환청구도 구하는지의 여부를 석명할 의무가 있는 것은 아니다(대판 1996.06.14. 94다53006). [3] 대물변제예약에 기한 소유권이전등기청구권과 매매계약에 기한 소유권이전등기청구권은 그 소송물이 서로 다르므로 동일한 계약관계에 대하여 그 계약의 법적 성질을 대물변제의 예약이라 하면서도 새로운 매매계약이 성립되었음을 인정하여 매매를 원인으로 한 소유권이전등기절차를 이행할 의무가 있다고 하는 것은 위법하다(대판 1997.04.25. 96다32133).

정답 ○, ○, ○

18년(2) 모의

57. 담보목적으로 경료된 소유권이전등기가 원인무효임을 이유로 하여 소유권이전등기의 말소를 구하는 소와 피담보채무가 변제되었음을 이유로 하여 위 소유권이전등기의 말소를 구하는 소는 서로 소송물이 동일하다.

 담보목적으로 경료된 소유권이전등기의 피담보 채무를 변제하였음을 이유로 하여 말소를 구하는 본소청구와 소유권이전등기가 원인무효임을 이유로 하여 말소를 구하는 전소청구는 소송물이 동일하다고 볼 수 없으므로 전소에 대한 확정판결의 기판력은 본소에 미치지 아니한다(대판 1983.03.08. 82다카1203).

정답 ×

Ⅳ 각종의 소에 있어서의 소송물의 특정

15년 변시

58. 채무불이행으로 인한 손해배상청구권에 대한 소멸시효항변이 불법행위로 인한 손해배상청구권에 대한 소멸시효항변을 포함한 것으로 볼 수는 없다.

 채무불이행으로 인한 손해배상청구권에 대한 소멸시효 항변이 불법행위로 인한 손해배상청구권에 대한 소멸시효 항변을 포함한 것으로 볼 수는 없다(대판 1998.05.29. 96다51110).

정답 ○

14년(2) 모의

59. 교통사고 후 손해배상액의 합의를 하면서 '향후 민사상, 형사상 일체의 청구권을 포기한다'고 약정했다면 약정 당시 예상 가능한 후유증이 발생했더라도 더 이상 손해배상을 청구할 수 없다.

 불법행위로 인한 손해배상에 관하여 가해자와 피해자 사이에 피해자가 일정한 금액을 지급받고 그 나머지 청구를 포기하기로 합의가 이루어진 때에는 그 후 그 이상의 손해가 발생하였다 하여 다시 그 배상을 청구할 수 없는 것이지만, 그 합의가 손해발생의 원인인 사고 후 얼마 지나지 아니하여 손해의 범위를 정확히 확인하기 어려운 상황에서 이루어진 것이고 후발손해가 합의 당시의 사정으로 보아 예상이 불가능한 것으로서 당사자가 후발손해를 예상하였더라면 사회통념상 그 합의금액으로는 화해하지 않았을 것이라고 보는 것이 상당할 만큼 그 손해가 중대한 것일 때에는 당사자의 의사가 이러한 손해에 대해서까지 그 배상청구권을 포기한 것이라고 볼 수 없으므로 다시 그 배상을 청구할 수 있다고 보아야 할 것이다. 피해자가 교통사고로 인한 손해배상에 관하여 합의할 당시 후유장애의 발생을 예견할 수 있었다고 보아 후유장애로 인한 일실수익 및 위자료 상당의 손해배상청구를 부적법하다고 한 사례(대판 2000.01.14. 99다39418).

정답 ○

제4절 소의 제기

Ⅰ 서 설
Ⅱ 소제기의 방식
Ⅲ 소장의 기재사항

제5절 재판장의 소장심사와 소제기 후의 조치

Ⅰ 재판장의 소장심사

22년(3) 모의

60. 상소인이 인지 보정명령에 따라 인지액에 해당하는 현금을 수납은행에 납부하면서 잘못하여 인지로 납부하지 않고 송달료로 납부한 경우 인지보정의 효과가 발생하지 않으나, 이러한 경우 재판장이 바로 상소장을 각하해서는 안 되고, 상소인에게 인지를 보정하는 취지로 송달료를 납부한 것인지에 관하여 석명을 구하고 다시 인지를 보정할 수 있는 기회를 부여하여야 한다.

해설 인지와 송달료는 납부절차, 관리주체, 납부금액의 처리방법 등에 차이가 있는 점 등을 고려하면, 신청인이 인지의 보정명령에 따라 인지액 상당의 현금을 수납은행에 납부하면서 잘못하여 인지로 납부하지 아니하고 송달료납부서에 의하여 송달료로 납부한 경우에는 인지가 납부되었다고 할 수 없어 인지 보정의 효과가 발생되지 아니한다. 그러나 이 경우 신청인은 인지의 보정명령을 이행하기 위하여 인지액 상당의 현금을 수납은행에 납부한 것이고, 그 결과 인지 보정과 유사한 외관이 남게 되어 이를 객관적으로 인식할 수 있는 점, 인지와 송달료의 납부기관이 수납은행으로 동일하여 납부 과정에서 혼동이 생길 수 있는 점, 신청인에게 인지 납부 과정의 착오를 시정할 수 있는 기회를 제공함이 정의관념에 부합하는 것으로 보이는 점 등을 고려하면, 인지액 상당의 현금을 송달료로 잘못 납부한 신청인에게는 다시 인지를 보정할 수 있는 기회를 부여함이 타당하다. 따라서 소장 등을 심사하는 재판장으로서는 인지 보정명령 이후 수납은행의 영수필확인서 및 영수필통지서가 보정기간 내에 제출되지 아니하였다 하더라도 곧바로 소장이나 상소장을 각하하여서는 아니 되고, 인지액 상당의 현금이 송달료로 납부된 사실이 있는지를 관리은행 또는 수납은행에 전산 기타 적당한 방법으로 확인한 후, 만일 그러한 사실이 확인되는 경우라면 신청인에게 인지를 보정하는 취지로 송달료를 납부한 것인지에 관하여 석명을 구하고 다시 인지를 보정할 수 있는 기회를 부여하여야 한다. 이러한 보정의 기회를 부여하지 아니한 채 소장이나 상소장을 각하하는 것은 석명의무를 다하지 아니하여 심리를 제대로 하지 아니한 것으로서 위법하다(대결 2014.04.30. 2014마76).

정답

21년(2) 모의

61. 소장의 필수적 기재사항으로 소장에는 당사자, 법정대리인과 소송대리인, 청구의 취지와 원인을 적어야 한다.

해설 민사소송법 제249조 참조.

민사소송법 제249조(소장의 기재사항) ① 소장에는 당사자와 법정대리인, 청구의 취지와 원인을 적어야 한다.

정답

21년(2) 모의

62. 청구의 취지는 그 내용 및 범위를 명확히 알아볼 수 있도록 구체적으로 특정되어야 하고, 청구취지가 특정되지 않은 경우에는 법원은 그 보정을 명하고, 이에 응하지 않을 때에는 소를 각하하여야 한다.

해설 민사소송에서 청구의 취지는 내용 및 범위를 명확히 알아볼 수 있도록 구체적으로 특정되어야 하고 청구취지의 특정 여부는 직권조사사항이므로, 청구취지가 특정되지 않은 경우에는 법원은 직권으로 보정을 명하고 보정명령에 응하지 않을 때에는 소를 각하하여야 한다. 이 경우 당사자가 부주의 또는 오해로 인하여 청구취지가 특정되지 아니한 것을 명백히 간과한 채 본안에 관하여 공방을 하고 있는데도 보정의 기회를 부여하지 아니한 채 당사자가 전혀 예상하지 못하였던 청구취지 불특정을 이유로 소를 각하하는 것은 석명의무를 다하지 아니하여 심리를 제대로 하지 아니한 것으로서 위법하다(대판 2014.03.13. 2011다111459).

정답

21년(2) 모의

63. 재판장은 소장을 심사하여 흠이 있는 경우 상당한 기간을 정하고, 그 기간 이내에 흠을 보정하도록 명하여야 하는데, 법원사무관등은 재판장의 명을 받아 보정명령을 할 수 있다.

해설 민사소송법 제254조 참조.

민사소송법 제254조(재판장등의 소장심사권) ① 소장이 제249조제1항의 규정에 어긋나는 경우와 소장에 법률의 규정에 따른 인지를 붙이지 아니한 경우에는 재판장은 상당한 기간을 정하고, 그 기간 이내에 흠을 보정하도록 명하여야 한다. 재판장은 법원사무관등으로 하여금 위 보정명령을 하게 할 수 있다.

정답

21년(2) 모의

64. 소장에 일응 대표자의 표시가 되어 있는 이상 설령 그 표시에 잘못이 있다고 하더라도 재판장이 이를 정정 표시하라는 보정명령을 하고 그에 대한 불응을 이유로 소장을 각하하는 것은 허용되지 않으며, 이러한 경우에는 법원이 오로지 판결로써 소를 각하할 수 있을 뿐이다.

해설 민사소송법 제254조에 의한 재판장의 소장심사권은 소장이 같은 법 제249조 제1항의 규정에 어긋나거나 소장에 법률의 규정에 따른 인지를 붙이지 아니하였을 경우에 재판장이 원고에 대하여 상당한 기간을 정하여 그 흠결의 보정을 명할 수 있고, 원고가 그 기간 내에 이를 보정하지 않을 때에 명령으로써 그 소장을 각하한다는 것일 뿐이므로, 소장에 일응 대표자의 표시가 되어 있는 이상 설령 그 표시에 잘못이 있다고 하더라도 이를 정정 표시하라는 보정명령을 하고 그에 대한 불응을 이유로 소장을 각하하는 것은 허용되지 아니한다. 이러한 경우에는 오로지 판결로써 소를 각하할 수 있을 뿐이다(대결 2013.09.09. 2013마1273).

정답

20년(2) 모의

65. 소장에 법정대리인이 아닌 자가 법정대리인으로 잘못 표시되어 있어 재판장이 이를 정당한 법정대리인으로 보정하라는 취지의 보정명령을 하였는데 원고가 보정기간 내에 이에 응하지 않은 경우, 재판장은 소장각하명령을 할 수 없다.

해설 민사소송법 제254조에 의한 재판장의 소장심사권은 소장이 같은 법 제249조 제1항의 규정에 어긋나거나 소장에 법률의 규정에 따른 인지를 붙이지 아니하였을 경우에 재판장이 원고에 대하여 상당한 기간을 정하여 그 흠결의 보정을 명할 수 있고, 원고가 그 기간 내에 이를 보정하지 않을 때에 명령으로써 그 소장을 각하한다는 것일 뿐이므로, 소장에 일응 대표자의 표시가 되어 있는 이상 설령 그 표시에 잘못이 있다고 하더라도 이를 정정 표시하라는 보정명령을 하고 그에 대한 불응을 이유로 소장을 각하하는 것은 허용되지 아니한다. 이러한 경우에는 오로지 판결로써 소를 각하할 수 있을 뿐이다(대결 2013.09.09. 2013마1273).

민사소송법 제64조(법인 등 단체의 대표자의 지위) 법인의 대표자 또는 제52조의 대표자 또는 관리인에게는 이 법 가운데 법정대리와 법정대리인에 관한 규정을 준용한다.

정답

20년(2) 모의

66. 소장에 법률의 규정에 따른 인지를 붙이지 않아 재판장이 인지보정명령을 하였는데 원고가 보정기간 내에 소송구조신청을 한 경우, 그 소송구조신청에 대하여 기각결정이 확정되면 재판장으로서는 다시 인지보정명령을 할 필요는 없지만 종전의 인지보정명령에 따른 보정기간 전체가 다시 진행되어 그 기간이 경과된 때에 비로소 소장 등에 대한 각하명령을 할 수 있다.

▣해설 민사소송 등 인지법 제1조 본문은 민사소송절차, 행정소송절차 등에서 소장이나 신청서 또는 신청의 취지를 기재한 조서에는 다른 법률에 특별한 규정이 있는 경우를 제외하고는 위 법이 정하는 인지를 붙여야 한다고 규정하고 있다. 행정소송법 제8조 제2항에 의하여 준용되는 민사소송법상 소송구조는 위 '다른 법률에 특별한 규정이 있는 경우'에 해당하므로, 소송구조신청이 있는 경우 원칙적으로 그에 대한 기각결정이 확정될 때까지는 인지첩부의무의 발생이 저지되어서 재판장은 소장 등에 인지가 첩부되어 있지 아니함을 이유로 소장 등을 각하할 수 없다. 인지첩부의무의 발생이 저지된다는 것은 소송구조신청을 기각하는 재판이 확정될 때까지 인지첩부의무의 이행이 정지 또는 유예되는 것을 의미하고, 소송구조신청이 있었다고 하여 종전에 이루어진 인지보정명령의 효력이 상실되는 것은 아니므로, 종전의 인지보정명령에 따른 보정기간 중에 제기된 소송구조신청에 대하여 기각결정이 확정되면 재판장으로서는 다시 인지보정명령을 할 필요는 없지만 종전의 인지보정명령에 따른 보정기간 전체가 다시 진행되어 그 기간이 경과된 때에 비로소 소장 등에 대한 각하명령을 할 수 있다(대결 2018.05.04. 2018무513).

정답 O

20년(2) 모의

67. 원고가 인지보정명령을 받아 보정기간 내에 인지를 납부하였으나 그 납부서를 보정기간 내에 법원에 제출하지 않아 법원이 소장각하명령을 하였는데 원고가 즉시항고하면서 뒤늦게 위 납부서를 제출한 경우, 원심법원은 재도의 고안에 의하여 소장각하명령을 취소하여야 한다.

▣해설 인지 등 보정명령에 따른 인지 등 상당액의 현금 납부에 관하여는 송달료 규칙 제3조에 정한 송달료 수납은행에 현금을 납부한 때에 인지 등 보정의 효과가 발생되는 것이고, 이 납부에 따라 발부받은 영수필확인서 등을 보정서 등 소송서류에 첨부하여 접수 담당 법원사무관 등에게 제출하고 또 그 접수 담당 법원사무관 등이 이를 소장 등 소송서류에 첨부하여 소인하는 등의 행위는 소송기록상 그 납부 사실을 확인케 하기 위한 절차에 불과하다. 그렇다면 앞서 본 바와 같이 재항고인이 원심재판장의 인지 보정명령에 따라 그 보정기간 안에 수납은행 중의 하나인 신한은행 법조타운 법원지점에 부족한 인지액을 납부한 이상 이로써 인지 보정의 효과가 발생하여 위 명령에 따른 보정이 제대로 이행되었다고 할 것이고, 재항고인이 위 납부서를 원심법원에 제출하지 아니하였다고 하여 그 보정의 효과를 부정할 수 없다(대결 2008.08.28. 2008마1073). ▶상고장을 각하한 원심 명령을 파기하고 보정이 제대로 이행되었다고 한 사례.

정답 O

20년(2) 모의

68. 원고가 보정기간 내에 인지보정명령을 이행하지 않아 재판장이 소장각하명령을 하고 그 원본을 법원사무관에게 교부하였으나 아직 그 명령정본이 당사자에게 고지되기 전에 원고가 부족한 인지를 보정하면서 소장각하명령에 즉시항고한 경우, 원심법원은 재도의 고안에 의하여 소장각하명령을 취소하여야 한다.

해설 판결과 같이 선고가 필요하지 않은 결정이나 명령과 같은 재판은 그 원본이 법원사무관등에게 교부되었을 때 성립한 것으로 보아야 하므로, 이미 각하명령이 성립한 이상 그 명령정본이 당사자에게 고지되기 전에 부족한 인지를 보정하였다 하여 위 각하명령이 위법한 것으로 되거나 재도의 고안에 의하여 그 명령을 취소할 수 있는 것은 아니다(대결 2013.07.31. 2013마670).

정답 ×

19년 변시, 18년(1) 모의

69.

(1) 공시송달요건에 해당한다고 볼 여지가 충분한데도 공시송달 신청에 대한 허부 재판을 도외시한 채 주소보정 흠결을 이유로 소장각하명령을 하는 것은 위법하다.

(2) 부적법한 소로서 그 흠을 보정할 수 없는 경우에는 변론 없이 판결로 소를 각하할 수 있다.

해설 [1] 제1심에서 원고가 공시송달신청을 하면서 제출한 소명자료와 그 동안의 송달 결과, 특히 법정경위 작성의 송달불능보고서의 내용을 종합하면 민사소송법 제194조가 규정하는 공시송달의 요건인 '당사자의 주소 등 또는 근무장소를 알 수 없는 경우'에 해당한다고 볼 여지가 충분함에도 위 공시송달 신청에 대하여는 아무런 결정을 하지 아니한 채 주소보정 흠결을 이유로 소장각하명령을 한 경우, 항고심으로서는 소장 부본 송달상의 흠결 보정에 관하여 선결문제가 되는 공시송달신청의 허부에 대하여도 함께 판단하여 제1심 재판장의 소장 각하명령의 당부를 판단하였어야 함에도 불구하고 이에 이르지 아니한 채 원고가 최종의 주소보정명령에 따른 주소보정조치를 취하지 아니한 이상 제1심 재판장의 소장각하명령에 위법이 있다고 할 수 없다는 이유 설시만으로 항고를 배척한 것은 위법하다(대판 2003.12.12. 2003마1694). ▶ 항소심은 1심의 소장각하명령에 대해 공시송달신청의 허부에 대한 판단하여 1심의 각하명령의 적부를 판단하여야 했으나 이를 도외시하여 위법하다.

[2] 민사소송법 제219조 참조.

민사소송법 제219조(변론 없이 하는 소의 각하) 부적법한 소로서 그 흠을 보정할 수 없는 경우에는 변론 없이 판결로 소를 각하할 수 있다.

정답 ○, ○

15년(2) 모의

70.

주식회사의 대표자를 기재하는 것은 소장의 필수적 기재사항이며, 이것이 흠결된 경우 보정되지 않는다면 재판장은 판결로써 소장을 각하한다.

해설 주식회사의 대표자 기재는 소장의 필수적 기재사항이다(민사소송법 제249조 제1항, 동 규칙 제2조 제1항 제2호). 이의 흠결시 재판장은 상당한 기간내에 보정을 명하여야 하고(민사소송법 제254조 제1항), 이 기간 내에 보정하지 않으면 재판장은 판결이 아니라 명령으로써 소장을 각하하여야 한다(제254조 제2항).

민사소송법 제249조(소장의 기재사항) ① 소장에는 당사자와 법정대리인, 청구의 취지와 원인을 적어야 한다.
민사소송규칙 제2조(법원에 제출하는 서면의 기재사항) ① 당사자 또는 대리인이 법원에 제출하는 서면에는 특별한 규정이 없으면 다음 각호의 사항을 적고 당사자 또는 대리인이 기명날인 또는 서명하여야 한다.
　2. 서면을 제출하는 당사자와 대리인의 이름·주소와 연락처(전화번호·팩시밀리번호 또는 전자우편주소 등을 말한다. 다음부터 같다)
민사소송법 제254조(재판장등의 소장심사권) ② 원고가 제1항의 기간 이내에 흠을 보정하지 아니한 때에는 재판장은 명령으로 소장을 각하하여야 한다.

정답

14년(1)·20년(2) 모의

71. (1) 재판장의 보정명령에 대해 원고는 즉시항고 할 수 없다.
(2) 재판장이 소장심사 후 인지보정명령을 하였는데 원고가 보정기간 내에 이에 응하지 않아 소장각하명령을 한 경우, 원고는 인지보정명령에 대하여는 즉시항고나 통상항고, 특별항고를 할 수 없고, 소장각하명령에 대하여만 즉시항고할 수 있다.

해설 소장 또는 상소장에 관한 재판장의 인지보정명령은 민사소송법에서 일반적으로 항고의 대상으로 삼고 있는 같은 법 제409조 소정의 "소송절차에 관한 신청을 기각하는 결정이나 명령"에 해당하지 아니하고 또 이에 대하여 불복할 수 있는 특별규정도 없으므로, 인지보정명령에 대하여는 독립하여 이의신청이나 항고를 할 수 없고 다만 보정명령에 따른 인지를 보정하지 아니하여 소장이나 상소장이 각하되면 그 각하명령에 대하여 즉시항고로 다툴 수밖에 없다(대판 1995.06.30. 94다39086).

민사소송법 제254조(재판장의 소장심사권) ② 원고가 제1항의 기간 이내에 흠을 보정하지 아니한 때에는 재판장은 명령으로 소장을 각하하여야 한다.
③ 제2항의 명령에 대하여는 즉시항고를 할 수 있다.

정답

❖ 선택형 사례문제

문 1

18년(3) 모의

甲 종중(대표자 A)은 乙을 상대로 X 건물에 대한 건물인도청구의 소를 제기하였다. 아래 설명 중 옳지 않은 것은? (다툼이 있는 경우 판례에 따름)

① 甲 종중이 제출한 소장에는 당사자와 대표자, 청구의 취지와 청구의 원인이 필수적으로 기재되어 있어야 한다.
② 재판장은 소장의 적식 여부에 대해 심사하여 흠이 있는 경우 상당한 기간을 정하여 보정을 명하여야 하며, 법원사무관 등으로 하여금 위 보정명령을 하게 할 수 있다.
③ 乙이 甲 종중의 청구를 다투는 경우에는 소장의 부본을 송달받은 날부터 30일 이내에 답변서를 제출하여야 한다. 다만, 乙이 공시송달의 방법에 따라 소장의 부본을 송달받은 경우에는 그러하지 아니하다.

④ 법원은 乙이 청구의 원인이 된 사실을 모두 자백하는 취지의 답변서를 제출하고 따로 항변을 하지 아니한 때에도, 甲 종중의 적법한 대표자가 A인지에 대해 의심스러운 경우 무변론 원고 승소판결을 선고할 수 없다.
⑤ 甲의 청구를 다투는 취지의 답변서가 제출되면, 재판장은 바로 사건을 변론준비절차에 부쳐야 하는 것이 원칙이다.

:: 해설 **소장의 심사**

① (○) 민사소송법 제249조 제1항 참조.

> 민사소송법 제249조(소장의 기재사항) ① 소장에는 당사자와 법정대리인, 청구의 취지와 원인을 적어야 한다.
> ② 소장에는 준비서면에 관한 규정을 준용한다.

② (○) 민사소송법 제254조 제1항 참조.

> 민사소송법 제254조(재판장등의 소장심사권) ① 소장이 제249조 제1항의 규정에 어긋나는 경우와 소장에 법률의 규정에 따른 인지를 붙이지 아니한 경우에는 재판장은 상당한 기간을 정하고, 그 기간 이내에 흠을 보정하도록 명하여야 한다. 재판장은 법원사무관등으로 하여금 위 보정명령을 하게 할 수 있다.
> ② 원고가 제1항의 기간 이내에 흠을 보정하지 아니한 때에는 재판장은 명령으로 소장을 각하하여야 한다.
> ③ 제2항의 명령에 대하여는 즉시항고를 할 수 있다.
> ④ 재판장은 소장을 심사하면서 필요하다고 인정하는 경우에는 원고에게 청구하는 이유에 대응하는 증거방법을 구체적으로 적어 내도록 명할 수 있으며, 원고가 소장에 인용한 서증의 등본 또는 사본을 붙이지 아니한 경우에는 이를 제출하도록 명할 수 있다.

③ (○) 민사소송법 제256조 제1항 참조.

> 민사소송법 제256조(답변서의 제출의무) ① 피고가 원고의 청구를 다투는 경우에는 소장의 부본을 송달받은 날부터 30일 이내에 답변서를 제출하여야 한다. 다만, 피고가 공시송달의 방법에 따라 소장의 부본을 송달받은 경우에는 그러하지 아니하다.
> ② 법원은 소장의 부본을 송달할 때에 제1항의 취지를 피고에게 알려야 한다.
> ③ 법원은 답변서의 부본을 원고에게 송달하여야 한다.
> ④ 답변서에는 준비서면에 관한 규정을 준용한다.

④ (○) 종중이 당사자인 사건에 있어서 대표자에게 적법한 대표권이 있는지 여부는 소송요건에 관한 것으로서 법원의 직권조사사항이므로 법원으로서는 그 판단의 기초자료인 사실과 증거를 직권으로 탐지할 의무까지는 없다 하더라도 이미 제출된 자료에 의하여 그 대표권의 적법성에 의심이 갈만한 사정이 엿보인다면 이에 관하여 심리·조사할 의무가 있다고 할 것이다(대판 2008.05.15. 2007다71318).

> **민사소송법 제257조(변론 없이 하는 판결)** ① 법원은 피고가 제256조 제1항의 답변서를 제출하지 아니한 때에는 청구의 원인이 된 사실을 자백한 것으로 보고 변론 없이 판결할 수 있다. 다만, 직권으로 조사할 사항이 있거나 판결이 선고되기까지 피고가 원고의 청구를 다투는 취지의 답변서를 제출한 경우에는 그러하지 아니하다.
> ② 피고가 청구의 원인이 된 사실을 모두 자백하는 취지의 답변서를 제출하고 따로 항변을 하지 아니한 때에는 제1항의 규정을 준용한다.
> ③ 법원은 피고에게 소장의 부본을 송달할 때에 제1항 및 제2항의 규정에 따라 변론 없이 판결을 선고할 기일을 함께 통지할 수 있다.

⑤ (X) 변론준비절차중심제가 2008.12.26 개정법률에 의하여 변론기일중심제로 바뀌었다. 따라서 답변서가 제출되었으면 변론절차로 들어가는 것이 원칙이다(이시윤, 신민사소송법 제11판, p.280).

> **민사소송법 제258조(변론기일의 지정)** ① 재판장은 제257조 제1항 및 제2항에 따라 변론 없이 판결하는 경우 외에는 바로 변론기일을 정하여야 한다. 다만, 사건을 변론준비절차에 부칠 필요가 있는 경우에는 그러하지 아니하다.
> ② 재판장은 변론준비절차가 끝난 경우에는 바로 변론기일을 정하여야 한다.

정답 ⑤

Ⅱ 소장부본의 송달 및 답변서제출의무의 고지
Ⅲ 피고의 답변서제출의무

🕐 19년 변시, 14년(1)·18년(1) 모의

72.
(1) 피고가 소장의 부본을 송달받은 날부터 30일 이내에 청구의 원인이 된 사실을 모두 자백하는 취지의 답변서를 제출하고 판결이 선고될 때까지 따로 항변을 하지 아니한 경우, 변론 없이 판결할 수 없다.

(2) 피고가 소장의 부본을 송달받은 날부터 30일 이내에 답변서를 제출하지 않았다면 판결이 선고될 때까지 피고가 원고의 청구를 다투는 취지의 답변서를 제출하였더라도 변론 없이 판결할 수 있다.

(3) 피고가 소장부본을 송달받은 날부터 30일 이내에 답변서를 제출하지 않으면 청구의 원인이 된 사실을 자백한 것으로 보고 변론없이 판결할 수 있는데 이는 공시송달사건의 경우에도 마찬가지이다.

해설 "무변론 원고승소판결"은 피고의 방어의사가 없는 사건의 경우 바로 매듭을 지어 소송촉진을 도모하기 위한 제도이다. 공시송달 사건의 경우에는 피고의 답변서 제출의무가 없어서(민사소송법 제256조 제1항 단서) 무변론 원고승소판결이 불가능하다(민사소송법 제256조 제1항, 제257조 제1항 참조).

> **민사소송법 제256조(답변서의 제출의무)** ① 피고가 원고의 청구를 다투는 경우에는 소장의 부본을 송달받은 날부터 30일 이내에 답변서를 제출하여야 한다. 다만, 피고가 공시송달의 방법에 따라 소장의 부본을 송달받은 경우에는 그러하지 아니하다.
> **민사소송법 제257조(변론 없이 하는 판결)** ① 법원은 피고가 제256조 제1항의 답변서를 제출하지 아니한 때에는 청구의 원인이 된 사실을 자백한 것으로 보고 변론 없이 판결할 수 있다. 다만, 직권으로 조사할 사항이 있거나 판결이 선고되기까지 피고가 원고의 청구를 다투는 취지의 답변서를 제출한 경우에는 그러하지 아니하다.
> ② 피고가 청구의 원인이 된 사실을 모두 자백하는 취지의 답변서를 제출하고 따로 항변을 하지 아니한 때에는 제1항의 규정을 준용한다.

* 무변론판결을 할 수 없는 경우 : ① 공시송달사건(민사소송법 제256조 제1항 단서), ② 직권조사사항이 있는 사건(민사소송법 제257조 제1항 단서), ③ 판결선고 전 피고가 원고의 청구를 다투는 취지의 답변서 제출(민사소송법 제257조 제1항 단서), ④ 형식적 형성의 소, ⑤ 자백간주법리가 적용 안되는 사건

정답 ×, ×, ×

Ⅳ 바로 제1회 변론기일의 지정

제6절 소송구조

제7절 소제기의 효과

제❶항 │ 소송계속

제❷항 │ 중복 소제기의 금지

Ⅰ 서 설
Ⅱ 중복제소에 해당요건

23년 변시, 14년·15년·17년 변시, 16년(1)·17년(1) 모의

73. (1) 명시적 일부청구를 하는 소가 계속 중이라면 잔부청구는 청구취지의 변경으로 가능하므로 잔부청구에 대한 별도의 소를 제기하는 것은 중복제소에 해당한다.

(2) 전 소송에서 피해자 甲이 가해자 乙에게 불법행위를 원인으로 치료비를 청구하면서 일부만을 특정하여 청구하고 그 이외의 부분은 별도소송으로 청구하겠다는 취지를 명시적으로 유보한 경우, 甲이 전 소송의 계속 중 동일 불법행위를 원인으로 나머지 치료비 청구를 별도소송으로 제기하였다 하더라도 중복된 소제기에 해당하지 않는다.

(3) 甲이 동일한 불법행위에 대하여 일부청구임을 명시하지 않고 전소에서 3천만 원의 손해배상청구를 하고 소송계속 중에 별로로 2천만 원의 손해배상청구의 소를 제기하는 것은 중복된 소제기에 해당한다.

(4) 가분채권의 일부에 관한 이행의 소를 제기하면서 나머지를 유보하고 일부만을 청구한다는 취지를 명시하지 아니하면 그 확정판결의 기판력은 청구하고 남은 잔부청구에까지 미친다.

해설 [1], [2] 전 소송에서 불법행위를 원인으로 치료비청구를 하면서 일부만을 특정하여 청구하고 그 이외의 부분은 별도소송으로 청구하겠다는 취지를 명시적으로 유보한 때에는 그 전소송의 소송물은 그 청구한 일부의 치료비에 한정되는 것이고 전 소송에서 한 판결의 기판력은 유보한 나머지 부분의 치료비에까지는 미치지 아니한다 할 것이므로 전 소송의 계속 중에 동일한 불법행위를 원인으로 유보한 나머지 치료비청구를 별도소송으로 제기하였다 하더라도 중복제소에 해당하지 아니한다(대판 1994.02.08. 93다53092). [3] 가분채권의 일부에 대한 이행청구의 소를 제기하면서 나머지를 유보하고 일부만을 청구한다는 취지를 명시하지 아니한 이상 그 확정판결의 기판력은 청구하고 남은 잔부청구에까지 미치는 것이므로 그 나머지 부분을 별도로 다시 청구할 수 없다(대판 1993.06.25. 92다33008). 전소에서 일부임을 명시하지 않은 경우 중복소송에 해당된다.

정답 ×, ○, ○, ○

24년 변시

74. 동일한 교통사고 피해자 甲, 乙 중 甲이 그 가해자인 피보험자 丙을 대위하여 보험자 A회사를 상대로 제기한 자신의 손해 부분에 관한 보험금청구소송의 계속 중 乙이 위 丙을 대위하여 자신의 손해 부분에 관하여 위 A회사를 상대로 별도로 제기한 보험금청구의 소는 중복된 소제기에 해당하지 않는다.

해설 동일한 교통사고에 의한 피해자가 여러 명이고 그중 한 사람이 피보험자를 대위하여 보험자를 상대로 자신의 손해부분에 관한 보험금청구를 하고 있는 경우, 다른 피해자가 피보험자를 대위하여 다른 피해자의 손해부분에 관하여 별도의 보험금청구를 하는 것은 중복제소에 해당한다고 할 수 없을 것이며, 이와 같은 경우 각 피해자마다 별개의 보험사고가 성립하고 그 보험금청구권의 소송물은 동일하다고 할 수 없다(대판 1992.05.22. 91다41187).

정답 ○

24년 변시, 19년(3) 모의

75. (1) 채권자대위소송의 계속 중에 같은 채무자의 다른 채권자가 동일한 소송물에 대하여 채권자대위권에 기한 소를 제기한 경우 채무자가 전소의 소송계속사실을 알지 못한 때에는 나중에 계속하게 된 소송은 중복제소에 해당하지 아니한다.

(2) 전소와 후소는 소송계속의 발생시점의 선후에 의하여 정해지는데 소제기에 앞서 보전절차가 선행되어 있는 때에는 이를 고려하여 전·후소를 정하게 된다.

(3) 채권자대위소송(전소)이 법원에 계속 중일 때 같은 채무자의 다른 채권자가 동일한 소송물에 대하여 채권자대위권에 기한 소(후소)를 제기하였다 하더라도 후소의 변론종결시까지 전소가 취하되거나 각하되면 후소는 중복된 소제기에 해당하지 않는다.

[해설] [1] 채권자대위소송이 이미 법원에 계속 중에 있을 때 같은 채무자의 다른 채권자가 동일한 소송물에 대하여 채권자대위권에 기한 소를 제기한 경우 시간적으로 나중에 계속하게 된 소송은 중복제소금지의 원칙에 위배되어 제기된 부적법한 소송이 된다. [2] 전소, 후소의 판별기준은 소송계속의 발생시기 즉 소장이 피고에게 송달된 때의 선후에 의할 것이며, 비록 소제기에 앞서 가압류, 가처분등의 보전절차가 경료되어 있다 하더라도 이를 기준으로 전소, 후소여부를 결정할 것은 아니다(대판 1990.04.27. 88다카25274). [3] 중복제소금지는 소송계속으로 인하여 당연히 발생하는 소송요건의 하나로서, 이미 동일한 사건에 관하여 전소가 제기되었다면 설령 그 전소가 소송요건을 흠결하여 부적법하다고 할지라도 후소의 변론종결시까지 취하·각하 등에 의하여 소송계속이 소멸되지 아니하는 한 후소는 중복제소금지에 위배하여 각하를 면치 못하게 되는바, 이와 같은 법리는 어느 채권자가 채무자를 대위하여 제3채무자를 상대로 제기한 채권자대위소송이 법원에 계속중 다른 채권자가 같은 채무자를 대위하여 제3채무자를 피고로 하여 동일한 소송물에 관하여 소송을 제기한 경우에도 적용된다(대판 1998.02.27. 97다45532).

 정답 ×, ×, ○

 12년·13년·14년·19년·21년·24년 변시, 12년(2)·15년(3)·16년(1)·(3)·17년(2)·(3) 모의

76. (1) 채권자 甲이 사해행위취소 및 원상회복청구의 소를 제기하여 승소판결을 선고받고 그 판결이 확정되었으나 원상회복이 되지 아니한 상태에서 채권자 乙이 동일한 사해행위취소의 소를 제기한 경우 권리보호의 이익이 없다.

(2) 채무자 乙의 사해행위에 대하여 채권자 甲이 제기한 채권자취소소송의 계속 중, 다른 채권자 丙이 제기한 채권자취소소송은 중복소송에 해당하거나 권리보호의 이익이 없는 것으로 볼 수 없다.

(3) 여러 명의 채권자가 채권자취소 및 원상회복청구의 소를 제기하여 수익자가 가액배상을 하여야 하는 경우 법원은 채권자의 채권액에 비례하여 안분한 범위 내에서 반환을 명하여야 한다.

(4) 채권자 甲에 의한 사해행위취소소송의 계속 중 다른 채권자 乙이 동일한 사해행위에 대하여 사해행위취소의 소를 제기한 경우에는 중복된 소제기에 해당하지 않는다.

해설 [1], [2], [4] 채권자취소권의 요건을 갖춘 각 채권자는 고유의 권리로서 채무자의 재산처분행위를 취소하고 그 원상회복을 구할 수 있는 것이므로 여러 명의 채권자가 동시에 또는 시기를 달리하여 사해행위취소 및 원상회복청구의 소를 제기한 경우 이들 소가 중복제에 해당하지 아니할 뿐만 아니라, 어느 한 채권자가 동일한 사해행위에 관하여 사해행위취소 및 원상회복청구를 하여 승소판결을 받아 그 판결이 확정되었다는 것만으로는 그 후에 제기된 다른 채권자의 동일한 청구가 권리보호의 이익이 없게 되는 것은 아니고, 그에 기하여 재산이나 가액의 회복을 마친 경우에 비로소 다른 채권자의 사해행위취소 및 원상회복청구는 그와 중첩되는 범위 내에서 권리보호의 이익이 없게 된다. [3] 여러 명의 채권자가 사해행위취소 및 원상회복청구의 소를 제기하여 여러 개의 소송이 계속중인 경우에는 각 소송에서 채권자의 청구에 따라 사해행위의 취소 및 원상회복을 명하는 판결을 선고하여야 하고, 수익자(전득자를 포함한다)가 가액배상을 하여야 할 경우에도 수익자가 반환하여야 할 가액을 채권자의 채권액에 비례하여 채권자별로 안분한 범위 내에서 반환을 명할 것이 아니라, 수익자가 반환하여야 할 가액 범위 내에서 각 채권자의 피보전채권액 전액의 반환을 명하여야 한다(대판 2008.04.24. 2007다84352).

정답 ×, ○, ×, ○

○ 21년·24년 변시, 13년(1)·17년(1)·(2) 모의

77. (1) 채권자대위소송의 계속 중 같은 채무자의 다른 채권자가 동일소송물에 대하여 대위권에 기한 소를 제기한 경우에는 중복소송이 된다.

(2) 채권자가 채무자를 대위하여 제3채무자를 상대로 제기한 채권자대위소송이 계속 중 채무자가 제3채무자를 상대로 채권자대위소송과 소송물이 같은 소를 제기하여 소송이 계속된 경우, 채무자가 대위소송이 제기된 사실을 알았는지 여부와 상관없이 후소는 중복된 소제기에 해당한다.

(3) 채권자가 채무인수자를 상대로 제기한 채무이행청구소송(전소)과 채무인수자가 채권자를 상대로 제기한 원래 채무자의 채권자에 대한 채무부존재확인소송(후소)은 그 청구취지와 청구원인이 서로 다르므로 전소의 소송계속 중 후소가 제기되더라도 중복된 소제기에 해당하지 않는다.

해설 [1] 원고가 소유권이전등기말소소송을 제기하기 전에 이미 원고의 채권자가 같은 피고를 상대로 채권자대위권에 의하여 원고를 대위하여 그 소송과 청구취지 및 청구원인을 같이하는 내용의 소송을 제기하여 계속중에 있다면, 양 소송은 비록 그 당사자는 다르다 할지라도 실질상으로는 동일소송이므로, 원고가 제기한 소송은 민사소송법 제234조 소정의 이른바 중복소송 금지규정에 저촉되는 것이다(대판 1995.04.14. 94다29256). [2] 채권자가 채무자를 대위하여 제3채무자를 상대로 제기한 채권자대위소송이 법원에 계속중 채무자와 제3채무자 사이에 채권자대위소송과 소송물을 같이하는 내용의 소송이 제기된 경우, 양 소송은 동일소송이므로 후소는 중복제소금지원칙에 위배되어 제기된 부적법한 소송이라 할 것이나, 이 경우 전소, 후소의 판별기준은 소송계속의 발생시기의 선후에 의할 것이다(대판 1992.05.22. 91다41187). [3] 채권자가 채무인수자를 상대로 제기한 채무이행청구소송(전소)과 채무인수자가 채권자를 상대로 제기한 원래 채무자의 채권자에 대한 채무부존재확인소송(후소)은 그 청구취지와 청구원인이 서로 다르므로 중복제소에 해당하지 않는다. 다만 채

무인수자를 상대로 한 채무이행청구소송이 계속 중 채무인수자가 별소로 그 채무의 부존재 확인을 구하는 것은 소의 이익이 없다(대판 2001.07.24. 2001다22246).

정답 ◯, ◯, ◯

21년(2) 모의

78. 항소심에서 A 청구에서 B 청구로 교환적 변경을 하면 A 청구에 대하여는 판결 선고 후의 소취하가 되어 재소금지의 적용을 받는다.

해설 원고는 위 제1심판결에 불복항소하여 원심에 계속중 1967.6.24 및 1967.7.12 자 각 청구취지 및 청구원인 변경 신청서를 제출하고 제1심에서의 위와 같은 청구원인의 진술을 전부 철회하고 새로히 피고명의의 본건 부동산에 대한 보존등기가 원인무효라는 취지의 청구원인을 진술하고 피고명의의 본건 부동산에 대한 보존등기의 말소를 청구하였으며 피고는 이에 대하여 별다른 이의를 제기하지 아니하고 변론을 속행하였던 사실을 인정할 수가 있다. 그렇다면 원고는 제2심인 원심에서 제1심에서의 청구취지나 청구원인을 변경한 것이 분명하고 제1심에서의 청구원인의 진술을 전부 철회하고 있는 본건에 있어서 본건 청구의 변경은 청구의 교환적 변경이라고 함이 상당할 것이다. 따라서 신탁해제를 원인으로한 본건 부동산의 소유권 이전등기 청구의 소는 취하의 요건이 구비된 것이라고 할 것이며 이는 제1심 종국판결후에 된 것이니 원고는 재소금지의 원칙에 의하여 다시는 신탁해제를 원인으로하여 본건 부동산의 소유권 이전등기를 피고에게 청구할 수 없다고 할 것인 바 원고는 원심에서 1968.1.11자로 또 다시 신탁해제를 원인으로 한 소유권 이전등기를 청구하고 있으므로 이 청구부분을 재소금지 원칙에 위배된 부적법한 것이라는 이유로 각하한 원심의 조치는 정당하다(대판 1969.05.27. 68다1798).

정답 ◯

 21년 변시

79. 보전처분 신청이 중복신청에 해당하는지 여부는 후행 보전처분 신청의 심리종결 시를 기준으로 판단하여야 하고, 보전명령에 대한 이의신청이 제기된 경우에는 그 이의신청에 대한 심리종결 시가 기준이 된다.

해설 보전처분 신청에 관하여도 중복된 소제기에 관한 민사소송법 제259조의 규정이 준용되어 중복신청이 금지된다. 이 경우 보전처분 신청이 중복신청에 해당하는지 여부는 후행 보전처분 신청의 심리종결 시를 기준으로 판단하여야 하고, 보전명령에 대한 이의신청이 제기된 경우에는 이의소송의 심리종결 시가 기준이 된다(대결 2018.10.04. 2017마6308).

정답 ◯

16년(1)·17년(3) 모의

80. 채권자 甲이 법률행위의 취소 및 원상회복을 구하는 채권자취소의 소를 제기하고 소송 계속 중에 다시 피보전채권을 달리하여 채권자취소의 소를 제기하는 경우 후소는 중복된 소제기가 된다.

해설 채권자가 사해행위취소 및 원상회복청구를 하면서 보전하고자 하는 채권을 추가하거나 교환하는 것은 사해행위취소권과 원상회복청구권을 이유 있게 하는 공격방법에 관한 주장을 변경하는 것일 뿐이지 소송물 또는 청구 자체를 변경하는 것이 아니므로, 채권자가 보전하고자 하는 채권을 달리하여 동일한 법률행위의 취소 및 원상회복을 구하는 채권자취소의 소를 이중으로 제기하는 경우 전소와 후소는 소송물이 동일하다고 보아야 하고, 이는 전소나 후소 중 어느 하나가 승계참가신청에 의하여 이루어진 경우에도 마찬가지이다(대판 2012.07.05. 2010다80503).

정답 O

 16년·18년·21년 변시, 15년(3)·17년(1)·23년(3) 모의

81. (1) 채권추심명령을 받은 압류채권자는 채무자가 피압류채권에 관하여 제기한 이행의 소 계속 중 추심의 소를 별도로 제기할 수 없다.

(2) 甲이 乙을 상대로 제기한 대여금 반환청구소송의 계속 중에, 위 대여금 채권에 대하여 압류 및 추심명령을 받은 丙이 乙을 상대로 제기한 추심금청구의 소는 중복제소에 해당하지 않는다.

(3) 채무자가 제3채무자를 상대로 제기한 이행의 소가 법원에 계속되어 있는 경우, 추심명령을 얻은 압류채권자가 제3채무자를 상대로 제기한 추심의 소는 채무자가 제기한 이행의 소에 대한 관계에서 「민사소송법」제259조가 금지하는 중복된 소제기에 해당하지 않는다.

해설 채무자가 제3채무자를 상대로 제기한 이행의 소가 법원에 계속되어 있는 경우에도 압류채권자는 제3채무자를 상대로 압류된 채권의 이행을 청구하는 추심의 소를 제기할 수 있고, 제3채무자를 상대로 압류채권자가 제기한 추심의 소는 채무자가 제기한 이행의 소에 대한 관계에서 민사소송법 제259조가 금지하는 중복된 소제기에 해당하지 않는다고 봄이 타당하다(대판 2013.12.18. 2013다202120(전합)).

 정답 ×, O, O

16년(3) 모의

82. 甲이 매매에 의한 소유권 취득을 주장하면서 乙을 상대로 X 토지의 소유권확인을 구하는 소(A소)를 제기한 후 그 소송계속 중에 다시 시효취득을 주장하면서 乙을 상대로 X토지에 관한 소유권확인의 소(B소)를 제기한 경우, B소는 중복된 소제기에 해당하지 않는다.

해설 확인의 소에서는 청구취지로만 소송물이 특정된다고 보므로, 소유권확인의 소에서 청구원인을 이루는 매매나 시효, 증여, 상속 등은 소유권확인의 소의 소송물에 영향을 주지 않으므로 소송물을 식별하는 기준이 되지 않는다(대판 1987.03.10. 84다카2132 참조). 따라서 사안의 경우 매매에 의한 소유권 취득을 주장하면서 소유권확인의 소 제기 중에 다시 취득시효 청구원인으로 한 소를 제기한 것은 소송물이 동일하여 중복 제소에 해당한다.

정답 ×

83. **(1) 甲이 乙을 피고로 3,000만 원의 손해배상청구의 소를 제기하여 제1심에서 승소판결을 받았으나 乙의 항소 제기로 그 항소심 계속 중에 乙이 甲을 피고로 하여 대여금반환청구의 소를 제기한 경우, 甲은 그 소송에서 위 3,000만 원의 손해배상채권을 자동채권으로 하는 소송상 상계 항변을 할 수 있다.**

(2) 甲은 乙에게 과실로 인한 손해배상으로 3,000만 원을 청구하는 이 사건 소를 제기하였고, 이에 대해 乙은 甲에 대하여 가지는 5,000만 원의 대여금채권으로 상계한다는 항변을 하였다. 乙이 이 사건에서 위 상계항변을 제출할 당시 이미 甲을 상대로 위 대여금 5,000만 원의 지급을 구하는 별소를 제기한 경우, 위 상계항변은 중복제소에 해당한다는 이유로는 배척되지 않는다.

해설 상계의 항변을 제출할 당시 이미 자동채권과 동일한 채권에 기한 소송을 별도로 제기하여 계속 중인 경우, 사실심의 담당재판부로서는 전소와 후소를 같은 기회에 심리·판단하기 위하여 이부, 이송 또는 변론병합 등을 시도함으로써 기판력의 저촉·모순을 방지함과 아울러 소송경제를 도모함이 바람직하였다고 할 것이나, 그렇다고 하여 특별한 사정이 없는 한 별소로 계속 중인 채권을 자동채권으로 하는 소송상 상계의 주장이 허용되지 않는다고 볼 수는 없다(대판 2001.04.27. 2000다4050).

정답 ○, ○

14년(2) 모의

84. **乙은 자기 소유의 A부동산을 甲에게 매도하고 인도하였는데 그 후 甲은 乙에 대하여 A부동산에 대한 매매계약의 무효를 주장하며 매매대금반환청구의 소(전소)를 제기하였다. 그 후 甲은 乙이 甲에 대하여 제기한 A부동산에 대한 인도청구의 소(후소)에서는 그 매매계약의 유효를 주장하였다. 甲이 매매 무효를 주장하던 전소 소송계속 중 乙이 후소를 제기한 경우 중복소송에 해당한다.**

해설 중복된 소제기에 해당되려면 후소는 전소와 동일사건일 것을 요한다. 당사자와 청구(소송물)가 동일할 때에는 원칙적으로 동일한 사건에 해당한다. 사안의 경우 전소의 소송물은 매매대금반환청구권이고 후소의 소송물은 A부동산의 인도청구권이므로 소송물이 달라 전소와 후소는 동일사건이라 할 수 없으므로 乙이 제기한 후소는 중복소송에 해당하지 아니한다.

정답 ×

Ⅲ 효 과

🕐 14년·15년·21년·24년 변시, 16년(3) 모의

85. (1) 중복된 소제기임을 법원이 간과하고 본안판결을 하였을 때에는 상소로 다툴 수 있고, 판결이 확정되었다면 당연무효의 판결이라고 할 수 없다.
(2) 중복된 소제기에 해당하지 않는다는 것은 소극적 소송요건으로 중복된 소제기에 해당하면 법원은 피고의 항변을 기다릴 필요없이 후소를 부적법 각하하여야 한다.

해설 [1] 중복제소를 간과하고 본안판결 하였다면 상소로 다툴 수 있으나 당연무효는 아니다.

판례 중복제소금지의 원칙에 위배되어 제기된 소에 대한 판결이나 그 소송절차에서 이루어진 화해라도 확정된 경우에는 당연무효라고 할 수는 없다(대판 1995.12.05. 94다59028).

[2] 소가 중복제소에 해당하지 아니한다는 것은 소극적 소송요건으로서 법원의 직권조사 사항이므로 이에 관한 당사자의 주장은 직권발동을 촉구하는 의미 밖에 없어 위 주장에 대하여 판단하지 아니하였다 하더라도 판단유탈의 상고이유로 삼을 수 있는 흠이 될 수 없다(대판 1990.04.27. 88다카25274).

정답  ×, ○

🕐 13년·14년 변시

86. 전소와 후소의 판결이 모두 확정되었으나 그 내용이 서로 모순저촉 되는 때에는 어느 것이 먼저 제소되었는가에 관계없이 먼저 확정된 종국판결에 대하여 재심의 소를 제기할 수 있다.

해설 민사소송법 제451조 제1항 제10호 소정의 재심을 제기할 판결이 전에 선고한 확정판결과 저촉하는 때라 함은 재심대상이 된 확정판결의 기판력이 그보다 전에 선고한 확정판결의 기판력과 서로 저촉하는 경우를 말하므로 재심을 제기할 판결이 그보다 늦게 선고 확정된 판결과 저촉되는 경우는 이에 해당하지 아니한다(대판 1981.07.28. 80다2668). 즉, 어느 것이 먼저 제소되었는가에 관계없이 뒤의 확정판결이 재심사유가 될 뿐이다(민사소송법 제451조 제1항 제10호).

정답 ×

❖ 선택형 사례문제

문 1
21년(3) 모의

乙에 대한 대여금채권을 가지고 있다고 주장하는 甲은 乙이 丙에게 X 건물을 매각한 것이 사해행위라는 이유로 丙을 상대로 사해행위 취소의 소를 제기하였다. 이와 관련하여 옳은 설명을 모두 고른 것은? (다툼이 있는 경우 판례에 의함)

> ㄱ. 위 소가 계속 중, 丁이 丙을 상대로 동일한 행위의 취소를 구하는 사해행위 취소의 소를 제기하여도 이는 중복제소가 되지 않는다.
> ㄴ. 위 소가 계속 중, 이와 별도로 甲이 乙에 대한 공사대금채권을 피보전권리로 하여 丙을 상대로 X 건물의 매각을 취소할 것을 구하여도 중복제소가 되지 않는다.
> ㄷ. 甲과 乙 사이에 위 대여금채권과 관련된 분쟁에 대해 소를 제기하지 않기로 하는 합의가 있다면 甲의 청구는 인용될 수 없다.
> ㄹ. 甲이 위 소를 제기하지 않고, 丙을 상대로 X 건물의 인도를 구하는 소를 제기한 후 공격방어방법으로 사해행위의 취소를 주장하여도 무방하다.
> ㅁ. 丙이 乙에 대해 매매계약에 기하여 X 건물의 이전등기를 구하는 소를 제기하였는데, 甲이 乙과 丙 사이의 계약이 사해행위라고 주장하며 그 취소를 구하는 독립당사자참가를 할 수는 없다.

① ㄱ, ㄴ, ㄷ ② ㄱ, ㄷ, ㅁ
③ ㄴ, ㄷ, ㄹ ④ ㄴ, ㄹ, ㅁ
⑤ ㄷ, ㄹ, ㅁ

❖ 해설 | 사해행위취소

ㄱ. (○) 채권자취소권의 요건을 갖춘 각 채권자는 고유의 권리로서 채무자의 재산처분행위를 취소하고 그 원상회복을 구할 수 있는 것이므로 각 채권자가 동시 또는 이시에 사해행위의 취소 및 원상회복을 구하는 소송을 제기하였다 하여도 그 중 어느 소송에서 승소판결이 선고·확정되고 그에 기하여 재산이나 가액의 회복을 마치기 전에는 각 소송이 중복제소에 해당한다거나 권리보호의 이익이 없게 되는 것은 아니다(대판 2005.05.27. 2004다67806).

ㄴ. (X) 채권자가 사해행위취소 및 원상회복청구를 하면서 보전하고자 하는 채권을 추가하거나 교환하는 것은 사해행위취소권과 원상회복청구권을 이유 있게 하는 공격방법에 관한 주장을 변경하는 것일 뿐이지 소송물 또는 청구 자체를 변경하는 것이 아니므로, 채권자가 보전하고자 하는 채권을 달리하여 동일한 법률행위의 취소 및 원상회복을 구하는 채권자취소의 소를 이중으로 제기하는 경우 전소와 후소는 소송물이 동일하다고 보아야 하고, 이는 전소나 후소 중 어느 하나가 승계참가신청에 의하여 이루어진 경우에도 마찬가지이다(대판 2012.07.05. 2010다80503).

ㄷ. (○) 채권자취소권을 행사하려면 채무자에 대하여 피보전채권을 행사할 수 있음이 전제되어야 하고 이를 행사할 수 없다면 그 채권을 행사하기 위한 사해행위취소청구도 인용될 수 없으므로(대법원 1993. 2. 12. 선고 92다25151 판결 참조), 피고의 주장처럼 원고가 이 사건 합의각서로

인하여 진흥아스콘에 대한 물품대금채권을 소송상 행사할 수 없다면 원고는 이를 피보전채권으로 하여 진흥아스콘과 피고 사이에 이루어진 사해행위의 취소를 구할 수는 없다(대판 2012.03.29. 2011다81541). 사실관계 甲 주식회사가 乙 주식회사에 대한 물품대금채권에 관하여 민·형사상 법적 절차를 취하지 않겠다는 취지의 합의각서를 작성하였는데, 그 후 위 채권을 피보전채권으로 하여 丙 주식회사를 상대로 사해행위취소의 소를 제기한 사안에서, 丙 회사가 합의각서로 인하여 甲 회사가 乙 회사에 대한 물품대금채권을 소송상 행사할 수 없다고 주장하였음에도, 이를 판단하지 않은 원심판결에 위법이 있다고 한 사례.

ㄹ. (X) 채무자가 채권자를 해함을 알고 재산권을 목적으로 한 법률행위를 한 경우, 채권자는 사해행위의 취소를 법원에 소를 제기하는 방법으로 청구할 수 있을뿐 소송상의 공격방어방법으로 주장할 수 없다(대판 1995.07.25. 95다8393).

ㅁ. (○) 채권자가 사해행위의 취소와 함께 수익자 또는 전득자로부터 책임재산의 회복을 명하는 사해행위취소의 판결을 받은 경우 취소의 효과는 채권자와 수익자 또는 전득자 사이에만 미치므로, 수익자 또는 전득자가 채권자에 대하여 사해행위의 취소로 인한 원상회복 의무를 부담하게 될 뿐, 채권자와 채무자 사이에서 취소로 인한 법률관계가 형성되거나 취소의 효력이 소급하여 채무자의 책임재산으로 복구되는 것은 아니다. 이러한 사해행위취소의 상대적 효력에 의하면, 원고의 피고에 대한 청구의 원인행위가 사해행위라는 이유로 원고에 대하여 사해행위취소를 청구하면서 독립당사자참가신청을 하는 경우, 독립당사자참가인의 청구가 그대로 받아들여진다 하더라도 원고와 피고 사이의 법률관계에는 아무런 영향이 없고, 따라서 그러한 참가신청은 사해방지참가의 목적을 달성할 수 없으므로 부적법하다(대판 2014.06.12. 2012다47548).

정답 ②

문 2
21년(2) 모의

甲은 A에 대해 매매대금채권을 갖고 있다. A가 자신이 소유하는 부동산(이 사건 부동산)에 乙을 채권자로 하는 근저당권을 설정하자(이 사건 설정계약), 甲은 乙을 상대로 사해행위취소의 소를 제기하였다. 이에 관한 설명 중 옳지 않은 것은? (다툼이 있는 경우 판례에 의함)

① 이 소송 진행 중 A와 乙이 이 사건 설정계약을 해제하면, 이 소송은 특별한 사정이 없는 한 권리보호의 이익이 없다.
② A는 이미 채무초과 상태에 빠져 있고 이 사건 부동산도 A의 유일한 재산이라면, 乙은 자신이 선의로 이 사건 설정계약을 체결하였다고 증명해야 한다.
③ A가 이 사건 설정계약을 체결하기 전에 B를 채권자로 하는 근저당권을 이 사건 부동산에 설정하고 그 피담보채무액이 이 사건 부동산의 가액을 초과하면, 乙에 대한 이 사건 설정계약은 사해행위에 해당한다고 할 수 없다.
④ 甲이 이 소송에서 주장하는 사해행위취소의 피보전권리를 매매대금채권에서 대여금채권으로 변경하면 소의 변경에 해당한다.
⑤ 이 사건 부동산에 관한 근저당권설정등기가 乙이 A를 상대로 제기한 근저당권설정등기청구소송의 확정판결을 통해 마쳐진 경우, 그 근저당권설정등기가 사해행위취소로 인한 원상회복으로써 말소되어도 확정판결 등의 효력에 반하지 않는다.

해설 사해행위취소의 소

① (○) 채권자가 채무자의 부동산에 관한 사해행위를 이유로 수익자를 상대로 사해행위의 취소 및 원상회복을 구하는 소송을 제기한 후 소송계속 중에 사해행위가 해제 또는 해지되고 채권자가 사해행위의 취소에 의해 복귀를 구하는 재산이 벌써 채무자에게 복귀한 경우에는, 특별한 사정이 없는 한 사해행위취소소송의 목적은 이미 실현되어 더 이상 소에 의해 확보할 권리보호의 이익이 없어진다. 그리고 이러한 법리는 사해행위취소소송이 제기되기 전에 사해행위의 취소에 의해 복귀를 구하는 재산이 채무자에게 복귀한 경우에도 마찬가지로 타당하다(대판 2015.05.21. 2012다952(전합)).

② (○) [1] 이미 채무초과상태에 빠져 있는 채무자가 그의 유일한 재산인 부동산을 채권자들 중 1인에게 채권담보로 제공하는 행위는 다른 특별한 사정이 없는 한 다른 채권자들에 대한 관계에서 채권자취소권의 대상이 되는 사해행위가 된다. [2] 채무자의 제3자에 대한 담보제공행위가 객관적으로 사해행위에 해당하는 경우 수익자의 악의는 추정되는 것이므로 수익자가 그 법률행위 당시 선의였다는 입증을 하지 못하는 한 채권자는 그 법률행위를 취소하고 그에 따른 원상회복을 청구할 수 있다(대판 2006.04.14. 2006다5710).

③ (○) 사해행위취소의 소에서 채무자가 수익자에게 양도한 목적물에 저당권이 설정되어 있는 경우에 목적물 중에서 일반채권자들의 공동담보에 제공되는 책임재산은 피담보채권액을 공제한 나머지 부분만이므로, 피담보채권액이 목적물의 가액을 초과할 때의 목적물 양도는 사해행위에 해당하지 않는다. 그러나 저당권의 피담보채권액이 목적물의 가액을 초과하였더라도 채무자가 목적물을 양도하기에 앞서 자신의 출재로 피담보채무의 일부를 변제하여 잔존 피담보채권액이 목적물의 가액을 초과하지 않게 되었다면 목적물의 양도로 목적물의 가액에서 잔존 피담보채권액을 공제한 잔액의 범위 내에서 사해행위가 성립하고, 이는 채무자의 출재에 의한 피담보채무의 일부 변제가 양도계약 체결 후 이에 따른 소유권이전등기 등이 마쳐지는 과정에서 이루어진 경우에도 마찬가지로 보아야 한다(대판 2017.01.12. 2016다208792).

④ (X) 채권자가 사해행위의 취소를 청구하면서 그 보전하고자 하는 채권을 추가하거나 교환하는 것은 그 사해행위취소권을 이유 있게 하는 공격방법에 관한 주장을 변경하는 것일 뿐이지 소송물 또는 청구 자체를 변경하는 것이 아니므로 소의 변경이라 할 수 없다(대판 2003.05.27. 2001다13532).

⑤ (○) 채권자가 사해행위의 취소와 함께 수익자 또는 전득자로부터 책임재산의 회복을 명하는 사해행위취소의 판결을 받은 경우 수익자 또는 전득자가 채권자에 대하여 사해행위의 취소로 인한 원상회복 의무를 부담하게 될 뿐, 채권자와 채무자 사이에서 취소로 인한 법률관계가 형성되는 것은 아니다. 따라서 위와 같이 채무자와 수익자 사이의 소송절차에서 확정판결 등을 통해 마쳐진 소유권이전등기가 사해행위취소로 인한 원상회복으로써 말소된다고 하더라도, 그것이 확정판결 등의 효력에 반하거나 모순되는 것이라고는 할 수 없다(대판 2017.04.07. 2016다204783).

정답 ④

문 3
18년(3) 모의

甲이 乙에 대하여 A 채권을 가지고 있고, 乙이 丙에 대하여 B 채권을 가지고 있다. 이들 사이의 소송관계에 관한 설명 중 옳지 않은 것은? (다툼이 있는 경우 판례에 따름)

① 甲이 乙을 상대로 제기한 A 채권의 이행청구소송에서 승소 확정판결을 받은 후 A 채권의 보전을 위하여 丙을 피고로 한 대위소송을 제기하였다면, 그 소송에서 丙은 A 채권의 흠결에 대해서 다툴 수 없다.
② 甲이 乙을 상대로 제기한 A 채권의 이행청구소송에서 패소 확정판결을 받은 후 A 채권의 보전을 위하여 丙을 피고로 대위소송을 제기하는 것은 부적법하다.
③ 乙이 丙을 피고로 B 채권에 대한 이행청구소송을 진행하는 도중 甲이 B 채권에 대한 압류 및 추심명령을 받아 그 결정이 丙에게 송달되었다면, 乙이 제기한 위 소는 각하되어야 한다.
④ 乙이 丙을 피고로 B 채권에 대한 이행청구소송을 진행하는 도중 甲이 B 채권에 대한 압류 및 추심명령을 받아 그 결정이 丙에게 송달되었다면, 그 후 甲이 위 이행청구소송에 참가승계를 하는 것은 허용될 수 없다.
⑤ 甲이 乙을 상대로 제기한 A 채권의 이행청구소송에서 승소 확정판결을 받고, 이를 집행권원으로 하여 丙에 대한 압류 및 추심명령을 받은 후 丁에게 A 채권을 양도한 경우, 丁이 위 확정판결에 대하여 승계집행문을 부여받으면, 丁은 B 채권을 추심할 수 있다.

해설 중복소제기금지원칙과 채권자대위소송

① (O) 민법 제404조의 채권자대위권은 채권자가 채무자에 대한 자기의 채권을 보전하기 위하여 필요한 경우에 채무자의 제3자에 대한 권리를 대위행사할 수 있는 권리를 말하므로 그 보전되는 채권은 보전의 필요성이 인정되고 이행기가 도래한 것이면 되고, 채권의 발생원인이 어떠하든 대위권을 행사함에는 아무런 방해가 되지 아니하며 채무자에 대한 채권이 제3채무자에게 대항할 수 있는 것임을 요하는 것도 아니므로, 채권자대위권을 재판상 행사함에 있어서도 채권자인 원고는 그 채권의 존재와 보전의 필요성, 기한의 도래 등을 입증하면 충분하고 채권의 발생원인이나 그 채권이 제3채무자인 피고에게 대항할 수 있는 채권이라는 사실까지 입증할 필요는 없다. 따라서 채권자가 채무자를 상대로 그 보전되는 청구권에 기한 이행청구의 소를 제기하여 승소판결이 확정되고 채권자가 그 확정판결에 기한 청구권을 피보전채권으로 하여 제3채무자를 상대로 채권자대위소송을 제기한 경우, 제3채무자는 채권자와 채무자 사이에 확정된 그 청구권의 존재를 다툴 수 없다(대판 2010.11.11. 2010다43597).

② (O) 채권자가 채권자대위권의 법리에 의하여 채무자에 대한 채권을 보전하기 위하여 채무자의 제3자에 대한 권리를 대위행사하기 위하여는 채무자에 대한 채권을 보전할 필요가 있어야 할 것이고, 그러한 보전의 필요가 인정되지 아니하는 경우에는 소가 부적법하므로 법원으로서는 이를 각하하여야 할 것인바, 만일 채권자가 채무자를 상대로 소를 제기하였으나 패소의 확정판결을 받은 종전 소유권이전등기절차 이행 소송의 청구원인이 채권자대위소송에 있어 피보전권리의 권원과 동일하다면 채권자로서는 위 종전 확정판결의 기판력으로 말미암아 더 이상 채무자에 대하여 위 확정판결과 동일한 청구원인으로는 소유권이전등기청구를 할 수 없게 되었고, 가사 채권자가 채권자대위소송에서 승소하여 제3자 명의의 소유권이전등기가 말소된다 하여도 채권자가 채무자에 대하여 동일한 청구원인으로 다시 소유권이전등기절차의 이행을 구할 수 있는 것도 아니므로, 채권자로서는

채무자의 제3자에 대한 권리를 대위행사함으로써 위 소유권이전등기청구권을 보전할 필요가 없게 되었다고 할 것이어서 채권자의 채권자대위소송은 부적법한 것으로서 각하되어야 한다(대판 2002.05.10. 2000다55171).

③ (○), ④ (X) 채무자의 제3채무자에 대한 금전채권 등에 대하여 압류 및 추심명령이 있으면 민사집행법 제238조, 제249조 제1항에 따라 압류 및 추심명령을 받은 압류채권자만이 제3채무자를 상대로 압류된 채권의 이행을 청구하는 소를 제기할 수 있고, 채무자는 압류 및 추심명령이 있는 채권에 대하여 제3채무자를 상대로 이행의 소를 제기할 당사자적격을 상실하므로, 압류 및 추심명령이 있는 채권에 대하여 채무자가 제기한 이행의 소는 부적법한 소로서 본안에 관하여 심리·판단할 필요 없이 각하하여야 하고, 이러한 사정은 직권조사사항으로서 당사자의 주장이 없더라도 법원이 이를 직권으로 조사하여 판단하여야 한다. 따라서 채무자가 제3채무자를 상대로 제기한 이행의 소가 이미 법원에 계속되어 있는 상태에서 압류채권자가 제3채무자를 상대로 제기한 추심의 소의 본안에 관하여 심리·판단한다고 하여, 제3채무자에게 불합리하게 과도한 이중 응소의 부담을 지우고 본안 심리가 중복되어 당사자와 법원의 소송경제에 반한다거나 판결의 모순·저촉의 위험이 크다고 볼 수 없다. 오히려 압류채권자가 제3채무자를 상대로 제기한 추심의 소를 중복된 소제기에 해당한다는 이유로 각하한 다음 당사자적격이 없는 채무자의 이행의 소가 각하 확정되기를 기다려 다시 압류채권자로 하여금 추심의 소를 제기하도록 하는 것이 소송경제에 반할 뿐 아니라, 이는 압류 및 추심명령이 있는 때에 민사집행법 제238조, 제249조 제1항과 앞서 본 대법원판례에 의하여 압류채권자에게 보장되는 추심의 소를 제기할 수 있는 권리의 행사와 그에 관한 실체 판단을 바로 그 압류 및 추심명령에 의하여 금지되는 채무자의 이행의 소를 이유로 거부하는 셈이어서 부당하다고 하지 않을 수 없다. 한편 압류채권자는 채무자가 제3채무자를 상대로 제기한 이행의 소에 민사소송법 제81조, 제79조에 따라 참가할 수도 있으나, 채무자의 이행의 소가 상고심에 계속 중인 경우에는 승계인의 소송참가가 허용되지 아니하므로 압류채권자의 소송참가가 언제나 가능하지는 않으며, 압류채권자가 채무자가 제기한 이행의 소에 참가할 의무가 있는 것도 아니다(대판 2013.12.18. 2013다202120(전합)).

⑤ (○) 강제집행절차에서는 권리관계의 공권적인 확정 및 그 신속·확실한 실현을 도모하기 위하여 절차의 명확·안정을 중시하여야 하므로, 집행권원을 가진 채권자의 지위를 승계한 자라고 하더라도 기존 집행권원에 기하여 강제집행을 신청하려면 민사집행법 제31조 제1항(같은 법 제57조의 규정에 따라 준용되는 경우를 포함한다)에 의하여 승계집행문을 부여받아야 하고, 집행권원에 의한 강제집행이 개시된 후 신청채권자의 지위를 승계한 경우라도 승계인이 자기를 위하여 강제집행 속행을 신청하기 위하여는 민사집행규칙 제23조가 정한 바와 같이 승계집행문이 붙은 집행권원의 정본을 제출하여야 하며 그 경우 법원사무관등 또는 집행관은 그 취지를 채무자에게 통지하도록 하고 있다. 따라서 채권자가 집행권원에 기하여 채권압류 및 추심명령을 받은 후 그 집행권원상의 채권을 양도하였다고 하더라도 양수인은 승계집행문을 부여받음으로써 비로소 집행채권자로 확정되는 것이므로, 양수인이 기존 집행권원에 대하여 승계집행문을 부여받지 않았다면, 양도인이 여전히 집행채권자의 지위에서 압류채권을 추심하거나 압류명령 신청을 취하할 수 있다고 할 것이다(대판 2014.11.13. 2010다63591).

정답 ④

문 4
14년(1) 모의

다음 사례와 관련하여 옳지 않은 것을 모두 고른 것은? (다툼이 있는 경우에는 판례에 의함)

> **사례**
> 공작기계 판매업자 甲은 乙에게 목공용 선반 1개를 3천만 원에 매도하였으나, 乙은 대금 지급기일까지 기계대금을 지급하지 않고 있다. 이에 채권자 甲은 乙이 丙에 대해 5천만 원의 대여금 채권을 가지고 있는 것을 발견하고 乙을 대위하여 丙에게 위 대여금을 청구하는 소를 제기하였다.

ㄱ. 甲의 乙에 대한 채권이 부존재하는 경우 법원은 甲의 청구에 대해 청구기각 판결을 하여야 한다.
ㄴ. 乙이 丙에게 별소로 대여금 청구를 한 경우 별소 법원은 乙이 甲의 소제기 사실을 아는지 여부와 상관없이 乙의 소를 각하하여야 한다.
ㄷ. 甲과 丙의 소송 중 丙은 乙에 대한 손해배상채권 1천만 원을 상계항변으로 주장하였다. 이때 丙이 별소로 乙에 대해 위 손해배상채권 1천만 원을 청구함은 중복제소로서 부적법한 청구이다.
ㄹ. 甲은 丙을 상대로 甲 자신을 이행의 상대방으로 하여 청구할 수 있다.

① ㄱ, ㄷ ② ㄱ, ㄴ, ㄷ ③ ㄴ, ㄷ
④ ㄱ, ㄹ ⑤ ㄱ, ㄷ, ㄹ

해설 채권자대위소송

ㄱ. (X) 甲의 대위소송에서 甲의 乙에 대한 채권(피보전채권)이 부존재하는 경우에는 법원은 청구기각이 아닌 소각하 판결을 하여야 한다. 채권자대위소송에 있어서 대위에 의하여 보전될 채권자의 채무자에 대한 권리가 인정되지 아니할 경우에는 채권자가 스스로 원고가 되어 채무자의 제3채무자에 대한 권리를 행사할 당사자적격이 없게 되므로 그 대위소송은 부적법하여 각하할 수밖에 없다(대판 1994.06.24. 94다14339).

ㄴ. (O) 1) "중복소송금지 원칙(민사소송법 제259조)"이란 법원에 계속되어 있는 사건에 대하여 당사자는 다시 소를 제기하지 못한다는 것으로서, 전소계속 중 당사자 및 소송물이 동일한 후소제기가 있을 것을 요건으로 한다. 채권자대위소송의 성질에 관하여 소송담당설에 의하면 대위소송의 소송물은 피대위채권이므로 대위소송 계속 중 채무자의 별소제기는 당사자 및 소송물이 실질적으로 동일한 소송이다. 2) 또한 중복소송금지의 목적은 중복판결에 의한 모순방지에 있으므로 채무자가 대위소송 계속사실을 알았는지 여부에 관계없이 일률적으로 금지해야 한다. 따라서 甲의 대위소송 중 채무자 乙이 대여금청구를 한 것은 乙이 알았는지 여부와 상관없이 중복소송이다.

> **판례** 원고가 소유권이전등기말소소송을 제기하기 전에 이미 원고의 채권자가 같은 피고를 상대로 채권자대위권에 의하여 원고를 대위하여 그 소송과 청구취지 및 청구원인을 같이하는 내용의 소송을 제기하여 계속중에 있다면, 양 소송은 비록 그 당사자는 다르다 할지라도 실질상으로는 동일소송이므로, 원고가 제기한 소송은 민사소송법 제234조 소정의 이른바 중복소송 금지규정에 저촉되는 것이다(대판 1995.04.14. 94다29256).

ㄷ. (X) 甲의 丙에 대한 대위소송의 소송물(乙의 丙에 대한 대여금채권)과 丙의 乙에 대한 후소의 소송물(손해배상채권)은 다르며, 방어방법(丙의 상계항변)에 관하여는 원칙적으로 중복소송금지의 문제가 발생하지 않으나, 상계항변의 경우 기판력이 발생한다(민사소송법 제216조 제2항)는 점에서 중복소송금지를 준용할 것인지 문제된다. 판례는 아래의 별소선행형 사건에서 중복소송 준용을 부정한 바 있다. 설문의 경우 상계선행형 사건이나 판례의 취지에 비추어 丙의 손해배상청구는 중복제소에 해당하지 않는다.

> 민사소송법 제259조(중복된 소제기의 금지) 법원에 계속되어 있는 사건에 대하여 당사자는 다시 소를 제기하지 못한다.
> 민사소송법 제216조(기판력의 객관적 범위) ① 확정판결(確定判決)은 주문에 포함된 것에 한하여 기판력(既判力)을 가진다.
> ② 상계를 주장한 청구가 성립되는지 아닌지의 판단은 상계하자고 대항한 액수에 한하여 기판력을 가진다.

> **판례** 상계의 항변을 제출할 당시 이미 자동채권과 동일한 채권에 기한 소송을 별도로 제기하여 계속 중인 경우, 사실심의 담당재판부로서는 전소와 후소를 같은 기회에 심리·판단하기 위하여 이부, 이송 또는 변론병합 등을 시도함으로써 기판력의 저촉·모순을 방지함과 아울러 소송경제를 도모함이 바람직하였다고 할 것이나, 그렇다고 하여 특별한 사정이 없는 한 별소로 계속 중인 채권을 자동채권으로 하는 소송상 상계의 주장이 허용되지 않는다고 볼 수는 없다(대판 2001.04.27. 2000다4050).

ㄹ. (O) 대위채권자는 제3채무자에 대하여 채무자에게 급부할 것을 청구하는 것이 원칙이나, 동산이나 부동산의 인도 또는 금전의 지급을 구하는 경우에는 직접 대위채권자 자신에게 인도할 것을 청구할 수 있고, 인도받은 대위채권자는 상계함으로써 사실상 우선변제 받을 수 있다. 따라서 甲은 甲 자신을 이행의 상대방으로 하여 청구할 수 있다.

> **판례** 채권자대위권을 행사함에 있어서 채권자가 제3채무자에 대하여 자기에게 직접 급부를 요구하여도 상관없는 것이고 자기에게 급부를 요구하여도 어차피 그 효과는 채무자에게 귀속되는 것이므로, 채권자대위권을 행사하여 채권자가 제3채무자에게 그 명의의 소유권보존등기나 소유권이전등기의 말소절차를 직접 자기에게 이행할 것을 청구하여 승소하였다고 하여도 그 효과는 원래의 소유자인 채무자에게 귀속되는 것이니, 법원이 채권자대위권을 행사하는 채권자에게 직접 말소등기 절차를 이행할 것을 명하였다고 하여 무슨 위법이 있다고 할 수 없다(대판 1996.02.09. 95다27998).

정답 ①

제❸항 | 실체법상의 효과

23년 변시

87. 신체의 훼손으로 인한 손해의 배상을 청구하면서 신체감정절차를 거친 후 그 결과에 따라 청구금액을 확장하겠다는 뜻을 소장에 명백히 표시하였더라도 그 소제기에 따른 시효중단의 효력은 소장에 기재된 일부청구액에만 미친다.

> 해설 신체의 훼손으로 인한 손해의 배상을 청구하는 사건에서는 그 손해액을 확정하기 위하여 통상 법원의 신체감정을 필요로 하기 때문에, 앞으로 그러한 절차를 거친 후 그 결과에 따라 청구금액을 확장하겠다는 뜻을 소장에 객관적으로 명백히 표시한 경우에는, 그 소제기에 따른 시효중단의 효력은 소장에 기재된 일부 청구액뿐만 아니라 그 손해배상청구권 전부에 대하여 미친다고 한 사례(대판 1992.04.10. 91다43695).

정답

23년(3) 모의

88. 청구의 대상으로 삼은 채권 중 일부만을 청구한 경우에도 그 취지로 보아 채권 전부에 관하여 판결을 구하는 것으로 해석되는 경우에는 그 동일성의 범위 내에서 그 전부에 관하여 시효중단의 효력이 발생한다.

> 해설 청구의 대상으로 삼은 채권 중 일부만을 청구한 경우에도 그 취지로 보아 채권 전부에 관하여 판결을 구하는 것으로 해석되는 경우에는 그 동일성의 범위 내에서 그 전부에 관하여 시효중단의 효력이 발생하고, 이러한 법리는 특정 불법행위로 인한 손해배상채권에 대한 지연손해금청구의 경우에도 마찬가지로 적용된다(대판 2001.09. 28. 99다72521).

정답

23년(3) 모의

89. 소장에서 청구의 대상으로 삼은 채권 중 일부만을 청구하면서 소송의 진행경과에 따라 장차 청구금액을 확장할 뜻을 표시하였더라도 그 후 채권의 특정 부분을 청구범위에서 명시적으로 제외하였다면, 그 부분에 대하여는 재판상 청구로 인한 시효중단의 효력이 발생하지 않는다.

> 해설 소장에서 청구의 대상으로 삼은 채권 중 일부만을 청구하면서 소송의 진행경과에 따라 장차 청구금액을 확장할 뜻을 표시하였더라도 그 후 채권의 특정 부분을 청구범위에서 명시적으로 제외하였다면, 그 부분에 대하여는 애초부터 소의 제기가 없었던 것과 마찬가지이므로 재판상 청구로 인한 시효중단의 효력이 발생하지 않는다(대판 2022.05.26. 2020다206625).

정답

17년(1),23년(3) 모의

90. (1) 甲이 취득시효를 주장하며 乙을 상대로 소를 제기한 경우, 乙이 응소행위를 하였다고 하여 바로 시효중단의 효과가 발생하는 것은 아니고, 乙이 응소행위로서 시효가 중단되었다고 주장을 하여야 한다.
(2) 원고의 소 제기를 통해 소멸시효가 중단되었다면, 소송 도중 시효기간이 경과하여 피고가 소멸시효의 항변을 하더라도 원고는 사실심 변론종결 전이라면 소 제기에 의한 시효중단의 재항변을 할 수 있다.

해설 시효를 주장하는 자가 원고가 되어 소를 제기한 경우에 있어서, 피고가 응소행위를 하였다고 하여 바로 시효중단의 효과가 발생하는 것은 아니고, 변론주의 원칙상 시효중단의 효과를 원하는 피고로서는 당해 소송 또는 다른 소송에서의 응소행위로서 시효가 중단되었다고 주장하지 않으면 아니 되고, 피고의 응소행위가 있었다는 사정만으로 당연히 시효중단의 효력이 발생한다고 할 수는 없는 것이나, 응소행위로 인한 시효중단의 주장은 취득시효가 완성된 후라도 사실심 변론종결 전에는 언제든지 할 수 있다(대판 2003.06.13. 2003다17927).

정답 ,

91. (1) 불법행위의 피해자가 일부청구임을 명시하여 그 손해의 일부만을 청구한 경우, 그 일부청구에 대한 판결의 기판력은 청구의 인용 여부에 관계없이 그 청구의 범위에 한하여 미치며, 그 경우 일부청구임을 명시하는 방법으로 반드시 전체 손해액을 특정할 필요는 없다.
(2) 일부청구임을 명시하는 방법으로는 일부청구하는 채권의 범위를 잔부청구와 구별하여 심리의 범위를 특정할 수 있는 정도의 표시를 하여 전체 채권의 일부로서 우선 청구하고 있는 것임을 밝히는 것으로 충분하다.

해설 [1] 불법행위의 피해자가 일부청구임을 명시하여 그 손해의 일부만을 청구한 경우 그 일부청구에 대한 판결의 기판력은 청구의 인용 여부에 관계없이 청구의 범위에 한하여 미치는 것이고, 잔액 부분 청구에는 미치지 아니한다(대판 2008.12.24. 2008다51649). 그 경우 일부청구임을 명시하는 방법으로는 반드시 전체 손해액을 특정하여 그중 일부만을 청구하고 나머지 손해액에 대한 청구를 유보하는 취지임을 밝혀야 할 필요는 없고 일부청구하는 손해의 범위를 잔부청구와 구별하여 그 심리의 범위를 특정할 수 있는 정도의 표시를 하여 전체손해의 일부로서 우선 청구하고 있는 것임을 밝히는 것으로 족하다(대판 1986.12.23. 86다카536). [2] 불법행위의 피해자가 일부청구임을 명시하여 손해의 일부만을 청구하는 경우 그 명시방법으로는 반드시 전체 손해액을 특정하여 그 중 일부만을 청구하고 나머지 손해액에 대한 청구를 유보하는 취지임을 밝혀야 할 필요는 없고 일부청구하는 손해의 범위를 잔부청구와 구별하여 그 심리의 범위를 특정할 수 있는 정도의 표시를 하여 전체 손해의 일부로서 우선 청구하고 있는 것임을 밝히는 것으로 족하다(대판 1989.06.27. 87다카2478).

정답 , ○

14년·24년 변시

92. 甲이 乙에 대한 5,000만 원의 물품대금채권을 丙에게 양도한 후 대항요건이 구비되기 전에 乙을 상대로 제기한 물품대금청구소송에서 乙이 채권양도 효력을 인정하는 등의 사정으로 甲의 청구가 기각된 경우, 그로부터 6개월 내에 양수인 丙이 乙을 상대로 양수금청구의 소를 제기하였다면 甲의 소 제기 시에 소멸시효가 중단된다.

> 해설 양도인 甲이 제기한 재판상 청구가 소송계속 중 채무자가 채권양도의 효력을 인정함으로써 그 청구가 기각되고 6월 내에 양수인 丙이 재판상 청구를 한 경우 양도인 甲의 최초의 재판상 청구로 인하여 시효가 중단된다.

> 판례 채권양도 후 대항요건이 구비되기 전의 양도인은 채무자에 대한 관계에서는 여전히 채권자의 지위에 있으므로 채무자를 상대로 시효중단의 효력이 있는 재판상의 청구를 할 수 있고, 이 경우 양도인이 제기한 소송 중에 채무자가 채권양도의 효력을 인정하는 등의 사정으로 인하여 양도인의 청구가 기각됨으로써 민법 제170조 제1항에 의하여 시효중단의 효과가 소멸된다고 하더라도, 양도인의 청구가 당초부터 무권리자에 의한 청구로 되는 것은 아니므로, 양수인이 그로부터 6월 내에 채무자를 상대로 재판상의 청구 등을 하였다면, 민법 제169조 및 제170조 제2항에 의하여 <u>양도인의 최초의 재판상 청구로 인하여 시효가 중단된다</u>(대판 2009.02.12. 2008두20109).

정답

20년(3) 모의

93. 토지 소유권을 기초로 하는 차임 상당 부당이득반환청구소송은 점유취득시효의 중단사유인 재판상 청구에 해당한다.

> 해설 <u>소유권의 시효취득에 준용되는 시효중단 사유인</u> 민법 제168조, 제170조에 규정된 재판상의 청구라 함은, 시효취득의 대상인 목적물의 인도 내지는 소유권존부 확인이나 소유권에 관한 등기청구 소송은 말할 것도 없고, 소유권 침해의 경우에 그 소유권을 기초로 하는 방해배제 및 손해배상 혹은 부당이득반환 청구 소송도 이에 포함된다(대판 1995.10.13. 95다33047).

정답

20년(3) 모의

94. 토지에 대한 압류 또는 가압류는 당해 토지에 대한 점유취득시효의 중단사유가 될 수 없다.

> 해설 민법 제247조 제2항은 '소멸시효의 중단에 관한 규정은 점유로 인한 부동산소유권의 시효취득 기간에 준용한다.'고 규정하고, 민법 제168조 제2호는 소멸시효 중단사유로 '압류 또는 가압류, 가처분'을 규정하고 있다. 점유로 인한 부동산소유권의 시효취득에 있어 취득시효의 중단사유는 종래의 점유상태의 계속을 파괴하는 것으로 인정될 수 있는 사유이어야 하는데, 민법 제168조 제2호에서 정하는 '압류 또는 가압류'는 금전채권의 강제집행을 위한 수단이거나 그 보전수단에 불과하여 취득

시효기간의 완성 전에 부동산에 압류 또는 가압류 조치가 이루어졌다고 하더라도 이로써 종래의 점유 상태의 계속이 파괴되었다고는 할 수 없으므로 이는 취득시효의 중단사유가 될 수 없다(대판 2019.04.03. 2018다296878).

정답 O

20년(3) 모의

95. **임차권등기명령에 따른 임차권등기에는 임차보증금반환채권의 소멸시효 중단사유인 압류 또는 가압류, 가처분에 준하는 효력이 인정되지 않는다.**

해설 주택임대차보호법 제3조의3에서 정한 임차권등기명령에 따른 임차권등기는 특정 목적물에 대한 구체적 집행행위나 보전처분의 실행을 내용으로 하는 압류 또는 가압류, 가처분과 달리 어디까지나 주택임차인이 주택임대차보호법에 따른 대항력이나 우선변제권을 취득하거나 이미 취득한 대항력이나 우선변제권을 유지하도록 해 주는 담보적 기능을 주목적으로 한다. 비록 주택임대차보호법이 임차권등기명령의 신청에 대한 재판절차와 임차권등기명령의 집행 등에 관하여 민사집행법상 가압류에 관한 절차규정을 일부 준용하고 있지만, 이는 일방 당사자의 신청에 따라 법원이 심리·결정한 다음 등기를 촉탁하는 일련의 절차가 서로 비슷한 데서 비롯된 것일 뿐 이를 이유로 임차권등기명령에 따른 임차권등기가 본래의 담보적 기능을 넘어서 채무자의 일반재산에 대한 강제집행을 보전하기 위한 처분의 성질을 가진다고 볼 수는 없다. 그렇다면 임차권등기명령에 따른 임차권등기에는 민법 제168조 제2호에서 정하는 소멸시효 중단사유인 압류 또는 가압류, 가처분에 준하는 효력이 있다고 볼 수 없다(대판 2019.05.16. 2017다226629).

정답 O

20년(3) 모의

96. **채권자가 확정판결에 기한 채권의 실현을 위하여 채무자에 대하여 민사집행법상 재산명시신청을 하고 그 결정이 채무자에게 송달되었다면 거기에는 소멸시효 중단사유인 '최고'로서의 효력만이 인정된다.**

해설 채권자가 확정판결에 기한 채권의 실현을 위하여 채무자에 대하여 민사집행법상 재산명시신청을 하고 그 결정이 채무자에게 송달되었다면 거기에 소멸시효 중단사유인 '최고'로서의 효력만이 인정되므로, 재산명시결정에 의한 소멸시효 중단의 효력은, 그로부터 6월 내에 다시 소를 제기하거나 압류 또는 가압류, 가처분을 하는 등 민법 제174조에 규정된 절차를 속행하지 아니하는 한, 상실된다(대판 2012.01.12. 2011다78606).

정답

20년(3) 모의

97. 소송고지에는 최고로서의 효력만이 인정되므로, 소송고지신청일로부터 6월내에 재판상의 청구, 압류 또는 가압류, 가처분 등 다른 시효중단 조치를 취하지 않으면 시효중단의 효력이 없다.

해설 소송고지의 요건이 갖추어진 경우에 그 소송고지서에 고지자가 피고지자에 대하여 채무의 이행을 청구하는 의사가 표명되어 있으면 민법 제174조에 정한 시효중단사유로서의 최고의 효력이 인정된다. 시효중단제도는 그 제도의 취지에 비추어 볼 때 이에 관한 기산점이나 만료점은 원권리자를 위하여 너그럽게 해석하는 것이 상당한데, 소송고지로 인한 최고의 경우 보통의 최고와는 달리 법원의 행위를 통하여 이루어지는 것으로서, 그 소송에 참가할 수 있는 제3자를 상대로 소송고지를 한 경우에 그 피고지자는 그가 실제로 그 소송에 참가하였는지 여부와 관계없이 후일 고지자와의 소송에서 전소 확정판결에서의 결론의 기초가 된 사실상·법률상의 판단에 반하는 것을 주장할 수 없어 그 소송의 결과에 따라서는 피고지자에 대한 참가적 효력이라는 일정한 소송법상의 효력까지 발생함에 비추어 볼 때, 고지자로서는 소송고지를 통하여 당해 소송의 결과에 따라 피고지자에게 권리를 행사하겠다는 취지의 의사를 표명한 것으로 볼 것이므로, 당해 소송이 계속중인 동안은 최고에 의하여 권리를 행사하고 있는 상태가 지속되는 것으로 보아 민법 제174조에 규정된 6월의 기간은 당해 소송이 종료된 때로부터 기산되는 것으로 해석하여야 한다(대판 2009.07.09. 2009다14340).

정답

20년(1) 모의

98. 소제기에 따른 시효중단의 효력은 소를 제기한 때에 발생하므로 원고가 소를 취하하더라도 일단 발생한 시효중단의 효력은 소멸하지 아니한다.

해설 민사소송법 제170조 제1항 참고.

> 민사소송법 제170조(재판상의 청구와 시효중단) ① 재판상의 청구는 소송의 각하, 기각 또는 취하의 경우에는 시효중단의 효력이 없다.
> ② 전항의 경우에 6월내에 재판상의 청구, 파산절차참가, 압류 또는 가압류, 가처분을 한 때에는 시효는 최초의 재판상 청구로 인하여 중단된 것으로 본다.

정답

20년(1) 모의

99. 소멸시효 중단사유로서의 재판상 청구는 종국판결을 받기 위한 소의 제기에 한정되지 않으므로 권리자가 이행의 소를 대신하여 지급명령을 신청하는 경우도 포함되는데, 지급명령사건이 채무자의 이의신청으로 소송으로 이행된 경우 지급명령에 의한 시효중단의 효력은 채무자의 이의신청으로 소송으로 이행된 때에 발생한다.

해설 민사소송법 제472조 제2항은 "채무자가 지급명령에 대하여 적법한 이의신청을 한 경우에는 지급명령을 신청한 때에 이의신청된 청구목적의 값에 관하여 소가 제기된 것으로 본다."라고 규정하고 있는바, 지급명령 사건이 채무자의 이의신청으로 소송으로 이행되는 경우에 지급명령에 의한 시효중단의 효과는 소송으로 이행된 때가 아니라 지급명령을 신청한 때에 발생한다(대판 2015.02.12. 2014다228440).

정답 ×

20년(1) 모의

100. 파면처분무효확인의 소를 제기한 경우 공무원 신분관계에서 파생되는 보수채권의 소멸시효는 중단되지만 퇴직급여청구권의 소멸시효는 중단되지 아니한다.

 파면(해지)처분무효확인의 소 (또는 고용 관계존재확인소)는 고용관계라고 하는 기본적 법률관계로부터 발생하는 보수금 (임금) 채권을 실현하는 수단이라는 성질을 가지고 있는 것으로서 이와 같은 수단이 현출된 경우에 있어서는 보수금채권 자체에 관한 급부소송을 제기하지 않았다 하더라도 그것을 가지고 '권리위에 잠자는 자'라고는 할 수 없기 때문에 원고의 이건 1968.11. 이후의 보수금채권에 대한 시효는 1968.11. 하순에 제기된 위 파면처분효력정지가처분 및 무효확인의 소의 제기에 의하여 중단된 것이라고 해석하는 것이 상당하다(대판 1978.04.11. 77다2509). 파면처분무효확인청구의 소는 퇴직급여금청구권의 전제가 되는 공무원신분의 소멸과는 정반대로 그 신분의 존속을 주장하는 것으로서 퇴직급여청구권을 행사하기 위한 전제가 되거나 이를 실현하는 수단이 될 수는 없는 것이므로, 파면처분을 받은 자가 그 파면처분에 대하여 무효확인청구의 소를 제기하였다 하더라도 이는 위 퇴직급여청구권에 대한 소멸시효 중단사유에 해당하지 않는다(대판 1990.08.14. 90누2024).

정답 ○

18년(3) 모의

101. 소송고지서에 고지자가 피고지자에 대하여 채무의 이행을 청구하는 의사가 표명되어 있으면 소송고지서가 피고지자에게 송달된 때에 시효중단의 효력이 발생한다.

 소송고지의 요건이 갖추어진 경우에 소송고지서에 고지자가 피고지자에 대하여 채무의 이행을 청구하는 의사가 표명되어 있으면 민법 제174조에 정한 시효중단사유로서의 최고의 효력이 인정된다. 나아가 시효중단제도는 제도의 취지에 비추어 볼 때 기산점이나 만료점을 원권리자를 위하여 너그럽게 해석하는 것이 바람직하고, 소송고지에 의한 최고는 보통의 최고와는 달리 법원의 행위를 통하여 이루어지는 것이므로 만일 법원이 소송고지서의 송달사무를 우연한 사정으로 지체하는 바람에 소송고지서의 송달 전에 시효가 완성된다면 고지자가 예상치 못한 불이익을 입게 된다는 점 등을 고려하면, 소송고지에 의한 최고의 경우에는 민사소송법 제265조를 유추 적용하여 당사자가 소송고지서를 법원에 제출한 때에 시효중단의 효력이 발생한다(대판 2015.05.14. 2014다16494).

정답 ×

17년(2) 모의

102. 소제기로 인한 시효중단은 실체법상의 효과이므로 이송 후에도 그 효과가 지속된다고 할 수 없다.

해설 이송결정이 확정된 때에는 소송은 처음부터 이송받은 법원에 계속된 것으로 보므로(민사소송법 제40조 제1항) 소송을 이송한 경우에 있어서 법률상 기간의 준수 여부는 소송이 이송된 때가 아니라 이송한 법원에 소가 제기된 때를 기준으로 하여야 한다고 판시한 바 있고, 한편 민사소송법 제265조는 소제기에 따른 시효중단 및 법률상 기간 준수의 효력발생시기에 관하여 동일하게 규정하고 있으므로 소송이 이송된 경우 법률상 기간 준수 여부의 판단 기준시기에 관하여 위 판결이 취하고 있는 견해는 소멸시효의 중단에 관하여도 그대로 적용되어야 할 것이다(대판 2007.11.30. 2007다54610).

정답 ✕

17년(2) 모의

103. 어음금채권을 자동채권으로 상계하는 자는 어음을 서증으로 제출하여 상대방에게 제시되게 함으로써 충분하고, 어음이 상대방에게 교부되지 않더라도 이는 상계항변을 배척할 사유가 되지 못한다.

해설 어음채권을 자동채권으로 하여 상계의 의사표시를 하는 경우에는 이를 재판외의 상계와 재판상의 상계로 나누어 전자의 경우에는 어음채무자의 승낙이 없는 이상 어음의 교부가 필요불가결하고 어음의 교부가 없으면 상계의 효력이 생기지 아니한다 할 것이지만 후자의 경우에는 어음을 서증으로써 법정에 제출하여 상대방에 제시되게 함으로써 충분하다(대판 1991.04.09. 91다2892). 설문은 소송 도중의 상계에 관한 지문이므로 옳은 지문이 된다.

정답 ○

13년·17년 변시

104. 피고 경정의 경우에는 경정신청서의 제출 시에 시효중단의 효과가 생기지만, 피고 표시정정의 경우에는 소제기 시에 시효중단의 효과가 생긴다.

해설 피고경정은 새로운 피고에 대하여는 신소제기의 실질을 갖기 때문에 시효중단이나 기간준수효는 경정신청서의 제출시에 발생하게 된다(민사소송법 제265조). 이에 반해 당사자(피고) 표시정정은 당사자의 동일성을 유지하는 것이므로 표시정정은 당초의 소제기시의 효과가 유지된다.

정답 ○

14년 변시, 16년(3)·20년(1) 모의

105. **(1) 채권자대위소송의 제기로 인한 소멸시효 중단의 효력은 채무자에게 미친다.**

(2) 甲이 乙을 상대로 채권자대위권에 기하여 대여금청구를 하다가 당해 피대위채권 자체를 양수하여 양수금청구로 소를 교환적으로 변경하였다 하더라도 당초 채권자대위소송으로 인한 시효중단의 효력은 소멸하지 않는다.

해설 [1] 채권자대위권 행사의 효과는 채무자에게 귀속되는 것이므로 채권자대위소송의 제기로 인한 소멸시효 중단의 효과 역시 채무자에게 생긴다(대판 2011.10.13. 2010다80930). [2] 원고가 채권자대위권에 기해 청구를 하다가 당해 피대위채권 자체를 양수하여 양수금청구로 소를 변경한 사안에서, 원고는 위 계약금반환채권을 채권자대위권에 기해 행사하다 다시 이를 양수받아 직접 행사한 것이어서 위 계약금반환채권과 관련하여 원고를 '권리 위에 잠자는 자'로 볼 수 없는 점 등에 비추어 볼 때, 당초의 채권자대위소송으로 인한 시효중단의 효력이 소멸하지 않는다(대판 2010.06.24. 2010다17284).

정답 ○, ○

20년(1) 모의

106. **과세처분으로 납부한 조세에 대한 환급청구권에 기한 이행청구와 해당 과세처분의 취소청구는 소송물을 달리하므로 과세처분취소를 구하는 소제기에 의해 조세환급청구권의 소멸시효가 중단되는 것은 아니다.**

해설 일반적으로 위법한 행정처분의 취소, 변경을 구하는 행정소송은 사권을 행사하는 것으로 볼 수 없으므로 사권에 대한 시효중단사유가 되지 못하는 것이나, 다만 오납한 조세에 대한 부당이득반환청구권을 실현하기 위한 수단이 되는 과세처분의 취소 또는 무효확인을 구하는 소는 그 소송물이 객관적인 조세채무의 존부확인으로서 실질적으로 민사소송인 채무부존재확인의 소와 유사할 뿐 아니라, 과세처분의 유효 여부는 그 과세처분으로 납부한 조세에 대한 환급청구권의 존부와 표리관계에 있어 실질적으로 동일 당사자인 조세부과권자와 납세의무자 사이의 양면적 법률관계라고 볼 수 있으므로, 위와 같은 경우에는 과세처분의 취소 또는 무효확인청구의 소가 비록 행정소송이라고 할지라도 조세환급을 구하는 부당이득반환청구권의 소멸시효중단사유인 재판상 청구에 해당한다고 볼 수 있다(대판 1992.03.31. 91다32053(전합)).

정답 ×

🕐 14년 변시

107. **(1)** 채무자 甲이 채권자 겸 근저당권자인 乙을 상대로 피담보채권인 대여금채권이 부존재함을 이유로 근저당권설정등기말소청구의 소를 제기하였다. 이에 乙은 청구기각 판결을 구하면서 위 대여금채권이 유효하게 성립된 것이어서 이를 피담보채권으로 하는 위 근저당권설정등기는 유효하다는 답변을 하였고 위 주장이 받아들여졌다면 위 대여금채권에 대한 소멸시효의 진행은 중단된다.

(2) 乙은 丙에 대한 대여금채권을 담보하기 위하여 丙 소유 부동산에 관하여 乙 명의의 가등기를 마쳤다. 이후 위 부동산을 취득한 甲이 乙을 상대로 그 가등기가 허위의 매매계약에 기하여 마쳐진 것이라는 주장을 하면서 가등기의 말소를 구하는 소를 제기하였다. 이에 乙이 丙에 대한 대여금채권의 존재를 주장하면서 응소하였다 하더라도 시효중단의 효력 있는 응소행위라고 볼 수 없다.

해설 [1] 채무자 겸 저당권설정자가 피담보채무의 부존재 또는 소멸을 이유로 하여 제기한 저당권설정등기 말소등기절차이행청구소송에서 채권자 겸 저당권자가 청구기각의 판결을 구하면서 피담보채권의 존재를 주장하는 경우에는 그와 같은 주장은 재판상 청구에 준하는 것으로서 피담보채권에 관하여 소멸시효중단의 효력이 생긴다(대판 2004.01.16. 2003다30890). 근저당권설정등기말소청구에 대하여 청구기각의 판결을 구하는 주장이 받아들여졌다면 피담보채권인 대여금채권에 대한 소멸시효의 진행은 중단된다. [2] 응소가 재판상 청구가 되기 위해서는 채무자가 원고가 되어 제기한 소송에서 채권자인 피고가 채권이 있음을 주장하며 응소하여 이것이 받아들여진 경우여야하고, 이때에는 소제기에 준하는 권리주장으로 시효중단의 효력이 있다. 사안의 경우 담보가등기가 설정된 후 위 부동산을 취득한 甲(제3취득자)이 제기한 소송에서 乙이 응소한 행위는 의무자인 채무자가 제기한 소송에 대한 응소가 아니라는 측면에서 재판상 청구에 준한다고 볼 수 없다. 따라서 사안에서의 乙의 응소는 시효중단의 효력 있는 응소행위가 아니다.

판례 민법 제168조 제1호, 제170조 제1항에서 시효중단사유의 하나로 규정하고 있는 재판상의 청구라 함은, 권리자가 시효를 주장하는 자를 상대로 소로써 권리를 주장하는 경우뿐 아니라, 시효를 주장하는 자가 원고가 되어 소를 제기한 데 대하여 피고로서 응소하여 그 소송에서 적극적으로 권리를 주장하고 그것이 받아들여진 경우도 포함되는 것으로 해석되고 있으나, 시효를 주장하는 자의 소 제기에 대한 응소행위가 민법상 시효중단사유로서의 재판상 청구에 준하는 행위로 인정되려면 의무 있는 자가 제기한 소송에서 권리자가 의무 있는 자를 상대로 응소하여야 할 것이므로, 담보가등기가 설정된 후에 그 목적 부동산의 소유권을 취득한 제3취득자나 물상보증인 등 시효를 원용할 수 있는 지위에 있으나 직접 의무를 부담하지 아니하는 자가 제기한 소송에서의 응소행위는 권리자의 의무자에 대한 재판상 청구에 준하는 행위에 해당한다고 볼 수 없다(대판 2007.01.11. 2006다33364).

정답 O, O

선택형 사례문제

문 1
24년·20년 변시

소 제기에 의한 소멸시효 중단의 효과에 관한 설명 중 옳은 것은? (다툼이 있는 경우 판례에 의함)

① 甲은 乙이 사망한 사실을 모르고 乙을 피고로 표시하여 제기한 대여금청구 소송에서 승소하였는데, 乙의 단독상속인 丙이 이러한 사실을 알고 위 판결에 대하여 항소한 경우에는 甲이 소를 제기한 때에 위 대여금채권의 소멸시효가 중단된 것으로 보아야 한다.

② 甲이 그 소유의 A 차량을 운전하던 중에 乙이 운전하던 B 차량과 충돌하여 상해를 입자, A 차량의 보험회사인 丙 회사가 甲에게 보험금을 지급한 후 乙을 상대로 구상금청구의 소를 제기하였는데, 甲이 丙 회사 측에 보조참가하여 乙의 과실 존부 등에 관하여 다툰 경우에는 甲의 보조참가로 인해 甲의 乙에 대한 손해배상채권의 소멸시효가 중단된 것으로 볼 수 없다.

③ 甲이 乙을 대위하여 丙을 상대로 부당이득반환을 원인으로 A 토지에 관한 소유권이전등기청구의 소를 제기하였는데, 甲의 乙에 대한 피보전채권이 인정되지 않음을 이유로 한 소각하 판결이 2019. 3. 15. 확정되었고, 乙의 다른 채권자 丁이 2019. 6. 14. 乙을 대위하여 丙을 상대로 위와 같은 내용의 소를 제기한 경우에는 乙의 丙에 대한 위 소유권이전등기청구권의 소멸시효는 甲이 채권자대위소송을 제기한 때에 중단된 것으로 보아야 한다.

④ 대여금채무자 겸 근저당권설정자 甲이 대여금채권자 겸 근저당권자 乙을 상대로 그 대여금채무의 소멸을 원인으로 한 근저당권설정등기말소청구의 소를 제기한 경우, 乙이 응소하여 자신의 甲에 대한 대여금채권이 존재한다고 적극적으로 주장함으로써 위 대여금채권의 소멸시효 중단의 효력을 발생시키기 위해서는 乙은 자신의 응소행위로 위 대여금채권의 소멸시효가 중단되었음을 주장하여야 하는데, 그 시효중단의 주장은 답변서 제출 시에 하여야 한다.

⑤ 乙에 대한 대여금채권자 甲이 2019. 7. 9. 乙을 상대로 지급명령을 신청하였고, 법원의 지급명령에 대하여 乙이 2019. 9. 10. 이의신청을 함으로써 사건이 소송으로 이행된 경우에는 위 지급명령에 의한 소멸시효 중단의 효력이 2019. 9. 10. 발생한다.

해설 소멸시효 중단

① (X) 이미 사망한 자를 피고로 하여 제기된 소는 부적법하여 이를 간과한 채 본안 판단에 나아간 판결은 당연무효로서 그 효력이 상속인에게 미치지 않고, 채권자의 이러한 제소는 권리자의 의무자에 대한 권리행사에 해당하지 않으므로, 상속인을 피고로 하는 당사자표시정정이 이루어진 경우와 같은 특별한 사정이 없는 한, 거기에는 애초부터 시효중단 효력이 없어 민법 제170조 제2항이 적용되지 않는다고 봄이 타당하고, 법원이 이를 간과하여 본안에 나아가 판결을 내린 경우에도 마찬가지라고 보아야 한다(대판 2014.02.27. 2013다94312).

② (X) 권리자가 재판상 그 권리를 주장하여 권리 위에 잠자는 것이 아님을 표명한 경우, 시효중단사유인 재판상 청구에 해당한다(대판 2014.04.24. 2012다105314). ▶ 甲이 자신의 차량을 운전하던 중 乙 주식회사 소유의 차량을 충돌하여 상해를 입었는데, 甲 차량의 보험자인 丙 주식회사가 甲에게 보험금을 지급한 후 乙 회사를 상대로 구상금청구의 소를 제기하였고 甲이 丙 회사 측 보조참가인으로 참가하여 乙 회사의 과실 존부 등에 관하여 적극적으로 다툰 사안에서, 甲의 손해배상청구권의 소멸시효는 위 보조참가로 중단되었다고 본 원심판단을 수긍한 사례.

③ (○) 채권자대위소송의 제기로 인한 소멸시효 중단의 효력이 채무자에게 미친다(대판 2011.10.13. 2010다80930). ▶ 채권자 甲이 채무자 乙을 대위하여 丙을 상대로 부동산에 관하여 부당이득반환을 원인으로 한 소유권이전등기절차 이행을 구하는 소를 제기하였다가 소각하 판결을 선고받아 확정되었고, 그로부터 3개월 남짓 경과한 후에 다른 채권자 丁이 같은 소송을 제기하였다가 피보전권리가 존재하지 않는다는 취지의 조정이 성립되었는데, 또 다른 채권자 戊가 조정 성립일로부터 10여 일이 경과한 후에 같은 내용의 소를 다시 제기한 사안에서, 채무자 乙의 丙에 대한 위 소유권이전등기청구권의 소멸시효는 최초의 재판상 청구인 甲의 채권자대위소송 제기로 중단되었다고 본 원심판단을 정당하다고 한 사례.

④ (X) 응소행위에 대하여 소멸시효중단의 효력을 인정하는 것은 그것이 권리 위에 잠자는 것이 아님을 표명한 것에 다름 아닐 뿐만 아니라 계속된 사실상태와 상용할 수 없는 다른 사정이 발생한 때로 보아야 한다는 것에 기인한 것이므로, 채무자가 반드시 소멸시효완성을 원인으로 한 소송을 제기한 경우이거나 당해 소송이 아닌 전 소송 또는 다른 소송에서 그와 같은 권리주장을 한 경우이어야 할 필요는 없고, 나아가 변론주의 원칙상 피고가 응소행위를 하였다고 하여 바로 시효중단의 효과가 발생하는 것은 아니고 시효중단의 주장을 하여야 그 효력이 생기는 것이지만, 시효중단의 주장은 반드시 응소시에 할 필요는 없고 소멸시효기간이 만료된 후라도 사실심 변론종결 전에는 언제든지 할 수 있다(대판 2010.08.26. 2008다42416).

⑤ (X) 민사소송법 제472조 제2항은 "채무자가 지급명령에 대하여 적법한 이의신청을 한 경우에는 지급명령을 신청한 때에 이의신청된 청구목적의 값에 관하여 소가 제기된 것으로 본다."라고 규정하고 있는바, 지급명령 사건이 채무자의 이의신청으로 소송으로 이행되는 경우에 지급명령에 의한 시효중단의 효과는 소송으로 이행된 때가 아니라 지급명령을 신청한 때에 발생한다(대판 2015.02.12. 2014다228440).

정답 ③

❖ 선택형 사례문제

문 2

24년 변시, 21년(3)·23년(3) 모의

甲은 乙로부터 건물공사를 도급받아 2011. 6. 10. 완공하였으나, 乙이 공사비용 3억 원을 지급하지 않아서 수 차례 독촉하였으나 乙은 곧 주겠다고만 하고 차일피일 미루고 있는 실정이다. 이에 甲은 2014. 4. 22. 우선 급하게 2억 원 부분을 청구하면서 3억 원의 총 채권 중 일부라고 명시하였다. 이 소의 제기 등과 관련한 소멸시효 중단의 문제에 관한 설명으로 옳은 것을 모두 고른 것은? (다툼이 있는 경우 판례에 의함)

ㄱ. 甲이 청구한 부분을 제외한 나머지 1억 원 부분은 2016. 6. 10. 시효가 완성된다.
ㄴ. 위 일부청구소송의 계속 중 2015. 5. 20. 甲이 나머지 1억 원 부분에 대해 청구를 확장하였다면 나머지 부분에 대해서도 시효가 중단된다.
ㄷ. 甲이 소장에 소송 종료 전까지 나머지 1억 원 부분에 대해 청구를 확장할 의사를 밝히고 당해 소송이 종료될 때까지 실제로 청구금액을 확장한 경우에는 위 2억 원의 일부청구시에 나머지 부분도 함께 시효가 중단된다.
ㄹ. 甲이 소송 계속 중 나머지 부분에 대해 청구확장의 의사를 밝히고도 실제 청구를 확장하지 않은 채 판결이 확정된 경우, 6월 이내에 나머지 부분에 대해 이행의 소를 제기함으로써 시효를 중단시킬 수 있다.

① ㄱ, ㄴ
② ㄱ, ㄷ
③ ㄴ, ㄷ
④ ㄴ, ㄹ
⑤ ㄷ, ㄹ

해설 소멸시효 중단

ㄱ. (X), ㄴ. (X), ㄷ. (○), ㄹ. (○) [1] 하나의 채권 중 일부에 관하여만 판결을 구한다는 취지를 명백히 하여 소송을 제기한 경우에는 소제기에 의한 소멸시효중단의 효력이 그 일부에 관하여만 발생(ㄱ)하고, 나머지 부분에는 발생하지 아니하나(ㄴ), 소장에서 청구의 대상으로 삼은 채권 중 일부만을 청구하면서 소송의 진행경과에 따라 장차 청구금액을 확장할 뜻을 표시하고 당해 소송이 종료될 때까지 실제로 청구금액을 확장한 경우에는 소제기 당시부터 채권 전부에 관하여 판결을 구한 것으로 해석(ㄷ)되므로, 이러한 경우에는 소제기 당시부터 채권 전부에 관하여 재판상 청구로 인한 시효중단의 효력이 발생한다. [2] 소장에서 청구의 대상으로 삼은 채권 중 일부만을 청구하면서 소송의 진행경과에 따라 장차 청구금액을 확장할 뜻을 표시하였으나 당해 소송이 종료될 때까지 실제로 청구금액을 확장하지 않은 경우에는 소송의 경과에 비추어 볼 때 채권 전부에 관하여 판결을 구한 것으로 볼 수 없으므로, 나머지 부분에 대하여는 재판상 청구로 인한 시효중단의 효력이 발생하지 아니한다. 그러나 이와 같은 경우에도 소를 제기하면서 장차 청구금액을 확장할 뜻을 표시한 채권자로서는 장래에 나머지 부분을 청구할 의사를 가지고 있는 것이 일반적이라고 할 것이므로, 다른 특별한 사정이 없는 한 당해 소송이 계속 중인 동안에는 나머지 부분에 대하여 권리를 행사하겠다는 의사가 표명되어 최고에 의해 권리를 행사하고 있는 상태가 지속되고 있는 것으로 보아야 하고, 채권자는 당해 소송이 종료된 때부터 6월 내에 민법 제174조에서 정한 조치를 취함으로써 나머지 부분에 대한 소멸시효를 중단시킬 수 있다(ㄹ)(대판 2020.02.06. 2019다223723).

▶ 甲의 공사대금청구의 소멸시효는 3년으로 일부 금액 청구임을 명확히 한 경우라면 나머지 1억원의 소멸시효는 2014.06.10. 시효가 완성되므로, 2015년에 나머지 1억원 부분은 이미 시효가 완성되어서 청구 확장을 할 수 없다.

민법 제163조(3년의 단기소멸시효) 다음 각호의 채권은 3년간 행사하지 아니하면 소멸시효가 완성한다.
 3. 도급받은 자, 기사 기타 공사의 설계 또는 감독에 종사하는 자의 공사에 관한 채권
민법 제174조(최고와 시효중단) 최고는 6월내에 재판상의 청구, 파산절차참가, 화해를 위한 소환, 임의출석, 압류 또는 가압류, 가처분을 하지 아니하면 시효중단의 효력이 없다.

정답 ⑤

제8절 소제기의 특수한 방식 - 배상명령신청

제2장 변론

제1절 변론의 의의와 종류

 14년 변시

108. 상고인이 상고장에 상고이유를 적지 아니하였음에도 소송기록 접수통지를 받은 날부터 20일 이내에 상고이유서를 제출하지 아니한 경우, 상고법원은 직권으로 조사하여야 할 사유가 있는 때를 제외하고는 변론 없이 판결로 상고를 기각하여야 한다.

해설 민사소송법 제426조, 제427조, 제429조 참조.

> 민사소송법 제426조(소송기록 접수의 통지) 상고법원의 법원사무관등은 원심법원의 법원사무관등으로부터 소송기록을 받은 때에는 바로 그 사유를 당사자에게 통지하여야 한다.
> 민사소송법 제427조(상고이유서 제출) 상고장에 상고이유를 적지 아니한 때에 상고인은 제426조의 통지를 받은 날부터 20일 이내에 상고이유서를 제출하여야 한다.
> 민사소송법 제429조(상고이유서를 제출하지 아니함으로 말미암은 상고기각) 상고인이 제427조의 규정을 어기어 상고이유서를 제출하지 아니한 때에는 상고법원은 변론 없이 판결로 상고를 기각하여야 한다. 다만, 직권으로 조사하여야 할 사유가 있는 때에는 그러하지 아니하다.

정답

제2절 변론에 관한 원칙

제❶항 ▮ 공개심리주의

제❷항 ▮ 쌍방심리주의

제❸항 ▮ 구술심리주의

제❹항 ▮ 직접심리주의

제❺항 ▮ 처분권주의

I 서 설
II 절차의 개시

16년(2)·23년(2) 모의

109. (1) 원고가 교통사고로 상해를 입었음을 원인으로 손해배상청구를 하면서 적극적 손해 1,000만 원, 소극적 손해 500만 원, 위자료 300만 원을 청구하였는데 법원이 적극적 손해로 1,000만 원, 소극적 손해로 600만 원, 위자료로 200만 원을 인용하는 것은 허용되지 않는다.

(2) 원고가 피고 乙, 丙에 대하여 연대하여 1억 원을 지급할 것을 청구하였는데 법원이 피고들이 원고에게 지급해야 할 금액의 합계액이 1억 5,000만 원이라고 판단하면서 피고 乙과 丙에게 각 7,500만 원의 지급책임을 인정한 판결은 허용되지 않는다.

해설 [1] 손해배상소송에 있어 원고가 구하는 적극적 손해, 소극적 손해, 위자료의 각 항목의 청구액을 초과하여 인용하는 것은 허용되지 아니하며, 비록 일부 항목의 청구액을 초과하여 인용하였지만 청구총액을 벗어나지 않는 경우에도 처분권주의를 위배한 것이다.

판례 생명 또는 신체에 대한 불법행위로 인하여 입게 된 적극적 손해와 소극적 손해 및 정신적 손해는 서로 소송물을 달리하므로(손해3분설) 그 손해배상의무의 존부나 범위에 관하여 항쟁함이 상당한지의 여부는 각 손해마다 따로 판단하여야 한다(대판 2002.09.10. 2002다34581).

[2] 채권자 갑이 채무자 을을 상대로 자신의 인수대금 채권을 행사하는 청구와 제3채무자 병을 상대로 위 채권을 피보전채권으로 하여 을의 채권을 대위행사하는 청구를 한 사안에서, 을의 갑에 대한 채무와 병의 을에 대한 채무가 연대채무 또는 부진정연대채무의 관계가 아니지만, 갑이 두 채무가 부진정연대채무 관계에 있음을 전제로 연대하여 지급할 것을 구하였는데도 을과 병에게 개별적 지급책임을 인정한 원심판결에는 처분권주의에 관한 법리오해의 잘못이 있다(대판 2014.07.10. 2012다89832).

정답

13년(3) 모의

110. 소유권이전등기절차의 이행을 명하는 판결에서 직권으로 가집행선고를 명한 것은 적법하다.

해설 가집행선고는 원칙적으로 '재산권의 청구'에 관한 판결에 한하여 허용된다. 그러나 재산권의 청구이지만 확정이 되어야 집행력이 발생하는 경우에는 가집행선고가 허용되지 않는다. 의사진술을 명하는 판결은 원칙적으로 확정된 때에 의사를 진술한 것으로 보므로 가집행선고가 허용되지 않는다. 소유권이전등기절차의 이행을 명하는 판결은 의사의 진술을 명하는 판결이므로 가집행선고가 불허된다.

판례 가집행선고에 대한 일반적인 판례 : 가집행선고는 재산권의 청구에 관한 판결의 경우 상당한 이유가 없는 한 당사자의 신청 유무와 관계없이 선고하게 되어 있는 것으로 법원의 직권판단사항이어서 처분권주의를 근거로 하는 민사소송법 제385조의 적용을 받지 않는 것이므로 가집행선고가 붙지 않은 제1심판결에 대하여 피고만이 항소한 항소심에서 법원이 항소를 기각하면서 가집행선고를 붙였다 하여 제1심 판결을 피고가 신청한 불복의 한도를 넘어 불이익하게 변경한 것이라 할 수 없다(대판 1991.11.08. 90다17804).

판례 가집행선고가 허용되지 않는 경우의 판례 : 본안과 더불어 항소된 가집행선고의 재판에 비록 잘못이 있더라도 본안사건에 대한 항소가 이유 없다고 판단되는 경우에는 가집행선고의 재판을 시정하는 판단을 할 수 없는 것이나, 등기절차의 이행을 명하는 판결과 같이 본래 그 성질상 당연히 가집행선고를 붙일 수 없는 사건에 있어서 착오로 가집행선고의 재판이 내려진 경우에는 본안재판의 인용 여부를 불문하고 이를 즉시 시정하여 줌이 상당하다(서울중앙지법 2004.10.07. 2002나58487).

정답

Ⅲ 심판의 대상과 범위

21년(1)·22년(3) 모의

111. 재판상 이혼의 판결을 할 때 미성년자인 자녀의 친권이나 양육권에 대한 청구가 없으면 법원은 친권자 및 양육자를 결정하는 재판을 할 수 없다.

해설 이혼 과정에서 친권자 및 자녀의 양육책임에 관한 사항을 의무적으로 정하도록 한 민법 제837조 제1항, 제2항, 제4항 전문, 제843조, 제909조 제5항의 문언 내용 및 이혼 과정에서 자녀의 복리를 보장하기 위한 위 규정들의 취지와 아울러, 이혼 시 친권자 지정 및 양육에 관한 사항의 결정에 관한 민법 규정의 개정 경위와 변천 과정, 친권과 양육권의 관계 등을 종합하면, 재판상 이혼의 경우에 당사자의 청구가 없다 하더라도 법원은 직권으로 미성년자인 자녀에 대한 친권자 및 양육자를 정하여야 하며, 따라서 법원이 이혼 판결을 선고하면서 미성년자인 자녀에 대한 친권자 및 양육자를 정하지 아니하였다면 재판의 누락이 있다(대판 2015.06.23. 2013므2397).

정답

21년(1) 모의

112. 소송상 상계 항변은 상대방의 동의 없이 이를 철회할 수 있고, 그 경우 법원은 이에 대하여 심판할 수 없다.

해설 제1심법원에서 피고가 원고에 대한 불법행위 손해배상채권과 원고가 소로써 구하고 있는 채권을 상계한다고 주장하였다가 원심 제1변론기일에 피고 소송대리인이 그 상계 항변을 철회한다고 진술하였는데, 원심법원이 피고의 원고에 대한 손해배상채권은 성립하지 않는다고 판단하여 상계 항변을 배척한 사안에서, 상계 항변이 철회되었음에도 이에 관하여 판단한 것은 당사자가 주장하지 않은 사항에 관하여 심판한 것으로 처분권주의에 위배된다(대판 2011.07.14. 2011다23323).

정답

21년(1) 모의

113. 원고가 대여금 1억 원 및 이에 대한 이 사건 소장송달 다음날부터 완제일까지 연 12%의 비율에 의한 지연손해금을 지급하라는 청구를 하였는데, 법원이 이를 인용하면서 대여일부터 완제일까지 연 12%의 약정이자 및 지연손해금을 지급하라고 판시한 것은 처분권주의 위반이 아니다.

▶해설 원고는 청구취지로서 1심에서는 약속어음으로서 금 8,000,000원 및 이에 대한 이 사건 소장송달 다음날부터 완제일까지 연 2할 5푼의 비율에 의한 지연손해금을 지급하라고 청구하였고, 원심에 이르러는 청구원인만을 대여금으로 추가변경하였음이 명백함에도 불구하고 원심판결 이유에 의하면, 원심은 대여금청구를 인용하면서 대여일부터 완제일까지 연2할5푼의 약정이자 및 지연손해금을 지급하라고 판시함으로써 원고가 청구하지 아니한 약정이자를 인정하였으니 당사자처분주의원칙에 위반하였거나 석명의무를 게을리하였다는 비난을 면할 수 없으므로 이점을 지적하는 논지도 이유있다(대판 1989.06.13. 88다카19231). ▶ 당사자처분주의에 위반하였거나 석명의무를 게을리하였다 하여 원심판결을 파기한 사례

정답

21년 변시

114. 원고가 매매를 원인으로 한 소유권이전등기청구를 하였는데, 법원이 양도담보약정을 원인으로 소유권이전등기를 명하는 판결을 하는 것은 처분권주의에 위배되지 않는다.

▶해설 원고가 매매를 원인으로 한 소유권이전등기를 청구한 데 대하여 원심이 양도담보약정을 원인으로 한 소유권이전등기를 명한 경우 원심판결에 처분권주의를 위반한 위법이 있고 그에 대한 원고의 상소의 이익이 인정된다(대판 1992.03.27. 91다40696).

정답

21년 변시, 22년(3) 모의

115. 1억 원을 초과하는 채무는 존재하지 않는다는 채무부존재확인의 소에서 2억 원을 초과하는 채무는 존재하지 않는다는 판결을 하는 것은 처분권주의에 위배되지 않는다.

▶해설 원고가 상한을 표시하지 않고 일정액을 초과하는 채무의 부존재의 확인을 청구하는 사건에 있어서 일정액을 초과하는 채무의 존재가 인정되는 경우에는, 특단의 사정이 없는 한, 법원은 그 청구의 전부를 기각할 것이 아니라 존재하는 채무부분에 대하여 일부패소의 판결을 하여야 한다(대판 1994.01.25. 93다9422). ▶ 채무부존재확인소송의 판결주문에서는, 채무의 존부만의 확인을 청구하는 경우가 아닌 한, 채무의 존재가 인정되는 경우에는 법원은 현존의 구체적인 채무액을 확정하는 판결을 하지 않으면 안 된다. 법원이 채무의 일부의 존재를 인정하고, 그 금액 이상의 채무에 대하여 부존재확인하는 것은 원고가 청구하는 범위 내일 뿐만 아니라 법원의 의무이기도하기 때문이다(조용호, "채무부존재확인소송" 사법논집 20집(1989.12.), p.425 이하; 김홍엽, 민사소송법 제7판, p.394).

정답

116.
「민법」제840조 각 호가 규정한 이혼사유마다 재판상 이혼청구를 할 수 있으므로 법원은 원고가 주장한 이혼사유에 관하여만 심판해야 하며 원고가 주장하지 아니한 이혼사유에 의하여 이혼청구를 인용하여서는 안 된다.

해설 민법 제840조의 각 이혼사유는 그 각 사유마다 독립된 이혼청구원인이 되므로 법원은 원고가 주장한 이혼사유에 관하여서만 심판하여야 한다(대판 1963.01.31. 62다812).

정답 O

117.
자동차사고를 당한 원고가 「민법」상 불법행위의 사용자책임에 따른 손해배상청구를 하였는데, 법원이 「자동차손해배상 보장법」상 자기를 위하여 자동차를 운행하는 자의 손해배상책임 규정을 적용하여 청구를 인용하는 것은 처분권주의에 위배되지 않는다.

해설 자동차손해배상보장법 제3조는 불법행위에 관한 민법 규정의 특별 규정이라고 할 것이므로 자동차 사고로 인하여 손해를 입은 자가 자동차손해배상보장법에 의하여 손해배상을 주장하지 않았다고 하더라도 법원은 민법에 우선하여 자동차손해배상보장법을 적용하여야 한다(대판 1997.11.28. 95다29390).

정답 O

118.
피고가 상계항변을 철회한다고 진술하였는데 법원이 그 상계항변의 자동채권이 성립하지 않는다고 판단하여 그 항변을 배척하면서 원고의 청구를 전부 인용하는 것은 처분권주의에 위배되지 않는다.

해설 제1심법원에서 피고가 원고에 대한 불법행위 손해배상채권과 원고가 소로써 구하고 있는 채권을 상계한다고 주장하였다가 원심 제1변론기일에 피고 소송대리인이 그 상계 항변을 철회한다고 진술하였는데, 원심법원이 피고의 원고에 대한 손해배상채권은 성립하지 않는다고 판단하여 상계 항변을 배척한 사안에서, 상계 항변이 철회되었음에도 이에 관하여 판단한 것은 당사자가 주장하지 않은 사항에 관하여 심판한 것으로 처분권주의에 위배된다(대판 2011.07.14. 2011다23323).

정답 X

🕐 21년 변시, 18년(1) 모의

119. 법정상속인들(각 상속지분은 1/3) 중 1인인 원고가 '자신이 상속재산인 X 토지를 단독으로 상속하기로 하는 상속재산분할협의가 성립하였다'라고 주장하면서 X 토지 전부가 자기 소유라는 확인을 청구하였으나 위 분할협의 사실이 인정되지 않는 경우, 법원은 특별한 사정이 없는 한 X 토지 중 1/3 지분이 원고의 소유임을 확인한다는 일부인용 판결을 하여야 한다.

> ▦해설 부동산을 단독으로 상속하기로 분할협의하였다는 이유로 그 부동산 전부가 자기 소유임의 확인을 구하는 청구에는 그와 같은 사실이 인정되지 아니하는 경우 자신의 상속받은 지분에 대한 소유권의 확인을 구하는 취지가 포함되어 있다고 보아야 하므로, 이러한 경우 법원은 특단의 사정이 없는 한 그 청구의 전부를 기각할 것이 아니라 그 소유로 인정되는 지분에 관하여 일부 승소의 판결을 하여야 한다(대판 1995.09.29. 95다22849).

정답

20년(2) 모의

120. 채권자의 채권이 사해행위 이전에 성립한 이상 사해행위 이후에 채권이 양도되었다고 하더라도 그 양수인은 채권자취소권을 행사할 수 있다.

> ▦해설 사해행위라고 볼 수 있는 행위가 행하여지기 전에 발생한 채권은 원칙적으로 채권자취소권에 의하여 보호될 수 있는 채권이 될 수 있고, 채권자의 채권이 사해행위 이전에 성립한 이상 사해행위 이후에 양도되었다고 하더라도 양수인은 채권자취소권을 행사할 수 있으며, 채권 양수일에 채권자취소권의 피보전채권이 새로이 발생되었다고 할 수 없다(대판 2012.02.09. 2011다77146).

정답

20년(2) 모의

121. 사해행위의 목적물이 부동산인 경우 채권자는 수익자나 전득자인 현재의 등기명의인을 상대로 채무자 앞으로의 소유권이전등기절차 이행을 구할 수도 있다.

> ▦해설 자기 앞으로 소유권을 표상하는 등기가 되어 있었거나 법률에 의하여 소유권을 취득한 자가 진정한 등기명의를 회복하기 위한 방법으로는 그 등기의 말소를 구하는 외에 현재의 등기명의인을 상대로 직접 소유권이전등기절차의 이행을 구하는 것도 허용되어야 하는바, 이러한 법리는 사해행위 취소소송에 있어서 취소 목적 부동산의 등기명의를 수익자로부터 채무자 앞으로 복귀시키고자 하는 경우에도 그대로 적용될 수 있다고 할 것이고, 따라서 채권자는 사해행위의 취소로 인한 원상회복 방법으로 수익자 명의의 등기의 말소를 구하는 대신 수익자를 상대로 채무자 앞으로 직접 소유권이전등기절차를 이행할 것을 구할 수도 있다(대판 2000.02.25. 99다53704).

정답

20년(2) 모의

122. 채권자가 사해행위취소 및 가액배상을 구하여 승소함에 따라 가액배상금을 직접 수령한 경우, 다른 채권자가 취소채권자를 상대로 하여 안분액의 지급을 직접 구할 수 있는 권리를 취득하는 것은 아니다.

해설 사해행위의 취소와 원상회복은 모든 채권자의 이익을 위하여 그 효력이 있으므로(민법 제407조), 채권자취소권의 행사로 채무자에게 회복된 재산에 대하여 취소채권자가 우선변제권을 가지는 것이 아니라 다른 채권자도 총채권액 중 자기의 채권에 해당하는 안분액을 변제받을 수 있는 것이지만, 이는 채권의 공동담보로 회복된 채무자의 책임재산으로부터 민사집행법 등의 법률상 절차를 거쳐 다른 채권자도 안분액을 지급받을 수 있다는 것을 의미하는 것일 뿐, 다른 채권자가 이러한 법률상 절차를 거치지 아니하고 취소채권자를 상대로 하여 안분액의 지급을 직접 구할 수 있는 권리를 취득한다거나, 취소채권자에게 인도받은 재산 또는 가액배상금에 대한 분배의무가 인정된다고 볼 수는 없다(대판 2008.06.12. 2007다37837).

정답 O

18년(1) 모의

123. 원고가 피담보채무 3억 원을 모두 변제하였다고 주장하면서 근저당권설정등기의 말소를 청구함에 대하여 피고가 위 채무액 중 2억 원이 남아있다고 주장하였는데, 심리결과 1억 원의 잔존채무가 있는 것으로 밝혀진 경우에는 특별한 사정이 없는 한 법원은 원고가 위 1억 원의 잔존채무를 선이행하는 것을 조건으로 위 근저당권설정등기의 말소를 명하는 판결을 하여야 한다.

해설 채무자가 피담보채무 전액을 변제하였다고 하거나 피담보채무의 일부가 남아 있음을 시인하면서 그 변제를 조건으로 저당권설정등기의 말소등기절차 이행을 청구하였지만 피담보채무의 범위에 관한 견해 차이로 그 채무 전액을 소멸시키지 못하였거나 변제하겠다는 금액만으로는 소멸시키기에 부족한 경우에, 그 청구중에는 확정된 잔존채무의 변제를 조건으로 그 등기의 말소를 구한다는 취지까지 포함되어 있는 것으로 해석하여야 하고, 이러한 경우에는 장래 이행의 소로서 그 저당권설정등기의 말소를 미리 청구할 필요가 있다고 보아야 한다. 원심으로서는 마땅히 위 근저당권설정등기로 담보되는 경매비용의 범위를 확정하여 그 변제를 조건으로 그 등기말소절차의 이행을 명하였어야 할 것임에도 불구하고 원심이 이에 이르지 아니하고 원고의 청구를 기각한 조치에는 장래 이행의 소에 관한 법리를 오해하여 판결에 영향을 미친 잘못이 있다고 하겠다(대판 1996.02.23. 95다9310).

정답 O

🔵 13년·14년 변시, 17년(1)·21년(1) 모의

124. **(1) 甲은 乙에 대한 대여금 채무를 담보하기 위하여 甲 소유의 X 토지에 관하여 근저당권설정등기를 마쳐주었다. 甲은 대여금 채무가 모두 변제되어 소멸되었다고 주장하며 근저당권설정등기 말소등기절차의 이행을 구하는 소를 제기하였다. 위 소송에서 변제액수에 관한 다툼이 있어 심리한 결과 대여금 채무가 남아 있는 것으로 밝혀지면, 법원은 특별한 사정이 없는 한 甲의 청구를 기각하여서는 아니 되고, 잔존채무의 변제를 조건으로 甲의 청구를 일부 인용하는 판결을 선고하여야 한다.**

(2) 매수인 甲이 매도인 乙을 상대로 매매목적 토지의 소유권이전등기절차이행을 구하는 소를 제기하였는데, 乙이 "매도사실은 있지만 잔금 일부를 지급받지 못하였다"고 주장함에 대하여 甲이 "절대 그럴 리 없다"고 주장하며 단순이행을 요구한 경우, 심리결과 乙의 주장이 인정되면 법원은 상환이행판결을 하여야 한다.

(3) 매수인이 단순히 소유권이전등기청구만을 하고 매도인이 동시이행의 항변을 한 경우 매수인의 청구가 반대급부 의무가 없다는 취지임이 분명한 경우에는 청구를 기각하여야 한다.

🔵 해설 [1] 원고가 양도담보로 제공된 부동산의 피담보채무 전액을 변제하였음을 내세워 피고 명의의 소유권이전등기 등의 말소를 청구하면서 … 채무 전액을 소멸시키지 못하고 잔존채무가 있음이 밝혀진 경우 원고의 위 청구 중에는 확정된 잔존채무의 변제를 조건으로 위 각 등기의 말소를 청구하는 취지도 포함되었다고 할 것이고, 이는 장래이행의 소로서 피고가 위 각 등기는 대물변제에 기한 것이지 담보가 아니라고 다투고 있는 경우에는 미리 청구할 이익도 있다고 할 것이다. 따라서 피고에게 원고로부터 잔존채무 및 이에 대한 완제일까지의 지연손해금을 변제 받는 것을 조건으로 위 각 등기의 말소를 명한 원판결은 정당하다(대판 1981.09.22. 80다2270). [2] 매수인이 단순히 소유권이전등기청구만을 하고 매도인이 동시이행의 항변을 한 경우 법원이 대금수령과 상환으로 소유권이전등기절차를 이행할 것을 명하는 것은 그 청구중에 대금지급과 상환으로 소유권이전등기를 받겠다는 취지가 포함된 경우에 한하므로 그 청구가 반대급부 의무가 없다는 취지임이 분명한 경우에는 청구를 기각하여야 한다(대판 1980.02.26. 80다56).

정답 O, ×, O

🔵 17년(1) 모의

125. **甲이 乙을 대위하여 丙을 피고로 乙 앞으로 소유권이전등기를 할 것을 청구한 소송에서, 법원이 甲 앞으로 직접 소유권이전등기를 하도록 판결을 선고한 경우 처분권주의에 위반된다.**

🔵 해설 제3자 소송담당이라도 채권자대위소송의 성질을 감안할 때 그 소송물은 피대위권리인 채무자의 제3자에 대한 이전등기청구권이므로 이와 질적으로 다른 채권자에 대한 이전등기청구권을 인정한 것은 처분권주의에 위반된다.

정답 O

17년(1) 모의

126. 원고가 원금 1,000만 원과 이에 대한 지연손해금 200만 원의 지급을 구하는 소를 제기하여 제1심법원이 청구인용판결을 선고하였고, 이에 대하여 피고만이 항소하고 원고의 부대항소가 없는 상태에서 항소심법원이 원금 800만 원과 이에 대한 지연손해금 300만 원의 지급을 명하는 판결을 선고한 경우 처분권주의에 위반된다.

해설 금전채무불이행의 경우에 발생하는 원본채권과 지연손해금채권은 별개의 소송물이므로, 불이익변경에 해당하는지 여부는 원금과 지연손해금 부분을 각각 따로 비교하여 판단하여야 하는 것이고, 별개의 소송물을 합산한 전체 금액을 기준으로 판단하여서는 아니 된다(대판 2013.10.31. 2013다59050).

정답 O

12년 변시, 16년(3)·21년(1) 모의

127. 채권자가 사해행위의 취소 및 원상회복을 구함에 대하여 법원이 원상회복으로 원물반환이 아닌 가액배상을 명하고자 할 경우, 청구취지의 변경 없이 곧바로 가액배상을 명하는 것은 처분권주의에 반한다.

해설 사해행위를 전부 취소하고 원상회복을 구하는 채권자의 주장 속에는 사해행위를 일부 취소하고 가액의 배상을 구하는 취지도 포함되어 있으므로, 채권자가 원상회복만을 구하는 경우에도 법원은 가액의 배상을 명할 수 있다(대판 2001.09.04. 2000다66416).

정답 ×

16년(2) 모의

128. 교통사고 피해자가 600만 원의 손해배상청구를 한 경우 법원이 총 피해액 1,000만 원 중 피해자의 과실비율이 30%라고 인정한다면 법원이 인용할 수 있는 금액은 600만 원이다.

해설 일개의 손해배상청구권중 일부가 소송상 청구되어 있는 경우에 과실상계를 함에 있어서는 손해의 전액에서 과실비율에 의한 감액을 하고 그 잔액이 청구액을 초과하지 않을 경우에는 그 잔액을 인용할 것이고 잔액이 청구액을 초과할 경우에는 청구의 전액을 인용하는 것으로 풀이하는 것이 일부청구를 하는 당사자의 통상적 의사라고 할 것이다(대판 1976.06.22. 75다819). 즉 판례는 외측설을 취하는 바, 사안의 경우 원고의 청구가 600만 원으로 700만 원을 초과하지 않으므로 600만 원을 인용하게 된다.

정답 O

14년(3)·16년(2) 모의

129. 원고가 단순이행청구를 하고 있는데 피고의 동시이행항변이 이유 있는 경우, 법원이 상환이행판결을 하는 것은 허용된다.

> 해설 원고가 단순이행을 청구한 경우 피고가 동시이행의 항변이나 유치권의 항변을 하고 그것이 정당하다고 인정되는 때는 원고의 명시적 반대의 의사표시가 없는 경우 원고의 청구를 기각할 것이 아니라 상환이행판결(피고에게 원고 또는 제3자의 채무이행과 상환으로 피고의 채무를 이행할 것을 명하는 판결)을 한다. 동시이행항변 뿐만 아니라 유치권 항변이 있을 경우에도 상환이행 판결이 가능하고, 유치권 항변이 인정될 경우 단순이행판결이나 원고 청구기각이 아니라 상환이행 판결을 해야 한다.

> 판례 물건의 인도를 청구하는 소송에서 피고의 유치권 항변이 인용되는 경우에는 물건에 관하여 생긴 채권의 변제와 상환으로 물건의 인도를 명하여야 한다(대판 2011.12.13. 2009다5162).

정답 O

14년 변시, 20년(1) 모의

130. (1) 소유권이전등기청구권보전을 위한 가등기가 사해행위에 의해 이루어지기 전에 근저당권이 설정되고 그 가등기 후에 근저당권설정등기가 말소된 경우 채권자는 가등기의 원인이 된 매매예약의 취소와 원상회복으로서 가등기의 말소등기절차의 이행을 구하는 소를 제기할 수 있다.

(2) 저당권이 설정되어 있는 부동산을 채무자가 사해행위로 수익자에게 매도한 후 수익자의 변제로 위 저당권설정등기가 말소된 경우, 채권자가 위 매매계약의 취소와 부동산 자체의 반환을 청구하였더라도 법원은 원고의 청구취지변경 없이 가액반환을 명할 수 있다.

> 해설 [1] 소유권이전등기청구권보전을 위한 가등기가 사해행위로서 이루어진 경우 그 매매예약을 취소하고 원상회복으로서 가등기를 말소하면 족한 것이고, 가등기 후에 저당권이 말소되었다거나 그 피담보채무가 일부 변제된 점 또는 그 가등기가 사실상 담보가등기라는 점 등은 그와 같은 원상회복의 방법에 아무런 영향을 주지 않는다. [2]저당권이 설정되어 있는 부동산이 사해행위로 이전된 경우에 그 사해행위는 부동산의 가액에서 저당권의 피담보채권액을 공제한 잔액의 범위 내에서만 성립한다고 보아야 하므로, 사해행위 후 변제 등에 의하여 저당권설정등기가 말소된 경우 그 부동산의 가액에서 저당권의 피담보채무액을 공제한 잔액의 한도에서 사해행위를 취소하고 그 가액의 배상을 구할 수 있을 뿐이고, … 사해행위인 계약 전부의 취소와 부동산 자체의 반환을 구하는 청구취지 속에는 위와 같이 일부취소를 하여야 할 경우 그 일부취소와 가액배상을 구하는 취지도 포함되어 있다고 볼 수 있으므로 청구취지의 변경이 없더라도 바로 가액반환을 명할 수 있다(대판 2001.06.12. 99다20612).

정답  O, O

168 | UNION 꼭 봐야 할 민소법 핵심기출 OX

🕐 14년 변시

131. 국가 명의로 소유권보존등기가 경료된 토지에 관하여 甲 명의의 소유권이전등기가 경료되었는데, 위 토지를 사정받은 乙이 국가와 甲을 상대로 등기말소를 구하는 소를 제기하여, 국가는 乙에게 원인무효인 소유권보존등기의 말소등기절차를 이행할 의무가 있고 甲 명의의 소유권이전등기는 등기부취득시효 완성을 이유로 유효하다는 취지의 판결이 확정되었다. 그 후 乙이 국가를 상대로 국가의 불법행위를 이유로 토지의 소유권 상실로 인한 손해배상을 구한 사안에서, 법원은 국가에 대하여 소유권보존등기 말소등기절차 이행의무의 이행불능으로 인한 손해배상책임을 인정할 수 있다.

해설 국가 명의로 소유권보존등기가 경료된 토지의 일부 지분에 관하여 甲 등 명의의 소유권이전등기가 경료되었는데, 을이 등기말소를 구하는 소를 제기하여 국가는 을에게 원인무효인 등기의 말소등기절차를 이행할 의무가 있고 甲 등 명의의 소유권이전등기는 등기부취득시효 완성을 이유로 유효하다는 취지의 판결이 확정되자, 을이 국가를 상대로 손해배상을 구한 사안에서, 甲 등의 등기부취득시효 완성으로 토지에 관한 소유권을 상실한 을이 불법행위를 이유로 소유권 상실로 인한 손해배상을 청구할 수 있음은 별론으로 하고, 애초 국가의 등기말소의무 이행불능으로 인한 채무불이행 책임을 논할 여지는 없고, 또한 토지의 소유권 상실로 인한 손해배상을 구하는 을의 청구에 대하여 당사자가 주장하지 아니한 소유권보존등기 말소등기절차 이행의무의 이행불능으로 인한 손해배상책임을 인정할 수 없음에도, 이와 달리 손해배상책임을 인정한 원심판결에 법리오해와 처분권주의 위반의 위법이 있다(대판 2012.05.17. 2010다28604(전합)).

정답

🕐 14년 변시

132. X토지의 공유자인 甲이 현물분할을 청구하였으나 현물로 분할할 수 없는 때에는, 법원은 청구취지의 변경 없이도 경매에 의한 분할을 명할 수 있다.

해설 공유물의 분할은 … 협의가 이루어지지 아니하여 재판에 의하여 공유물을 분할하는 경우에는 법원은 현물로 분할하는 것이 원칙이고, 현물로 분할할 수 없거나 현물로 분할을 하게 되면 현저히 그 가액이 감손될 염려가 있는 때에 비로소 물건의 경매를 명하여 대금분할을 할 수 있는 것이므로, … 그 분할의 방법은 당사자가 구하는 방법에 구애받지 아니하고 법원의 재량에 따라 공유관계나 그 객체인 물건의 제반 상황에 따라 공유자의 지분 비율에 따른 합리적인 분할을 하면 되는 것이라 할 것이다(대판 2004.07.22. 2004다10183). 공유물분할청구는 형식적 형성의 소로서 형식은 소송사건이나 실질은 비송사건의 성질을 가지므로, **처분권주의 및 불이익변경금지원칙이 적용되지 않는다.** 따라서 법원은 당사자 신청에 구애받지 않고 청구취지의 변경없이 경매에 의한 분할을 명하여도 처분권주의에 반하지 않는다.

정답

Ⅳ 절차의 종결
Ⅴ 처분권주의 위배의 효과

❖ 선택형 사례문제

문 1 🕐 22년 변시

甲은 乙로부터 3억 원을 빌리면서 그 차용금 채무를 담보하기 위하여 甲 소유의 A 토지에 관하여 채무자 甲, 근저당권자 乙, 채권최고액 3억 3천만 원인 근저당권설정계약을 乙과 체결하고, 이에 관한 근저당권설정등기를 마쳐 주었다. 다음 설명 중 옳은 것을 모두 고른 것은? (다툼이 있는 경우 판례에 의함)

> ㄱ. 甲이 乙로부터 실제로 돈을 빌리지 않았으므로 위 근저당권설정등기는 무효의 등기라고 주장하면서 근저당권설정등기 말소등기절차의 이행을 구하는 소를 제기하였는데, 법원의 심리 결과 甲의 乙에 대한 차용금 채무 1억 원이 존재하는 것으로 밝혀지더라도 그 채무의 변제를 조건으로 위 등기의 말소를 명하는 판결을 할 수 없다.
> ㄴ. 甲이 乙의 기망행위로 인해 근저당권설정계약을 체결하였다고 주장하면서 위 근저당권설정계약을 취소하고 그 말소등기를 구하는 소를 제기한 경우, 甲의 3억 원의 부당이득반환채무와 乙의 근저당권설정등기 말소의무는 동시이행관계에 있다고 할 수 없다.
> ㄷ. 丙이 乙에 대한 5억 원의 채권에 관한 집행권원을 얻어 乙의 甲에 대한 대여금채권에 대해 압류 및 전부명령을 받아 丙 명의로 A 토지에 관한 근저당권이전의 부기등기를 마친 경우, 甲이 자신의 乙에 대한 차용금채무가 변제로 모두 소멸하였다고 주장하면서 乙을 상대로 제기한 위 근저당권설정등기 말소등기절차의 이행을 구하는 소는 적법하다.
> ㄹ. 丙이 乙로부터 乙의 甲에 대한 대여금채권을 유효하게 양도받아 丙 명의로 A 토지에 관한 근저당권이전의 부기등기를 마친 경우, 甲이 자신의 乙에 대한 차용금채무가 변제로 모두 소멸하였다고 주장하면서 丙 명의 근저당권이전의 부기등기 말소등기절차의 이행을 구하는 소는 부적법하다.

① ㄹ ② ㄱ, ㄹ ③ ㄴ, ㄷ
④ ㄱ, ㄴ, ㄹ ⑤ ㄴ, ㄷ, ㄹ

∷ 해설 근저당설정계약 등

ㄱ. (○) 피담보채무가 발생하지 아니한 것을 전제로 한 근저당권설정등기의 말소등기절차이행청구 중에 피담보채무의 변제를 조건으로 장래의 이행을 청구하는 취지가 포함된 것으로는 보여지지 않는다(대판 1991.04.23. 91다6009).

> **판례** 甲이 乙에게 돈을 대여하였다고 주장하면서 그 반환을 구한 사안에서, 甲이 위 돈이 투자금이 아니라고 일관되게 주장하고 있음에도 甲의 청구에 투자금반환청구 또는 정산금청구가 포함되어 있다고 본 원심판결은 甲이 신청하지 아니한 사항에 대하여 판결한 것으로서 민사소송법 제203조에서 정한 처분권주의를 위반하였다(대판 2013.05.23. 2013다10482).

ㄴ. (X) 가. 갑이 지능이 박약한 을을 꾀어 돈을 빌려주어 유흥비로 쓰게 하고 실제준 돈의 두 배 가량을 채권최고액으로 하여 자기 처인 병 앞으로 근저당권을 설정한 사안에서, 근저당권설정계약은 독자적으로 존재하는 것이 아니라 금전소비대차계약과 결합하여 그 전체가 경제적, 사실적으로 일체

로서 행하여진 것이고 더욱이 근저당권설정계약의 체결원인이 되었던 갑의 기망행위는 금전소비대차계약에도 미쳤으므로 갑의 기망을 이유로 한 을의 근저당권설정계약취소의 의사표시는 법률행위의 일부무효이론과 궤를 같이 하는 법률행위의 일부취소의 법리에 따라 소비대차계약을 포함한 전체에 대하여 취소의 효력이 있다고 한 사례. 나. "가"항의 경우 취소의 결과 발생한 병의 근저당권설정등기말소의무와 을의 부당이득반환의무는 동시이행관계에 있다(대판 1994.09.09. 93다31191).

ㄷ. (X) 집행력 있는 집행권원에 기하여 채권압류 및 전부명령이 적법하게 이루어진 이상 피압류채권은 집행채권의 범위 내에서 당연히 집행채권자에게 이전한다 할 것이어서 그 집행채권이 이미 소멸하였거나 실제 채무액을 초과하더라도 그 채권압류 및 전부명령에는 아무런 영향이 없고, 제3채무자로서는 채무자에 대하여 부담하고 있는 채무액의 한도 내에서 집행채권자에게 변제하면 완전히 면책된다(대판 2004.05.28. 2004다6542).

> 민사집행법 제229조(금전채권의 현금화방법) ③ 전부명령이 있는 때에는 압류된 채권은 지급에 갈음하여 압류채권자에게 이전된다.
> 민사집행법 제231조(전부명령의 효과) 전부명령이 확정된 경우에는 전부명령이 제3채무자에게 송달된 때에 채무자가 채무를 변제한 것으로 본다. 다만, 이전된 채권이 존재하지 아니한 때에는 그러하지 아니하다.

ㄹ. (O) 근저당권 이전의 부기등기는 기존의 주등기인 근저당권설정등기에 종속되어 주등기와 일체를 이루는 것이어서 피담보채무가 소멸된 경우 또는 근저당권설정등기가 당초 원인무효인 경우 주등기인 근저당권설정등기의 말소만 구하면 되고 그 부기등기는 별도로 말소를 구하지 않더라도 주등기의 말소에 따라 직권으로 말소된다(대판 1995.05.26. 95다7550).

정답 ②

문 2

 16년 변시

甲은 2015. 10. 7. 乙에 대한 3,000만 원의 차용금채무를 피담보채무로 하여 乙에게 甲 소유의 X 부동산을 목적물로 하는 근저당권설정등기를 해주었다. 그후 甲은 乙에게 2,000만 원을 변제하여 잔존채무가 1,000만 원이라고 주장하고 있는데, 乙은 甲의 잔존채무가 2,000만 원이라고 하면서 다투고 있다. 甲은 乙을 상대로 잔존채무가 1,000만 원임을 주장하며 채무부존재확인의 소를 제기하였다. 이에 관한 설명 중 옳은 것을 모두 고른 것은? (다툼이 있는 경우 판례에 의함)

> ㄱ. 甲의 乙에 대한 잔존채무가 乙의 주장대로 2,000만 원임이 인정되는 경우, 법원은 "원고의 피고에 대한 2015. 10. 7. 차용금채무는 2,000만 원을 초과하여서는 존재하지 아니함을 확인한다. 원고의 나머지 청구를 기각한다."라고 판결하여야 한다.
> ㄴ. 甲의 乙에 대한 잔존채무가 500만 원임이 인정되는 경우, 법원은 "원고의 피고에 대한 2015. 10. 7. 차용금채무는 1,000만 원을 초과하여서는 존재하지 아니함을 확인한다."라고 판결하여야 한다.
> ㄷ. 만일 乙이 위 소송 계속 중에 잔존채무 2,000만 원의 지급을 구하는 반소를 제기한다면, 甲이 제기한 채무부존재확인의 본소는 확인의 이익이 소멸하여 부적법하게 된다.

ㄹ. 위 설문과 달리, 甲이 1,000만 원의 잔존채무 변제를 조건으로 X 부동산에 관한 근저당권 말소등기청구의 소를 제기하였지만 잔존채무가 2,000만 원이라는 乙의 주장이 받아들여지는 경우, 법원은 특별한 사정이 없는 한 甲의 청구 중 일부를 기각하고 그 확정된 2,000만 원 채무의 변제를 조건으로 그 등기의 말소절차이행을 인용하는 판결을 하여야 한다.

① ㄱ, ㄴ ② ㄱ, ㄷ ③ ㄱ, ㄴ, ㄹ
④ ㄴ, ㄷ, ㄹ ⑤ ㄱ, ㄴ, ㄷ, ㄹ

해설 **처분권주의**

ㄱ. (○) 채무부존재확인소송의 판결주문으로서는 원고가 채무의 존부만에 한정하여 청구하는 경우가 아닌 한, 채무의 존재가 인정되는 경우에는 법원은 현존하는 구체적인 채무액을 확인하는 판결을 하지 않으면 안 된다. 법원이 채무의 일부의 존재를 인정하고, 그 금액 이상의 채무에 대하여 부존재확인하는 것은 원고가 청구하는 범위 내일 뿐만 아니라 법원의 의무이기도 하기 때문이다(김홍엽, 민사소송법 제5판, p.369). ▶사안에서 원고 甲이 1,000만 원의 채무의 존재는 인정하고 있기 때문에 법원이 그보다 많은 2,000만 원의 채무의 존재를 인정하는 것은 甲의 신청의 범위를 벗어나지 않는 일부인용으로서 처분권주의에 반하지 않는다.

> **판례** 원고가 상한을 표시하지 않고 일정액을 초과하는 채무의 부존재의 확인을 청구하는 사건에 있어서 일정액을 초과하는 채무의 존재가 인정되는 경우에는, 특단의 사정이 없는 한, 법원은 그 청구의 전부를 기각할 것이 아니라 존재하는 채무부분에 대하여 일부패소의 판결을 하여야 한다(대판 1994.01.25. 93다9422).

ㄴ. (○) 원고 甲이 1,000만 원의 채무의 존재는 인정하고 있음에도 불구하고 법원이 그보다 적은 500만 원의 채무만 존재한다고 인정하는 것은 원고 甲이 구하고 있는 것 이상을 인정한 것으로 처분권주의에 반하기 때문에 법원으로서는 원고 甲의 채무가 여전히 1,000만 원을 초과하여서는 존재하지 아니함의 확인에 그쳐야 한다.

ㄷ. (X) 소송요건을 구비하여 적법하게 제기된 본소가 그 후에 상대방이 제기한 반소로 인하여 소송요건에 흠결이 생겨 다시 부적법하게 되는 것은 아니므로, 원고가 피고에 대하여 손해배상채무의 부존재확인을 구할 이익이 있어 본소로 그 확인을 구하였다면, 피고가 그 후에 그 손해배상채무의 이행을 구하는 반소를 제기하였다 하더라도 그러한 사정만으로 본소청구에 대한 확인의 이익이 소멸하여 본소가 부적법하게 된다고 볼 수는 없다(대판 1999.06.08. 99다17401).

ㄹ. (○) 사안의 경우 ① 피고가 잔존채무의 액수를 다투고 있으므로 선이행청구(장래이행의 소)는 미리 청구할 필요가 있어서 적법하고, ② 원고가 구하고 있는 청구에는 잔존채무액이 원고 주장의 금액을 초과하는 경우에 확정된 잔존채무변제를 조건으로 말소등기이행을 구하는 취지가 포함되어 있는 것으로 해석하여야 하므로, 법원은 청구일부를 배척하여 확정된 채무의 변제를 조건으로 말소등기절차이행을 명하여야 한다.

정답 ③

제❻항 | 변론주의

I 서 설
II 변론주의의 내용

17년(1)·23년(3) 모의

133. 소유권이전등기청구 소송에서 피고가 이행불능의 항변을 하지 않았음에도 법원이 이행불능이라는 이유로 청구를 기각한 경우 변론주의에 위반되지 않는다.

해설 채무가 이행불능인 사실은 당사자의 항변사실에 불과하므로, 설사 당사자 일방의 소유권이전등기 채무가 이행불능이라 하더라도 원심 변론종결시까지 이행불능의 항변을 하지 아니한 이상, 변론주의의 원칙상 법원이 이행불능이라는 이유로 상대방의 청구를 배척할 수 없다(대판 1996.02.27. 95다43044).

정답

20년(3)·23년(2) 모의

134. (1) 부동산 취득시효의 완성을 원인으로 하는 소유권이전등기청구의 소에서 점유개시 시기는 간접사실에 불과하므로 재판상 자백의 대상이 되지 않는다.
(2) 간접사실에 대한 자백은 법원이나 당사자를 구속하지 않는다.

해설 부동산의 시효취득에 있어서 점유기간의 산정기준이 되는 점유개시의 시기는 취득시효의 요건사실인 점유기간을 판단하는 데 간접적이고 수단적인 구실을 하는 간접사실에 불과하므로 이에 대한 자백은 법원이나 당사자를 구속하지 않는 것이다(대판 1994.11.04. 94다37868).

정답

21년(2) 모의

135. 당사자의 주요사실에 대한 주장은 직접적으로 명백히 한 경우뿐만 아니라 당사자가 법원에 서증을 제출하며 그 증명취지를 진술함으로써 서증에 기재된 사실을 주장하거나 그 밖에 당사자의 변론을 전체적으로 관찰하여 간접적으로 주장한 것으로 볼 수 있는 경우에도 주요사실의 주장이 있는 것으로 보아야 한다.

해설 법률상의 요건사실에 해당하는 주요사실에 대하여 당사자가 주장하지도 아니한 사실을 인정하여 판단하는 것은 변론주의에 위배된다고 할 것이나, 당사자의 주요사실에 대한 주장은 직접적으로 명백히 한 경우뿐만 아니라 당사자가 법원에 서증을 제출하며 그 입증취지를 진술함으로써 서증에 기재된 사실을 주장하거나 그 밖에 당사자의 변론을 전체적으로 관찰하여 간접적으로 주장한 것으로 볼 수 있는 경우에도 주요사실의 주장이 있는 것으로 보아야 한다(대판 2002.06.28. 2000다62254).

정답

21년(2) 모의

136. 당사자의 주요사실에 관한 주장은 반드시 주장책임을 지는 당사자가 진술하여야 하는 것은 아니고 소송에서 쌍방 당사자 간에 제출된 소송자료를 통하여 심리가 됨으로써 그 주장의 존재를 인정하더라도 상대방에게 불의의 타격을 줄 우려가 없는 경우에는 그 주장이 있는 것으로 보아 이를 재판의 기초로 삼을 수 있다.

해설 대리인에 의한 계약체결의 사실은 법률효과를 발생시키는 실체법상의 구성요건 해당사실에 속하므로 법원은 변론에서 당사자의 주장이 없으면 그 사실을 인정할 수가 없는 것이나, 그 주장은 반드시 명시적인 것이어야 하는 것은 아닐 뿐더러 반드시 주장책임을 지는 당사자가 진술하여야 하는 것은 아니고 소송에서 쌍방 당사자 간에 제출된 소송자료를 통하여 심리가 됨으로써 그 주장의 존재를 인정하더라도 상대방에게 불의의 타격을 줄 우려가 없는 경우에는 그 대리행위의 주장은 있는 것으로 보아 이를 재판의 기초로 삼을 수 있다(대판 1990.06.26. 89다카15359).

정답 ○

20년(3) 모의

137. 원고가 피고를 상대로 대여원리금 지급청구의 소를 하였는데 심리 결과 청구원인 사실이 인정되고, 한편 피고가 대여원리금에 상응하는 액수의 변제공탁서를 증거로 제출하였을 뿐 변제항변은 하지 않았다면, 법원은 변제 사실은 고려하지 말고 원고의 청구를 전부 인용하여야 한다.

해설 원고가 반소제기 전의 변론기일에 진술된 준비서면에서 변제공탁사실을 주장하고 공탁서를 증거로 제출하였다면 반소가 제기된 후 위 주장을 반소에 관한 항변으로 원용하거나 반소에서 변제공탁의 항변을 한 일이 없다 할지라도 법원으로서는 석명권행사를 통하여 본소에서 한 변제공탁주장을 반소에 관한 항변으로 원용하는지 여부를 알아보고 이 점에 관하여 심리하여야 한다(대판 1993.03.26. 92다38065).

정답

20년(3) 모의

138. 인신사고로 인한 손해배상 사건에서 손해배상액을 산정하는 기초가 되는 피해자의 기대여명에 대하여 원고와 피고 간에 다툼이 없을 경우, 법원은 피해자의 기대여명에 관하여 감정인의 감정결과가 다르게 제출되었다 하더라도 쌍방이 다투지 않는 기대여명에 기하여 손해배상액을 판단하여야 한다.

해설 인신사고로 인한 손해배상 사건에서 손해배상액을 산정하는 기초가 되는 피해자의 기대여명은 변론주의가 적용되는 주요사실로서 재판상 자백의 대상이 된다. 그리고 일단 재판상 자백이 성립하면 그것이 적법하게 취소되지 않는 한 법원도 이에 구속되므로, 법원은 당사자 사이에 다툼이 없는 사실에 관하여 성립된 자백과 배치되는 사실을 증거에 의하여 인정할 수 없다(대판 2018.10.04. 2016다41869).

정답 ○

20년(3) 모의

139. 법원이 다른 사건의 판결에서 인정한 사실관계를 법원에 현저한 사실로 그대로 인정하는 것은 변론주의 위반이다.

>> 해설 당사자가 주장하지 않았음에도 원심법원의 다른 판결에서 인정한 사실관계를 원심에 현저한 사실로 인정한 것은 변론주의를 위반한 것이다(대판 2010.01.14. 2009다69531).

 정답 O

19년 변시

140. (1) 점유물에 대한 필요비와 유익비 상환청구권에 기초한 유치권 주장을 배척하는 경우 점유가 불법행위로 인하여 개시되었다는 사실에 대한 주장·증명은 유치권 주장의 배척을 구하는 상대방 당사자가 하여야 한다.

(2) 유치권부존재확인소송에서 유치권의 요건사실인 유치권의 목적물과 견련관계에 있는 채권의 존재에 대해서는 피고가 주장·증명하여야 한다.

>> 해설 [1] 물건의 점유자는 소유의 의사로 선의, 평온 및 공연하게 점유한 것으로 추정되고 점유자가 점유물에 대하여 행사하는 권리는 적법하게 보유하는 것으로 추정된다(민법 제197조 제1항, 제200조). 따라서 점유물에 대한 필요비와 유익비 상환청구권을 기초로 하는 유치권 주장을 배척하려면 적어도 점유가 불법행위로 인하여 개시되었거나 점유자가 필요비와 유익비를 지출할 당시 점유권원이 없음을 알았거나 중대한 과실로 알지 못하였다고 인정할만한 사유에 대한 상대방 당사자의 주장·증명이 있어야 한다(대판 2011.12.13. 2009다5162). [2] 소극적 확인소송에서는 원고가 먼저 청구를 특정하여 채무발생원인 사실을 부정하는 주장을 하면 채권자인 피고는 권리관계의 요건사실에 관하여 주장·증명책임을 부담하므로, 유치권 부존재 확인소송에서 유치권의 요건사실인 유치권의 목적물과 견련관계 있는 채권의 존재에 대해서는 피고가 주장·증명하여야 한다(대판 2016.03.10. 2013다99409).

 정답 O, O

18년(2) 모의

141. 甲은 乙로부터 乙 소유의 X, Y 부동산을 매수하면서 계약금과 중도금은 선지급하고 매매잔금은 소유권이전에 필요한 서류를 교부받음과 동시에 지급하기로 하였다. 그 후 甲은 乙을 상대로 위 부동산에 대한 매매계약을 원인으로 한 소유권이전등기절차의 이행을 청구하는 소를 제기하였다. 위 사례에 대한 설명 중 옳지 않은 것은? (다툼이 있는 경우 판례에 따름)

1) 위 소송에서 甲이 매매계약 사실을 주장·증명하면, 특별한 사정이 없는 한 乙은 소유권이전등기의무가 있는 것이며, 乙이 매매대금의 잔금을 수령한 바 없다면 동시이행의 항변을 하여야 하는 것이고, 법원은 乙의 이와 같은 항변이 있을 때에 비로소 대금지급 사실의 유무를 심리할 수 있다.

해설 매매를 원인으로 한 소유권이전등기청구에 있어서 매수인이 매매계약 사실을 주장, 입증하면, 특단의 사정이 없는 한, 매도인은 소유권이전등기의무가 있게 되는 것이며, 매도인이 매매잔대금을 수령한 바 없다면 동시이행의 항변을 제기하여야 하는 것이고 법원은 매도인의 이와 같은 항변이 있을 때에 비로소 매수인의 매매잔대금지급 사실의 유무를 심리하여 매수인이 매매잔대금을 지급하지 않았다면 매도인에 대하여 매수인으로부터 매매잔대금을 지급받음과 동시에 소유권이전등기절차를 이행하라는 판결을 할 수 있는 것이다(대판 1993.12.28. 93다777).

정답

2) 위 소송에서 甲의 잔금 미지급으로 위 매매계약이 해제되었다는 乙의 항변에는, 乙의 소유권이전등기의무와 甲의 잔금지급의무가 동시이행관계에 있다는 항변이 포함되어 있다고 볼 수 있다.

해설 매매계약이 해제 또는 무효로 되었다는 매도인의 항변에 매도인의 소유권이전등기의무와 매수인의 잔대금지급의무가 동시이행관계에 있다는 항변이 포함되어 있다고 볼 수 없다(대판 1993.12.28. 93다777).

정답

142. **(1) 소멸시효의 기산일은 주요사실에 해당하므로 변론주의의 적용 대상이고, 따라서 본래의 소멸시효 기산일과 당사자가 주장하는 기산일이 서로 다른 경우 법원은 당사자가 주장하는 기산일을 기준으로 판단하여야 한다.**

(2) 원고의 대여금 청구에 대하여 피고가 2013. 8. 5.을 소멸시효 기산일로 주장하면서 그로부터 5년의 상사소멸시효가 도과하였다고 소멸시효 항변을 하는 경우, 법원이 피고 주장의 기산일보다 더 앞선 2013. 3. 5.을 기산일로 인정하는 것은 변론주의에 위배되나, 피고 주장보다 더 나중인 2013. 10. 5.을 기산일로 인정하는 것은 변론주의에 위배되지 않는다.

해설 소멸시효의 기산일은 채무의 소멸이라고 하는 법률효과 발생의 요건에 해당하는 소멸시효 기간 계산의 시발점으로서 소멸시효 항변의 법률요건을 구성하는 구체적인 사실에 해당하므로 이는 변론주의의 적용 대상이고, 따라서 본래의 소멸시효 기산일과 당사자가 주장하는 기산일이 서로 다른 경우에는 변론주의의 원칙상 법원은 당사자가 주장하는 기산일을 기준으로 소멸시효를 계산하여야 하는데, 이는 당사자가 본래의 기산일보다 뒤의 날짜를 기산일로 하여 주장하는 경우는 물론이고 특별한 사정이 없는 한 그 반대의 경우에 있어서도 마찬가지이다(대판 1995.08.25. 94다35886).

정답

🍊 17년·18년 변시, 17년(1)·18년(3)·21년(2) ·22년(1)모의

143. **(1) 어떤 권리의 소멸시효기간이 얼마나 되는지에 관한 주장은 변론주의의 적용대상이 되지 않고 법원이 직권으로 판단하여야 한다.**

(2) 국가배상책임에 관한 소송에서 피고 대한민국이 「민법」상 10년의 소멸시효완성을 주장하였음에도 법원이 「국가재정법」상 5년의 소멸시효를 적용하는 것은 변론주의에 위배되지 않는다.

해설 [1] 민사소송절차에서 변론주의 원칙은 권리의 발생·변경·소멸이라는 법률효과 판단의 요건이 되는 주요사실에 관한 주장·증명에 적용된다. 따라서 권리를 소멸시키는 소멸시효 항변은 변론주의 원칙에 따라 당사자의 주장이 있어야만 법원의 판단대상이 된다. 그러나 이 경우 어떤 시효기간이 적용되는지에 관한 주장은 권리의 소멸이라는 법률효과를 발생시키는 요건을 구성하는 사실에 관한 주장이 아니라 단순히 법률의 해석이나 적용에 관한 의견을 표명한 것이다. 이러한 주장에는 변론주의가 적용되지 않으므로 법원이 당사자의 주장에 구속되지 않고 직권으로 판단할 수 있다. 당사자가 민법에 따른 소멸시효기간을 주장한 경우에도 법원은 직권으로 상법에 따른 소멸시효기간을 적용할 수 있다(대판 2017.03.22. 2016다258124). [2] 소멸시효기간에 관한 주장에 변론주의가 적용되는지 여부(소극) 국가배상책임에 관한 소송에서 국가가 민법상 10년의 소멸시효완성을 주장하였음에도 법원이 구 예산회계법에 의한 5년의 소멸시효를 적용한 것이 변론주의를 위반한 것이 아니라고 한 사례(대판 2008.03.27. 2006다70929).

정답 O, O

🍊 18년(3) 모의

144. **시효중단사유에 대하여는 시효완성을 다투는 당사자가 주장·증명의 책임을 진다.**

해설 시효중단사유의 주장·입증책임은 시효완성을 다투는 당사자가 지며, 그 주장책임의 정도는 취득시효가 중단되었다는 명시적인 주장을 필요로 하는 것이 아니라 중단사유에 속하는 사실만 주장하면 주장책임을 다한 것으로 보아야 한다(대판 1997.04.25. 96다46484).

정답 O

🍊 19년 변시

145. **취득시효의 기산일은 주요사실에 해당하지 않으므로, 법원은 당사자의 주장에 구애됨이 없이 소송자료에 의하여 진정한 점유의 개시시기를 인정하여야 한다.**

해설 취득시효의 기산점은 법률효과의 판단에 관하여 직접 필요한 주요사실이 아니고 간접사실에 불과하므로 법원으로서는 이에 관한 당사자의 주장에 구속되지 아니하고 소송자료에 의하여 점유의 시기를 인정할 수 있다(대판 1998.05.12. 97다34037).

정답 O

18년(1) 모의

146. 소유권보존등기의 말소를 구하려면 먼저 그 말소를 구하는 사람이 말소를 청구할 수 있는 권원이 있음을 적극적으로 주장하고 입증해야 하며, 만약 이러한 권원 있음이 인정되지 않는다면 무효의 등기라 하더라도 그 말소청구를 할 수 없다.

> 해설 소유권보존등기의 말소를 구하려면 먼저 그 말소를 구하는 사람이 말소를 청구할 수 있는 권원이 있음을 적극적으로 주장·입증하여야 하며, 만일 이러한 권원이 있음이 인정되지 않는다면 설사 소유권보존등기가 말소되어야 할 무효의 등기라고 하더라도 그 말소 청구를 인용할 수 없다(대판 2008.10.09. 2008다35128.).

정답

 12년 변시, 17년(2)·18년(1) 모의

147. (1) 원고가 소장에서 X 토지를 피고로부터 매수하였다고 주장하고 있으나 원고가 위 매매 당시 10세였고 원고가 신청한 증인이 '원고의 조부가 원고를 대리하여 위 토지를 매수하였다'는 사실을 증명하고 있다면 법원은 원고의 조부가 원고의 대리인으로서 X 토지를 매수하였다고 인정할 수 있다.

(2) 원고가 X 토지를 피고로부터 매수하였다고 주장하였으나, 증인신문을 신청하여 제3자가 원고를 대리하여 피고로부터 위 토지를 매수한 사실을 입증하고 있다면, 원고가 대리행위에 관한 명백한 진술을 하지 않았더라도 법원이 대리행위에 관한 간접적인 진술이 있었다고 보는 것은 변론주의에 위배되지 않는다.

> 해설 갑이 소장에서 토지를 을로부터 매수하였다고 주장하고 있으나 갑이 위 매매당시 불과 10세 남짓한 미성년이었고 증인신문을 신청하여 갑의 조부인 병이 갑을 대리하여 위 토지를 매수한 사실을 입증하고 있다면 갑이 그 변론에서 위 대리행위에 관한 명백한 진술을 한 흔적은 없다 하더라도 위 증인신청으로서 위 대리행위에 관한 간접적인 진술은 있었다고 보아야 할 것이므로 원심이 위 토지를 갑의 대리인이 매수한 것으로 인정하였다 하여 이를 변론주의에 반하는 것이라고는 할 수 없다(대판 1987.09.08. 83다카982).

정답

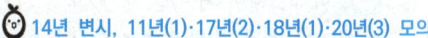 14년 변시, 11년(1)·17년(2)·18년(1)·20년(3) 모의

148. (1) 유권대리에 관한 주장 속에는 표현대리의 주장이 포함되어 있다고 보아야 한다.

(2) 원고 甲이 乙의 유권대리인 丙과 계약을 체결하였다고 주장하면서 피고 乙을 상대로 계약당사자로서의 계약이행 책임만을 주장하였는데, 법원이 표현대리 책임에 관하여 지적하지 않은 채 甲의 청구를 기각하였다면, 법원은 법적 관점 지적의무를 위반한 것이다.

(3) 의사표시가 강박에 의한 것이어서 당연무효라는 주장 속에는 '강박을 이유로 취소한다'라는 주장이 당연히 포함되어 있다고 볼 수 없다.

해설 [1], [2] 유권대리에 있어서는 본인이 대리인에게 수여한 대리권의 효력에 의하여 법률효과가 발생하는 반면 표현대리에 있어서는 대리권이 없음에도 불구하고 법률이 특히 거래상대방 보호와 거래안전유지를 위하여 본래 무효인 무권대리행위의 효과를 본인에게 미치게 한 것으로서 표현대리가 성립된다고 하여 무권대리의 성질이 유권대리로 전환되는 것은 아니므로, 양자의 구성요건 해당 사실 즉 주요사실은 다르다고 볼 수 밖에 없으니 유권대리에 관한 주장 속에 무권대리에 속하는 표현대리의 주장이 포함되어 있다고 볼 수 없다(대판 1983.12.13. 83다카1489(전합)). [3] 의사표시가 강박에 의한 것이어서 당연무효라는 주장 속에, 강박에 의한 의사표시이므로 취소한다는 주장이 당연히 포함되어 있다고는 볼 수 없고, 기록에 의하면 소외 1 이 합동수사본부 수사관들에게 사임의 의사표시를 한 것이 아니라 위 수사관들을 통하여 원고 재단에 사임의 의사표시를 전달하게 하였음이 명백하므로, 이와 반대되는 논지는 모두 이유가 없다(대판 1996.12.23. 95다40038).

정답 ✕, ✕, ○

 18년 변시

149. 주요사실에 대하여 당사자가 주장하지 않은 사실을 인정하여 판단하는 것은 변론주의에 위배되지만, 변론을 전체적으로 관찰하여 당사자가 간접적으로 주장한 것으로 볼 수 있는 경우에는 주요사실의 주장이 있는 것으로 보아야 한다.

해설 법률상의 요건사실에 해당하는 주요사실에 대하여 당사자가 주장하지도 아니한 사실을 인정하여 판단하는 것은 변론주의에 위배된다고 할 것이나, 당사자의 주요사실에 대한 주장은 직접적으로 명백한 경우뿐만 아니라 당사자가 법원에 서증을 제출하며 그 입증 취지를 진술함으로써 서증에 기재된 사실을 주장하거나 당사자의 변론을 전체적으로 관찰하여 간접적으로 주장한 것으로 볼 수 있는 경우에도 주요사실의 주장이 있는 것으로 보아야 한다(대판 2006.06.30. 2005다21531).

정답 ○

 18년 변시

150. 민사집행절차에 관하여 「민사집행법」에 특별한 규정이 없으면 「민사소송법」의 규정이 준용되므로, 강제경매개시결정에 대한 이의의 재판절차에도 「민사소송법」상 재판상 자백이나 자백간주에 관한 규정이 준용된다.

해설 민사집행법 제23조 제1항은 민사집행절차에 관하여 민사집행법에 특별한 규정이 없으면 성질에 반하지 않는 범위 내에서 민사소송법의 규정을 준용한다는 취지라 할 것인데, 집행절차상 즉시항고 재판에 관하여 변론주의의 적용이 제한됨을 규정한 민사집행법 제15조 제7항 단서 등과 같이 직권주의가 강화되어 있는 민사집행법하에서 민사집행법 제16조의 집행에 관한 이의의 성질을 가지는 강제경매 개시결정에 대한 이의의 재판절차에 있어서는 민사소송법상 재판상 자백이나 의제자백에 관한 규정은 준용되지 아니한다고 할 것이고, 이는 민사집행법 제268조에 의하여 담보권실행을 위한 경매절차에도 준용되므로 경매개시결정에 대한 형식적인 절차상의 하자를 이유로 한 임의경매 개시결정에 대한 이의의 재판절차에서도 민사소송법상 재판상 자백이나 의제자백에 관한 규정은 준용되지 아니한다고 할 것이다(대판 2015.09.14. 2015마813).

정답 ✕

12년·15년 변시, 12년(3)·15년(3)·17년(2) 모의

151. (1) 부동산의 시효취득에 있어서 그 점유가 자주점유인지의 여부를 가리는 기준이 되는 점유의 권원은 주요사실이므로 법원은 당사자의 주장과 달리 증거에 의하여 진정한 점유의 권원을 심리하여 취득시효의 완성 여부를 판단할 수 없다.

(2) 법원은 당사자가 주장하지 아니한 이상 증거가 있더라도 간접사실을 인정할 수 없다.

해설 부동산의 시효취득에 있어서 점유기간의 산정기준이 되는 점유개시의 시기나 권원 등은 점유기간이나 자주점유를 추정하는 간접사실인 것이므로 법원은 당사자의 주장에 구애됨이 없이 소송자료에 의하여 인정되는 바에 따라 진정한 점유의 시기와 권원을 심리하여 취득시효의 완성 여부를 판단할 수 있다(대판 1992.12.08. 92다41955).

정답 ×, ×

17년(2) 모의

152. 변론주의의 적용대상인 사실은 주요사실만을 가리키는 것이고, 그 존부를 확인하는 데 도움이 되는 간접사실은 변론주의의 적용대상이 아니다.

해설 변론주의에서 일컫는 사실이라 함은 권리의 발생 소멸이라는 법률효과의 판단에 직접 필요한 주요사실만을 가리키는 것이요 그 존부를 확인하는데 있어 도움이 됨에 그치는 간접사실은 포함하지 않는다(대판 1987.02.24. 86다카1625).

정답 ○

17년(1) 모의

153. 임대차 종료를 원인으로 임대차목적물의 반환을 구하는 소송에서, 법원이 원고가 특정한 임대차 종료사유와 다른 종료사유를 들어 청구를 인용한 경우 변론주의에 위반된다.

해설 임대차종료를 원인으로 한 목적물 반환청구소송에서 임대차계약을 체결한 사실, 건물을 임차인에게 인도한 사실, 임대차종료의 원인이 되는 사실이 요건사실(주요사실)이다. 따라서 원고가 특정한 임대차 종료사유와 다른 종료사유를 들어 청구를 인용하는 것은 당사자가 변론에서 주장하지 않은 주요사실을 판결의 기초로 하였으므로 변론주의에 위반된다.

정답 ○

17년(1) 모의

154. (1) 재산상 손해가 발생한 사실은 인정되나 구체적인 손해의 액수를 증명하는 것이 성질상 매우 어려운 경우에 법원은 변론 전체의 취지와 증거조사의 결과에 의하여 인정되는 사정을 종합하여 손해배상 액수를 정할 수 있다.

(2) 재산상 손해의 확정이 가능하더라도 그 손해의 발생과 손해액에 대한 증명이 부족하다고 판단되면 법원은 재산상 손해를 전보하기 위하여 위자료를 증액할 수 있다.

■해설 [1] 불법행위로 인한 손해배상청구소송에서 재산적 손해의 발생사실은 인정되나 구체적인 손해의 액수를 증명하는 것이 사안의 성질상 곤란한 경우, 법원은 증거조사의 결과와 변론 전체의 취지에 의하여 밝혀진 당사자들 사이의 관계, 불법행위와 그로 인한 재산적 손해가 발생하게 된 경위, 손해의 성격, 손해가 발생한 이후의 제반 정황 등 관련된 모든 간접사실들을 종합하여 손해의 액수를 판단할 수 있지만, 그 경우에도 불법행위와 재산적 손해 사이에는 상당인과관계가 있어야 한다(대판 2006.09.08. 2006다1880). [2] 법원은 위자료액을 산정함에 있어서 피해자 측과 가해자 측의 제반사정을 참작하여 그 금액을 정하여야 하므로 피해자가 가해자로부터 당해 사고로 입은 재산상 손해에 대하여 배상을 받을수 있는지의 여부 및 그 배상액의 다과 등과 같은 사유도 위자료액 산정의 참작 사유가 되는 것은 물론이며 특히 재산상 손해의 발생이 인정되는데도 입증곤란 등의 이유로 그 손해액의 확정이 불가능하여 그 배상을 받을 수 없는 경우에 이러한 사정을 위자료의 증액사유로 참작할 수 있다고 할 것이나, 이러한 위자료의 보완적 기능은 재산상 손해의 발생이 인정되는데도 손해액의 확정이 불가능하여 그 손해 전보를 받을 수 없게 됨으로써 피해회복이 충분히 이루어지지 않는 경우에 이를 참작하여 위자료액을 증액함으로써 손해전보의 불균형을 어느 정도 보완하고자 하는 것이므로 함부로 그 보완적 기능을 확장하여 그 재산상 손해액의 확정이 가능함에도 불구하고 편의한 방법으로 위자료의 명목 아래 사실상 손해의 전보를 꾀하는 것과 같은 일은 허용되어서는 안될 일이다(대판 1984.11.13. 84다카722).

정답 ○, ×

155.
(1) 토지 임대인 甲이 임차인 乙을 상대로 임대차 종료를 원인으로 그 토지 위의 건물 철거 및 토지인도를 구하는 소를 제기하였는데 乙이 적법, 유효한 건물매수청구권을 행사한 경우, 甲이 청구취지를 변경하지 않는다면 법원은 건물매매대금의 지급과 상환으로 건물인도를 명하는 판결을 할 수 없다.

(2) 건물의 소유를 목적으로 한 토지임대차에서 임대인이 임차인을 상대로 기간만료를 이유로 그 토지에 현존하는 건물철거 및 토지인도청구의 소를 제기하였다. 위 소송에서 피고가 건물매수청구권을 적법하게 행사하여 원고가 건물에 관한 소유권이전등기절차의 이행 및 건물인도를 구하는 내용으로 청구취지변경을 하였더라도, 법원은 피고가 동시이행항변을 하지 않는 한 건물매매대금을 지급받음과 상환으로 소유권이전등기절차의 이행 및 건물인도를 명하는 판결을 내릴 수 없다.

■해설 [1] 건물의 소유를 목적으로 하는 임대차가 해지됨으로써 피고가 원고에게 이 사건 토지를 인도하여야 하는 법률관계에 있다면, 피고는 원고에게 계약갱신청구를 하지 않더라도 건물매수청구권을 행사하여 건물대금의 지급을 구할 수 있고, 나아가 만약 피고가 건물매수청구권을 행사하는 것이어서 심리 결과 그 권리가 인정된다면 원고의 이 사건 청구는 그 대금지급과 상환으로 건물인도를 구하지 않으면 기각될 수밖에 없다(대판 1992.02.11. 91누4126). [2] 동시이행의 항변권은 당사자가 이를 원용하여야 그 인정 여부에 대하여 심리할 수 있는 것이다(대판 2006.02.23. 2005다53187).

 ○, ○

14년(3) 모의

156. 재심의 소가 제기된 경우 재심사유에 대하여 당사자의 자백 또는 의제자백은 허용된다.

 재심의 소는 확정판결에 대하여 그 판결의 효력을 인정할 수 없는 흠결이 있는 경우에 구체적 정의를 위하여 법적 안정성을 희생시키면서 확정판결의 취소를 허용하는 비상수단으로서, 소송제도의 기본목적인 분쟁해결의 실효성과 정의실현과의 조화를 도모하여야 하는 것이므로 재심사유의 존부에 관하여는 당사자의 처분권을 인정할 수 없고, 재심법원은 직권으로 당사자가 주장하는 재심사유 해당사실의 존부에 관한 자료를 탐지하여 판단할 필요가 있고, 따라서 재심사유에 대하여는 당사자의 자백이 허용되지 아니하며 의제자백에 관한 민사소송법 제139조 제1항(현 제150조)은 적용되지 아니한다고 할 것이다(대판 1992.07.24. 91다45691).

정답 ×

 13년 변시, 11년(1) 모의

157. (1) 甲이 A병원을 상대로 제기한 손해배상청구소송에서 일실이익의 현가산정방식에 관한 甲의 주장은 기초사실에 관한 주장에 속하므로, 법원이 甲의 주장과 다른 산정방식을 채용하는 것은 변론주의에 반한다.

(2) 甲이 중도금을 乙에게 직접 지급하였느냐 또는 그 수령권한 수임자로 인정되는 자를 통하여 지급하였느냐는 결국 변제사실에 대한 간접사실에 지나지 않는 것이어서 반드시 당사자의 구체적인 주장을 요하는 것은 아니다.

 [1] 불법행위로 인한 일실수익의 현가산정에 있어서 기초사실인 수입, 가동연한, 공제할 생활비 등은 사실상의 주장이지만 현가 산정방식에 관한 주장(호프만식에 의할 것이냐 또는 라이프니쯔식에 의할 것이냐에 관한 주장)은 당사자의 평가에 지나지 않는 것이므로 당사자의 주장에 불구하고 법원은 자유로운 판단에 따라 채용할 수 있고 이를 변론주의에 반한 것이라 할 수 없다(대판 1983.06.28. 83다191). [2] 변론주의는 주요사실에 대하여만 적용되고 그 경위, 내력 등 간접사실에 대하여는 적용이 없는 것이므로 甲이 중도금을 乙에게 직접 지급하였느냐 또는 그 수령권한 수임자로 인정되는 자를 통하여 지급하였느냐는 결국 변제사실에 대한 간접사실에 지나지 않는 것이어서 반드시 당사자의 구체적인 주장을 요하는 것은 아니다(대판 1993.09.14. 93다28379).

정답 ×, ○

Ⅲ 변론주의의 한계
Ⅳ 변론주의의 보완·수정

23년(3) 모의

158. 甲이 소장에서 X 토지를 乙로부터 매수하였다고 주장하였으나, 증인신문을 신청하여 丙이 甲을 대리하여 乙로부터 위 토지를 매수한 사실을 증명하였다면, 甲이 대리행위에 관한 명백한 진술을 하지 않았더라도 위 증인신청으로써 위 대리행위에 관한 간접적인 진술은 있었다고 보아야 한다.

[해설] 갑이 소장에서 토지를 을로부터 매수하였다고 주장하고 있으나 갑이 위 매매당시 불과 10세 남짓한 미성년이었고 증인신문을 신청하여 갑의 조부인 병이 갑을 대리하여 위 토지를 매수한 사실을 입증하고 있다면 갑이 그 변론에서 위 대리행위에 관한 명백한 진술을 한 흔적은 없다 하더라도 위 증인신청으로서 위 대리행위에 관한 간접적인 진술은 있었다고 보아야 할 것이므로 원심이 위 토지를 갑의 대리인이 매수한 것으로 인정하였다 하여 이를 변론주의에 반하는 것이라고는 할 수 없다(대판 1987.09.08. 87다카982).

정답 O

Ⅴ 변론주의의 예외(제한)

 13년 변시, 15년(1)·23년(2) 모의

159. (1) 제척기간이 경과하였는지 여부는 이에 대한 당사자의 주장이 없더라도 법원이 당연히 직권으로 조사하여 재판에 고려하여야 한다.

(2) 사해행위 취소소송에서 그 소의 제척기간의 경과 여부가 당사자 사이에 쟁점이 된 바가 없음에도 당사자에게 의견진술의 기회를 부여하거나 석명권을 행사하지 않고 제척기간의 경과를 이유로 사해행위 취소의 소를 각하한 것은 법원이 석명의무를 위반한 것이다.

(3) 사해행위 취소소송에서 그 소의 제척기간 도과 여부는 직권조사사항이므로 당사자 사이에 쟁점이 되지 않았더라도 법원은 당사자에게 의견진술의 기회를 부여하거나 석명권을 행사함이 없이 제척기간의 도과를 이유로 사해행위 취소의 소를 각하할 수 있다.

[해설] [1] 매매예약완결권의 제척기간이 도과하였는지 여부는 소위 직권조사 사항으로서 이에 대한 당사자의 주장이 없더라도 법원이 당연히 직권으로 조사하여 재판에 고려하여야 하므로, 상고법원은 매매예약완결권이 제척기간 도과로 인하여 소멸되었다는 주장이 적법한 상고이유서 제출기간 경과 후에 주장되었다 할지라도 이를 판단하여야 한다(대판 2000.10.13. 99다18725). [2] 사해행위 취소소송에서 그 소의 제척기간의 도과 여부가 당사자 사이에 쟁점이 된 바가 없음에도 당사자에게 의견진술의 기회를 부여하거나 석명권을 행사함이 없이 제척기간의 도과를 이유로 사해행위 취소의 소를 각하한 원심을 파기한 사안(대판 2006.01.26. 2005다37185).

정답 O, O, ×

 15년·24년 변시, 12년(2)·18년(3) 모의

160. (1) 법인이 당사자인 사건에 있어서 그 법인의 대표자에게 적법한 대표권이 있는지 여부는 소송요건에 관한 것으로서 법원의 직권조사사항이다.

(2) 원고인 법인의 대표자에게 적법한 대표권이 있는지 여부에 관하여, 법원은 그 판단의 기초 자료인 사실과 증거를 직권으로 탐지할 의무가 없다.

해설 종중이 당사자인 사건에 있어서 그 종중의 대표자에게 적법한 대표권이 있는지 여부는 소송요건에 관한 것으로서 법원의 직권조사사항이다(대판 1991.10.11. 91다21039). 또한 법인이 당사자인 사건에 있어서 그 법인의 대표자에게 적법한 대표권이 있는지 여부는 소송 요건에 관한 것으로서 법원의 직권조사 사항이므로, 법원으로서는 그 판단의 기초 자료인 사실과 증거를 직권으로 탐지할 의무까지는 없다 하더라도, 이미 제출된 자료들에 의하여 그 대표권의 적법성에 의심이 갈 만한 사정이 엿보인다면 상대방이 이를 구체적으로 지적하여 다투지 않더라도 이에 관하여 심리·조사할 의무가 있다(대판 1997.10.10. 96다40578).

정답 O, O

17년(1) 모의

161. 원고가 재판상 이혼을 청구하면서 친권자 및 양육자 지정신청을 하지 않았음에도 법원이 이혼청구를 인용하면서 미성년인 자녀에 대한 친권자 및 양육자를 지정하는 판결을 선고한 경우 변론주의에 위반된다.

해설 이혼 과정에서 친권자 및 자녀의 양육책임에 관한 사항을 의무적으로 정하도록 한 민법 제837조 제1항, 제2항, 제4항 전문, 제843조, 제909조 제5항의 문언 내용 및 이혼 과정에서 자녀의 복리를 보장하기 위한 위 규정들의 취지와 아울러, 이혼 시 친권자 지정 및 양육에 관한 사항의 결정에 관한 민법 규정의 개정 경위와 변천 과정, 친권과 양육권의 관계 등을 종합하면, 재판상 이혼의 경우에 당사자의 청구가 없다 하더라도 법원은 직권으로 미성년인 자녀에 대한 친권자 및 양육자를 정하여야 하며, 따라서 법원이 이혼 판결을 선고하면서 미성년인 자녀에 대한 친권자 및 양육자를 정하지 아니하였다면 재판의 누락이 있다(대판 2015.06.23. 2013므2397).

정답

12년(2)·18년(3) 모의

162. (1) 직권조사사항은 자백의 대상이 될 수 있다.
(2) 종중소송에서 그 종중의 대표자에게 적법한 대표권이 있는지의 여부는 자백의 대상이 될 수 없다.

해설 종중이 당사자인 사건에 있어서 그 종중의 대표자에게 적법한 대표권이 있는지의 여부는 소송요건에 관한 것으로서 법원의 직권조사사항이고(대판 1995.05.23. 95다5288), 이러한 직권조사사항은 자백의 대상이 될 수가 없다(대판 2002.05.14. 2000다42908).

정답

12년(2)·18년(3) 모의

163. 채권자대위소송에서 피보전채권이 존재하는지 여부에 관하여 법원으로서는 그 판단의 기초자료인 사실과 증거를 직권으로 탐지할 의무가 있다.

■해설 채권자대위소송에서 대위에 의하여 보전될 채권자의 채무자에 대한 권리(피보전채권)가 존재하는지 여부는 소송요건으로서 법원의 직권조사사항이므로, 법원으로서는 그 판단의 기초자료인 사실과 증거를 직권으로 탐지할 의무까지는 없다 하더라도, 법원에 현출된 모든 소송자료를 통하여 살펴보아 피보전채권의 존부에 관하여 의심할 만한 사정이 발견되면 직권으로 추가적인 심리·조사를 통하여 그 존재 여부를 확인하여야 할 의무가 있다(대판 2009.04.23. 2009다3234).

정답 ✕

❖ 선택형 사례문제

문 1

甲은 乙회사(이하 '乙'이라 함)의 영업을 위하여 2005. 1. 1. 乙에게 변제기를 2009. 5. 5.로 하여 1억 5,000만 원을 대여해 주었음에도 乙이 이를 변제하지 않는다며 乙에 대하여 2014. 7. 1. 대여금청구소송을 제기하였다. 이에 대하여 乙은 대여사실을 인정하면서 위 채권은 2014. 5. 5. 시효로 소멸되었다고 주장하였다. 이에 관한 설명 중 옳은 것을 모두 고른 것은? (다툼이 있는 경우 판례에 의함)

> ㄱ. 甲의 대여사실에 대하여는 자백이 성립한 것이므로 법원은 별도의 증거조사 없이 甲의 대여사실을 인정하여야 한다.
> ㄴ. 본래의 소멸시효 기산일과 당사자가 주장하는 기산일이 서로 다른 경우에 법원은 당사자가 주장하는 기산일을 기준으로 소멸시효를 계산하여야 한다.
> ㄷ. 위 사건을 심리한 결과 甲의 대여금은 乙의 영업을 위한 것이 아닌 개인적인 대여금이라고 법원이 판단하였을 경우에도 그 소멸시효기간을 乙의 주장과 달리 판단할 수 없다.
> ㄹ. 乙이 소멸시효 완성 주장을 하지 않은 경우에 법원이 증거조사결과 甲의 채권이 소멸시효 완성으로 인하여 소멸하였다는 심증을 형성하더라도 이를 이유로 청구기각의 판결을 선고할 수 없다.

① ㄱ, ㄴ ② ㄱ, ㄹ ③ ㄴ, ㄹ
④ ㄱ, ㄴ, ㄹ ⑤ ㄱ, ㄷ, ㄹ

■해설 **변론주의**

ㄱ. (○) 대여사실은 대여금청구에 있어서 주요사실에 해당하고, 대여사실은 인정하나 채무가 시효로 소멸했다는 주장은 제한부자백으로, 차용사실에 관하여 자백이 성립되고 나머지 부분은 항변이 된다. 법원은 자백사실이 진실인가의 여부에 관하여 판단할 필요가 없으며 증거조사의 결과 반대의 심증을 얻었다 하여도 이제 반하는 사실을 인정할 수 없다(이시윤, 신민사소송법 제11판, p.470~471). 자백은 창설적 효력이 있는 것이어서 법원도 이에 기속되는 것이므로, 당사자 사이에 다툼이 없는 사실에 관하여는 법원은 그와 배치되는 사실을 증거에 의하여 인정할 수 없다(대판 1988.10.24. 87다카804).

ㄴ. (○) 소멸시효의 기산일은 채무의 소멸이라고 하는 법률효과 발생의 요건에 해당하는 소멸시효 기간 계산의 시발점으로서 소멸시효 항변의 법률요건을 구성하는 구체적인 사실에 해당하므로 이는 변

론주의의 적용 대상이고, 따라서 본래의 소멸시효 기산일과 당사자가 주장하는 기산일이 서로 다른 경우에는 변론주의의 원칙상 법원은 당사자가 주장하는 기산일을 기준으로 소멸시효를 계산하여야 하는데, 이는 당사자가 본래의 기산일보다 뒤의 날짜를 기산일로 하여 주장하는 경우는 물론이고 특별한 사정이 없는 한 그 반대의 경우에 있어서도 마찬가지이다(대판 1995.08.25. 94다35886).

ㄷ. (X) 민사소송절차에서 변론주의 원칙은 권리의 발생·변경·소멸이라는 법률효과 판단의 요건이 되는 주요사실에 관한 주장·증명에 적용된다. 따라서 권리를 소멸시키는 소멸시효 항변은 변론주의 원칙에 따라 당사자의 주장이 있어야만 법원의 판단대상이 된다. 그러나 이 경우 어떤 시효기간이 적용되는지에 관한 주장은 권리의 소멸이라는 법률효과를 발생시키는 요건을 구성하는 사실에 관한 주장이 아니라 단순히 법률의 해석이나 적용에 관한 의견을 표명한 것이다. 이러한 주장에는 변론주의가 적용되지 않으므로 법원이 당사자의 주장에 구속되지 않고 직권으로 판단할 수 있다. 당사자가 민법에 따른 소멸시효기간을 주장한 경우에도 법원은 직권으로 상법에 따른 소멸시효기간을 적용할 수 있다(대판 2017.03.22. 2016다258124).

ㄹ. (○) 소멸시효기간 만료에 인한 권리소멸에 관한 것은 소멸시효의 이익을 받은 자가 소멸시효완성의 항변을 하지 않으면, 그 의사에 반하여 재판할 수 없다(대판 1980.01.29. 79다1863).

정답 ④

Ⅵ 석명권

19년·24년 변시, 17년(3) 모의

164.
(1) 특정한 권리나 법률관계에 관하여 분쟁이 있어도 제소하지 아니하기로 합의한 경우, 이에 위배되어 제기된 소는 권리보호의 이익이 없다.

(2) 당사자들이 부제소합의를 쟁점으로 소의 적법을 다투지 아니함에도 법원이 직권으로 부제소합의에 위배되었다는 이유로 소가 부적법하다고 판단하기 위해서는 당사자에게 그와 같은 법률적 관점에 대하여 의견을 진술할 기회를 주어야 하고, 부제소합의를 하게 된 동기 및 경위, 당사자의 진정한 의사 등에 관하여도 충분히 심리를 하여야 하므로 법원이 그와 같이 하지 아니하고 소 각하 판결을 선고하였다면 석명의무를 위반하고 심리미진의 위법을 범한 것이다.

(3) 당사자들이 부제소 합의의 효력이나 그 범위에 관하여 쟁점으로 삼아 소의 적법 여부를 다투지 아니 하는데도 법원이 직권으로 부제소 합의에 위배되었다는 이유로 소가 부적법하다고 판단하기 위해서는 그와 같은 법률적 관점에 대하여 당사자에게 의견을 진술할 기회를 주어야 한다.

해설 특정한 권리나 법률관계에 관하여 분쟁이 있어도 제소하지 아니하기로 합의(이하 '부제소 합의'라고 한다)한 경우 이에 위배되어 제기된 소는 권리보호의 이익이 없고, 또한 당사자와 소송관계인은 신의에 따라 성실하게 소송을 수행하여야 한다는 신의성실의 원칙(민사소송법 제1조 제2항)에도 어긋나는 것이므로, 소가 부제소 합의에 위배되어 제기된 경우 법원은 직권으로 소의 적법 여부를 판단할 수 있다. … 당사자들이 부제소 합의의 효력이나 그 범위에 관하여 쟁점으로 삼아 소의 적법 여부를 다투지 아니하는데도 법원이 직권으로 부제소 합의에 위배되었다는 이유로 소가 부적법하다고 판단하기 위해서는 그와 같은 법률적 관점에 대하여 당사자에게 의견을 진술할 기회를 주어야 하고, 부제소 합의를 하게 된 동기 및 경위, 그 합의에 의하여 달성하려는 목적, 당사자의 진정한 의사 등에 관하여도 충분히 심리할 필요가 있다. 법원이 그와 같이 하지 않고 직권으로 부제소 합의를 인정하여 소를 각하하는 것은 예상외의 재판으로 당사자 일방에게 불의의 타격을 가하는 것으로서 석명의무를 위반하여 필요한 심리를 제대로 하지 아니하는 것이다(대판 2013.11.28. 2011다80449).

정답 ○, ○, ○

20년(2) 모의

165. 소의 변경이 교환적인가 추가적인가 또는 선택적인가의 여부는 기본적으로 당사자의 의사해석에 의할 것이므로 당사자가 구 청구를 취하한다는 명백한 표시 없이 새로운 청구로 변경하는 등으로 그 변경형태가 불분명한 경우에는 사실심법원으로서는 과연 청구변경의 취지가 교환적인가 추가적인가 또는 선택적인가의 점을 석명할 의무가 있다.

해설 소의 변경이 교환적인가 추가적인가 또는 선택적인가의 여부는 기본적으로 당사자의 의사해석에 의할 것이므로 당사자가 구청구를 취하한다는 명백한 표시없이 새로운 청구취지를 항소장에 기재하는 등으로 그 변경형태가 불명할 경우에는 사실심 법원으로서는 과연 청구변경의 취지가 교환적인가 추가적인가 또는 선택적인가의 점에 대하여 석명으로 이를 밝혀 볼 의무가 있다(대판 1987.06.09. 86다카2600).

정답 ○

20년(1) 모의

166. 주위적 청구와 예비적 청구가 병합된 사건에서 당사자가 종전의 주위적 청구에 관련된 청구취지와 청구원인만을 일부 변경함으로서 예비적 청구의 취하 여부가 불분명하더라도 사실심법원은 예비적 청구의 취하 여부에 대하여 석명할 의무가 없다.

해설 민사소송법 제136조 제1항은 재판장은 소송관계를 분명하게 하기 위하여 당사자에게 사실상 또는 법률상 사항에 대하여 질문할 수 있다고 규정하고 있는바, 주위적 청구와 예비적 청구가 병합된 사건에서, 청구취지와 청구원인을 변경하면서 종전의 주위적 청구에 관련된 청구취지와 청구원인만을 일부 변경한 데 그친 경우, 소의 변경으로 예비적 청구가 취하된 것인지 여부는 기본적으로 당사자의 의사해석에 의할 것이므로, 당사자가 예비적 청구를 취하한다는 명백한 표시를 하지 아니한 경우, 사실심 법원으로서는 과연 예비적 청구를 취하한 것인가의 점을 석명할 의무가 있다고 할 것인바(대판 1994.10.14. 94다10153 등 참조), 앞서 본 사실관계에 의하면, 피고가 반소청구 중 예비적 청구를 취하한다는 명백한 표시 없이 2002. 7. 23.자 반소청구취지 및 청구원인변경신청서의 진술로 소를 변경하였고, 예비적 청구의 취하 여부가 불분명하므로, 원심으로서는 피고가 위와 같은 소의 변경으로 종전의 예비적 청구를 취하한 것인지에 관하여 석명하여 이를 밝혀 보아야 할 것임에도 불구하고, 위와 같은 소의 변경에 의하여 종전의 예비적 청구가 취하된 것으로 가볍게 보아 이에 대하여 아무런 판단을 하지 아니함으로써 판단을 유탈하였거나 석명권 행사를 게을리함으로써 심리를 제대로 하지 아니하여 판결 결과에 영향을 미친 위법을 저질렀다 할 것이므로, 이 점을 지적하는 이 부분 상고이유의 주장은 이유 있다(대판 2004.03.26. 2003다21834).

정답 ×

20년(1) 모의

167. 법원은 등기부취득시효의 주장임이 분명한 당사자의 주장 속에 점유취득시효의 주장이 함께 포함되어 있는 것인지의 여부를 석명할 의무가 있다.

■해설 석명권 행사는 법원이 심리를 함에 있어서 당사자의 주장에 모순·흠결이 있거나 애매하여 불명료한 경우에 이를 명백히 하기 위한 것이므로 등기부취득시효의 주장임이 분명한 경우, 법원이 점유취득시효의 주장이 함께 포함되어 있는 것인지 여부를 석명할 의무까지 있다고는 할 수 없다(대판 1997.03.11. 96다49902).

정답 ×

20년(1)·21년(2) 모의

168. **(1)** 법원은 당사자가 주장할 책임이 있는 사항 자체에 대하여 이를 주장하는지 여부를 그 당사자에게 석명하여야 할 의무는 없다.

(2) 원고가 피고를 상대로 토지에 대한 점유·사용으로 인한 부당이득금 및 그 지연손해금의 지급만을 구하고 있는 경우 법원은 피고가 악의의 수익자로서 민법 제748조 제2항에 따라 그 받은 이익에 이자를 붙여 원고에게 반환하여야 한다는 주장을 하는지에 관하여 석명하여야 한다.

■해설 당사자가 주장할 책임이 있는 사항 자체에 대하여 이를 주장하는지 여부를 석명하여야 할 의무가 없고(대판 1988.09.27. 88다카1797), 소송절차에 관한 사항만이 책문권 포기·상실의 대상이 될 수 있다. 기록에 의하면, 원고가 피고 서초구의 이 사건 토지에 대한 점유·사용으로 인하여 이미 발생한 부당이득과 이에 관한 지연손해금을 청구한 것 이외에 피고 서초구가 불법행위자로서 원고에게 손해배상을 하여야 한다거나 혹은 악의(惡意)의 수익자로서 민법 제748조 제2항에 따라서 그 받은 이익에 이자를 붙여서 원고에게 반환하여야 한다는 주장을 한 흔적을 찾아볼 수 없으므로, 원심이 위와 같은 사항들에 대하여 심리·판단하지 아니한 것은 정당하고, 거기에 심리미진 또는 석명의무 불이행 등의 위법이 있다고 할 수 없다(대판 2008.02.01. 2007다8914).

정답 ○, ×

12년 변시, 15년(3)·17년(3) 모의

169. **(1)** 불법행위로 인하여 손해가 발생한 사실은 인정되지만 손해액에 관한 원고의 주장과 증명이 미흡하여 법원이 증명을 촉구하였음에도 불구하고 원고가 이에 응하지 아니하면서 손해액에 관하여 나름의 주장을 펴고 그에 관하여만 증명을 다하고 있는 경우, 법원은 스스로 적정하다고 생각하는 손해액 산정 기준이나 방법을 적극적으로 원고에게 제시하여야 한다.

(2) 불법행위로 인한 손해배상책임이 인정되는 경우, 법원은 손해액에 관한 아무런 입증이 없다고 하여 바로 청구기각을 할 것이 아니라 적극적으로 석명권을 발동하여 입증을 촉구할 의무가 있다.

해설 불법행위로 인하여 손해가 발생한 사실이 인정되는 경우에는 법원은 손해액에 관한 당사자의 주장과 증명이 미흡하더라도 적극적으로 석명권을 행사하여 증명을 촉구하여야 하고 경우에 따라서는 직권으로라도 손해액을 심리 판단하여야 하나, 법원의 증명 촉구에도 불구하고 원고가 이에 응하지 아니하면서 손해액에 관하여 나름의 주장을 펴고 그에 관하여만 증명을 다하고 있는 경우라면, 법원이 굳이 스스로 적정하다고 생각하는 손해액 산정 기준이나 방법을 적극적으로 원고에게 제시할 필요까지는 없다(대판 2010.03.25. 2009다88617).

정답 ×, ○

14년 변시, 17년(3) 모의

170. 乙이 甲을 상대로 X 토지의 인도 및 Y 건물의 철거를 청구한데 대하여 甲이 적법하게 건물매수청구권을 행사한 경우, 법원은 乙이 종전 청구를 유지할 것인지 아니면 대금지급과 상환으로 건물인도를 청구할 의사가 있는지를 석명하여야 한다.

해설 토지임대인이 그 임차인에 대하여 지상물철거 및 그 부지의 인도를 청구한 데 대하여 임차인이 적법한 지상물매수청구권을 행사하게 되면 임대인과 임차인 사이에는 그 지상물에 관한 매매가 성립하게 되므로 임대인의 청구는 이를 그대로 받아들일 수 없게 된다. 이 경우에 법원으로서는 임대인이 종전의 청구를 계속 유지할 것인지, 아니면 대금지급과 상환으로 지상물의 명도를 청구할 의사가 있는 것인지(예비적으로라도)를 석명하고 임대인이 그 석명에 응하여 소를 변경한 때에는 지상물명도의 판결을 함으로써 분쟁의 1회적 해결을 꾀하여야 한다고 봄이 상당하다(대판 1995.07.11. 94다34265(전합)).

정답 ○

17년(3) 모의

171. 당사자가 문서가 위조되었다거나 권한 없이 작성되었다는 취지로 다투다가 그 서증의 인부 절차에서 갑자기 진정성립을 인정한 경우, 법원은 적어도 당사자가 위와 같이 모순되는 진술을 하는 취지를 석명하여야 한다.

해설 소송당사자가 문서가 위조되었다거나 권한 없이 작성되었다는 취지로 다투다가 그 서증의 인부 절차에서는 갑자기 진정성립을 인정한다는 것은 이례에 속하는 것이라고 할 것이므로 법원은 서증의 인부 절차에서 위 문서의 진정성립을 인정한 것이 아니라고 보거나, 적어도 당사자가 위와 같이 모순되는 진술을 하는 취지를 분명하게 석명하여야 한다(대판 2003.04.08. 2001다29254).

정답 ○

17년(3) 모의

172. 당사자가 어떠한 법률효과를 주장하면서 미처 깨닫지 못하고 그 요건사실 일부를 빠뜨린 경우, 법원은 그 누락사실을 지적하고, 당사자가 이 점에 관하여 변론을 하지 아니하는 취지가 무엇인지를 밝혀 당사자에게 그에 대한 변론을 할 기회를 주어야 한다.

해설 당사자가 어떠한 법률효과를 주장하면서 미처 깨닫지 못하고 그 요건사실 일부를 빠뜨린 경우에는 법원은 그 누락사실을 지적하고, 당사자가 이 점에 관하여 변론을 하지 아니하는 취지가 무엇인지를 밝혀 당사자에게 그에 대한 변론을 할 기회를 주어야 할 의무가 있다(대판 2009.09.10. 2009다46347).

정답 O

173. 원고가 소유권에 기한 목적물 반환청구만을 하고 있음이 명백한 경우, 법원이 원고에게 점유권에 기한 반환청구도 구하고 있는지 여부를 석명할 의무가 있는 것은 아니다.

해설 소유권에 기하여 미등기 무허가건물의 반환을 구하는 청구취지 속에는 점유권에 기한 반환청구권을 행사한다는 취지가 당연히 포함되어 있다고 볼 수는 없고, 소유권에 기한 반환청구만을 하고 있음이 명백한 이상 법원에 점유권에 기한 반환청구도 구하는지의 여부를 석명할 의무가 있는 것은 아니다(대판 1996.06.14. 94다53006).

정답 O

174. 법원은 당사자가 시효를 원용하지 않는 경우, 당사자에게 시효를 원용할 의사의 유무를 묻거나 그 원용을 촉구할 의무가 없다.

해설 당사자가 시효를 원용하지 아니하는 경우에 그 원용을 촉구하거나 원용의사를 묻는 것은 법원의 석명의무에 포함되지 아니한다.

정답 O

175. 원고가 피고에 대하여 부당이득금반환을 구한다는 청구를 하다가, 제3자로부터 그 부당이득반환채권을 양수하였으므로 그 양수금의 지급을 구한다고 주장하여 청구원인을 변경하는 경우, 법원은 청구의 교환적 변경인지 추가적 변경인지를 석명으로 밝혀볼 의무가 있다.

해설 소의 변경이 교환적인가 또는 추가적인가의 여부는 기본적으로 당사자의 의사해석에 의할 것이므로 당사자가 구청구를 취하한다는 명백한 의사표시 없이 새로운 청구원인을 주장하는 등으로 그 변경 형태가 불명할 경우에는 사실심법원으로서는 과연 청구변경의 취지가 무엇인가 즉, 교환적인가 또는 추가적인가의 점에 대하여 석명으로 이를 밝혀 볼 의무가 있다(대판 1995.05.12. 94다6802).

정답 O

176. (1) 증거로 제출된 차용증에 피고는 보증인, 채무자는 제3자로 기재되어 있고, 원고는 당사자의 주장과 그 제출증거 사이에 모순이 있는 경우에 해당하므로 법원이 석명권을 행사하여 이를 밝혀보지 아니하고 원고의 주장사실을 인정하였다면 석명권 불행사로 인한 심리미진의 위법이 있다.

(2) 피고는 차용증에 보증인으로 기재되어 있을 뿐 제3자가 차용인으로 기재되어 있는 한편, 원고는 피고에 대하여 보증채무의 이행을 구하지 않고 주채무의 이행을 구하고 있는 때에는 법원은 석명권을 행사하여 당사자의 주장과 그 제출증거 간에 모순이 있음을 지적하여 시정할 기회를 주어야 한다.

(3) 당사자가 전혀 주장하지 아니하는 공격방어방법, 특히 독립한 항변사유를 당사자에게 시사하여 그 제출을 권유하는 것과 같은 행위는 변론주의의 원칙에 위배되는 것이어서 석명권의 한계를 일탈한 것이다.

해설 [1], [2] 처분문서인 차용증에 피고는 보증인으로 기재되어 있을 뿐이고 제3자가 차용인으로 기재되어 있는 한편, 원고는 피고에 대하여 보증채무의 이행을 구하지 아니하고 주채무의 이행을 구하고 있는 경우, 이는 당사자의 주장과 그 제출증거 사이에 모순이 있는 경우에 해당한다 할 것이므로, 법원이 석명권의 행사를 통하여 이를 밝혀 보지 아니하고 원고의 주장사실을 인정하였다면 석명권 불행사로 인한 심리미진의 위법이 있다(대판 1994.09.30. 94다16700). [3] 법원의 석명권 행사는 당사자의 주장에 모순된 점이 있거나 불완전·불명료한 점이 있을 때에 이를 지적하여 정정·보충할 수 있는 기회를 주고, 계쟁 사실에 대한 증거의 제출을 촉구하는 것을 그 내용으로 하는 것으로, 당사자가 주장하지도 아니한 법률효과에 관한 요건사실이나 독립된 공격방어방법을 시사하여 그 제출을 권유함과 같은 행위를 하는 것은 변론주의의 원칙에 위배되는 것으로 석명권 행사의 한계를 일탈하는 것이다(대판 2001.10.09. 2001다15576).

 O, O, O

 13년 변시

177. 지적의무를 게을리한 채 판결을 한 경우에는 소송절차의 위반으로 절대적 상고이유가 된다.

해설 지적의무를 어기고 판결한 경우 소송절차 위반으로 상고이유가 되나 절대적 상고이유가 되는 것이 아니고 일반적 상고이유(민사소송법 제423조)가 된다(김홍엽, 민사소송법 제7판, p.446).

정답 ×

제❼항 ┃ 적시제출주의

Ⅰ 서 설

Ⅱ 적시제출주의의 실효성 확보를 위한 제도

Ⅲ 적시제출주의의 예외

제❽항 집중심리주의

제❾항 직권진행주의와 소송지휘권

제3절 변론의 준비(기일전의 절차)

제❶항 준비서면

제❷항 변론준비절차

18년(1) 모의

178. 소취하는 변론준비기일에서 말로 할 수 있고, 화해, 청구의 포기·인낙을 변론준비기일조서에 적은 때에는 그 조서는 확정판결과 같은 효력을 가진다.

해설 민사소송법 제220조, 제266조 제3항 참조.

민사소송법 제220조(화해, 청구의 포기 · 인낙조서의 효력) 화해, 청구의 포기 · 인낙을 변론조서 · 변론준비기일조서에 적은 때에는 그 조서는 확정판결과 같은 효력을 가진다.
민사소송법 제266조(소의 취하) ① 소는 판결이 확정될 때까지 그 전부나 일부를 취하할 수 있다.
② 소의 취하는 상대방이 본안에 관하여 준비서면을 제출하거나 변론준비기일에서 진술하거나 변론을 한 뒤에는 상대방의 동의를 받아야 효력을 가진다.
③ 소의 취하는 서면으로 하여야 한다. 다만, 변론 또는 변론준비기일에서 말로 할 수 있다.

정답

18년(1)·20년(2) 모의

179. (1) 첫 변론기일 또는 첫 변론준비기일을 바꾸는 것은 현저한 사유가 없는 경우라도 당사자들이 합의하면 이를 허가한다.

(2) 보조참가의 경우, 피참가인에게 변론기일의 통지를 하였다면 이와 별도로 참가인에게 변론기일 통지 또는 출석 요구를 하지 않아 참가인이 변론기일에 출석하지 않았더라도 변론기일의 진행은 적법하다.

해설 [1] 민사소송법 제165조 제2항 참조.

민사소송법 제165조(기일의 지정과 변경) ① 기일은 직권으로 또는 당사자의 신청에 따라 재판장이 지정한다. 다만, 수명법관 또는 수탁판사가 신문하거나 심문하는 기일은 그 수명법관 또는 수탁판사가 지정한다.
② 첫 변론기일 또는 첫 변론준비기일을 바꾸는 것은 현저한 사유가 없는 경우라도 당사자들이 합의하면 이를 허가한다.

[2] 보조참가인의 소송수행권능은 피참가인으로부터 유래된 것이 아니라 독립의 권능이라고 할 것이므로 피참가인과는 별도로 보조참가인에 대하여도 기일의 통지, 소송서류의 송달 등을 행하여야 하고, 보조참가인에게 기일통지서 또는 출석요구서를 송달하지 아니함으로써 변론의 기회를 부여하지 아니한 채 행하여진 기일의 진행은 적법한 것으로 볼 수 없다(대판 2007.02.22. 2006다75641).

정답 ○, ×

18년(1) 모의

180. 당사자가 변론준비기일에서 상대방이 주장하는 사실을 명백히 다투지 아니한 때에는 그 사실을 자백한 것으로 본다.

해설 민사소송법 제150조 제1항, 제286조 참조.

민사소송법 제150조(자백간주) ① 당사자가 변론에서 상대방이 주장하는 사실을 명백히 다투지 아니한 때에는 그 사실을 자백한 것으로 본다. 다만, 변론 전체의 취지로 보아 그 사실에 대하여 다툰 것으로 인정되는 경우에는 그러하지 아니하다.
민사소송법 제286조(준용규정) 변론준비절차에는 제135조 내지 제138조, 제140조, 제142조 내지 제151조, 제225조 내지 제232조, 제268조 및 제278조의 규정을 준용한다.

정답 ○

17년(3) 모의

181. 제1심의 변론준비절차는 항소심에서도 그 효력을 가진다.

해설 민사소송법 제410조 참조.

민사소송법 제410조(제1심의 변론준비절차의 효력) 제1심의 변론준비절차는 항소심에서도 그 효력을 가진다.

정답 ○

17년(3) 모의

182. (1) 재판장은 특별한 사정이 있는 때에는 변론기일을 연 뒤에도 사건을 변론준비절차에 부칠 수 있다.
(2) 변론준비절차를 진행하는 재판장은 변론의 준비를 위하여 필요하다고 인정하면 증거결정을 할 수 있다.

해설 [1] 민사소송법 제279조 제2항 참조.

민사소송법 제279조(변론준비절차의 실시) ② 재판장은 특별한 사정이 있는 때에는 변론기일을 연 뒤에도 사건을 변론준비절차에 부칠 수 있다.

[2] 민사소송법 제281조 제1항 참조.

> 민사소송법 제281조(변론준비절차에서의 증거조사) ① 변론준비절차를 진행하는 재판장, 수명법관, 제280조제4항의 판사(이하 "재판장등"이라 한다)는 변론의 준비를 위하여 필요하다고 인정하면 증거결정을 할 수 있다.

정답 O, O

17년(3) 모의

183. (1) 재판장은 합의부원을 수명법관으로 지정하여 변론준비절차를 담당하게 할 수 없다.
(2) 소장에 적힌 사항이 변론준비기일에서 진술되지 않았다면 위 사항을 변론에서 주장할 수 없다.

해설 [1] 민사소송법 제280조 제3항 참조.

> 민사소송법 제280조(변론준비절차의 진행) ① 변론준비절차는 기간을 정하여, 당사자로 하여금 준비서면, 그 밖의 서류를 제출하게 하거나 당사자 사이에 이를 교환하게 하고 주장사실을 증명할 증거를 신청하게 하는 방법으로 진행한다.
> ② 변론준비절차의 진행은 재판장이 담당한다.
> ③ 합의사건의 경우 재판장은 합의부원을 수명법관으로 지정하여 변론준비절차를 담당하게 할 수 있다.
> ④ 재판장은 필요하다고 인정하는 때에는 변론준비절차의 진행을 다른 판사에게 촉탁할 수 있다.

[2] 민사소송법 제285조 각 호에 해당하는 경우에는 변론에서 주장할 수 있다.

> 민사소송법 제285조(변론준비기일을 종결한 효과) ① 변론준비기일에 제출하지 아니한 공격방어방법은 다음 각호 가운데 어느 하나에 해당하여야만 변론에서 제출할 수 있다.
> 1. 그 제출로 인하여 소송을 현저히 지연시키지 아니하는 때
> 2. 중대한 과실 없이 변론준비절차에서 제출하지 못하였다는 것을 소명한 때
> 3. 법원이 직권으로 조사할 사항인 때

정답 ×, ×

제4절 변론의 실시

I 변론의 경과
II 변론의 정리 – 변론의 제한·분리·병합

14년(2) 모의

184. 乙은 자기 소유의 A부동산을 甲에게 매도하고 인도하였는데 그 후 甲은 乙에 대하여 A부동산에 대한 매매계약의 무효를 주장하며 매매대금반환청구의 소(전소)를 제기하였다. 그 후 甲은 乙이 甲에 대하여 제기한 A부동산에 대한 인도청구의 소(후소)에서는 그 매매계약의 유효를 주장하였다. 법원이 전소와 후소를 병합하여 하나의 판결로 선고하지 않으면 위법하다.

> **해설** 사안의 전소와 후소는 ⅰ) 동종절차에 의해 심판되는 것이고 ⅱ) 소송의 목적이 되는 권리나 의무가 법률상 같은 원인으로 말미암아 생긴 경우로서(민사소송법 제65조 전문) 청구 상호간에 법률상의 관련성이 인정된다. 따라서 법원은 전소와 후소를 병합하여 심리할 수 있다. 그러나 병합 여부는 법원의 재량에 속하므로 법원이 전소와 후소를 병합하여 하나의 판결로 선고하지 않는다고 하여 위법하게 되는 것은 아니다.

정답

Ⅲ 변론의 재개

20년(2) 모의

185. 당사자의 변론재개신청에 대하여 법원이 불허가결정을 내린 경우 특별항고로 다툴 수 있다.

> **해설** 변론의 재개 여부는 법원의 직권사항이고 변론 재개신청은 원칙적으로 법원의 직권발동을 촉구하는 의미밖에 없으므로 변론재개신청에 대한 불허가결정에 대해 다툴 수 없다. 다만 예외적으로 법원이 변론을 재개하고 심리를 속행할 의무가 있는 경우에는 항고로 다툴 수 있을 뿐 특별항고로 다툴 수는 없다.

> **판례** 변론의 재개신청은 법원의 직권발동을 촉구하는 의미밖에 없으며, 변론의 재개 여부는 법원의 직권사항이고 당사자에게 신청권이 없으므로 이에 대한 허부의 결정을 할 필요가 없으며, 또한 변론재개신청이 있다 하여 법원에 재개의무가 있는 것도 아니다(대판 1994.10.28. 94다39253).
> **참조판례** 민사소송법 제31조 제1항의 관할위반에 기한 이송은 원래 법원의 직권조사사항으로서 동법 제31조 제2항, 제32조 소정의 이송의 경우와는 달리 당사자에게 이송신청권이 있는 것이 아니므로 당사자가 그 이송신청을 한 경우에도 단지 법원의 직권발동을 촉구하는 의미밖에 없는 것이므로 그 이송신청에 대한 재판을 할 필요가 없는 것이나 이송신청각하결정은 특별항고인에게 아무런 불이익을 주는 것이 아니며 동 결정에 대하여 특별항고를 할 어떤 이익도 없는 것이므로 이송신청각하결정에 대한 특별항고는 부적법하다(대결 1985.04.30. 84그24).
> **비교판례** 당사자가 변론종결 후 주장·증명을 제출하기 위하여 변론재개신청을 한 경우 당사자의 변론재개신청을 받아들일지는 원칙적으로 법원의 재량에 속한다. 그러나 변론재개신청을 한 당사자가 변론종결 전에 그에게 책임을 지우기 어려운 사정으로 주장·증명을 제출할 기회를 제대로 갖지 못하였고, 주장·증명의 대상이 판결 결과를 좌우할 수 있는 관건이 되는 요증사실에 해당하는 경우 등과 같이, 당사자에게 변론을 재개하여 주장·증명을 제출할 기회를 주지 않은 채 패소의 판결을 하는 것이 민사소송법이 추구하는 절차적 정의에 반하는 경우에는 법원은 변론을 재개하고 심리를 속행할 의무가 있다(대판 2014.10.27. 2013다27343).

> 민사소송법 제439조(항고의 대상) 소송절차에 관한 신청을 기각한 결정이나 명령에 대하여 불복하면 항고할 수 있다.
> 민사소송법 제449조(특별항고) ① 불복할 수 없는 결정이나 명령에 대하여는 재판에 영향을 미친 헌법위반이 있거나, 재판의 전제가 된 명령·규칙·처분의 헌법 또는 법률의 위반여부에 대한 판단이 부당하다는 것을 이유로 하는 때에만 대법원에 특별항고(特別抗告)를 할 수 있다.

정답 ×

20년(1) 모의

186. 당사자가 변론종결 후 주장·증명을 제출하기 위하여 변론재개신청을 한 경우 법원은 당사자의 변론재개신청을 받아들여야 한다.

해설 당사자가 변론종결 후 주장·증명을 제출하기 위하여 변론재개신청을 한 경우 당사자의 변론재개신청을 받아들일지는 원칙적으로 법원의 재량에 속한다. 그러나 변론재개신청을 한 당사자가 변론종결 전에 그에게 책임을 지우기 어려운 사정으로 주장·증명을 제출할 기회를 제대로 얻지 못하였고, 그 주장·증명의 대상이 판결의 결과를 좌우할 수 있는 관건적 요증사실에 해당하는 경우 등과 같이, 당사자에게 변론을 재개하여 그 주장·증명을 제출할 기회를 주지 않은 채 패소의 판결을 하는 것이 민사소송법이 추구하는 절차적 정의에 반하는 경우에는 법원은 변론을 재개하고 심리를 속행할 의무가 있다. 또한 당사자가 변론종결 후 추가로 주장·증명을 제출한다는 취지를 기재한 서면과 자료를 제출하고 있다면 이를 위 주장·증명을 제출할 수 있도록 변론을 재개하여 달라는 취지의 신청으로 선해할 수도 있으므로, 당사자가 참고서면과 참고자료만을 제출하였을 뿐 별도로 변론재개신청서를 제출한 바는 없다는 사정만으로 이와 달리 볼 것은 아니다(대판 2013.04.11. 2012두436).

정답

13년(2) 모의

187. 변론의 재개는 법원이 직권으로 하지만, 재개하지 않으면 위법한 절차가 되는 경우가 있다.

해설 변론의 재개는 변론의 병합과 같이 법원이 직권으로 하지만 특별한 경우에는 재개하지 않으면 위법한 절차가 된다.

판례 피고 주장의 변론 재개신청사유가 신빙성이 있다고 보여지고 그 사유로서 주장한 제1심 증인 소외인의 증언이 허위라는 것이 밝혀진다면 소외인의 증언 이외에 다른 증거가 없는 이 사건에 있어서 원고는 승소판결을 기대할 수 없게 될 것임이 분명하므로 원심으로서는 당사자 사이의 분쟁의 적정 공평한 해결을 위하여 변론의 재개를 허용하는 등 방법으로 충분한 심리를 다 하여야 할 것임에도 불구하고 이에 이르지 아니하고 피고에게 위 금 170만 원의 지급을 명한 제1심 판결을 유지하였음은 판결에 영향을 미친 위법을 범하였다고 할 것이다(대판 1982.06.22. 81다911).

정답

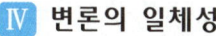 변론의 일체성

제5절 변론조서·전문심리위원제도

20년(2) 모의

188. 당사자와 그 소송대리인의 변론기일 출석 여부는 변론조서의 기재에 의하여만 증명할 수 있는 것은 아니나, 그 출석 여부에 관한 변론조서의 기재는 다른 특별한 사정이 없는 한 그 내용이 진실한 것이라는 점에 관한 강한 증명력을 갖는다.

> **해설** 민사소송법 147조는 변론의 방식에 관한 규정의 준수는 조서에 의하여서만 증명할 수 있다고 함으로 변론기일에 당사자가 출석한 여부는 변론조서 기재에 의하여서만 증명하여야 할 것이고, 변론조서에 쌍방대리인 각 불출석이라고만 기재되어 있고 당사자 본인이 불출석하였다는 뜻이 기재되어 있지 않은 경우에는 당사자쌍방이 변론기일에 출석하지 아니한 사실이 조서의 기재에 의하여서는 증명이 되었다고 할 수 없다(대판 1965.03.23. 65다24).

정답

13년(2)·17년(1) 모의

189. (1) 변론의 방식에 관한 규정의 준수 여부는 조서뿐만 아니라 그 외의 증거로도 증명할 수 있다.

(2) 변론공개의 유무에 대해서는 원칙적으로 변론조서에 의해서만 증명할 수 있다.

> **해설** 변론의 방식이란 변론의 일시 및 장소, 변론의 공개 유무, 관여법관, 당사자와 대리인의 출석 여부, 판결의 선고일자와 선고사실 등의 변론의 외형적 형식을 말한다(이시윤, 신민사소송법 제11판, p.411).

> 민사소송법 제158조(조서의 증명력) 변론방식에 관한 규정이 지켜졌다는 것은 조서로만 증명할 수 있다. 다만, 조서가 없어진 때에는 그러하지 아니하다.

정답

17년(1) 모의

190. 판결서에 기재된 선고일자가 선고조서에 기재된 선고일자와 다르다면 판결서에 기재된 선고일자에 선고된 것으로 보아야 한다.

> **해설** 판결문에 기재된 선고일자가 선고조서에 기재된 선고일자와 다른 경우 판결문의 기재는 오기이고 선고조서 기재의 선고일자에 판결이 선고 된 것으로 본다(대판 1972.02.29. 71다2770).

정답

17년(1) 모의

191. 조서는 관계인이 신청하면 그에게 읽어 주거나 보여주어야 한다.

> 해설 민사소송법 제157조 참조.

> 민사소송법 제157조(관계인의 조서낭독 등 청구권) 조서는 관계인이 신청하면 그에게 읽어 주거나 보여주어야 한다.

정답 O

16년 변시

192. 원고와 피고가 변론기일에 출석하지 아니하였지만 재판장이 기일을 변경하지 아니한 채 지정된 변론기일에서 사건과 당사자를 호명하였다면, 변론조서에 '연기'라고 기재하여도 당사자 불출석의 효과가 발생한다.

> 해설 [1] 변론조서에 연기라는 기재가 있다 하더라도 그 기재는 기일을 실시할 수 없는 당사자의 관계에서만 기일을 연기한다는 것일 뿐, 기일을 해태한 당사자들에 대한 관계에 있어서는 사건 호명으로 불출석의 효과가 발생하는 것이고 연기의 기재는 무의미한 것이다. [2] 속행기일에 당사자가 기일변경 신청을 하고 출석하지 않은 경우 재판장 이 기일을 변경하지 아니한 채 지정된 변론기일에서 사건과 당사자를 호명하였다면 불출석의 효과가 발생한다(대판 1982.06.22. 81다791).

정답 O

14년(2) 모의

193. 변론조서에 적을 사항은 대법원규칙이 정하는 바에 따라 생략할 수 있으며 청구의 포기 또는 인낙에 대하여도 마찬가지로 적용된다.

> 해설 민사소송법 제155조 참조.

> 민사소송법 제155조(조서기재의 생략 등) ① 조서에 적을 사항은 대법원규칙이 정하는 바에 따라 생략할 수 있다. 다만, 당사자의 이의가 있으면 그러하지 아니하다.
> ② 변론방식에 관한 규정의 준수, 화해, 청구의 포기·인낙, 소의 취하와 자백에 대하여는 제1항 본문의 규정을 적용하지 아니한다.

정답 ×

제6절 변론기일에 있어서 당사자의 결석

I 총설
II 기일의 해태의 요건

 16년 변시

194. 당사자의 불출석 효과가 발생하는 변론기일에는 법정 외에서 실시하는 증거조사기일도 포함된다.

> 해설 변론기일에서 증인신문신청을 하여 실시하게 되는 증거조사기일이라 하더라도 설문에서는 법정 외에서 실시하는 증거조사기일이므로 이는 당사자의 불출석 효과가 발생하는 변론기일에 해당하지 않는다.

정답 ×

 12년 변시

195. 당사자가 민사소송법 제144조에 의해 진술을 금지당한 경우, 변론속행을 위하여 정한 새 기일에 그 당사자가 출석하더라도 그 기일에 불출석한 것으로 취급될 수 있다.

> 해설 진술을 금지 당한 자는 변론능력이 없게 되며, 변론능력 없는 사람은 기일불출석의 불이익을 받는다. 따라서 진술금지재판을 한 경우 새 기일부터 기일에 출석하여도 불출석으로 처리한다. 따라서 기일불출석의 불이익을 받는다.

민사소송법 제144조(변론능력이 없는 사람에 대한 조치) ① 법원은 소송관계를 분명하게 하기 위하여 필요한 진술을 할 수 없는 당사자 또는 대리인의 진술을 금지하고, 변론을 계속할 새 기일을 정할 수 있다.

정답 ○

III 양쪽 당사자의 불출석에 따른 효과(취하간주)

 21년·23년 변시, 18년(3) 모의

196. (1) 변론준비기일은 변론이 효율적이고 집중적으로 실시될 수 있도록 당사자의 주장과 증거를 정리하기 위한 것으로서 그 이후에 진행되는 변론기일과 일체성이 있으므로, 변론준비기일에서의 양 쪽 당사자 불출석의 효과는 변론기일에 승계된다.

(2) 양 쪽 당사자가 변론준비기일에 한 번, 변론기일에 두 번 불출석하였다고 하더라도, 변론준비기일에서 불출석의 효과가 변론기일에 승계되지 아니하므로 소를 취하한 것으로 볼 수 없다.

(3) 양쪽 당사자가 변론준비기일에 1회, 변론기일에 1회 불출석하면 변론준비기일의 불출석 효과는 변론기일에 승계된다.

해설 변론준비절차는 원칙적으로 변론기일에 앞서 주장과 증거를 정리하기 위하여 진행되는 변론 전 절차에 불과할 뿐이어서 변론준비기일을 변론기일의 일부라고 볼 수 없고 변론준비기일과 그 이후에 진행되는 변론기일이 일체성을 갖는다고 볼 수도 없는 점, 변론준비기일이 수소법원 아닌 재판장 등에 의하여 진행되며 변론기일과 달리 비공개로 진행될 수 있어서 직접주의와 공개주의가 후퇴하는 점, 변론준비기일에 있어서 양쪽 당사자의 불출석이 밝혀진 경우 재판장 등은 양쪽의 불출석으로 처리하여 새로운 변론준비기일을 지정하는 외에도 당사자 불출석을 이유로 변론준비절차를 종결할 수 있는 점, 나아가 양쪽 당사자 불출석으로 인한 취하간주제도는 적극적 당사자에게 불리한 제도로서 적극적 당사자의 소송유지의사 유무와 관계없이 일률적으로 법률적 효과가 발생한다는 점까지 고려할 때 변론준비기일에서 양쪽 당사자 불출석의 효과는 변론기일에 승계되지 않는다. 양쪽 당사자가 변론준비기일에 한 번, 변론기일에 두 번 불출석하였다고 하더라도 변론준비기일에서 불출석의 효과가 변론기일에 승계되지 아니하므로 소를 취하한 것으로 볼 수 없다(대판 2006.10.27. 2004다69581).

정답 ×, ○, ×

197. (1) 민사소송절차에서 '양 쪽 당사자가 변론기일에 출석하지 아니한 때'란 양 쪽 당사자가 적법한 절차에 의한 송달을 받고도 변론기일에 출석하지 아니하거나 출석하더라도 변론하지 않는 것을 말한다.

(2) 변론기일의 송달절차가 적법하지 아니한 이상 비록 그 송달이 유효하고 그 변론기일에 양쪽 당사자가 출석하지 아니하였더라도 그에 따른 양쪽 당사자 불출석의 효과는 발생하지 않는다.

해설 '변론의 기일에 당사자 쌍방이 출석하지 아니한 때'란 당사자 쌍방이 적법한 절차에 의한 송달을 받고도 변론기일에 출석하지 않는 것을 가리키는 것이고, 변론기일의 송달절차가 적법하지 아니한 이상 비록 그 송달이 유효하고 그 변론기일에 당사자 쌍방이 출석하지 아니하였다고 하더라도 쌍방 불출석의 효과는 발생하지 않는다(대판 1997.07.11. 96므1380).

정답 ○, ○

198. 양쪽 당사자가 2회에 걸쳐 변론기일에 출석하지 아니하거나 출석하더라도 변론을 하지 아니한 때에는 법원은 당사자의 기일지정신청에 의하여 기일을 지정하여야 할 것이나, 법원이 두 번째 불출석 기일에 직권으로 신기일을 지정한 때에는 당사자의 기일지정신청에 의한 기일지정이 있는 경우와 마찬가지로 보아야 한다.

해설 민사소송법 제241조 제2항(현행 민사소송법 제268조의 제2항)의 규정에 의하면 당사자 쌍방이 2회에 걸쳐 변론기일에 출석하지 아니하거나 출석하더라도 변론을 하지 아니한 때에 법원이 변론종결도 하지 않고 신기일의 지정도 없이 당해 기일을 종료시킨 경우에는 소취하의 요건을 갖추게 된다 할 것이나, 법원이 두 번째 불출석의 기일에 직권으로 신기일을 지정한 때에는 당사자의 기일지정신청에 의한 기일지정이 있는 경우와 마찬가지로 보아야 한다(대판 1994.02.22. 93다56442).

정답 ○

21년 변시

199. 소송대리인이 있는 경우에 변론기일 불출석에 따른 불이익을 당사자에게 귀속시키려면 그 당사자 본인과 소송대리인 모두가 변론기일에 출석하지 아니하여야 하고, 그 출석 여부는 변론조서의 기재에 의하여 증명되어야 한다.

해설 민사소송법 제241조(현행법 제268조)에 의하여 당사자의 변론기일 불출석으로 인한 불이익을 그 당사자에게 귀속시키려면, 그 당사자 본인과 소송대리인 모두가 출석하지 아니함을 요건으로 하고 그 출석 여부는 변론조서의 기재에 의하여서 증명하여야 하므로, 변론조서에서 소송대리인 불출석이라고만 기재되어 있고 당사자 본인의 출석여부에 대하여 아무런 기재가 없으면, 이른바 당사자 쌍방의 변론기일에의 불출석은 증명되지 아니한다(대판 1979.09.25. 78다153).

정답 O

18년(3) 모의

200. 원고가 변론기일에 출석하지 아니한 때에, 법원은 출석한 피고가 변론을 하겠다고 하면 원고가 제출한 서면에 적혀 있는 사항을 진술한 것으로 보고 피고에게 변론을 명할 수도 있고, 피고가 변론을 하지 않겠다고 하면 쌍방불출석으로 처리할 수도 있다.

해설 민사소송법 제148조 제1항, 제268조 제1항 참조.

민사소송법 제148조(한 쪽 당사자가 출석하지 아니한 경우) ① 원고 또는 피고가 변론기일에 출석하지 아니하거나, 출석하고서도 본안에 관하여 변론하지 아니한 때에는 그가 제출한 소장·답변서, 그 밖의 준비서면에 적혀 있는 사항을 진술한 것으로 보고 출석한 상대방에게 변론을 명할 수 있다.
민사소송법 제268조(양 쪽 당사자가 출석하지 아니한 경우) ① 양 쪽 당사자가 변론기일에 출석하지 아니하거나 출석하였다 하더라도 변론하지 아니한 때에는 재판장은 다시 변론기일을 정하여 양 쪽 당사자에게 통지하여야 한다.

정답 O

 16년 변시

201. 원고와 피고가 제2회 변론기일에 모두 출석하지 아니하였지만 제3회 변론기일에는 모두 출석한 다음 제4회 변론기일에는 피고만이 출석하였으나 변론을 하지 아니한 경우, 당사자의 기일지정신청이 없는데도 재판장이 직권으로 다시 기일을 지정하였다면, 그 기일지정은 무효이다.

해설 구 민사소송법(2002.01.26. 법률 제6626호로 전문 개정되기 전의 것) 제241조 제2항의 규정에 의하면, 당사자 쌍방이 2회에 걸쳐 변론기일에 출석하지 아니한 때에는 당사자의 기일지정신청에 의하여 기일을 지정하여야 할 것이나, 법원이 직권으로 신기일을 지정한 때에는 당사자의 기일지정신청에 의한 기일지정이 있는 경우와 마찬가지로 보아야 할 것이고, 그와 같이 직권으로 정한 기일 또는 그 후의 기일에 당사자 쌍방이 출석하지 아니하거나 출석하더라도 변론하지 아니한 때에는 소의 취하가 있는 것으로 보아야 한다(대판 2002.07.26. 2001다60491).

정답 ×

🕐 21년 변시, 15년(1) 모의

202. (1) 양 쪽 당사자가 변론기일에 2회 불출석한 때에는 1월 이내에 기일지정신청을 하지 않으면 소를 취하한 것으로 간주하는바, 위 기간은 불변기간이므로 당사자가 책임질 수 없는 사유로 말미암아 위 기간 내에 기일지정신청을 하지 못한 경우 그 당사자는 그 사유가 없어진 날부터 2주 이내에 그 신청을 보완할 수 있다.

(2) 「민사소송법」 제268조 제1항에 정한 '양 쪽 당사자가 변론기일에 출석하지 아니한 때'는 양 쪽 당사자가 적법한 절차에 의한 송달을 받고도 변론기일에 출석하지 않은 때를 말한다.

(3) 피고에 대한 변론기일 소환장이 공시송달의 요건을 갖추지 않은 채 공시송달되었더라도 각 변론기일에 양 당사자가 출석하지 아니하였다면 쌍방 불출석의 효과가 발생한다.

해설 [1] 민사소송법 제241조 제2항 및 제4항에 의하여 소 또는 상소의 취하가 있는 것으로 보는 경우 같은 조 제2항 소정의 1월의 기일지정신청기간은 불변기간이 아니어서 그 추완이 허용되지 않는 점을 고려한다면, 같은 조 제1, 2항에서 [2] '변론의 기일에 당사자 쌍방이 출석하지 아니한 때'란 당사자 쌍방이 적법한 절차에 의한 송달을 받고도 변론기일에 출석하지 않는 것을 가리키는 것이고, 변론기일의 송달절차가 적법하지 아니한 이상 비록 그 송달이 유효하고 그 변론기일에 당사자 쌍방이 출석하지 아니하였다고 하더라도 쌍방 불출석의 효과는 발생하지 않는다. [3] 당사자의 주소, 거소 기타 송달할 장소를 알 수 없는 경우가 아님이 명백함에도 재판장이 당사자에 대한 변론기일 소환장을 공시송달에 의할 것으로 명함으로써 당사자에 대한 변론기일 소환장이 공시송달된 경우, 그 당사자는 각 변론기일에 적법한 절차에 의한 송달을 받았다고 볼 수 없으므로, 위 공시송달의 효력이 있다 하더라도 각 변론기일에 그 당사자가 출석하지 아니하였다고 하여 쌍방 불출석의 효과가 발생한다고 볼 수 없다(대판 1997.07.11. 96므1380).

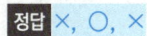

🕐 12년 변시, 18년(3) 모의

203. (1) 양 쪽 당사자가 변론기일에 1회 출석하지 아니하거나 출석하였다 하더라도 변론하지 아니한 때에는 재판장은 다시 변론기일을 정하여 양 쪽 당사자에게 통지하여야 한다.

(2) 제1심에서 당사자 쌍방이 변론기일에 결석하여 법원이 새로운 기일을 정하고 그것을 당사자 쌍방에게 통지하였지만 그 새로운 기일에도 쌍방 모두 결석한 후 1월 이내에 당사자의 기일지정신청이 없으면, 소를 취하한 것으로 본다.

해설 민사소송법 제268조 제1항, 제2항 참조.

민사소송법 제268조(양 쪽 당사자가 출석하지 아니한 경우) ① 양 쪽 당사자가 변론기일에 출석하지 아니하거나 출석하였다 하더라도 변론하지 아니한 때에는 재판장은 다시 변론기일을 정하여 양 쪽 당사자에게 통지하여야 한다.
② 제1항의 새 변론기일 또는 그 뒤에 열린 변론기일에 양 쪽 당사자가 출석하지 아니하거나 출석하였다 하더라도 변론하지 아니한 때에는 1월 이내에 기일지정신청을 하지 아니하면 소를 취하한 것으로 본다.

정답 O, O

Ⅳ 한쪽 당사자의 불출석에 따른 효과(진술간주, 자백간주 등)

12년·16년·23년 변시, 12년(3)·18년(1) 모의

204. (1) 변론기일에 한 쪽 당사자가 불출석한 경우 법원은 출석한 당사자만으로 변론을 진행하여야 하고, 불출석한 당사자가 그 때까지 제출한 소장·답변서, 그 밖의 준비서면에 적혀 있는 사항을 진술한 것으로 보아야 한다.

(2) 변론기일에 한쪽 당사자가 결석한 경우, 변론을 진행할지, 기일을 연기할지는 법원의 재량에 속한다.

(3) 원고 또는 피고가 변론준비기일에 출석하지 아니하거나, 출석하고서도 본안에 관하여 변론하지 아니한 때에는 그가 제출한 소장·답변서, 그 밖의 준비서면에 적혀 있는 사항을 진술한 것으로 보고 출석한 상대방에게 변론을 명할 수 있다.

해설 민사소송법 제148조 제1항에 의하면, 변론기일에 한쪽 당사자가 불출석한 경우에 변론을 진행하느냐 기일을 연기하느냐는 법원의 재량에 속한다고 할 것이나, 출석한 당사자만으로 변론을 진행할 때에는 반드시 불출석한 당사자가 그때까지 제출한 소장·답변서, 그 밖의 준비서면에 적혀 있는 사항을 진술한 것으로 보아야 한다(대판 2008.05.08. 2008다2890).

민사소송법 제148조(한 쪽 당사자가 출석하지 아니한 경우) ① 원고 또는 피고가 변론기일에 출석하지 아니하거나, 출석하고서도 본안에 관하여 변론하지 아니한 때에는 그가 제출한 소장·답변서, 그 밖의 준비서면에 적혀 있는 사항을 진술한 것으로 보고 출석한 상대방에게 변론을 명할 수 있다.
민사소송법 제286조(준용규정) 변론준비절차에는 제135조 내지 제138조, 제140조, 제142조 내지 제151조, 제225조 내지 제232조, 제268조 및 제278조의 규정을 준용한다.

정답 ×, O, O

13년(2)·18년(3) 모의

205. (1) 항소심에서도 양 쪽 당사자가 2회 결석하고 그 후 기일지정신청이 없거나 기일지정신청 후에 다시 양 쪽 당사자가 결석한 경우에는 소를 취하한 것으로 본다.

(2) 항소심에서 양쪽 당사자가 2회 이상 불출석하고 1월 이내에 기일지정신청이 없는 경우 소가 취하된 것으로 간주된다.

해설 민사소송법 제268조 참조.

> 민사소송법 제268조(양 쪽 당사자가 출석하지 아니한 경우) ① 양 쪽 당사자가 변론기일에 출석하지 아니하거나 출석하였다 하더라도 변론하지 아니한 때에는 재판장은 다시 변론기일을 정하여 양 쪽 당사자에게 통지하여야 한다.
> ② 제1항의 새 변론기일 또는 그 뒤에 열린 변론기일에 양 쪽 당사자가 출석하지 아니하거나 출석하였다 하더라도 변론하지 아니한 때에는 1월 이내에 기일지정신청을 하지 아니하면 소를 취하한 것으로 본다.
> ③ 제2항의 기일지정신청에 따라 정한 변론기일 또는 그 뒤의 변론기일에 양쪽 당사자가 출석하지 아니하거나 출석하였다 하더라도 변론하지 아니한 때에는 소를 취하한 것으로 본다.
> ④ 상소심의 소송절차에는 제1항 내지 제3항의 규정을 준용한다. 다만, 상소심에서는 상소를 취하한 것으로 본다.

정답 ×, ×

❖ 선택형 사례문제

문 1

甲은 乙에게 甲 소유의 X 토지를 임대하였고, 乙은 X 토지 위에 Y 건물을 소유하고 있다. 甲은 乙을 상대로 임대차계약기간이 만료하였음을 이유로 Y 건물의 철거 및 X 토지의 인도를 구하는 소를 제기하였다. 이에 관한 설명 중 옳은 것은? (다툼이 있으면 판례에 의함)

① 乙이 甲의 청구원인사실을 다투는 취지의 답변서를 제출하면서 이 사건 임대차계약기간을 연장한 계약서를 첨부한 경우 乙이 변론기일에 출석하지 않더라도 甲이 출석하여 변론한 때에는 법원은 위 계약서의 내용을 판단의 기초로 삼을 수 있다.
② 이 사건 소송에서 乙이 건물매수청구권을 행사하지 아니한 채 패소 확정된 후에는 乙은 건물매수청구권을 행사하여 별소로 매매대금청구를 할 수 없다.
③ 甲만이 변론기일에 출석하여 법원의 명에 따라 변론하였으나 乙이 甲의 청구에 대한 인낙의 의사표시를 적은 답변서를 공증사무소의 인증을 받아 제출한 때에는 청구의 인낙이 성립한 것으로 본다.
④ 乙이 甲의 청구원인사실을 다투는 취지의 답변서를 제출하고 변론기일에 출석하지 아니한 경우 법원은 변론기일에 출석한 甲에게 변론을 명하여야 한다.
⑤ 乙이 甲에 대하여 Y 건물매수청구권을 행사한 사실을 변론기일에서 주장하였고 乙의 그 주장이 이유 있는 것으로 인정된 때에는 법원은 바로 甲의 청구를 기각하여야 한다.

:: 해설 한 쪽 당사자가 출석하지 아니한 경우, 건물매수청구권

① (X) 서증은 법원 외에서 조사하는 경우(민사소송법 제269조) 이외에는 당사자가 변론기일 또는 준비절차기일에 출석하여 현실적으로 제출하여야 하고, 서증이 첨부된 소장 또는 준비서면 등이 진술되는 경우에도 마찬가지라고 할 것인바(대판 1970.08.18. 70다1240), 원고는 이 사건 지급명령신청서에 소론의 서증들을 첨부하였으나 제1심에서는 의제자백으로 인한 원고승소 판결이 이루어졌고 또 원심에서는 원고가 2차에 걸친 변론기일에 아무 사유없이 출석하지 아니하였기 때문에 위 서증들이 법원에 현실적으로 제출된 바 없었으므로, 원심이 위 서증들의 제출이 없었던 것으로 취급하였음은 위 법리에 따른 것으로서 옳고 여기에 소론과 같이 법령위반이나 이유모순 또는 채증법칙 위배의 위법이 없을 뿐만 아니라 이 사건과 같은 소액사건에 대한 지방법원 본원 합의부의 제2심판결에 대하여는 소액사건심판법 제3조 소정의 사유가 있을 때에 한하여 상고를 할 수 있다

할 것인바, 소론 사유들은 위의 어느 사유에도 해당되지 못하므로 적법한 상고이유가 되지 못한다(대판 1991.11.08. 91다15775).

② (X) 토지인도청구소송의 승소판결이 확정된 후 그 지상건물에 관한 철거청구소송이 제기된 경우 후소에서 전소의 변론종결일 전부터 존재하던 건물소유 목적의 토지임차권에 기하여 건물매수청구권을 행사하는 것이 전소 확정판결의 기판력에 저촉되지 않는다(대판 1994.09.23. 93다37267).

③ (O), ④ (X) 민사소송법 제148조 제1항 및 제2항 참조.

> 민사소송법 제148조(한 쪽 당사자가 출석하지 아니한 경우) ① 원고 또는 피고가 변론기일에 출석하지 아니하거나, 출석하고서도 본안에 관하여 변론하지 아니한 때에는 그가 제출한 소장·답변서, 그 밖의 준비서면에 적혀 있는 사항을 진술한 것으로 보고 출석한 상대방에게 변론을 명할 수 있다.
> ② 제1항의 규정에 따라 당사자가 진술한 것으로 보는 답변서, 그 밖의 준비서면에 청구의 포기 또는 인낙의 의사표시가 적혀 있고 공증사무소의 인증을 받은 때에는 그 취지에 따라 청구의 포기 또는 인낙이 성립된 것으로 본다.

⑤ (X) 토지임대인이 그 임차인에 대하여 지상물철거 및 그 부지의 인도를 청구한 데 대하여 임차인이 적법한 지상물매수청구권을 행사하게 되면 임대인과 임차인 사이에는 그 지상물에 관한 매매가 성립하게 되므로 임대인의 청구는 이를 그대로 받아들일 수 없게 된다. 이 경우에 법원으로서는 임대인이 종전의 청구를 계속 유지할 것인지, 아니면 대금지급과 상환으로 지상물의 명도를 청구할 의사가 있는 것인지(예비적으로라도)를 석명하고 임대인이 그 석명에 응하여 소를 변경한 때에는 지상물명도의 판결을 함으로써 분쟁의 1회적 해결을 꾀하여야 한다고 봄이 상당하다. 이 사건에서 피고들이 건물매수청구권을 행사하였다는 이유만으로 원고에게 건물명도를 청구할 의사가 있는지를 석명하여 보지도 아니한 채 원고의 청구를 배척하고 만 것은 석명의무의 범위에 관한 법리를 오해하여 판결에 영향을 미친 위법을 저지른 것이라 할 것이므로, 이 점을 탓하는 논지는 이유가 있다(대판 1995.07.11. 94다34265).

정답 ③

제7절 변론의 내용

I 변론에서의 당사자의 소송행위

18년(1) 모의

206. (1) 여러 개의 자동채권이 있고 수동채권의 원리금이 자동채권의 원리금 합계에 미치지 못하는 경우에는 우선 자동채권의 채권자가 상계의 대상이 되는 자동채권을 지정할 수 있다.

(2) 여러 개의 자동채권이 있는 경우에 법원으로서는 그 중 어느 자동채권에 대하여 어느 범위에서 상계의 기판력이 미치는지를 판결이유 자체로 당사자가 분명하게 알 수 있을 정도까지는 밝혀 주어야 한다.

해설 [1] 상계의 경우에도 민법 제499조에 의하여 민법 제476조, 제477조에 규정된 변제충당의 법리가 준용된다. 따라서 여러 개의 자동채권이 있고 수동채권의 원리금이 자동채권의 원리금 합계에 미치지 못하는 경우에는 우선 자동채권의 채권자가 상계의 대상이 되는 자동채권을 지정할 수 있고, 다음으로 자동채권의 채무자가 이를 지정할 수 있으며, 양 당사자가 모두 지정하지 아니한 때에는 법정변제충당의 방법으로 상계충당이 이루어지게 된다. 그런데 상계를 주장하면 그것이 받아들여지든 아니든 상계하자고 대항한 액수에 대하여 기판력이 생긴다(민사소송법 제216조 제2항). [2] 따라서 여러 개의 자동채권이 있는 경우에 법원으로서는 그 중 어느 자동채권에 대하여 어느 범위에서 상계의 기판력이 미치는지 판결이유 자체로 당사자가 분명하게 알 수 있을 정도까지는 밝혀 주어야 한다(대판 2011.08.25. 2011다24814).

정답 ○, ○

14년(2)·17년(2)·21년(3) 모의

207. 소송상 상계 항변이 제출되었으나 소송절차 진행 중 조정이 성립됨으로써 수동채권의 존재에 관한 법원의 실질적인 판단이 이루어지지 않은 경우, 상계 항변의 사법상 효과는 발생하지 않는다.

해설 소송상 방어방법으로서의 상계항변은 수동채권의 존재가 확정되는 것을 전제로 하여 행하여지는 일종의 예비적 항변으로서 당사자가 소송상 상계항변으로 달성하려는 목적, 상호양해에 의한 자주적 분쟁해결수단인 조정의 성격 등에 비추어 볼 때, 당해 소송절차 진행 중 당사자 사이에 조정이 성립됨으로써 수동채권의 존재에 관한 법원의 실질적인 판단이 이루어지지 아니한 경우에는 그 소송절차에서 행하여진 소송상 상계항변의 사법상 효과도 발생하지 않는다고 봄이 타당하다(대판 2013.03.28. 2011다3329).

208. 피고의 소송상 상계항변에 대하여 원고가 소송상 상계의 재항변을 할 경우, 법원은 피고의 소송상 상계항변의 인용 여부와 관계없이 원고의 소송상 상계의 재항변에 관하여 판단할 필요가 없으므로 원고의 위 재항변은 다른 특별한 사정이 없는 한 허용되지 않는다.

해설 피고의 소송상 상계항변에 대하여 원고가 다시 피고의 자동채권을 소멸시키기 위하여 소송상 상계의 재항변을 하는 경우, 법원이 원고의 소송상 상계의 재항변과 무관한 사유로 피고의 소송상 상계항변을 배척하는 경우에는 소송상 상계의 재항변을 판단할 필요가 없고, 피고의 소송상 상계항변이 이유 있다고 판단하는 경우에는 원고의 청구채권인 수동채권과 피고의 자동채권이 상계적상 당시에 대등액에서 소멸한 것으로 보게 될 것이므로 원고가 소송상 상계의 재항변으로써 상계할 대상인 피고의 자동채권이 그 범위에서 존재하지 아니하는 것이 되어 이때에도 역시 원고의 소송상 상계의 재항변에 관하여 판단할 필요가 없게 된다. 또한, 원고가 소송물인 청구채권 외에 피고에 대하여 다른 채권을 가지고 있다면 소의 추가적 변경에 의하여 그 채권을 당해 소송에서 청구하거나 별소를 제기할 수 있다. 그렇다면 원고의 소송상 상계의 재항변은 일반적으로 이를 허용할 이익이 없다. 따라서 피고의 소송상 상계항변에 대하여 원고가 소송상 상계의 재항변을 하는 것은 다른 특별한 사정이 없는 한 허용되지 않는다고 보는 것이 타당하다(대판 2014.06.12. 2013다95964).

12년(3)·14년(1)·15년(1)·20년(3) 모의

209. (1) 원고가 피고에 대한 소장부본 송달로써 원고와 피고 사이의 매매계약을 해제한다는 의사를 표시하였으나 그 소를 취하하였다면 해제권 행사의 효력은 소급하여 소멸한다.

(2) 원고가 피고에 대한 계약해제의 의사표시를 소장·준비서면에 기재하여 행사한 후에, 소가 취하·각하되더라도 그 효과가 소급적으로 소멸하지는 않는다.

해설 소제기로써 계약해제권을 행사한 후 그 뒤 그 소송을 취하하였다 하여도 해제권은 형성권이므로 그 행사의 효력에는 아무런 영향을 미치지 아니한다(대판 1982.05.11. 80다916). ▶참고로 종래 판례는 해제권과 관련하여 병존설적 입장을 취한듯 하였으나 최근 상계권과 관련해서는 신병존설적 입장을 취한 것으로 평석되고 있다.

정답 ×, ○

15년 변시

210. 원고가 청구원인을 대여금 청구라고 밝히면서 그에 대한 증거로 약속어음을 제출한 데 대하여 피고가 소멸시효항변을 하면서 「어음법」상 3년의 소멸시효가 적용된다고 주장한 경우, 법원은 직권으로 「민법」 등이 정하는 소멸시효 기간을 살펴 소멸시효 완성 여부를 판단할 수 없다.

해설 어떤 권리의 소멸시효기간이 얼마나 되는지에 관한 주장은 단순한 법률상의 주장에 불과하므로 변론주의의 적용대상이 되지 않고 법원이 직권으로 판단할 수 있다(대판 2013.02.15. 2012다68217).

정답 ×

17년 변시, 17년(1) 모의

211. (1) 채무자가 소멸시효 완성의 항변을 하기 전에 상계항변을 먼저 한 경우, 채무자는 시효완성으로 인한 법적 이익을 받지 않겠다는 의사를 표시한 것으로 보아야 한다.

(2) 피고가 소송 도중 상계를 하는 것은 청구채권에 대한 시효이익의 포기에 해당하므로 제1심에서 상계항변이 받아들여졌다면 항소심에서 소멸시효의 항변을 하는 것은 허용되지 않는다.

(3) 소송상 상계항변은 피고의 금전지급의무가 인정되면 자동채권으로 상계하겠다는 예비적 항변의 성격을 갖는다.

해설 소송에서의 상계항변은 일반적으로 소송상의 공격방어방법으로 피고의 금전지급의무가 인정되는 경우 자동채권으로 상계를 한다는 예비적 항변의 성격을 갖는다. 따라서 상계항변이 먼저 이루어지고 그 후 대여금채권의 소멸을 주장하는 소멸시효항변이 있었던 경우에, 상계항변 당시 채무자인 피고에게 수동채권인 대여금채권의 시효이익을 포기하려는 효과의사가 있었다고 단정할 수 없다. 그리고 항소심 재판이 속심적 구조인 점을 고려하면 제1심에서 공격방어방법으로 상계항변이 먼저 이루어지고 그 후 항소심에서 소멸시효항변이 이루어진 경우를 달리 볼 것은 아니다(대판 2013.02.28. 2011다21556).

정답 ×, ×, ○

🍊 16년 변시

212. 소송상 상계 항변은 상대방의 동의 없이 이를 철회할 수 있고, 그 경우 법원은 이에 대하여 심판할 수 없다.

▸ 해설 소송상 방어방법으로서의 상계 항변은 그 수동채권의 존재가 확정되는 것을 전제로 하여 행하여지는 일종의 예비적 항변으로서 상대방의 동의 없이 이를 철회할 수 있고, 그 경우 법원은 처분권주의의 원칙상 이에 대하여 심판할 수 없다(대판 2011.07.14. 2011다23323).

정답

🍊 14년 변시

213. 乙이 甲을 상대로 X 토지의 인도 및 Y 건물의 철거를 청구한데 대하여 甲이 건물매수청구권을 제1심에서 행사하였다가 철회한 후에도 항소심에서 다시 행사할 수 있다.

▸ 해설 건물의 소유를 목적으로 한 토지 임대차가 종료한 경우에 임차인이 그 지상의 현존하는 건물에 대하여 가지는 매수청구권은 그 행사에 특정의 방식을 요하지 않는 것으로서 재판상으로 뿐만 아니라 재판 외에서도 행사할 수 있는 것이고 그 행사의 시기에 대하여도 제한이 없는 것이므로 임차인이 자신의 건물매수청구권을 제1심에서 행사하였다가 철회한 후 항소심에서 다시 행사하였다고 하여 그 매수청구권의 행사가 허용되지 아니할 이유는 없다(대판 2002.05.31. 2001다42080).

정답

❖ 선택형 사례문제

문 1
🍊 22년 변시

甲은 乙에게 3억 원을 대여하였다고 주장하면서 乙을 상대로 3억 원의 반환을 청구하는 소를 제기하였다. 변론 진행 중 乙은 차용 사실을 부정하는 한편 "설령 甲으로부터 3억 원을 차용하였더라도 甲에 대한 5억 원의 대여금 채권을 가지고 대등액에서 상계한다."라고 진술하였고, 이에 대하여 甲은 乙로부터 5억 원을 차용한 사실이 없다고 진술하였다. 이에 관한 설명 중 옳지 <u>않은</u> 것은? (다툼이 있는 경우 판례에 의함)

① 소송상 방어방법으로서의 상계항변은 수동채권의 존재가 확정되는 것을 전제로 행하여지는 일종의 예비적 항변이다.
② 위 소송 진행 중 열린 조정 기일에서 甲과 乙 사이에 "乙은 甲에게 2억 원을 지급한다. 甲은 나머지 청구를 포기한다."라는 내용의 조정이 성립하여 조서에 기재되더라도 위 상계항변의 사법상 효과는 발생하지 않는다.
③ 상계항변에 관한 판단에는 기판력이 발생하므로, 상계항변은 어떠한 경우에도 실기한 공격방어방법이 되지 않는다.
④ 법원이 甲의 乙에 대한 채권의 존재를 인정하면서 乙의 상계항변을 받아들여 甲의 청구를 기각하는 판결을 하였다면 甲과 乙은 이 판결에 대하여 모두 상소의 이익이 있다.
⑤ 乙이 상계항변으로 제출한 5억 원의 대여금 채권을 원인으로 甲에 대하여 이미 별소를 제기하여 소송 계속 중이라고 하더라도 이러한 소송상 상계항변은 허용된다.

해설 소송상 상계항변

① (○) 소송상 방어방법으로서의 상계항변은 통상 수동채권의 존재가 확정되는 것을 전제로 하여 행하여지는 일종의 예비적 항변으로서 소송상 상계의 의사표시에 의해 확정적으로 효과가 발생하는 것이 아니라 당해 소송에서 수동채권의 존재 등 상계에 관한 법원의 실질적 판단이 이루어지는 경우에 비로소 실체법상 상계의 효과가 발생한다(대판 2014.06.12. 2013다95964).

② (○) 소송상 방어방법으로서의 상계항변은 그 수동채권의 존재가 확정되는 것을 전제로 하여 행하여지는 일종의 예비적 항변으로서 당사자가 소송상 상계항변으로 달성하려는 목적, 상호양해에 의한 자주적 분쟁해결수단인 조정의 성격 등에 비추어 볼 때 당해 소송절차 진행 중 당사자 사이에 조정이 성립됨으로써 수동채권의 존재에 관한 법원의 실질적인 판단이 이루어지지 아니한 경우에는 그 소송절차에서 행하여진 소송상 상계항변의 사법상 효과도 발생하지 않는다고 봄이 상당하다. 한편 조정조서에 인정되는 확정판결과 동일한 효력은 소송물인 권리관계의 존부에 관한 판단에만 미친다고 할 것이므로, 소송절차 진행 중에 사건이 조정에 회부되어 조정이 성립한 경우 소송물 이외의 권리관계에도 조정의 효력이 미치려면 특별한 사정이 없는 한 그 권리관계가 조정조항에 특정되거나 조정조서 중 청구의 표시 다음에 부가적으로 기재됨으로써 조정조서의 기재내용에 의하여 소송물인 권리관계가 되었다고 인정할 수 있어야 한다(대판 2013.03.28. 2011다3329). ▶ 사안에서는 조정 내용에 상계항변의 판단에 대한 사항이 조정조서의 기재내용에 의하여 나타나지 아니하므로, 상계항변의 효력은 발생하지 아니함.

③ (X) 환송 전 원심 소송절차에서 상계항변을 할 기회가 있었음에도 불구하고 환송 후 원심 소송절차에서 비로소 주장하는 상계항변은 실기한 공격방어방법에 해당한다(대판 2005.10.07. 2003다44387).

> 민사소송법 제146조(적시제출주의) 공격 또는 방어의 방법은 소송의 정도에 따라 적절한 시기에 제출하여야 한다.
> 민사소송법 제149조(실기한 공격·방어방법의 각하) ① 당사자가 제146조의 규정을 어기어 고의 또는 중대한 과실로 공격 또는 방어방법을 뒤늦게 제출함으로써 소송의 완결을 지연시키게 하는 것으로 인정할 때에는 법원은 직권으로 또는 상대방의 신청에 따라 결정으로 이를 각하할 수 있다

④ (○) 소송상 방어방법으로서의 상계항변은 통상 수동채권의 존재가 확정되는 것을 전제로 하여 행하여지는 일종의 예비적 항변으로서, 소송상 상계의 의사표시에 의해 확정적으로 그 효과가 발생하는 것이 아니라 당해 소송에서 수동채권의 존재 등 상계에 관한 법원의 실질적 판단이 이루어지는 경우에 비로소 실체법상 상계의 효과가 발생한다. 따라서 원고의 소구채권 자체가 인정되지 않는 경우 더 나아가 피고의 상계항변의 당부를 따져볼 필요도 없이 원고 청구가 배척될 것이므로, '원고의 소구채권 그 자체를 부정하여 원고의 청구를 기각한 판결'과 '소구채권의 존재를 인정하면서도 상계항변을 받아들인 결과 원고의 청구를 기각한 판결'은 민사소송법 제216조에 따라 기판력의 범위를 서로 달리하고, 후자의 판결에 대하여 피고는 상소의 이익이 있다(대판 2018.08.30. 2016다46338). ▶ 원고의 경우 기각판결을 선고 받았기 때문에, 형식적 불복설에 따라 당연히 항소의 이익이 存在 (이시윤, 新민사소송법 제14판, p.852 참조)

⑤ (○) 상계의 항변을 제출할 당시 이미 자동채권과 동일한 채권에 기한 소송을 별도로 제기하여 계속 중인 경우, 사실심의 담당재판부로서는 전소와 후소를 같은 기회에 심리·판단하기 위하여 이부, 이송 또는 변론병합 등을 시도함으로써 기판력의 저촉·모순을 방지함과 아울러 소송경제를 도모함이 바람직하였다고 할 것이나, 그렇다고 하여 특별한 사정이 없는 한 별소로 계속 중인 채권을 자동채권으로 하는 소송상 상계의 주장이 허용되지 않는다고 볼 수는 없다(대판 2001.04.27. 2000다4050).

정답 ③

Ⅱ 소송행위 일반

21년(3) 모의

214. 소송당사자가 구체적인 사건의 소송 계속 중 미리 상소하지 아니하기로 합의한다면, 이러한 합의는 반드시 서면에 의하여야 한다.

해설 구체적인 사건의 소송 계속중 그 소송 당사자 쌍방이 판결선고 전에 미리 상소하지 아니하기로 합의하였다면 그 판결은 선고와 동시에 확정되는 것이므로, 이러한 합의는 소송당사자에 대하여 상소권의 사전포기와 같은 중대한 소송법상의 효과가 발생하게 되는 것으로서 반드시 서면에 의하여야 할 것이며, 그 서면의 문언에 의하여 당사자 쌍방이 상소를 하지 아니한다는 취지가 명백하게 표현되어 있을 것을 요한다(대판 2002.10.11. 2000다17803).

정답 ○

21년(3) 모의

215. 특정 법률관계에 관하여 당사자 쌍방이 제1심판결 선고 전에 미리 불상소의 합의를 하였다면, 제1심판결 선고 후에는 당사자의 합의에 의하더라도 그 불상소합의를 해제하고 소송계속을 부활시킬 수 없다.

해설 구체적인 어느 특정 법률관계에 관하여 당사자 쌍방이 제1심판결선고전에 미리 항소하지 아니하기로 합의하였다면, 제1심판결은 선고와 동시에 확정되는 것이므로 그 판결선고 후에는 당사자의 합의에 의하더라도 그 불항소합의를 해제하고 소송계속을 부활시킬 수 없다(대판 1987.06.23. 86다카2728).

정답 ○

21년(3) 모의

216. 소 취하 계약은 소송상 합의의 일종이고, 그 계약 사실이 주장·증명되면 당해 소는 각하되어야 하는 것이므로 당사자 사이의 합의로 이를 해제할 수 없다.

해설 심결취소소송을 제기한 이후에 당사자 사이에 소를 취하하기로 하는 합의가 이루어졌다면 특별한 사정이 없는 한 소송을 계속 유지할 법률상의 이익이 소멸되어 당해 소는 각하되어야 하는 것이지만(대법원 1997. 9. 5. 선고 96후1743 판결 등 참조), 소취하 계약도 당사자 사이의 합의에 의하여 해제할 수 있음은 물론이고 계약의 합의해제는 명시적으로 이루어진 경우뿐만 아니라 묵시적으로 이루어질 수도 있는 것으로, 계약의 성립 후에 당사자 쌍방의 계약실현의사의 결여 또는 포기로 인하여 쌍방 모두 이행의 제공이나 최고에 이름이 없이 장기간 이를 방치하였다면, 그 계약은 당사자 쌍방이 계약을 실현하지 아니할 의사가 일치됨으로써 묵시적으로 합의해제되었다고 해석함이 상당하다(대판 2007.05.11. 2005후1202).

정답 ×

20년(3) 모의

217. 형성권의 행사를 소로써 하도록 정해진 경우를 제외하고, 해제권·취소권 등의 통상적인 형성권은, 이를 행사한다는 의사표시를 하고 나면 그 형성권에 따른 법률관계는 이미 만들어진 것이므로, 그 형성권을 행사하는 소를 다시 제기할 수는 없다.

> **해설** 형성권은 그 행사로써 바로 소멸 되므로(지원림, 민법강의 제17판, p.39), 피고의 해제권, 취소권, 상계권 등 사법상 형성권에 기한 항변에는 소송외에서 일단 행사한 뒤 소송상 사법상 효과를 진술하는 경우 형성권을 행사한다는 의사표시를 하고 나면 그 형성권이 유효하게 행사되어 형성권에 따른 법률효과는 이미 만들어 진 것이므로 그 형성권을 행사하는 소를 다시 제기할 수 없다(이시윤, 신민사소송법 제14판, p.392).

정답 O

20년(3) 모의

218. 민법상의 계약해제권을 행사하면, 굳이 소제기 없이도 당사자의 일방적 의사표시로써 법률관계를 변동시킬 수 있다.

> **해설** 계약의 해제권은 일종의 형성권으로서 당사자의 일방에 의한 계약해제의 의사표시가 있으면 그 효과로서 새로운 법률관계가 발생하고 각 당사자는 그에 구속되는 것이므로, 일방 당사자의 계약위반을 이유로 한 상대방의 계약해제 의사표시에 의하여 계약이 해제되었음에도 상대방이 계약이 존속함을 전제로 계약상 의무의 이행을 구하는 경우 계약을 위반한 당사자도 당해 계약이 상대방의 해제로 소멸되었음을 들어 그 이행을 거절할 수 있다(대판 2001.06.29. 2001다21441).

정답 O

 15년 변시

219. 소송 외에서 소송당사자가 소 취하 합의를 한 경우 바로 소 취하의 효력이 발생한다.

> **해설** 소 취하 합의의 법적 성질에 관하여 판례가 어떠한 입장인지 명백하지 아니하나 소 취하 합의에 위반한 경우 소의 이익 문제로 보는 점에서 바로 소 취하의 효력이 발생하는 것으로 보는 소송계약설의 입장은 아니다.

> **판례** 당사자 사이에 소를 취하하기로 하는 합의가 이루어졌다면 특별한 사정이 없는 한 소송을 계속 유지할 법률상의 이익이 소멸하여 당해 소는 각하되어야 한다(대판 2007.05.11. 2005후1202).

정답 ×

🍊 15년 변시

220. 소 취하의 특별수권이 있는 원고의 소송대리인인 변호사로부터 소송대리인 사임신고서 제출을 지시받은 사무원이 착오로 소 취하서를 법원에 제출한 후 원고가 소 취하의 효력을 다투면서 기일지정신청을 한 경우, 법원은 변론기일을 열어 소송종료선언을 하여야 한다.

해설 소의 취하는 원고가 제기한 소를 철회하여 소송계속을 소멸시키는 원고의 법원에 대한 소송행위이고 소송행위는 일반 사법상의 행위와는 달리 내심의 의사보다 그 표시를 기준으로 하여 효력 유무를 판정할 수밖에 없는 것인바, 원고 소송대리인으로부터 소송대리인 사임신고서 제출을 지시받은 사무원은 원고 소송대리인의 표시기관에 해당되어 그의 착오는 원고 소송대리인의 착오라고 보아야 하므로, 사무원의 착오로 원고 소송대리인의 의사에 반하여 소를 취하하였다고 하여도 이를 무효라고 볼 수는 없다. 그렇다면 원고 소송대리인의 이 사건 소에 대한 위 취하는 유효한 것이라고 할 것이므로, 원심법원으로서는 소송종료선언을 하였어야 할 것임에도 불구하고 심리를 진행한 다음 본안에 관한 판단을 하였으니, 이는 필경 소취하의 효력에 관한 법리를 오해한 잘못을 범한 것이라고 할 것이다(대판 1997.10.24. 95다11740).

정답

제8절 기일과 기간

제❶항 기 일

Ⅰ 의 의
Ⅱ 기일의 지정
Ⅲ 기일지정신청
Ⅳ 기일의 변경

13년(1) 모의

221. 일단 지정된 첫 변론기일을 바꾸는 것은 당사자들의 합의 이외에 특별한 사정이 존재하여야 법원이 이를 허가한다.

해설 민사소송법 제165조 제2항 참조.

민사소송법 제165조(기일의 지정과 변경) ② 첫 변론기일 또는 첫 변론준비기일을 바꾸는 것은 현저한 사유가 없는 경우라도 당사자들이 합의하면 이를 허가한다.

정답

Ⅴ 기일의 통지와 실시

제❷항 | 기 간

21년(3) 모의

222. 당사자가 제출한 공격 또는 방어방법의 취지가 분명하지 아니한 경우에, 당사자가 필요한 설명을 하지 아니하거나 설명할 기일에 출석하지 아니한 경우라고 하더라도 법원은 상대방의 신청이 없으면 이를 각하할 수 없다.

해설 민사소송법 제149조 참조.

민사소송법 제149조(실기한 공격·방어방법의 각하) ② 당사자가 제출한 공격 또는 방어방법의 취지가 분명하지 아니한 경우에, 당사자가 필요한 설명을 하지 아니하거나 설명할 기일에 출석하지 아니한 때에는 법원은 직권으로 또는 상대방의 신청에 따라 결정으로 이를 각하할 수 있다.

정답

21년(3) 모의

223. 법원이 당사자의 공격방어방법에 대하여 각하결정을 하지 아니한 채 증거조사까지 마친 경우에도 판결이유에서 당사자의 공격방어방법을 각하하는 판단을 할 수 있다.

해설 법원은 당사자의 고의 또는 중대한 과실로 시기에 늦어서 제출한 공격 또는 방어방법이 그로 인하여 소송의 완결을 지연하게 하는 것으로 인정될 때에는 이를 각하할 수 있고, 이는 독립된 결정의 형식으로 뿐만 아니라 판결이유 중에서 판단하는 방법에 의하여 할 수도 있으나, 법원이 당사자의 공격방어방법에 대하여 각하결정을 하지 아니한 채 그 공격방어방법에 관한 증거조사까지 마친 경우에 있어서는 더이상 소송의 완결을 지연할 염려는 없어졌다고 할 것이므로, 그러한 상황에서 새삼스럽게 판결이유에서 당사자의 공격방어방법을 각하하는 판단은 할 수 없고, 또 실기한 공격방어방법이라 하더라도 따로 심리하거나 증거조사를 하여야 할 사항이 남아 있어 어차피 기일의 속행을 필요로 하고 그 속행기일의 범위 내에서 공격방어방법의 심리도 마칠 수 있거나 공격방어방법의 내용이 이미 심리를 마친 소송자료의 범위 안에 포함되어 있는 때에는 소송의 완결을 지연시키는 것으로 볼 수 없으므로, 이와 같은 경우에도 각하할 수 없다(대판 1994.05.10. 93다47615).

정답

21년(3) 모의

224. (1) 공격방어방법의 제출시기는 시간적 문제이기 때문에 상대방과 법원에 공격방어방법을 제출하지 않을 것이라는 신뢰를 부여했는지 여부는 고려할 필요가 없다.
(2) 실기한 공격방어방법은 시기에 늦었는가의 문제이기 때문에 당사자의 법률지식이나 해당 행위의 성격과는 무관하다.

해설 민사소송법 제149조에 정한 실기한 공격·방어방법이란 당사자가 고의 또는 중대한 과실로 소송의 정도에 따른 적절한 시기를 넘겨 뒤늦게 제출하여 소송의 완결을 지연시키는 공격 또는 방어의 방법을 말한다. 여기에서 적절한 시기를 넘겨 뒤늦게 제출하였는지를 판단함에는 새로운 공격·방어방법이 구체적인 소송의 진행정도에 비추어 당사자가 과거에 제출을 기대할 수 있었던 객관적 사정이 있었는데도 이를 하지 않은 것인지, 상대방과 법원에 새로운 공격·방어방법을 제출하지 않을 것이라는 신뢰를 부여하였는지 여부 등을 고려해야 한다. 항소심에서 새로운 공격·방어방법이 제출된 경우에는 특별한 사정이 없는 한 항소심뿐만 아니라 제1심까지 통틀어 시기에 늦었는지를 판단해야 한다. 나아가 당사자의 고의 또는 중대한 과실이 있는지를 판단함에는 당사자의 법률지식과 함께 새로운 공격·방어방법의 종류, 내용과 법률구성의 난이도, 기존의 공격·방어방법과의 관계, 소송의 진행경과 등을 종합적으로 고려해야 한다(대판 2017.05.17. 2017다1097).

정답 ×, ×

21년(3) 모의

225. 환송 전 원심절차에서 제출할 수 있었던 상계항변을 환송 후 새로이 주장하는 것은 실기한 것으로 본다.

해설 환송 전 원심 소송절차에서 상계항변을 할 기회가 있었음에도 불구하고 환송 후 원심 소송절차에서 비로소 주장하는 상계항변은 실기한 공격방어방법에 해당한다(대판 2005.10.07. 2003다44387).

정답 ○

 18년 변시

226. 판결정본이 공시송달의 방법으로 송달된 경우 추후보완항소 제기기간의 기산점인 「민사소송법」 제173조 제1항의 '그 사유가 없어진 날'은 당사자나 소송대리인이 단순히 판결이 있었던 사실만을 안 때가 아니고, 나아가 그 판결이 공시송달의 방법으로 송달된 사실을 안 때를 의미한다.

해설 소장부본과 판결정본 등이 공시송달의 방법에 의하여 송달되었다면 특별한 사정이 없는 한, 피고는 과실 없이 그 판결의 송달을 알지 못한 것이고, 이러한 경우 피고는 그 책임을 질 수 없는 사유로 인하여 불변기간을 준수할 수 없었던 때에 해당하여 그 사유가 종료된 후 2주일(그 사유가 종료될 당시 외국에 있었던 경우에는 30일) 내에 추완항소를 할 수 있는바, 여기에서 '사유가 종료된 때'라 함은 당사자나 소송대리인이 단순히 판결이 있었던 사실을 안 때가 아니고 나아가 그 판결이 공시송달의 방법으로 송달된 사실을 안 때를 가리키는 것으로서, 다른 특별한 사정이 없는 한 통상의 경우에는 당사자나 소송대리인이 그 사건기록의 열람을 하거나 또는 새로이 판결정본을 영수한 때에 비로소 그 판결이 공시송달의 방법으로 송달된 사실을 알게 되었다고 보아야 한다(대판 1997.08.22. 96다30427).

정답 ○

18년 변시

227. 추후보완항소를 한 경우에는 확정판결에 의한 집행력이 정지되므로 별도로 집행정지결정을 받을 필요가 없다.

해설 추후보완신청이 있다고 하더라도 확정판결의 집행력에는 아무런 영향이 없으므로 확정판결에 대한 집행을 정지시키려면 별도의 집행정지결정을 받아야 한다(민사소송법 제500조 참조).

민사소송법 제500조 (재심 또는 상소의 추후보완신청으로 말미암은 집행정지) ① 재심 또는 제173조에 따른 상소의 추후보완신청이 있는 경우에 불복하는 이유로 내세운 사유가 법률상 정당한 이유가 있다고 인정되고, 사실에 대한 소명이 있는 때에는 법원은 당사자의 신청에 따라 담보를 제공하게 하거나 담보를 제공하지 아니하게 하고 강제집행을 일시정지하도록 명할 수 있으며, 담보를 제공하게 하고 강제집행을 실시하도록 명하거나 실시한 강제처분을 취소하도록 명할 수 있다.

정답

13년(1)·14년(3)·15년(2)·17년(1) 모의

228. 변호사를 선임한 당사자가 소송행위의 추후보완을 하려면 소송대리인만이 아니라 그 변호사사무소의 업무보조원에게도 과실 없이 불변기간을 준수할 수 없었던 경우이어야 한다.

해설 민사소송법 제160조(현행 제173조) 제1항은 "당사자가 그 책임을 질 수 없는 사유로 인하여 불변기간을 준수할 수 없었던 경우에는 그 사유가 없어진 후 2주일 내에 해태된 소송행위를 추완할 수 있다."고 규정하고 있는바, 여기서 말하는 '당사자가 그 책임을 질 수 없는 사유'라고 함은 당사자가 그 소송행위를 하기 위하여 일반적으로 하여야 할 주의를 다하였음에도 불구하고 그 기간을 준수할 수 없었던 사유를 가리키고, 그 당사자에는 당사자 본인뿐만 아니라 그 소송대리인 및 대리인의 보조인도 포함된다고 할 것이다(대판 1999.06.11. 99다9622).

정답

17년(1) 모의

229. (1) 불변기간은 법이 불변기간으로 정한 기간으로서, 법원은 이에 대해서는 부가기간을 정할 수 있다.
(2) 법원이 불변기간을 늘이거나 줄이는 것은 허용되지 않는다.
(3) 상고이유서 제출기간도 추후보완의 대상이다.

해설 [1], [2] 민사소송법 제172조 참조.

민사소송법 제172조(기간의 신축, 부가기간) ① 법원은 법정기간 또는 법원이 정한 기간을 늘이거나 줄일 수 있다. 다만, 불변기간은 그러하지 아니하다.
② 법원은 불변기간에 대하여 주소 또는 거소가 멀리 떨어진 곳에 있는 사람을 위하여 부가기간을 정할 수 있다.

③ 재판장·수명법관 또는 수탁판사는 제1항 및 제2항의 규정에 따라 법원이 정한 기간 또는 자신이 정한 기간을 늘이거나 줄일 수 있다.

[3] 상고이유서 제출기간은 불변기간이 아니므로 추완신청의 대상이 될 수 없다(대결 1981.01.28. 81사2).

정답 ○, ○, ×

17년(1) 모의

230. (1) 당사자의 책임질 수 없는 사유로 말미암아 이 기간을 지킬 수 없었던 경우에는 그 사유가 없어진 날로부터 2주 이내에 게을리 한 소송행위를 보완할 수 있다.
(2) 다만 그 사유가 없어질 당시 외국에 있던 당사자에 대하여는 이 기간을 30일로 한다.
(3) 법원은 소송행위의 추완에 관한 기간을 늘이거나 줄일 수 있다.

 민사소송법 제173조 참조.

민사소송법 제172조(기간의 신축, 부가기간) ① 법원은 법정기간 또는 법원이 정한 기간을 늘이거나 줄일 수 있다. 다만, 불변기간은 그러하지 아니하다.
② 법원은 불변기간에 대하여 주소 또는 거소가 멀리 떨어진 곳에 있는 사람을 위하여 부가기간을 정할 수 있다.
③ 재판장·수명법관 또는 수탁판사는 제1항 및 제2항의 규정에 따라 법원이 정한 기간 또는 자신이 정한 기간을 늘이거나 줄일 수 있다.
민사소송법 제173조(소송행위의 추후보완) ① 당사자가 책임질 수 없는 사유로 말미암아 불변기간을 지킬 수 없었던 경우에는 그 사유가 없어진 날부터 2주 이내에 게을리 한 소송행위를 보완할 수 있다. 다만, 그 사유가 없어질 당시 외국에 있던 당사자에 대하여는 이 기간을 30일로 한다.
② 제1항의 기간에 대하여는 제172조의 규정을 적용하지 아니한다.

정답 ○, ○, ×

15년 변시, 15년(2) 모의

231. 甲이 추후보완항소를 제기할 경우 판결의 선고 및 송달 사실을 알지 못하여 항소기간을 지키지 못한 데 과실이 없다는 사정은 甲이 주장·증명하여야 한다.

 판결의 선고 및 송달 사실을 알지 못하여 상소기간을 지키지 못한 데 과실이 없다는 사정은 상소를 추후 보완하고자 하는 당사자 측에서 주장·입증하여야 한다(대판 2012.10.11. 2012다44730).

정답 ○

15년 변시, 15년(3) 모의

232. (1) 형식적으로 확정된 제1심판결에 대한 피고의 추후보완에 의한 항소가 적법하여 해당 사건이 항소심에 계속된 경우, 피고는 상대방의 심급의 이익을 해할 우려가 없는 경우 또는 상대방의 동의를 받은 경우에는 반소를 제기할 수도 있다.

(2) 乙의 추후보완항소가 적법하게 계속될 경우 소송의 상대방인 甲은 부대항소를 제기할 수 있다.

해설 형식적으로 확정된 제1심판결에 대한 피고의 항소추완신청이 적법하여 해당 사건이 항소심에 계속된 경우 그 항소심은 다른 일반적인 항소심과 다를 바 없다. 따라서 원고와 피고는 형식적으로 확정된 제1심판결에도 불구하고 실기한 공격·방어방법에 해당하지 아니하는 한 자유로이 공격 또는 방어방법을 행사할 수 있고, 나아가 피고는 상대방의 심급의 이익을 해할 우려가 없는 경우 또는 상대방의 동의를 받은 경우에는 반소를 제기할 수도 있다(대판 2013.01.10. 2010다75044). 또한 추후보완항소가 적법하면 부대항소도 제기할 수 있다.

정답  ○, ○

18년 변시, 15년(2)·18년(1) 모의

233. 제1심에서 피고에게 소장부본과 변론기일소환장 등이 적법하게 교부송달되어 소송이 진행되던 중 소송서류의 송달이 불능하게 된 결과 공시송달의 방법에 의한 경우, 피고가 패소판결이 선고된 사실을 몰라 항소기간 내에 항소를 하지 않았다면 추후보완항소를 할 수 있다.

해설 소장부본과 변론기일소환장 등이 적법히 송달되어 소장이 진행도중 소송서류의 송달이 불능하게 된 결과 부득이 공시송달의 방법에 의한 경우에는 최초의 소장부본의 송달부터 공시송달의 방법에 의한 경우와는 달라서 피고는 소송이 제기된 것을 알고 있었으므로 소송의 진행상태를 조사할 의무가 있다 할 것이며, 따라서 특별한 사정이 없는 한 피고가 패소판결이 선고된 사실을 몰랐다고 하더라도 여기에는 과실이 있다고 보는 것이 상당하다. 추완항소의 당부는 항소기간을 지키지 못한 것이 항소인의 책임으로 돌릴 수 없는 사유로 인한 것인가를 따져 판단할 것인바 원심이 피고가 책임질 수 없는 사유로 불변기간을 준수하지 못하였다고 판단한 것은 소송행위 추완의 법리를 오해한 나머지 판결에 영향을 미친 위법이 있다 할 것이므로 이 점을 지적하는 논지는 이유있다(대판 1987.03.10. 86다카2224).

정답 ×

17년 변시

234. 원고가 피고의 주소나 거소를 알고 있었음에도 소장에 소재불명 또는 허위의 주소나 거소를 기재하여 소를 제기한 탓으로 공시송달의 방법에 의하여 판결정본이 송달된 경우, 피고는 소송행위 추후보완에 의한 상소를 할 수 없다.

해설 [1] 제1심판결 정본이 공시송달의 방법에 의하여 피고에게 송달되었다면 비록 피고의 주소가 허위이거나 그 요건에 미비가 있다 할지라도 그 송달은 유효한 것이므로 항소기간의 도과로 그 판결은 형식적으로 확정되어 기판력이 발생한다. [2] [1]의 경우에 피고로서는 항소기간내에 항소를 제기할 수 없었던 것이 자신이 책임질 수 없었던 사유로 인한 것임을 주장하여 그 사유가 없어진 후로부터 2주일(피고가 외국에 있을 때는 30일) 내에 추완항소를 제기할 수 있으며, 여기서 그 사유가 없어진 때라 함은 피고가 당해 사건기록의 열람을 하는 등의 방법으로 제1심판결 정본이 공시송달의 방법으로 송달된 사실을 안 때를 의미한다(대판 1994.10.21. 94다27922).

정답

15년(2) 모의

235. 제1심과 항소심 모두 피고에 대하여 공시송달로 절차가 진행되어 피고가 불출석한 경우, 제1심에서 원고의 청구를 일부 인용하는 판결이 선고되고, 원고가 항소한 항소심에서도 추가로 원고의 청구가 일부 인용되었다면, 피고는 제1심판결 중 피고 패소부분에 대하여는 추후보완 항소를, 항소심판결 중 피고 패소부분에 대하여는 추후보완 상고를 각 제기할 수 있다.

해설 제1심, 원심 모두 피고에 대하여 소장 부본 및 변론기일 통지서 등 모든 서류를 공시송달의 방법으로 송달하고 피고가 출석하지 않은 상태에서 변론기일을 진행하여 1심이 원고의 청구를 일부 인용하는 판결을 선고하였고 이에 원고가 항소함으로써 원심도 추가로 원고의 청구를 일부 인용하는 판결을 선고한 경우, 피고로서는 제1심판결 중 피고 패소 부분에 대하여는 추후보완 항소를, 원심판결 중 피고 패소 부분에 대하여는 상고나 추후보완 상고를 각각 제기할 수 있다(대판 2011.04.28. 2010다98948).

정답

14년(3) 모의

236. 공시송달이 된 경우에는 그 자체로 제재의 의미가 있으므로 추후보완을 인정해서는 안 된다.

해설 심판청구서부본 및 기타의 소송서류가 공시송달의 방법에 의하여 피청구인에게 송달되고 그 심판정본 역시 공시송달의 방법으로 피청구인에게 송달된 경우에 피청구인이 이러한 사실을 그 후에야 알게 되었다면 특별한 사정이 없는 한 피청구인이 상소제기의 불변기간을 지키지 못한 것이 피청구인에게 책임을 돌릴 수 없는 사유로 인한 것이라 할 것이다(대판 1987.09.22. 87므8).

비교판례 민사소송법 제160조 제1항의 '당사자가 그 책임을 질 수 없는 사유'라고 함은 당사자가 그 소송행위를 하기 위하여 일반적으로 하여야 할 주의를 다하였음에도 불구하고 그 기간을 준수할 수 없었던 사유를 가리키므로, 소송의 진행 도중 소송서류의 송달이 불능하게 된 결과 부득이 공시송달의 방법에 의하게 된 경우에는 처음부터 공시송달의 방법에 의한 경우와는 달라서 당사자에게 소송의 진행 상황을 조사할 의무가 있는 것이므로, 당사자가 법원에 소송의 진행 상황을 알아보지 않았다면 과실이 없다고 할 수 없으며, 또한 이러한 의무는 당사자가 변론기일에서 출석하여 변론을 하였는지 여부, 출석한 변론기일에서 다음 변론기일의 고지를 받았는지 여부나, 소송대리인을 선임한 바 있는지 여부를 불문하고 부담하는 것이다(대판 1998.10.02. 97다50152).

정답

14년(3) 모의

237. 추후보완의 대상이 되는 기간은 불변기간과 재정기간이다.

▫ 해설 ▫ 민사소송법 제173조 제1항 참조.

> 민사소송법 제173조(소송행위의 추후보완) ① 당사자가 책임질 수 없는 사유로 말미암아 불변기간을 지킬 수 없었던 경우에는 그 사유가 없어진 날부터 2주 이내에 게을리 한 소송행위를 보완할 수 있다. 다만, 그 사유가 없어질 당시 외국에 있던 당사자에 대하여는 이 기간을 30일로 한다.

정답 ×

제9절 송 달

I 서 설

II 송달기관

법무부(2)·16년(3) 모의

238. 송달한 기관이 송달에 관한 사유를 서면으로 작성하여 법원에 제출하는 송달보고서는 송달사실에 대한 단순한 증거방법에 지나지 않는다고 봄이 상당하므로 그 기재내용이 송달의 실질적 내용과 다르더라도 다른 증거방법에 의하여 적법한 송달이 증명된다면 그 송달은 유효하다.

▫ 해설 ▫ 민사소송법 제178조의 규정에 의하여 송달한 기관이 송달에 관한 사유를 서면으로 작성하여 법원에 제출하는 송달보고서는 송달사실에 대한 증거방법에 지나지 않는다고 할 것이나, 송달보고서는 공문서로서 그의 진정성립이 추정되기에 송달보고서 기재상의 흠이 있다고 하여 바로 그 송달이 부적법하게 되어 무효가 되는 것은 아니고 다른 증거방법에 의하여 송달실시행위가 적법하게 이루어졌음이 증명되는 한 송달은 유효한 것으로 해석되며, 다른 증거방법에 의하여도 송달실시행위가 적법하게 이루어졌음을 증명할 수 없는 경우에만 송달을 무효로 볼 것이다(대결 2000.08.22. 2000모42).

정답 ○

III 송달서류

13년 변시, 21년(2) 모의

239. 소송서류는 특별한 규정이 없는 한 원본으로 송달하여야 하며, 소송대리인이 있는 경우에도 당사자 본인에게 한 송달은 유효하다.

▫ 해설 ▫ 민사소송법 제178조 제1항 참조.

민사소송법 제178조(교부송달의 원칙) ① 송달은 특별한 규정이 없으면 송달받을 사람에게 서류의 등본 또는 부본을 교부하여야 한다.

판례 소송대리인이 있는 경우에도 당사자 본인에게 한 서류의 송달은 유효하고 또 동거하는 고용인(식모)에게 교부한 송달도 유효하다(대판 1970.06.05. 70마325).

정답

Ⅳ 송달받을 사람

24년 변시

240. 당사자가 소송계속 중 수감된 경우에 법원이 판결정본을 교도소장 등에게 송달하지 않고서 당사자 주소 등에 재판장의 명령에 따라 공시송달의 방법으로 송달하였다면, 이는 공시송달의 요건을 갖추지 못한 하자가 있는 것으로서 무효이다.

해설 당사자가 소송 계속 중에 수감된 경우 법원이 판결정본을 민사소송법 제182조에 따라 교도소장 등에게 송달하지 않고 당사자 주소 등에 공시송달 방법으로 송달하였다면, 공시송달의 요건을 갖추지 못한 하자가 있다고 하더라도 재판장의 명령에 따라 공시송달을 한 이상 송달의 효력은 있다(대판 2022.01.13. 2019다220618).

정답

24년 변시

241. 본인과 그의 사무원, 피용자 또는 동거인으로서 사리를 분별할 지능이 있는 사람, 즉 수령대행인 사이에 당해 소송에 관하여 이해의 대립 내지 상반된 이해관계가 있는 경우 수령대행인이 본인을 대신하여 소송서류를 송달받는 것은 쌍방대리금지의 원칙에 반하므로 그 수령대행인에 대하여는 보충송달을 할 수 없다.

해설 보충송달제도는 본인 아닌 그의 사무원, 피용자 또는 동거인, 즉 수령대행인이 소송서류를 수령하여도 그의 지능과 객관적인 지위, 본인과의 관계 등에 비추어 사회통념상 본인에게 소송서류를 전달할 것이라는 합리적인 기대를 전제로 한다. 동일한 수령대행인이 이해가 대립하는 소송당사자 쌍방을 대신하여 소송서류를 동시에 수령하는 경우가 있을 수 있다. 이런 경우 수령대행인이 원고나 피고 중 한 명과도 이해관계의 상충 없이 중립적인 지위에 있기는 쉽지 않으므로 소송당사자 쌍방 모두에게 소송서류가 제대로 전달될 것이라고 합리적으로 기대하기 어렵다. 또한 이익충돌의 위험을 회피하여 본인의 이익을 보호하려는 데 취지가 있는 민법 제124조 본문에서의 쌍방대리금지 원칙에도 반한다. 따라서 소송당사자의 허락이 있다는 등의 특별한 사정이 없는 한, 동일한 수령대행인이 소송당사자 쌍방의 소송서류를 동시에 송달받을 수 없고, 그러한 보충송달은 무효라고 봄이 타당하다(대판 2021.03.11. 2020므11658).

정답

20년(3)·23년(3) 모의

242. 교부송달에 의하여 소장 기재 피고 주소로 소장 부본이 적법하게 송달된 후 제1회 변론기일통지서가 폐문부재로 송달불능되어 등기우편에 의하여 우편송달하였다면, 그 후 새로 송달할 서류는 더 이상 교부송달 등을 거치지 않고 바로 우편송달할 수 있다.

해설 우편집배원의 2회에 걸친 배달에도 불구하고 각 폐문부재로 반송되어온 판결정본을 법원이 등기우편에 의한 발송송달로 송달한 것은 적법하다(대결 1990.11.28. 90마914). 등기우편에 의한 발송송달은 당해 서류에 관하여 교부송달, 또는 보충·유치송달 등이 불가능한 것임을 그 요건으로 하는 것이므로 당해 서류의 송달에 한하여 할 수 있는 것이지 그에 이은 별개의 서류의 송달은 이 요건이 따로 구비되지 않는 한 당연히 이 방법에 의한 우편송달을 할 수 있는 것이 아니다(대판 1994.11.11. 94다36278).

정답

243. **(1)** 동일한 당사자를 위하여 수인의 소송대리인이 소송을 수행하는 경우에 법원은 판결정본을 수인의 소송대리인에게 각각 송달하여야 하지만, 이 경우 당사자에 대한 판결정본 송달의 효력은 소송대리인 중 1인에게 최초로 송달되었을 때 발생하고 항소기간 역시 소송대리인 중 1인에게 최초로 판결정본이 송달되었을 때부터 기산된다.

(2) 당사자에게 여러 명의 소송대리인이 선임되어 있는 경우, 법원은 여러 소송대리인들에게 각각 판결정본을 송달하여야 하고, 그 경우 상소기간은 그 중 1인에게 최초로 판결정본이 송달된 때부터 기산된다.

해설 민사소송의 당사자는 민사소송법 제396조 제1항에 의하여 판결정본이 송달된 날부터 2주 이내에 항소를 제기하여야 한다. 한편 당사자에게 여러 소송대리인이 있는 때에는 민사소송법 제93조에 의하여 각자가 당사자를 대리하게 되므로, 여러 사람이 공동으로 대리권을 행사하는 경우 그 중 한 사람에게 송달을 하도록 한 민사소송법 제180조가 적용될 여지가 없어 법원으로서는 판결정본을 송달함에 있어 여러 소송대리인에게 각각 송달을 하여야 하지만, 그와 같은 경우에도 소송대리인 모두 당사자 본인을 위하여 소송서류를 송달받을 지위에 있으므로 당사자에 대한 판결정본 송달의 효력은 결국 소송대리인 중 1인에게 최초로 판결정본이 송달되었을 때 발생한다. 따라서 당사자에게 여러 소송대리인이 있는 경우 항소기간은 소송대리인 중 1인에게 최초로 판결정본이 송달되었을 때부터 기산된다(대결 2011.09.29. 2011마1335).

정답

23년(3) 모의

244. 당사자가 다른 소송의 재판절차에서 송달받은 준비서면 등에 당해 사건의 제1심 판결문과 확정증명원 등이 첨부된 경우에는 그 시점에 제1심 판결의 존재 및 공시송달의 방법으로 송달된 사실까지 알았다고 볼 것이지만, 다른 소송에서 선임된 소송대리인이 그 재판절차에서 위와 같은 준비서면 등을 송달받았다는 사정만으로 이를 당사자가 직접 송달받은 경우와 동일하게 볼 수는 없다.

해설 당사자가 다른 소송의 재판절차에서 송달받은 준비서면 등에 당해 사건의 제1심 판결문과 확정증명원 등이 첨부된 경우에는 그 시점에 제1심판결의 존재 및 공시송달의 방법으로 송달된 사실까지 알았다고 볼 것이지만, 다른 소송에서 선임된 소송대리인이 그 재판절차에서 위와 같은 준비서면 등을 송달받았다는 사정만으로 이를 당사자가 직접 송달받은 경우와 동일하게 볼 수는 없다(대판 2022.04.14. 2021다305796).

정답

14년 변시, 17년(2)·18년(2) 모의

245. (1) 소송무능력자에 대한 송달은 그의 법정대리인에게 한다.
(2) 여러 사람이 공동으로 대리권을 행사하는 경우, 송달은 위 소송대리인 전부에게 하여야 한다.

해설 민사소송법 제179조, 제180조 참조.
민사소송법 제179조(소송무능력자에게 할 송달) 소송무능력자에게 할 송달은 그의 법정대리인에게 한다.
민사소송법 제180조(공동대리인에게 할 송달) 여러 사람이 공동으로 대리권을 행사하는 경우의 송달은 그 가운데 한 사람에게 하면 된다.

정답

18년(1) 모의

246. 교도소에 수감된 당사자에 대한 송달을 수감되기 전의 종전 주·거소에다 하였다면 무효이고, 이는 수소법원이 송달을 실시함에 있어 당사자의 수감사실을 몰랐다고 하더라도 마찬가지이다.

해설 교도소 등의 소장은 재감자에 대한 송달에 있어서는 일종의 법정대리인이라고 할 것이므로 재감자에 대한 송달을 교도소 등의 소장에게 하지 아니하고 수감되기 전의 종전 주·거소에다 하였다면 무효라고 하지 않을 수 없고, 수소법원이 송달을 실시함에 있어 당사자 또는 소송관계인의 수감사실을 모르고 종전의 주·거소에 하였다고 하여도 동일하고 송달의 효력은 발생하지 않는다(대판 1982.12.28. 82다카349).

정답

15년(2)·18년(1) 모의

247. (1) 주식회사에 대한 소장 등은 그 대표자에게 송달하여야 하므로 그 대표자의 주소, 거소에 하는 것이 원칙이나, 그 주식회사의 영업소나 사무소에도 할 수 있다.

(2) 법인에 대한 송달은 본점 소재지에서 그 대표이사가 이를 수령하는 방식으로 할 수 있고, 그와 같은 송달이 불능인 경우에는 법인등기부 등을 조사하여 본점 소재지의 이전 여부 이외에도 법인등기부상의 대표이사의 주소지 등을 확인하여 송달을 실시하여 보고 그 송달이 불가능한 때에 비로소 공시송달을 할 수 있다.

해설 [1] 법인인 소송당사자에게 효과가 발생할 소송행위는 그 법인을 대표하는 자연인의 행위거나 그 자연인에 대한 행위라야 할 것이므로 소송당사자인 법인에의 소장, 기일소환장 및 판결 등 서류는 그 대표자에게 송달하여야 하는 것이니 그 대표자의 주소, 거소에 하는 것이 원칙이고, 법인의 영업소나 사무소에도 할 수 있으나, 법인의 대표자의 주소지가 아닌 소장에 기재된 법인의 주소로 발송하였으나 이사불명으로 송달불능된 경우에는, 원칙으로 되돌아가 원고가 소를 제기하면서 제출한 법인등기부등본 등에 나타나 있는 법인의 대표자의 주소지로 소장 부본 등을 송달하여 보고 그 곳으로도 송달되지 않을 때에 주소 보정을 명하여야 하므로, 법인의 주소로 소장 부본을 송달하였으나 송달불능되었다는 이유만으로 그 주소 보정을 명한 것은 잘못이므로 그 주소 보정을 하지 아니하였다는 이유로 한 소장각하명령은 위법하다(대결 1997.05.19. 97마600). [2] 과세관청이 납세의무자인 회사에 대한 납세고지서를 법인등기부상 본점주소지로 송달하였으나 송달불능으로 반송되어 오자 그 당시 대표이사의 법인등기부상 등재된 주소지에는 송달하여 보지도 아니한 채 그 납세고지서를 공시송달하였다면 위 회사에 대하여 적법한 납세고지서의 송달이 있은 것으로 볼 수 없다(대판 1990.09.11. 90누868).

정답  ○, ○

17년(2) 모의

248. 국가를 당사자로 하는 소송에서 국가에 대한 송달은 소송수행자나 소송대리인이 있으면 그 소송수행자나 소송대리인에게 송달한다.

해설 국가를 당사자로 하는 소송에 관한 법률 제9조 참조.

국가를 당사자로 하는 소송에 관한 법률 제9조 (송달의 대상) ① 국가소송에서 국가에 대한 송달은 수소법원에 대응하는 검찰청(수소법원이 지방법원 지원인 경우에는 지방검찰청을 말한다)의 장에게 한다. 다만, 고등검찰청 소재지의 지방법원(산하 지방법원 지원을 포함한다)에 소가 제기된 경우에는 그 고등검찰청의 장에게 송달한다.
② 소송수행자 또는 소송대리인이 있는 경우에는 제1항에도 불구하고 소송수행자 또는 소송대리인에게 송달한다.

정답

V 송달일시와 장소

🍊 18년 변시

249. 다른 주된 직업을 가지고 있으면서 A주식회사의 비상근이사, 비상근감사 또는 사외이사의 직을 가지고 있는 사람에 대해서는 A주식회사의 본점이 「민사소송법」 제183조 제2항의 '근무장소'에 해당한다고 할 수 없다.

▪▪해설 하이스마텍은 다른 주된 직업을 가지고 있으면서 하이스마텍의 비상근이사, 사외이사 또는 비상근감사의 직에 있는 피고에게 지속적인 근무장소라고 할 수 없으므로 민사소송법 제183조 제2항에 정한 '근무장소'에 해당한다고 볼 수 없다(대판 2015.12.10. 2012다16063).

정답 ○

🍊 14년 변시, 12년(3)·18년(1)·20년(3) 모의

250. (1) 송달은 원칙적으로 받을 사람의 주소·거소·영업소 또는 사무소에서 해야 하는데, 여기에서의 영업소 또는 사무소는 송달 받을 사람 자신이 경영하는 영업소 또는 사무소를 의미하는 것이고 송달 받을 사람의 근무장소는 이에 해당하지 않는다.

(2) 피고의 주소·거소·영업소 또는 사무소의 장소를 알지 못하거나 그 장소에서 송달할 수 없는 때에는 소장 부본을 피고가 직원으로 고용되어 근무하는 회사로 송달할 수 있으나, 소장에 기재된 피고의 위 주소 등에 대한 송달을 시도하지 않은 채 바로 근무장소로 한 송달은 위법하다.

▪▪해설 [1] 송달은 원칙적으로 받을 사람의 주소·거소·영업소 또는 사무소에서 해야 하는데(민사소송법 제183조 제1항 전문), 여기서 말하는 영업소 또는 사무소는 송달 받을 사람 자신이 경영하는 영업소 또는 사무소를 의미하는 것이지 송달 받을 사람의 근무장소는 이에 해당하지 않으며(민사소송법 제183조 제2항 참조), 송달 받을 사람이 경영하는, 그와 별도의 법인격을 가지는 회사의 사무실은 송달 받을 사람의 영업소나 사무소라 할 수 없고, 이는 그의 근무장소에 지나지 아니한다. [2] 근무장소에서의 송달을 규정한 민사소송법 제183조 제2항에 의하면, 근무장소에서의 송달은 송달 받을 자의 주소 등의 장소를 알지 못하거나 그 장소에서 송달할 수 없는 때에 한하여 할 수 있는 것이므로 소장, 지급명령신청서 등에 기재된 주소 등의 장소에 대한 송달을 시도하지 않은 채 근무장소로 한 송달은 위법하다(대판 2004.07.10. 2004마535).

민사소송법 제183조(송달장소) ① 송달은 받을 사람의 주소·거소·영업소 또는 사무소(이하 "주소등"이라 한다)에서 한다. 다만, 법정대리인에게 할 송달은 본인의 영업소나 사무소에서도 할 수 있다.
② 제1항의 장소를 알지 못하거나 그 장소에서 송달할 수 없는 때에는 송달받을 사람이 고용·위임 그 밖에 법률상 행위로 취업하고 있는 다른 사람의 주소등(이하 "근무장소"라 한다)에서 송달할 수 있다.

정답 ○, ○

VI 송달실시의 방법

🕐 14년·18년·24년 변시, 16년(3)·17년(3) 모의

251. (1) 우편송달은 본인에 대한 교부송달은 물론 보충송달이나 유치송달도 불가능한 경우이거나 당사자 등이 송달장소의 변경신고의무를 이행하지 아니하고 기록에 현출된 자료만으로 달리 송달장소를 알 수 없는 경우에 허용된다.

(2) 「민사소송법」제187조에 정한 우편송달은 같은 법 제186조에 따른 보충송달, 유치송달 등이 불가능할 것을 요건으로 하는바, 일단 위 요건이 구비되어 우편송달이 이루어진 이상 그 이후에 송달할 서류는 위 요건의 구비 여부를 불문하고 위 조문에 정한 우편송달을 할 수 있다.

(3) 보충송달이나 유치송달이 가능한 경우에는 우편송달을 할 수 없다.

(4) 송달받을 사람 본인이 장기출타로 부재중인 경우에는, 동거인에게 보충송달 또는 유치송달을 하거나 바로 우편송달을 할 수도 있다.

▦해설 민사소송법 제173조에 의한 우편송달(현재 법 제187조)은 당해 서류에 관하여 교부 또는 보충, 유치송달 등이 불가능한 것을 요건으로 하는 것이므로 당해 서류의 송달에 한하여 할 수 있는 것이지 그에 이은 별개의 서류 등의 송달에 관하여는 위 요건이 따로 구비되지 않는 한 당연히 우편송달을 할 수 있는 것은 아니라고 보아야 할 것이다(대판 1990.01.25. 89마939).

민사소송법 제187조(우편송달) 제186조의 규정(보충송달·유치송달)에 따라 송달할 수 없는 때에는 법원사무관등은 서류를 등기우편 등 대법원규칙이 정하는 방법으로 발송할 수 있다.

정답 ×, ○, ×

21년(2) 모의

252. 조정을 갈음하는 결정 정본의 송달은 공시송달로 할 수 있다.

▦해설 이러한 송달 받은 당사자에게는 자백간주·소취하간주 등 기일해태의 불이익, 답변서제출의무, 변론준비절차, 외국판결의 승인규정 등이 적용되지 아니하며, 화해권고결정·조정을 갈음하는 결정·이행권고결정·지급명령의 송달은 공시송달에 의할 수 없다(이시윤, 신민사소송법 제14판, p.443).

민사소송법 제194조(공시송달의 요건) ① 당사자의 주소등 또는 근무장소를 알 수 없는 경우 또는 외국에서 하여야 할 송달에 관하여 제191조의 규정에 따를 수 없거나 이에 따라도 효력이 없을 것으로 인정되는 경우에는 법원사무관등은 직권으로 또는 당사자의 신청에 따라 공시송달을 할 수 있다.
민사조정법 제30조(조정을 갈음하는 결정) 조정담당판사는 합의가 성립되지 아니한 사건 또는 당사자 사이에 성립된 합의의 내용이 적당하지 아니하다고 인정한 사건에 관하여 직권으로 당사자의 이익이나 그 밖의 모든 사정을 고려하여 신청인의 신청 취지에 반하지 아니하는 한도에서 사건의 공평한 해결을 위한 결정을 할 수 있다.
민사조정법 제38조(「민사소송법」의 준용) ② 이 법에 따른 기일, 기간 및 서류의 송달에 관하여는 「민사소송법」을 준용한다. 다만, 「민사소송법」제185조제2항, 제187조, 제194조부터 제196조까지의 규정은 제28조에 따라 작성된 조서를 송달하는 경우를 제외하고는 준용하지 아니한다. ▶ 민조법 제30조는 민소법 제194조 준용

정답 ×

21년(2) 모의

253. 소송당사자나 대리인이 정당한 사유 없이 송달장소에서 소송서류의 수령을 거부하는 경우, 법원은 바로 우편송달을 실시할 수 있다.

> 해설 우편송달은 송달할 장소에서 보충송달·유치송달도 불가능한 경우, 또는 당사자 등이 송달장소 변경의 신고의무를 이행하지 아니하고 또 기록에 나타난 자료만으로 달리 송달장소를 알 수 없는 때에 하는 송달방법이다(김홍엽, 민사소송법 제7판, p.552). ▶ 민사소송법 제178조, 제186조, 제187조 참조.
>
> 민사소송법 제178조(교부송달의 원칙) ① 송달은 특별한 규정이 없으면 송달받을 사람에게 서류의 등본 또는 부본을 교부하여야 한다.
> ② 송달할 서류의 제출에 갈음하여 조서, 그 밖의 서면을 작성한 때에는 그 등본이나 초본을 교부하여야 한다.
> 민사소송법 제186조(보충송달·유치송달) ① 근무장소 외의 송달할 장소에서 송달받을 사람을 만나지 못한 때에는 그 사무원, 피용자(被用者) 또는 동거인으로서 사리를 분별할 지능이 있는 사람에게 서류를 교부할 수 있다.
> ② 근무장소에서 송달받을 사람을 만나지 못한 때에는 제183조제2항의 다른 사람 또는 그 법정대리인이나 피용자 그 밖의 종업원으로서 사리를 분별할 지능이 있는 사람이 서류의 수령을 거부하지 아니하면 그에게 서류를 교부할 수 있다.
> ③ 서류를 송달받을 사람 또는 제1항의 규정에 의하여 서류를 넘겨받을 사람이 정당한 사유 없이 송달받기를 거부하는 때에는 송달할 장소에 서류를 놓아둘 수 있다.
> 민사소송법 제187조(우편송달) 제186조의 규정에 따라 송달할 수 없는 때에는 법원사무관등은 서류를 등기우편 등 대법원규칙이 정하는 방법으로 발송할 수 있다.

19년 변시

254. 소장부본이 피고에게 적법하게 송달되어 소송이 진행되던 도중 피고에게 소송서류의 송달이 불능하게 된 결과 부득이 공시송달의 방법에 의하게 된 경우 피고는 소송의 진행상황을 조사할 의무가 있다.

> 해설 소장부본과 변론기일소환장 등이 적법히 송달되어 소장이 진행도중 소송서류의 송달이 불능하게 된 결과 부득이 공시송달의 방법에 의한 경우에는 최초의 소장부본의 송달부터 공시송달의 방법에 의한 경우와는 달라서 피고는 소송이 제기된 것을 알고 있었으므로 소송의 진행상태를 조사할 의무가 있다 할 것이며, 따라서 특별한 사정이 없는 한 피고가 패소판결이 선고된 사실을 몰랐다고 하더라도 여기에는 과실이 있다고 보는 것이 상당하다(대판 1987.03.10. 86다카2224).

255. 법인의 대표자가 사망하고 달리 법인을 대표할 자도 정하여지지 아니하였기 때문에 법인에 대하여 송달을 할 수 없는 경우 공시송달도 할 수 없다.

> **해설** 민사소송법 제179조 소정의 공시송달의 요건이 갖추어지지 아니하였다고 하더라도, 재판장의 명에 의하여 공시송달이 된 이상 원칙적으로 공시송달의 효력에는 영향이 없는 것이나, 법인에 대한 송달은 같은 법 제60조 및 제166조에 따라서 그 대표자에게 하여야 되는 것이므로 법인의 대표자가 사망하여 버리고 달리 법인을 대표할 자도 정하여지지 아니하였기 때문에 법인에 대하여 송달을 할 수 없는 때에는 공시송달도 할 여지가 없는 것이라고 보아야 할 것이다(대판 1991.10.22. 91다9985).

정답 ○

256. 원고가 피고의 주소 또는 근무장소를 알 수 없어서 공시송달을 신청하는 경우 원고는 피고의 주소 또는 근무장소를 알 수 없다는 사유를 증명해야 한다.

> **해설** 민사소송법 제194조 제2항 참조.

> 민사소송법 제194조(공시송달의 요건) ① 당사자의 주소등 또는 근무장소를 알 수 없는 경우 또는 외국에서 하여야 할 송달에 관하여 제191조의 규정에 따를 수 없거나 이에 따라도 효력이 없을 것으로 인정되는 경우에는 법원사무관등은 직권으로 또는 당사자의 신청에 따라 공시송달을 할 수 있다.
> ② 제 1항의 신청에는 그 사유를 소명하여야 한다.

정답 ×

257. (1) 당사자가 교부송달, 보충송달, 공시송달 등 적법한 송달을 받고도 변론기일에 출석하지 않고 아무런 답변서도 제출하지 않은 경우 그 사실을 자백한 것으로 본다.
(2) 공시송달의 방법으로 기일통지서를 송달받은 당사자가 변론기일에 출석하지 아니한 경우 상대방이 주장하는 사실에 대하여 자백간주의 효력이 발생하지 아니한다.

> **해설** 민사소송법 제150조 제1항, 제3항 참조.

> 민사소송법 제150조(자백간주) ① 당사자가 변론에서 상대방이 주장하는 사실을 명백히 다투지 아니한 때에는 그 사실을 자백한 것으로 본다. 다만, 변론 전체의 취지로 보아 그 사실에 대하여 다툰 것으로 인정되는 경우에는 그러하지 아니하다.
> ③ 당사자가 변론기일에 출석하지 아니하는 경우에는 제1항의 규정을 준용한다. 다만, 공시송달의 방법으로 기일통지서를 송달받은 당사자가 출석하지 아니한 경우에는 그러하지 아니하다.

정답 ×, ○

◎ 19년 변시

258. 공시송달의 방법으로 소장을 송달받은 피고가 송달의 효력이 발생한 날로부터 30일 이내에 원고의 청구를 다투는 취지의 답변서를 제출하지 않았더라도, 법원은 바로 선고기일을 지정할 수는 없고 반드시 변론기일을 지정하여야 한다.

▸ 해설 | 법률상 무변론 판결을 할 수 없는 경우로는 ① 공시송달로 소장부본을 송달한 경우(법 제256조 제1항 단서), ② 소송요건의 존부 등 직권조사사항이 있는 경우(법 제257조 제1항 단서), ③ 판결 선고일까지 원고의 청구를 다투는 취지의 답변서가 제출된 경우(법 제257조 제1항 단서)등은 무변론판결을 할 수 없다(김홍엽, 민사소송법 제7판, p.335~336). 따라서 지문의 경우 변론기일을 지정해야 한다.

민사소송법 제256조(답변서의 제출의무) ① 피고가 원고의 청구를 다투는 경우에는 소장의 부본을 송달받은 날부터 30일 이내에 답변서를 제출하여야 한다. 다만, 피고가 공시송달의 방법에 따라 소장의 부본을 송달받은 경우에는 그러하지 아니하다.

민사소송법 제257조(변론 없이 하는 판결) ① 법원은 피고가 제256조제1항의 답변서를 제출하지 아니한 때에는 청구의 원인이 된 사실을 자백한 것으로 보고 변론 없이 판결할 수 있다. 다만, 직권으로 조사할 사항이 있거나 판결이 선고되기까지 피고가 원고의 청구를 다투는 취지의 답변서를 제출한 경우에는 그러하지 아니하다.

17년(3)·18년(2) 모의

259. 소장, 지급명령신청서 등에 기재된 주소 등의 장소에 대한 송달을 시도하지 않은 채 근무장소로 한 송달은 위법하다.

▸ 해설 | 근무장소에서의 송달을 규정한 민사소송법 제183조 제2항에 의하면, 근무장소에서의 송달은 송달 받을 자의 주소 등의 장소를 알지 못하거나 그 장소에서 송달할 수 없는 때에 한하여 할 수 있는 것이므로 소장, 지급명령신청서 등에 기재된 주소 등의 장소에 대한 송달을 시도하지 않은 채 근무장소로 한 송달은 위법하다(대결 2004.07.21. 2004마535).

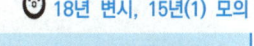

260. 보충송달에서 수령대행인이 될 수 있는 사무원이란 반드시 송달받을 사람과 고용관계가 있어야 하는 것은 아니고, 평소 본인을 위하여 사무 등을 보조하는 자이면 충분하다.

▸ 해설 | 민사소송법 제186조 제1항이 정한 보충송달에 있어서 수령대행인이 될 수 있는 사무원이란 반드시 송달받을 사람과 고용관계가 있어야 하는 것은 아니고 평소 본인을 위하여 사무 등을 보조하는 자이면 충분하다(대판 2007.12.13. 2007다53822).

14년(3)·18년(1) 모의

261. (1) 근무장소에서 송달받을 사람을 만나지 못한 경우, 그 사용자가 서류의 수령을 거부하더라도 사용자에게 서류를 교부할 수 있다.

(2) 근무장소에서 송달받을 사람을 만나지 못한 때에는 사리를 분별할 지능이 있는 다른 피용자가 거부하더라도 서류를 교부할 수 있다.

해설 민사소송법 제186조 제2항 참조.

민사소송법 제186조(보충송달·유치송달) ② 근무장소에서 송달받을 사람을 만나지 못한 때에는 제183조 제2항의 다른 사람 또는 그 법정대리인이나 피용자 그 밖의 종업원으로서 사리를 분별할 지능이 있는 사람이 서류의 수령을 거부하지 아니하면 그에게 서류를 교부할 수 있다.

정답 ×, ×

 18년 변시, 20년(3)·22년(3) 모의

262. (1) 소송서류를 송달받을 본인과 당해 소송에 관하여 이해의 대립 내지 상반된 이해관계가 있는 수령대행인에 대하여는 보충송달을 할 수 없다.

(2) 채무자가 그 고용주인 제3채무자 회사에 대하여 가지는 급여채권을 피압류채권으로 하는 채권가압류결정 정본이 제3채무자 회사로 송달되어 채무자가 제3채무자의 사무원으로서 이를 보충송달받은 경우, 위 보충송달은 이해가 대립하는 자에 대한 송달로 무효이다.

해설 보충송달제도는 본인 아닌 그의 사무원, 피용자 또는 동거인, 즉 수령대행인이 서류를 수령하여도 그의 지능과 객관적인 지위, 본인과의 관계 등에 비추어 사회통념상 본인에게 서류를 전달할 것이라는 합리적인 기대를 전제로 한다. 그런데 본인과 수령대행인 사이에 당해 소송에 관하여 이해의 대립 내지 상반된 이해관계가 있는 때에는 수령대행인이 소송서류를 본인에게 전달할 것이라고 합리적으로 기대하기 어렵고, 이해가 대립하는 수령대행인이 본인을 대신하여 소송서류를 송달받는 것은 쌍방대리금지의 원칙에도 반하므로, 본인과 당해 소송에 관하여 이해의 대립 내지 상반된 이해관계가 있는 수령대행인에 대하여는 보충송달을 할 수 없다(대판 2016.11.10. 2014다54366).

정답 ○, ○

 18년 변시

263. 「환경분쟁 조정법」에 의한 재정의 경우, 재정문서는 재판상 화해와 동일한 효력을 가질 수도 있는 점 등에 비추어 재정문서의 송달은 공시송달의 방법으로 할 수 없다.

해설 환경분쟁 조정법 제40조 제3항, 제42조 제2항, 제64조 및 민사소송법 제231조, 제225조 제2항의 내용과 재정문서의 정본을 송달받고도 당사자가 60일 이내에 재정의 대상인 환경피해를 원인으로 하는 소송을 제기하지 아니하는 등의 경우 재정문서가 재판상 화해와 동일한 효력이 있으므로 재정의 대상인 환경피해를 원인으로 한 분쟁에서 당사자의 재판청구권을 보장할 필요가 있는 점 등을 종합하면, 환경분쟁 조정법에 의한 재정의 경우 재정문서의 송달은 공시송달의 방법으로는 할 수 없다(대판 2016.04.15. 2015다201510).

정답 ○

14년 변시, 17년(3)·18년(2) 모의

264. **(1)** 당사자가 법원에 신고한 송달장소를 변경하였으나 그 취지를 법원에 신고하지 않아서 법원이 달리 송달할 장소를 알 수 없는 경우, 종전에 송달받던 장소에 우편송달을 할 수 있다.

(2) 당사자·법정대리인 또는 소송대리인이 송달받을 장소를 바꾸고도 그러한 취지의 신고를 하지 아니하고 달리 송달할 장소를 알 수 없는 경우, 그 사람에게 송달할 서류는 종전에 송달받던 장소에 등기우편으로 발송할 수 있고, 이 경우 발송한 때에 송달된 것으로 본다.

 민사소송법 제185조, 제189조, 민사소송규칙 제51조 참조.

민사소송법 제185조(송달장소변경의 신고의무) ① 당사자·법정대리인 또는 소송대리인이 송달받을 장소를 바꿀 때에는 바로 그 취지를 법원에 신고하여야 한다.
② 제1항의 신고를 하지 아니한 사람에게 송달할 서류는 달리 송달할 장소를 알 수 없는 경우 종전에 송달받던 장소에 대법원규칙이 정하는 방법으로 발송할 수 있다.
민사소송법 제189조(발신주의) 제185조제2항 또는 제187조의 규정에 따라 서류를 발송한 경우에는 발송한 때에 송달된 것으로 본다.
민사소송규칙 제51조(발송의 방법) 법 제185조 제2항과 법 제187조의 규정에 따른 서류의 발송은 등기우편으로 한다.

정답 ○, ○

15년(1)·17년(3) 모의

265. 이혼한 배우자라도 사정에 의하여 사실상 동일 세대에 소속되어 생활을 같이하고 있다면 보충송달에서 말하는 수령대행인인 동거인이 될 수 있다.

 민사소송법 제186조 제1항에 의하면 근무장소 외의 송달할 장소에서 송달받을 사람을 만나지 못한 때에는 그 동거인 등으로서 사리를 분별할 지능이 있는 사람에게 서류를 교부하는 방법으로 송달할 수 있고, 여기에서 말하는 동거인이란 송달을 받을 사람과 동일한 세대에 속하여 생활을 같이 하는 사람이기만 하면 되고 반드시 법률상 친족관계에 있어야 하는 것은 아니므로, 이혼한 배우자라도 사정에 의하여 사실상 동일 세대에 소속되어 생활을 같이하고 있다면 여기에서 말하는 수령대행인으로서의 동거인이 될 수 있다(대판 2013.04.25. 2012다98423).

정답 ○

17년(3) 모의

266. 원고에 대한 교부송달, 보충송달, 유치송달이 불가능하다면 소장에 원고의 주소지로 기재되어 있기는 하나 당시 원고의 실제 생활근거지가 아닌 곳으로 변론기일 통지서를 우편송달할 수 있다.

해설 소장과 항소장에 원고의 주소지로 기재되어 있기는 하나 당시 원고의 실제 생활근거지가 아닌 곳으로 변론기일 소환장을 우편송달한 것이 민사소송법 제173조나 제171조의2 제2항에 의한 우편송달로서의 효력이 없다(대판 2001.09.07. 2001다30025).

정답 ×

17년 변시, 16년(3)·18년(2)·21년(2) 모의

267. (1) 당사자의 주소등 또는 근무장소를 알 수 없는 경우 법원사무관은 직권으로 또는 당사자의 신청에 따라 공시송달을 할 수 있다.

(2) 당사자의 주소 등 또는 근무 장소를 알 수 없는 경우 또는 외국에서 하여야 할 송달에 관하여 「민사소송법」 제191조(외국에서 하는 송달의 방법)의 규정에 따를 수 없거나 이에 따라도 효력이 없을 것으로 인정되는 경우에는 법원사무관등은 당사자의 신청에 의해서만 공시송달을 할 수 있다.

(3) 재판장은 소송의 지연을 피하기 위하여 필요하다고 인정하는 때에 공시송달을 명할 수 있고 직권 또는 신청에 따라 법원사무관 등의 공시송달처분을 취소할 수도 있다.

(4) 재판장은 직권으로 법원사무관등의 공시송달처분을 취소할 수 없다.

(5) 외국에서 하여야 할 송달에 관하여 재판장이 그 나라에 주재하는 대한민국의 대사·공사·영사 또는 그 나라의 관할 공공기관에 촉탁할 수 없거나 이에 따라도 효력이 없을 것으로 인정되는 경우 법원사무관 등은 직권으로 또는 당사자의 신청에 따라 공시송달을 할 수 있다.

해설 민사소송법 제191조, 제194조 제1항, 제4항 참조.

민사소송법 제191조(외국에서 하는 송달의 방법) 외국에서 하여야 하는 송달은 재판장이 그 나라에 주재하는 대한민국의 대사·공사·영사 또는 그 나라의 관할 공공기관에 촉탁한다.
민사소송법 제194조(공시송달의 요건) ① 당사자의 주소등 또는 근무장소를 알 수 없는 경우 또는 외국에서 하여야 할 송달에 관하여 제191조의 규정에 따를 수 없거나 이에 따라도 효력이 없을 것으로 인정되는 경우에는 법원사무관등은 직권으로 또는 당사자의 신청에 따라 공시송달을 할 수 있다.
② 제1항의 신청에는 그 사유를 소명하여야 한다.
③ 재판장은 제1항의 경우에 소송의 지연을 피하기 위하여 필요하다고 인정하는 때에는 공시송달을 명할 수 있다.
④ 재판장은 직권으로 또는 신청에 따라 법원사무관등의 공시송달처분을 취소할 수 있다.

정답 O, ×, O, ×, O

🕐 17년 변시

268. 피고가 변론종결 후에 사망한 상태에서 판결이 선고된 경우, 망인인 피고에 대한 판결정본의 공시송달은 무효이다.

▸ 해설 피고가 변론종결 후에 사망한 상태에서 판결이 선고된 경우, 망인에 대한 판결정본의 공시송달은 무효이고, 상속인이 소송절차를 수계하여 판결정본을 송달받기 전까지는 그에 대한 항소제기기간이 진행될 수도 없다(대판 2007.12.14. 2007다52).

정답

🕐 17년 변시, 21년(2) 모의

269. 첫 공시송달은 「민사소송법」 제195조(공시송달의 방법)의 규정에 따라 실시한 날부터 4주가 지나야 효력이 생긴다. 다만, 같은 당사자에게 하는 그 뒤의 공시송달은 실시한 다음 날부터 효력이 생긴다.

▸ 해설 민사소송법 제196조 제1항 참조.

민사소송법 제196조(공시송달의 효력발생) ① 첫 공시송달은 제195조의 규정에 따라 실시한 날부터 2주가 지나야 효력이 생긴다. 다만, 같은 당사자에게 하는 그 뒤의 공시송달은 실시한 다음 날부터 효력이 생긴다.

정답

🕐 13년 변시, 14년(3)·16년(3)·18년(2) 모의

270. (1) 송달은 원칙적으로 송달받을 사람에게 서류의 등본 또는 부본을 교부하는 방법으로 하여야 한다.

(2) 송달의 방법은 교부송달이 원칙이고, 우편송달의 경우 발송 시에 송달된 것으로 본다.

▸ 해설 송달은 특별한 규정이 없으면 교부송달이 원칙이다(민사소송법 제178조).

민사소송법 제178조(교부송달의 원칙) ① 송달은 특별한 규정이 없으면 송달받을 사람에게 서류의 등본 또는 부본을 교부하여야 한다.
② 송달할 서류의 제출에 갈음하여 조서, 그 밖의 서면을 작성한 때에는 그 등본이나 초본을 교부하여야 한다.
민사소송법 제187조(우편송달) 제186조의 규정에 따라 송달할 수 없는 때에는 법원사무관등은 서류를 등기우편 등 대법원규칙이 정하는 방법으로 발송할 수 있다.
민사소송법 제189조(발신주의) 제185조 제2항 또는 제187조(우편송달)의 규정에 따라 서류를 발송한 경우에는 발송한 때에 송달된 것으로 본다.

정답

14년 변시, 법무부(2)·16년(3) 모의

271. 甲의 乙에 대한 소의 판결정본을 송달함에 있어 우편집배원 丁이 우체국에서 乙의 동거인 丙을 우연히 만나 丙에게 판결정본을 교부하였고 丙은 아무런 이의 없이 판결정본을 수령하였다면 이는 적법한 송달이다.

해설 [1] 송달은 원칙적으로 민사소송법 제183조 제1항에서 정하는 송달을 받을 자의 주소, 거소, 영업소 또는 사무실 등의 '송달장소'에서 하여야 하는바, 송달장소에서 송달받을 자를 만나지 못할 때에는 그 사무원, 고용인 또는 동거자로서 사리를 변식할 지능이 있는 자에게 서류를 교부하는 보충송달의 방법에 의하여 송달할 수는 있지만, 이러한 보충송달은 위 법 조항에서 정하는 '송달장소'에서 하는 경우에만 허용되고 송달장소가 아닌 곳에서 사무원, 고용인 또는 동거자를 만난 경우에는 그 사무원 등이 송달받기를 거부하지 아니한다 하더라도 그 곳에서 그 사무원 등에게 서류를 교부하는 것은 보충송달의 방법으로서 부적법하다. [2] 우체국 창구에서 송달받을 자의 동거자에게 송달서류를 교부한 것은 부적법한 보충송달이다(대판 2001.08.31. 2001마3790).

정답

15년(1) 모의

272. 등기우편에 의한 발송송달 요건으로서의 '달리 송달할 장소를 알 수 없는 경우'란 상대방에게 주소보정을 명하거나 직권으로 주민등록표 등을 조사할 필요까지는 없지만 적어도 기록에 현출되어 있는 자료로 송달할 장소를 알 수 없는 경우에 한한다.

해설 민사소송법 제185조 제2항에서 말하는 '달리 송달할 장소를 알 수 없는 경우'라 함은 상대방에게 주소보정을 명하거나 직권으로 주민등록표 등을 조사할 필요까지는 없지만, 적어도 기록에 현출되어 있는 자료로 송달할 장소를 알 수 없는 경우에 한하여 등기우편에 의한 발송송달을 할 수 있음을 뜻한다(대결 2009.10.29. 2009마1029).

정답

Ⅶ 송달의 하자

12년(3)·14년(3) 모의

273. (1) 피고에게 송달되는 판결정본을 원고가 도로상에서 우편집배원으로부터 수령하여 자기 처를 통하여 피고의 처에게 교부하고 다시 피고의 처가 이를 피고에게 교부하여도 적법하다.
(2) 판결정본의 송달에 관한 흠에 이의를 제기하지 않기로 하면 항소심에서 그 송달의 흠은 치유된다.

해설 불변기간의 기산점에 관계있는 판결정본의 송달(상소기간의 기산점이 됨)에 위법이 있는 경우는 이의권의 포기, 상실에서 제외된다. 따라서 이의권을 포기한다고 하여 송달의 흠이 치유되지 않는다.

> **판례** 피고에게 송달되는 판결정본을 원고가 집배인으로부터 수령하여 자기 처를 통하여 피고의 처에게 교부하고 다시 피고의 처가 이를 피고에게 교부한 경우에 위 판결정본의 피고에 대한 송달은 그 절차를 위배한 것이어서 부적법한 송달이다. 불변기간인 항소 제기기간에 관한 규정은 성질상 강행규정이므로 그 기간 계산의 기산점이 되는 판결정본의 송달의 하자는 이에 대한 책문권의 포기나 상실로 인하여 치유될 수 없다(대판 1979.09.25. 78다2448).

정답 ×, ×

선택형 사례문제

문 1
15년(2) 모의

甲이 乙을 피고로 하여 乙 소유 부동산에 대하여 매매를 원인으로 한 소유권이전등기를 청구하는 소를 제기하였고, 乙에 대한 소장부본 및 변론기일 소환은 모두 공시송달의 방법으로 송달되었다. 그 후 乙이 불출석한 상태로 乙에 대하여 패소판결이 선고되고 그 판결정본 역시 공시송달에 의하여 송달되어 항소기간이 경과되었다. 다음 설명 중 옳지 <u>않은</u> 것은? (다툼이 있는 경우에는 판례에 의함)

① 위 소장에 기재된 乙의 주소가 허위이거나 공시송달의 요건에 미비가 있다 할지라도 乙에 대한 공시송달은 유효한 것이므로 항소기간의 도과로 그 판결은 형식적으로 확정되어 기판력이 발생한다.
② 乙은 항소기간 내에 항소를 제기할 수 없었던 것이 자신이 책임질 수 없었던 사유로 인한 것임을 주장하여 그 사유가 없어진 날로부터 2주일 내에 추완항소를 제기할 수 있다.
③ 그 사유가 없어진 때라 함은 乙이 위 사건기록의 열람을 하는 등의 방법으로 위 판결정본이 공시송달의 방법으로 송달된 사실을 안 때를 의미한다.
④ 위 판결에 기하여 甲이 소유권이전등기를 마치자 乙이 그 소유권이전등기의 말소청구소송을 제기하였다가 이를 취하하고 다시 위 판결에 대한 추완항소를 제기하였다면, 위 말소청구소송의 제기시점을 기준으로 추완항소의 기간준수 여부를 판단하여야 한다.
⑤ 乙이 제기한 추완항소에 대하여 법원이 본안심리절차를 진행한 후 추완항소의 요건이 갖추어지지 않았다는 이유를 들어 각하판결을 하였더라도 그 판결이 신의성실의 원칙에 반한다고 할 수 없다.

해설 공시송달에 기한 판결정본의 송달 및 그에 대한 당사자의 구제책 및 제논점

※ 본 문제는 '94다27922' 판결을 기초로 출제된 문제이다.

> **판례** [1] 제1심판결 정본이 공시송달의 방법에 의하여 피고에게 송달되었다면 비록 피고의 주소가 허위이거나 그 요건에 미비가 있다 할지라도 그 송달은 유효한 것이므로 항소기간의 도과로 그 판결은 형식적으로 확정되어 기판력이 발생한다(①번 지문). [2] '가'항의 경우에 피고로서는 항소기간 내에 항소를 제기할 수 없었던 것이 자신이 책임질 수 없었던 사유로 인한 것임을 주장하여 그 사유가 없어진 후로부터 2주일(피고가 외국에 있을 때는 30일) 내에 추완항소를 제기할 수 있으며(②번 지문), 여기서 그 사유가 없어진 때라 함은 피고가 당해 사건기록의 열람을 하는 등의 방법으로 제1심판결 정본이 공시송달의 방법으로 송달된 사실을 안 때를 의미한다(③번 지문). [3] 피고가 '가'항과 같이 공시송달에 의해 확정된 판결에 기한 소유권이전등기의 말소소송을 제기하였다가 이를 취

하하고 다시 그 판결에 기한 추완항소를 제기하였다고 하더라도 그 말소소송의 제기 자체를 추완항소를 제기한 것과 동일하게 평가할 수는 없다(④번 지문). [4] 피고가 추완항소를 제기했는데 원심이 이를 즉시 각하하지 아니하고 1년 4개월여가 지나서야 각하하였다는 등의 사정이 있다고 하더라도 원심판결이 신의성실의 원칙에 반한다고 할 수 없다(⑤번 지문)(대판 1994.10.21. 94다27922).

① (O), ② (O) 판결정본이 공시송달의 방법에 의하여 피고에게 송달되었다면 비록 피고의 주소가 허위이거나 그 요건에 미비가 있다 할지라도 그 송달은 유효한 것이므로 항소기간의 도과로 위 판결은 형식적으로 확정되어 기판력이 발생한다. 따라서 이 경우 통상의 항소로서는 항소제기기간이 경과되어 부적법하다고 볼 것이고, 다만 추완항소(민사소송법 제173조 제1항)로서 적법할 수 있는지가 문제될 수 있다. 이 점이 허위주소 송달의 효력을 부정하는 판례의 입장과 차이가 있는 부분이다. 즉 허위주소송달로 인한 자백간주의 편취판결에 대해 피고가 항소를 제기한 사안에서 적식의 항소제기라는 요건을 구비하였는지가 문제되는데 "판례는 종국 판결의 기판력은 판결의 형식적 확정을 전제로 하여 발생하는 것이므로 공시송달의 방법에 의하여 송달된 것이 아니고 허위로 표시한 주소로 송달하여 상대방 아닌 다른 사람이 그 소송서류를 받아 의제자백의 형식으로 판결이 선고되고 다른 사람이 판결정본을 수령하였을 때에는 상대방은 아직도 판결정본을 받지 않은 상태에 있는 것으로서 위 사위 판결은 확정 판결이 아니어서 기판력이 없다(대판 1978.05.09. 75다634(전합))"라고 판시하여 송달무효설의 입장을 취하고 있다. 이에 따르면 항소기간은 진행하지 않고, 피고는 어느 때라도 기간의 제한 없이 항소를 제기 할 수 있다. 공시송달과 허위주소송달을 잘 비교하여 숙지하여야 할 것이다.

③ (O), ⑤ (O) 위 '94다27922' 판결 참고.

④ (X) 위에 판시한 바와 같이 "피고가 공시송달에 의해 확정된 판결에 기한 소유권이전등기의 말소소송을 제기하였다가 이를 취하하고 다시 그 판결에 기한 추완항소를 제기한 경우, 그 말소소송의 제기 자체를 추완항소를 제기한 것으로는 볼 수 없다"는 것이 판례이므로, 위 말소청구소송의 제기 시점을 기준으로 추완항소의 기간준수 여부를 판단하여야 한다는 본 지문은 틀린 설명이다.

 ④

제10절 소송절차의 정지

I 총 설

II 소송절차의 중단

20년(1) 모의

274. 부부 사이의 이혼소송이 계속 중 당사자 일방이 사망하면 그 소송사건이 종료되므로 법원은 그 사건에 관해 아무런 심리·판단을 하지 않아도 된다.

해설 재판상의 이혼청구권은 부부의 일신전속의 권리이므로 이혼소송 계속 중 부부의 일방이 사망한 경우에는 상속인이 그 소송절차를 수계할 수 없음은 물론이며 그런 경우에 검사가 이를 수계할 수 있는 특별한 규정도 없으므로 당연히 소송이 종료된다(대판 1985.09.10. 85므27).

 O

20년(1) 모의

275. 소송사건의 심리 중에 당사자가 사망하면 그의 당사자능력 흠결이 발생하게 되므로 법원은 곧바로 변론을 종결하고 사망한 당사자의 당사자능력 흠결을 이유로 소각하 판결을 선고해야 한다.

▣ 해설 민사소송법 제233조 제1항, 제238조 참조.

> 민사소송법 제233조(당사자의 사망으로 말미암은 중단) ① 당사자가 죽은 때에 소송절차는 중단된다. 이 경우 상속인·상속재산관리인, 그 밖에 법률에 의하여 소송을 계속하여 수행할 사람이 소송절차를 수계(受繼)하여야 한다.
> ② 상속인은 상속포기를 할 수 있는 동안 소송절차를 수계하지 못한다.
> 민사소송법 제238조(소송대리인이 있는 경우의 제외) 소송대리인이 있는 경우에는 제233조제1항, 제234조 내지 제237조의 규정을 적용하지 아니한다.

▶ 소송사건 심리 중에 당사자 사망하는 경우 민사소송법 제233조 제1항의 요건 충족시 소송절차의 중단, 수계 절차가 진행되고, 제238조의 요건 충족시에는 소송절차의 중단없이 계속 진행된다. 반면, 당사자 능력 흠결을 이유로 소각하 판결선고는 소 제기시 법원의 적법요건 판단 단계에서 하는 법원의 판단이므로 틀린 지문이다.

정답

20년 변시, 21년(2) 모의

276. 甲이 소송대리인에게 소송위임을 한 다음 소 제기 전에 사망하였는데, 소송대리인이 甲이 사망한 것을 모르고 甲을 원고로 표시하여 소를 제기하였다면, 소 제기는 적법하고 시효중단 등 소 제기의 효력은 甲의 상속인들에게 귀속된다.

▣ 해설 당사자가 사망하더라도 소송대리인의 소송대리권은 소멸하지 아니하므로(민사소송법 제95조 제1호), 당사자가 소송대리인에게 소송위임을 한 다음 소 제기 전에 사망하였는데 소송대리인이 당사자가 사망한 것을 모르고 당사자를 원고로 표시하여 소를 제기하였다면 소의 제기는 적법하고, 시효중단 등 소 제기의 효력은 상속인들에게 귀속된다. 이 경우 민사소송법 제233조 제1항이 유추적용되어 사망한 사람의 상속인들은 소송절차를 수계하여야 한다(대판 2016.04.29. 2014다210449).

정답

20년 변시

277. 소송계속 중 어느 일방 당사자의 사망에 의한 소송절차의 중단을 간과하고 변론이 종결되어 제1심 판결이 선고된 경우, 위 판결은 당연무효가 아니고 항소의 대상이 된다.

▣ 해설 소송계속 중 어느 일방 당사자의 사망에 의한 소송절차 중단을 간과하고 변론이 종결되어 판결이 선고된 경우에는 그 판결은 소송에 관여할 수 있는 적법한 수계인의 권한을 배제한 결과가 되는 절차상 위법은 있지만 그 판결이 당연무효라 할 수는 없고, 다만 그 판결은 대리인에 의하여 적법하게 대리되지 않았던 경우와 마찬가지로 보아 대리권흠결을 이유로 상소 또는 재심에 의하여 그 취소를 구할 수 있을 뿐이므로, 판결이 선고된 후 적법한 상속인들이 수계신청을 하여 판결을 송달받

아 상고하거나 또는 사실상 송달을 받아 상고장을 제출하고 상고심에서 수계절차를 밟은 경우에도 그 수계와 상고는 적법한 것이라고 보아야 하고, 그 상고를 판결이 없는 상태에서 이루어진 상고로 보아 부적법한 것이라고 각하해야 할 것은 아니다(대판 1995.05.23. 94다28444(전합)).

278. **(1) 신청 당시 이미 사망한 자를 채무자로 한 처분금지가처분 결정은 당연무효이므로 그 효력이 상속인에게 미치지 아니한다.**

(2) 신청 당시 이미 사망한 자를 채무자로 한 처분금지가처분 인용결정이 있어 그 가처분등기가 마쳐진 경우, 채무자의 상속인은 위 가처분등기를 말소하기 위하여 위 결정에 대한 이의신청을 할 수 있으나, 부동산소유권이전등기청구권 보전을 위한 위 가처분의 본안소송에서 승소한 채권자가 그 확정판결에 기하여 소유권이전등기를 마치면 특별한 사정이 없는 한 위 결정에 대한 이의신청을 할 수 없다.

[해설] [1] 이미 사망한 자를 채무자로 한 처분금지가처분신청은 부적법하고 그 신청에 따른 처분금지가처분결정이 있었다고 하여도 그 결정은 당연무효로서 그 효력이 상속인에게 미치지 않는다고 할 것이므로, 채무자의 상속인은 일반승계인으로서 무효인 그 가처분결정에 의하여 생긴 외관을 제거하기 위한 방편으로 가처분결정에 대한 이의신청으로써 그 취소를 구할 수 있다. [2] 부동산소유권이전등기청구권 보전을 위한 가처분의 본안소송에서 승소한 채권자가 그 확정판결에 기하여 소유권이전등기를 경료하게 되면 가처분의 목적이 달성되어 그 가처분은 이해관계인의 신청에 따라 집행법원의 촉탁으로 말소될 운명에 있는 것이므로, 특별한 사정이 없는 한 가처분에 대한 이의로 그 결정의 취소를 구할 이익이 없다(대판 2002.04.26. 2000다30578).

279. **법정대리인은 당사자에 준하는 지위를 갖지만, 당해 판결의 효력인 기판력과 집행력이 미치지 않는다.**

[해설] 법정대리인은 당사자본인이 아니기 때문에 법관의 제척(민사소송법 제41조 제1·2·4호), 재판적(민사소송법 제2조, 제3조, 제7조)을 정하는 표준이 되지 아니하며, 판결의 효력인 기판력·집행력(민사소송법 제218조)도 받지 않기 때문에 당사자와는 다르다(이시윤, 신민사소송법 제11판, p.179).

18년(1)·(2) 모의

280. 소송대리인이 없는 피고가 변론종결 이후 사망한 경우, 법원이 소송수계절차 없이 판결을 선고하여도 위법하지 않다.

> 해설 이 사건의 청구인이던 갑이 원심의 변론종결후에 사망하였음에도 원심이 소송수계절차없이 판결을 선고하였다고 하더라도 위법이라 할 수 없다(대판 1989.09.26. 87므13).

정답 O

18년(2) 모의

281. 소송대리인이 있는 피고에 대하여 대여금청구소송 계속 중 파산절차가 개시된 경우, 소송절차는 중단되지 않는다.

> 해설 민사소송법 제239조, 제240조 참조.
>
> 민사소송법 제239조(당사자의 파산으로 말미암은 중단) 당사자가 파산선고를 받은 때에 파산재단에 관한 소송절차는 중단된다. 이 경우 「채무자 회생 및 파산에 관한 법률」에 따른 수계가 이루어지기 전에 파산절차가 해지되면 파산선고를 받은 자가 당연히 소송절차를 수계한다.
> 민사소송법 제240조(파산절차의 해지로 말미암은 중단) 「채무자 회생 및 파산에 관한 법률」에 따라 파산재단에 관한 소송의 수계가 이루어진 뒤 파산절차가 해지된 때에 소송절차는 중단된다. 이 경우 파산선고를 받은 자가 소송절차를 수계하여야 한다

정답 ×

18년(2) 모의

282. 소송대리인이 있는 피고가 소송계속 중 사망하여 A, B가 상속인이 되었는데 A만 소송수계를 한 상태에서 판결이 선고된 경우, 판결의 효력은 B에게도 미친다.

> 해설 민사소송법 제95조 제1호, 제238조에 따라 소송대리인이 있는 경우에는 당사자가 사망하더라도 소송절차가 중단되지 않고 소송대리인의 소송대리권도 소멸하지 아니하는 바, 이때 망인의 소송대리인은 당사자 지위의 당연승계로 인하여 상속인으로부터 새로이 수권을 받을 필요 없이 법률상 당연히 상속인의 소송대리인으로 취급되어 상속인들 모두를 위하여 소송을 수행하게 되는 것이고, 당사자가 사망하였으나 그를 위한 소송대리인이 있어 소송절차가 중단되지 않는 경우에 비록 상속인으로 당사자의 표시를 정정하지 아니한 채 망인을 그대로 당사자로 표시하여 판결하였다고 하더라도 그 판결의 효력은 망인의 소송상 지위를 당연승계한 상속인들 모두에게 미치는 것이므로, 망인의 공동상속인 중 소송수계절차를 밟은 일부만을 당사자로 표시한 판결 역시 수계하지 아니한 나머지 공동상속인들에게도 그 효력이 미친다(대판 2010.12.23. 2007다22859).

정답 O

18년(2) 모의

283. 소송대리인이 없는 피고가 소송계속 중 사망하고 상속인의 존부가 분명하지 않은 경우 법원은 소송절차를 중단한 채 상속재산관리인의 선임을 기다려 그로 하여금 소송을 수계하도록 하여야 한다.

해설 소송계속중 당사자가 사망하고 그 상속인의 존부가 분명하지 않은 경우, 민법 제1053조 제1항은 "상속인의 존부가 분명하지 아니한 때에는 법원은 제777조의 규정에 의한 피상속인의 친족 기타 이해관계인 또는 검사의 청구에 의하여 상속재산관리인을 선임하고 지체없이 이를 공고하여야 한다."고 규정하고 있고, 이러한 상속재산관리인은 민사소송법에 따라 소송을 수계할 수 있는 것이므로, 법원으로서는 소송절차를 중단한 채 상속재산관리인의 선임을 기다려 그로 하여금 소송을 수계하도록 하였어야 한다(대판 2002.10.25. 2000다21802).

정답

15년(2)·18년(1) 모의

284. (1) 소송계속 중 어느 일방 당사자의 사망에 의한 소송절차 중단을 간과하고 변론이 종결되어 판결이 선고된 경우에는 상소 또는 재심에 의하여 그 취소를 구할 수 있다.

(2) 소송계속 중 어느 일방 당사자의 사망에 의한 소송절차 중단을 간과하고 변론이 종결되어 판결이 선고된 후 적법한 상속인들이 판결을 사실상 송달받아 상고장을 제출하고 상고심에서 수계절차를 밟은 경우, 그 수계와 상고는 적법하다.

해설 判例는 한 때 소송계속 중 당사자가 사망한 것을 간과하고 한 판결을 당연무효라고 보았다가(무효설), "당사자가 사망하여 실재하지 아니한 자를 당사자로 하여 소가 제기된 경우는 당초부터 원고와 피고의 대립당사자 구조를 요구하는 민사소송법상의 기본원칙이 무시된 것이므로, 그와 같은 상태하에서의 판결은 당연무효라고 할 것이지만 일응 대립당사자 구조를 갖추고 적법히 소가 제기되었다가 소송도중 어느 일방의 당사자가 사망함으로 인해서 그 당사자로서의 자격을 상실하게 된 때에는 그 대립당사자 구조가 없어져 버린 것이 아니고, 그때부터 그 소송은 그의 지위를 당연히 이어 받게 되는 상속인들과의 관계에서 대립당사자 구조를 형성하여 존재하게 되는 것이고, 다만 상속인들이 그 소송을 이어 받는 외형상의 절차인 소송수계절차를 밟을 때까지는 실제상 그 소송을 진행할 수 없는 장애 사유가 발생하였기 때문에 적법한 수계인이 수계절차를 밟아 소송에 관여할 수 있게 될 때까지 소송절차는 중단되도록 법이 규정하고 있을 뿐인바(대판 1995.05.23. 94다28444(전합))"라고 하여 위법설(= 유효설)로 태도를 변경하였다.

정답 ,

선택형 사례문제

문 1
21년(3) 모의

甲이 乙에 대한 대여금반환청구소송을 제기하여 소송계속 중 사망하였다. 甲에게는 사망 당시 상속인으로 丙과 丁이 있었으나 법원은 丁의 존재를 알지 못하였다. 甲에게는 변호사 A가 소송대리를 하고 있었기 때문에 소송은 중단되지 않았다. 법원은 심리 후 변론을 종결하고 '망 甲의 상속인 丙'만으로 원고를 표시하여 그 청구를 기각하는 판결을 선고하고 판결정본을 A에게 송달하였다. 다음 설명 중 옳지 <u>않은</u> 것은? (다툼이 있는 경우 판례에 의함)

① 상소제기의 특별수권을 받은 변호사 A가 판결의 송달을 받은 후 아무도 상소를 제기하지 않았다면 상소제기기간을 도과한 때에 丙과 丁에 대한 관계에서 판결이 확정된다.
② 상소제기의 특별수권을 받은 변호사 A가 丙만을 상속인으로 표시한 제1심 판결을 신뢰하고 丙만을 상소인으로 표시하여 상소를 제기하였다면 丁에게는 상소가 제기된 것으로 볼 수 없다.
③ 상소제기의 특별수권을 받은 변호사 A가 판결의 송달을 받은 후 유일한 상속인으로 알고 있는 丙에게만 판결정본을 전달하여 丙이 상소를 제기하였으나 丁은 판결의 존재를 알지 못하여 상소제기기간을 도과한 경우 丁과 상대방 사이의 판결은 상소제기기간의 도과시에 확정된다.
④ 상소제기의 특별수권을 받지 않은 변호사 A가 판결의 송달을 받은 경우에는 송달과 동시에 절차가 중단되므로 이 상태에서는 판결은 확정되지 않는다.
⑤ 상소제기의 특별수권을 받지 않은 변호사 A가 판결의 송달을 받고 유일한 상속인으로 알고 있는 丙에게 판결정본을 전달하여 丙은 상소를 제기하였으나 丁은 상소를 제기하지 않은 경우 丁과 상대방 사이에 판결은 확정되지 않는다.

해설 상소의 특별수권

① (○), ② (✗) 망인의 소송대리인에게 상소제기에 관한 특별수권이 부여되어 있는 경우에는, 그에게 판결이 송달되더라도 소송절차가 중단되지 아니하고 상소기간은 진행하는 것이므로 상소제기 없이 상소기간이 지나가면 그 판결은 확정(①)되는 것이지만, 한편 망인의 소송대리인이나 상속인 또는 상대방 당사자에 의하여 적법하게 상소가 제기되면 그 판결이 확정되지 않는 것 또한 당연하다. 그런데 당사자 표시가 잘못되었음에도 망인의 소송상 지위를 당연승계한 정당한 상속인들 모두에게 효력이 미치는 판결에 대하여 그 잘못된 당사자 표시를 신뢰한 망인의 소송대리인이나 상대방 당사자가 그 잘못 기재된 당사자 모두를 상소인 또는 피상소인으로 표시하여 상소를 제기한 경우에는, 상소를 제기한 자의 합리적 의사에 비추어 특별한 사정이 없는 한 정당한 상속인들 모두에게 효력이 미치는 위 판결 전부에 대하여 상소가 제기된 것으로 보는 것이 타당하다(②)(대판 2010.12.23. 2007다22859).

③ (○), ⑤ (○) 제1심판결의 효력은 당사자표시에서 누락되었음에도 불구하고 위 망 남기열의 정당한 상속인인 위 남국현, 남주현에게도 그들의 상속지분만큼 미치는 것이고 통상의 경우라면 심급대리의 원칙상 이 판결의 정본이 소송대리인에게 송달된 때에 소송절차는 중단되는 것이며, 소송수계를 하지 아니한 남국현과 남주현에 관하여는 현재까지도 중단상태에 있다(⑤)고 할 것이나, 기록에 의하면 이 사건의 경우 망 남기열의 소송대리인이었던 임종선변호사는 상소제기의 특별수권을 부여받고 있었으므로(소송대리위임장에 부동문자로 특별수권이 부여되어 있다)항소제기기간은 진행된다고 하지 않을 수 없어 제1심판결중 위 남국현, 남주현의 상속지분에 해당하는 부분은 그들이나

소송대리인이 항소를 제기하지 아니한 채 항소제기기간이 도과하여 이미 그 판결이 확정되었다(③)고 하지 않을 수 없다(대결 1992.11.05. 91마342).

> **판례** 소송계속중 당사자인 피상속인이 사망한 경우 공동상속재산은 상속인들의 공유이므로 소송의 목적이 공동상속인들 전원에게 합일확정되어야 할 필요적공동소송관계라고 인정되지 아니하는 이상 반드시 공동상속인 전원이 공동으로 수계하여야 하는 것은 아니며, 수계되지 아니한 상속인들에 대한 소송은 중단된 상태로 그대로 피상속인이 사망한 당시의 심급법원에 계속되어 있다(대판 1993.02.12. 92다2980).

④ (○) 당사자가 사망하였으나 그를 위한 소송대리인이 있는 경우에는 소송절차가 중단되지 아니하고, 그 소송대리인은 상속인들 전원을 위하여 소송을 수행하게 되어 그 사건의 판결은 상속인들 전원에 대하여 효력이 있다고 할 것이며, 다만 심급대리의 원칙상 그 판결정본이 소송대리인에게 송달된 때에는 소송절차가 중단된다(대판 1996.02.09. 94다61649). ▶ 이 경우 상소는 소송수계절차를 밟은 다음에 제기하는 것이 원칙이다.

정답 ②

문 2

甲은 乙을 상대로 매매를 원인으로 한 소유권이전등기청구의 소를 제기하기 위하여 변호사 A를 소송대리인으로 선임하였는데, A가 법원에 소장을 제출하기 전에 甲이 사망하였고, A는 그러한 사실을 모르고 소장에 甲을 원고로 기재하여 위 소를 제기하였다. 甲에게는 상속인으로 丙, 丁이 있다. 제1심 법원은 원고의 청구를 기각하는 판결을 선고하였다. 이에 관한 설명 중 옳지 <u>않은</u> 것은? (다툼이 있는 경우 판례에 의함)

① 제1심 법원이 판결서에 甲을 원고로 기재한 경우에도 위 판결의 효력이 丙과 丁에게 미친다.
② 甲이 A에게 상소를 제기할 권한을 수여한 경우 丙과 丁이 직접 항소하지 않고 A도 항소하지 않은 때에는, A가 제1심 판결 정본을 송달받은 날부터 2주가 경과하면 위 판결이 확정된다.
③ 甲이 A에게 상소를 제기할 권한을 수여한 경우 A가 丙만이 甲의 상속인인 줄 알고 丙에 대해서만 소송수계절차를 밟고 丙만을 항소인으로 표시하여 제1심 판결 전부에 대하여 항소를 제기한 때에는 丁에 대해서도 항소 제기의 효력이 미치므로, 丁은 항소심에서 소송수계를 하지 않더라도 항소인으로서 소송을 수행할 수 있다.
④ 甲이 A에게 제1심에 한하여 소송대리권을 수여한 경우 A에게 제1심 판결 정본이 송달된 때에 소송절차가 중단되지만, 丙과 丁의 소송수계에 의하여 소송절차가 다시 진행되면 그때부터 항소기간이 진행된다.
⑤ 甲이 A에게 제1심에 한하여 소송대리권을 수여한 경우 A에게 제1심 판결 정본이 송달된 후 丙과 丁이 소송수계절차를 밟지 않고 변호사 B에게 항소심에 대한 소송대리권을 수여하여 B가 甲 명의로 항소장을 제출한 때에는, 丙과 丁은 항소심에서 수계신청을 하고 B가 한 소송행위를 추인할 수 있다.

해설 종합문제

① (○) 민사소송법 제95조 제1호, 제238조에 따라 소송대리인이 있는 경우에는 당사자가 사망하더라도 소송절차가 중단되지 않고 소송대리인의 소송대리권도 소멸하지 아니하는바, 이때 망인의 소송대리인은 당사자 지위의 당연승계로 인하여 상속인으로부터 새로이 수권을 받을 필요 없이 법률상 당연히 상속인의 소송대리인으로 취급되어 상속인들 모두를 위하여 소송을 수행하게 되는 것이고, 당사자가 사망하였으나 그를 위한 소송대리인이 있어 소송절차가 중단되지 않는 경우에 비록 상속인으로 당사자의 표시를 정정하지 아니한 채 망인을 그대로 당사자로 표시하여 판결하였다고 하더라도 그 판결의 효력은 망인의 소송상 지위를 당연승계한 상속인들 모두에게 미치는 것이므로, 망인의 공동상속인 중 소송수계절차를 밟은 일부만을 당사자로 표시한 판결 역시 수계하지 아니한 나머지 공동상속인들에게도 그 효력이 미친다(대판 2010.12.23. 2007다22859).

② (○) 망인의 소송대리인에게 상소제기에 관한 특별수권이 부여되어 있는 경우에는, 그에게 판결이 송달되더라도 소송절차가 중단되지 아니하고 상소기간은 진행하는 것이므로 상소제기 없이 상소기간이 지나가면 그 판결은 확정되는 것이지만, 한편 망인의 소송대리인이나 상속인 또는 상대방 당사자에 의하여 적법하게 상소가 제기되면 그 판결이 확정되지 않는 것 또한 당연하다. 그런데 당사자 표시가 잘못되었음에도 망인의 소송상 지위를 당연승계한 정당한 상속인들 모두에게 효력이 미치는 판결에 대하여 그 잘못된 당사자 표시를 신뢰한 망인의 소송대리인이나 상대방 당사자가 그 잘못 기재된 당사자 모두를 상소인 또는 피상소인으로 표시하여 상소를 제기한 경우에는, 상소를 제기한 자의 합리적 의사에 비추어 특별한 사정이 없는 한 정당한 상속인들 모두에게 효력이 미치는 위 판결 전부에 대하여 상소가 제기된 것으로 보는 것이 타당하다(대판 2010.12.23. 2007다22859).

> 민사소송법 396조(항소기간) ① 항소는 판결서가 송달된 날부터 2주 이내에 하여야 한다. 다만, 판결서 송달 전에도 할 수 있다.

③ (X) 당사자가 사망하더라도 소송대리인의 소송대리권은 소멸하지 아니하므로(민사소송법 제95조 제1호), 당사자가 소송대리인에게 소송위임을 한 다음 소 제기 전에 사망하였는데 소송대리인이 당사자가 사망한 것을 모르고 당사자를 원고로 표시하여 소를 제기하였다면 소의 제기는 적법하고, 시효중단 등 소 제기의 효력은 상속인들에게 귀속된다. 이 경우 민사소송법 제233조 제1항이 유추적용되어 사망한 사람의 상속인들은 소송절차를 수계하여야 한다(대판 2016.04.29. 2014다210449).

▶ 상소제기의 특별수권이 되어 있다 하더라도 소송대리권은 상소의 제기로써 종료되는 것이지 상소심까지 연장되지 않는다. 이는 '심급대리의 원칙'에 기인하는 것이다(제요 민사 I 445). 그러므로 항소심에서 소송 중단해소를 위한 소송수계절차가 필요하다.

④ (○) 소송대리인을 선임한 당사자가 제1심 소송 계속중 사망하였으나 사망 당시 소송대리인이 있었으므로 소송절차가 중단되지 않아 제1심판결의 선고는 적법하게 되었으나, 심급대리의 원칙상 동 판결이 선고되어 소송대리인에게 제1심판결 정본이 송달됨과 동시에 그 소송절차는 중단되었다 할 것이다(대판 1997.10.10. 96다35484).

> 민사소송법 제247조(소송절차 정지의 효과) ① 판결의 선고는 소송절차가 중단된 중에도 할 수 있다. ② 소송절차의 중단 또는 중지는 기간의 진행을 정지시키며, 소송절차의 수계사실을 통지한 때 또는 소송절차를 다시 진행한 때부터 전체기간이 새로이 진행된다.

⑤ (○) 당사자가 사망하였으나 소송대리인이 있는 경우에는 소송절차가 중단되지 아니하고(민사소송법 제238조, 제233조 제1항), 소송대리인은 상속인들 전원을 위하여 소송을 수행하게 되며, 판결은 상속인들 전원에 대하여 효력이 있다. 이 경우 심급대리의 원칙상 판결정본이 소송대리인에게 송달되면 소송절차가 중단되므로 항소는 소송수계절차를 밟은 다음에 제기하는 것이 원칙이다. 다만 제1심 소송대리인이 상소제기에 관한 특별수권이 있어 상소를 제기하였다면 상소제기 시부터 소송절차가 중단되므로 항소심에서 소송수계절차를 거치면 된다(대판 2016.04.29. 2014다210449).

정답 ③

문 3

甲은 乙을 상대로 대여금청구의 소를 제기하기 위하여 변호사 X를 소송대리인으로 선임하면서 상소 제기의 권한도 부여하였다. 그 후 甲은 사망하였고 甲의 상속인으로는 A, B, C가 있다. 이에 관한 설명 중 옳은 것을 모두 고른 것은? (다툼이 있는 경우 판례에 의함)

ㄱ. 甲이 소 제기 전에 사망하였는데 X가 그 사실을 모른 채 甲 명의로 소를 제기한 경우, 위 소는 부적법하다.
ㄴ. 甲이 소송계속 중 사망한 경우, 소송절차는 중단되지 않고 X가 A, B, C 모두를 위한 소송대리인이 된다.
ㄷ. 甲이 소송계속 중 사망하였는데 A와 B만이 상속인인 줄 알았던 X가 A와 B 명의로만 소송수계신청을 하여 A와 B만을 당사자로 표시한 제1심 판결이 선고되고 그 당사자 표시를 신뢰한 X가 A와 B만을 당사자로 표시하여 항소한 경우, A, B, C 모두에게 효력이 미치는 제1심 판결 전부에 대하여 항소가 제기된 것으로 보아야 한다.
ㄹ. 위 ㄷ.에서 X는 항소하지 않고 A와 B만이 직접 항소한 경우에도 A, B, C 모두에게 효력이 미치는 제1심 판결 전부에 대하여 항소가 제기된 것으로 보아야 한다.
ㅁ. 만일 X에게 상소 제기의 권한이 부여되지 않았다면 심급대리의 원칙상 제1심 판결이 선고될 때 소송절차가 중단된다.

① ㄱ, ㅁ   ② ㄴ, ㄷ   ③ ㄴ, ㄹ
④ ㄱ, ㄴ, ㄷ   ⑤ ㄱ, ㄹ, ㅁ

해설 소송절차의 중단에 관한 제 논점

ㄱ. (X) 당사자가 사망하더라도 소송대리인의 소송대리권은 소멸하지 아니하므로(민사소송법 제95조 제1호), 당사자가 소송대리인에게 소송위임을 한 다음 소 제기 전에 사망하였는데 소송대리인이 당사자가 사망한 것을 모르고 당사자를 원고로 표시하여 소를 제기하였다면 소의 제기는 적법하고, 시효중단 등 소 제기의 효력은 상속인들에게 귀속된다. 이 경우 민사소송법 제233조 제1항이 유추적용되어 사망한 사람의 상속인들은 소송절차를 수계하여야 한다(대판 2016.04.29. 2014다210449).

ㄴ. (○) 당사자가 사망하였으나 소송대리인이 있어 소송절차가 중단되지 아니한 경우 원칙적으로 소송수계라는 문제가 발생하지 아니하고 소송대리인은 상속인들 전원을 위하여 소송을 수행하게 되는 것이며 그 사건의 판결은 상속인들 전원에 대하여 효력이 있다(대판 1992.11.05. 91마342).

ㄷ. (○), ㄹ. (X) 망인의 소송대리인에게 상소제기에 관한 특별수권이 부여되어 있는 경우에는, 그에게 판결이 송달되더라도 소송절차가 중단되지 아니하고 상소기간은 진행하는 것이므로 상소제기 없이 상소기간이 지나가면 그 판결은 확정되는 것이지만, 한편 망인의 소송대리인이나 상속인 또는 상대방 당사자에 의하여 적법하게 상소가 제기되면 그 판결이 확정되지 않는 것 또한 당연하다. 그런데 당사자 표시가 잘못되었음에도 망인의 소송상 지위를 당연승계한 정당한 상속인들 모두에게 효력이 미치는 판결에 대하여 그 잘못된 당사자 표시를 신뢰한 망인의 소송대리인이나 상대방 당사자가 그 잘못 기재된 당사자 모두를 상소인 또는 피상소인으로 표시하여 상소를 제기한 경우에는, 상소를 제기한 자의 합리적 의사에 비추어 특별한 사정이 없는 한 정당한 상속인들 모두에게 효력이 미치는 위 판결 전부에 대하여 상소가 제기된 것으로 보는 것이 타당하다. 한편 제1심에서 사망한 당사자의 지위를 당연승계한 상속인들 가운데 실제로 수계절차를 밟은 일부 상속인들이 제1심판결에 불복하여 스스로 항소를 제기하였으나 이들이 수계인으로 표시되지 아니한 나머지 상속인들의 소송을 대리할 아무런 권한도 갖고 있지 아니하였던 사안에 관한 것으로서, 망인의 소송상 지위를 당연승계한 상속인들 전원을 위하여 소송대리권을 가지는 망인의 소송대리인이 상소를 제기한 이 사건과는 그 사안을 달리한다(대판 2010.12.23. 2007다22859).

ㅁ. (X) 당사자가 사망하였으나 그를 위한 소송대리인이 있는 경우에는 소송절차가 중단되지 아니하고, 그 소송대리인은 상속인들 전원을 위하여 소송을 수행하게 되어 그 사건의 판결은 상속인들 전원에 대하여 효력이 있다고 할 것이며, 다만 심급대리의 원칙상 그 판결정본이 소송대리인에게 송달된 때에는 소송절차가 중단된다(대판 1996.02.09. 94다61649).

정답 ②

문 4
⏱ 14년 변시

乙은 자동차 사고에 대비하여 丁 보험주식회사와 책임보험계약을 체결하였다. 그 후 甲은 乙이 운전하는 차량에 부딪혀 중상을 입자 변호사 丙을 소송대리인으로 선임하여 乙을 상대로 불법행위를 원인으로 하는 손해배상청구소송을 제기하였다. 甲은 제1심 소송계속 중 사망하였고 상속인으로 A, B 및 가족과 연락을 끊고 미국에 사는 C가 있었으나, 丙은 A, B만 상속인으로 알고 A, B에 대해서만 수계절차를 밟았다. 위 사건에 관하여 제1심 법원은 청구기각판결을 하였고 상소제기의 특별수권을 받았던 丙은 A, B만을 항소인으로 표시하여 항소를 제기하였다. 다음 설명 중 옳지 <u>않은</u> 것은? (다툼이 있는 경우에는 판례에 의함)

① 甲이 사망하였으므로 소송절차가 중단되는 것이 원칙이나, 소송대리인 丙이 있으므로 소송절차는 중단되지 않는다.
② 甲의 사망 후 원고는 상속인 A, B, C가 되고 甲에 의해 선임된 소송대리인 丙은 상속인들 모두의 대리인이 된다.
③ 위 손해배상청구소송은 통상공동소송이다.
④ 비록 丙이 A, B만 상속인으로 알고 C를 위하여 항소를 하지 않았다고 하여도, C는 상속이 되었다는 사실을 알기 힘들고 대리인 丙도 마찬가지이므로 당사자가 책임질 수 없는 사유에 의해 항소를 하지 못한 경우에 해당하여 추후보완항소를 할 수 있다.
⑤ 甲의 상속인들은 乙이 책임을 질 사고로 입은 손해에 대하여 보험금액의 한도 내에서 丁에게 직접 보상을 청구할 수 있다.

해설 소송계속 중 사망

① (○), ② (○) 민사소송법 제95조 제1호, 제238조에 따라 <u>소송대리인이 있는 경우에는 당사자가 사망하더라도 소송절차가 중단되지 않고</u> 소송대리인의 소송대리권도 소멸하지 아니하는바, 이때 <u>망인의 소송대리인은 당사자 지위의 당연승계로 인하여 상속인으로부터 새로이 수권을 받을 필요 없이 법률상 당연히 상속인의 소송대리인으로 취급되어 상속인들 모두를 위하여 소송을 수행하게 되는 것이고</u>, 당사자가 사망하였으나 그를 위한 소송대리인이 있어 소송절차가 중단되지 않는 경우에 비록 상속인으로 당사자의 표시를 정정하지 아니한 채 망인을 그대로 당사자로 표시하여 판결한 것이므로, 망인의 공동상속인 중 소송수계절차를 밟은 일부만을 당사자로 표시한 판결 역시 수계하지 아니한 나머지 공동상속인들에게도 그 효력이 미친다(대판 2010.12.23. 2007다22859).

> <u>민사소송법 제95조(소송대리권이 소멸되지 아니하는 경우)</u> 다음 각호 가운데 어느 하나에 해당하더라도 소송대리권은 소멸되지 아니한다.
> 1. 당사자의 사망 또는 소송능력의 상실
> <u>민사소송법 제238조(소송대리인이 있는 경우의 제외)</u> 소송대리인이 있는 경우에는 제233조(당사자의 사망으로 말미암은 중단)제1항, 제234조 내지 제237조의 규정을 적용하지 아니한다.
> <u>민사소송법 제233조(당사자의 사망으로 말미암은 중단)</u> ① 당사자가 죽은 때에 소송절차는 중단된다. 이 경우 상속인·상속재산관리인, 그 밖에 법률에 의하여 소송을 계속하여 수행할 사람이 소송절차를 수계하여야 한다.

③ (○) 소송계속중 당사자인 피상속인이 사망한 경우 공동상속재산은 상속인들의 공유이므로 소송의 목적이 공동상속인들 전원에게 합일확정되어야 할 필요적공동소송관계라고 인정되지 아니하는 이상 반드시 공동상속인 전원이 공동으로 수계하여야 하는 것은 아니며, 수계되지 아니한 상속인들에 대한 소송은 중단된 상태로 그대로 피상속인이 사망한 당시의 심급법원에 계속되어 있다(대판 1993.02.12. 92다29801).

④ (X) 추후보완상소는 당사자가 책임질 수 없는 사유로 불변기간인 상소기간을 도과하였을 경우 인정되는 것이므로, 분리 확정된 것이 아니라 항소심에 이심되어 중단된 상태에서는 추후보완항소는 불필요하다.

> **판례** 제1심 소송 계속 중 원고가 사망하자 공동상속인 중 갑만이 수계절차를 밟았을 뿐 나머지 공동상속인들은 수계신청을 하지 아니하여 갑만을 망인의 소송수계인으로 표시하여 원고 패소 판결을 선고한 제1심판결에 대하여 상소제기의 특별수권을 부여받은 망인의 소송대리인이 항소인을 제1심판결문의 원고 기재와 같이 "망인의 소송수계인 갑"으로 기재하여 항소를 제기하였고, 항소심 소송 계속 중에 망인의 공동상속인 중 을 등이 소송수계신청을 한 사안에서, 수계적격자인 망인의 공동상속인들 전원이 아니라 제1심에서 실제로 수계절차를 밟은 갑만을 원고로 표시한 제1심판결의 효력은 그 당사자 표시의 잘못에도 불구하고 당연승계에 따른 수계적격자인 망인의 상속인들 모두에게 미치는 것인데, 위와 같은 제1심판결의 잘못된 당사자 표시를 신뢰한 망인의 소송대리인이 판결에 표시된 소송수계인을 그대로 항소인으로 표시하여 그 판결에 전부 불복하는 위 항소를 제기한 이상, 그 항소 역시 소송수계인으로 표시되지 아니한 나머지 상속인들 모두에게 효력이 미치는 위 제1심판결 전부에 대하여 제기된 것으로 보아야 할 것이므로, 위 항소로 인하여 제1심판결 전부에 대하여 확정이 차단되고 항소심절차가 개시되었으며, 다만 제1심에서 이미 수계한 갑 외에 망인의 나머지 상속인들 모두의 청구 부분과 관련하여서는 항소제기 이후로 소송대리인의 소송대리권이 소멸함에 따라 민사소송법 제233조에 의하여 그 소송절차는 중단된 상태에 있었다고 보아야 할 것이고, 따라서 원심으로서는 망인의 정당한 상속인 을 등의 위 소송수계신청을 받아들여 그 부분 청구에 대하여도 심리 판단하였어야 함에도, 을 등이 망인의 당사자 지위를 당연승계한 부분의 제1심판결이 이미 확정된 것으로 오인하여 위 소송수계신청을 기각한 원심판결을 파기한 사례(대판 2010.12.23. 2007다22859).

⑤ (○) 제3자는 피보험자가 책임을 질 사고로 입은 손해에 대하여 보험금액의 한도내에서 보험자에게 직접 보상을 청구할 수 있다(상법 제724조 제2항).

정답 ④

Ⅲ 소송절차의 중지
Ⅳ 소송절차 정지의 효과

제3장 증거

제1절 총설

15년(1) 모의

285. 반증은 상대방에게 증명책임 있는 주요사실에 대한 법관의 확신을 흔들리게 하여 진위불명의 상태에 빠뜨리는 것이면 증거로서의 가치가 인정된다.

> 해설 당사자가 자기에게 증명책임 있는 사실을 증명하기 위하여 제출하는 증거를 본증이라 하는 반면, 반증은 상대방이 증명책임을 지는 사실을 부정하기 위해 제출하는 증거를 말한다. 본증의 경우에는 법관이 요증사실의 존재가 확실하다고 확신을 갖게 되지 않으면 그 목적을 달성할 수 없으며, 확신을 갖지 못하면 증명책임의 효과로서 불이익을 받게 된다. 이에 반해 반증의 경우에는 요증사실의 존재가 확실치 못하다는 심증을 형성케 하면 된다는 점(주요사실에 대한 법관의 확신을 흔들리게 하여 진위불명의 상태에 빠뜨리는 것이면 족함)에서 본증과 차이가 있다(김홍엽, 민사소송법 제7판, p.589).

정답

14년(3) 모의

286. 즉시 조사할 수 있는 증거에 의하지 아니하더라도 필요한 경우에는 법원은 소명에 의하여 입증하게 할 수 있다.

> 해설 증명은 법관이 요증사실의 존재에 대하여 고도의 개연성에 의한 확신을 얻은 상태를 의미하나 소명은 증명에 비해 한 단계 낮은 개연성, 즉 법관이 일응 확실할 것이라는 추측을 얻은 상태를 의미한다. 소명은 법률에 특별한 규정이 있는 경우에 한하며 증거방법을 즉시 조사할 수 있는 증거에 한정한다(법 제299조 제1항, 김홍엽 민사소송법 제7판, p.590). 즉 법원의 필요에 의해 소명에 의하여 입증하게 할 수는 없다.

정답

제2절 증명의 대상 - 요증사실

Ⅰ 사 실
Ⅱ 경험법칙
Ⅲ 법 규

제3절 불요증사실

Ⅰ 서설
Ⅱ 재판상 자백

 17년·23년 변시, 12년(2)·15년(3) 모의

287. (1) 상대방에게 송달된 준비서면에 자백에 해당하는 내용이 기재되어 있는 경우, 그것이 변론기일에서 진술 또는 진술간주되어야 재판상 자백이 성립한다.

(2) 당사자 한쪽이 결석한 경우에 결석자의 준비서면에 상대방의 주장사실을 인정한다는 기재가 있고 이것이 진술간주되면 재판상 자백이 성립한다.

(3) 甲이 변론준비기일에 한 재판상 자백에 대하여도 법원은 구속된다.

(4) 법원에 제출되어 상대방에게 송달된 답변서나 준비서면에 자백에 해당하는 내용이 기재되어 있는 경우에도 그것이 변론기일이나 변론준비기일에서 진술 또는 진술간주되어야 재판상 자백이 성립한다.

> **해설** 민사소송법 제288조의 규정에 의하여 구속력을 갖는 자백은 재판상의 자백에 한하는 것이고, 재판상 자백이란 변론기일 또는 변론준비기일에서 당사자가 하는 상대방의 주장과 일치하는 자기에게 불리한 사실의 진술을 말하는 것으로서, 법원에 제출되어 상대방에게 송달된 답변서나 준비서면에 자백에 해당하는 내용이 기재되어 있는 경우라도 그것이 변론기일이나 변론준비기일에서 진술 또는 진술간주되어야 재판상 자백이 성립한다(대판 2015.02.12. 2014다229870). ▶ 진술간주되는 서면의 내용에 ⅰ) 상대방의 주장사실에 대한 자백이 있다면 자백간주가 아니라 재판상의 자백이 성립되고, ⅱ) 명백히 다투지 않은 경우에는 자백간주가 성립하며, ⅲ) 다투는 내용이 있다면 증거조사를 위하여 다음 속행기일을 지정하여야 한다.

정답 ○, ○, ○, ○

 22년 변시

288. 종중이 당사자인 사건에서 그 종중의 대표자에게 적법한 대표권이 있는지 여부는 자백의 대상이 될 수 없다.

> **해설** 종중이 당사자인 사건에 있어서 그 종중의 대표자에게 적법한 대표권이 있는지의 여부는 소송요건에 관한 것으로서 법원의 직권조사사항이며 … 직권조사사항은 자백의 대상이 될 수 없다(2002.05.14. 2000다42908).

정답 ○

21년(1) 모의

289. 당사자가 무명혼합계약을 자기에게 불리한 동산질권설정계약으로 잘못 진술한 경우 이러한 진술은 법원을 구속하지 않는다.

해설 당사자의 법률상의 진술은 법원을 구속하는 것이 아니므로 무명혼합계약을 당사자가 동산질권설정계약 등으로 잘못 진술하였다 하더라도 이것은 일종의 권리자백에 해당하여 법원을 구속하지 않는다(대판 1962.04.26. 4294민상1071).

정답 O

 22년 변시, 21년(1) 모의

290. 피고의 자백이 성립한 후, 원고가 청구를 교환적으로 변경하면서 자백의 대상인 원래의 주장을 철회하였다고 하여 기존의 자백의 효력이 없어지는 것은 아니다.

해설 피고가 제1심에서 대상 토지의 소유권 일부 이전등기가 아무런 원인 없이 이루어졌다는 원고의 주장사실을 인정함으로써 자백이 성립된 후, 소변경신청서에 의하여 그 등기가 원인 없이 이루어졌다는 기존의 주장사실에 배치되는 명의신탁 사실을 주장하면서 청구취지 및 청구원인을 명의신탁해지를 원인으로 하는 소유권이전등기를 구하는 것으로 교환적으로 변경함으로써 원래의 주장사실을 철회한 경우, 이미 성립되었던 피고의 자백도 그 대상이 없어짐으로써 소멸되었고, 나아가 그 후 피고가 위 자백내용과 배치되는 주장을 함으로써 그 진술을 묵시적으로 철회하였다고 보여지는 경우, 원고들이 이를 다시 원용할 수도 없게 되었고, 원고들이 원래의 원인무효 주장을 예비적 청구원인 사실로 다시 추가하였다 하여 자백의 효력이 되살아난다고 볼 수도 없다(대판 1997.04.22. 95다10204).

정답 X

21년(1) 모의

291. 당사자본인신문 중에 당사자가 상대방의 주장과 일치하여 자기에게 불리한 진술을 하였다면 재판상 자백이 성립한다.

해설 증거조사방법중의 하나인 당사자본인신문의 결과 중에 당사자의 진술로서 상대방의 주장과 일치되는 부분이 나왔다고 하더라도 그것은 재판상 자백이 될 수 없다(대판 1978.09.12. 78다879).

정답 X

 22년 변시, 20년(2)·22년(1) 모의

292. 법정변제충당의 순서에 관한 진술은 비록 그 진술자에게 불리하더라도 이를 자백이라고 볼 수 없다.

해설 법정변제충당의 순서를 정함에 있어 기준이 되는 이행기나 변제이익에 관한 사항 등은 구체적 사실로서 자백의 대상이 될 수 있으나, 법정변제충당의 순서 자체는 법률 규정의 적용에 의하여 정하여지는 법률상의 효과여서 그에 관한 진술이 비록 그 진술자에게 불리하더라도 이를 자백이라고 볼 수는 없다(대판 1998.07.10. 98다6763).

정답 ○

20년(2) 모의

293. **노동능력상실비율은 피해자의 여러 요건과 경험법칙에 비추어 법관이 규범적으로 결정하여야 하므로 자백의 대상이 아니다.**

 인신사고로 인한 손해배상청구사건에 있어서 노동능력상실율도 자백의 대상이 된다(대판 1988.04.25. 87다카2285).

정답 ×

22년 변시, 19년(3)·21년(3) 모의

294. **(1) 당사자 일방이 한 진술에 잘못된 계산이나 기재가 있어 잘못이 분명한 경우에는 비록 상대방이 이를 원용하였다고 하더라도 자백이 성립할 수 없다.**

(2) 법률심인 상고심에서는 항소심에서 한 자백을 취소할 수 없다.

 [1] 당사자 일방이 한 진술에 잘못된 계산이나 기재, 기타 이와 비슷한 표현상의 잘못이 있고, 잘못이 분명한 경우에는 비록 상대방이 이를 원용하였다고 하더라도 당사자 쌍방의 주장이 일치한다고 할 수 없으므로 자백(선행자백)이 성립할 수 없다(대판 2018.08.01. 2018다229564). [2] 법률심인 상고심에 이르러서는 원심에서 한 자백을 취소할 수 없다(대판 1998.01.23. 97다38305).

정답 ○, ○

19년(3) 모의

295. **(1) 부동산의 시효취득에 있어서 점유기간의 산정기준이 되는 점유개시의 시기(始期)에 대한 자백은 법원이나 당사자를 구속하지 않는다.**

(2) 종중의 대표자에게 적법한 대표권이 있는지 여부에 관한 사항은 자백의 대상이 될 수 없다.

 [1] 부동산의 시효취득에 있어서 점유기간의 산정기준이 되는 점유개시의 시기는 취득시효의 요건사실인 점유기간을 판단하는 데 간접적이고 수단적인 구실을 하는 간접사실에 불과하므로 이에 대한 자백은 법원이나 당사자를 구속하지 않는 것이다(대판 1994.11.04. 94다37868). [2] 종중이 당사자인 사건에 있어서 그 종중의 대표자에게 적법한 대표권이 있는지의 여부는 소송요건에 관한 것으로서 법원의 직권조사사항이다. 직권조사사항은 자백의 대상이 될 수 없다(대판 2002.05.14. 2000다42908).

정답 ○, ○

19년(3) 모의

296. 재판상 자백의 취소는 절차의 안정을 위해 명시적으로 해야만 하며, 종전의 자백과 배치되는 사실을 주장하는 방법으로 묵시적으로 할 수는 없다.

해설 재판상 자백의 취소는 반드시 명시적으로 하여야만 하는 것은 아니고 종전의 자백과 배치되는 사실을 주장함으로써 묵시적으로도 할 수 있는 것이나, 다만 이 경우에도 자백을 취소하는 당사자는 그 자백이 진실에 반한다는 것 외에 착오에 의한 것임을 아울러 증명하여야 하며 진실에 반하는 것임이 증명되었다고 하여 착오에 의한 자백으로 추정되지는 않는다(대판 1994.06.14. 94다14797).

정답 ×

 18년·22년 변시, 16년(2)·21년(3) 모의

297. (1) 일단 자기에게 불리한 사실을 진술한 당사자도 그 후 상대방의 원용이 있기 전에는 그 진술을 철회하고 이와 모순되는 진술을 자유로이 할 수 있으며, 이 경우 앞의 자인사실은 소송자료에서 제거된다.

(2) 당사자 일방이 자기에게 불리한 주요사실의 진술을 자진하여 한 경우, 그 상대방이 이를 원용하여야 재판상 자백과 동일한 효력을 가지므로, 일단 자기에게 불리한 사실을 진술한 당사자도 그 후 그 상대방의 원용이 있기 전에는 그 자인한 진술을 철회하고 이와 모순되는 진술을 자유로이 할 수 있다.

해설 재판상 자백의 일종인 소위 선행자백은 당사자 일방이 자기에게 불리한 사실상의 진술을 자진하여 한 후 그 상대방이 이를 원용함으로써 그 사실에 관하여 당사자 쌍방의 주장이 일치함을 요하므로 그 일치가 있기 전에는 전자의 진술을 선행자백이라 할 수 없고 따라서 일단 자기에게 불리한 사실을 진술한 당사자도 그 후 그 상대방의 원용이 있기 전에는 그 자인한 진술을 철회하고 이와 모순되는 진술을 자유로이 할 수 있으며 이 경우 앞의 자인진술은 소송자료로부터 제거된다(대판 1986.07.22. 85다카944).

정답  ○, ○

 13년·15년·18년 변시, 13년(1) 모의

298. (1) 자백된 사실이 진실에 반하는 것이 증명되면 자백이 착오에 기한 것이라는 점이 추정된다.

(2) 자백의 취소에 있어 그 자백이 진실에 부합하지 않는 것임이 증명된 경우라도 나머지 요건인 그 자백이 착오로 인한 것이라는 점은 변론 전체의 취지만에 의하여 인정할 수 없다.

해설 [1] 재판상 자백의 취소는 반드시 명시적으로 하여야만 하는 것은 아니고 종전의 자백과 배치되는 사실을 주장함으로써 묵시적으로도 할 수 있는 것이나, 다만 이 경우에도 자백을 취소하는 당사자는 그 자백이 진실에 반한다는 것 외에 착오에 의한 것임을 아울러 증명하여야 하며 진실에 반하는 것임이 증명된다고 하여 착오에 의한 자백으로 추정되지는 않는다(대판 1990.06.26. 89다카

14240). [2] 재판상 자백은 상대방의 동의가 없는 경우에는 자백을 한 당사자가 그 자백이 진실에 부합되지 않는다는 사실과 자백이 착오에 기인한다는 사실을 증명한 경우에만 이를 취소할 수 있는 것이기는 하나, 증거에 의하여 자백이 진실과 부합되지 않는 사실이 증명되고 변론의 전취지에 의하여 그 자백이 착오에 기인한 것으로 인정되는 경우에는 자백의 취소를 허용하여야 한다(대판 1997.11.11. 97다30646).

정답 ×, ×

15년·18년 변시, 14년(3)·17년(2) 모의

299. 재판상의 자백을 진실에 부합되지 않고 착오에 기인한다는 이유로 취소할 경우, 진실에 어긋난다는 사실에 대한 증명은 그 반대되는 사실을 직접증거로 증명함으로써 할 수 있지만 자백사실이 진실에 어긋남을 추인할 수 있는 간접사실의 증명으로도 가능하다.

해설 재판상의 자백에 대하여 상대방의 동의가 없는 경우에는 자백을 한 당사자가 그 자백이 진실에 부합되지 않는다는 것과 자백이 착오에 기인한다는 사실을 증명한 경우에 한하여 이를 취소할 수 있으나, 이때 진실에 부합하지 않는다는 사실에 대한 증명은 그 반대되는 사실을 직접증거에 의하여 증명함으로써 할 수 있지만 자백사실이 진실에 부합하지 않음을 추인할 수 있는 간접사실의 증명에 의하여도 가능하다고 할 것이고, 또한 자백이 진실에 반한다는 증명이 있다고 하여 그 자백이 착오로 인한 것이라고 추정되는 것은 아니지만 그 자백이 진실과 부합되지 않는 사실이 증명된 경우라면 변론의 전취지에 의하여 그 자백이 착오로 인한 것이라는 점을 인정할 수 있다(대판 2004.06.11. 2004다13533).

정답 ○

18년 변시

300. 타인의 불법행위로 인하여 피해자가 상해를 입거나 사망한 경우, 그 손해배상을 구하는 소에서 피해자의 사고 당시 수입은 재판상 자백의 대상이 된다.

해설 타인의 불법행위로 인하여 피해자가 상해를 입게 되거나 사망하게 된 경우, 피해자가 입게 된 소극적 손해인 일실수입은 피해자의 사고 당시 수입을 기초로 하여 산정하게 되므로 피해자의 사고 당시 수입은 자백의 대상이 된다(대판 1998.05.15. 96다24668).

정답 ○

13년(1)·14년(3)·17년(2)·20년(2)·23년(2) 모의

301. (1) 주요사실에 대한 자백의 효력만이 인정되므로, 문서의 진정성립에 대해 당사자가 자백하여도 법원은 여기에 구속되지 아니한다.

(2) 문서의 성립에 관한 자백은 보조사실에 관한 자백이므로 당사자는 문서의 진정성립을 인정한 후에도 자유롭게 이를 철회할 수 있다.

[해설] 문서의 성립에 관한 자백은 보조사실에 관한 자백이기는 하나 그 취소에 관하여서는 다른 간접사실에 관한 자백의 취소와는 달리 주요사실의 자백취소와 동일하게 처리하여야 할 것이므로 문서의 진정성립을 인정한 당사자는 자유롭게 이를 철회할 수 없다(대판 1988.12.20. 88다카3083).

정답 ×, ×

17년 변시

302. 당사자가 변론에서 상대방이 주장하기도 전에 스스로 자신에게 불이익한 사실을 진술하였더라도, 상대방이 이를 명시적으로 원용하거나 그 진술과 일치되는 진술을 하게 되면 재판상 자백이 성립된다.

[해설] 당사자가 변론에서 상대방이 주장하기도 전에 스스로 자신에게 불이익한 사실을 진술하는 경우, 상대방이 이를 명시적으로 원용하거나 그 진술과 일치되는 진술을 하게 되면 재판상 자백이 성립되는 것이어서, 법원도 그 자백에 구속되어 그 자백에 저촉되는 사실을 인정할 수 없다(대판 2005.11.25. 2002다59528).

정답 ○

12년 변시, 16년(2)·20년(2)·22년(1) 모의

303. (1) 소송물의 전제가 되는 권리관계나 법률효과를 인정하는 진술은 권리자백으로서 법원을 기속하지 않고, 그 진술자도 상대방의 동의 없이 이를 자유로이 철회할 수 있다.
(2) 甲이 변론을 통해 자신이 소유자라는 주장을 하자 乙이 이를 인정하는 진술을 한 경우, 그 진술을 甲의 소유권의 내용을 이루는 사실에 대한 것으로 보아 자백의 구속력을 인정할 수 있다.

[해설] [1] 소송물의 전제가 되는 권리관계나 법률효과를 인정하는 진술은 권리자백으로서 법원을 기속하는 것이 아니고 상대방의 동의없이 자유로이 철회할 수 있으므로 피고가 이건 매매계약이 원고에 의하여 해제되었다고 자백하였다 할지라도 이를 철회한 이상 계약해제의 효과가 생긴 것이라고 할 수 없다(대판 1982.04.27. 80다851). [2] 소유권에 기한 이전등기말소청구소송에 있어서 피고가 원고 주장의 소유권을 인정하는 진술은 그 소 전제가 되는 소유권의 내용을 이루는 사실에 대한 진술로 볼 수 있으므로 이는 재판상 자백이다(대판 1989.05.09. 87다카749).

정답 ○, ○

16년(2) 모의

304. 재판상 자백은 변론기일 또는 변론준비기일에 행한 상대방 당사자의 주요사실 주장과 일치하는 자기에게 불리한 사실의 진술이며, 그 일치 여부에 관하여는 필요한 경우 석명권을 행사하여 변론 전체의 취지에서 판단하여야 한다.

해설 재판상의 자백은 변론기일 또는 변론준비기일에 당사자에 의하여 행하여지는 진술로서 상대방 당사자의 주장과 일치하는 자기에게 불리한 사실의 진술이라고 할 것이므로, 그 일치 여부에 관하여는 필요한 경우 석명권을 행사하여 변론 전체의 취지에서 판단하여야 한다(대판 2007.06.28. 2007다26424).

 정답 O

 15년 변시

305. 乙의 자백 취소에 대하여 甲이 동의하면 진실에 어긋나는지 여부나 착오 여부와는 상관없이 자백의 취소는 인정된다.

해설 자백은 사적 자치의 원칙에 따라 당사자의 처분이 허용되는 사항에 관하여 그 효력이 발생하는 것이므로, 일단 자백이 성립되었다고 하여도 그 후 그 자백을 한 당사자가 위 자백을 취소하고 이에 대하여 상대방이 이의를 제기함이 없이 동의하면 반진실, 착오의 요건은 고려할 필요 없이 자백의 취소를 인정하여야 할 것이다(대판 1994.09.27. 94다22897).

 정답 O

❖ 선택형 사례문제

문 1
 19년 변시

甲은 乙을 상대로 X부동산에 관하여 매매계약을 원인으로 한 소유권이전등기청구소송을 제기하였다. 이에 관한 설명 중 옳은 것을 모두 고른 것은? (다툼이 있는 경우 판례에 의함)

> ㄱ. 법원이 위 소송에서 소송자료를 통하여 X부동산에 관한 甲의 매매계약에 기한 소유권이전등기청구권은 인정되지 않으나 甲의 양도담보약정에 기한 소유권이전등기청구권이 인정된다는 심증을 형성한 경우에 甲의 청구를 인용할 수 있다.
> ㄴ. 乙이 甲의 주장사실 중 매매계약 체결사실을 인정하는 내용의 답변서를 제출하고 제1회 변론기일에 불출석하여 위 답변서를 진술한 것으로 보는 경우, 매매계약 체결사실에 대하여 자백한 것으로 간주된다.
> ㄷ. 위 1심 진행 중에 甲의 채권자인 丙이 甲의 위 소유권이전등기청구권을 가압류한 경우 법원이 甲의 청구를 인용할 때 위 가압류의 해제를 조건으로 하여야 한다.
> ㄹ. 甲이 승소한 1심 판결에 대하여 乙이 항소한 항소심에서 양 당사자가 변론기일에 2회 불출석하고 새로 지정된 변론기일에도 불출석한 경우에는 소가 취하된 것으로 간주된다.

① ㄷ   ② ㄱ, ㄴ   ③ ㄴ, ㄷ
④ ㄴ, ㄹ   ⑤ ㄷ, ㄹ

해설 소송물, 재판상 자백, 상소의 취하

ㄱ. (X) 원고가 매매를 원인으로 한 소유권이전등기를 청구한 데 대하여 원심이 양도담보약정을 원인으로 한 소유권이전등기를 명하였다면 판결주문상으로는 원고가 전부 승소한 것으로 보이기는 하나, 매매를 원인으로 한 소유권이전등기청구와 양도담보약정을 원인으로 한 소유권이전등기청구와는 청구원인사실이 달라 동일한 청구라 할 수 없음에 비추어, 원심은 원고가 주장하지도 아니한 양도담보약정을 원인으로 한 소유권이전등기청구에 관하여 심판하였을 뿐, 정작 원고가 주장한 매매를 원인으로 한 소유권이전등기청구에 관하여는 심판을 한 것으로 볼 수 없어 결국 원고의 청구는 실질적으로 인용한 것이 아니어서 판결의 결과가 불이익하게 되었으므로 원심판결에 처분권주의를 위반한 위법이 있고 따라서 그에 대한 원고의 상소의 이익이 인정된다(대판 1992.03.27. 91다40696).

ㄴ. (X) 민사소송법 제288조의 규정에 의하여 구속력을 갖는 자백은 재판상의 자백에 한하는 것이고, 재판상 자백이란 변론기일 또는 변론준비기일에서 당사자가 하는 상대방의 주장과 일치하는 자기에게 불리한 사실의 진술을 말하는 것으로서, 법원에 제출되어 상대방에게 송달된 답변서나 준비서면에 자백에 해당하는 내용이 기재되어 있는 경우라도 그것이 변론기일이나 변론준비기일에서 진술 또는 진술간주되어야 재판상 자백이 성립한다(대판 2015.02.12. 2014다229870). 지문에서 乙은 매매계약 체결사실을 인정하는 답변서를 제출했고 불출석한바 법 제148조에 의해 진술간주가 되었으므로 재판상 자백이 성립한다.

> 민사소송법 제148조(한 쪽 당사자가 출석하지 아니한 경우) 원고 또는 피고가 변론기일에 출석하지 아니하거나, 출석하고서도 본안에 관하여 변론하지 아니한 때에는 그가 제출한 소장·답변서, 그 밖의 준비서면에 적혀 있는 사항을 진술한 것으로 보고 출석한 상대방에게 변론을 명할 수 있다.

ㄷ. (O) 소유권이전등기청구권에 대한 압류나 가압류는 채권에 대한 것이지 등기청구권의 목적물인 부동산에 대한 것이 아니고, 채무자와 제3채무자에게 그 결정을 송달하는 외에 현행법상 등기부에 이를 공시하는 방법이 없는 것으로서, 당해 채권자와 채무자 및 제3채무자 사이에만 효력이 있을 뿐 압류나 가압류와 관계가 없는 제3자에 대하여는 압류나 가압류의 처분금지적 효력을 주장할 수 없게 되므로, 소유권이전등기청구권의 압류나 가압류는 청구권의 목적물인 부동산 자체의 처분을 금지하는 대물적 효력은 없고, 또한 채권에 대한 가압류가 있더라도 이는 채무자가 제3채무자로부터 현실로 급부를 추심하는 것만을 금지하는 것이므로 채무자는 제3채무자를 상대로 그 이행을 구하는 소송을 제기할 수 있고 법원은 가압류가 되어 있음을 이유로 이를 배척할 수는 없는 것이지만, 소유권이전등기를 명하는 판결은 의사의 진술을 명하는 판결로서 이것이 확정되면 채무자는 일방적으로 이전등기를 신청할 수 있고 제3채무자는 이를 저지할 방법이 없게 되므로 위와 같이 볼 수는 없고 이와 같은 경우에는 가압류의 해제를 조건으로 하지 않는 한 법원은 이를 인용하여서는 안되는 것이며, 가처분이 있는 경우도 이와 마찬가지로 그 가처분의 해제를 조건으로 하여야만 소유권이전등기절차의 이행을 명할 수 있다(대판 1999.02.09. 98다42615).

ㄹ. (X) 항소심에서 양 당사자가 변론기일에서 2회 불출석하고 새로 지정된 변론기일에서도 불출석한 경우이므로 항소는 취하된 것으로 간주되고 원판결이 확정된다.

> 민사소송법 제268조(양 쪽 당사자가 출석하지 아니한 경우) ① 양 쪽 당사자가 변론기일에 출석하지 아니하거나 출석하였다 하더라도 변론하지 아니한 때에는 재판장은 다시 변론기일을 정하여 양 쪽 당사자에게 통지하여야 한다.

② 제1항의 새 변론기일 또는 그 뒤에 열린 변론기일에 양 쪽 당사자가 출석하지 아니하거나 출석하였다 하더라도 변론하지 아니한 때에는 1월 이내에 기일지정신청을 하지 아니하면 소를 취하한 것으로 본다.
③ 제2항의 기일지정신청에 따라 정한 변론기일 또는 그 뒤의 변론기일에 양쪽 당사자가 출석하지 아니하거나 출석하였다 하더라도 변론하지 아니한 때에는 소를 취하한 것으로 본다.
④ 상소심의 소송절차에는 제1항 내지 제3항의 규정을 준용한다. 다만, 상소심에서는 상소를 취하한 것으로 본다.

정답 ①

문 2   18년(3) 모의

甲의 소유인 A 부동산에 관하여 乙, 丙에게 순차로 소유권이전등기가 마쳐졌는데, 甲이 소유권에 기한 청구로써 등기부상 소유명의를 회복하고자 한다. 이에 관한 설명 중 옳지 <u>않은</u> 것은? (다툼이 있는 경우 판례에 따름)

① 甲이 청구원인으로서 자신이 A 부동산의 소유권자라고 주장함에 대하여 피고가 이를 인정한다고 답변하였다면 재판상 자백이 성립한다.
② 甲이 丙을 피고로 소유권이전등기말소청구소송(전소)을 제기하여 패소판결을 받아 확정된 후, 甲이 乙을 피고로 소유권이전등기말소청구소송(후소)을 제기한 경우, 후소는 소의 이익이 인정된다.
③ 甲이 丙을 피고로 제기한 소유권이전등기말소청구소송(전소)에서 丙의 등기부 시효취득 주장이 받아들여져서 甲이 패소판결을 선고받고 확정되었다면, 甲은 전소 판결을 근거로 하여 乙을 상대로 소유권이전등기말소의무의 이행불능을 이유로 한 손해배상을 청구할 수 있다.
④ 甲이 乙을 상대로 제기한 소유권이전등기말소 청구소송에서, 乙이 丙의 등기부 시효취득의 완성을 주장·증명하면, 甲의 청구는 기각된다.
⑤ 甲이 乙을 피고로 한 소유권이전등기말소청구소송(전소)에서 승소 확정판결을 받았는데, 그 사실심 변론종결 후에 乙이 丙 앞으로 소유권이전등기를 마쳐주자 甲이 丙을 피고로 丙 명의 소유권이전등기말소청구소송(후소)을 제기한다면 후소는 부적법하다.

해설 소의 이익과 재판상 자백, 기판력의 주관적 범위

① (○) 소유권에 기한 이전등기말소청구소송에 있어서 피고가 원고 주장의 소유권을 인정하는 진술은 그 소 전제가 되는 소유권의 내용을 이루는 사실에 대한 진술로 볼 수 있으므로 이는 재판상 자백이다(대판 1989.05.09. 87다카749).
② (○) 원고에 대하여 부담하는 등기말소의무의 이행가능 여부를 판단함에 있어 피고들과 그 후순위등기명의자들간의 관계까지 고려할 필요는 없을 뿐 아니라, 소유권에 관하여 순차적으로 각 등기가 경료된 경우 후순위 등기의 말소가 가능한지에 관계없이 전순위등기의 말소절차이행을 명할 수 있다(대판 1995.10.12. 94다47483).

③ (X) 소유자가 자신의 소유권에 기하여 실체관계에 부합하지 아니하는 등기의 명의인을 상대로 그 등기말소나 진정명의회복 등을 청구하는 경우에, 그 권리는 물권적 청구권으로서의 방해배제청구권(민법 제214조)의 성질을 가진다. 그러므로 소유자가 그 후에 소유권을 상실함으로써 이제 등기말소 등을 청구할 수 없게 되었다면, 이를 위와 같은 청구권의 실현이 객관적으로 불능이 되었다고 파악하여 등기말소 등 의무자에 대하여 그 권리의 이행불능을 이유로 민법 제390조상의 손해배상청구권을 가진다고 말할 수 없다. 위 법규정에서 정하는 채무불이행을 이유로 하는 손해배상청구권은 계약 또는 법률에 기하여 이미 성립하여 있는 채권관계에서 본래의 채권이 동일성을 유지하면서 그 내용이 확장되거나 변경된 것으로서 발생한다. 그러나 위와 같은 등기말소청구권 등의 물권적 청구권은 그 권리자인 소유자가 소유권을 상실하면 이제 그 발생의 기반이 아예 없게 되어 더 이상 그 존재 자체가 인정되지 아니하는 것이다. 이러한 법리는 선행소송에서 소유권보존등기의 말소등기청구가 확정되었다고 하더라도 그 청구권의 법적 성질이 채권적 청구권으로 바뀌지 아니하므로 마찬가지이다(대판 2012.05.17. 2010다28604(전합)).

④ (O) 선등기명의자의 소유권이전등기가 원인무효라고 하더라도 그 이후의 최종 등기명의자가 등기부시효취득의 항변을 제출하여 법원에서 그것이 받아들여진 경우, 그 전의 등기명의자들이 최종 등기명의자의 시효취득 사실을 원용하여 원소유자의 소유권 상실을 주장하고 있다면 원소유자의 소유권에 기한 등기말소청구는 배척될 수밖에 없다(대판 1995.03.03. 94다7348).

⑤ (O) 소유권이전등기 및 근저당권설정등기가 당초부터 원인무효임을 이유로 각 그 말소를 명하는 판결이 확정되었다면 그 판결의 변론종결후의 승계인인 임의경매실행으로 인한 소유권취득자에 대하여는 경매절차의 진행을 저지하는 절차나 등기부상의조처를 취한 여부에 불구하고 기판력이 미친다(대판 1974.12.10. 74다1046).

정답 ③

III 자백간주

21년(3) 모의

306. 제1심에서 피고에 대해 공시송달로 재판이 진행되어 피고에 대한 청구가 기각되었다고 해도, 원고가 항소한 항소심에서 피고가 공시송달이 아닌 방법으로 기일 통지서를 송달받고도 다투지 아니한 경우에는 민사소송법 제150조의 자백간주가 성립한다.

해설 제1심에서 피고에 대하여 공시송달로 재판이 진행되어 피고에 대한 청구가 기각되었다고 하여도 피고가 원고 청구원인을 다툰 것으로 볼 수 없으므로, 원고가 항소한 항소심에서 피고가 공시송달이 아닌 방법으로 송달받고도 다투지 아니한 경우에는 민사소송법 제150조의 자백간주가 성립된다(대판 2018.07.12. 2015다36167). 사실관계 공시송달로 재판을 진행한 후 위 피고들에 대한 원고의 청구를 모두 기각, 원고가 항소하자 원심은 공시송달이 아닌 방법으로 위 피고들에게 항소장 부본, 변론기일통지서 등을 송달하였으나 위 피고들이 원고 주장에 관하여 다투지 아니하였던 사례.

정답

21년(3) 모의

307. 제1심에서 자백간주가 있었다고 해도 해당 당사자가 항소심의 변론 종결 시까지 자백 간주된 사실을 다투면 그 간주 효과가 배제된다.

> **해설** 민사소송법 제150조 제1항은 "당사자가 변론에서 상대방이 주장하는 사실을 명백히 다투지 아니한 때에는 그 사실을 자백한 것으로 본다. 다만, 변론 전체의 취지로 보아 그 사실에 대하여 다툰 것으로 인정되는 경우에는 그러하지 아니하다."고 규정하고 있는바, 당사자는 변론이 종결될 때까지 어느 때라도 상대방의 주장사실을 다툼으로써 자백간주를 배제시킬 수 있고, 상대방의 주장사실을 다투었다고 인정할 것인가의 여부는 사실심 변론종결 당시의 상태에서 변론의 전체를 살펴서 구체적으로 결정하여야 할 것이다(대판 2004.09.24. 2004다21305).

정답

21년(3) 모의

308. 상대방의 주장 사실을 자백하는 취지의 진술이 기재된 답변서나 준비서면이 변론기일 또는 변론준비기일에서 진술 간주된 경우에는 그 답변서나 준비서면을 제출한 당사자는 임의로 그 진술을 철회할 수 없다.

> **해설** 일단 자백이 성립되면 자백한 당사자는 임의로 철회할 수 없다. 금반언의 원칙, 상대방의 신뢰보호, 절차의 안정을 위하여 당연한 법리라 할 것이다(이시윤, 신민사소송법 제14판, p.472).
>
> **판례** 법원에 제출되어 상대방에게 송달된 답변서나 준비서면에 자백에 해당하는 내용이 기재되어 있는 경우라도 그것이 변론기일이나 변론준비기일에서 진술 또는 진술간주되어야 재판상 자백이 성립한다 (대판 2015.02.12. 2014다229870).

정답

21년(2) 모의

309. 피고가 청구의 원인이 된 사실을 모두 자백하는 취지의 답변서를 제출하고 따로 항변을 하지 아니한 때에는 법원은 무변론원고승소판결을 선고할 수 있다.

> **해설** 민사소송법 제257조 참조.
>
> 민사소송법 제257조(변론 없이 하는 판결) ① 법원은 피고가 제256조제1항의 답변서를 제출하지 아니한 때에는 청구의 원인이 된 사실을 자백한 것으로 보고 변론 없이 판결할 수 있다. 다만, 직권으로 조사할 사항이 있거나 판결이 선고되기까지 피고가 원고의 청구를 다투는 취지의 답변서를 제출한 경우에는 그러하지 아니하다.
> ② 피고가 청구의 원인이 된 사실을 모두 자백하는 취지의 답변서를 제출하고 따로 항변을 하지 아니한 때에는 제1항의 규정을 준용한다.

정답

21년(1) 모의

310. 자백간주의 요건이 갖추어져서 자백간주의 효과가 발생하였으나 그 이후의 기일통지서가 송달불능으로 되어 공시송달 되었다면, 기존의 자백간주의 효과는 유지되지 않는다.

해설 민사소송법 제139조 소정의 의제자백의 요건이 구비되어 일단 의제자백으로서의 효과가 발생한 때에는 그 이후의 기일에 대한 소환장이 송달불능으로 되어 공시송달하게 되었다고 하더라도 이미 발생한 의제자백의 효과가 상실되는 것은 아니라고 할 것이므로 위 규정에 의하여 자백한 것으로 간주하여야 할 사실을 증거 판단하여 의제자백에 배치되는 사실인정을 하는 것은 위법이라고 할 것이다(대판 1988.02.23. 87다카961).

정답

18년(2) 모의

311. 피고가 소장 부본을 공시송달을 통해 송달받고서 답변서를 제출하지 아니한 경우에는 자백간주가 성립하지 아니한다.

해설 피고가 소장 부본을 공시송달을 통해 송달받고서 답변서를 제출하지 아니한 경우에는 자백간주가 성립하지 아니한다(이시윤, 신민사소송법 제11판, p.279).

민사소송법 제256조(답변서의 제출의무) ① 피고가 원고의 청구를 다투는 경우에는 소장의 부본을 송달받은 날부터 30일 이내에 답변서를 제출하여야 한다. 다만, 피고가 공시송달의 방법에 따라 소장의 부본을 송달받은 경우에는 그러하지 아니하다.
② 법원은 소장의 부본을 송달할 때에 제1항의 취지를 피고에게 알려야 한다.
민사소송법 제257조(변론 없이 하는 판결) ① 법원은 피고가 제256조제1항의 답변서를 제출하지 아니한 때에는 청구의 원인이 된 사실을 자백한 것으로 보고 변론 없이 판결할 수 있다. 다만, 직권으로 조사할 사항이 있거나 판결이 선고되기까지 피고가 원고의 청구를 다투는 취지의 답변서를 제출한 경우에는 그러하지 아니하다.

정답

18년(2) 모의

312. 피고가 원고의 청구원인사실을 다투는 취지의 답변서를 제출하였다면, 피고가 변론기일에 출석하지 아니한 상태에서 변론이 종결되더라도 자백간주의 효력은 발생하지 아니한다.

해설 기일에 불출석한 피고가 원고의 청구원인사실을 다투는 취지의 답변서 그 밖의 준비서면을 제출하였다면 그 서면에 따른 진술간주가 인정되기 때문에 자백간주가 성립되지 아니한다(이시윤, 신민사소송법 제11판, p.475).

민사소송법 제150조(자백간주) ① 당사자가 변론에서 상대방이 주장하는 사실을 명백히 다투지 아니한 때에는 그 사실을 자백한 것으로 본다. 다만, 변론 전체의 취지로 보아 그 사실에 대하여 다툰 것으로 인정되는 경우에는 그러하지 아니하다.
③ 당사자가 변론기일에 출석하지 아니하는 경우에는 제1항의 규정을 준용한다. 다만, 공시송달의 방법으로 기일통지서를 송달받은 당사자가 출석하지 아니한 경우에는 그러하지 아니하다.
민사소송법 제148조(한 쪽 당사자가 출석하지 아니한 경우) ① 원고 또는 피고가 변론기일에 출석하지 아니하거나, 출석하고서도 본안에 관하여 변론하지 아니한 때에는 그가 제출한 소장·답변서, 그 밖의 준비서면에 적혀 있는 사항을 진술한 것으로 보고 출석한 상대방에게 변론을 명할 수 있다.

정답 ○

18년(2)·20년(2) 모의

313. (1) 재심절차에서도 통상의 소송절차에 관한 규정이 준용되므로, 재심피고가 변론기일에 출석하여 재심사유를 명백히 다투지 않는 경우, 재심사유에 대하여 자백간주의 효력이 발생한다.
(2) 재심사유에 대하여는 당사자의 자백이 허용되지 아니하므로 자백간주도 인정되지 않는다.

 재심의 소는 확정판결에 대하여 그 판결의 효력을 인정할 수 없는 흠결이 있는 경우에 구체적 정의를 위하여 법적 안정성을 희생시키면서 확정판결의 취소를 허용하는 비상수단으로서, 소송제도의 기본목적인 분쟁해결의 실효성과 정의실현과의 조화를 도모하여야 하는 것이므로 재심사유의 존부에 관하여는 당사자의 처분권을 인정할 수 없고, 재심법원은 직권으로 당사자가 주장하는 재심사유 해당사실의 존부에 관한 자료를 탐지하여 판단할 필요가 있고, 따라서 재심사유에 대하여는 당사자의 자백이 허용되지 아니하며 의제자백에 관한 민사소송법 제139조 제1항(현행 민사소송법 제150조)은 적용되지 아니한다고 할 것이다(대판 1992.07.24. 91다45691).

정답 ×, ○

18년(2) 모의

314. 통상공동소송에서 청구원인사실에 관하여 피고 甲이 적극적으로 다투었는데 피고 乙은 변론기일에 출석하고서도 다투지 아니한 경우, 법원은 피고 乙이 변론 전체의 취지상 청구원인사실을 다툰 것으로 볼 수 없다.

 민사소송법 제139조(현행 민사소송법 제150조)에 의하면 당사자가 공시송달에 의하지 아니한 적법한 소환을 받고도 변론기일에 출석하지 아니하고 답변서 기타 준비서면마저 제출하지 아니하여 상대방이 주장한 사실을 명백히 다투지 아니한 때에는 그 사실을 자백한 것으로 간주하도록 되어 있으므로, 그 결과 의제자백이 된 피고들과 원고의 주장을 다툰 피고들 사이에서 동일한 실체관계에 대하여 서로 배치되는 내용의 판단이 내려진다고 하더라도 이를 위법하다고 할 수 없다(대판 1997.02.28. 96다53789).

정답 ○

315. 「민사소송법」 제150조 제3항 본문의 요건이 구비되어 자백간주의 효과가 발생하였다 하더라도 그 이후의 변론기일에 대한 소환장이 공시송달의 방법으로 송달되었다면 위 조항의 단서에 따라 자백간주의 효과가 상실된다.

> 해설 민사소송법 제139조 소정의 의제자백의 요건이 구비되어 일단 의제자백으로서의 효과가 발생한 때에는 그 이후의 기일에 대한 소환장이 송달불능으로 되어 공시송달하게 되었다고 하더라도 이미 발생한 의제자백의 효과가 상실되는 것은 아니라고 할 것이므로 위 규정에 의하여 자백한 것으로 간주하여야 할 사실을 증거판단하여 의제자백에 배치되는 사실인정을 하는 것은 위법이라고 할 것이다(대판 1988.02.23. 87다카961).

정답 ×

IV 현저한 사실

316. 피고와 제3자 사이에 있었던 다른 법원의 확정 판결에서 인정된 사실은 당사자가 증거로 제출하지 않아도 법원에 현저한 사실이 된다.

> 해설 피고와 제3자 사이에 있었던 민사소송의 확정판결의 존재를 넘어서 그 판결의 이유를 구성하는 사실관계들까지 법원에 현저한 사실로 볼 수는 없다. 민사재판에 있어서 이미 확정된 관련 민사사건의 판결에서 인정된 사실은 특별한 사정이 없는 한 유력한 증거가 되지만, 당해 민사재판에서 제출된 다른 증거 내용에 비추어 확정된 관련 민사사건 판결의 사실인정을 그대로 채용하기 어려운 경우에는 합리적인 이유를 설시하여 이를 배척할 수 있다는 법리도 그와 같이 확정된 민사판결 이유 중의 사실관계가 현저한 사실에 해당하지 않음을 전제로 한 것이다(대판 2019.08.09. 2019다222140).

정답 ×

317. 당사자가 주장하지 않았음에도, 법원이 당해 법원의 다른 판결에서 인정한 사실관계를 법원에 현저한 사실로 인정한 것은 변론주의를 위반한 것이다.

> 해설 변론주의하에서는 아무리 법원에 현저한 사실이라 할지라도 당사자가 그 사실에 대한 진술을 하지 않는 한 법원은 그것을 사실인정의 자료로 할 수 없다(대판 1965.03.02. 64다1761).

정답 ○

 12년 변시

318. (1) 불요증사실로서 법원에 현저한 사실은 판결을 하여야 할 법원의 법관이 직무상 경험으로 그 사실의 존재에 관하여 명확한 기억을 하고 있는 사실뿐만 아니라, 기록 등을 조사하여 곧바로 그 내용을 알 수 있는 사실도 포함한다.

(2) 피해자의 장래수입상실액을 인정하는 데 이용되는 고용형태별근로(직종별임금)실태조사보고서와 한국직업사전의 각 존재 및 그 기재 내용을 법원에 현저한 사실로 보아, 법원은 그것을 기초로 피해자의 일실수입을 산정할 수 있다.

해설 [1] 민사소송법 제261조 소정의 '법원에 현저한 사실'이라 함은 법관이 직무상 경험으로 알고 있는 사실로서 그 사실의 존재에 관하여 명확한 기억을 하고 있거나 또는 기록 등을 조사하여 곧바로 그 내용을 알 수 있는 사실을 말한다. [2] 피해자의 장래수입상실액을 인정하는 데 이용되는 직종별임금실태조사보고서와 한국직업사전의 각 존재 및 그 기재 내용을 법원에 현저한 사실로 보아, 그를 기초로 피해자의 일실수입을 산정한 조치는, 객관적이고 합리적인 방법에 의한 것이라고 보여지므로 옳다(대판 1996.07.18. 94다20051(전합)).

정답 ,

제4절 증거조사의 개시절차와 실시

제❶항 | 증거조사의 개시절차

Ⅰ 증거신청
Ⅱ 증거의 채부 결정
Ⅲ 직권증거조사

20년(2) 모의

319. 감정에는 증인신문에 관한 규정이 준용되므로 당사자의 신청이 없는 경우 법원이 직권으로 감정을 명할 수는 없다.

해설 감정은 법원이 직권으로 명할 수 있으나, 당사자의 신청에 의하여 행하는 것이 일반적이다. 감정을 신청함에 있어서는 감정을 구하는 사항을 적은 서면과 함께 입증취지와 감정대상을 적은 신청서를 내야 한다(민사소송규칙 제101조 1항 참조)(제요 민사Ⅲ, p.1488).

정답

🕐 19년 변시

320. 준거법으로서의 외국법은 법률이어서 법원이 직권으로 그 내용을 조사하여야 하고, 법원이 합리적이라고 판단하는 방법에 의하여 조사하면 충분하다.

> 해설 우리나라 법률상으로는 준거법으로서의 외국법의 적용 및 조사에 관하여 특별한 규정을 두고 있지 아니하나 외국법은 법률이어서 법원이 권한으로 그 내용을 조사하여야 하고, 그 방법에 있어서 법원이 합리적이라고 판단하는 방법에 의하여 조사하면 충분하고, 반드시 감정인의 감정이나 전문가의 증언 또는 국내외 공무소, 학교등에 감정을 촉탁하거나 사실조회를 하는 등의 방법만에 의하여야 할 필요는 없다(대판 1990.04.10. 89다카20252).

정답

제❷항 ┃ 증거조사의 실시

Ⅰ 증거조사의 원칙

21년(3) 모의

321. 증거조사의 개시가 있기 전에는 상대방의 동의가 없어도 그 증거신청을 자유롭게 철회할 수 있다.

> 해설 증거조사의 개시가 있기 전에는 상대방의 동의없이 자유로 그 신청을 철회할 수 있다(대판 1971.03.23. 70다3013).

정답

Ⅱ 증인신문

🕐 21년 변시, 21년(2)·(3) 모의

322. 증인에 대한 주신문에서는 원칙적으로 유도신문(誘導訊問)이 금지되고, 재판장은 허용되지 않는 유도신문을 제지해야 하지만, 반대신문에서는 필요한 때에는 유도신문을 할 수 있다.

> 해설 민사소송규칙 제91조, 제92조 참조.

민사소송규칙 제91조(주신문) ② 주신문에서는 유도신문을 하여서는 아니된다. 다만, 다음 각호 가운데 어느 하나에 해당하는 경우에는 그러하지 아니하다.
  1. 증인과 당사자의 관계, 증인의 경력, 교우관계 등 실질적인 신문에 앞서 미리 밝혀둘 필요가 있는 준비적인 사항에 관한 신문의 경우
  2. 증인이 주신문을 하는 사람에 대하여 적의 또는 반감을 보이는 경우
  3. 증인이 종전의 진술과 상반되는 진술을 하는 때에 그 종전 진술에 관한 신문의 경우
  4. 그 밖에 유도신문이 필요한 특별한 사정이 있는 경우
③ 재판장은 제2항 단서의 각호에 해당하지 아니하는 경우의 유도신문은 제지하여야 하고, 유도신문의

방법이 상당하지 아니하다고 인정하는 때에는 제한할 수 있다.
민사소송규칙 제92조(반대신문) ② 반대신문에서 필요한 때에는 유도신문을 할 수 있다.

정답 O

20년(1) 모의

323. 법정대리인 및 법인 등의 대표자는 증인능력이 있다.

해설 증인은 과거에 경험한 사실을 법원에 보고할 것을 명령받은 사람으로서 당사자 및 법정대리인(대표자 포함) 이외의 제3자이다(김홍엽, 민사소송법 제7판, p.626).

정답 ×

20년(1) 모의

324. 증인신문과 당사자신문은 당사자의 주장과 증거를 정리한 뒤 집중적으로 하여야 한다.

해설 민사소송법 제293조 참조.

민사소송법 제293조(증거조사의 집중) 증인신문과 당사자신문은 당사자의 주장과 증거를 정리한 뒤 집중적으로 하여야 한다.

정답 O

20년(1) 모의

325. 증인은 재판장의 허가가 없으면 서류에 의하여 진술하지 못한다.

해설 민사소송법 제331조 참조.

민사소송법 제331조(증인의 진술원칙) 증인은 서류에 의하여 진술하지 못한다. 다만, 재판장이 허가하면 그러하지 아니하다.

정답 O

20년(1) 모의

326. 증인이 정당한 사유 없이 출석하지 아니한 때에는 법원은 결정에 의하여 바로 7일 이내의 감치에 처할 수 있다.

해설 민사소송법 제311조 참조.

민사소송법 제311조(증인이 출석하지 아니한 경우의 과태료 등) ① 증인이 정당한 사유 없이 출석하지 아니한 때에 법원은 결정으로 증인에게 이로 말미암은 소송비용을 부담하도록 명하고 500만원 이하의 과태료에 처한다.
② 법원은 증인이 제1항의 규정에 따른 과태료의 재판을 받고도 정당한 사유 없이 다시 출석하지 아니한 때에는 결정으로 증인을 7일 이내의 감치(監置)에 처한다.
③ 법원은 감치재판기일에 증인을 소환하여 제2항의 정당한 사유가 있는지 여부를 심리하여야 한다.

정답

20년(1) 모의

327. 감치의 재판을 받은 증인이 감치의 집행 중에 증언을 한 때에는 법원은 바로 감치결정을 취소하고 그 증인을 석방하도록 명하여야 한다.

▶해설 민사소송법 제311조 제7항 참조.

민사소송법 제311조(증인이 출석하지 아니한 경우의 과태료 등) ⑦ 감치의 재판을 받은 증인이 감치의 집행 중에 증언을 한 때에는 법원은 바로 감치결정을 취소하고 그 증인을 석방하도록 명하여야 한다.

정답

18년 변시

328. 법원은 효율적인 증인신문을 위하여 필요하다고 인정하는 때에는 증인에게 증인진술서를 제출하게 할 수 있다.

▶해설 민사소송규칙 제79조 제1항 참조.

민사소송규칙 제79조 (증인진술서의 제출 등) ① 법원은 효율적인 증인신문을 위하여 필요하다고 인정하는 때에는 증인을 신청한 당사자에게 증인진술서를 제출하게 할 수 있다.

정답

18년 변시

329. 법원이 증언거부권이나 선서거부권을 고지하지 않았다고 하여도 위법은 아니다.

▶해설 민사소송절차에서 재판장이 증인에게 증언거부권을 고지하지 아니하였다 하여 절차위반의 위법이 있다고 할 수 없다(대판 2011.07.28. 2009도14928). 선서를 거부할 수 있는 증인이 선서를 거부하지 아니하고 증언을 한 경우에 재판장이 선서거부권이 있음을 고지하지 아니하였다고 하여 위법이라고 할 수 없다(대판 1971.04.30. 71다452).

정답

330. 만 14세인 학생을 증인으로 신문할 때에는 선서를 시키지 못한다.

해설 민사소송법 제322조 참조.

민사소송법 제322조 (선서무능력) 다음 각호 가운데 어느 하나에 해당하는 사람을 증인으로 신문할 때에는 선서를 시키지 못한다.
1. 16세 미만인 사람

정답 ○

331. 증인이 자신의 직업의 비밀에 속하는 사항에 대하여 신문을 받을 때에는 해당 사항에 대한 비밀을 지킬 의무가 면제된 경우에도 증언거부권을 가진다.

해설 민사소송법 제315조 참조.

민사소송법 제315조 (증언거부권) ① 증인은 다음 각호 가운데 어느 하나에 해당하면 증언을 거부할 수 있다.
1. 변호사·변리사·공증인·공인회계사·세무사·의료인·약사, 그 밖에 법령에 따라 비밀을 지킬 의무가 있는 직책 또는 종교의 직책에 있거나 이러한 직책에 있었던 사람이 직무상 비밀에 속하는 사항에 대하여 신문을 받을 때
2. 기술 또는 직업의 비밀에 속하는 사항에 대하여 신문을 받을 때
② 증인이 비밀을 지킬 의무가 면제된 경우에는 제1항의 규정을 적용하지 아니한다.

정답 ×

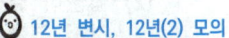

332. 감정증인은 특별한 학식과 경험을 통하여 얻은 과거의 구체적 사실을 보고하는 사람을 말하는데, 경험을 보고하는 이상 증인이므로 법원은 증인과 마찬가지의 절차로 조사한다.

해설 민사소송법 제340조 참조.

민사소송법 제340조(감정증인) 특별한 학식과 경험에 의하여 알게 된 사실에 관한 신문은 증인신문에 관한 규정을 따른다. 다만, 비디오 등 중계장치 등에 의한 감정증인신문에 관하여는 제339조의3을 준용한다.

정답 ○

🕐 12년 변시

333. 증인진술서가 제출되었으나 그 작성자가 증인으로 출석하지 않고, 당사자가 반대신문권을 포기하여 그 증인진술서의 진정성립을 다투지 않는 경우, 법원은 이를 서증으로 채택할 수 있으나, 그 증인진술서의 내용이 허위라고 하더라도 그 작성자에 대하여 위증죄의 책임을 물을 수 없다.

해설 형법 제152조 제1항의 위증죄는 법률에 의하여 선서한 증인이 허위의 진술을 한 때에 성립하는 것이므로 위증의 경고를 수반하는 법률에 의한 선서절차를 거친 법정에서 구체적으로 이루어진 진술을 그 대상으로 하는바, 증인진술서는 그 자체로는 서증에 불과하여 그 기재내용이 법정에서 진술되지 아니하는 한 여전히 서증으로 남게 되는 점, 민사소송법 제331조가 원칙적으로 증인으로 하여금 서류에 의하여 진술을 하지 못하도록 규정하고 있는 점 등의 사정에 비추어 볼 때, 증인이 법정에서 선서 후 증인진술서에 기재된 구체적인 내용에 관하여 진술함이 없이 단지 그 증인진술서에 기재된 내용이 사실대로라는 취지의 진술만을 한 경우에는 그것이 증인진술서에 기재된 내용 중 특정 사항을 구체적으로 진술한 것과 같이 볼 수 있는 등의 특별한 사정이 없는 한 증인이 그 증인진술서에 기재된 구체적인 내용을 기억하여 반복 진술한 것으로는 볼 수 없으므로, 가사 거기에 기재된 내용에 허위가 있다 하더라도 그 부분에 관하여 법정에서 증언한 것으로 보아 위증죄로 처벌할 수는 없다고 할 것이다(대판 2010.05.13. 2007도1397).

 정답 ○

Ⅲ 감 정

16년(3)·18년(3)·22년(3) 모의

334. (1) 법원의 감정명령에 따라 감정인이 감정결과를 제출한 때에, 법원은 당사자가 이를 증거로 원용하지 않으면 증거로 쓸 수 없다.

(2) 법원이 감정인에게 감정을 명하면서 감정인의 선서를 받는 것을 누락한 경우, 그 감정 결과는 물론 감정 결과를 기재한 서면도 증거능력이 없으므로 사실인정의 자료가 될 여지가 없다.

(3) 선서하지 아니한 감정인에 의한 감정결과는 증거능력이 없으므로, 이를 사실인정의 자료로 삼을 수 없다.

해설 [1] 감정인의 감정결과는 당사자가 이를 증거로 원용하지 않는 경우에도 법원으로서는 증거로 할 수 있다(대판 1994.08.26. 94누2718). [2] 선서하지 아니한 감정인에 의한 감정 결과는 증거능력이 없으므로, 이를 사실인정의 자료로 삼을 수 없다 할 것이나, 법원이 감정인을 지정하고 그에게 감정을 명하면서 착오로 감정인으로부터 선서를 받는 것을 누락함으로 말미암아 그 감정인에 의한 감정 결과가 증거능력이 없게 된 경우라도, 그 감정인이 작성한 감정 결과를 기재한 서면이 당사자에 의하여 서증으로 제출되고, 법원이 그 내용을 합리적이라고 인정하는 때에는, 이를 사실인정의 자료로 삼을 수 있다(대판 2006.05.25. 2005다77848).

 정답 ×, ×, ○

21년(3) 모의

335. 동일한 사항에 관해 상이한 여러 개의 감정 결과가 있을 때 그 감정 방법 등이 논리와 경험칙에 반하거나 합리성이 없다는 등의 잘못이 없는 한 그중 어느 감정 결과를 채택할 것인지는 원칙적으로 사실심 법원의 전권에 속한다.

해설 동일한 사항에 관하여 상이한 여러 개의 감정 결과가 있을 때 감정방법 등이 논리와 경험칙에 반하거나 합리성이 없다는 등의 잘못이 없는 한, 그중 어느 감정 결과를 채택할 것인지는 원칙적으로 사실심 법원의 전권에 속한다(대판 2018.10.12. 2016다243115).

정답

20년(2) 모의

336. 법원의 개인에 대한 감정촉탁에 의한 감정결과는 선서를 하지 아니한 경우에는 증거능력이 없지만, 당사자가 감정 또는 감정촉탁방법에 의하지 않고 서증으로 제출한 소송 외에서의 감정의견도 법원이 합리적이라고 인정하면 사실인정의 자료로 할 수 있다.

해설 법원이 어느 사실 인정에 있어서 전문의 학식 경험을 토대로한 감정의견을 기초로 함이 타당한 경우일지라도 그 감정 의견은 반드시 민사소송법상 감정인 신문 또는 감정을 관공서 기타의 기관에 촉탁하는 방법에 의하여서만 소송에 현출되어야할 필요가 있는 것이 아니고 소송외에서 전문의 학식 경험있는자가 그 전문적 학식과 경험에 의하여 어느 사물에 대한 감정의견을 기재한 서면이 서증으로 제출되었을 때에 법원이 그 서증의 감정내용이 합리적이고 믿을만한 것이라고 인정할 때에는 그 서증에 의하여 일정한 사실을 인정하는 기초로 하여도 아무런 위법이 있다 할 수 없다(대판 1965.10.26. 65다1660).

정답

18년(3) 모의

337. 감정인이 출석명령에 불응하여 과태료의 재판을 받고 정당한 사유 없이 다시 출석하지 않더라도 법원은 감정인에 대하여 감치를 명할 수 없다.

해설 민사소송법 제333조, 제311조 제2항 참조.

민사소송법 제333조(증인신문규정의 준용) 감정에는 제2절의 규정을 준용한다. 다만, 제311조 제2항 내지 제7항, 제312조, 제321조제2항, 제327조 및 제327조의2는 그러하지 아니하다.
민사소송법 제311조(증인이 출석하지 아니한 경우의 과태료 등) ② 법원은 증인이 제1항의 규정에 따른 과태료의 재판을 받고도 정당한 사유 없이 다시 출석하지 아니한 때에는 결정으로 증인을 7일 이내의 감치에 처한다.

정답

18년(3) 모의

338. 상당한 설비를 갖춘 단체·기관에 감정을 촉탁하는 경우 감정인의 선서의무가 면제되지만, 법원은 그 단체·기관이 지정한 사람으로 하여금 감정서를 설명하게 할 수 있다.

> 해설 민사소송법 제341조 참조.

> 민사소송법 제341조(감정의 촉탁) ① 법원이 필요하다고 인정하는 경우에는 공공기관·학교, 그 밖에 상당한 설비가 있는 단체 또는 외국의 공공기관에 감정을 촉탁할 수 있다. 이 경우에는 선서에 관한 규정을 적용하지 아니한다.
> ② 제1항의 경우에 법원은 필요하다고 인정하면 공공기관·학교, 그 밖의 단체 또는 외국 공공기관이 지정한 사람으로 하여금 감정서를 설명하게 할 수 있다.
> ③ 제2항의 경우에는 제339조의3을 준용한다.

정답

16년(3) 모의

339. 당사자가 감정을 신청하는 경우에는 감정인을 따로 지정하여 신청하여야 한다.

> 해설 민사소송법 제335조 참조. ▶ 감정신청을 할 때에는 감정인을 지정할 필요가 없으며, 설사 그것이 표시되어도 법원에 추천하는 이상의 의미가 있을 수 없고, 법원은 감정인의 지정을 위한 사람의 선택에 있어서 신청에 구속되지 않는다.

> 민사소송법 제335조(감정인의 지정) 감정인은 수소법원·수명법관 또는 수탁판사가 지정한다.

정답

13년(2)·18년(3) 모의

340. 소송 외에서 전문적인 학식 경험이 있는 자가 작성한 감정의견을 기재한 서면이 서증으로 제출되었을 때 법원이 이를 합리적이라고 인정하면 이를 사실인정의 자료로 할 수 있다.

> 해설 감정의견이 소송법상 감정인 신문이나 감정의 촉탁방법에 의한 것이 아니고 소송 외에서 전문적인 학식 경험이 있는 자가 작성한 감정의견을 기재한 서면이라 하더라도 그 서면이 서증으로 제출되었을 때 법원이 이를 합리적이라고 인정하면 이를 사실인정의 자료로 할 수 있다(대판 1999.07.13. 97다57979).

정답

🕐 12년 변시

341. 감정사항에 관한 진술이 있기 전부터 감정인이 성실하게 감정할 수 없는 사정이 있다는 것을 당사자가 알았다면, 그 당사자는 감정사항에 관한 진술이 이루어진 뒤에는 감정인을 기피할 수 없다.

해설 민사소송법 제336조 참조.

민사소송법 제336조(감정인의 기피) 감정인이 성실하게 감정할 수 없는 사정이 있는 때에 당사자는 그를 기피할 수 있다. 다만, 당사자는 감정인이 감정사항에 관한 진술을 하기 전부터 기피할 이유가 있다는 것을 알고 있었던 때에는 감정사항에 관한 진술이 이루어진 뒤에 그를 기피하지 못한다

정답 ○

Ⅳ 서 증

🕐 16년·23년 변시, 14년(3) 모의

342. (1) 당사자가 부지로 다투는 서증에 관하여 증거를 제출한 자가 진정성립을 증명하지 않아도, 법원은 다른 증거에 의하지 아니하고 변론 전체의 취지를 참작하여 그 진정성립을 인정할 수 있다.
(2) 문서의 진정성립은 변론 전체의 취지만으로 인정할 수 있다.

해설 사문서는 진정성립이 증명되어야만 증거로 할 수 있지만 증명의 방법에 관하여는 특별한 제한이 없고, 부지로 다투는 서증에 관하여 거증자가 성립을 증명하지 아니한 경우라 할지라도 법원은 다른 증거에 의하지 아니하고 변론의 전 취지를 참작하여 그 성립을 인정할 수도 있다(대판 1993.04.13. 92다12070).

정답 ○, ○

23년 변시, 14년(3) 모의

343. (1) 처분문서는 그 진정성립이 인정되는 이상 반증이 없으면 그 기재내용대로 그 의사표시의 존재 및 내용을 인정하여야 하지만, 적절한 반증이 있으면 그 기재내용의 일부를 달리 인정할 수 있다.
(2) 진정성립이 인정된 처분문서는 그 내용이 진실하다고 간주되어야 하며 부동문자로 인쇄된 처분문서의 경우에도 마찬가지이다.

해설 내용의 진정이 간주되는 것이 아니라 사실상 추정될 뿐이다.

판례 처분문서의 진정성립이 인정되는 이상 법원은 그 문서의 기재 내용에 따른 의사표시의 존재 및 내용을 인정하여야 하나, 그 기재 내용을 부인할 만한 분명하고도 수긍할 수 있는 반증이 인정될 경우에는 그 기재 내용과 다른 사실을 인정할 수 있다(대판 2010.11.11. 2010다56616).

정답 O,

21년(3) 모의

344. 백지 문서 또는 미완성 부분을 작성명의자 아닌 자가 보충했다는 사정이 밝혀진 경우에 그 백지 문서 또는 미완성 부분이 정당한 권한에 기하지 않고 보충되었다는 점이 증명되지 않으면 그 문서는 완성문서로서의 진정성립 추정이 번복되지 않는다.

해설 인영 부분 등의 진정성립이 인정되는 경우, 그 당시 그 문서의 전부 또는 일부가 미완성된 상태에서 서명날인만을 먼저 하였다는 등의 사정은 이례에 속한다고 볼 것이므로 완성문서로서의 진정성립의 추정력을 뒤집으려면 그럴 만한 합리적인 이유와 이를 뒷받침할 간접반증 등의 증거가 필요하다고 할 것이고, 만일 그러한 완성문서로서의 진정성립의 추정이 번복되어 백지문서 또는 미완성 부분을 작성명의자가 아닌 자가 보충하였다는 등의 사정이 밝혀진 경우라면, 다시 그 백지문서 또는 미완성 부분이 정당한 권한에 기하여 보충되었다는 점에 관하여는 그 문서의 진정성립을 주장하는 자 또는 문서제출자에게 그 입증책임이 있다(대판 2003.04.11. 2001다11406).

정답

21년(2) 모의

345. 문서제출명령의 신청자가 문서소지자에 대하여 실체법상 인도나 열람을 요구할 권리가 없는 경우, 문서소지자는 원칙적으로 문서제출명령에 응하여 그 문서를 제출할 의무가 없다.

해설 민사소송법 제316조 제2호에서 문서제출의무의 원인의 하나로서 규정하고 있는 "신청자가 문서소지자에 대하여 그 인도나 열람을 구할 수 있는 때"라 함은, 신청자가 문서의 인도 열람을 청구할 수 있는 실체법상의 권리를 가지는 모든 경우를 가리키며, 그것이 물권적이든 채권적이든, 또는 계약에 근거하는 것이든 법률규정에 근거하는 것이든 이를 묻지 않는다(대결 1993.06.18. 93마434). 민사소송법 제344조 제2항은 문서를 가지고 있는 사람은 제344조 제1항에 해당하지 아니하는 경우에도 원칙적으로 문서의 제출을 거부하지 못한다고 규정하면서 예외사유로서 '오로지 문서를 가진 사람이 이용하기 위한 문서'(이른바 '자기이용문서')를 들고 있다(대결 2016.07.01. 2014마2239).
▶ 민사소송법 제344조 참조.

> **민사소송법 제344조(문서의 제출의무)** ① 다음 각호의 경우에 문서를 가지고 있는 사람은 그 제출을 거부하지 못한다.
> 　2. 신청자가 문서를 가지고 있는 사람에게 그것을 넘겨 달라고 하거나 보겠다고 요구할 수 있는 사법상의 권리를 가지고 있는 때
> ② 제1항의 경우 외에도 문서(공무원 또는 공무원이었던 사람이 그 직무와 관련하여 보관하거나 가지고 있는 문서를 제외한다)가 다음 각호의 어느 하나에도 해당하지 아니하는 경우에는 문서를 가지고 있는 사람은 그 제출을 거부하지 못한다.
> 　1. 제1항제3호나목 및 다목에 규정된 문서
> 　2. 오로지 문서를 가진 사람이 이용하기 위한 문서

정답

20년(2) 모의

346. 변호사 등 비밀을 지킬 의무가 있는 사람의 직무상 비밀에 속하는 사항 및 기술 또는 직업의 비밀에 속하는 사항이 적혀 있는 문서에 대하여는 신청자의 이익을 위하여 작성된 것이라고 하더라도 문서제출명령을 거부할 수 있다.

해설 민사소송법 제344조 제1항 3호 단서, 제315조 제1항 1호 참조.

> **민사소송법 제344조(문서의 제출의무)** ① 다음 각호의 경우에 문서를 가지고 있는 사람은 그 제출을 거부하지 못한다.
> 　1. 당사자가 소송에서 인용한 문서를 가지고 있는 때
> 　2. 신청자가 문서를 가지고 있는 사람에게 그것을 넘겨 달라고 하거나 보겠다고 요구할 수 있는 사법상의 권리를 가지고 있는 때
> 　3. 문서가 신청자의 이익을 위하여 작성되었거나, 신청자와 문서를 가지고 있는 사람 사이의 법률관계에 관하여 작성된 것인 때. 다만, 다음 각목의 사유 가운데 어느 하나에 해당하는 경우에는 그러하지 아니하다.
> 　　가. 제304조 내지 제306조에 규정된 사항이 적혀있는 문서로서 같은 조문들에 규정된 동의를 받지 아니한 문서
> 　　나. 문서를 가진 사람 또는 그와 제314조 각호 가운데 어느 하나의 관계에 있는 사람에 관하여 같은 조에서 규정된 사항이 적혀 있는 문서
> 　　다. 제315조제1항 각호에 규정된 사항중 어느 하나에 규정된 사항이 적혀 있고 비밀을 지킬 의무가 면제되지 아니한 문서
> **민사소송법 제315조(증언거부권)** ① 증인은 다음 각호 가운데 어느 하나에 해당하면 증언을 거부할 수 있다.
> 　1. 변호사·변리사·공증인·공인회계사·세무사·의료인·약사, 그 밖에 법령에 따라 비밀을 지킬 의무가 있는 직책 또는 종교의 직책에 있거나 이러한 직책에 있었던 사람이 직무상 비밀에 속하는 사항에 대하여 신문을 받을 때

정답

🍊 20년 변시

347. 甲은 乙에게 1억 원을 빌려 주었고 丙이 위 대여금채무를 연대보증하였다고 주장하면서 乙과 丙을 상대로 1억 원의 지급을 구하는 소를 제기하고 법원에 차용금증서를 서증으로 제출하였는데, 위 차용금증서에는 채권자가 '丁'으로, 채무자가 '戊'로, 연대보증인이 '丙'으로 기재되어 있고, 증인 A에 대한 증인신문 결과 甲과 乙 사이에 1억 원의 금전소비대차계약이 체결된 사실이 인정된 경우, 법원의 심리 결과 丙이 위 차용금증서의 실제 채무자는 乙이라는 사실과 그 실제 채권자는 甲이라는 사실을 알고 있었다는 점이 인정되더라도, 법원은 丙이 乙의 甲에 대한 위 대여금채무를 연대보증한 사실을 인정하여 甲의 丙에 대한 청구를 인용할 수 없다.

해설 일반적으로 계약의 당사자가 누구인지는 그 계약에 관여한 당사자의 의사해석의 문제에 해당한다. 의사표시의 해석은 당사자가 그 표시행위에 부여한 객관적인 의미를 명백하게 확정하는 것으로서, 계약당사자 사이에 어떠한 계약 내용을 처분문서인 서면으로 작성한 경우에는 그 서면에 사용된 문구에 구애받는 것은 아니지만 어디까지나 당사자의 내심적 의사의 여하에 관계없이 그 서면의 기재 내용에 의하여 당사자가 그 표시행위에 부여한 객관적 의미를 합리적으로 해석하여야 하며, 이 경우 문언의 객관적인 의미가 명확하다면, 특별한 사정이 없는 한 문언대로의 의사표시의 존재와 내용을 인정하여야 한다. 다만 처분문서라 할지라도 그 기재 내용과 다른 명시적, 묵시적 약정이 있는 사실이 인정될 경우에는 그 기재 내용과 다른 사실을 인정할 수는 있으나, 그와 같은 경우에도 주채무에 관한 계약과 연대보증계약은 별개의 법률행위이므로 처분문서의 기재 내용과 다른 명시적, 묵시적 약정이 있는지 여부는 주채무자와 연대보증인에 대하여 개별적으로 판단하여야 한다(대판 2011.01.27. 2010다81957).

사실관계 분문서인 차용금증서에 채권자가 '甲'으로, 채무자가 '乙'로, 연대 보증인이 '丙'으로 기재되어 있는 사안에서, 丁이 戊에게 금원을 대여하는 내용의 소비대차약정이 체결되었다고 볼 수 있을지라도, 주채무에 대한 계약과 연대보증계약은 엄연히 별개의 법률행위이므로 위와 같은 내용의 소비대차약정에 대하여 丙이 연대보증을 한 것이라고 볼 수 있으려면 丙이 위 차용금증서의 실제 채무자는 乙이 아니라 戊라는 사실과 그 실제 채권자는 甲이 아니라 丁이라는 사실을 알고 있었다는 점이 전제되어야 하는데, 丙이 그와 같은 사실을 알고 있었다고 단정하기 어려운데도 丙이 戊의 丁에 대한 채무를 연대 보증하였다고 판단한 원심판결에는 처분문서의 증명력과 계약당사자 확정에 관한 법리를 오해한 위법이 있다고 한 사례.

정답 ×

🍊 20년 변시

348. 「민법」상 사단법인 총회 등의 결의에 관한 의사정족수나 의결정족수의 충족 여부가 다투어져 총회결의의 성립 여부가 문제되는 경우, 특별한 사정이 없는 한 의사정족수 등 절차적 요건의 충족 여부는 제출된 의사록 등의 기재에 의하여 판단하여야 하고, 그 의사록 등의 증명력을 부인할 만한 특별한 사정은 결의의 효력을 다투는 측에서 구체적으로 주장·증명하여야 한다.

해설 민법상 사단법인 총회 등의 결의와 관련하여 당사자 사이에 의사정족수나 의결정족수 충족 여부가 다투어져 결의의 성립 여부나 절차상 흠의 유무가 문제되는 경우로서 사단법인 측에서 의사의 경과, 요령 및 결과 등을 기재한 의사록을 제출하거나 이러한 의사의 경과 등을 담은 녹음·녹화자료 또는 녹취서 등을 제출한 때에는, 그러한 의사록 등이 사실과 다른 내용으로 작성되었다거나 부당하게 편집, 왜곡되어 증명력을 인정할 수 없다고 볼 만한 특별한 사정이 없는 한 의사정족수 등 절차적 요건의 충족 여부는 의사록 등의 기재에 의하여 판단하여야 한다. 그리고 위와 같은 의사록 등의 증명력을 부인할 만한 특별한 사정에 관하여는 결의의 효력을 다투는 측에서 구체적으로 주장·증명하여야 한다(대판 2011.10.27. 2010다88682).

정답 O

 20년 변시

349. 서증을 신청한 당사자가 문서의 사본을 서증으로 제출한 경우 문서 원본의 제출이 불가능한 상황에서는 원본의 제출이 요구되는 것은 아니지만, 이러한 때에는 해당 서증의 신청 당사자가 원본 부제출을 정당화할 수 있는 구체적 사유를 주장·증명하여야 한다.

해설 서증사본의 신청 당사자가 문서 원본을 분실하였다든가, 선의로 이를 훼손한 경우, 또는 문서제출명령에 응할 의무가 없는 제3자가 해당 문서의 원본을 소지하고 있는 경우, 원본이 방대한 양의 문서인 경우 등 원본 문서의 제출이 불가능하거나 비실제적인 상황에서는 원본의 제출이 요구되지 아니한다고 할 것이지만, 그와 같은 경우라면 해당 서증의 신청당사자가 원본 부제출에 대한 정당성이 되는 구체적 사유를 주장·입증하여야 할 것이다(대판 2010.02.25. 2009다96403).

정답 O

 20년 변시

350. 甲과 乙 사이의 계약서에 乙의 인장을 날인한 사람이 乙이 아니라 丙이라는 점에 대해서는 甲과 乙 사이에 다툼이 없는데, 乙은 자신이 丙에게 위 계약을 체결할 권한을 수여한 사실이 없다고 주장할 경우 위 계약서를 서증으로 제출한 甲은 丙이 乙로부터 권한을 위임받아 그 정당한 권원에 의해 乙의 인장을 날인하였음을 증명하여야 한다.

해설 문서에 날인된 작성명의인의 인영이 그의 인장에 의하여 현출된 것이라면 특별한 사정이 없는 한 그 인영의 진정성립, 즉 날인행위가 작성명의인의 의사에 기한 것임이 사실상 추정되고, 일단 인영의 진정성립이 추정되면 그 문서 전체의 진정성립이 추정되나, 위와 같은 사실상 추정은 날인행위가 작성명의인 이외의 자에 의하여 이루어진 것임이 밝혀진 경우에는 깨어지는 것이므로, 문서제출자는 그 날인행위가 작성명의인으로부터 위임받은 정당한 권원에 의한 것이라는 사실까지 증명할 책임이 있다(대판 2009.09.24. 2009다37831).

정답 O

20년 변시

351. 甲 명의의 날인만 되어 있고 그 내용이 백지로 되어 있는 문서를 교부받아 甲이 아닌 사람이 그 백지부분을 보충한 것으로 인정되는 경우, 그 문서를 서증으로 제출한 당사자는 그 보충 기재된 내용이 甲으로부터 위임받은 정당한 권원에 의한 것이라는 점을 증명하여야 한다.

해설 문서에 날인된 작성명의인의 인영이 작성명의인의 인장에 의하여 현출된 인영임이 인정되는 경우에는 특단의 사정이 없는 한 그 인영의 진정성립 및 그 문서전체의 진정성립까지 추정되는 것이기는 하나, 이는 어디까지나 먼저 내용기재가 이루어진 뒤에 인영이 압날된 경우에만 허용되는 것이며, 작성명의인의 날인만 되어 있고 그 내용이 백지로 된 문서를 교부받아 후일 그 백지부분을 작성명의자가 아닌 자가 보충한 문서의 경우에 있어서는 문서제출자는 그 기재내용이 작성명의인으로부터 위임받은 정당한 권원에 의한 것이라는 사실까지 입증할 책임이 있으며, 이와 같은 법리는 그 문서가 처분문서라고 하여 달라질 것은 아니다(대판 1988.04.12. 87다카576).

정답

17년(3) 모의

352. 문서제출신청은 서면으로 하여야 한다.

해설 민사소송법 제345조, 민사소송규칙 제110조 제1항.

민사소송규칙 제110조(문서제출신청의 방식 등) ① 법 제345조의 규정에 따른 문서제출신청은 서면으로 하여야 한다.

정답

17년(3) 모의

353. 어느 문서에 담겨 있는 정보가 직업의 비밀에 해당하는 경우에도 문서소지자는 비밀이 보호가치 있는 경우에만 문서의 제출을 거부할 수 있다.

해설 민사소송법 제344조 제2항 제1호, 제1항 제3호 (다)목, 제315조 제1항 제2호는 문서를 가지고 있는 사람은 제344조 제1항에 해당하지 아니하는 경우에도 원칙적으로 문서의 제출을 거부하지 못한다고 규정하면서 예외사유로서 기술 또는 직업의 비밀에 속하는 사항이 적혀 있고 비밀을 지킬 의무가 면제되지 아니한 문서를 들고 있다. 여기에서 '직업의 비밀'은 그 사항이 공개되면 직업에 심각한 영향을 미치고 이후 직업의 수행이 어려운 경우를 가리키는데, 어느 정보가 직업의 비밀에 해당하는 경우에도 문서 소지자는 비밀이 보호가치 있는 비밀일 경우에만 문서의 제출을 거부할 수 있다(대결 2016.07.01. 2014마2239).

정답

17년(3) 모의

354. 오로지 문서를 가진 사람이 이용할 목적으로 작성되고 외부자에게 개시하는 것이 예정되어 있지 않으며 개시할 경우 문서를 가진 사람에게 간과하기 어려운 불이익이 생길 염려가 있다면, 이러한 문서는 특별한 사정이 없는 한 자기이용문서에 해당한다.

해설 어느 문서가 문서의 작성 목적, 기재 내용, 문서의 소지 경위나 그 밖의 사정 등을 종합적으로 고려할 때 오로지 문서를 가진 사람이 이용할 목적으로 작성되고 외부자에게 개시하는 것이 예정되어 있지 않으며 개시할 경우 문서를 가진 사람에게 간과하기 어려운 불이익이 생길 염려가 있다면, 이러한 문서는 특별한 사정이 없는 한 민사소송법 제344조 제2항 제2호의 자기이용문서에 해당한다(대판 2015.12.21. 2015마4174).

정답

17년(3) 모의

355. (1) 문서제출 거부사유가 인정되지 않는 경우에도 법원은 제출명령신청의 대상이 된 문서가 서증으로서 필요하지 않다고 인정할 때에는 위 신청을 받아들이지 않을 수 있다.

(2) 문서소지인은 그 문서의 내용이 개인정보보호법상 개인정보에 해당한다는 이유로 문서의 제출을 거부할 수 있다.

해설 [1] 문서를 가진 사람에게 그것을 제출하도록 명할 것을 신청하는 것은 서증을 신청하는 방식 중의 하나이므로(민사소송법 제343조), 법원은 그 제출명령신청의 대상이 된 문서가 서증으로서 필요하지 아니하다고 인정할 때에는 그 제출명령신청을 받아들이지 아니할 수 있다(대결 2008.09.26. 2007마672). [2] 개인정보 보호법 제18조 제2항 제2호에 따르면 개인정보처리자는 '다른 법률에 특별한 규정이 있는 경우'에는 개인정보를 목적 외의 용도로 이용하거나 이를 제3자에게 제공할 수 있고, 민사소송법 제344조 제2항은 각 호에서 규정하고 있는 문서제출거부사유에 해당하지 아니하는 경우 문서소지인에게 문서제출의무를 부과하고 있으므로, 임직원의 급여 및 상여금 내역 등이 개인정보 보호법상 개인정보에 해당하더라도 이를 이유로 문서소지인이 문서의 제출을 거부할 수 있는 것은 아니다(대결 2016.07.01. 2014마2239).

정답

13년(2)·17년(1) 모의

356. 특정한 사실을 증명하기 위해 판결서를 서증으로 제출하여 당해 판결서 중에 기재된 사실판단을 이용하는 경우 당해 판결서는 보고문서에 해당된다.

해설 판결서는 처분문서이기는 하지만 그것은 그 판결이 있었던가 또 어떠한 내용의 판결이 있었던가의 사실을 증명하기 위한 처분문서라는 의미일 뿐 판결서 중에서 한 사실판단을 그 사실을 증명하기 위하여 이용을 불허하는 것이 아니어서 이를 이용하는 경우에는 판결서도 그 한도내에서는 보고문서이다(대판 1980.09.09. 79다1281(전합)).

정답

19년(2) 모의

357. (1) 보고문서의 경우 그것이 공문서라고 하더라도 실질적 증거력이 인정될 수 없다.

(2) 처분문서의 기재 내용이 부동문자로 인쇄되어 있다면 인쇄된 예문에 지나지 아니하여 그 기재를 합의의 내용이라고 볼 수 없는 경우도 있으므로 처분문서라 하여 곧바로 당사자의 합의 내용이라고 단정할 수는 없다.

(3) 은행과 근저당권설정자 사이의 부동문자로 인쇄된 근저당권설정계약서에 이른바 포괄근저당권을 설정한다는 문언이 기재된 경우, 은행의 담보취득행위가 은행대차관계에서 이례에 속하여 관례를 벗어나는 것으로 보이거나 피담보채무를 제한하는 개별 약정이 있었다는 등의 특별한 사정이 없는 한, 실질적 증거력이 인정된다.

해설 [1] 보고문서이자 공문서라고 볼 수 있는 토지조사부에 대해서 판례가 그 기재 내용대로 증명력을 가진다고 하여 실질적 증거력을 인정하는 경우도 있고 그 밖에 등기부, 민·형사확정판결서, 각종 대장 등에도 그 기재사항을 진실이라고 추정하였다.

판례 [1] 토지조사부에 토지의 소유자로 등재되어 있는 사람은 재결에 의하여 사정 내용이 변경되었다는 등의 반증이 없는 이상 소유자로 사정받아 사정이 확정된 것으로 추정되어 토지를 원시적으로 취득하게 되고, 소유권보존등기의 추정력은 보존등기 명의인 이외의 자가 당해 토지를 사정받은 것으로 밝혀지면 깨어진다. 그러나 사정명의인이라 하더라도 토지가 하천구역에 편입되기 이전에 다른 사람에게 처분하는 등으로 소유권을 상실하였다고 볼 만한 사정이 있는 경우에는 토지의 하천구역 편입에 따른 손실보상청구권을 가진다고 볼 수 없다.
[3] 진정성립이 추정되는 공문서는 진실에 반한다는 등의 특별한 사정이 없는 한 그 내용의 증명력을 쉽게 배척할 수 없으므로, 공문서의 기재 중에 의문점이 있는 부분이 일부 있더라도 기재 내용과 배치되는 사실이나 문서가 작성된 근거와 경위에 비추어 기재가 비정상적으로 이루어졌거나 내용의 신빙성을 의심할 만한 특별한 사정을 증명할 만한 다른 증거자료가 없는 상황이라면 기재 내용대로 증명력을 가진다(대판 2015.07.09. 2013두3658,3665).

[2] 처분문서의 기재 내용이 부동문자로 인쇄되어 있다면 인쇄된 예문에 지나지 아니하여 그 기재를 합의의 내용이라고 볼 수 없는 경우도 있으므로 처분문서라 하여 곧바로 당사자의 합의의 내용이라고 단정할 수는 없고 구체적 사안에 따라 당사자의 의사를 고려하여 그 계약 내용의 의미를 파악하고 그것이 예문에 불과한 것인지의 여부를 판단하여야 한다(대판 1997.11.28. 97다36231).

[3] 은행과 근저당권설정자와의 사이에 근저당권설정계약을 체결할 때 작성된 근저당권설정계약서에 "채무자가 채권자(본, 지점)에 대하여 현재 및 장래에 부담하는 어음대출, 어음할인, 증서대출, 당좌대출, 지급보증(사채보증 포함), 매출채권거래, 상호부금거래, 유가증권 대여, 외국환 기타의 여신거래로 말미암은 채무, 보증채무, 어음 또는 수표상의 채무, 이자채무, 지연배상금채무, 채무자나 설정자가 부담할 제 비용, 보험료의 부대채무, 기타 여신거래에 관한 채무"라는 취지의 기재가 있는 경우, 그 기재는 은행의 여신거래로부터 생기는 모든 채무를 담보하기로 하는 이른바 포괄근저당권을 설정한다는 문언이라고 할 것이고, 계약서가 부동문자로 인쇄된 약관의 형태를 취하고 있다 하더라도 이는 처분문서라고 할 것이므로, 그 진정성립이 인정되는 때에는, 은행의 담보취득행위가 은행대차관계에 있어서 이례에 속하고 관례를 벗어나는 것이라고 보여지거나 피담보채무를 제한하는 개별 약정이 있었다는 등의 특별한 사정이 없는 한, 그 문언대로 의사표시의 존재와 내용을 인정하여야 한다(대판 1997.06.24. 95다43327).

정답 ×, ○, ○

🕐 14년 변시, 16년(2)·17년(1) 모의

358. (1) 문서에 날인된 작성명의인의 인영이 작성명의인의 인장에 의하여 현출된 것임이 인정되는 경우에는 특단의 사정이 없는 한 그 인영의 진정성립 및 그 문서 전체의 진정성립까지 추정되고, 이는 작성명의인의 날인이 먼저 있고 그 후에 내용이 기재된 사실이 증명된 경우에도 같다.

(2) 甲이 제출한 차용증서가 乙이 백지로 된 문서에 날인한 후 乙이 아닌 자에 의하여 백지부분이 보충되었음이 밝혀진 경우에는, 그것이 권한 없는 자에 의하여 이루어진 것이라는 점에 관하여 乙에게 증명책임이 있다.

(3) 문서에 날인된 인영이 작성명의인의 인장에 의하여 현출된 것으로 증명되면 작성명의인 외의 다른 사람이 날인한 것으로 밝혀지더라도 그 문서 전체의 진정성립이 추정된다.

📖 해설 [1], [2] 문서에 날인된 작성명의인의 인영이 작성명의인의 인장에 의하여 현출된 인영임이 인정되는 경우에는 특단의 사정이 없는 한 그 인영의 진정성립 및 그 문서전체의 진정성립까지 추정되는 것이기는 하나, 이는 어디까지나 먼저 내용기재가 이루어진 뒤에 인영이 압날된 경우에만 허용되는 것이며, 작성명의인의 날인만 되어 있고 그 내용이 백지로 된 문서를 교부받아 후일 그 백지부분을 작성명의자가 아닌 자가 보충한 문서의 경우에 있어서는 문서제출자는 그 기재내용이 작성명의인으로부터 위임받은 정당한 권원에 의한 것이라는 사실까지 입증할 책임이 있으며, 이와 같은 법리는 그 문서가 처분문서라고 하여 달라질 것은 아니다(대판 1988.04.12. 87다카576). [3] 문서에 날인된 작성명의인의 인영이 그의 인장에 의하여 현출된 것이라면 특별한 사정이 없는 한 그 인영의 진정성립, 즉 날인행위가 작성명의인의 의사에 기한 것임이 사실상 추정되고, 일단 인영의 진정성립이 추정되면 그 문서 전체의 진정성립이 추정되나, 위와 같은 사실상 추정은 날인행위가 작성명의인 이외의 자에 의하여 이루어진 것임이 밝혀진 경우에는 깨어지는 것이므로, 문서제출자는 그 날인행위가 작성명의인으로부터 위임받은 정당한 권원에 의한 것이라는 사실까지 증명할 책임이 있다(대판 2009.09.24. 2009다37831).

 정답 ×, ×, ×

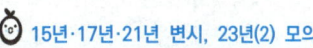 15년·17년·21년 변시, 23년(2) 모의

359. (1) 매매계약서의 진정성립에 관하여 한 자백은 보조사실에 관한 자백이어서 이를 자유롭게 취소할 수 있다.

(2) 문서의 진정성립에 관한 자백의 취소는 주요사실에 관한 자백의 취소와 동일하게 처리되어야 하므로 문서의 진정성립을 인정한 당사자는 자유롭게 이를 철회할 수 없고, 이는 문서에 찍힌 인영의 진정함을 인정하였다가 나중에 이를 철회하는 경우에도 마찬가지이다.

📖 해설 재판상 자백의 대상은 주요사실에 한하는 것이 원칙이나 판례는 보조사실인 문서의 진정성립에 관한 자백의 취소의 경우에는 재판상 자백의 경우와 동일하게 다룬다.

판례 문서의 성립에 관한 자백은 보조사실에 관한 자백이기는 하나 그 취소에 관하여는 다른 간접사실에 관한 자백취소와는 달리 주요사실의 자백취소와 동일하게 처리하여야 할 것이므로 문서의 진정성립을 인정한 당사자는 자유롭게 이를 철회할 수 없다고 할 것이고, 이는 문서에 찍힌 인영의 진정함을 인정하였다가 나중에 이를 철회하는 경우에도 마찬가지이다(대판 2001.04.24. 2001다5654).

정답 ✕, ○

360. (1) 당사자 또는 제3자가 문서제출명령에 따르지 아니한 때에는 법원은 그 문서의 성질, 내용, 성립의 진정 등에 관한 상대방의 주장을 진실한 것으로 인정할 수 있다.

(2) 당사자가 문서제출명령에 따르지 아니한 때에는 그 문서로 증명하려는 사실의 진실성을 인정하여야 한다.

해설 [1] 제3자가 문서를 제출하지 아니한 때의 제재는 과태료의 제재만 따를 뿐, 상대방의 주장을 진실한 것으로 볼 수 있다는 규정은 준용되지 않음에 주의해야 한다.

민사소송법 제351조(제3자가 문서를 제출하지 아니한 때의 제재) 제3자가 제347조 제1항·제2항 및 제4항의 규정에 의한 명령에 따르지 아니한 때에는 제318조(증언거부에 대한 제재)의 규정을 준용한다.
민사소송법 제318조(증언거부에 대한 제재) 증언의 거부에 정당한 이유가 없다고 한 재판이 확정된 뒤에 증인이 증언을 거부한 때에는 제311조 제1항, 제8항 및 제9항의 규정을 준용한다.
민사소송법 제311조(증인이 출석하지 아니한 경우의 과태료 등) ① 증인이 정당한 사유 없이 출석하지 아니한 때에 법원은 결정으로 증인에게 이로 말미암은 소송비용을 부담하도록 명하고 500만 원 이하의 과태료에 처한다.

[2] 당사자가 문서제출명령에 따르지 아니한 경우에는 법원은 상대방의 그 문서에 관한 주장 즉, 문서의 성질, 내용, 성립의 진정 등에 관한 주장을 진실한 것으로 인정하여야 한다는 것이지 그 문서에 의하여 입증하고자 하는 상대방의 주장사실까지 반드시 증명되었다고 인정하여야 한다는 취지는 아니다(대판 1993.06.25. 93다15991).

민사소송법 제349조(당사자가 문서를 제출하지 아니한 때의 효과) 당사자가 제347조 제1항·제2항 및 제4항의 규정에 의한 명령에 따르지 아니한 때에는 법원은 문서의 기재에 대한 상대방의 주장을 진실한 것으로 인정할 수 있다.

정답 ✕, ✕

361. (1) 甲은 乙에게 대여금반환청구의 소를 제기하면서 乙명의의 차용증서를 증거로 제출하였다. 차용증서에 날인된 乙의 인영이 그의 인장에 의하여 현출된 것이라면 특단의 사정이 없는 한 그 인영의 진정성립, 즉 날인행위가 乙의 의사에 기한 것임이 추정되고, 일단 인영의 진정성립이 추정되면 민사소송법 제358조에 의하여 차용증서 전체의 진정성립이 추정된다.

(2) 차용증서의 진정성립이 인정되면 법원은 그 기재내용을 부인할 만한 분명하고도 수긍할 수 있는 반증이 없는 한 그 차용증서에 기재되어 있는 문언대로의 의사표시의 존재와 내용을 인정하여야 한다.

▣해설 [1] 문서에 날인된 작성명의인의 인영이 작성 명의인의 인장에 의하여 현출된 인영임이 인정되는 경우에는 특단의 사정이 없는 한 그 인영의 성립 즉 날인행위가 작성명의인의 의사에 기하여 진정하게 이루어진 것으로 추정되고 일단 인영의 진정성립이 추정되면 민사소송법 제358조의 규정에 의하여 그 문서전체의 진정성립까지 추정된다(대판 2010.07.15. 2009다67276). [2] 처분문서는 진정성립이 인정되는 이상 법원은 그 기재내용을 부정할 만한 분명하고도 수긍할 수 있는 반증이 없는 한 그 기재내용에 의하여 그 의사표시의 존재 및 내용을 인정하여야 할 것이다(대판 1990.06.26. 88다카22169).

정답  ○, ○

16년(1) 모의

362. 문서제출의무의 원인의 하나로서 규정되어 있는 문서소지자를 상대로 인도·열람을 구할 수 있는 권리는 물권적이든 채권적이든, 계약에 근거한 것이든 법률의 규정에 근거한 것이든 묻지 않는다.

▣해설 민사소송법 제316조 제2호에서 문서제출의무의 원인의 하나로서 규정하고 있는 "신청자가 문서소지자에 대하여 그 인도나 열람을 구할 수 있는 때"라 함은, 신청자가 문서의 인도 열람을 청구할 수 있는 실체법상의 권리를 가지는 모든 경우를 가리키며, 그것이 물권적이든 채권적이든, 또는 계약에 근거하는 것이든 법률규정에 근거하는 것이든 이를 묻지 않는다(대결 1993.06.18. 93마434).

정답 ○

16년(1) 모의

363. 공무원이 당사자로서 그 직무와 관련하여 보관하거나 가지고 있는 문서도 소송에서 인용하였다면 문서제출명령의 대상이 된다.

▣해설 민사소송법 제344조 제1항 제1호에서 말하는 '당사자가 소송에서 인용한 문서'라 함은 당사자가 소송에서 당해 문서 그 자체를 증거로서 인용한 경우뿐 아니라 자기 주장을 명백히 하기 위하여 적극적으로 문서의 존재와 내용을 언급하여 자기 주장의 근거 또는 보조로 삼은 문서도 포함한다고 할 것이고, 민사소송법 제344조 제1항 제1호의 인용문서에 해당하는 이상, 같은 조 제2항에서 규정하는 바와는 달리, 그것이 '공무원이 그 직무와 관련하여 보관하거나 가지고 있는 문서'라도 특별한 사정이 없는 한 문서제출의무를 면할 수 없다(대결 2008.06.12. 2006모82).

정답 ○

364. **(1) 사문서는 그것이 진정한 것임을 증명하여야 한다.**
(2) 당사자 또는 그 대리인이 고의나 중대한 과실로 진실에 어긋나게 문서의 진정을 다툰 때에는 법원은 결정으로 과태료에 처할 수 있다.

해설 [1] 민사소송법 제357조 참조.

민사소송법 제357조(사문서의 진정의 증명) 사문서는 그것이 진정한 것임을 증명하여야 한다.

[2] 민사소송법 제363조 제1항 참조.

민사소송법 제363조(문서성립의 부인에 대한 제재) ① 당사자 또는 그 대리인이 고의나 중대한 과실로 진실에 어긋나게 문서의 진정을 다툰 때에는 법원은 결정으로 200만원 이하의 과태료에 처한다.

정답 O, O

365. **공증인이 작성한 사서증서인증서가 증거로 제출된 경우, 공증 부분의 진정성립이 인정되면 특별한 사정이 없는 한 공증인이 인증한 사문서 부분의 진정성립도 사실상 추정된다.**

해설 공증인이 사서증서를 인증함에 있어서 그와 같은 절차를 제대로 거치지 않았다는 등의 사실이 주장·입증되는 등 특별한 사정이 없는 한, 공증인이 인증한 사서증서의 진정성립은 추정된다(대판 1992.07.28. 91다35816).

정답 O

366. **매매계약서의 계약조항에 "매도인은 어떠한 경우에도 책임을 지지 않고 매수인에게만 모든 책임이 있다."라는 내용이 부동문자로 인쇄되어 있다고 할지라도, 법원은 그 조항에 대하여 구체적인 사안에 따라 계약당사자의 의사를 고려하여 예문에 지나지 않는 것인지 여부를 판단하여야 한다.**

해설 부동문자로 인쇄된 매매계약서의 계약조항이 매도인은 어떠한 경우에도 책임을 지지 않고 매수인에게만 모든 책임을 지우도록 되어 있다고 하여 그 계약조항의 내용을 일률적으로 예문이라고 단정할 수는 없고 구체적인 사안에 따라 계약당사자의 의사를 고려하여 그 계약 내용의 의미를 파악하고 이것이 예문에 지나지 않는 것인지 여부를 판단하여야 한다(대판 1989.08.08. 89다카5628).

정답 O

367. (1) 당사자가 부지로 다투는 서증에 관하여 증거를 제출한 자가 진정성립을 증명하지 않아도, 법원은 다른 증거에 의하지 아니하고 변론 전체의 취지를 참작하여 그 진정성립을 인정할 수 있다.
(2) 문서의 진정성립은 변론 전체의 취지만으로 인정할 수 있다.

> **해설** 사문서는 진정성립이 증명되어야만 증거로 할 수 있지만 증명의 방법에 관하여는 특별한 제한이 없고, 부지로 다투는 서증에 관하여 거증자가 성립을 증명하지 아니한 경우라 할지라도 법원은 다른 증거에 의하지 아니하고 변론의 전 취지를 참작하여 그 성립을 인정할 수도 있다(대판 1993.04.13. 92다12070).

정답 ○, ○

368. 상대방이 원본의 존재나 성립을 인정하고 사본으로써 원본에 갈음하는 것에 대하여 이의가 없는 경우에는 사본을 원본에 갈음하여 제출할 수 있다.

> **해설** 민사소송법 제326조 제1항에 의하여 문서는 원본, 정본 또는 인증 있는 등본을 제출하는 것이 원칙이나, 상대방이 원본의 존재나 성립을 인정하고 사본으로써 원본에 갈음하는 것에 대하여 이의가 없는 경우에는 사본을 원본에 갈음하여 제출할 수 있고, 이 경우에는 원본이 제출된 경우와 동일한 효과가 생긴다고 할 것이다(대판 1992.10.27. 92다22879).

정답 ○

369. 문서의 작성자의 필적이나 인영을 육안으로 대조하여 문서의 진정성립을 인정할 수 없다.

> **해설** 문서의 진정성립은 필적 또는 인영·무인의 대조에 의하여서도 증명할 수 있고 그 필적 또는 인영·무인의 대조는 사실심의 자유심증에 속하는 사항으로서, 문서 작성자의 필적 또는 인영·무인과 증명의 대상인 문서의 필적 또는 인영·무인이 동일하다고 인정될 때에는 특별한 사정이 없는 한 문서의 진정성립을 인정할 수 있으며, 이 경우 법원은 반드시 감정으로써 필적, 인영 등의 동일 여부를 판단할 필요가 없이 육안에 의한 대조로도 이를 판단할 수 있다(대판 1997.12.12. 95다38240).

정답 ×

370. 의료사고를 당한 환자가 의료기록문서의 제출명령을 신청하면서 의사의 과실을 증명하기 위한 것이라고 주장하면, 법원은 의사에게 관련문서의 표시와 취지를 적어내도록 명령할 수 있다.

> **해설** 환자가 의사의 과실을 증명하기 위하여 의료기록문서의 제출명령을 신청하면 법원은 관련문서의 표시와 취지를 적어내도록 명할 수 있다.

민사소송법 제346조(문서목록의 제출) 제345조의 신청을 위하여 필요하다고 인정하는 경우에는, 법원은 신청대상이 되는 문서의 취지나 그 문서로 증명할 사실을 개괄적으로 표시한 당사자의 신청에 따라, 상대방 당사자에게 신청내용과 관련하여 가지고 있는 문서 또는 신청내용과 관련하여 서증으로 제출할 문서에 관하여 그 표시와 취지 등을 적어 내도록 명할 수 있다.

정답 O

14년(2) 모의

371. 법원은 문서제출의무에 해당하는지를 판단하기 위해 문서소지자에게 비밀심리절차에 문서제시를 명할 수 있다.

해설 민사소송법 제347조 제4항 참조.

민사소송법 제347조(제출신청의 허가여부에 대한 재판) ④ 법원은 문서가 제344조에 해당하는지를 판단하기 위하여 필요하다고 인정하는 때에는 문서를 가지고 있는 사람에게 그 문서를 제시하도록 명할 수 있다. 이 경우 법원은 그 문서를 다른 사람이 보도록 하여서는 안된다.

정답 O

14년 변시

372. 甲은 乙에게 대여금반환청구의 소를 제기하면서 乙명의의 차용증서를 증거로 제출하였다. 乙이 반증을 들어 인영의 진정성립에 관하여 법원으로 하여금 의심을 품게 할 수 있는 사정을 증명하면 그 진정성립의 추정은 깨어진다.

해설 인영의 진정성립, 즉 날인행위가 작성 명의인의 의사에 기한 것이라는 추정은 사실상의 추정이므로, 인영의 진정성립을 다투는 자가 반증을 들어 인영의 진정성립, 즉 날인행위가 작성 명의인의 의사에 기한 것임에 관하여 법원으로 하여금 의심을 품게할 수 있는 사정을 입증하면 그 진정성립의 추정은 깨어진다(대판 1997.06.13. 96재다462).

정답 O

14년 변시, 16년(2)·22년(1) 모의

373. (1) 사문서의 전부 또는 일부가 미완성된 상태에서 서명날인만 먼저 하였다는 등의 사정은 이례에 속하므로, 완성문서로서의 진정성립의 추정력을 뒤집으려면 그럴만한 합리적인 이유와 이를 뒷받침할 간접반증 등의 증거가 필요하다.

(2) 甲은 乙에게 대여금반환청구의 소를 제기하면서 乙명의의 차용증서를 증거로 제출하였다. 만약 乙이 백지로 된 문서에 날인만 하여 甲에게 교부하였다고 주장한다면, 문서를 백지에 날인만을 하여 교부하여 준다는 것은 이례에 속하는 것이므로 乙이 차용증서의 진정성립의 추정력을 뒤집으려면 그럴 만한 합리적인 이유와 이를 뒷받침할 간접반증 등의 증거가 필요하다.

해설 사문서는 본인 또는 대리인의 서명이나 날인 또는 무인(拇印)이 있는 때에는 진정한 것으로 추정되므로(민사소송법 제358조), 사문서의 작성명의인이 당해 문서에 서명·날인·무인하였음을 인정하는 경우, 즉 인영 부분 등의 성립을 인정하는 경우에는 반증으로 그러한 추정이 번복되는 등의 다른 특별한 사정이 없는 한 그 문서 전체에 관한 진정성립이 추정된다고 할 것이고, 인영 부분 등의 진정성립이 인정된다면 다른 특별한 사정이 없는 한 당해 문서는 그 전체가 완성되어 있는 상태에서 작성명의인이 그러한 서명·날인·무인을 하였다고 추정할 수 있을 것이며, 그 당시 그 문서의 전부 또는 일부가 미완성된 상태에서 서명날인만을 먼저 하였다는 등의 사정은 이례에 속한다고 볼 것이므로 완성문서로서의 진정성립의 추정력을 뒤집으려면 그럴만한 합리적인 이유와 이를 뒷받침할 간접반증 등의 증거가 필요하다고 할 것이다(대판 2008.01.10. 2006다41204).

정답 ○, ○

❖ 선택형 사례문제

문 1 22년·23년 변시

甲은 '乙이 丙의 甲에 대한 1억 원의 대여금 채무를 연대보증한다.'는 취지가 기재된 보증서를 증거로 제출하면서 乙에 대하여 위 1억 원의 보증금 지급을 구하는 소를 제기하였다. 이에 관한 설명 중 옳지 <u>않은</u> 것은? (다툼이 있는 경우 판례에 의함)

① 甲이 보증서의 원본을 제출하지 않고 사본을 제출한 경우에는 원본의 존재 및 진정성립에 관하여 다툼이 있고 사본을 원본의 대용으로 하는 것에 대하여 乙로부터 이의가 있다면 사본으로써 원본을 대신할 수 없다.
② 보증서에 乙의 날인만 되어 있고 내용이 백지로 된 문서를 교부받아 제3자가 후일 그 백지 부분을 보충한 것임이 밝혀지더라도 乙의 날인이 진정한 이상 그 문서의 진정성립이 추정된다.
③ 보증서에 날인된 인영이 乙의 인장에 의하여 현출된 것이라면 그 문서 전체의 진정성립이 추정되고, 그 문서가 乙의 의사에 반하여 작성된 것이라는 점은 이를 주장하는 자가 적극적으로 증명하여야 한다.
④ 보증서에 乙이 아닌 자가 날인한 것이 밝혀진 경우에는, 甲이 그 날인 행위가 乙로부터 위임받은 정당한 권원에 의한 것이라는 사실까지 증명할 책임을 부담한다.
⑤ 乙이 보증서상의 인영이 자신의 인감도장에 의한 인영과 동일하다고 진술한 후에 스스로 그 진술을 철회하기 위해서는 재판상 자백의 취소요건을 갖추어야 한다.

해설 서증의 진정성립

① (○) 문서의 제출은 원본으로 하여야 하는 것이고, 원본이 아니고 단순한 사본만에 의한 증거의 제출은 정확성의 보증이 없어 원칙적으로 부적법하므로, 원본의 존재 및 원본의 성립의 진정에 관하여 다툼이 있고 사본을 원본의 대용으로 하는 것에 대하여 상대방으로부터 이의가 있는 경우에는 사본으로써 원본을 대신할 수 없으며, 반면에 사본을 원본으로서 제출하는 경우에는 그 사본이 독립한 서증이 되는 것이나 그 대신 이에 의하여 원본이 제출된 것으로 되지는 아니하고, 이때에는 증거에 의하여 사본과 같은 원본이 존재하고 또 그 원본이 진정하게 성립하였음이 인정되지 않는 한 그와 같은 내용의 사본이 존재한다는 것 이상의 증거가치는 없다. 다만, 서증사본의 신청 당사

자가 문서 원본을 분실하였다든가, 선의로 이를 훼손한 경우, 또는 문서제출명령에 응할 의무가 없는 제3자가 해당 문서의 원본을 소지하고 있는 경우, 원본이 방대한 양의 문서인 경우 등 원본 문서의 제출이 불가능하거나 비실제적인 상황에서는 원본의 제출이 요구되지 아니한다고 할 것이지만, 그와 같은 경우라면 해당 서증의 신청당사자가 원본 부제출에 대한 정당성이 되는 구체적 사유를 주장·입증하여야 할 것이다(대판 2010.02.25. 2009다96403).

② (X) 사문서의 인영 부분 등의 진정성립이 인정되는 경우, 그 당시 그 문서의 전부 또는 일부가 미완성된 상태에서 서명·날인만을 먼저 하였다는 등의 사정은 이례에 속하므로, 완성문서로서의 진정성립의 추정력을 뒤집으려면 그럴 만한 합리적인 이유와 이를 뒷받침할 간접반증 등의 증거가 필요하고, 만일 그러한 완성문서로서의 진정성립의 추정이 번복되어 백지문서 또는 미완성 부분을 작성명의자가 아닌 자가 보충하였다는 등의 사정이 밝혀지면, 다시 그 백지문서 또는 미완성 부분이 정당한 권한에 기하여 보충되었다는 점에 관하여는 그 문서의 진정성립을 주장하는 자 또는 문서제출자에게 증명책임이 있고, 그 문서가 처분문서라고 하여 달라지는 것은 아니다(대판 2000.06.09. 99다37009).

③ (O) 문서에 찍혀진 작성명의인의 인영이 그 인장에 의하여 현출된 인영임이 인정되는 경우에는 특단의 사정이 없는 한 그 인영의 성립 즉 그 작성명의인에 의하여 날인된 것으로 추정되고 일단 그것이 추정되면 민사소송법 제329조에 의하여 그 문서 전체의 진정성립이 추정되는 것이므로 그 문서가 작성명의인의 자격을 모용하여 작성한 것이라는 것은 그것을 주장하는자가 적극적으로 입증하여야 하고 이 항변사실을 입증하는 증거의 증명력은 개연성만으로는 부족하다(대판 1987.12.22. 87다카707).

④ (O) 문서에 날인된 작성명의인의 인영이 그의 인장에 의하여 현출된 것이라면 특별한 사정이 없는 한 그 인영의 진정성립, 즉 날인행위가 작성명의인의 의사에 기한 것임이 사실상 추정되고, 일단 인영의 진정성립이 추정되면 구 민사소송법(2002. 1. 26. 법률 제6626호로 전문 개정되기 전의 것) 제329조(현행 민사소송법 제358조)에 의하여 그 문서 전체의 진정성립이 추정되나, 위와 같은 사실상 추정은 날인행위가 작성명의인 이외의 자에 의하여 이루어진 것임이 밝혀진 경우에는 깨어지는 것이므로, 문서제출자는 그 날인행위가 작성명의인으로부터 위임받은 정당한 권원에 의한 것이라는 사실까지 입증할 책임이 있다(대판 2003.04.08. 2002다69686).

⑤ (O) 서증의 진정성립에 관한 자백은 보조사실에 관한 것이기는 하지만 그 자백의 취소에 관하여는 다른 간접사실에 관한 자백의 취소와는 달리 주요사실에 관한 자백의 취소와 마찬가지로 취급되어야 할 것이므로, 위 자백은 상대방의 동의가 없는 경우에는 자백을 한 당사자가 그 자백이 진실에 부합되지 않는다는 사실과 자백이 착오에 기한다는 사실을 증명한 경우에만 이를 취소할 수 있는 것임은 상고이유가 주장하는 바와 같다(대판 1996.02.23. 94다31976).

정답 ②

문 2
19년(3) 모의

아래 각 괄호에 들어갈 용어를 올바르게 나열한 것은? (다툼이 있는 경우 판례에 의함)

- 법원에 문서를 제출하거나 보낼 때에는 원본, (A) 또는 인증이 있는 등본으로 하여야 한다.
- 문서의 진정성립을 인정한 당사자는 특별한 요건의 충족 없이 이를 철회할 수 (B).
- 인영의 동일성이 인정되면 날인행위가 작성명의인의 의사에 따른 것이라고 추정되는데 이러한 추정은 (C)이다.
- 사문서가 완성문서로서의 진정성립의 추정이 번복되어 문서의 미완성 부분을 작성명의자가

아닌 자가 보충하였다는 등의 사정이 밝혀진 경우라면, 그 미완성 부분이 정당한 권한에 기하여 보충되었는지 여부에 관하여는 (D)에게 그 증명책임이 있다.
○ 피고가 제출한 서증에 대한 인부로서 원고가 부지라 하면서 원고 자신의 인장이 도용 위조된 것이라고 항변하는 경우에는 원칙적으로 (E) 측에서 그것이 도용된 것이라는 점에 관하여 증명하여야 한다.

①	정본	없다	사실상의 추정	문서제출자	원고
②	정본	있다	법률상의 추정	문서제출자의 상대방	피고
③	사본	없다	사실상의 추정	문서제출자의 상대방	피고
④	사본	없다	법률상의 추정	문서제출자	원고
⑤	정본	있다	사실상의 추정	문서제출자의 상대방	원고

해설 문서제출의 방법, 자백의 철회, 인영의 진정성립 등

A. (정본) 민사소송법 제355조 제1항 참조.

> 민사소송법 제355조(문서제출의 방법 등) ① 법원에 문서를 제출하거나 보낼 때에는 원본, 정본 또는 인증이 있는 등본으로 하여야 한다.

B. (없다) 문서의 성립에 관한 자백은 보조사실에 관한 자백이기는 하나 그 취소에 관하여서는 다른 간접사실에 관한 자백의 취소와는 달리 주요사실의 자백취소와 동일하게 처리하여야 할 것이므로 문서의 진정성립을 인정한 당사자는 자유롭게 이를 철회할 수 없다(대판 1988.12.20. 88다카3083).

C. (사실상의 추정) 인영의 진정성립, 즉 날인행위가 작성 명의인의 의사에 기한 것이라는 추정은 사실상의 추정이므로, 인영의 진정성립을 다투는 자가 반증을 들어 인영의 진정성립, 즉 날인행위가 작성 명의인의 의사에 기한 것임에 관하여 법원으로 하여금 의심을 품게 할 수 있는 사정을 입증하면 그 진정성립의 추정은 깨어진다(대판 1997.06.13. 96재다462).

D. (문서제출자) 인영 부분 등의 진정성립이 인정되는 경우, 그 당시 그 문서의 전부 또는 일부가 미완성된 상태에서 서명날인만을 먼저 하였다는 등의 사정은 이례에 속한다고 볼 것이므로 완성문서로서의 진정성립의 추정력을 뒤집으려면 그럴 만한 합리적인 이유와 이를 뒷받침할 간접반증 등의 증거가 필요하다고 할 것이고, 만일 그러한 완성문서로서의 진정성립의 추정이 번복되어 백지문서 또는 미완성 부분을 작성명의자가 아닌 자가 보충하였다는 등의 사정이 밝혀진 경우라면, 다시 그 백지문서 또는 미완성 부분이 정당한 권한에 기하여 보충되었다는 점에 관하여는 그 문서의 진정성립을 주장하는 자 또는 문서제출자에게 그 입증책임이 있다(대판 2003.04.11. 2001다11406).

E. (원고) 서증에 대한 인부로서 원고는 부지라 하고 원고의 인장이 도용 위조된 것이라고 항변하는 경우에는 다른 특별한 사정이 없는 한 그 날인행위도 원고가 한 것으로 추정되는 것이라 할 것이므로 원고측에서 그것이 도용된 것이라는 점에 관하여 입증하여야 하고 이러한 입증이 없을 때에는 위 서증의 진정성립이 추정된다 할 것이다(대판 1976.07.27. 76다1394).

정답 ①

문 3
20년(3) 모의

甲은 乙에게 연대보증금채무의 이행을 구하는 소를 제기하면서 그 증거로 乙이 날인한 것으로 되어 있는 '연대보증계약서'를 제출하였다. 소송에서 乙은 연대보증계약 체결사실을 부인하면서 위 계약서에 관하여 다음과 같이 다투고 있다. 이와 관련한 설명 중 옳지 않은 것은? (다툼이 있는 경우 판례에 의함)

> ㄱ. 乙은 인영의 동일성을 인정하였으나, 자기가 날인한 사실은 부인하면서 주채무자 A가 자신의 인장을 도용하여 날인한 것이라고 주장하고 있으며, 甲은 A가 乙의 인장을 가져와 날인한 사실을 인정하였으나, A에게는 乙을 대리할 권한이 있었다고 주장하고 있다.
> ㄴ. 乙은 자기가 날인한 사실을 인정하였으나 날인 당시에는 백지문서였다고 주장하고 있다.

① 문서에 날인된 작성명의인의 인영이 작성 명의인의 인장에 의하여 현출된 인영임이 인정되는 경우에는 특단의 사정이 없는 한 그 인영의 성립, 즉 날인행위가 작성명의인의 의사에 기하여 진정하게 이루어진 것으로 추정되고, 일단 인영의 진정성립이 추정되면 민사소송법 제358조에 의하여 그 문서 전체의 진정성립까지 추정된다.
② 사문서의 작성명의인이 당해 문서에 날인한 인영 부분의 성립을 인정하는 경우에는 반증으로 그러한 추정이 번복되는 등의 다른 특별한 사정이 없는 한 그 문서 전체에 관한 진정성립이 추정된다.
③ ㄱ.의 경우 날인자인 A가 乙의 대리인이라는 점은 서증제출자인 甲이 증명하여야 한다.
④ ㄴ.의 경우 乙이 백지문서에 날인한 것이라는 점에 관하여 법원이 확신을 얻지 못하였다면 연대보증계약서 전체의 진정성립이 인정된다.
⑤ ㄴ.의 경우 甲이 스스로 乙이 백지문서에 날인한 사실을 인정하면서 자신이 乙로부터 권한을 수여받아 내용을 기재하였다고 주장한다면 乙은 그 권한을 수여하지 않았다는 점에 대하여 증명책임이 있다.

해설 문서의 증거력

① (○) 사문서에 날인된 작성 명의인의 인영이 그의 인장에 의하여 현출된 것이라면 특단의 사정이 없는 한 그 인영의 진정성립, 즉 날인행위가 작성 명의인의 의사에 기한 것임이 추정되고, 일단 인영의 진정성립이 추정되면 민사소송법 제329조에 의하여 그 문서 전체의 진정성립이 추정되나, 그와 같은 추정은 그 날인행위가 작성 명의인 이외의 자에 의하여 이루어진 것임이 밝혀지거나 작성 명의인의 의사에 반하여 혹은 작성 명의인의 의사에 기하지 않고 이루어진 것임이 밝혀진 경우에는 깨어진다(대판 1997.06.13. 96재다462).
② (○) 사문서는 본인 또는 대리인의 서명이나 날인 또는 무인이 있는 때에는 진정한 것으로 추정되므로(민사소송법 제358조), 사문서의 작성명의인이 스스로 당해 사문서에 서명·날인·무인하였음을 인정하는 경우, 즉 인영 부분 등의 성립을 인정하는 경우에는 반증으로 그러한 추정이 번복되는 등의 다른 특별한 사정이 없는 한 그 문서 전체에 관한 진정성립이 추정된다(대판 2003.04.11. 2001다11406).
③ (○) 문서에 날인된 작성명의인의 인영이 그의 인장에 의하여 현출된 것이라면 특단의 사정이 없는 한 그 인영의 진정성립, 즉 날인행위가 작성명의인의 의사에 기한 것임이 추정되고 일단 인영의 진정성립이 추정되면 민사소송법 제329조에 의하여 그 문서전체의 진정성립이 추정되나 이와 같

은 추정은 날인행위가 작성명의인 이외의 자에 의하여 작성명의인의 의사에 기하지 않고 이루어진 것임이 밝혀진 경우에는 더 이상 유지될 수 없어 깨어지는 것이므로 문서제출자는 그 날인행위가 작성명의인으로부터 위임받은 정당한 권원에 의한 것이라는 사실까지 입증할 책임이 있다(대판 1989.04.25. 88다카6815). ▶설문에서 연대보증서의 작성명의인 乙이 아닌 A가 가 날인하였음이 밝혀졌으므로 A가 작성명의인 乙부터 위임받은 정당한 대리인이라는 점을 서증제출자인 甲이 증명해야 한다.

④ (○), ⑤ (X) 인영 부분 등의 진정성립이 인정되는 경우, 그 당시 그 문서의 전부 또는 일부가 미완성된 상태에서 서명날인만을 먼저 하였다는 등의 사정은 이례에 속한다고 볼 것이므로 완성문서로서의 진정성립의 추정력을 뒤집으려면 그럴 만한 합리적인 이유와 이를 뒷받침할 간접반증 등의 증거가 필요하다고 할 것이고, 만일 그러한 완성문서로서의 진정성립의 추정이 번복되어 백지문서 또는 미완성 부분을 작성명의자가 아닌 자가 보충하였다는 등의 사정이 밝혀진 경우라면, 다시 그 백지문서 또는 미완성 부분이 정당한 권한에 기하여 보충되었다는 점에 관하여는 그 문서의 진정성립을 주장하는 자 또는 문서제출자에게 그 입증책임이 있다(대판 2003.04.11. 2001다11406).

▶ ④ 설문에서 乙 인영으로 인해 그 당시 그 문서의 전부 또는 일부가 미완성된 상태에서 서명날인만을 먼저 하였다는 등의 사정은 乙에게 증명책이 있고 법원이 확신을 얻지 못하였다면 연대보증서의 전체의 진정성립이 인정된다. ⑤ 설문에서 甲이 스스로 乙이 백지문서에 날인한 사실을 인정한 이상 甲 자신이 乙로부터 정당한 권한을 수여받아 내용을 기재하였다는 점에 대해서 그 문서의 진정성립을 주장하는 자 또는 문서제출자인 甲에게 증명책임이 있다.

정답 ⑤

V 검 증
VI 당사자신문

21년(3) 모의

374. 당사자신문의 대상인 당사자가 정당한 사유 없이 출석·진술·선서를 거부한 때에는 법원은 신문 사항에 관한 상대방의 주장을 진실한 것으로 인정할 수 있지만, 요건사실에 관한 상대방의 주장을 곧바로 인정할 수 있는 것은 아니다.

해설 당사자본인신문절차에서 당사자본인이 출석, 선서, 진술의 의무를 불이행한 경우에 민사소송법 제341조의 규정에 의하여 법원이 진실한 것으로 인정할 수 있는 것은 "신문사항에 관한 상대방의 주장", 즉 신문사항에 포함된 내용에 관한 것이므로 법원이 이를 적용함에 있어서는 상대방당사자의 요건사실에 관한 주장사실을 진실한 것으로 인정할 것이라고 설시할 것이 아니라 당사자 본인 신문사항 가운데 어느 항을 진실한 것으로 인정한 연후에 그에 의하면 상대방 당사자의 요건사실에 관한 주장사실을 인정할 수 있다고 판시하는 것이 정당하다(대판 1990.04.13. 89다카1084).

정답

21년 변시

375. 당사자신문에서 당사자가 정당한 사유 없이 출석하지 아니하거나 선서 또는 진술을 거부한 때에는 법원은 신문사항에 관한 상대방의 주장을 진실한 것으로 인정할 수 있다.

해설 민사소송법 제369조 참조.

민사소송법 제367조(당사자신문) 법원은 직권으로 또는 당사자의 신청에 따라 당사자 본인을 신문할 수 있다. 이 경우 당사자에게 선서를 하게 하여야 한다.
민사소송법 제369조(출석·선서·진술의 의무) 당사자가 정당한 사유 없이 출석하지 아니하거나 선서 또는 진술을 거부한 때에는 법원은 신문사항에 관한 상대방의 주장을 진실한 것으로 인정할 수 있다.

정답 O

 13년·18년 변시

376. 법인이 당사자인 소송에서 법인의 대표자에 대하여 당사자본인신문의 방식에 의하여 증거조사를 하여야 하나, 증인신문방식에 의하여 증거조사를 하였다고 하더라도 상대방이 이에 대하여 지체 없이 이의하지 아니하면 이의권 포기·상실로 인하여 그 하자가 치유된다.

해설 당사자본인으로 신문해야 함에도 증인으로 신문하였다 하더라도 상대방이 이를 지체 없이 이의하지 아니하면 책문권 포기, 상실로 인하여 그 하자가 치유된다(대판 1992.10.27. 92다32463).

정답 O

16년(3)·21년(2) 모의

377. 당사자신문에서의 진술은 증거자료이지 소송상 주장사실이 아니다.

해설 소송상 주장과 증거자료는 확연히 구별되는 것으로서 증거자료에 나타난 사실을 소송상 주장사실과 같이 볼 수는 없는 것이므로 당사자 신문에 있어서의 당사자의 진술도 증거자료에 불과하며 이를 소송상 당사자의 주장과 같이 취급할 수는 없는 것이다(대판 1981.08.11. 81다262).

정답 O

 12년 변시, 14년(3)·21년(2) 모의

378. 법원은 다른 증거방법이 있다고 하더라도 직권 또는 당사자의 신청에 의하여 당사자 본인을 신문할 수 있다.

해설 구법은 당사자본인신문은 다른 증거방법에 의하여 법원이 심증을 얻지 못한 경우에 한해서 직권 또는 당사자의 신청에 의하여 허용된다고 했다. 당사자본인을 증거방법으로 하면서 보충성의 원리를 채택했던 것이다. 그러나 … 신법은 외국의 입법례에 따라 보충성을 폐지하기에 이르렀다. 신법 제367조 본문에서는 법원은 직권 또는 당사자의 신청에 따라 당사자본인을 신문할 수 있다고 규정하여, 당사자 본인이 독립한 증거방법임을 명백히 했다(이시윤, 신민사소송법 제14판, p.524).

> **민사소송법 제367조(당사자신문)** 법원은 직권으로 또는 당사자의 신청에 따라 당사자 본인을 신문할 수 있다. 이 경우 당사자에게 선서를 하게 하여야 한다.

정답

Ⅶ 그 밖의 증거조사

Ⅷ 조사·송부의 촉탁

13년(2) 모의

379. 사실조회에 대한 결과(회보)가 제출되면, 법원은 이를 양 당사자에게 전화나 팩스 등의 간이한 방법으로 그 사실을 고지하고, 동시에 변론기일에서 당사자에게 의견진술의 기회를 부여하는 절차를 거쳐야 한다.

> **해설** 조사·송부촉탁의 결과를 증거자료로 함에는 법원이 이를 변론에 현출하여 당사자에게 의견진술의 기회를 주어야 하나, 당사자에 의한 원용은 필요없다고 할 것이다(김홍엽, 민사소송법 제7판, p.680).

> **판례** 행정소송 제기기간의 준수 여부는 직권조사사항에 속하므로 그 기간연장에 관련되는 사항에 관한 원심의 직권 사실조회는 적법하다 할 것이나, 동 사실조회는 원심변론 종결후에 실시되어 그 회보가 변론에 현출되지 않았음이 뚜렷한 바, 동 회보가 변론에 현출되었더라면 원고에 의하여 그에 대한 반론과 입증이 있었을 것이 짐작되니 그에 대한 변명의 기회를 주지 아니한 원심의 조처는 심리를 다하지 아니한 위법이 있다 할 것이다(대판 1982.08.24. 81누270).

정답

11년(1) 모의

380. 사실조회는 조사의 촉탁에 대한 실무상의 용어인데 공공기관뿐만 아니라 개인이나 사적인 단체에 대하여도 허용된다.

> **해설** 민사소송법 제294조 참조.

> **민사소송법 제294조(조사의 촉탁)** 법원은 공공기관·학교, 그 밖의 단체·개인 또는 외국의 공공기관에게 그 업무에 속하는 사항에 관하여 필요한 조사 또는 보관중인 문서의 등본·사본의 송부를 촉탁할 수 있다.

정답

Ⅸ 증거보전

13년 변시

381. 척추 이상으로 허리 통증이 있던 甲은 의료법인 A병원에서 2008. 4. 3. 입원진료계약을 체결하고, 같은 달 30.에 수술을 받았다. 척추수술 직후, 甲에게 하반신마비 장애가 발생하였다. A병원이 진료기록을 변조할 가능성이 있는 경우, 甲은 소 제기 전이나 후에 증거보전절차를 신청할 수 있으며, 예외적으로 소송계속 중에는 법원이 증거보전을 직권으로도 결정할 수 있다.

해설 민사소송법 제376조 제1항, 제2항, 동법 제379조 참조.

민사소송법 제376조(증거보전의 관할) ① 증거보전의 신청은 소를 제기한 뒤에는 그 증거를 사용할 심급의 법원에 하여야 한다. 소를 제기하기 전에는 신문을 받을 사람이나 문서를 가진 사람의 거소 또는 검증하고자 하는 목적물이 있는 곳을 관할하는 지방법원에 하여야 한다.
② 급박한 경우에는 소를 제기한 뒤에도 제1항 후단에 규정된 지방법원에 증거보전의 신청을 할 수 있다.
민사소송법 제379조(직권에 의한 증거보전) 법원은 필요하다고 인정한 때에는 소송이 계속된 중에 직권으로 증거보전을 결정할 수 있다.

정답

제5절 자유심증주의

I 서 설

II 증거원인

19년(1)·21년(2) 모의

382. (1) 당사자가 제출한 문서의 사본에 대해 상대방이 그 원본의 존재와 진정성립을 다투고 있더라도 법원은 변론의 전취지에 의하여 그 문서의 원본의 존재와 진정성립을 인정하여 증거로 채택할 수 있다.

(2) 재판상 자백을 취소함에 있어 상대방의 동의를 얻지 못한 경우, 자백이 진실에 반한다는 증명이 있더라도 그 자백이 착오로 인한 것이라고 추정되는 것은 아니지만 법원은 변론의 전취지에 의하여 자백이 착오로 인한 것이라는 점을 인정할 수 있다.

(3) 사문서의 진정성립에 관하여 상대방이 부지로 다투는 서증에 관하여 신청인이 성립을 증명하지 아니한 경우라 할지라도 법원은 다른 증거에 의하지 아니하고 변론의 전취지를 참작하여 그 성립을 인정할 수 있다.

해설 [1] 문서의 제출 또는 송부는 원본, 정본 또는 인증등본으로 하여야 하는 것이므로 원본, 정본 또는 인증등본이 아니고 단순한 사본만에 의한 증거의 제출은 정확성의 보증이 없어 원칙적으로 부적법하고, 다만 이러한 사본의 경우에도 원본의 존재와 원본의 성립의 진정에 관하여 다툼이 없고 그 정확성에 문제가 없기 때문에 사본을 원본의 대용으로 하는 데 관하여 상대방으로부터 이의가 없는 경우에는, 민사소송법 제326조 제1항의 위법에 관한 책문권의 포기 혹은 상실이 있다고 하여 사본만의 제출에 의한 증거의 신청도 허용된다고 할 것이나, 원본의 존재 및 원본의 성립의 진정에 관하여 다툼이 있고 사본을 원본의 대용으로 하는 데 대하여 상대방으로부터 이의가 있는 경우에는 사본으로써 원본을 대신할 수 없다(대판 1996.03.08. 95다48667).

> **판례** 그런데 앞서 본 원심판결 이유에 의하면 원심은 농지소표 사본인 을 제2호증의 2 내지 5에 대하여 변론의 전취지에 의하여 원본의 존재와 진정성립을 인정할 수 있다고 하여 이를 증거로 채용하고 있으나, 기록에 의하면 증거로 제출된 사본에 대하여 원고가 부지로 다투고 있어(서증 인부도 원본의 존재 및 성립의 진정 여부에 관하여 인부하는 절차를 취하였어야 할 것이다.) 증거로 채용하는 데 대하여 상대방으로부터 이의가 있는 경우에 해당함에도 불구하고, 그냥 변론의 전취지에 의하여 원본의 존재와 진정성립을 인정하여 증거로 채용하고 말았으니 이는 법원이 앞서 본 바와 같은 책문권을 박탈하는 것과 같은 결과를 가져온 것으로 허용될 수 없다 할 것이므로 원심의 위와 같은 조치에는 문서의 직접 제출과 책문권의 포기에 관한 법리를 오해한 위법이 있다 할 것이다(대판 1996.03.08. 95다48667).

[2] 재판상의 자백에 대하여 상대방의 동의가 없는 경우에는 자백을 한 당사자가 그 자백이 진실에 부합되지 않는다는 것과 자백이 착오에 기인한다는 사실을 증명한 경우에 한하여 이를 취소할 수 있으나, 이때 진실에 부합하지 않는다는 사실에 대한 증명은 그 반대되는 사실을 직접증거에 의하여 증명함으로써 할 수 있지만 자백사실이 진실에 부합하지 않음을 추인할 수 있는 간접사실의 증명에 의하여도 가능하다고 할 것이고, 또한 자백이 진실에 반한다는 증명이 있다고 하여 그 자백이 착오로 인한 것이라고 추정되는 것은 아니지만 그 자백이 진실과 부합되지 않는 사실이 증명된 경우라면 변론의 전취지에 의하여 그 자백이 착오로 인한 것이라는 점을 인정할 수 있다(대판 2004.06.11. 2004다13533).

> **민사소송법 제288조(불요증사실)** 법원에서 당사자가 자백한 사실과 현저한 사실은 증명을 필요로 하지 아니한다. 다만, 진실에 어긋나는 자백은 그것이 착오로 말미암은 것임을 증명한 때에는 취소할 수 있다.

[3] 사문서는 그 진정성립이 증명되어야만 이를 증거로 할 수 있는 것이지만 그 증명의 방법에 관하여 특별한 제한이 없고 당사자가 부지로서 다투는 서증에 관하여 거증자가 특히 그 성립을 증명하지 아니한 경우라 할지라도 법원은 다른 증거에 의하지 아니하고 변론의 전취지를 참작하여 자유심증으로써 그 성립을 인정할 수도 있다 할 것이며 또 서증은 형식적 증거력이 없으면 이를 채용할 수 없는 것이므로 법원이 어떤 서증을 채택하였다는 것은 당연히 그 서증이 형식적 증거력을 구비하였다는 것을 전제로 하는 것이라고 보아야 하고 따라서 상대방이 그 서증에 대한 위조 항변이나 부인, 또는 부지로 다툰 경우에도 그 서증의 진정성립에 석연치 않은 점이 있을 경우가 아니면 진정성립의 근거를 판결이유에서 밝힘이 없이 그 서증을 사실인정의 자료로 삼았다 하여 이유불비의 위법이 있다고 단정지을 수 없다 할 것이다(대판 1993.04.13. 92다12070).

정답 ×, O, O

Ⅲ 자유심증의 내용

383. 동일한 사실에 관하여 상반되는 수 개의 감정결과가 있을 때 법원이 그중 하나를 채용하여 사실을 인정하였다면 그것이 경험칙이나 논리법칙에 위배되지 않는 한 적법하지만, 어느 하나를 채용하고 그 나머지를 배척하는 이유를 판결서에 구체적으로 명시하지 않으면 위법하다.

해설 동일한 사실에 관하여 상반되는 수개의 감정결과가 있을 때에 법원이 그 중 하나를 채용하여 사실을 인정하였다면 그것이 경험칙이나 논리법칙에 위배되지 않는 한 적법하고 어느 하나를 채용하고 그 나머지를 배척하는 이유를 구체적으로 명시할 필요가 없다(대판 1989.06.27. 88다카14076).

정답 ×

384. 민사재판에서 이와 관련된 다른 민·형사사건 등의 확정판결에서 인정된 사실은 특별한 사정이 없는 한 유력한 증거자료가 되는 것이나, 당해 민사재판에서 제출된 다른 증거내용에 비추어 관련 민·형사사건의 확정판결에서의 사실판단을 그대로 채용하기 어렵다고 인정될 경우에는 이를 배척할 수 있다.

해설 민사재판에 있어서 이와 관련된 다른 민·형사사건 등의 확정판결에서 인정된 사실은 특별한 사정이 없는 한 유력한 증거자료가 되는 것이나, 당해 민사재판에서 제출된 다른 증거내용에 비추어 관련 민·형사사건의 확정판결에서의 사실판단을 그대로 채용하기 어렵다고 인정될 경우에는 이를 배척할 수 있고, 이 경우에 그 배척하는 구체적인 이유를 일일이 설시할 필요는 없다(대판 2000.02.25. 99다55472).

정답 ○

385. (1) 사실심 법원의 자의금지 원칙에 따라 당사자를 보호하고, 상고심으로 하여금 이에 관하여 재심사 할 수 있도록 판결문에는 증거의 취사, 선택 등 심증형성의 경로를 명시하여야 한다.

(2) 관련 민·형사 사건에서 한 판단과는 다른 사실을 인정하거나, 진정성립 여부가 명백하지 않은 서증을 증거로 채택하거나, 작성자가 스스로 진정성립을 인정한 문서의 형식적 증거력을 배척할 경우에는 판결문에 그 이유를 기재하여야 한다.

(3) 경험법칙상 통상적으로 받아들여야 할 증거를 믿을 수 없다고 하여 배척하거나 또는 일반적 상식에 비추어 증명력이 약한 증거를 받아들이는 경우에는 판결문에 그 이유를 기재하여야 한다.

해설 판결서에는 어떤 증거로 사실을 인정하였는지의 증거설명으로 족하고 "각 증거 채부 이유를 일일이 밝힐 필요는 없다"고 할 것이다(대판 2004.03.26. 2003다60549). 즉 법원이 각 거시증거 중 그 인정사실에 저촉되는 부분을 배척함을 명시하지 아니하였다고 하여 위법이 있다고 할 수 없다. 다만 예외적으로 처분문서의 진정성립이 추정되는데도 진정성립을 배척하거나(대판 2004.03.23.

2003다60549), 확정된 관련 민사사건에 인정된 사실인데도 후소에서 이를 배척하는 경우(대판 2000.04.11. 99다51685), 경험칙상 이례적인 판단을 하려는 경우(대판 1996.10.25. 96다29700)에는 수긍할 만한 이유를 판결문에 설시하여야 한다.

정답 ×, ○, ○

Ⅳ 사실인정의 위법과 상고

15년(2) 모의

386. 법관이 다툼이 있는 사실에 관하여 사실인정을 함에 있어서 위법하게 진행된 변론 또는 증거조사의 결과를 채용하거나 적법하게 진행된 변론 또는 증거조사의 결과를 간과하여 사실인정을 하였다면 위법하므로 상고사유가 된다.

해설 사실 인정은 사실심인 하급심의 전권사항이므로 항소심판결이 적법하게 확정한 사실은 상고법원을 기속한다(민사소송법 제432조). 따라서 원심이 증거를 채택하고 사실을 인정함에 있어서 잘못이 있다는 이유만으로는 상고이유가 될 수 없다. 그러나 자유심증주의란 사회정의와 형평의 이념에 입각하여 논리와 경험의 법칙에 따라 판단한다는(민사소송법 제202조) 원칙을 말하므로 위법한 증거조사절차에 의하여 사실을 인정한 경우나 논리와 경험법칙을 현저히 어긋나게 사실을 인정한 경우 등에는 자유심증주의의 내재적인 한계를 일탈한 것으로서 상고이유가 된다.

정답 ○

Ⅴ 자유심증주의의 예외

24년변시,13년(2)·15년(2)·(3)·16년(1)·20년(3) 모의

387. (1) 의료과오소송 계속 중 의사 측이 진료기록을 변조한 행위는, 그 변조이유에 대하여 상당하고도 합리적인 이유를 제시하지 못하는 한, 당사자 간의 공평의 원칙 또는 신의칙에 어긋나는 증명방해행위에 해당한다.

(2) 당사자 일방이 상대방의 증명을 방해하였음이 밝혀진 경우에는 증명책임이 전환된다.

(3) 판례에 의하면 의료과오소송에서 피고인 의사가 제출한 진료기록(차트)기재 중 환자인 원고에 대한 진단명의 일부가 흑색 볼펜으로 가필되어 원래의 진단명을 식별할 수 없도록 변조되어 있는 경우, 피고인 의사는 자기에게 과실이 없음을 증명하여야 한다.

해설 증명방해 활동에 대한 제재에 대해 견해의 대립이 있으나 판례는 의료분쟁에 있어서 의사측이 가지고 있는 진료기록 등의 기재가 사실인정이나 법적 판단을 함에 있어 중요한 역할을 차지하고 있는 점을 고려하여 볼 때, 의사측이 진료기록을 변조한 행위는, 그 변조이유에 대하여 상당하고도 합리적인 이유를 제시하지 못하는 한, 당사자간의 공평의 원칙 또는 신의칙에 어긋나는 입증방해행위에 해당한다 할 것이고, 법원으로서는 이를 하나의 자료로 하여 자유로운 심증에 따라 의사측에게 불리한 평가를 할 수 있다(대판 1995.03.10. 94다39567)라고 판시하는 등 곧바로 증명책임의 전환을 인정하지 않고, 자유심증주의를 강조하는 입장이다.

판례 당사자 일방이 입증을 방해하는 행위를 하였더라도 법원으로서는 이를 하나의 자료로 삼아 자유로운 심증에 따라 방해자측에게 불리한 평가를 할 수 있음에 그칠 뿐 입증책임이 전환되거나 곧바로 상대방의 주장 사실이 증명된 것으로 보아야 하는 것은 아니다(대판 1999.04.13. 98다9915).

정답 O, ×, ×

제6절 증명책임

I 서설

20년(3) 모의

388. 관습법은 당사자의 주장·증명을 기다림이 없이 법원이 직권으로 이를 확정하여야 한다.

해설 법령과 같은 효력을 갖는 관습법은 당사자의 주장 입증을 기다림이 없이 법원이 직권으로 이를 확정하여야 하고 사실인 관습은 그 존재를 당사자가 주장 입증하여야 하나, 관습은 그 존부자체도 명확하지 않을 뿐만 아니라 그 관습이 사회의 법적 확신이나 법적 인식에 의하여 법적 규범으로까지 승인되었는지의 여부를 가리기는 더욱 어려운 일이므로, 법원이 이를 알 수 없는 경우 결국은 당사자가 이를 주장입증할 필요가 있다(대판 1983.06.14. 80다3231).

정답 O

II 증명책임의 분배

21년(2) 모의

389. 무권대리인으로 계약을 체결하였으나 본인의 추인을 받지 못한 경우, 그 무권대리인은 계약 상대방에 대한 계약이행책임을 면하기 위해서 상대방이 계약체결 당시 대리권이 없음을 알았다는 사실 또는 알 수 있었는데도 알지 못하였다는 사실에 관한 주장·증명책임을 부담한다.

해설 민법 제135조 제2항은 '대리인으로서 계약을 맺은 자에게 대리권이 없다는 사실을 상대방이 알았거나 알 수 있었을 때에는 제1항을 적용하지 아니한다.'고 정하고 있다. 이는 무권대리인의 무과실책임에 관한 원칙 규정인 제1항에 대한 예외 규정이므로 상대방이 대리권이 없음을 알았다는 사실 또는 알 수 있었는데도 알지 못하였다는 사실에 관한 주장·증명책임은 무권대리인에게 있다(대판 2018.06.28. 2018다210775).

정답 O

21년(1) 모의

390. 지명채권에 양도금지특약이 있다고 주장하는 채무자는 양수인이 특약의 존재를 알고 있거나 알지 못한데 대한 악의 내지 중과실이 있음을 증명하여야 한다.

> 해설 채무자는 제3자가 채권자로부터 채권을 양수한 경우 채권양도금지 특약의 존재를 알고 있는 양수인이나 그 특약의 존재를 알지 못함에 중대한 과실이 있는 양수인에게 그 특약으로써 대항할 수 있고, 여기서 말하는 중과실이란 통상인에게 요구되는 정도의 상당한 주의를 하지 않더라도 약간의 주의를 한다면 손쉽게 그 특약의 존재를 알 수 있음에도 불구하고 그러한 주의조차 기울이지 아니하여 특약의 존재를 알지 못한 것을 말하며, 제3자의 악의 내지 중과실은 채권양도 금지의 특약으로 양수인에게 대항하려는 자가 이를 주장·입증하여야 한다(대판 2003.01.24. 2000다5336).

정답

21년(1) 모의

391. 사망자 명의로 신청하여 이루어진 이전등기라고 하더라도 등기의 추정력은 인정될 수 있으므로, 등기의 무효를 주장하는 자가 현재의 실체관계와 부합하지 아니함을 증명하여야 한다.

> 해설 전소유자가 사망한 이후에 그 명의의 신청에 의하여 이루어진 이전등기는 일단 원인무효의 등기라고 볼 것이어서 등기의 추정력을 인정할 여지가 없으므로 그 등기의 유효를 주장하는 자가 현재의 실체관계와 부합함을 입증할 책임이 있다(대판 1983.08.23. 83다카597).

정답

21년(1) 모의

392. 이미 발생한 계약해제권이 소멸되거나 그 행사가 저지되는지 여부에 다툼이 있는 경우에는 해제권자의 상대방이 증명책임을 진다.

> 해설 계약이 일단 성립한 후 그 해제원인의 존부에 대한 다툼이 있는 경우에는 그 계약해제권을 주장하는 자가 이를 증명하여야 하나(대판 1977.03.08. 76다2461), 이미 발생한 계약해제권이 다른 사유로 소멸되었거나 그 행사가 저지되는지 여부에 대해 다툼이 있는 경우에는 이를 주장하는 상대방이 이를 증명하여야 한다(대판 2009.07.09. 2006다67602).

정답

20년(3) 모의

393. 원고가 소로써 계약상의 청구를 하는 데 대하여, 피고가 그 계약의 해제권을 행사하는 것은 피고의 항변 중에서 권리소멸항변에 속한다.

> 해설 피고의 항변 중 권리소멸 항변에 속하는 것은 변제, 공탁, 상계, 소멸시효완성, 제척기간 도과, 사기·강박에 의한 취소, 계약의 해제, 해지, 권리의 포기·소멸 따위가 있다(이시윤, 신민사소송법 제14판, p.545).

정답

13년 변시, 20년(2) 모의

394. 甲이 채권자 乙로부터 채무자 丙에 대한 채권을 양수할 당시 그 채권에 관한 양도금지특약의 존재를 알고 있거나 그 특약의 존재를 알지 못함에 중대한 과실이 있다면 丙은 甲에 대하여 그 특약으로 대항할 수 있고, 甲의 악의 내지 중과실은 채권양도금지의 특약으로 甲에게 대항하려는 丙이 증명해야 한다.

해설 당사자의 의사표시에 의한 채권양도금지 특약은 제3자가 악의인 경우는 물론 제3자가 채권양도금지 특약을 알지 못한 데에 중대한 과실이 있는 경우에도 채권양도금지 특약으로써 대항할 수 있고, 제3자의 악의 내지 중과실은 채권양도금지 특약으로 양수인에게 대항하려는 자가 이를 주장·증명하여야 한다. 그리고 민법 제449조 제2항 단서는 채권양도금지 특약으로써 대항할 수 없는 자를 '선의의 제3자'라고만 규정하고 있어 채권자로부터 직접 양수한 자만을 가리키는 것으로 해석할 이유는 없으므로, 악의의 양수인으로부터 다시 선의로 양수한 전득자도 위 조항에서의 선의의 제3자에 해당한다. 또한 선의의 양수인을 보호하고자 하는 위 조항의 입법 취지에 비추어 볼 때, 이러한 선의의 양수인으로부터 다시 채권을 양수한 전득자는 선의·악의를 불문하고 채권을 유효하게 취득한다 (대판 2015.04.09. 2012다118020).

정답

20년(2) 모의

395. 甲이 乙을 상대로 피담보채권이 성립되지 아니하였음을 원인으로 하여 X토지에 관하여 乙 명의로 마쳐진 근저당권설정등기의 말소를 구하는 경우, 근저당권의 성립 당시 근저당권의 피담보채권을 성립시키는 법률행위가 없었다는 사실은 근저당권설정등기의 말소를 구하는 甲이 증명하여야 한다.

해설 근저당권은 그 담보할 채무의 최고액만을 정하고, 채무의 확정을 장래에 보류하여 설정하는 저당권으로서(민법 제357조 제1항), 근저당권의 피담보채권이 존재하지 않는다는 것이 확정된 때에는 근저당권 설정등기를 말소하여야 한다. 한편 근저당권의 성립 당시 근저당권의 피담보채권을 성립시키는 법률행위가 없다는 주장이 있는 경우에 그러한 법률행위가 있었는지 여부에 대한 증명책임은 그 존재를 주장하는 측에 있다(대판 2017.09.12. 2015다225011).

정답

20년(2) 모의

396. 상대방과 통정한 허위의 의사표시는 무효이나, 그 의사표시의 무효는 선의의 제3자에게 대항하지 못하는데, 제3자가 선의라는 사실은 그 허위표시의 유효를 주장하는 자가 증명하여야 한다.

해설 민법 제108조 제2항에 규정된 제3자는 특별한 사정이 없는 한 선의로 추정되고, 제3자가 악의라는 사실에 관한 주장·입증책임은 그 허위표시의 무효를 주장하는 자에게 있는 것이다(대판 2007.11.29. 2007다53013).

정답

20년(2) 모의

397. 임대인 甲이 임차인 乙을 상대로 임차건물이 화재로 소실되어 목적물 반환의무가 이행불능이 되었음을 원인으로 한 손해배상을 구하는 소를 제기한 경우, 甲은 乙의 귀책사유로 위 목적물 반환의무가 이행불능이 되었음을 증명하여야 한다.

해설 임대차 목적물이 화재 등으로 인하여 소멸됨으로써 임차인의 목적물 반환의무가 이행불능이 된 경우에, 임차인은 그 이행불능이 자기가 책임질 수 없는 사유로 인한 것이라는 증명을 다하지 못하면 그 목적물 반환의무의 이행불능으로 인한 손해를 배상할 책임을 지며, 그 화재 등의 구체적인 발생 원인이 밝혀지지 아니한 때에도 마찬가지이다(대판 2018.10.25. 2015다219030).

정답

398. (1) 소유권이전등기의 원인이 전 등기명의인의 직접적인 처분행위에 의한 것이 아니라 제3자가 그 처분행위에 개입되어 무효라는 이유로 전 등기명의인이 말소등기청구를 한 경우, 현 등기명의인은 그 제3자에게 전 등기명의인을 대리할 권한이 있었다는 등의 사실에 대한 증명책임을 진다.

(2) 甲은 乙을 상대로 등기의 원인무효를 주장하며 A부동산에 관한 소유권이전등기말소청구의 소를 제기하려고 한다. 이때 乙이 甲의 대리인 丙과 매매계약을 체결하였다고 주장하는 경우에 甲은 丙의 대리권의 부존재에 대하여 증명책임이 있다.

해설 소유권이전등기가 전 등기명의인의 직접적인 처분행위에 의한 것이 아니라 제3자가 그 처분행위에 개입된 경우 현 등기명의인이 그 제3자가 전 등기명의인의 대리인이라고 주장하더라도 현 소유명의인의 등기가 적법히 이루어진 것으로 추정되므로, 그 등기가 원인무효임을 이유로 그 말소를 청구하는 전 소유명의인으로서는 반대사실, 즉 그 제3자에게 전 소유명의인을 대리할 권한이 없었다든가 또는 제3자가 전 소유명의인의 등기서류를 위조하는 등 등기절차가 적법하게 진행되지 아니한 것으로 의심할 만한 사정이 있다는 등의 무효사실에 대한 증명책임을 진다(대판 2009.09.24. 2009다37831).

▶ 소유권이전등기의 추정력이 전 소유자에 대해서도 미치므로 등기말소를 주장하는 전 소유자가 제3자에게 대리할 권한이 없다든지 등기서류를 위조하였다는 등의 입증책임을 진다.

정답

15년(1)·(3) 모의

399. (1) 부동산의 소유명의자로 등기된 자는 적법하게 소유권을 취득한 것으로 추정되지만 이는 사실상 추정에 해당한다.

(2) 부동산에 관한 소유권이전등기는 그 절차 및 원인이 정당한 것이라는 추정을 받게 되므로 그 절차 및 원인이 부당함을 주장하는 당사자가 이를 증명할 책임이 있지만, 등기절차가 적법하게 진행되지 아니한 것으로 볼만한 의심스러운 사정이 있음이 증명된 경우에는 그 추정력은 깨어진다.

해설 등기의 추정력에 대해서는 명문의 규정이 없지만 판례는 법률상 추정으로 보고 있다. 따라서 입증책임은 전환되며, 등기의 추정력을 다투려는 자가 추정사실의 반대사실에 대한 본증이나 전제사실에 대한 반증을 제출하여 추정을 복멸시킬 수 있다.

판례 부동산에 관하여 소유권이전등기가 마쳐져 있는 경우 그 등기명의자는 제3자에 대하여서뿐만 아니라 그 전 소유자에 대하여서도 적법한 절차 및 원인에 의하여 소유권을 취득한 것으로 추정되므로, 그 절차 및 원인이 부당하여 그 등기가 무효라는 사실은 이를 주장하는 자에게 입증책임이 있으나, 등기절차가 적법하게 진행되지 아니한 것으로 볼 만한 의심스러운 사정이 있음이 입증되는 경우에는 그 추정력은 깨어진다(대판 2010.07.22. 2010다21702).

정답 ×, ○

17년(2)·21년(1) 모의

400. (1) 지명채권 양도를 원인으로 한 양수금 청구소송에서, 양수인은 양도인이 채무자에게 채권양도 통지를 하거나 채무자가 이를 승낙하였다는 사실을 증명하여야 한다.

(2) 지명채권 양도의 대항요건에 대해서는 양수인이 증명책임을 진다.

해설 채권양수인으로서는 양도인이 채무자에게 채권양도통지를 하거나 채무자가 이를 승낙하여야 채무자에게 채권양수를 주장(대항)할 수 있는 것이며, 그 입증은 양수인이 사실심에서 하여야 할 책임이 있다(대판 1990.11.27. 90다카27662).

정답 ○, ○

13년·14년 변시, 17년(2)·20년(2) 모의

401. (1) 배당이의소송에 있어서 원고가 피고의 채권이 성립하지 아니하였음을 주장하는 경우, 피고가 채권의 발생원인 사실을 증명하여야 한다.

(2) 채무부존재확인소송에서 채무자가 먼저 청구를 특정하여 채무발생원인사실을 부정하는 주장을 하면, 채권자는 권리관계의 요건사실에 관하여 주장·증명책임을 부담한다.

(3) 甲이 乙을 상대로 확정된 지급명령에 대한 청구이의의 소를 제기한 경우, 甲이 乙의 채권이 성립하지 아니하였음을 주장하면 乙은 채권의 발생원인 사실을 증명하여야 한다.

(4) 甲이 乙을 상대로 피담보채권이 성립되지 아니하였음을 원인으로 하여 X 토지에 관하여 乙 명의로 마쳐진 근저당권설정등기의 말소를 구하는 경우, 근저당권의 성립 당시 근저당권의 피담보채권을 성립시키는 법률행위가 없었다는 사실은 근저당권설정등기의 말소를 구하는 甲이 증명하여야 한다.

해설 [1] 배당이의소송에 있어서의 배당이의사유에 관한 증명책임도 일반 민사소송에서의 증명책임 분배의 원칙에 따라야 하므로, 원고가 피고의 채권이 성립하지 아니하였음을 주장하는 경우에는 피고에게 채권의 발생원인사실을 입증할 책임이 있다(대판 2007.07.12. 2005다39617). [2] 금전채무부존재확인소송에 있어서는, 채무자인 원고가 먼저 청구를 특정하여 채무발생원인사실을 부정하는 주장을 하면 채권자인 피고는 권리관계의 요건사실에 관하여 주장·입증책임을 부담한다(대판 1998.03.13. 97다45259). [3] 확정된 지급명령에 대한 청구이의 소송에서 원고가 피고의 채권이 성립하지 아니하였음을 주장하는 경우에는 피고에게 채권의 발생원인 사실을 증명할 책임이 있고, 원고가 그 채권이 통정허위표시로서 무효라거나 변제에 의하여 소멸되었다는 등 권리 발생의 장애 또는 소멸사유에 해당하는 사실을 주장하는 경우에는 원고에게 그 사실을 증명할 책임이 있다(대판 2010.06.24. 2010다12852). [4] 근저당권은 그 담보할 채무의 최고액만을 정하고, 채무의 확정을 장래에 보류하여 설정하는 저당권으로서(민법 제357조 제1항), 계속적인 거래관계로부터 발생하는 다수의 불특정채권을 장래의 결산기에서 일정한 한도까지 담보하기 위한 목적으로 설정되는 담보권이므로, 근저당권설정행위와는 별도로 근저당권의 피담보채권을 성립시키는 법률행위가 있어야 하고, 근저당권의 성립 당시 근저당권의 피담보채권을 성립시키는 법률행위가 있었는지 여부에 대한 입증책임은 그 존재를 주장하는 측에 있다(대판 2009.12.24. 2009다72070).

정답 O, O, O, ×

15년 변시, 17년(2)·20년(3) 모의

402. 어떠한 법률행위가 정지조건부 법률행위에 해당한다는 사실은 그 법률행위로 인한 법률효과의 발생을 저지하는 사유로서 그 법률효과의 발생을 주장하는 자가 이를 증명하여야 한다.

해설 어떠한 법률행위가 조건의 성취시 법률행위의 효력이 발생하는 소위 정지조건부 법률행위에 해당한다는 사실은 그 법률행위로 인한 법률효과의 발생을 저지하는 사유로서 그 법률효과의 발생을 다투려는 자에게 주장입증책임이 있다(대판 1993.09.28. 93다20832).

정답 ×

 14년 변시

403. 사해행위취소소송에서 사해행위의 취소를 구하는 채권자가 채무자의 수익자에 대한 금원지급행위를 증여라고 주장함에 대하여, 수익자는 이를 기존 채무에 대한 변제로서 받은 것이라고 다투고 있는 경우 그 금원지급행위가 증여에 해당한다는 사실은 취소를 구하는 채권자가 증명하여야 한다.

해설 금원지급행위가 사해행위로 인정되기 위하여는 그 금전지급행위가 증여에 해당한다는 사실이 입증되거나 변제에 해당하지만 채권자를 해할 의사 등 특별한 사정이 있음이 입증되어야 할 것이고, 그에 대한 입증책임은 사해행위를 주장하는 측에 있다고 할 것이다(대판 2007.05.31. 2005다28686).

정답 O

17년(2)·21년(1) 모의

404. 채무초과인 채무자가 유일한 재산을 채권자 중 1인에게 담보로 제공한 행위에 대해 사해행위임을 이유로 취소를 구하는 경우, 수익자가 자신이 선의였음을 증명하여야 한다.

해설 사해행위취소소송에 있어서 수익자가 사해행위임을 몰랐다는 사실은 그 수익자 자신에게 입증책임이 있는 것이고, 이 때 그 사해행위 당시 수익자가 선의였음을 인정함에 있어서는 객관적이고도 납득할 만한 증거자료 등에 의하여야 하고, 채무자의 일방적인 진술이나 제3자의 추측에 불과한 진술 등에만 터 잡아 그 사해행위 당시 수익자가 선의였다고 선뜻 단정하여서는 안 된다(대판 2006.07.04. 2004다61280).

정답

12년 변시

405. 甲은 자신의 소유인 X 부동산에 관하여 乙 명의로 소유권이전등기가 되어 있는 것을 발견하고, 소유권에 기하여 乙을 상대로 소유권이전등기 말소등기청구의 소를 제기하였다. 甲이 乙의 등기원인을 증명하는 서면인 매매계약서가 위조된 사실을 증명한 경우, 乙은 다른 적법한 등기원인의 존재를 주장·증명하여야 한다.

해설 소유권이전등기의 원인으로 주장된 계약서가 진정하지 않은 것으로 증명된 이상 그 등기의 적법추정은 복멸되는 것이고 계속 다른 적법한 등기원인이 있을 것으로 추정할 수는 없다(대판 1998.09.22. 98다29568).

정답

Ⅲ 현대형 소송에서의 증거의 구조적 편재 극복방안
Ⅳ 증명책임의 전환
Ⅴ 증명책임의 완화

19년 변시

406. 「민법」 제30조에 의하면 2인 이상이 동일한 위난으로 사망한 경우에는 동시에 사망한 것으로 추정하도록 규정하고 있는바, 이 추정을 번복하기 위하여는 동시에 사망하였다는 점에 대하여 법원의 확신을 흔들리게 하는 반증을 제출해야 한다.

해설 민법 제30조에 의하면, 2인 이상이 동일한 위난으로 사망한 경우에는 동시에 사망한 것으로 추정하도록 규정하고 있는바, 이 추정은 법률상 추정으로서 이를 번복하기 위하여는 동일한 위난으로 사망하였다는 전제사실에 대하여 법원의 확신을 흔들리게 하는 반증을 제출하거나 또는 각자 다른 시각에 사망하였다는 점에 대하여 법원에 확신을 줄 수 있는 본증을 제출하여야 하는데, 이 경우 사망의 선후에 의하여 관계인들의 법적 지위에 중대한 영향을 미치는 점을 감안할 때 충분하고도 명백한 입증이 없는 한 위 추정은 깨어지지 아니한다고 보아야 한다(대판 1998.08.21. 98다8974).

정답

19년 변시

407. 가압류의 집행 후에 집행채권자가 본안소송에서 패소 확정되었다고 하더라도, 그 가압류의 집행으로 인한 채무자의 손해에 대하여 집행채권자에게 고의 또는 과실이 있다고 사실상 추정되지 아니한다.

해설 가압류나 가처분 등 보전처분은 법원의 재판에 의하여 집행되는 것이기는 하나, 그 실체상 청구권이 있는지 여부는 본안소송에 맡기고 단지 소명에 의하여 채권자의 책임 아래 하는 것이므로, 그 집행 후에 집행채권자가 본안소송에서 패소 확정되었다면 그 보전처분의 집행으로 인하여 채무자가 입은 손해에 대하여는 특별한 반증이 없는 한 집행채권자에게 고의 또는 과실이 있다고 추정되고, 따라서 그 부당한 집행으로 인한 손해에 대하여 이를 배상할 책임이 있다고 할 것이나, 토지에 대한 부당한 가압류의 집행으로 그 지상에 건물을 신축하는 내용의 공사도급계약이 해제됨으로 인한 손해는 특별손해이므로, 가압류채권자가 토지에 대한 가압류집행이 그 지상 건물 공사도급계약의 해제사유가 된다는 특별한 사정을 알았거나 알 수 있었을 때에 한하여 배상의 책임이 있다(대판 2008.06.26. 2006다84874).

정답

15년(3) 모의

408. (1) 법률상 사실추정의 경우 그 증명책임을 지는 자는 추정된 사실을 직접 증명할 수는 없고 전제사실을 증명하여야 한다.
(2) 법률상 추정의 경우 그 전제사실을 다투고자 하는 자는 본증에 의하여야 한다.

해설 [1] 법률상 추정의 경우 추정된 사실을 직접 증명할 수 있고 전제사실을 증명하여 용이하게 사실입증을 할 수도 있다.
[2] 법률상 추정의 경우 그 전제사실의 존부는 증명책임을 지는 자가 본증으로 증명하여야 하는바 상대방은 전제사실의 존부를 반증에 의해 다툴 수 있다.

정답

14년(3)·15년(3) 모의

409. (1) 허리디스크 수술의 후유증으로 하반신마비 증세를 보이는 환자가 제기한 의료소송에서 원고는 의사가 설명의무를 다하지 못하였음을 증명하여야 한다.
(2) 의료소송에서 환자는 일반인의 상식에 바탕을 두고 의료상의 과실을 증명하고 의료행위 이전에는 건강상의 결함이 없었다는 것을 증명하면 손해발생의 인과관계가 일응 추정되고, 의사는 다른 원인에 의한 것임을 증명하여야 한다.

해설 [1] 의사가 그러한 문서에 의해 설명의무의 이행을 입증하기는 매우 용이한 반면 환자측에서 설명의무가 이행되지 않았음을 입증하기는 성질상 극히 어려운 점 등에 비추어, 특별한 사정이 없는 한 의사 측에 설명의무를 이행한 데 대한 증명책임이 있다고 해석하는 것이 손해의 공평·타당한 부담을 그 지도원리로 하는 손해배상제도의 이상 및 법체계의 통일적 해석의 요구에 부합한다(대판

2007.05.31. 2005다5867). [2] 환자측에서 일응 일련의 의료행위 과정에서 저질러진 일반인의 상식에 바탕을 둔 의료상의 과실 있는 행위를 입증하고 그 결과와 사이에 일련의 의료행위 외에 다른 원인이 개재될 수 없다는 점, 이를테면 환자에게 의료행위 이전에 그러한 결과의 원인이 될 만한 건강상의 결함이 없었다는 사정을 증명한 경우에 있어서는, 의료행위를 한 측이 그 결과가 의료상의 과실로 말미암은 것이 아니라 전혀 다른 원인으로 말미암은 것이라는 입증을 하지 아니하는 이상, 의료상 과실과 결과 사이의 인과관계를 추정하여 손해배상책임을 지울 수 있도록 입증책임을 완화하는 것이 손해의 공평·타당한 부담을 그 지도원리로 하는 손해배상제도의 이상에 맞는다(대판 1995.03.10. 94다39567).

정답 ×, ○

14년 변시, 14년(3) 모의

410. 공해소송에서 원고가 유해물질의 배출과 원인물질이 피해물건에 도달 및 손해발생을 증명하면 인과관계가 일응 추정되고, 피고는 원인물질의 무해, 유출과정에서의 희석, 다른 원인의 존재 등을 증명하여야 한다.

수질오탁으로 인한 공해소송인 이 사건에서 (1) 피고공장에서 김의 생육에 악영향을 줄 수 있는 폐수가 배출되고 (2) 그 폐수 중 일부가 유류를 통하여 이사건 김양식장에 도달하였으며 (3) 그 후 김에 피해가 있었다는 사실이 각 모순 없이 증명된 이상 피고공장의 폐수배출과 양식 김에 병해가 발생함으로 말미암은 손해간의 인과관계가 일응 증명되었다고 할 것이므로, 피고가 (1) 피고 공장폐수 중에는 김의 생육영향을 끼칠 수 있는 원인물질이 들어 있지 않으며 (2) 원인물질이 들어 있다 하더라도 그 해수혼합율이 안전농도 범위 내에 속한다는 사실을 반증을 들어 인과관계를 부정하지 못하는 한 그 불이익은 피고에게 돌려야 마땅할 것이다(대판 1984.06.12. 81다558).

정답 ○

❖ 선택형 사례문제

문 1

19년(1) 모의

의사 甲으로부터 진료를 받은 환자 乙이 의료과오가 있음을 주장하여 甲을 상대로 손해배상청구의 소를 제기하였는데, 乙이 甲의 과오를 증명하기 위하여 자신의 진료기록에 대한 문서제출명령을 법원에 신청하였다. 이와 관련하여 옳은 설명은? (다툼이 있는 경우 판례에 따름)

① 甲이 진료기록을 사후에 가필·정정하여 제출하였다면, 그 이유에 대하여 상당하고도 합리적인 이유를 제시하더라도 증명방해에 해당한다.
② 甲은 의료에 관한 전문가로서 의료과오의 존부에 대한 증거자료에 용이하게 접근할 수 있으므로 甲이 乙의 증명활동에 협조하지 않는 것만으로도 증명방해에 해당한다.
③ 甲이 일부가 훼손된 진료기록을 증거로 제출하였는데 乙이 훼손된 부분에 잔존 부분의 기재와 상반된 내용이 기재되어 있다고 주장하는 경우, 甲이 상대방의 사용을 방해할 목적으로 문서를 훼손하였다면 증명방해에 해당된다.
④ 甲이 진료기록 제출과 관련하여 증명방해행위를 하였다면 乙의 주장사실이 증명된 것으로 보아야 한다.
⑤ 甲이 진료기록 제출과 관련하여 증명방해행위를 하였다면 甲의 과오여부에 관한 증명책임이 甲에게 전환된다.

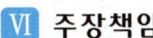 증명방해

① (X) 의사 측이 진료기록을 사후에 가필·정정한 행위는, 그 이유에 대하여 상당하고도 합리적인 이유를 제시하지 못하는 한, 당사자 간의 공평의 원칙 또는 신의칙에 어긋나는 증명방해행위에 해당하나, 당사자 일방이 증명을 방해하는 행위를 하였더라도 법원으로서는 이를 하나의 자료로 삼아 자유로운 심증에 따라 방해자 측에게 불리한 평가를 할 수 있음에 그칠 뿐 증명책임이 전환되거나 곧바로 상대방의 주장 사실이 증명된 것으로 보아야 하는 것은 아니며, 그 내용의 허위 여부는 의료진이 진료기록을 가필·정정한 시점과 그 사유, 가필·정정 부분의 중요도와 가필·정정 전후 기재 내용의 관련성, 다른 의료진이나 병원이 작성·보유한 관련 자료의 내용, 가필·정정 시점에서의 환자와 의료진의 행태, 질병의 자연경과 등 제반 사정을 종합하여 합리적 자유심증으로 판단하여야 한다(대판 2010.07.08. 2007다55866).

② (X) 증거자료에의 접근이 훨씬 용이한 일방 당사자가 상대방의 증명활동에 협력하지 않는다고 하여 상대방의 입증을 방해하는 것이라고 단정할 수 없으며, 민사소송법 제1조에서 규정한 신의성실의 원칙을 근거로 하여 대등한 사인간의 법률적 쟁송인 민사소송절차에서 일방 당사자에게 소송의 승패와 직결되는 상대방의 증명활동에 협력하여야 할 의무가 부여되어 있다고 할 수 없으므로, 일방 당사자가 요증사실의 증거자료에 훨씬 용이하게 접근할 수 있다고 하는 사정만으로는 상대방의 증명활동에 협력하지 않는다고 하여 이를 민사소송법상의 신의성실의 원칙에 위배되는 것이라고 할 수 없다(대판 1996.04.23. 95다23835).

③ (O) 민사소송에서 당사자 일방이 일부가 훼손된 문서를 증거로 제출하였는데 상대방이 훼손된 부분에 잔존 부분의 기재와 상반된 내용이 기재되어 있다고 주장하는 경우, 문서제출자가 상대방의 사용을 방해할 목적으로 문서를 훼손하였다면 법원은 훼손된 문서 부분의 기재에 대한 상대방의 주장을 진실한 것으로 인정할 수 있을 것이나(민사소송법 제350조), 그러한 목적 없이 문서가 훼손되었다고 하더라도 문서의 훼손된 부분에 잔존 부분과 상반되는 내용의 기재가 있을 가능성이 인정되어 문서 전체의 취지가 문서를 제출한 당사자의 주장에 부합한다는 확신을 할 수 없게 된다면 이로 인한 불이익은 훼손된 문서를 제출한 당사자에게 돌아가야 한다(대판 2015.11.17. 2014다81542).

> **민사소송법 제350조(당사자가 사용을 방해한 때의 효과)** 당사자가 상대방의 사용을 방해할 목적으로 제출의무가 있는 문서를 훼손하여 버리거나 이를 사용할 수 없게 한 때에는, 법원은 그 문서의 기재에 대한 상대방의 주장을 진실한 것으로 인정할 수 있다.

④ (X), ⑤ (X) 당사자 일방이 증명을 방해하는 행위를 하였더라도 법원으로서는 이를 하나의 자료로 삼아 자유로운 심증에 따라 방해자 측에게 불리한 평가를 할 수 있음에 그칠 뿐 증명책임이 전환되거나 곧바로 상대방의 주장 사실이 증명되었다고 보아야 하는 것은 아니다(대판 2010.05.27. 2007다25971).

> **민사소송법 제350조(당사자가 사용을 방해한 때의 효과)** 당사자가 상대방의 사용을 방해할 목적으로 제출의무가 있는 문서를 훼손하여 버리거나 이를 사용할 수 없게 한 때에는, 법원은 그 문서의 기재에 대한 상대방의 주장을 진실한 것으로 인정할 수 있다.

정답 ③

Ⅵ 주장책임

꼭 봐야 할 민소법 핵심기출 OX

제4편
소송의 종료

제1장 총 설
제2장 당사자의 행위에 의한 소송의 종료
제3장 종국판결에 의한 종료

제1장 총 설

Ⅰ 소송종료사유
Ⅱ 소송종료선언

23년(1) 모의

1. **이혼소송 중 일방당사자가 사망하였음에도 법원이 이를 알지 못하고 이혼판결을 선고한 경우, 이 판결은 당연무효라고는 할 수 없다.**

   해설 재판상의 이혼청구권은 부부의 일신전속의 권리이므로 이혼소송 계속중 배우자의 일방이 사망한 때에는 상속인이 그 절차를 수계할 수 없음은 물론이고, 또 그러한 경우에 검사가 이를 수계할 수 있는 특별한 규정도 없으므로 이혼소송은 종료된다(대판 1994.10.28. 94므246).

   정답

21년(2) 모의

2. **제1심 법원에서 교환적 변경을 간과하여 신청구에 대하여는 아무런 판단도 하지 아니한 채 구청구만을 판단한 경우, 항소심법원은 제1심 판결을 취소하고 신청구에 대하여 판단하여야 한다.**

   해설 제1심에서의 청구의 변경이 적법함에도 불구하고 구청구만 심판하고 신청구의 심판을 빠뜨린 경우 어떻게 처리할 것인가 문제된다. 만일 그것이 교환적 변경이었다면, 제1심 판결은 취하되어 소송계속이 소멸된 구청구에 대하여 심판한 것으로써 처분권주의(민사소송법 203조)를 위반한 판결이므로 항소심은 이를 취소·파기하고 구청구의 소송종료선언을 해야 하고, 아울러 소송이 계속된 신청구에 대하여는 아무런 판단이 없어 재판의 누락(민사소송법 212조 1항)에 해당하므로 제1심이 추가판결을 하여야 한다(제요 민사Ⅱ 745).

   판례 소의 교환적 변경으로 구청구인 손해배상청구는 취하되고 신청구인 정리채권확정청구가 심판의 대상이 되었음에도 신청구에 대하여는 아무런 판단도 하지 아니한 채 구청구에 대하여 심리·판단한 원심판결을 파기하고 구청구에 대하여 소송종료선언을 한 사례(대판 1980.11.11. 80다1182).

   정답

20년(1)·(3) 모의

3.
(1) 소취하의 무효나 부존재의 효력을 다투는 경우에는 기일지정신청을 할 수 있다.
(2) 소취하에 의하여 소송이 종료된 것으로 처리된 후 당사자가 그 소의 취하가 무효라고 다투는 경우 당사자는 기일지정신청을 할 수 있다.
(3) 소취하의 효력을 다투는 기일지정신청에 대하여 법원은 소송이 유효하게 종료되었음이 명백한 경우에는 변론을 열지 않고 바로 판결로 소송의 종료를 선언할 수 있다.
(4) 소취하간주의 경우에도 그 효력을 다투면서 기일지정신청을 할 수 있다.
(5) 법원은 기일지정신청에 대한 심리 결과 신청이 이유 있다고 인정하는 경우 취하 당사자의 소송정도에 따라 필요한 절차를 계속하여 진행하고 중간판결 또는 종국판결에서 그 판단을 표시하여야 한다.
(6) 종국판결이 선고된 후 상소기록을 보내기 전에 이루어진 소의 취하에 관하여 기일지정신청이 있는 때에는 상소의 이익이 있는 당사자 모두가 상소를 한 경우 상소법원이 기일지정신청에 대하여 재판한다.

해설 민사소송규칙 제67조 제1항, 제2항, 제3항, 제4항 제1호, 제68조 및 민사소송법 제266조 제1항, 제268조 제2항 참조.

민사소송규칙 제67조(소취하의 효력을 다투는 절차) ① 소의 취하가 부존재 또는 무효라는 것을 주장하는 당사자는 기일지정신청을 할 수 있다.
② 제1항의 신청이 있는 때에는 법원은 변론을 열어 신청사유에 관하여 심리하여야 한다.
③ 법원이 제2항의 규정에 따라 심리한 결과 신청이 이유 없다고 인정하는 경우에는 판결로 소송의 종료를 선언하여야 하고, 신청이 이유 있다고 인정하는 경우에는 취하 당시의 소송정도에 따라 필요한 절차를 계속하여 진행하고 중간판결 또는 종국판결에 그 판단을 표시하여야 한다.
④ 종국판결이 선고된 후 상소기록을 보내기 전에 이루어진 소의 취하에 관하여 제1항의 신청이 있는 때에는 다음 각호의 절차를 따른다.
 1. 상소의 이익 있는 당사자 모두가 상소를 한 경우(당사자 일부가 상소하고 나머지 당사자의 상소권이 소멸된 경우를 포함한다)에는 판결법원의 법원사무관등은 소송기록을 상소법원으로 보내야 하고, 상소법원은 제2항과 제3항에 규정된 절차를 취하여야 한다.
민사소송규칙 제68조(준용규정) 법 제268조(법 제286조의 규정에 따라 준용되는 경우를 포함한다)의 규정에 따른 취하간주의 효력을 다투는 경우에는 제67조제1항 내지 제3항의 규정을 준용한다.
민사소송법 제266조(소의 취하) ① 소는 판결이 확정될 때까지 그 전부나 일부를 취하할 수 있다.
민사소송법 제268조(양 쪽 당사자가 출석하지 아니한 경우) ① 양 쪽 당사자가 변론기일에 출석하지 아니하거나 출석하였다 하더라도 변론하지 아니한 때에는 재판장은 다시 변론기일을 정하여 양 쪽 당사자에게 통지하여야 한다.
② 제1항의 새 변론기일 또는 그 뒤에 열린 변론기일에 양 쪽 당사자가 출석하지 아니하거나 출석하였다 하더라도 변론하지 아니한 때에는 1월 이내에 기일지정신청을 하지 아니하면 소를 취하한 것으로 본다.

정답 O, O, ×, O, O, O

🕐 14년 변시

4. 소송이 종료되었음에도 이를 간과하고 심리를 계속 진행한 사실이 발견된 경우 법원은 직권으로 소송종료선언을 하여야 한다.

해설 소송이 종료되었음에도 이를 간과하고 심리를 계속 진행한 사실이 발견된 경우 법원은 직권으로 소송종료선언을 하여야 한다(대판 2011.04.28. 2010다103048).

정답 O

13년(1) 모의

5. 소취하 후의 기일지정신청에 대하여 법원은 변론을 연 후 판결의 형식으로 재판하여야 한다.

해설 민사소송규칙 제67조 참조.

민사소송규칙 제67조(소취하의 효력을 다투는 절차) ① 소의 취하가 부존재 또는 무효라는 것을 주장하는 당사자는 기일지정신청을 할 수 있다.
② 제1항의 신청이 있는 때에는 법원은 변론을 열어 신청사유에 관하여 심리하여야 한다.
③ 법원이 제2항의 규정에 따라 심리한 결과 신청이 이유 없다고 인정하는 경우에는 판결로 소송의 종료를 선언하여야 하고, 신청이 이유 있다고 인정하는 경우에는 취하 당시의 소송정도에 따라 필요한 절차를 계속하여 진행하고 중간판결 또는 종국판결에 그 판단을 표시하여야 한다.

정답 O

제2장 당사자의 행위에 의한 소송의 종료

제1절 소의 취하

I 서 설
II 소취하의 요건

21년(3) 모의

6. 피고가 본안에 대한 준비서면을 제출한 경우에는 그 준비서면이 진술되거나 진술 간주 되지 않았더라도 소의 취하는 피고의 동의를 받아야 효력을 가진다.

   해설 민사소송법 제266조 참조.

   민사소송법 제266조(소의 취하) ② 소의 취하는 상대방이 본안에 관하여 준비서면을 제출하거나 변론준비기일에서 진술하거나 변론을 한 뒤에는 상대방의 동의를 받아야 효력을 가진다.

   정답 O

21년(3) 모의

7. 원고는 대법원의 파기환송 판결 후 환송심에서도 소를 취하할 수 있다.

   해설 환송(또는 이송)판결이 선고되면 사건은 환송받은 법원에 당연히 계속되는 것으로 판결이 확정된 것이 아니므로 소 취하가 가능하다. ▶ 민사소송법 제266조 참조.

   민사소송법 제266조(소의 취하) ① 소는 판결이 확정될 때까지 그 전부나 일부를 취하할 수 있다.

   정답 O

 20년 변시

8. 甲으로부터 대여금채권을 상속한 乙과 丙은 변호사 B를 소송대리인으로 선임하여 채무자 丁을 상대로 대여금청구의 소를 제기하였는데, 소송대리권을 수여할 당시 B에게 소취하에 대한 권한도 수여하였다. 소송계속 중에 丙은 B에게 자신의 소를 취하할 것을 의뢰하였고, B는 그의 사무원 C에게 丙의 소취하서만을 제출할 것을 지시하였는데, C의 착오로 B의 의사에 반하여 乙과 丙의 소를 모두 취하하는 내용의 소취하서를 법원에 제출한 경우 乙은 자신의 소취하를 철회할 수 있다.

   해설 소의 취하는 원고가 제기한 소를 철회하여 소송계속을 소멸시키는 원고의 법원에 대한 소송행위이고 소송행위는 일반 사법상의 행위와는 달리 내심의 의사보다 그 표시를 기준으로 하여 효력 유무를 판정할 수밖에 없는 것인바, 원고 소송대리인으로부터 소송대리인 사임신고서 제출을 지시받은 사무원은 원고 소송대리인의 표시기관에 해당되어 그의 착오는 원고 소송대리인의 착오라고 보아야 하므로, 사무원의 착오로 원고 소송대리인의 의사에 반하여 소를 취하하였다고 하여도 이를 무효라고 볼 수는 없다(대판 1997.10.24. 95다11740).

정답 ×

 20년 변시

9. 본안에 대한 변론이 진행된 후 원고 甲이 법원에 소취하서를 제출하자 피고 乙은 甲의 소취하에 대한 동의를 거절하였다가 소취하 동의 거절의사를 철회하고 다시 동의를 한 경우, 甲의 소취하의 효력은 乙이 다시 동의한 때에 발생한다.

해설 소 취하에 대하여 피고가 이의하여 동의를 거절하면 소 취하 효력을 발생할 수 없고 후에 동의하더라도 취하의 효력이 없다(대판 1969.05.27. 69다130).

정답 ×

 20년 변시, 16년(1)·20년(1) 모의

10. (1) 甲이 乙을 상대로 제기한 청구이의 소송에서 甲의 청구를 기각한 판결이 확정된 후 丙이 공동소송적 보조참가의 요건을 구비하여 甲 측에 대한 참가신청을 하면서 재심의 소를 제기한 경우, 甲이 丙의 동의 없이 재심의 소를 취하하더라도 그 효력이 없다.

(2) 원·피고의 소송에 제3자가 독립당사자참가를 하였다면 피고는 물론 참가인의 동의를 얻어야 소를 취하할 수 있다.

해설 [1] 재심의 소를 취하하는 것은 통상의 소를 취하하는 것과는 달리 확정된 종국판결에 대한 불복의 기회를 상실하게 하여 더 이상 확정판결의 효력을 배제할 수 없게 하는 행위이므로, 이는 재판의 효력과 직접적인 관련이 있는 소송행위로서 확정판결의 효력이 미치는 공동소송적 보조참가인에 대하여는 불리한 행위이다. 따라서 재심의 소에 공동소송적 보조참가인이 참가한 후에는 피참가인이 재심의 소를 취하하더라도 공동소송적 보조참가인의 동의가 없는 한 효력이 없다(대판 2015.10.29. 2014다13044). [2] 독립당사자 참가 소송에 있어 원고의 본소 취하에는 피고의 동의 외에 당사자 참가인의 동의를 필요로 한다(대결 1972.11.30. 72마787).

정답 ○, ○

19년(1) 모의

11. 甲이 乙을 상대로 S 토지에 관한 소유권존재확인의 소를 제기하였다. 乙이 甲의 소에 대해 주위적으로 소 각하, 예비적으로 청구기각을 구한 경우에도 본소의 취하에는 乙의 동의가 필요하다.

해설 피고가 본안전 항변으로 소각하를, 본안에 관하여 청구기각을 각 구한 경우에는 본안에 관한 것은 예비적으로 청구한 것이므로 원고는 피고의 동의 없이 소취하를 할 수 있다(대판 1968.04.23. 68다217). ▶ 피고가 소 각하의 본안전 항변이 이유가 없을때에 대비하여 예비적으로 원고 청구기각의 본안 청구를 한 경우 원고가 피고동의 없이 소 취하를 할 수 있는지의 여부와 관련한 사례.

민사소송법 제266조(소의 취하) ② 소의 취하는 상대방이 본안에 관하여 준비서면을 제출하거나 변론준비기일에서 진술하거나 변론을 한 뒤에는 상대방의 동의를 받아야 효력을 가진다.

정답 ×

22년 변시, 19년(1)·21년(1)·22년(1)(3) 모의

12. 乙이 甲의 소에 대해 반소를 제기한 후 甲의 본소가 각하된 경우, 乙의 반소의 취하에 甲의 동의가 필요하다.

해설 민사소송법 제244조의 규정(현행 민사소송법 제271조)은 원고가 반소의 제기를 유발한 본소는 스스로 취하해 놓고 그로 인하여 유발된 반소만의 유지를 상대방에게 강요한다는 것은 공평치 못하다는 이유에서 원고가 본소를 취하한 때에는 피고도 원고의 동의없이 반소를 취하할 수 있도록 한 규정이므로 본소가 원고의 의사와 관계없이 부적법하다 하여 각하됨으로써 종료된 경우에까지 유추적용 할 수 없고, 원고의 동의가 있어야만 반소취하의 효력이 발생한다 할 것이다(대판 1984.07.10. 84다카298).

민사소송법 제271조(반소의 취하) 본소가 취하된 때에는 피고는 원고의 동의 없이 반소를 취하할 수 있다.

정답 ○

19년(1) 모의

13. 甲의 소취하에 대해 乙이 동의를 거절하면 소취하의 효력이 생기지 않으나, 곧 마음을 바꾸어 동의의 의사표시를 하면 소취하의 효력이 생긴다.

해설 소취하에 대하여 피고가 이의하여 동의를 거절하면 소취하 효력을 발생할 수 없고 후에 동의하더라도 취하의 효력이 없다(대판 1969.05.27. 69다130).

판례 원고의 소취하에 대하여 피고가 일단 확정적으로 동의를 거절하면 원고의 소취하도 효력을 발생할 수 없고 따라서 피고가 후에 소취하에 동의를 하더라도 소취하의 효력이 발생하지 않게 된 소취하의 효력을 생기게 할 수 없다고 해석할 것이므로 원심이 소론 원고의 본건 소취하에 피고가 이의하여 동의를 거절한 이상 그 후에 피고가 소취하에 동의하였다 하여 소취하의 효력을 인정하지 않은 원판결 결론에 있어 정당하므로 상고논지는 이유없다(대판 1969.05.27. 69다130).

정답 ×

19년(1) 모의

14. 甲이 乙을 상대로 S 토지에 관한 소유권존재확인의 소를 제기하였다. 甲의 본소에 대해 S 토지의 소유자임을 주장하는 丙이 甲과 乙을 상대로 하여 독립당사자참가를 하였는데, 丙이 참가신청을 취하하는 경우 甲이나 乙의 동의는 필요 없다.

해설 독립당사자참가신청의 성질은 소이므로 그 취하에는 원고나 피고가 본안에 관하여 응소한 경우에는 양쪽의 동의를 필요로 한다.

판례 독립당사자 참가신청의 성질은 소이므로 그 취하에는 민사소송법 제239조 제2항이 적용되어 상대방인 원피고 쌍방의 동의를 요한다(대판 1981.12.08. 80다577).

민사소송법 제79조(독립당사자참가) ① 소송목적의 전부나 일부가 자기의 권리라고 주장하거나, 소송결과에 따라 권리가 침해된다고 주장하는 제3자는 당사자의 양 쪽 또는 한 쪽을 상대방으로 하여 당사자로서 소송에 참가할 수 있다.
② 제1항의 경우에는 제67조 및 제72조의 규정을 준용한다.
민사소송법 제67조(필수적 공동소송에 대한 특별규정) ① 소송목적이 공동소송인 모두에게 합일적으로 확정되어야 할 공동소송의 경우에 공동소송인 가운데 한 사람의 소송행위는 모두의 이익을 위하여서만 효력을 가진다.
민사소송법 제266조(소의 취하) ② 소의 취하는 상대방이 본안에 관하여 준비서면을 제출하거나 변론준비기일에서 진술하거나 변론을 한 뒤에는 상대방의 동의를 받아야 효력을 가진다.

정답

17년(1) 모의

15. 소취하의 의사표시가 없었음에도 불구하고 변론조서에 소취하의 사실이 기재되면 소취하의 효력이 생긴다.

해설 소송취하의 의사표시가 당초에 존재치 않음에도 불구하고 구두변론조서에 하등 근거 없이 취하된 듯이 오기된 것이 현저한 때에는 취하의 효력은 전연 발생치 않는 것이다(대판 1953.03.12. 4285민상102).

정답

16년(3) 모의

16. 소송 외에서 소송당사자가 소 취하 합의를 한 경우 바로 소 취하의 효력이 발생한다.

해설 소 취하 합의의 법적 성질에 관하여 학설은 크게 사법계약으로 보는 사법계약설과 소송법상의 효력이 직접 발생한다고 보는 소송계약설이 있다. 판례가 어떠한 입장에 있는 지는 명백하지는 아니하나 소 취하 합의에 위반한 경우 소의 이익의 문제로 보는 점에서 바로 소 취하의 효력이 발생하는 것으로 보는 소송계약설의 입장은 아니다.

판례 심결취소소송을 제기한 후에 당사자 사이에 소를 취하하기로 하는 합의가 이루어졌다면 특별한 사정이 없는 한 소송을 계속 유지할 법률상의 이익이 소멸하여 당해 소는 각하되어야 한다(대판 2007.05.11. 2005후1202).

정답

13년(2)·16년(3)·20년(1) 모의

17. (1) 종국판결 선고 후라도 판결확정 전이라면 소를 취하할 수 있다.
(2) 소는 종국판결이 선고될 때까지만 그 전부나 일부를 취하할 수 있다.

해설 민사소송법 제266조 제1항 참조.

민사소송법 제266조(소의 취하) ① 소는 판결이 확정될 때까지 그 전부나 일부를 취하할 수 있다.

정답

Ⅲ 소취하의 효과

24년 변시

18. 먼저 제기된 소송의 제1심에서 상계항변을 제출하여 제1심 판결로 본안에 대한 판단을 받았다가 항소심에서 상계항변을 철회한 피고는 재소금지원칙에 따라 그 자동채권과 동일한 채권에 기한 소를 별도로 제기하는 것이 허용되지 않는다.

해설 민사소송법 제267조 제2항은 "본안에 대한 종국판결이 있은 뒤에 소를 취하한 사람은 같은 소를 제기하지 못한다."라고 정하고 있다. 이는 소취하로 그동안 판결에 들인 법원의 노력이 무용해지고 다시 동일한 분쟁을 문제 삼아 소송제도를 남용하는 부당한 사태를 방지할 목적에서 나온 제재적 취지의 규정이다. 그런데 상대방이 본안에 관하여 준비서면을 제출하거나 변론준비기일에서 진술 또는 변론을 한 뒤에는 상대방의 동의를 받아야 효력을 가지는 소의 취하와 달리 소송상 방어방법으로서의 상계 항변은 그 수동채권의 존재가 확정되는 것을 전제로 하여 행하여지는 일종의 예비적 항변으로서 상대방의 동의 없이 이를 철회할 수 있고, 그 경우 법원은 처분권주의 원칙상 이에 대하여 심판할 수 없다. 따라서 먼저 제기된 소송의 제1심에서 상계 항변을 제출하여 제1심판결로 본안에 관한 판단을 받았다가 항소심에서 상계 항변을 철회하였더라도 이는 소송상 방어방법의 철회에 불과하여 민사소송법 제267조 제2항의 재소금지 원칙이 적용되지 않으므로, 그 자동채권과 동일한 채권에 기한 소송을 별도로 제기할 수 있다(대판 2022.02.17. 2021다275741).

정답

21년(3) 모의

19. 본안에 관한 제1심 판결 선고 후 소를 취하한 원고가 그 소 취하가 무효라고 주장하면서 다시 같은 소(후소)를 제기한 경우, 심리한 결과 그 소 취하가 유효한 것으로 밝혀진 때는 법원은 후소에 대하여 소송종료선언을 할 것이 아니라 소 각하 판결을 하여야 한다.

해설 중복소송은 소극적 소송요건으로 직권조사사항이다. 중복소송인지 여부는 법원에 현저한 사실로서 불요증사실(법 제288조 본문)이다(대판 1995.04.14. 94다29256). 중복소송은 부적법하므로 소각하판결을 한다(김홍엽, 민사소송법 제7판, p.395).

판례 중복소송의 경우 본안에 대한 종국판결이 있은 후 소를 취하한 자는 동일한 소를 제기할 수 없다는 법리에 의하여 후소의 본안에 대한 판결이 있은 후 그 후소를 취하한 자는 전소를 유지할 수 없다 할 것이다. … 위에 해당하는 소송을 각하한다(대판 1967.07.18. 67다1042).

민사소송법 제267조(소취하의 효과) ① 취하된 부분에 대하여는 소가 처음부터 계속되지 아니한 것으로 본다. ② 본안에 대한 종국판결이 있은 뒤에 소를 취하한 사람은 같은 소를 제기하지 못한다.

정답

20년 변시

20. (1) 甲은 乙이 사망한 사실을 모르고 乙을 피고로 표시하여 매매를 원인으로 한 소유권이전등기청구의 소를 제기하여 승소하였는데, 乙의 단독상속인 丙이 이러한 사실을 알고 항소를 제기하였고 甲이 항소심에서 丙의 동의를 얻어 소를 취하한 경우에는, 甲은 丙을 상대로 위 매매를 원인으로 한 소유권이전등기청구의 소를 제기할 수 없다.

(2) 甲이 乙을 상대로 매매를 원인으로 A 건물의 인도를 청구하였으나 패소한 후 항소심에서 이미 지급한 매매대금반환을 구하는 것으로 청구를 교환적으로 변경하였다가 다시 위 매매를 원인으로 A 건물의 인도를 구하는 것으로 청구를 변경하는 것은 적법하다.

해설 [1] 사망자를 상대로 한 판결에 대하여 그 망인의 상속인인 피고가 항소를 제기하여 원고가 항소심변론에서 그 소를 취하하였다 하더라도 위 판결은 당연무효의 판결이므로 원고는 재소금지의 제한을 받지 않는다(대판 1968.01.23. 67다2494). [2] 소의 교환적 변경은 신청구의 추가적 병합과 구청구의 취하의 결합형태로 볼 것이므로 본안에 대한 종국판결이 있은 후 구청구를 신청구로 교환적 변경을 한 다음 다시 본래의 구청구로 교환적 변경을 한 경우에는 종국판결이 있은 후 소를 취하하였다가 동일한 소를 다시 제기한 경우에 해당하여 부적법하다(대판 1987.11.10. 87다카1405).

정답  ×, ×

18년(2) 모의

21. 소취하 후의 재소금지에 해당되어 부적법한 것은? 적법 - O, 부적법 - X

1) 원고가 피고 법인을 상대로 전소에서 면직처분 무효확인의 소를 제기하였다가 제1심에서 패소판결을 선고받고 그 항소심에서 소를 취하한 후, 동일한 피고 법인을 상대로 면직처분이 무효라고 주장하면서 불법행위에 따른 손해배상청구의 소를 제기한 경우

> **해설** 원고가 면직처분무효확인소송의 항소심에서 취하 후 다시 면직무효임을 전제로 주위적으로 위법행위로 인하여 원고가 입은 손해배상을 청구하고 예비적으로 부당이득반환청구를 한 사안에서, 전소의 소송물인 이 사건 면직처분이 위법무효인 여부에 관한 점은 이 사건 소의 선결적인 법률관계를 이루고 있음이 명백하고 그 밖에 이 사건 소의 제기를 정당시 할 아무런 사정도 보이지 아니하므로 결국 이 사건 소는 주위적청구나 예비적청구 모두 전소와 동일한 소로써 재소금지의 효과를 받는 부적법한 소라 아니할 수 없다고 판시하고 있다(대판 1989.10.10. 88다카18023).

 정답 X

2) 甲이 乙을 대위하여 丙을 상대로 A 채무의 이행을 구하는 대위소송을 제기하였고 乙은 그 대위소송 제기사실을 알지 못하였는데, 甲이 본안에 관한 종국판결을 선고받고 그 항소심에서 소를 취하한 후, 乙이 丙을 상대로 A 채무의 이행을 구하는 소를 제기한 경우

> **해설** 채권자대위권에 의한 소송이 제기된 사실을 피대위자가 알게 된 이상, 그 대위소송에 관한 종국판결이 있은 후 그 소가 취하된 때에는 피대위자도 민사소송법 제240조 제2항(현행 민사소송법 제267조 제2항) 소정의 재소금지규정의 적용을 받아 그 대위소송과 동일한 소를 제기하지 못한다(대판 1996.09.20. 93다20177). 사안의 경우 채무자가 대위소송제기 사실을 알지 못하였다면 재소금지규정의 적용을 받지 아니하여 제3채무자 丙을 상대로 A채무의 이행을 청구하는 소를 제기할 수 있다.

 정답 O

3) A 토지에 관하여 등기부상 소유명의자인 甲이 점유자인 乙을 상대로 소유권에 기한 인도청구의 소를 제기하였다가 청구기각 판결을 선고받고, 그 항소심 계속 중 丙에게 A 토지를 매도하여 소유권이전등기를 마쳐주고서 소를 취하하였는데, 丙이 乙을 상대로 A 토지에 관하여 소유권에 기한 인도청구의 소를 제기한 경우

> **해설** 전소의 원고나 그의 변론종결 뒤의 일반승계인이 재소금지의 효과를 받는 것은 의문이 없으나 특정승계인의 경우에는 견해가 대립되어 있다. 판례는 특정승계인의 경우에도 당사자 동일의 요건을 충족하여 재소금지의 효과를 받을 수 있으나 새로운 권리보호이익이 있는 경우에는 특정승계인이라도 다시 소를 제기할 수 있다고 한다. 사안의 경우 丙이 제기한 후소는 전소와는 권리보호이익을 달리하여 재소금지의 원칙에 위배되지 아니한다고 해야 한다(김홍엽, 민사소송법 제7판, p.738).

참고판례 민사소송법 제240조 제2항(현행 민사소송법 제267조 제2항)은 "본안에 대한 종국판결이 있은 후 소를 취하한 자는 동일한 소를 제기하지 못한다."라고 규정하고 있는 바, 이는 소취하로 인하여 그 동안 판결에 들인 법원의 노력이 무용화되고 종국판결이 당사자에 의하여 농락당하는 것을 방지하기 위한 제재적 취지의 규정이므로, 본안에 대한 종국판결이 있은 후 소를 취하한 자라 할지라도 이러한 규정의 취지에 반하지 아니하고 소제기를 필요로 하는 정당한 사정이 있다면 다시 소를 제기할 수 있다. 부동산 공유자들이 제기한 명도청구소송에서 제1심 종국판결 선고 후 항소심 계속중 소송당사자 상호간의 지분 양도·양수에 따라 소취하 및 재소가 이루어진 경우, 그로 인하여 그 때까지의 법원의 노력이 무용화된다든가 당사자에 의하여 법원이 농락당한 것이라 할 수 없고, 소송 계속중 부동산의 공유지분을 양도함으로써 그 권리를 상실한 공유자가 더 이상 소를 유지할 필요가 없다고 생각하고 소를 취하한 것이라면 그 지분을 양도받은 자에게 소취하에 대한 책임이 있다고 할 수 없을 뿐만 아니라, 공유지분 양수인으로서는 자신의 권리를 보호하기 위하여 양도받은 공유지분에 기하여 다시 소를 제기할 필요도 있어 그 양수인의 추가된 점포명도청구는 그 공유지분의 양도인이 취한 전소와는 권리보호의 이익을 달리하여 재소금지의 원칙에 위배되지 아니한다(대판 1998.03.13. 95다48599).

정답 O

4) **A 토지에 관하여 등기부상 소유명의자인 甲이 점유자인 乙을 상대로 소유권에 기한 인도청구의 소를 제기하였다가 청구기각 판결을 선고받고, 그 항소심에서 소를 취하하고 丙에게 A 토지를 매도하여 소유권이전등기를 마쳐주었는데, 丙이 乙을 상대로 A 토지에 관하여 소유권에 기한 인도청구의 소를 제기한 경우**

해설 이 지문의 경우도 판례에 의하면 특정승계인에게 새로운 권리보호이익이 인정되어 재소금지의 효과가 미치지 아니하게 된다(김홍엽, 민사소송법 제7판, p.735). 따라서 丙이 제기한 후소는 전소와는 권리보호이익을 달리하여 재소금지의 원칙에 위배되지 아니하여 적법하다.

판례 민사소송법 제240조 제2항(현행 민사소송법 제267조 제2항 – 註)에 본안에 대한 종국판결이 있은 후 소를 취하한 자는 동일한 소를 제기 못한다고 재소금지의 규정을 두고 있는바, 여기 소를 취하한 자에는 변론종결 후의 특정 승계인도 포함되는 것이나, 동일한 소라 함은 당사자와 소송물인 권리관계가 동일할 뿐 아니라 소 제기를 필요로 하는 사정 즉 권리보호의 이익도 같아야 하는 것으로 해석되는 바, 원고의 전소유자인 소외 ○○○가 피고를 상대로 소론 전소와 본건 소는 소송물인 권리관계는 동일하다 할지라도 위 전소의 취하 후에 본건 토지에 대한 소유권을 양수한 원고는 그 소유권을 침해하고 있는 피고에 대하여 그 배제를 구할 새로운 권리보호의 이익이 있다고 할 것이니 위 전소와 후소인 본건 소는 동일한 소라고 할 수 없으니 피고의 재소금지의 본안 전 항변을 배척한 원심의 판단은 정당하다(대판 1981.07.14. 81다64). ▶ 피고가 소유권 침해를 중지하여 소를 취하하였는데 그 뒤 재침해한 사안.

정답

5) **甲, 乙, 丙, 丁 등 4인의 공유인 A 토지에 관하여 甲이 乙, 丙을 공동피고로 하여 공유물분할청구의 소(전소)를 제기하였다가 소각하 판결을 선고받고 그 항소심에서 소를 취하한 후, 甲이 乙, 丙, 丁을 공동피고로 A 토지에 관하여 청구취지상 분할의 방법을 전소와 달리하여 공유물분할청구의 소를 제기한 경우**

해설 본안의 종국판결 후 소를 취한 경우에만 재소금지의 제재가 있으므로 소각하판결 후에 취하한 경우에는 재소금지의 효과를 받지 아니한다(이시윤, 신민사소송법 제11판, p.577).

정답 O

15년(1)·17년(2) 모의

22. **본안에 대한 종국판결이 있은 후 소를 취하하였지만, 피고가 소취하의 전제조건인 약정사항을 지키지 아니하여 동 약정이 해제 또는 실효되는 사정변경이 발생한 경우에는 원고는 동일한 소를 다시 제기할 수 있다.**

해설 민사소송법 제240조 제2항 소정의 재소금지원칙이 적용되기 위하여는 소송물이 동일한 외에 권리보호의 이익도 동일하여야 할 것인데, 피고가 전소 취하의 전제조건인 약정사항을 지키지 아니함으로써 위 약정이 해제 또는 실효되는 사정변경이 발생하였다면, 이 사건 지상권이전등기 말소등기청구와 전소가 소송물이 서로 동일하다 하더라도, 소제기를 필요로 하는 사정이 같지 아니하여 권리보호의 이익이 다르다 할 것이므로, 결국 이 사건 청구는 위 재소금지원칙에 위배되지 아니한다(대판 1993.08.24. 93다22074).

정답 O

16년(2)·17년(2)·18년(1)·20년(1) 모의

23. **채권자대위권에 의한 소송이 제기된 사실을 피대위자가 알게 된 이상, 그 대위소송에 관한 종국판결이 있은 후 그 소가 취하된 때에는 피대위자도 재소금지규정의 적용을 받아 그 대위소송과 동일한 소를 제기하지 못한다.**

해설 채권자대위권에 의한 소송이 제기된 사실을 피대위자가 알게 된 이상, 그 대위소송에 관한 종국판결이 있은 후 그 소가 취하된 때에는 피대위자도 민사소송법 제240조 제2항(현행 민사소송법 제267조 제2항) 소정의 재소금지규정의 적용을 받아 그 대위소송과 동일한 소를 제기하지 못한다(대판 1996.09.20. 93다20177).

정답 O

16년(2) 모의

24. **매수인이 매도인을 상대로 부동산에 관하여 매매를 원인으로 한 소유권이전등기절차 이행의 소를 제기하여 승소판결을 받았지만, 항소심에서 매매에 따른 토지거래허가신청절차의 이행을 구하는 소로 변경하여 당초의 소는 종국판결 선고 후 취하된 것으로 되었다 하더라도, 그 후 토지거래허가를 받고 나서 다시 소유권이전등기절차의 이행을 구하는 것은 취하된 소와 권리보호의 이익이 달라 재소금지원칙이 적용되지 않는다.**

해설 민사소송법 제240조 제2항 소정의 재소금지원칙이 적용되기 위하여는 소송물이 동일한 외에 권리보호의 이익도 동일하여야 할 것인바, 매수인이 매도인을 상대로 부동산에 관하여 매매를 원인으로 한 소유권이전등기절차 이행의 소를 제기하여 승소판결을 받았지만, 항소심에서 매매에 따른 토지

거래허가신청절차의 이행을 구하는 소로 변경하여 당초의 소는 종국판결 선고 후 취하된 것으로 되었다 하더라도, 그 후 토지거래허가를 받고 나서 다시 소유권이전등기절차의 이행을 구하는 것은 취하된 소와 권리보호의 이익이 달라 재소금지원칙이 적용되지 않는다(대판 1997.12.23. 97다45341).

정답 O

16년(2) 모의

25. 전소가 소유권에 기한 명도청구소송이고 후소가 약정에 의한 명도청구소송인 경우 양소는 소송물이 동일하므로 재소금지의 원칙에 저촉된다.

해설 전소가 소유권에 기한 명도청구소송이고 후소가 약정에 의한 명도청구소송인 경우 소송물을 달리하여 재소금지의 원칙에 저촉되지 않는다(대판 1991.01.15. 90다카25970).

정답 ×

16년(1)·(3) 모의

26. (1) 원고가 피고로부터 칼로 협박을 당하여 소를 취하한 경우 피고가 위 협박으로 인하여 처벌받았다면 재심규정을 유추하여 구제한다는 것이 판례의 입장이다.

(2) 본안에 대한 종국판결 후 소를 취하한 경우 다시 전소의 원고가 동일한 소를 제기하였다 하더라도 전소의 피고가 재소금지의 항변을 하지 않으면 법원이 직권으로 재소 여부를 조사하여 소를 각하할 수는 없다.

해설 [1] 소송행위가 사기, 강박 등 형사상 처벌을 받을 타인의 행위로 인하여 이루어졌다고 하여도 그 타인의 행위에 대하여 유죄판결이 확정되고 또 그 소송행위가 그에 부합되는 의사없이 외형적으로만 존재할 때에 한하여 민사소송법 제422조 제1항 제5호, 제2항의 규정을 유추해석하여 그 효력을 부인할 수 있다고 해석함이 상당하므로 타인의 범죄행위가 소송행위를 하는데 착오를 일으키게 한 정도에 불과할 뿐 소송행위에 부합되는 의사가 존재할 때에는 그 소송행위의 효력을 다툴 수 없다(대판 1984.05.29. 82다카963). [2] 재소금지의 원칙(민사소송법 제267조 제2항)에 위반하는지 여부는 법원의 직권조사사항이므로 피고의 항변유무에 관계없이 법원이 직권으로 판단하고 그에 위반되면 소 각하 판결을 해야 한다(대판 1967.10.31. 67다1848).

정답 O, ×

Ⅳ 소의 취하간주

Ⅴ 소취하의 효력에 관한 다툼(하자를 다투는 방법)

❖ 선택형 사례문제

문 1
21년(1)·23(1) 모의

甲이 乙에 대하여 대여금의 반환을 구하는 소를 제기하였다. 다음 각 기술된 내용으로 소취하 또는 청구의 인낙이 되었다고 할 때 그 효력이 생기는 경우를 모두 고른 것은? (다툼이 있는 경우 판례에 의함)

> ㄱ. 甲이 소취하를 할 생각이 없었으나, 다른 서류와 혼동하여 소취하서를 작성하여 법원에 제출한 경우
> ㄴ. 甲이 乙에게 빌려준 도박자금을 반환하라는 청구를 하였는데 乙이 甲의 청구를 인낙한 경우
> ㄷ. 甲의 소송대리인 A가 丙의 소를 취하하라고 그 사무원에게 지시하였는데, 그 사무원이 A의 지시를 오해하여 甲의 소취하서를 작성하여 법원에 제출한 경우
> ㄹ. 甲이 소를 취하해주지 않자 乙이 폭력배를 동원하여 甲을 폭행·협박하였는데, 이에 생명에 위협을 느낀 甲이 자신의 의사에 반하여 작성한 소취하서를 乙이 법원에 제출하였고, 乙이 위 폭행·협박을 원인으로 유죄판결을 받은 경우
> ㅁ. 위 소송계속 중 소비대차 계약이 무효라는 乙의 주장이 받아들여질 경우에 대비하여 甲이 예비적으로 부당이득반환청구를 추가하였는데, 乙이 예비적청구를 인낙한 경우

① ㄱ, ㄴ, ㄷ
② ㄱ, ㄷ, ㅁ
③ ㄴ, ㄷ, ㄹ
④ ㄴ, ㄹ, ㅁ
⑤ ㄷ, ㄹ, ㅁ

해설 소취하 또는 청구의 인낙

ㄱ. (○), ㄷ. (○) 소의 취하는 원고가 제기한 소를 철회하여 소송계속을 소멸시키는 원고의 법원에 대한 소송행위이고 소송행위는 일반 사법상의 행위와는 달리 내심의 의사보다 그 표시를 기준으로 하여 그 효력 유무를 판정할 수밖에 없는 것인바, 원고들 소송대리인으로부터 원고 중 1인에 대한 소 취하를 지시받은 사무원은 원고들 소송대리인의 표시기관에 해당되어 그의 착오는 원고들 소송대리인의 착오로 보아야 하므로, 그 사무원의 착오로 원고들 소송대리인의 의사에 반하여 원고들 전원의 소를 취하하였다 하더라도 이를 무효라 볼 수는 없고, 적법한 소 취하의 서면이 제출된 이상 그 서면이 상대방에게 송달되기 전·후를 묻지 않고 원고는 이를 임의로 철회할 수 없다(대판 1997.06.27. 97다6124).

ㄴ. (○) 법률효과 자체는 허용되는 것이지만 법원의 법률판단을 받게 될 때면 패소할 수밖에 없는 청구에 대한 인낙도 그 효력이 있는가에 관하여는 반대설이 있으나 부정할 것은 아니다. 왜냐하면 소송상의 청구가 이유 있느냐의 여부에 대한 법원의 법률판단권 배제가 청구인낙의 취지이며, 인낙의 효력은 당사자간에만 미치는 것이 원칙임에 비추어 이러한 청구에 대해 인낙하여도 그로 인하여 제3자의 지위에 영향을 줄 염려가 없기 때문이다. 따라서 원고의 주장 자체로 보아 이유 없는 청구라도 인낙의 대상이 되며, 이 경우에 법원이 인낙의 효력을 부인하고 청구기각의 판결을 하여서는 안 된다. 판례도 소재지관서의 증명이 없더라도 농지이전등기 청구의 인낙조서는 무효가 아니라고 하였다(이시윤, 신민사소송법 제14판, p.585).

▶ 도박채권의 경우 청구 자체는 적법하나 그 원인되는 행위가 위법인 경우이다.

[판례] 인락조서가 농지소재지 관서의 증명이 없어 무효라 하더라도 그 등기명의자를 상대로 인락조서의 내용이된 법률행위의 무효를 다툰다는 것은 몰라도 확정판결과 동일한 효력이 있는 그 조서 자체를 무효라 할 수 없고, 피고는 등기명의자가 아니므로 피고의 등기의무가 이행불능이 될 것이니 원판결의 이유는 다를지언정 원고의 청구를 배척한 결론은 정당하다(대판 1969.03.25. 68다2024).

ㄹ. (X) 형사책임이 수반되는 타인의 강요와 폭행에 의하여 이루어진 소취하의 약정과 소취하서의 제출은 무효이다(대판 1985.09.24. 82다카312).

ㅁ. (X) 원심에서 추가된 청구가 종전의 주위적 청구가 인용될 것을 해제조건으로 하여 청구된 것임이 분명하다면, 원심으로서는 종전의 주위적 청구의 당부를 먼저 판단하여 그 이유가 없을 때에만 원심에서 추가된 예비적 청구에 관하여 심리판단할 수 있고, 위 추가된 예비적 청구만을 분리하여 심리하거나 일부 판결을 할 수 없으며, 피고로서도 위 추가된 예비적 청구에 관하여만 인낙을 할 수도 없고, 가사 인낙을 한 취지가 조서에 기재되었다 하더라도 그 인낙의 효력이 발생하지 아니한다(대판 1995.07.25. 94다62017).

[정답] ①

문 2

甲은 乙에게 1억 원을 대여하면서 그 담보로 약속어음을 받았다. 乙이 변제기에 대여금을 반환하지 않자 甲은 乙을 상대로 1억 원의 대여금청구의 소를 제기하였는데, 제1심 법원이 乙에게 5,000만 원의 지급을 명하는 판결을 하자 甲이 이 판결에 대하여 항소하였다. 甲과 乙은 항소심 계속 중 소송 외에서 '乙이 甲에게 3개월 내에 8,000만 원을 지급하면 甲은 소를 취하하기로 한다'는 내용의 화해를 하였다. 이에 관한 설명 중 옳지 않은 것은? (다툼이 있는 경우 판례에 의함)

① 위 화해만으로는 위 소가 당연히 종료되지 않는다.
② 甲이 乙로부터 3개월 내에 8,000만 원을 지급받았음에도 소를 취하하지 않은 경우, 乙이 변론기일에 출석하여 위 화해사실 및 이에 따른 8,000만 원 지급사실을 주장·증명하면 법원은 甲의 청구를 기각하여야 한다.
③ 乙이 甲에게 3개월 내에 8,000만 원을 지급하지 않은 경우, 위 소송을 계속 유지할 甲의 법률상의 이익을 부정할 수 없다.
④ 위 화해는 甲과 乙 사이의 묵시적 합의로 해제될 수 있다.
⑤ 위 화해에 따른 소 취하 후 甲이 다시 乙을 상대로 위 어음금의 지급을 구하는 소를 제기하더라도 재소금지의 원칙에 위배되지 않는다.

:: 해설 조건부 소취하의 합의

① (○), ② (X), ③ (○) 당사자 사이에 그 소를 취하하기로 하는 합의가 이루어졌다면 특별한 사정이 없는 한 소송을 계속 유지할 법률상의 이익이 없어 그 소는 각하되어야 하는 것이지만(대판 1982.03.09. 81다1312 판결 등 참조), 조건부 소취하의 합의를 한 경우에는 조건의 성취사실이 인

정되지 않는 한 그 소송을 계속 유지할 법률상의 이익을 부정할 수 없다(대판 2013.07.12. 2013다19571). 따라서 소송은 당연히 종료되지 않고(①) 기각이 아니라 각하되어야 한다(②). 그리고 법률상의 이익을 부정할 수 없다(③).

④ (○) 심결취소소송을 제기한 이후에 당사자 사이에 소를 취하하기로 하는 합의가 이루어졌다면 특별한 사정이 없는 한 소송을 계속 유지할 법률상의 이익이 소멸되어 당해 소는 각하되어야 하는 것이지만, 소취하 계약도 당사자 사이의 합의에 의하여 해제할 수 있음은 물론이고 계약의 합의해제는 명시적으로 이루어진 경우뿐만 아니라 묵시적으로 이루어질 수도 있는 것으로, 계약의 성립 후에 당사자 쌍방의 계약실현의사의 결여 또는 포기로 인하여 쌍방 모두 이행의 제공이나 최고에 이름이 없이 장기간 이를 방치하였다면, 그 계약은 당사자 쌍방이 계약을 실현하지 아니할 의사가 일치됨으로써 묵시적으로 합의해제되었다고 해석함이 상당하다(대판 2007.05.11. 2005후1202).

⑤ (○) 소가 취하되면 소송계속이 소급적으로 소멸되기 때문에 동일한 소를 다시 제기할 수 있으나 종국판결 선고한 이후에 소를 취하한 후 다시 소제기를 하는 것은 허용되지 않는다. 이러한 재소금지의 원칙에 해당하려면 당사자가 동일하고 소송물이 동일하고 권리보호이익이 동일해야 하는데 판례의 구소송물이론에 의하면 별개의 소송물도 보아 대여금청구의 소와 어음금지급의 소의 경우는 소송물이 다르다(대판 1976.11.23. 76다1391).

정답 ②

제2절 청구의 포기·인낙

Ⅰ 서 설
Ⅱ 요 건

23년(3) 모의

27. **청구의 인낙은 이를 조서에 기재한 때에는 확정판결과 동일한 효력이 발생되어 그로써 소송을 종료시키는 효력이 있을 뿐이고, 실체법상 채권·채무의 발생 또는 소멸의 원인이 되는 법률행위라 볼 수 없다.**

해설 청구의 인낙은 피고가 원고의 주장을 승인하는 소위 관념의 표시에 불과한 소송상 행위로서 이를 조서에 기재한 때에는 확정판결과 동일한 효력이 발생되어 그로써 소송을 종료시키는 효력이 있을 뿐이고, 실체법상 채권·채무의 발생 또는 소멸의 원인이 되는 법률행위라 볼 수 없다(대판 2022.03.31. 2020다271919).

정답 ○

23년(3) 모의

28. **주주총회결의의 하자를 다투는 소에 있어서 청구인낙이 이루어졌다 하여도 그 인낙조서는 효력이 없다.**

해설 주주총회결의의 부존재·무효를 확인하거나 결의를 취소하는 판결이 확정되면 당사자 이외의 제3자에게도 그 효력이 미쳐 제3자도 이를 다툴 수 없게 되므로, 주주총회결의의 하자를 다투는 소에 있어서 청구의 인낙이나 그 결의의 부존재·무효를 확인하는 내용의 화해·조정은 할 수 없고, 가사 이러한 내용의 청구인낙 또는 화해·조정이 이루어졌다 하여도 그 인낙조서나 화해·조정조서는 효력이 없다(대판 2004.09.24. 2004다28047).

정답 O

14년 변시, 13년(1)·14년(2) 모의

29. 변론기일에 불출석한 원고 또는 피고가 진술한 것으로 보는 답변서, 그 밖의 준비서면에 청구의 포기 또는 인낙의 의사 표시가 적혀 있고 공증사무소의 인증을 받은 경우, 상대방 당사자가 변론기일에 출석하여 그 청구의 포기 또는 인낙의 의사표시를 받아들여야만 그 취지에 따라 청구의 포기 또는 인낙이 성립된 것으로 본다.

[해설] 상대방 당사자가 변론기일에 출석하여 그 청구의 포기 또는 인낙의 의사표시를 받아들이지 않아도 일정한 요건을 갖추면 청구의 포기 또는 인낙이 성립된 것으로 본다(민사소송법 148조 제2항 참조).

민사소송법 제148조(한 쪽 당사자가 출석하지 아니한 경우) ① 원고 또는 피고가 변론기일에 출석하지 아니하거나, 출석하고서도 본안에 관하여 변론하지 아니한 때에는 그가 제출한 소장·답변서, 그 밖의 준비서면에 적혀 있는 사항을 진술한 것으로 보고 출석한 상대방에게 변론을 명할 수 있다.
② 제1항의 규정에 따라 당사자가 진술한 것으로 보는 답변서, 그 밖의 준비서면에 청구의 포기 또는 인낙의 의사표시가 적혀 있고 공증사무소의 인증을 받은 때에는 그 취지에 따라 청구의 포기 또는 인낙이 성립된 것으로 본다.

정답 X

Ⅲ 절 차

Ⅳ 효 과

14년(2) 모의

30. 청구의 인낙을 변론조서·변론준비기일조서에 적은 때에는 그 조서는 확정판결과 같은 효력을 가지므로 강제집행은 인낙조서에 기초하여서 실시할 수 있다.

[해설] 민사소송법 제220조, 민사집행법 제56조 참조.

민사소송법 제220조(화해, 청구의 포기·인낙조서의 효력) 화해, 청구의 포기·인낙을 변론조서·변론준비기일조서에 적은 때에는 그 조서는 확정판결과 같은 효력을 가진다.
민사집행법 제56조(그 밖의 집행권원) 강제집행은 다음 가운데 어느 하나에 기초하여서도 실시할 수 있다.
 5. 소송상 화해, 청구의 인낙(認諾) 등 그 밖에 확정판결 같은 효력을 가지는 것

정답 O

제3절 재판상 화해

I 서 설

II 소송상 화해

24년 변시, 17년(1) 모의

31. 제소전 화해조서에 확정판결의 당연무효 사유와 같은 사유가 없는 한 설령 그 내용이 강행법규에 위반된다 할지라도 그 화해조서를 무효라고 할 수는 없다.

> **해설** 제소전 화해조서는 확정판결과 동일한 효력이 있어 당사자 사이에 기판력이 생기는 것이므로, 거기에 확정판결의 당연무효 사유와 같은 사유가 없는 한 설령 그 내용이 강행법규에 위반된다 할지라도 그것은 단지 제소전 화해에 하자가 있음에 지나지 아니하여 준재심절차에 의하여 구제받는 것은 별문제로 하고 그 화해조서를 무효라고 주장할 수는 없다(대판 2002.12.06. 2002다44014).

정답 ✕

24년 변시

32. 화해조서에 "이 사건 화해는 이 사건 부동산의 실제 소유자의 이의제기가 있을 경우에는 무효로 한다."라는 실효조항을 둔 경우, 그 조건이 성취되면 화해의 효력은 소멸한다.

> **해설** 재판상 화해에서도 제3자의 이의가 있을 때에 화해의 효력을 실효시키기로 하는 약정이 가능하고 그 실효조건의 성취로 화해의 효력은 당연히 소멸된다(대판 1993.06.29. 92다56056).

정답 ○

20년(3) 모의

33. 실재하지 않거나 사망한 사람을 당사자로 하여 화해조서가 작성되었다는 것은 화해조서의 당연무효사유이므로 당사자는 이러한 사유를 주장하면서 기일지정신청을 할 수 있다.

> **해설** 재판상의 화해를 조서에 기재한 때에는 그 조서는 확정판결과 동일한 효력이 있고 당사자간에 기판력이 생기는 것이므로 확정판결의 당연무효 사유와 같은 사유가 없는 한 재심의 소에 의하여만 효력을 다툴 수 있는 것이나, 당사자 일방이 화해조서의 당연무효 사유를 주장하며 기일지정신청을 한 때에는 법원으로서는 그 무효사유의 존재 여부를 가리기 위하여 기일을 지정하여 심리를 한 다음 무효사유가 존재한다고 인정되지 아니한 때에는 판결로써 소송종료선언을 하여야 할 것이다(대판 2000.03.10. 99다67703). 실재하지 않는 자를 당사자로 한 판결은 당해 소송내에 있어서는 실속력 있고 상소의 대상이 되며 해 판결의 확정으로 인하여 소송을 종결시키지마는 설사 확정되더라도 기판력과 형성력이 생기지 않는 것이며 이 의미에서 무효라 할 것이다(대판 1956.05.17. 4289민상155). 사망자를 피고로 하는 소제기는 원고와 피고의 대립당사자 구조를 요구하는 민사소송법상의 기본원칙이 무시된 부적법한 것으로서 실질적 소송관계가 이루어질 수 없으므로, 그와 같은 상태에

서 제1심판결이 선고되었다 할지라도 그 판결은 당연무효이며, 그 판결에 대한 사망자인 피고의 상속인들에 의한 항소나 소송수계신청은 부적법하다(대판 2015.01.29. 2014다34041).

정답 O

24년 변시

34. 소송에서 다투어지는 법률관계의 존부에 관하여 동일한 당사자 사이의 전소에서 확정된 화해권고결정이 있었던 경우 당사자의 이에 반하는 주장은 인정되지 아니한다.

해설 화해권고결정에 대하여 소정의 기간 내에 이의신청이 없으면 화해권고결정은 재판상 화해와 같은 효력을 가지며(민사소송법 제231조), 한편 재판상 화해는 확정판결과 동일한 효력이 있고 창설적 효력을 가지는 것이어서 화해가 이루어지면 종전의 법률관계를 바탕으로 한 권리·의무관계는 소멸함과 동시에 재판상 화해에 따른 새로운 법률관계가 유효하게 형성된다. 그리고 소송에서 다투어지고 있는 권리 또는 법률관계의 존부에 관하여 동일한 당사자 사이의 전소에서 확정된 화해권고결정이 있는 경우 당사자는 이에 반하는 주장을 할 수 없고 법원도 이에 저촉되는 판단을 할 수 없다(대판 2014.04.10. 2012다29557).

 정답 O

20년(3) 모의

35. '실질적 소유자가 이의하면 화해의 효력이 실효된다'는 방식의 실효조건부 화해가 있었고 그 조건이 성취되면 화해가 없었던 상태로 돌아가므로 화해 성립 전의 법률관계를 다시 주장할 수 있다.

해설 재판상의 화해가 성립되면 그것은 확정판결과 같은 효력이 있는 것이므로 그것을 취소변경하려면 재심의 소에 의해서만 가능하다 할 것이나 재판상의 화해의 내용은 당사자의 합의에 따라 자유로 정할 수 있는 것이므로 화해조항 자체로서 특정한 제3자의 이의가 있을 때에는 화해의 효력을 실효시키기로 하는 내용의 재판상의 화해가 성립되었다면 그 조건의 성취로써 화해의 효력은 당연히 소멸된다 할 것이고 그 실효의 효력은 언제라도 주장할 수 있다(대판 1988.08.09. 88다카2332).

 정답 O

20년(3) 모의

36. 재판상 화해는 민법상의 화해계약과는 다르므로 재판상 화해에서는 당사자 일방이 양보한 권리가 소멸되고 상대방이 화해로 인하여 그 권리를 취득하는 효력을 인정할 수 없다.

해설 재판상 화해 또는 제소전 화해는 확정판결과 동일한 효력이 있으며 당사자 간의 사법상의 화해계약이 그 내용을 이루는 것이면 화해는 창설적 효력을 가져 화해가 이루어지면 종전의 법률관계를 바탕으로 한 권리의무관계는 소멸하나, 재판상 화해 등의 창설적 효력이 미치는 범위는 당사자가 서로 양보를 하여 확정하기로 합의한 사항에 한하며, 당사자가 다툰 사실이 없었던 사항은 물론 화해의 전제로서 서로 양해하고 있는데 지나지 않은 사항에 관하여는 그러한 효력이 생기지 않는다(대판 2001.04.27. 99다17319).

> 민법 제732조(화해의 창설적효력) 화해계약은 당사자 일방이 양보한 권리가 소멸되고 상대방이 화해로 인하여 그 권리를 취득하는 효력이 있다.

정답

20년(3) 모의

37. 재판상 화해를 함에 있어 실체법상 무효사유가 있으면 화해의 효력을 다툴 수 있다는 입장에 선다면 이러한 경우에는 화해무효확인소송이 가능하다.

> 해설 소송법상 화해에 아무런 하자가 없는 경우에만 제한적으로 제220조에 의해 기판력이 생기며, 실체법상의 하자가 있는 한 기판력은 인정될 수 없다는 제한적 기판력설에 의하면 실체법상 하자가 있는 경우에는 무효임을 전제로 기일지정신청이나 화해무효확인소송청구로 구제가능 하다고 한다(이시윤, 신민사소송법 제14판, p.596).

정답

20년(3) 모의

38. 재판상 화해가 이루어진 내용에 대하여 상대방이 이를 이행하지 않는 경우에도, 화해조항 불이행을 이유로 화해를 해제할 수 있다는 내용이 화해조항에 포함되어 있지 않은 이상, 이를 이유로 재판상 화해를 해제할 수 없다.

> 해설 재판상의 화해를 조서에 기재한 때에는 그 조서는 확정판결과 동일한 효력이 있고 당사자 간에 기판력이 생기는 것이므로 확정판결의 당연무효 사유와 같은 사유가 없는 한 준재심의 소에 의하여만 효력을 다툴 수 있고, 화해조항에서 정한 의무를 이행하지 아니하였음을 이유로 재판상 화해의 해제를 주장하는 것과 같은 화해조서의 취지에 반하는 주장을 할 수 없으며, 이러한 이치는 재판상 화해와 동일한 효력이 있는 조정조서에 대하여도 마찬가지라 할 것이다(대판 2012.04.12. 2011다109357).

정답

19년(3) 모의

39. (1) 재판상 화해를 변론조서·변론준비기일조서에 적은 때에는 그 조서는 확정판결과 같은 효력을 가진다.

(2) 조정조서에 확정판결의 당연무효 등의 사유가 없는 한 설령 그 내용이 강행법규에 위반된다 할지라도 조정조서를 무효라고 주장할 수 없다.

(3) 재판상 화해가 실효조건의 성취로 실효되는 경우에는 화해가 없었던 상태로 돌아가므로 화해 성립 전의 법률관계를 다시 주장할 수 있다.

> 해설 [1] 민사소송법 제206조 참조.

민사소송법 제206조(화해, 포기, 인낙조서의 효력) 화해, 청구의 포기 또는 인낙을 조서에 기재한 때에는 그 조서는 확정판결과 동일한 효력이 있다.

[2] 조정은 당사자 사이에 합의된 사항을 조서에 기재함으로써 성립하고 조정조서는 재판상의 화해조서와 같이 확정판결과 동일한 효력이 있다. 따라서 당사자 사이에 기판력이 생기는 것이므로, 거기에 확정판결의 당연무효 등의 사유가 없는 한 설령 그 내용이 강행법규에 위반된다 할지라도 그것은 단지 조정에 하자가 있음에 지나지 아니하여 준재심절차에 의하여 구제받는 것은 별문제로 하고 조정조서를 무효라고 주장할 수 없다. 그리고 조정조서가 조정참가인이 당사자가 된 법률관계도 내용으로 하는 경우에는 위와 같은 조정조서의 효력은 조정참가인의 법률관계에 관하여도 다를 바 없다(대판 2014.03.27. 2009다104960). [3] 재판상 화해가 실효조건의 성취로 실효되거나 준재심에 의하여 취소된 경우에는 화해가 없었던 상태로 돌아가므로 화해 성립 전의 법률관계를 다시 주장할 수 있다(대판 1996.11.15. 94다35343).

정답 O, O, O

19년(3) 모의

40. (1) 공유물분할의 소송절차 또는 조정절차에서 공유자 사이에 공유토지에 관한 현물분할의 협의가 성립하여 그 합의사항을 조서에 기재함으로써 조정이 성립하였다면, 그 조정조서는 공유물분할판결과 동일한 효력을 가지는 것으로서 민법 제187조 소정의 '판결'에 해당하는 것이므로 조정이 성립한 때 물권변동의 효력이 발생한다고 보아야 한다.

(2) 공유물분할의 소송절차에서 공유자 사이에 공유토지에 관한 현물분할 협의가 성립하여 그 합의사항을 조서에 기재함으로써 조정이 성립하였더라도 그 즉시 공유관계가 소멸하고 각 공유자에게 그 협의에 따른 새로운 법률관계가 창설되는 것은 아니다.

(3) 소유권에 기한 물권적 방해배제청구로서 소유권등기의 말소를 구하는 소송 중에 그 소송물에 대하여 화해권고결정이 확정된다고 해도 그 청구권의 법적 성질이 채권적 청구권으로 바뀌지 아니한다.

해설 [1] 공유물분할의 소송절차 또는 조정절차에서 공유자 사이에 공유토지에 관한 현물분할의 협의가 성립하여 그 합의사항을 조서에 기재함으로써 조정이 성립하였다고 하더라도, 그와 같은 사정만으로 재판에 의한 공유물분할의 경우와 마찬가지로 그 즉시 공유관계가 소멸하고 각 공유자에게 그 협의에 따른 새로운 법률관계가 창설되는 것은 아니고, 공유자들이 협의한 바에 따라 토지의 분필절차를 마친 후 각 단독소유로 하기로 한 부분에 관하여 다른 공유자의 공유지분을 이전받아 등기를 마침으로써 비로소 그 부분에 대한 대세적 권리로서의 소유권을 취득하게 된다고 보아야 한다(대판 2013.11.21. 2011두1917(전합)). [2] 소유권에 기한 물권적 방해배제청구로서 소유권등기의 말소를 구하는 소송이나 진정명의 회복을 원인으로 한 소유권이전등기절차의 이행을 구하는 소송 중에 그 소송물에 대하여 화해권고결정이 확정되면 상대방은 여전히 물권적인 방해배제의무를 지는 것이고, 화해권고결정에 창설적 효력이 있다고 하여 그 청구권의 법적 성질이 채권적 청구권으로 바뀌지 아니한다(대판 2012.05.10. 2010다2558).

15년(2)·(3) 모의

41.
(1) 소송행위설에 따르면 "피고가 2015. 4. 30.까지 금 1억 원을 갚지 못하면 피고는 원고 앞으로 피고 소유의 X부동산을 이전한다"는 내용의 재판상 화해는 허용되지 않는다.

(2) 소송행위설에 따르면 "제3자 X가 재판상 화해의 내용을 승인하지 않으면 당사자 간에 재판상 화해의 효력이 발생하지 않는다"는 조건이 붙은 재판상 화해는 허용되지 않는다.

(3) 재판상 화해는 소송행위로서의 성격을 가지는 것이므로 실효조건부 화해는 허용될 수 없다.

해설 설문과 같이 재판상 화해에 있어서 그 내용을 이루는 의무이행의 발생에 조건을 붙이는 것은, 이를 인정하더라도 소송절차의 안정성과 확실성을 해칠 염려가 없으므로, 허용된다는 데에 견해는 일치한다. 따라서 [1] 소송행위설에 의하더라도 설문의 경우는 허용된다고 할 것이다. 그러나 소송상화해 자체의 성립이나 그 효력발생에 조건을 붙일 수 있는가는 문제이다. 소송상화해의 법적성질에 관하여 사법행위설이나 절충설에 의하는 한 이와 같은 조건부화해는 사적 자치의 원칙상 당연히 허용되며, 나아가 기한부·해제권유보부화해도 가능하다. 그러나 [2] 소송행위설은 소송행위의 확정성·안정성을 내세워 조건부 화해를 허용하지 않는다. 다만 [3] 대법원은 소송상 화해의 성질에 관하여 기본적으로 소송행위설에 의하면서도 실효조건부화해의 효력을 긍정한다(이시윤, 신민사소송법 제11판, p.584~594).

판례 재판상의 화해가 성립되면 그것은 확정판결과 같은 효력이 있는 것이므로 그것을 취소변경하려면 재심의 소에 의해서만 가능하다할 것이나 재판상의 화해의 내용은 당사자의 합의에 따라 자유로 정할 수 있는 것이므로 화해조항 자체로서 특정한 제3자의 이의가 있을 때에는 화해의 효력을 실효시키기로 하는 내용의 재판상의 화해가 성립되었다면 그 조건의 성취로써 화해의 효력은 당연히 소멸된다 할 것이고 그 실효의 효력은 언제라도 주장할 수 있다(대판 1988.08.09. 88다카2332).

정답 ×, ○, ×

15년(3) 모의

42.
(1) 사법(私法)행위설에 따르면 재판상 화해로 인하여 종전의 법률관계가 소멸하고 새로운 법률관계가 형성된다는 창설적 효력이 용이하게 설명된다.

(2) 양행위경합설(양성설)에 따르면 실체법상 무효·취소사유와 같은 흠이 있으면 재판상 화해에 기판력이 발생하지 않으므로 기일지정신청이나 화해무효확인청구를 할 수 있다는 것이 다수의 견해이다.

해설 [1] 사법행위설에 의하면 재판상 화해를 실체법상의 화해와 동일하게 보는 바 창설적 효력을 설명하기 용이하다. [2] 양성설은 제한적 기판력설을 취하면서 실체법상 무효·취소 사유 또는 해제 등의 사유가 있어 화해가 실효되면 화해가 무효임을 전제로 기일지정신청이나 화해무효확인청구를 허용한다는 것이 다수적인 입장이다.

정답 ○, ○

15년(2) 모의

43. 재판상 화해는 판결 대용적 기능을 가지는 것이므로 당사자 이외의 제3자를 화해당사자로 포함시키는 재판상 화해는 허용되지 않는다.

해설 소송당사자 아닌 제3자도 재판상 화해의 당사자가 될 수 있고, 이 경우 그 화해의 효력은 화해조서에 기재된 내용에 따라 제3자에게도 미친다(대판 1985.11.26. 84다카1880).

정답

15년(2) 모의

44. 법원은 사건의 해결을 위하여 적당하다고 판단되는 화해조항을 정하여 화해조서를 작성할 수 있다.

해설 재판상 화해는 법관 앞에서 양 당사자가 다툼이 있는 법률관계에 관하여 상호 양보하여 합의한 결과를 진술하는 행위이다. 재판상 화해를 하면 법원은 화해조서를 작성하는데, 이 조서는 확정판결과 동일한 효력이 있다. 이러한 재판상 화해는 소송 중 하는 소송상 화해와 제소전에 하는 제소전 화해가 있다. 즉 화해의 기본 개념상 당사자간의 상호 합의에 따라야 하며 법원이 화해조항을 정하여 할 수 없다.

정답

15년(2) 모의

45. 종국판결이 선고된 후라도 그 판결의 확정 전이면 당사자는 판결 내용과 다른 내용의 화해를 할 수 있다.

해설 당해 사건에 대한 판결이 확정되어 절차가 종료되기 전에는 재판상 화해를 통하여 절차를 종료시킬 수 있다(민사소송법 제145조 제1항). 즉, 소송상 화해는 소송계속 중 어느 때나 할 수 있다. 상소심에서도 가능함은 물론이다.

민사소송법 제145조(화해의 권고) ① 법원은 소송의 정도와 관계없이 화해를 권고하거나, 수명법관 또는 수탁판사로 하여금 권고하게 할 수 있다.
② 제1항의 경우에 법원·수명법관 또는 수탁판사는 당사자 본인이나 그 법정대리인의 출석을 명할 수 있다.

정답

14년(3) 모의

46. 재판상 화해에 있어서 법원에 계속 중인 다른 소송을 취하하기로 하는 내용의 화해조서가 작성되었다면 그 다른 소송은 권리보호의 이익이 없게 되어 각하되어야 한다.

해설 재판상 화해에 있어서 법원에 계속중인 다른 소송을 취하하기로 하는 내용의 화해조서가 작성되었다면 당사자 사이에는 법원에 계속중인 다른 소송을 취하하기로 하는 합의가 이루어졌다 할 것이므로, 다른 소송이 계속중인 법원에 취하서를 제출하지 않는 이상 그 소송이 취하로 종결되지는 않지만 위 재판상 화해가 재심의 소에 의하여 취소 또는 변경되는 등의 특별한 사정이 없는 한 그 소송의 원고에게는 권리보호의 이익이 없게 되어 그 소는 각하되어야 한다(대판 2005.06.10. 2005다14861).

정답 ○

14년(3) 모의

47. 성질상 당사자가 임의로 처분할 수 없는 사항을 대상으로 한 재판상 화해는 허용될 수 없고, 설령 그에 관하여 재판상 화해가 성립하였더라도 효력이 없어 당연무효이다.

해설 조정이나 재판상 화해의 대상인 권리관계는 사적 이익에 관한 것으로서, 당사자가 자유롭게 처분할 수 있는 것이어야 하므로, 성질상 당사자가 임의로 처분할 수 없는 사항을 대상으로 한 조정이나 재판상 화해는 허용될 수 없고, 설령 그에 관하여 조정이나 재판상 화해가 성립하였더라도 효력이 없어 당연무효이다(대판 2012.09.13. 2010다97846).

정답 ○

❖ 선택형 사례문제

문 1
23년 변시, 21년(2) 모의

甲, 乙, 丙은 X 토지에 대하여 각 1/3 지분을 공동으로 소유하고 있다. 甲이 乙과 丙을 상대로 공유물 분할 청구의 소를 제기하였다. 아래 설명 중 옳지 <u>않은</u> 것은? (다툼이 있는 경우 판례에 의함)

① 공유물분할청구의 소는 공유자 甲이 다른 공유자 乙과 丙 전부를 공동피고로 하여야 하는 필수적 공동소송이다.
② 제1심 법원이 甲의 청구를 전부 인용하는 판결을 선고하였다. 이에 대하여 乙만이 제기한 항소는 丙에게도 효력이 미치므로 전원에 대한 관계에서 판결의 확정이 차단되고 전체로서 항소심에 이심된다.
③ 甲이 현물분할을 청구하더라도 법원은 제반 사정을 종합적으로 고려하여 X 토지를 甲의 단독소유로 하고 甲으로 하여금 乙과 丙에 대하여 그 지분의 적정하고도 합리적인 가격을 배상시키는 방법에 의한 분할도 현물분할의 하나로 허용된다.
④ 甲이 소를 제기한 것은 2019. 2. 8.인데 乙은 그 이전인 같은 해 1. 17. 사망하였다. 乙의 상속인이 상고심 법원에 이르러 처음으로 망인의 사망사실을 주장하더라도, 甲은 상고심에서 당사자표시정정의 방법으로 그 흠결을 보정할 수 있다.
⑤ 甲에게 1억 원의 대여금 채권을 가진 A가 甲을 대위하여 乙과 丙을 상대로 제기한 공유물분할청구의 소는 원칙적으로 허용되지 않는다.

해설 공유물분할청구의 소

① (○), ② (○) 공유물분할청구의 소는 분할을 청구하는 공유자가 원고가 되어 다른 공유자 전부를 공동피고로 하여야 하는 고유필수적 공동소송이고, 공동소송인과 상대방 사이에 판결의 합일확정

을 필요로 하는 고유필수적 공동소송에서는 공동소송인 중 일부가 제기한 상소는 다른 공동소송인에게도 효력이 미치므로 공동소송인 전원에 대한 관계에서 판결의 확정이 차단되고 소송은 전체로서 상소심에 이심된다. 따라서 공유물분할 판결은 공유자 전원에 대하여 상소기간이 만료되기 전에는 확정되지 않고, 일부 공유자에 대하여 상소기간이 만료되었다고 하더라도 그 공유자에 대한 판결 부분이 분리·확정되는 것은 아니다(대판 2017.09.21. 2017다233931).

③ (○) [1] 공유물분할의 소는 형성의 소로서 공유자 상호간의 지분의 교환 또는 매매를 통하여 공유의 객체를 단독 소유권의 대상으로 하여 그 객체에 대한 공유관계를 해소하는 것을 말하므로, 법원은 공유물분할을 청구하는 자가 구하는 방법에 구애받지 아니하고 자유로운 재량에 따라 공유관계나 그 객체인 물건의 제반 상황에 따라 공유자의 지분 비율에 따른 합리적인 분할을 하면 된다. [2] 공유관계의 발생원인과 공유지분의 비율 및 분할된 경우의 경제적 가치, 분할 방법에 관한 공유자의 희망 등의 사정을 종합적으로 고려하여 당해 공유물을 특정한 자에게 취득시키는 것이 상당하다고 인정되고, 다른 공유자에게는 그 지분의 가격을 취득시키는 것이 공유자 간의 실질적인 공평을 해치지 않는다고 인정되는 특별한 사정이 있는 때에는 공유물을 공유자 중의 1인의 단독소유 또는 수인의 공유로 하되 현물을 소유하게 되는 공유자로 하여금 다른 공유자에 대하여 그 지분의 적정하고도 합리적인 가격을 배상시키는 방법에 의한 분할도 현물분할의 하나로 허용된다(대판 2004.10.14. 2004다30583).

④ (X) 공유물분할청구의 소는 분할을 청구하는 공유자가 원고가 되어 다른 공유자 전부를 공동피고로 하여야 하는 필수적 공동소송으로서(대판 2001.07.10. 99다31124 등 참조) 공유자 전원에 대하여 판결이 합일적으로 확정되어야 하므로, 공동소송인 중 1인에 소송요건의 흠이 있으면 전 소송이 부적법하게 된다. 그리고 민사소송에서 소송당사자의 존재나 당사자능력은 소송요건에 해당하고, 이미 사망한 자를 상대로 한 소의 제기는 소송요건을 갖추지 않은 것으로서 부적법하며, 상고심에 이르러서는 당사자표시정정의 방법으로 그 흠결을 보정할 수 없다(대판 2012.06.14. 2010다105310).

⑤ (○) 채권자가 자신의 금전채권을 보전하기 위하여 채무자를 대위하여 부동산에 관한 공유물분할청구권을 행사하는 것은, 책임재산의 보전과 직접적인 관련이 없어 채권의 현실적 이행을 유효·적절하게 확보하기 위하여 필요하다고 보기 어렵고 채무자의 자유로운 재산관리행위에 대한 부당한 간섭이 되므로 보전의 필요성을 인정할 수 없다. 또한 특정 분할 방법을 전제하고 있지 않은 공유물분할청구권의 성격 등에 비추어 볼 때 그 대위행사를 허용하면 여러 법적 문제들이 발생한다. 따라서 극히 예외적인 경우가 아니라면 금전채권자는 부동산에 관한 공유물분할청구권을 대위행사할 수 없다고 보아야 한다(대판 2020.05.21. 2018다879(전합)).

정답 ④

Ⅲ 화해권고결정

19년(2) 모의

48. (1) 당사자는 이의신청기간 내라면 화해권고결정이 송달된 후에 생긴 사유를 들어서도 이의신청을 할 수 있다.
(2) 화해권고결정이 송달된 후에는 승계인이 있더라도 승계참가신청이나 이의신청을 할 수 없다.
(3) 화해권고결정이 확정되면 그 결정의 송달시에 소급하여 기판력이 발생한다.

해설 민사소송법 제231조는 "화해권고결정은 결정에 대한 이의신청 기간 이내에 이의신청이 없는 때, 이의신청에 대한 각하결정이 확정된 때, 당사자가 이의신청을 취하하거나 이의신청권을 포기한 때에 재판상 화해와 같은 효력을 가진다."라고 정하고 있으므로, 확정된 화해권고결정은 당사자 사이에 기판력을 가진다. 그리고 화해권고결정에 대한 이의신청이 적법한 때에는 소송은 화해권고결정 이전의 상태로 돌아가므로(민사소송법 제232조 제1항), [1] 당사자는 화해권고결정이 송달된 후에 생긴 사유에 대하여도 이의신청을 하여 새로운 주장을 할 수 있고, [2] 화해권고결정이 송달된 후의 승계인도 이의신청과 동시에 승계참가신청을 할 수 있다고 할 것이다. 이러한 점 등에 비추어 보면, [3] 화해권고결정의 기판력은 그 확정시를 기준으로 하여 발생한다고 해석함이 상당하다(대판 2012.05.10. 2010다2558).

정답 ○, ×, ×

19년(2) 모의

49. **(1) 소장을 접수받은 법원이 피고에게 소장부본을 송달하지 아니한 채 곧바로 화해권고결정을 하더라도 이 결정은 위법하지 않다.**

(2) 독립당사자참가소송에서 참가인만이 법원의 화해권고결정에 대해 이의하면 원·피고 사이의 본소는 화해로 종료하고, 원·피고와 참가인 사이의 소송만 잔존한다.

해설 [1] 화해권고결정하기 위해서는 소송이 계속 중이어야 한다. 피고에게 소장부본을 송달한 때에 소송계속의 소송법상 효과가 발생하기에 법원이 피고에게 소장부본을 송달하지 아니한 채 곧바로 화해권고결정을 하였다면 위법하다.

판례 채권자대위소송의 계속 중 다른 채권자가 같은 채무자를 대위하여 같은 제3채무자를 상대로 법원에 출소한 경우 두 개 소송의 소송물이 같다면 나중에 계속된 소는 중복제소금지의 원칙에 위배하여 제기된 부적법한 소가 된다 할 것이고, 이 경우 전소와 후소의 판별기준은 소송계속의 발생시기 즉 소장이 피고에게 송달된 때의 선후에 의할 것이며, 비록 소제기에 앞서 가압류, 가처분 등의 보전절차가 선행되어 있다 하더라도 이를 기준으로 가릴 것은 아니다(대판 1994.11.25. 94다12517, 94다12524).

[2] 민사소송법 제79조에 의한 소송은 동일한 권리관계에 관하여 원고, 피고 및 참가인 상호간의 다툼을 하나의 소송절차로 한꺼번에 모순 없이 해결하려는 소송형태로서 두 당사자 사이의 소송행위는 나머지 1인에게 불이익이 되는 한 두 당사자 간에도 효력이 발생하지 않는다고 할 것이므로, 원·피고 사이에만 재판상 화해를 하는 것은 3자 간의 합일확정의 목적에 반하기 때문에 허용되지 않는다. 독립당사자참가인이 화해권고결정에 대하여 이의한 경우, 이의의 효력이 원·피고 사이에도 미친다(대판 2005.05.26. 2004다25901, 25918). ▶ 그렇다면 원심의 화해권고결정은 참가인의 이의에 의하여 참가인에 대하여 뿐 아니라 원고와 원심 공동피고들 사이에서도 효력이 발생하지 않고, 원고와 참가인의 소송은 화해권고결정 이전의 상태로 돌아간다 할 것이다.

정답 ×, ×

50. 당사자는 법원의 화해권고결정에 대하여 그 조서 또는 결정서의 정본을 송달받은 날부터 2주 이내에 이의를 신청할 수 있고, 그 정본이 송달되기 전에도 이의를 신청할 수 있다.

해설 민사소송법 제226조 제1항 참조.

민사소송법 제226조(결정에 대한 이의신청) ① 당사자는 제225조의 결정에 대하여 그 조서 또는 결정서의 정본을 송달받은 날부터 2주 이내에 이의를 신청할 수 있다. 다만, 그 정본이 송달되기 전에도 이의를 신청할 수 있다.

정답 O

❖ 선택형 사례문제

문 1

20년 변시, 22년(3) 모의

甲 주식회사는 법령에 위반한 이사 乙의 행위로 甲 회사가 손해를 입었음을 이유로 乙을 상대로 손해배상청구의 소를 제기하였다. 이에 관한 설명 중 옳지 않은 것은? (다툼이 있는 경우 판례에 의함)

① 乙이 甲 회사의 업무를 집행하면서 회사 자금으로 뇌물을 공여한 경우, 이는 「상법」 제399조에서 정한 법령에 위반한 행위에 해당한다.
② 위 소송에서 甲 회사의 청구를 인용한 판결에 대하여 乙이 항소하였으나 이후 변심하여 바로 법원에 항소취하서를 제출한 경우, 아직 항소기간이 지나지 아니하였더라도 乙은 다시 항소할 수 없다.
③ 위 소송에서 법원은 사건의 공평한 해결을 위하여 당사자의 신청이 없어도 직권으로 화해권고결정을 할 수 있다.
④ 위 소송이 화해권고결정으로 종료된 경우, 화해권고결정의 기판력은 그 결정의 확정 시를 기준으로 발생한다.
⑤ 위 사건에서 甲 회사의 항소에 의한 항소심 소송계속 중 甲 회사와 乙 사이에 항소취하의 합의가 있었음에도 甲 회사가 항소취하서를 제출하지 아니한 경우, 乙은 이를 항변으로 주장할 수 있다.

:: 해설 **화해권고결정**

① (○) 회사가 기업활동을 함에 있어서 형법상의 범죄를 수단으로 하여서는 안 되므로 뇌물 공여를 금지하는 형법규정은 회사가 기업활동을 함에 있어서 준수하여야 할 것으로서 이사가 회사의 업무를 집행하면서 회사의 자금으로서 뇌물을 공여하였다면 이는 상법 제399조에서 규정하고 있는 법령에 위반된 행위에 해당된다고 할 것이고 이로 인하여 회사가 입은 뇌물액 상당의 손해를 배상할 책임이 있다(대판 2005.10.28. 2003다69638).

② (X) 항소의 취하가 있으면 소송은 처음부터 항소심에 계속되지 아니한 것으로 보게 되나(민사소송법 제393조 제2항, 제267조 제1항), 항소취하는 소의 취하나 항소권의 포기와 달리 제1심 종국판결이 유효하게 존재하므로, 항소기간 경과 후에 항소취하가 있는 경우에는 항소기간 만료 시로 소급하여 제1심판결이 확정되나, 항소기간 경과 전에 항소취하가 있는 경우에는 판결은 확정되지 아니하고 항소기간 내라면 항소인은 다시 항소의 제기가 가능하다(대판 2016.01.14. 2015므3455).

③ (○) 민사소송법 제225조 참조.

> 민사소송법 제225조(결정에 의한 화해권고) ① 법원·수명법관 또는 수탁판사는 소송에 계속중인 사건에 대하여 직권으로 당사자의 이익, 그 밖의 모든 사정을 참작하여 청구의 취지에 어긋나지 아니하는 범위안에서 사건의 공평한 해결을 위한 화해권고결정(화해권고결정)을 할 수 있다.
> ② 법원사무관등은 제1항의 결정내용을 적은 조서 또는 결정서의 정본을 당사자에게 송달하여야 한다. 다만, 그 송달은 제185조제2항·제187조 또는 제194조에 규정한 방법으로는 할 수 없다.

④ (○) 민사소송법 제231조는 "화해권고결정은 결정에 대한 이의신청 기간 이내에 이의신청이 없는때, 이의신청에 대한 각하결정이 확정된 때, 당사자가 이의신청을 취하하거나 이의신청권을 포기한 때에 재판상 화해와 같은 효력을 가진다."라고 정하고 있으므로, 확정된 화해권고결정은 당사자 사이에 기판력을 가진다. 그리고 화해권고결정에 대한 이의신청이 적법한 때에는 소송은 화해권고결정 이전의 상태로 돌아가므로(민사소송법 제232조 제1항), 당사자는 화해권고결정이 송달된 후에 생긴 사유에 대하여도 이의신청을 하여 새로운 주장을 할 수 있고, 화해권고결정이 송달된 후의 승계인도 이의신청과 동시에 승계참가신청을 할 수 있다고 할 것이다. 이러한 점 등에 비추어 보면, 화해권고결정의 기판력은 그 확정시를 기준으로 하여 발생한다고 해석함이 상당하다(대판 2012.05.10. 2010다2558).

⑤ (○) 당사자 사이에 항소취하의 합의가 있는데도 항소취하서가 제출되지 않는 경우 상대방은 이를 항변으로 주장할 수 있고, 이 경우 항소심법원은 항소의 이익이 없다고 보아 그 항소를 각하함이 원칙이다(대판 2018.05.30. 2017다21411).

정답 ②

Ⅳ 제소전 화해

제4절 조 정

 13년 변시

51. 甲은 乙에 대한 대여금 채무를 담보하기 위하여 甲 소유의 X 토지에 관하여 근저당권설정등기를 마쳐주었다. 甲은 대여금 채무가 모두 변제되어 소멸되었다고 주장하며 근저당권설정등기 말소등기절차의 이행을 구하는 소를 제기하였다. 甲이 乙을 상대로 한 위 소송에서 甲의 승소판결이 확정되었고, 이에 甲이 丁에게 근저당권설정등기를 마쳐주고 이어 乙 명의의 근저당권설정등기 말소등기를 마쳤는데, 乙이 甲을 상대로 위 판결에 대한 재심의 소를 제기하여 "재심대상판결을 취소한다."라는 취지의 조정이 성립한 경우, 丁은 乙에 대하여 乙 명의의 근저당권설정등기의 회복등기절차에 대하여 승낙할 의무를 부담한다.

해설 '재심대상판결 및 제1심판결을 각 취소한다'는 조정조항은 법원의 형성재판 대상으로서 甲과 乙 회사가 자유롭게 처분할 수 있는 권리에 관한 것이 아니어서 당연무효이고, 확정된 재심대상판결과 제1심판결이 당연무효인 위 조정조항에 의하여 취소되었다고 할 수 없으며, 나머지 조정조항들에 의하여 판결들의 효력이 당연히 상실되는 것도 아니므로, 위 판결들에 기한 근저당권설정등기의 말소등기는 원인무효인 등기가 아니고 따라서 丙 조합은 근저당권설정등기의 말소회복에 승낙을 하여야 할 실체법상 의무를 부담하지 않음에도, 이와 달리 본 원심판결에 법리오해의 잘못이 있다(대판 2012.09.13. 2010다97846).

정답

제3장 종국판결에 의한 종료

제1절 재판일반

18년(1) 모의

52. 민사소송법상의 즉시항고는 특별한 규정이 없는 한 집행정지효력이 있다.

해설 민사소송법 제447조 참조.

민사소송법 제447조(즉시항고의 효력) 즉시항고는 집행을 정지시키는 효력을 가진다.

정답 ○

18년(1) 모의

53. 고등법원의 최초의 결정 및 명령에 대해서는 재항고할 수 있다.

해설 재항고는 최초의 항고에 대한 항고법원의 결정 그리고 고등법원 또는 항소법원의 결정·명령에 대한 항고이다(이시윤, 신민사소송법 제11판, p.919).

민사소송법 제442조(재항고) 항고법원·고등법원 또는 항소법원의 결정 및 명령에 대하여는 재판에 영향을 미친 헌법·법률·명령 또는 규칙의 위반을 이유로 드는 때에만 재항고할 수 있다.

정답   ○

18년(1) 모의

54. 불복할 수 없는 결정이나 명령에 대하여 재판에 영향을 미친 헌법위반이 있는 경우에는 특별항고를 할 수 있다.

해설 민사소송법 제449조 제1항 참조.

민사소송법 제449조(특별항고) ① 불복할 수 없는 결정이나 명령에 대하여는 재판에 영향을 미친 헌법위반이 있거나, 재판의 전제가 된 명령·규칙·처분의 헌법 또는 법률의 위반여부에 대한 판단이 부당하다는 것을 이유로 하는 때에만 대법원에 특별항고를 할 수 있다.

정답 ○

18년(1) 모의

55. 즉시항고 제기기간은 불변기간에 해당한다.

■해설 민사소송법 제444조 제2항 참조.

민사소송법 제444조(즉시항고) ① 즉시항고는 재판이 고지된 날부터 1주 이내에 하여야 한다.
② 제1항의 기간은 불변기간으로 한다.

정답

18년(1) 모의

56. 재항고장이 원심법원이 아닌 대법원에 제출되었다가 다시 원심법원에 송부된 경우, 재항고기간의 준수 여부는 대법원에 제출된 때가 기준이 된다.

■해설 재항고장은 원심법원에 제출하도록 규정되어 있으므로 재항고장이 대법원에 우편제출 되었다가 다시 원심법원에 송부된 경우에도 재항고기간의 준수여부는 재항고장이 위 원심법원에 접수된 때를 기준하여 따져야 한다(대판 2013.02.28. 2011다21556).

민사소송법 제445조(항고제기의 방식) 항고는 항고장을 원심법원에 제출함으로써 한다.

정답

제2절 판결의 종류

제❶항 ▎판결의 종류

57. 甲이 임대인 乙을 상대로 초과지급된 차임에 대해 부당이득반환을 구하는 소를 제기하여, 당초 2015. 3. 1.부터 2019. 5. 30.까지의 차임 중 월 100만 원의 반환을 구하다가 제2회 변론기일에 이르러 2018. 3. 1.부터 2019. 5. 30.까지의 청구부분을 철회하였는데, 법원이 甲의 청구를 모두 인용하면서 2015. 3. 1.부터 2017. 12. 31.까지 초과지급분에 대해서만 지급하게 한 것은 재판의 누락에 해당한다.

■해설 원고가 실제로 감축한다고 진술한 것보다 더 많은 부분을 감축한 것으로 보아 판결을 선고한 경우, 원고가 감축한 금액을 제외한 나머지 부분에 관한 청구에 관하여는 아무런 판결을 하지 아니한 셈이고, 이는 결국 재판의 탈루에 해당하여 이 부분 청구는 여전히 원심에 계속중이라 할 것이므로, 원고로서는 원심법원에 그 부분에 관한 추가판결을 신청할 수 있음은 별론으로 하고, 그 부분에 관한 아무런 판결도 없는 상태에서 제기한 상고는 상고의 대상이 없어 부적법하다(대판 1997.10.10. 97다22843).

정답

21년(2) 모의

58. 甲의 이행청구에 대해 피고 乙이 단순 반소를 병합하여 제기하였는데, 법원이 甲의 본소만 판단하고 乙의 반소를 판단하지 않았다면 재판의 누락이 된다.

> **해설** 제1심에서 피고가 반소청구를 한 경우 반소청구가 이유 없다면 판결주문에서 반드시 반소청구에 관하여 이를 기재하여야 한다. 판결주문에서 이를 누락한 경우에는 재판의 누락이 된다(김홍엽, 민사소송법 제7판, p.956).

> **판례** 피고는 제1심에서 '원고(반소피고, 이하 '원고'라 한다)는 피고에게 20,552,955원 및 이에 대하여 이 사건 소장 부본 송달 다음날부터 다 갚는 날까지 연 20%의 비율에 의한 금원을 지급하라'는 반소청구를 하였는데, 제1심은 그 판결 이유에서 피고의 반소청구가 이유 없다는 취지로 설시하면서도 주문에서는 피고의 반소청구에 관하여 아무런 판단을 하지 아니한 사실(제1심 판결문에는 반소 사건번호와 사건명도 누락되었다), … 제1심이 피고의 반소에 관하여 주문에서 아무런 판단을 하지 아니함으로써 반소청구에 관한 재판을 누락하여 이 부분 청구는 여전히 제1심에 계속 중이어서 적법한 상소의 대상이 될 수 없으므로, 원심은 반소청구 부분이 아직 제1심에 계속 중이라는 이유로 피고의 반소청구에 대한 항소를 부적법하다고 보아 각하하였어야 함에도 이를 간과한 채 피고의 항소를 기각하고 말았는바, 이는 재판의 누락과 상소의 대상에 관한 법리를 오해하여 판단을 그르친 것이다(대판 2013.06.14. 2013다8830).

정답

21년(2) 모의

59. 甲이 X 건물의 지분에 관하여 증여해제를 원인으로 한 소유권이전등기를 구하는 외에, 선택적으로 같은 지분에 관하여 양도합의를 원인으로 한 소유권이전등기를 구한 경우에, 제1심법원이 원고의 청구 중 위 증여해제를 원인으로 한 소유권이전등기청구만 기각하고 위 양도합의를 원인으로 한 소유권이전등기청구에 대하여는 아무런 판단을 하지 아니한 것은 재판의 누락에 해당하지 않는다.

> **해설** 이 사건 건물의 지분에 관하여 1993. 8. 25.자 증여해제를 원인으로 한 소유권이전등기를 구하는 외에 선택적으로, 같은 지분에 관하여 위 1의 (나)항 기재와 같은 1986. 2. 26.자 양도합의가 있었다고 주장하면서 이를 원인으로 한 소유권이전등기를 구하고 있음이 분명한데도, … 제1심법원이 원고의 이 사건 선택적 청구 중 위 1993. 8. 25.자 증여해제를 원인으로 한 소유권이전등기청구에 대하여만 판단하여 이를 배척하고 위 1986. 2. 26.자 양도합의를 원인으로 한 소유권이전등기청구에 대하여는 아무런 판단을 하지 아니한 조치는 위법한 것이고, 원고가 이와 같이 위법한 제1심판결에 대하여 항소한 이상 원고의 이 사건 선택적 청구 전부가 항소심인 원심으로 이심되었다고 할 것이므로, 원심이 원고의 이 사건 선택적 청구 중 위 1986. 2. 26.자 양도합의를 원인으로 한 소유권이전등기청구는 재판의 탈루로서 제1심법원에 그대로 계속되어 있다고 판단한 것은 청구의 선택적 병합에 관한 법리를 오해한 것이라고 하겠다 … 위 1986. 2. 26.자 양도합의를 원인으로 한 소유권이전등기청구에 관한 부분에 대하여 판단을 하지 아니한 원심의 조치는 결과에 있어서 정당하고, 원심의 앞서 본 바와 같은 잘못은 판결 결과에 아무런 영향을 미치지 못한 것이라고 하겠다(대판 1998.07.24. 96다99).

정답

22년 변시, 21년(2) 모의

60. 재판의 누락 여부는 판결 주문을 기준으로 판단하는데, 판결 이유에 판단이 있어도 주문에 판단이 없으면 재판의 누락에 해당한다.

해설 판결에는 법원의 판단을 분명하게 하기 위하여 결론을 주문에 기재하도록 되어 있으므로 재판의 누락이 있는지 여부는 우선 주문의 기재에 의하여 판정하여야 하고, 판결이유에서 청구가 이유 없다고 설시하고 있더라도 주문에서 설시가 없으면 특별한 사정이 없는 한 재판의 누락이 있다고 보아야 한다(대판 2004.08.30. 2004다24083).

정답

21년(2) 모의

61. 재판의 누락이 있으면 당사자는 상소를 제기하여 상소심에서 누락된 부분을 포함하여 추가판결을 해 주어야 한다.

해설 재판의 누락이 있는 경우, 그 부분 소송은 아직 원심에 계속중이라고 보아야 할 것이어서 적법한 상고의 대상이 되지 아니하므로 그 부분에 대한 상고는 부적법하다(대판 2004.08.30. 2004다24083).

정답

19년(1) 모의

62. (1) 적법한 일부 당사자표시정정을 법원이 부적법한 당사자변경으로 오인하여 변경 전의 당사자 명의의 판결을 한 경우, 누락된 당사자에 대해서는 재판의 누락이 있다.
(2) 판결 주문에 일부 누락이 있다고 하더라도 판결이유에 판결내용에 관한 충분한 설명이 있다면 재판누락이라고 볼 수 없다.

해설 [1] 제1심에서의 당사자 표시 변경이 당사자 표시정정에 해당하는 것으로서, 제1심이 소송당사자를 제대로 확정하여 판결하였음에도 불구하고, 항소심이 제1심에서의 당사자 표시 변경이 임의적 당사자 변경에 해당하여 허용될 수 없는 것이라고 잘못 판단하여 소송당사자 아닌 자를 소송당사자로 취급하여 변론을 진행시키고 판결을 선고한 경우, 진정한 소송당사자에 대하여는 항소심 판결이 아직 선고되지 않았다고 할 것이고, 진정한 소송당사자와 사이의 사건은 아직 항소심에서 변론도 진행되지 않은 채 계속 중이라고 할 것이므로 진정한 소송당사자는 상고를 제기할 것이 아니라 항소심에 그 사건에 대한 변론기일지정신청을 하여 소송을 다시 진행함이 상당하며, 항소심이 선고한 판결은 진정한 소송당사자에 대한 관계에 있어서는 적법한 상고 대상이 되지 아니한다(대판 1996.12.20. 95다26773). [2] 판결에는 법원의 판단을 분명하게하기 위하여 결론을 주문에 기재하도록 되어 있으므로 재판의 누락이 있는지 여부는 우선 주문의 기재에 의하여 판정하여야 하고, 판결이유에서 청구가 이유 없다고 설시하고 있더라도 주문에서 설시가 없으면 특별한 사정이 없는 한 재판의 누락이 있다고 보아야 한다(대판 2004.08.30. 2004다24083).

정답

18년 변시, 법무부(2) 모의

63. 재판의 누락이 있는지 여부는 우선 주문의 기재에 의하여 판정하여야 하고, 판결이유에서 청구가 이유 없다고 설시하고 있더라도 주문에서 설시가 없으면 특별한 사정이 없는 한 재판의 누락이 있다고 보아야 한다.

해설 판결에는 법원의 판단을 분명하게 하기 위하여 결론을 주문에 기재하도록 되어 있으므로 재판의 누락이 있는지 여부는 우선 주문의 기재에 의하여 판정하여야 하고, 판결이유에서 청구가 이유 없다고 설시하고 있더라도 주문에서 설시가 없으면 특별한 사정이 없는 한 재판의 누락이 있다고 보아야 한다(대판 2004.08.30. 2004다24083).

정답

14년(2) 모의

64. 제1심 법원은 독립된 공격 또는 방어의 방법, 그 밖의 중간의 다툼에 대하여 중간판결을 할 수 있고, 중간판결에 대하여는 독립하여 항소를 할 수 있다.

해설 제1심 판결을 취소하여 사건을 제1심 법원에 이송한다는 항소심 판결은 그 항소심의 입장에서 보면 사건이 그 심급의 계속에서 이탈되나 그 사건의 본안으로서는 위 이송판결로써 종결되었다고 할 수 없어 중간판결에 불과하므로 이에 대하여는 독립하여 상고할 수 없다(대판 1979.10.10. 78므39).

정답

제❷항 ❙ 판결의 성립

14년(2) 모의

65. 판결은 당사자가 출석하지 아니하여도 선고할 수 있다.

해설 민사소송법 제207조 참조.

민사소송법 제207조(선고기일) ② 판결은 당사자가 출석하지 아니하여도 선고할 수 있다.

정답

제3절 판결내용의 확정·판결의 성립 및 선고

24년 변시

66. 甲은 2015. 2. 1. 乙에게 1억 원을 변제기 2016. 1. 31.로 정하여 대여하였는데, 乙은 위 대여금을 전혀 변제하지 않은 상태에서 2021. 4. 1. 유일한 재산인 시가 3억 원 상당의 X 토지를 丙에게 매도하고, 그 다음 날 소유권이전등기를 경료해 주었다. 甲은 2022. 2. 21. 丙을 피고로 하여 아래와 같은 청구취지로 소를 제기하였고, 1심 법원에서 아래 주문과 같은 판결을 선고하였다.

> **[청구취지]**
> 1. 피고와 乙 사이에 X 토지에 관하여 2021. 4. 1. 체결된 매매계약을 취소한다.
> 2. 피고는 乙에게 제1항 기재 토지에 관하여 서울중앙지방법원 등기국 2021. 4. 2. 접수 제1234호로 마친 소유권이전등기의 말소등기절차를 이행하라.
> 3. 소송비용은 피고가 부담한다.
> 4. 제2항은 가집행할 수 있다.

> **[주문]**
> 1. 피고와 乙 사이에 X 토지에 관하여 2021. 4. 1. 체결된 매매계약을 100,000,000원의 한도 내에서 취소한다.
> 2. 피고는 원고에게 100,000,000원을 지급하라.
> 3. 원고의 나머지 청구를 기각한다.
> 4. 소송비용은 피고가 부담한다.
> 5. 제2항은 가집행할 수 있다.

이에 관한 설명 중 옳은 것을 모두 고른 것은? (X 토지의 시가 변동은 없다고 가정하고, 이자와 지연손해금은 고려하지 않음. 각 지문은 독립적이며, 다툼이 있는 경우 판례에 의함)

1) 만약 X 토지에 관하여 2020. 3. 15.에 설정된 저당권(피담보채무액 1억 원)이 2021. 5. 1.에 소멸하였다면 법원이 청구취지 변경 없이 주문 제1, 2항과 같은 판결을 선고한 것은 타당하다

해설 보기를 고려한 사안의 순서는 다음과 같다. [① 甲의 채권 발생 → ② X토지에 저당권 설정 → ③ X토지를 乙이 丙에게 매도(사해행위) → ④ 위 저당권 소멸 → ⑤ 甲이 丙을 상대로 이 사건 사해행위취소소송 제기하며 원물반환을 구함] 위 사안의 경우 ① 먼저, 사해행위 후 저당권이 말소된 경우 원물반환을 구하는 것은 허용되지 않는다는 것이 판례의 태도이다. 본래부터 채권자들의 공동담보에 속하지 않았던 것이라는 이유이다. ② 그 다음, 원물반환을 구하는 채권자의 주장 속에는 가액배상을 구하는 취지도 포함되어 있으므로 청구취지의 변경없이도 법원은 가액배상을 명할 수 있다는 것이 판례의 태도이다. 따라서, 설문은 옳다.

어느 부동산에 관한 법률행위가 사해행위에 해당하는 경우에는 원칙적으로 그 사해행위를 취소하고 소유권이전등기의 말소 등 부동산 자체의 회복을 명하여야 하는 것이나, 저당권이 설정되어 있는 부동산에 관하여 사해행위가 이루어진 경우에 그 사해행위는 부동산의 가액에서 저당권의 피담보채권액을 공제한 잔액의 범위 내에서만 성립한다고 보아야 하므로 사해행위 후 변제 등에 의하여 저당권설정등기가 말소된 경우, 사해행위를 취소하여 그 부동산 자체의 회복을 명하는 것은 당초 일반 채권자들의 공동담보로 되어 있지 아니하던 부분까지 회복시키는 것이 되어 공평에 반하는 결과가 되어, 그 부동산의 가액에서 저당권의 피담보채권액을 공제한 잔액의 한도에서 사해행위를 취소하고 그 가액의 배상을 명할 수 있을 뿐이므로, 사해행위의 목적인 부동산에 수 개의 저당권이 설정되어 있다가 사해행위 후 그 중 일부의 저당권만이 말소된 경우에도 사해행위의 취소에 따른 원상회복은 가액배상의 방법에 의할 수밖에 없을 것이고, 그 경우 배상하여야 할 가액은 사해행위 취소시인 사실심 변론종결시를 기준으로 하여 그 부동산의 가액에서 말소된 저당권의 피담보채권액과 말소되지 아니한 저당권의 피담보채권액을 모두 공제하여 산정하여야 한다(대판 1998.02.13. 97다6711). 사해행위를 전부 취소하고 원상회복을 구하는 채권자의 주장 속에는 사해행위를 일부 취소하고 가액의 배상을 구하는 취지도 포함되어 있으므로, 채권자가 원상회복만을 구하는 경우에도 법원은 가액의 배상을 명할 수 있다(대판 2001.09.04. 2000다66416).

2) 법원이 주문 제5항과 같이 가집행을 선고한 것은 타당하다.

해설 사해행위취소 및 가액배상판결의 경우, 판결이 확정되어야 비로소 이행기가 도래되므로, 가집행선고를 할 수 없다.

3) 만약 甲이 주문 제2항과 같이 1억 원의 지급을 구하는 것으로 청구취지를 변경하면서 「소송촉진 등에 관한 특례법」에 따라 연 12%의 비율에 의한 지연손해금을 청구하였다면, 법원은 주문 제2항에서 연 12%의 비율에 의한 지연손해금을 명하는 것으로 선고할 수 있다.

해설 사해행위취소 및 가액배상을 명하는 판결은 판결이 확정되어야 비로소 이행기가 도래되는 것으로 장래이행의 소라 할 것이므로, 소송촉진 등에 관한 특례법상의 소송이자 규정이 적용되지 않는다.

4) 만약 甲이 은행이고 丙이 甲의 위 대여금채권에 대한 소멸시효 항변을 하였다면, 법원은 甲의 청구를 전부 기각하는 취지의 판결을 선고하였을 것이다.

해설 甲이 은행이라면 상인에 해당하고, 乙에 대한 대여금채권의 이행기가 2016. 1. 31. 이므로, 소멸시효는 5년의 상사시효기간을 적용하여 2021. 1. 31. 만료된다. 따라서, 2022. 2. 21. 제기된 설문의 사해행위취소소송에서 수익자 丙이 소멸시효를 원용하여 법원이 이를 받아들인다면 청구기각판결을 받게 된다.

5) 丙이 甲에 대하여 가지는 금전채권을 집행채권으로 하여 주문 제2항의 가액배상채권에 대하여 받은 압류 및 전부명령은 무효이다.

수익자가 별도의 다른 채권을 집행하기 위해 가액배상채권을 압류하고 전부명령을 받는 것은 가능하다는 것이 판례이다. 즉, 사해행위취소의 소에서 수익자가 원상회복으로서 채권자취소권을 행사하는 채권자에게 가액배상을 할 경우, 수익자 자신이 사해행위취소소송의 채무자에 대한 채권자라는 이유로 채무자에 대하여 가지는 자기의 채권과 상계하거나 채무자에게 가액배상금 명목의 돈을 지급하였다는 점을 들어 채권자취소권을 행사하는 채권자에 대해 이를 가액배상에서 공제할 것을 주장할 수 없다. 그러나 수익자가 채권자취소권을 행사하는 채권자에 대해 가지는 별개의 다른 채권을 집행하기 위하여 그에 대한 집행권원을 가지고 채권자의 수익자에 대한 가액배상채권을 압류하고 전부명령을 받는 것은 허용된다. 이는 수익자의 채무자에 대한 채권을 기초로 한 상계나 임의적인 공제와는 내용과 성질이 다르다. 또한 채권자가 채무자의 제3채무자에 대한 채권을 압류하는 경우 제3채무자가 채권자 자신인 경우에도 이를 압류하는 것이 금지되지 않으므로 단지 채권자와 제3채무자가 같다고 하여 채권압류 및 전부명령이 위법하다고 볼 수 없다(대결 2017.08.21. 2017마499).

정답

제4절 판결의 효력

제❶항 | 기속력

제❷항 | 판결의 경정

14년(2) 모의

67. 판결에 잘못된 계산이 있음이 분명한 때에 법원은 직권으로 판결에 대한 경정결정을 할 수 있다.

민사소송법 제211조 제1항 참조.

민사소송법 제211조(판결의 경정) ① 판결에 잘못된 계산이나 기재, 그 밖에 이와 비슷한 잘못이 있음이 분명한 때에 법원은 직권으로 또는 당사자의 신청에 따라 경정결정(更正決定)을 할 수 있다.

정답

제❸항 | 형식적 확정력

제❹항 | 기판력

I 기판력 일반

24년 변시

68. 소각하 판결의 기판력은 그 판결에서 확정한 소송요건의 흠결에 관하여 미친다.

해설 소송판결의 기판력은 그 판결에서 확정한 소송요건의 흠결에 관하여 미치는 것이지만, 당사자가 그러한 소송요건의 흠결을 보완하여 다시 소를 제기한 경우에는 그 기판력의 제한을 받지 않는다(대판 2003.04.08. 2002다70181).

정답 O

20년 변시

69. 제소전화해의 내용이 채권자는 대여금채권의 원본 및 이자의 지급과 상환으로 채무자에게 부동산에 관한 가등기의 말소등기절차를 이행하고, 채무자는 그가 채권자에게 변제기까지 위 대여원리금을 지급하지 않을 경우 「가등기담보 등에 관한 법률」 소정의 청산금 지급과 상환으로 채권자에게 가등기에 기한 소유권이전의 본등기절차를 이행함과 아울러 부동산을 인도하기로 되어 있는 경우, 상환이행의 대상인 반대채권의 존부나 그 수액에 대하여는 기판력이 미치지 아니한다.

해설 제소전화해의 내용이 채권자 등은 대여금 채권의 원본 및 이자의 지급과 상환으로 채무자에게 부동산에 관한 가등기의 말소등기절차를 이행할 것을 명하고, 채무자는 가등기담보등에관한법률 소정의 청산금 지급과 상환으로 채권자 등에게 가등기에 기한 소유권이전의 본등기절차를 이행할 것과 그 부동산의 인도를 명하고 있는 경우, 그 제소전화해는 가등기말소절차 이행이나 소유권이전의 본등기절차 이행을 대여금 또는 청산금의 지급을 그 조건으로 하고 있는 데 불과하여 그 기판력은 가등기말소나 소유권이전의 본등기절차 이행을 명한 화해내용이 대여금 또는 청산금 지급의 상환이 조건으로 붙어 있다는 점에 미치는 데 불과하고, 상환이행을 명한 반대채권의 존부나 그 수액에 기판력이 미치는 것이 아니다(대판 1996.07.12. 96다19017).

정답 O

20년 변시

70. 甲이 乙을 상대로 피담보채무인 대여금채무가 허위의 채무로서 존재하지 아니함을 이유로 양도담보계약의 해지를 원인으로 한 소유권이전등기의 회복을 구하는 소를 제기하였는데, 법원이 甲의 청구를 기각하는 판결을 하였고 그 판결이 확정된 후에 甲이 乙을 상대로 위 대여금채무 중 잔존채무의 변제를 조건으로 위 소유권이전등기의 회복을 구하는 소를 제기한 때에는 전소 판결의 기판력이 후소에 미친다.

해설 일반적으로 판결이 확정되면 법원이나 당사자는 확정판결에 반하는 판단이나 주장을 할 수 없는 것이나, 이러한 확정판결의 효력은 그 표준시인 사실심 변론종결 시를 기준으로 하여 발생하는 것이므로, 그 이후에 새로운 사유가 발생한 경우까지 전소의 확정판결의 기판력이 미치는 것은 아니다. 따라서 전소에서 피담보채무의 변제로 양도담보권이 소멸하였음을 원인으로 한 소유권이전등기의 회복 청구가 기각되었다고 하더라도, 장래 잔존 피담보채무의 변제를 조건으로 소유권이전등기의 회복을 청구하는 것은 전소의 확정판결의 기판력에 저촉되지 아니한다(대판 2014.01.23. 2013다64793).

정답 ×

71. 당사자가 확정된 승소판결이 있는 소송물에 대해 예외적으로 시효중단을 위하여 신소를 제기할 수 있는 경우라면, 후소 법원은 그 확정된 권리를 주장할 수 있는 모든 요건이 구비되어 있는지 여부를 심리할 수 있다.

해설 확정된 승소판결에는 기판력이 있으므로 당사자는 그 확정된 판결과 동일한 소송물에 기하여 신소를 제기할 수 없는 것이 원칙이나 다만 시효중단 등 특별한 사정이 있어 예외적으로 신소가 허용되는 경우라고 하더라도, 신소의 판결은 전소의 승소확정판결의 내용에 저촉되어서는 아니되므로, 후소 법원으로서는 그 확정된 권리를 주장할 수 있는 모든 요건이 구비되어 있는지 여부에 관하여 다시 심리할 수는 없다고 보아야 할 것인바, 전소인 약속어음금 청구소송에서 원고의 피고에 대한 약속어음채권이 확정된 이상 그 확정된 채권의 소멸시효의 중단을 위하여 제기한 소송에서 원고의 약속어음의 소지 여부를 다시 심리할 수는 없다고 할 것이고, 이러한 법리는 약속어음에 제시증권성 및 상환증권성이 있다고 하여 달리 취급할 것은 아니다(대판 1998.06.12. 98다1645).

정답 ×

72. 소유권에 기한 방해배제청구권의 행사로서 근저당권설정등기의 말소등기청구를 한 전소의 확정판결의 기판력은 계약해제에 따른 원상회복으로 근저당권설정등기의 말소등기청구를 하는 후소에 미친다.

해설 소유권에 기한 방해배제청구권의 행사로서 말소등기청구를 한 전소의 확정판결의 기판력이 계약해제에 따른 원상회복으로 말소등기청구를 하는 후소에 미치지 않는다(대판 1993.09.14. 92다1353).

정답 ×

73. (1) 전소 계속 중 중복소송금지의 원칙에 위배되는 후소가 제기되었는데 후소의 본안판결이 먼저 선고되어 확정된 경우, 위 후소판결이 당연무효라고 할 수 없다.

(2) 기판력 있는 전소판결과 저촉되는 후소판결이 확정된 경우, 전소판결과 후소판결은 모두 기판력을 가지지만, 후소판결은 재심의 소를 통해 취소될 수 있다.

해설 기판력 있는 전소판결과 저촉되는 후소판결이 그대로 확정된 경우에도 전소판결의 기판력이 실효되는 것이 아니고 재심의 소에 의하여 후소판결이 취소될 때까지 전소판결과 후소판결은 저촉되는 상태 그대로 기판력을 갖는 것이고 또한 후소판결의 기판력이 전소판결의 기판력을 복멸시킬 수 있는 것도 아니어서, 기판력 있는 전소판결의 변론종결 후에 이와 저촉되는 후소판결이 확정되었다는 사정은 변론종결 후에 발생한 새로운 사유에 해당되지 않으므로, 그와 같은 사유를 들어 전소판결의 기판력이 미치는 자 사이에서 전소판결의 기판력이 미치지 않게 되었다고 할 수 없다(대판 1997.01.24. 96다32706).

> **판례** 중복제소금지의 원칙에 위배되어 제기된 소에 대한 판결이나 그 소송절차에서 이루어진 화해라도 확정된 경우에는 당연무효라고 할 수는 없다(대판 1995.12.05. 94다59028).

민사소송법 제451조(재심사유) ① 다음 각 호 가운데 어느 하나에 해당하면 확정된 종국판결에 대하여 재심의 소를 제기할 수 있다. 다만, 당사자가 상소에 의하여 그 사유를 주장하였거나, 이를 알고도 주장하지 아니한 때에는 그러하지 아니하다.
 10. 재심을 제기할 판결이 전에 선고한 확정판결에 어긋나는 때

정답 ○, ○

17년(3) 모의

74. 채권자가 불법행위로 인한 손해배상청구권에 기한 소를 제기하여 승소 확정판결을 받았지만 아직 채권의 만족을 얻지 못한 경우, 위 청구권과 경합관계에 있는 부당이득반환청구권에 기한 이행의 소를 제기할 수 있다.

 부당이득반환청구권과 불법행위로 인한 손해배상청구권은 서로 실체법상 별개의 청구권으로 존재하고 그 각 청구권에 기초하여 이행을 구하는 소는 소송법적으로도 소송물을 달리하므로, 채권자로서는 어느 하나의 청구권에 관한 소를 제기하여 승소 확정판결을 받았다고 하더라도 아직 채권의 만족을 얻지 못한 경우에는 다른 나머지 청구권에 관한 이행판결을 얻기 위하여 그에 관한 이행의 소를 제기할 수 있다(대판 2013.09.13. 2013다45457).

정답 ○

17년(1)·(3) 모의

75. (1) 상환이행 판결의 기판력은 상환이행을 명한 반대채권의 존부나 그 수액에 대한 판단에도 미친다.

(2) '피고는 원고로부터 1억 원을 지급받음과 동시에 원고에게 토지에 관한 소유권이전등기를 하라'는 주문의 판결이 확정된 경우, 기판력은 동시이행의 조건이 붙어 있다는 점에도 발생한다.

 제소전화해의 내용이 채권자 등은 대여금 채권의 원본 및 이자의 지급과 상환으로 채무자에게 부동산에 관한 가등기의 말소등기절차를 이행할 것을 명하고, 채무자는 가등기담보등에관한법률 소정의 청산금 지급과 상환으로 채권자 등에게 가등기에 기한 소유권이전의 본등기절차를 이행할 것과 그 부동산의 인도를 명하고 있는 경우, 그 제소전화해는 가등기말소절차 이행이나 소유권이전의 본등기절차 이행을 대여금 또는 청산금의 지급을 그 조건으로 하고 있는 데 불과하여 그 기판력은

가등기말소나 소유권이전의 본등기절차 이행을 명한 화해내용이 대여금 또는 청산금 지급의 상환이 조건으로 붙어 있다는 점에 미치는 데 불과하고, 상환이행을 명한 반대채권의 존부나 그 수액에 기판력이 미치는 것이 아니다(대판 1996.07.12. 96다190170).

정답 ×, ○

14년(1) 모의

76. 甲은 자기 소유의 부동산을 乙에게 매도하고 점유를 이전해 준 뒤, 이를 다시 丙에게 매도하고 丙에게 소유권을 이전해 주었다. 乙이 丙을 상대로 채권자대위소송을 제기하여 甲과 丙의 매매가 반사회적 법률행위임을 이유로 소유권이전등기말소를 청구하였으나 패소 확정된 경우, 乙은 甲과 丙의 매매가 통정허위표시임을 이유로 채권자대위소송을 제기하여 丙 명의의 소유권이전등기말소를 청구하더라도 기판력에 저촉하지 않는다.

해설 채권자대위소송의 소송물은 피대위권리(법정소송담당설)이므로 乙의 丙에 대한 전후소의 소송물은 모두 甲의 丙에 대한 소유권이전등기말소청구권(민법 제214조)이고 반사회적 법률행위 내지 통정허위표시 여부는 등기의 원인무효를 뒷받침하는 공격방법에 불과하다. 따라서 전·후소 소송물 및 당사자가 동일하며 변론종결 이후의 사정이 없으므로 후소는 기판력에 저촉된다.

정답

14년(1) 모의

77. 甲은 자기 소유의 부동산을 乙에게 매도하고 점유를 이전해 준 뒤, 이를 다시 丙에게 매도하고 丙에게 소유권을 이전해 주었다. 丙 명의의 등기가 말소된 이후 乙이 甲을 상대로 매매를 이유로 소유권이전등기를 청구하였으나 패소 확정된 경우, 乙은 甲과의 사이에 취득시효를 이유로 다시 소유권이전등기를 청구하더라도 기판력에 저촉하지 않는다.

해설 전소 소송물은 매매를 원인으로한 소유권이전등기청구권(민법 제568조)이며, 후소 소송물은 취득시효 완성을 원인으로 한 소유권이전등기청구권(민법 제245조 제1항)이므로 전·후소 소송물은 동일, 선결, 모순관계에 있지 않다. 따라서 후소는 전소 기판력에 저촉되지 않는다.

판례 전소에서 주장한 매매와 본소에서 주장하는 취득시효의 완성이라는 사실은 동일한 청구에 대한 공격, 방어방법의 차이가 아니고, 이전등기청구권의 발생원인의 차이라고 보아야 할 것이므로, 전소와 본소는 별개의 소송물에 관한 재판으로서, 전소의 기판력이 본소에 미칠 수 없다(대판 1968.03.19. 68다123).

정답

Ⅱ 기판력의 범위

24년 변시

78. 피고가 상계항변으로 2개 이상의 반대채권을 주장하였는데 법원이 그중 어느 하나의 반대채권만 인정하고 나머지 반대채권은 부존재한다는 이유로 그 부분의 상계항변을 배척한 경우, 반대채권의 부존재 판단에 대한 기판력의 범위는 상계를 마친 후의 수동채권의 잔액을 초과할 수 없다.

해설 피고가 상계항변으로 2개 이상의 반대채권(또는 자동채권, 이하 '반대채권'이라고만 한다)을 주장하였는데 법원이 그중 어느 하나의 반대채권의 존재를 인정하여 수동채권의 일부와 대등액에서 상계하는 판단을 하고, 나머지 반대채권들은 모두 부존재한다고 판단하여 그 부분 상계항변은 배척한 경우에, 수동채권 중 위와 같이 상계로 소멸하는 것으로 판단된 부분은 피고가 주장하는 반대채권들 중 그 존재가 인정되지 않은 채권들에 관한 분쟁이나 그에 관한 법원의 판단과는 관련이 없어 기판력의 관점에서 동일하게 취급할 수 없으므로, 그와 같이 반대채권들이 부존재한다는 판단에 대하여 기판력이 발생하는 전체 범위는 위와 같이 상계를 마친 후의 수동채권의 잔액을 초과할 수 없다고 보아야 한다. 그리고 이러한 법리는 피고가 주장하는 2개 이상의 반대채권의 원리금 액수의 합계가 법원이 인정하는 수동채권의 원리금 액수를 초과하는 경우에도 마찬가지로 적용된다. 이때 '부존재한다고 판단된 반대채권'에 관하여 법원이 그 존재를 인정하여 수동채권 중 일부와 상계하는 것으로 판단하였을 경우를 가정하더라도, 그러한 상계에 의한 수동채권과 당해 반대채권의 차액 계산 또는 상계충당은 수동채권과 당해 반대채권의 상계적상의 시점을 기준으로 하였을 것이고, 그 이후에 발생하는 이자, 지연손해금 채권은 어차피 그 상계의 대상이 되지 않았을 것이므로, 위와 같은 가정적인 상계적상 시점이 '실제 법원이 상계항변을 받아들인 반대채권'에 관한 상계적상 시점보다 더 뒤라는 등의 특별한 사정이 없는 한, 앞에서 본 기판력의 범위의 상한이 되는 '상계를 마친 후의 수동채권의 잔액'은 수동채권의 '원금'의 잔액만을 의미한다고 보아야 한다(대판 2018.08.30. 2016다46338, 46345).

22년(2) 모의

79. 배당이의의 소에서 패소의 본안판결을 받은 당사자가 그 판결이 확정된 후 동일한 상대방에 대하여 위 본안판결에 의하여 확정된 배당액이 부당이득이라는 이유로 그 반환을 구하는 소송을 제기하는 것은 전소의 기판력에 저촉된다.

해설 [1] 채권자가 제기한 배당이의의 소의 본안판결이 확정된 때에는 이의가 있었던 배당액에 관한 실체적 배당수령권의 존부의 판단에 기판력이 생긴다. [2] 배당이의의 소에서 패소의 본안판결을 받은 당사자가 그 판결이 확정된 후 상대방에 대하여 위 본안판결에 의하여 확정된 배당액이 부당이득이라는 이유로 그 반환을 구하는 소송을 제기한 경우에는, 전소인 배당이의의 소의 본안판결에서 판단된 배당수령권의 존부가 부당이득반환청구권의 성립 여부를 판단하는 데에 있어서 선결문제가 된다고 할 것이므로, 당사자는 그 배당수령권의 존부에 관하여 위 배당이의의 소의 본안판결의 판단과 다른 주장을 할 수 없고, 법원도 이와 다른 판단을 할 수 없다(대판 2000.01.21. 99다3501).

 22년 변시

80. 소유권이전등기말소청구 소송에서 청구기각의 판결을 선고받아 확정되었다면 그 기판력은 그 후 동일한 부동산에 관하여 동일한 당사자 간에 제기된 진정명의회복을 원인으로 한 소유권이전등기청구 소송에도 미친다.

 진정한 등기명의의 회복을 위한 소유권이전등기청구는 이미 자기 앞으로 소유권을 표상하는 등기가 되어 있었거나 법률에 의하여 소유권을 취득한 자가 진정한 등기명의를 회복하기 위한 방법으로 현재의 등기명의인을 상대로 그 등기의 말소를 구하는 것에 갈음하여 허용되는 것인데, 말소등기에 갈음하여 허용되는 진정명의회복을 원인으로 한 소유권이전등기청구권과 무효등기의 말소청구권은 어느 것이나 진정한 소유자의 등기명의를 회복하기 위한 것으로서 실질적으로 그 목적이 동일하고, 두 청구권 모두 소유권에 기한 방해배제청구권으로서 그 법적 근거와 성질이 동일하므로, 비록 전자는 이전등기, 후자는 말소등기의 형식을 취하고 있다고 하더라도 그 소송물은 실질상 동일한 것으로 보아야 하고, 따라서 소유권이전등기말소청구소송에서 패소확정판결을 받았다면 그 기판력은 그 후 제기된 진정명의회복을 원인으로 한 소유권이전등기청구소송에도 미친다(대판 2001.09.20. 99다37894(전합)).

정답 O

 22년 변시

81. 채권자가 먼저 부당이득반환청구의 소를 제기하였다면 특별한 사정이 없는 한 손해 전부에 대하여 승소판결을 얻을 수 있었을 것임에도 손해배상청구의 소를 먼저 제기하는 바람에 과실상계 등의 법리에 따라 그 승소액이 당초 청구 금액의 일부로 제한된 판결이 확정된 경우, 위 손해배상청구의 소에서 일부 청구기각된 부분에 대한 부당이득반환청구는 인용될 수 있다.

 부당이득반환청구권과 불법행위로 인한 손해배상청구권은 서로 실체법상 별개의 청구권으로 존재하고 그 각 청구권에 기초하여 이행을 구하는 소는 소송법적으로도 소송물을 달리하므로, 채권자로서는 어느 하나의 청구권에 관한 소를 제기하여 승소 확정판결을 받았다고 하더라도 아직 채권의 만족을 얻지 못한 경우에는 다른 나머지 청구권에 관한 이행판결을 얻기 위하여 그에 관한 이행의 소를 제기할 수 있다. 그리고 채권자가 먼저 부당이득반환청구의 소를 제기하였을 경우 특별한 사정이 없는 한 손해 전부에 대하여 승소판결을 얻을 수 있었을 것임에도 우연히 손해배상청구의 소를 먼저 제기하는 바람에 과실상계 또는 공평의 원칙에 기한 책임제한 등의 법리에 따라 그 승소액이 제한되었다고 하여 그로써 제한된 금액에 대한 부당이득반환청구권의 행사가 허용되지 않는 것도 아니다(대판 2013.09.13. 2013다45457).

정답 O

 22년 변시

82. 가등기에 기한 소유권이전등기절차의 이행을 명한 전소 확정판결의 기판력은 위 가등기만의 말소를 구하는 후소에 미치지 아니한다.

해설 확정판결의 기판력은 소송물로 주장된 법률관계의 존부에 관한 판단의 결론 자체에만 미치고 그 전제가 되는 법률관계의 존부에까지 미치는 것은 아니어서, 가등기에 기한 소유권이전등기절차의 이행을 명한 전소 판결의 기판력은 소송물인 소유권이전등기청구권의 존부에만 미치고 그 등기청구권의 원인이 되는 채권계약의 존부나 판결이유 중에 설시되었을 뿐인 가등기의 효력 유무에 관한 판단에는 미치지 아니하고, 따라서 만일 후소로써 위 가등기에 기한 소유권이전등기의 말소를 청구한다면 이는 1물1권주의의 원칙에 비추어 볼 때 전소에서 확정된 소유권이전등기청구권을 부인하고 그와 모순되는 정반대의 사항을 소송물로 삼은 경우에 해당하여 전소 판결의 기판력에 저촉된다고 할 것이지만, 이와 달리 위 가등기만의 말소를 청구하는 것은, 전소에서 판단의 전제가 되었을 뿐이고 그로써 아직 확정되지는 아니한 법률관계를 다투는 것에 불과하여 전소 판결의 기판력에 저촉된다고 볼 수 없다(대판 1995.03.24. 93다52488).

21년(3) 모의

83. 채권이 압류하지 못할 것인 때에는 그 채무자는 상계로 채권자에게 대항하지 못한다.

해설 민법 제497조 참조.

민법 제497조(압류금지채권을 수동채권으로 하는 상계의 금지) 채권이 압류하지 못할 것인 때에는 그 채무자는 상계로 채권자에게 대항하지 못한다.

21년(3) 모의

84. 수동채권이 전부된 후에는 자동채권자는 전부채권자에 대하여 상계항변을 할 수 있다.

해설 수동채권이 전부된 후에는 자동채권자는 전부채권자에 대하여 상계항변을 할 수 있다(대판 1980.07.08. 80다118).

⏱ 21년 변시

85. 계약해제의 원인은 판결이 확정된 전소의 사실심 변론종결 전에 존재하였고 위 원인에 따른 계약해제의 의사표시는 전소의 변론종결 후에 이루어진 경우, 후소에서 계약해제에 따른 효과를 주장하는 것은 위 확정판결의 기판력에 저촉된다.

해설 기판력은 후소와 동일한 내용의 전소의 변론종결 전에 있어서 주장할 수 있었던 모든 공격 방어방법에 미치므로 해제사유가 전소의 변론종결 전에 존재하였다면 그 변론종결 후에 해제의 의사표시를 하였다고 하여도 이는 기판력에 저촉된다(대판 1981.07.07. 80다2751).

18년(3)·19년(1) 모의

86. **(1) 비법인 사단을 피고로 한 확정판결의 기판력은 비법인 사단의 구성원에게도 미친다.**
(2) 사단법인의 소속지부에 대하여 금전지급을 명하는 판결이 확정된 경우, 이 확정판결에 기하여 위 법인의 재산에 강제집행을 할 수 없다.

▶해설 [1] 기판력이 미치는 주관적 범위는 신분관계소송이나 회사관계소송 등에서 제3자에게도 그 효력이 미치는 것으로 규정되어 있는 경우를 제외하고는 원칙적으로 당사자, 변론을 종결한 뒤의 승계인 또는 그를 위하여 청구의 목적물을 소지한 사람과 다른 사람을 위하여 원고나 피고가 된 사람이 확정판결을 받은 경우의 그 다른 사람에 국한되고, 그 외의 제3자나 변론을 종결하기 전의 승계인에게는 미치지 않는 것이며(민사소송법 제218조 제1항, 제3항), 한편 민사소송법 제52조에 의하여 대표자가 있는 법인 아닌 사단이 소송의 당사자가 되는 경우에도 그 법인 아닌 사단은 대표자나 구성원과는 별개의 주체이므로, 그 대표자나 구성원을 당사자로 한 판결의 기판력이 법인 아닌 사단에 미치지 아니함은 물론 그 법인 아닌 사단을 당사자로 한 판결의 기판력 또한 그 대표자나 구성원에게 미치지 아니하는 것이 당연하다(대판 2010.12.23. 2010다58889). [2] 확정판결의 기판력은 변론을 종결한 뒤의 승계인(변론 없이 한 판결의 경우에는 판결을 선고한 뒤의 승계인) 또는 그를 위하여 청구의 목적물을 소지한 사람 등 법률에 따라 규정되어 있는 경우 외에는 특별한 사정이 없는 한 당해 판결에 표시된 당사자 사이에만 미치고(민사소송법 제218조 참조), 집행력의 범위도 원칙적으로 기판력의 범위에 준한다. 따라서 지부·분회·지회 등 어떤 법인의 하부조직을 상대로 일정한 의무의 이행을 구하는 소를 제기하여 승소 확정판결을 받은 경우 판결의 집행력이 해당 지부·분회·지회 등을 넘어서 소송의 당사자도 아닌 법인에까지 미친다고 볼 수는 없으므로 그 판결을 집행권원으로 하여 법인의 재산에 대해 강제집행을 할 수는 없고, 법인의 재산에 대한 강제집행을 위해서는 법인 자체에 대한 별도의 집행권원이 필요하다(대판 2018.09.13. 2018다231031).

민사소송법 제218조(기판력의 주관적 범위) ① 확정판결은 당사자, 변론을 종결한 뒤의 승계인(변론 없이 한 판결의 경우에는 판결을 선고한 뒤의 승계인) 또는 그를 위하여 청구의 목적물을 소지한 사람에 대하여 효력이 미친다.
② 제1항의 경우에 당사자가 변론을 종결할 때(변론 없이 한 판결의 경우에는 판결을 선고할 때)까지 승계사실을 진술하지 아니한 때에는 변론을 종결한 뒤(변론 없이 한 판결의 경우에는 판결을 선고한 뒤)에 승계한 것으로 추정한다.
③ 다른 사람을 위하여 원고나 피고가 된 사람에 대한 확정판결은 그 다른 사람에 대하여도 효력이 미친다.
④ 가집행의 선고에는 제1항 내지 제3항의 규정을 준용한다.

17년(1)·18년(2)·22년(3) 모의

87. **채무인수 또는 영업양도와 관련된 소송법적 문제에 관한 설명 중 옳지 않은 것은? (다툼이 있는 경우 판례에 따름)**

1) **甲이 乙을 상대로 A 채무의 이행을 구하는 전소를 제기하여 전부승소 판결이 확정되었는데, 전소 변론종결 후에 A 채무를 면책적으로 인수한 丙을 상대로 甲이 A 채무의 이행을 구하는 후소를 제기한다면, 후소는 소의 이익이 인정되지 않는다.**

해설 확정된 승소판결에는 기판력이 있으므로, 승소 확정판결을 받은 당사자가 전소의 상대방을 상대로 다시 승소 확정판결의 전소와 동일한 청구의 소를 제기하는 경우 후소는 권리보호의 이익이 없어 부적법하다고 할 것인데, 전소 변론종결 또는 판결선고 후에 채무자의 채무를 소멸시켜 당사자인 채무자의 지위를 승계하는 이른바 면책적 채무인수를 한 자는 변론종결 후의 승계인으로서 전소 확정판결의 기판력이 미치게 되므로 원고는 특별한 사정이 없는 한 다시 본소를 제기할 이익이 없다(대판 2016.9.28. 2016다13482).

정답

2) **(1) 甲이 乙을 상대로 A 채무의 이행을 구하는 전소를 제기하여 전부승소판결이 확정되었는데, 전소 변론종결 후에 A 채무를 중첩적으로 인수한 丙을 상대로 甲이 A 채무의 이행을 구하는 후소를 제기한다면, 후소는 소의 이익이 인정된다.**

(2) 甲이 乙을 상대로 A 채무의 이행을 구하는 소를 제기하여 전부승소판결이 확정된 후, 丙이 乙의 채무를 중첩적으로 인수한 경우, 甲은 위 확정판결을 집행권원으로 하여 丙에 대한 승계집행문을 부여받을 수 없다.

해설 민사집행법 제31조 제1항에서 "집행문은 판결에 표시된 채권자의 승계인을 위하여 내어 주거나 판결에 표시된 채무자의 승계인에 대한 집행을 위하여 내어 줄 수 있다."라고 규정하고 있는데, 중첩적 채무인수는 당사자의 채무는 그대로 존속하며 이와 별개의 채무를 부담하는 것에 불과하므로 새로 채무의 이행을 소구하는 것은 별론으로 하고 판결에 표시된 채무자에 대한 판결의 기판력 및 집행력의 범위를 채무자 이외의 자에게 확장하여 승계집행문을 부여할 수는 없으나, 채무자의 채무를 소멸시켜 당사자인 채무자의 지위를 승계하는 이른바 면책적 채무인수는 위 조항에서 말하는 승계인에 해당한다(대판 2016.5.27. 2015다21967). ▶ 중첩적 채무인수인은 변론종결 뒤의 승계인이 아니므로 전소 전부 승소한 甲이 丙을 상대로 제기한 후소는 소의 이익이 인정된다.

민사집행법 제31조(승계집행문) ① 집행문은 판결에 표시된 채권자의 승계인을 위하여 내어 주거나 판결에 표시된 채무자의 승계인에 대한 집행을 위하여 내어 줄 수 있다. 다만, 그 승계가 법원에 명백한 사실이거나, 증명서로 승계를 증명한 때에 한한다.
② 제1항의 승계가 법원에 명백한 사실인 때에는 이를 집행문에 적어야 한다.

정답

3) **(1) 甲이 乙을 상대로 A 채무의 이행을 구하는 전소를 제기하여 전부승소 판결이 확정되었는데, 전소 변론종결 후에 乙의 영업을 양수하고 乙의 상호를 계속 사용하고 있는 丙을 상대로 甲이 A 채무의 이행을 구하는 후소를 제기한 경우, 丙은 변론종결 후의 승계인에 해당하지 않는다.**

(2) 확정판결의 변론종결 후 그 확정판결상의 채무자로부터 영업을 양수하여 양도인의 상호를 계속 사용하는 영업양수인이 그 양도인의 영업으로 인한 채무를 변제할 책임을 지는 경우 민사소송법상 변론종결 후의 승계인에 해당한다.

해설 확정판결의 변론종결후 동 확정판결상의 채무자로부터 영업을 양수하여 양도인의 상호를 계속 사용하는 영업양수인은 상법 제42조 제1항에 의하여 그 양도인의 영업으로 인한 채무를 변제할 책임이 있다 하여도, 그 확정판결상의 채무에 관하여 이를 면책적으로 인수하는 등 특별사정이 없는 한, 그 영업양수인을 곧 민사소송법 제204조(현행 민사소송법 제218조)의 변론종결후의 승계인에 해당된다고 할 수 없다(대판 1979.03.13. 78다2330).

정답

4) 甲이 乙의 甲에 대한 A 채무를 중첩적으로 인수한 丙을 상대로 A 채무의 이행을 구하는 전소를 제기하여 계속 중, 丙이 甲을 상대로 '乙의 甲에 대한 A 채무가 존재하지 아니한다'는 확인을 구하는 후소를 제기한다면, 후소는 소의 이익이 인정된다.

해설 채권자가 채무인수자(중첩적 채무인수자)를 상대로 제기한 채무이행청구소송(전소)과 채무인수자가 채권자를 상대로 제기한 원래 채무자의 채권자에 대한 채무부존재확인소송(후소)은 그 청구취지와 청구원인이 서로 다르므로 중복제소에 해당하지 않지만 채무인수자를 상대로 한 채무이행청구소송이 계속 중, 채무인수자가 별소로 그 채무의 부존재 확인을 구하는 것은 소의 이익이 없다(대판 2001.07.24. 2001다22246).

정답

18년(1) 모의

88. 변론 없이 한 확정판결의 기판력은 판결선고 후의 승계인에게 미친다.

해설 민사소송법 제218조 참조.

> 민사소송법 제218조(기판력의 주관적 범위) ① 확정판결은 당사자, 변론을 종결한 뒤의 승계인(변론 없이 한 판결의 경우에는 판결을 선고한 뒤의 승계인) 또는 그를 위하여 청구의 목적물을 소지한 사람에 대하여 효력이 미친다.

정답

18년(1) 모의

89. 전소에서 청구를 기각하는 판결이 내려지고 확정된 후 전소의 당사자 및 소송물이 동일한 후소가 제기된 경우, 후소 법원은 전소판결의 기판력에 의해 청구기각의 판결을 하여야 한다.

해설 확정판결의 기판력은 소송물로 주장된 법률관계의 존부에 관한 판단에 미치는 것이므로 동일한 당사자 사이에서 전소의 소송물과 동일한 소송물에 대한 후소를 제기하는 것은 전소 확정판결의 기판력에 저촉되어 허용될 수 없다. 또한 동일한 소송물에 대한 후소에서 전소 변론종결 이전에 존재하고 있던 공격방어방법을 주장하여 전소 확정판결에서 판단된 법률관계의 존부와 모순되는 판단을 구하는 것은 전소 확정판결의 기판력에 반하는 것이고, 전소에서 당사자가 그 공격방어방법을 알지 못하여 주장하지 못하였는지 나아가 그와 같이 알지 못한 데 과실이 있는지는 묻지 아니한다(대판 2014.03.27. 2011다49981).

정답

18년(1) 모의

90. 소유권확인청구에 대한 판결이 확정된 후 다시 동일 피고를 상대로 소유권에 기한 물권적 청구권을 청구원인으로 하는 소송을 제기한 경우에는 전소의 확정판결에서의 소유권의 존부에 관한 판단에 구속되어 당사자로서는 이와 다른 주장을 할 수 없다.

> **해설** 확정된 전소의 기판력 있는 법률관계가 후소의 소송물 자체가 되지 아니하여도 후소의 선결문제가 되는 때에는 전소의 확정판결의 판단은 후소의 선결문제로서 기판력이 작용한다고 할 것이므로, 소유권확인청구에 대한 판결이 확정된 후 다시 동일 피고를 상대로 소유권에 기한 물권적 청구권을 청구원인으로 하는 소송을 제기한 경우에는 전소의 확정판결에서의 소유권의 존부에 관한 판단에 구속되어 당사자로서는 이와 다른 주장을 할 수 없을 뿐만 아니라, 법원으로서도 이와 다른 판단을 할 수 없는 것이다(대판 1994.12.27. 94다4684).

정답 ○

18년(1) 모의

91. 원금의 지급을 구하는 전소에서 청구기각판결이 확정된 후, 전소 원고가 후소로서 전소 피고를 상대로 전소 사실심 변론종결 당시까지의 지연손해금을 청구하는 것은 전소 확정판결의 기판력의 효과를 받게 된다.

> **해설** 확정판결의 기판력은 사실심의 최종변론종결 당시의 권리관계를 확정하는 것이므로, 원고의 청구 중 확정판결의 사실심 변론종결시 후의 이행지연으로 인한 손해배상(이자) 청구부분은 그 선결문제로서 확정판결에 저촉되는 금원에 대한 피고의 지급의무의 존재를 주장하게 되어 논리상 확정판결의 기판력의 효과를 받게 되는 것이라고 할 것이나 그 외의 부분(변론종결당시까지의 분)의 청구는 확정판결의 기판력의 효과를 받지 않는다(대판 1976.12.14. 76다1488).

정답

17년(3) 모의

92. 변론종결 후에 새로 발생한 사유가 있어 전소 판결과 모순되는 사정변경이 있는 경우에는 기판력이 차단되지만, 위 사유에는 기존의 사실관계에 대한 새로운 증거자료는 포함되지 않는다.

> **해설** 확정판결의 기판력은 소송물로 주장된 법률관계의 존부에 관한 판단에 미치는 것이므로 동일한 당사자 사이에서 전소의 소송물과 동일한 소송물에 대한 후소를 제기하는 것은 전소 확정판결의 기판력에 저촉되어 허용될 수 없다. 또한 확정판결의 기판력은 전소의 변론종결 전에 당사자가 주장하였거나 주장할 수 있었던 모든 공격방어방법에 미치는 것이고, 다만 그 변론종결 후에 새로 발생한 사유가 있어 전소 판결과 모순되는 사정 변경이 있는 경우에는 그 기판력의 효력이 차단된다. 그리고 여기에서 변론종결 후에 발생한 새로운 사유라 함은 새로운 사실관계를 말하는 것일 뿐 기존의 사실관계에 대한 새로운 증거자료가 있다거나 새로운 법적 평가 또는 그와 같은 법적 평가가 담긴 다른 판결이 존재한다는 등의 사정은 그에 포함되지 아니한다(대판 2016.08.30. 2016다222149).

정답 ○

17년 변시

93. 소유권확인을 구하는 전소에서 패소확정판결을 받은 원고는 전소의 사실심 변론종결 전에 주장할 수 있었던 소유권 귀속의 원인이 되는 다른 사유를 당사자와 청구취지가 동일한 후소에서 주장할 수 없다.

> **해설** 특정토지에 대한 소유권확인의 본안판결이 확정되면 그에 대한 권리 또는 법률관계가 그대로 확정되는 것이므로 변론종결전에 그 확인원인이 되는 다른 사실이 있었다 하더라도 그 확정판결의 기판력은 거기까지도 미치는 것이다(대판 1987.03.10. 84다카2132).

정답 ○

23년 변시

94. 일부청구에서 상대방이 자동채권으로 상계하는 경우에는 수동채권의 전액에서 상계를 하고, 그 잔액이 청구액을 초과하지 않는 경우에는 그 잔액을 인용하고, 그 잔액이 청구액을 초과할 경우에는 청구액을 인용하여야 한다.

> **해설** 일부 청구에서 상대방이 자동채권으로 상계하는 경우에는 수동채권의 전액에서 상계를 하고 그 잔액이 청구액을 초과하지 않는 경우에는 그 잔액을 인용하고, 그 잔액이 청구액을 초과할 경우에는 청구액을 인용하여야 하며, 이러한 해석이 일부 청구를 하는 당사자의 통상적인 의사이다(대판 1984.03.27. 83다323).

정답 ○

20년(3) 모의

95. 원래 판결이유 중의 판단에는 기판력이 생기지 않지만, 상계항변에 대해서는 그것이 비록 판결이유 중의 판단이더라도 기판력이 인정된다.

> **해설** 피고가 상계항변을 제출하였을 경우에 자동채권 존부에 대하여 비록 판결이유 중에서 판단하게 되지만 상계로써 대항한 액수의 한도 내에서 기판력이 생긴다(이시윤, 신민사소송법 제14판, p.657).
>
> 민사소송법 제216조(기판력의 객관적 범위) ① 확정판결(確定判決)은 주문에 포함된 것에 한하여 기판력(旣判力)을 가진다.
> ② 상계를 주장한 청구가 성립되는지 아닌지의 판단은 상계하자고 대항한 액수에 한하여 기판력을 가진다.

정답 ○

20년(3) 모의

96. 판례에 의하면, 甲이 乙을 피고로 매매대금 1천만 원의 승소확정판결을 받은 경우 乙은 그 변론종결 전부터 이미 甲에 대하여 가지고 있던 대여금 채권으로 상계할 수 있다.

해설 당사자 쌍방의 채무가 서로 상계적상에 있다 하더라도 그 자체만으로 상계로 인한 채무소멸의 효력이 생기는 것은 아니고, 상계의 의사표시를 기다려 비로소 상계로 인한 채무소멸의 효력이 생기는 것이므로, 채무자가 채무명의인 확정판결의 변론종결 전에 상대방에 대하여 상계적상에 있는 채권을 가지고 있었다 하더라도 채무명의인 확정판결의 변론종결 후에 이르러 비로소 상계의 의사표시를 한 때에는 구 민사소송법(2002. 1. 26. 법률 제6626호로 전문 개정되기 전의 것. 이하 같다) 제505조 제2항이 규정하는 '이의원인이 변론종결 후에 생긴 때'에 해당하는 것으로서, 당사자가 채무명의인 확정판결의 변론종결 전에 자동채권의 존재를 알았는가 몰랐는가에 관계 없이 적법한 청구이의 사유로 된다(대판 2005.11.10. 2005다41443).

20년(3) 모의

97. 통상의 형성권은 그것이 소송상 행사되고 나서 소가 각하·취하되더라도 사법(私法)상의 효과가 유효하게 남지만, '상계권 행사' 후 수동채권의 존재 등 상계에 관한 법원의 실질적 판단이 이루어지지 않았다면 실체법상의 상계의 효과가 발생하지 않는다.

해설 소송상 방어방법으로서의 상계항변은 통상 수동채권의 존재가 확정되는 것을 전제로 하여 행하여지는 일종의 예비적 항변으로서, 소송상 상계의 의사표시에 의해 확정적으로 그 효과가 발생하는 것이 아니라 당해 소송에서 수동채권의 존재 등 상계에 관한 법원의 실질적 판단이 이루어지는 경우에 비로소 실체법상 상계의 효과가 발생한다. 따라서 원고의 소구채권 자체가 인정되지 않는 경우 더 나아가 피고의 상계항변의 당부를 따져볼 필요도 없이 원고 청구가 배척될 것이므로, '원고의 소구채권 그 자체를 부정하여 원고의 청구를 기각한 판결'과 '소구채권의 존재를 인정하면서도 상계항변을 받아들인 결과 원고의 청구를 기각한 판결'은 민사소송법 제216조에 따라 기판력의 범위를 서로 달리하고, 후자의 판결에 대하여 피고는 상소의 이익이 있다(대판 2018.08.30. 2016다46338).

20년·21년 변시, 19년(2) 모의

98. (1) 甲의 乙에 대한 1억 원의 대여금청구 소송에서 乙이 甲에 대한 5,000만 원의 손해배상채권으로 상계항변을 하였고, 乙의 항변이 받아들여져 甲의 청구 중 5,000만 원 부분이 인용되어 그 판결이 확정된 후에 乙이 甲을 상대로 위 상계항변에 제공된 손해배상금의 지급을 구하는 소를 제기한 경우 법원은 乙의 소를 각하하여야 한다.

(2) 피고가 상계항변으로 2개 이상의 반대채권을 주장하였는데 법원이 그 중 어느 하나의 반대채권의 존재를 인정하여 수동채권의 일부와 대등액에서 상계하는 판단을 하고, 나머지 반대채권들은 모두 부존재한다고 판단하여 그 부분 상계항변은 배척한 경우, 반대채권들이 부존재한다는 판단에 대하여 기판력이 발생하는 전체 범위는 위와 같이 상계를 마친 후의 수동채권의 잔액을 초과할 수 없다.

(3) 채무자가 집행권원인 확정판결의 변론종결 전에 상대방에 대하여 상계적상에 있는 채권을 가지고 있었지만 위 변론종결 후에 이르러 상계의 의사표시를 한 경우, 채

무자가 위 변론종결 전에 자동채권의 존재를 알았는지 여부에 관계없이 적법한 청구이의 사유로 된다.

해설 [1] 민사소송법 제216조는, 제1항에서 확정판결은 주문에 포함된 것에 한하여 기판력을 가진다고 규정함으로써 판결이유 중의 판단에는 원칙적으로 기판력이 미치지 않는다고 하는 한편, 그 유일한 예외로서 제2항에서 상계를 주장한 청구가 성립되는지 아닌지의 판단은 상계하고자 대항한 액수에 한하여 기판력을 가진다고 규정하고 있다. 위와 같이 판결이유 중의 판단임에도 불구하고 상계주장에 관한 법원의 판단에 기판력을 인정한 취지는, 만일 이에 대하여 기판력을 인정하지 않는다면, 원고의 청구권의 존부에 대한 분쟁이 나중에 다른 소송으로 제기되는 반대채권(또는 자동채권, 이하 '반대채권'이라고만 한다)의 존부에 대한 분쟁으로 변형됨으로써 상계 주장의 상대방은 상계를 주장한 자가 반대채권을 이중으로 행사하는 것에 의하여 불이익을 입을 수 있게 될 뿐만 아니라, 상계 주장에 대한 판단을 전제로 이루어진 원고의 청구권의 존부에 대한 전소의 판결이 결과적으로 무의미하게 될 우려가 있게 되므로, 이를 막기 위함이다(대판 2018.08.30. 2016다46338). 승소확정판결을 얻은 원고가 변론종결 후의 목적물 승계인을 상대로 제기한 신소도 마찬가지로 이를 각하하여야 한다(대판 1972.07.25. 72다935). ▶ 사안의 甲의 1억 대여금 청구 소에서 乙의 손해배상 채권 5천만을 반대채권으로 하는 상계 주장이 받아 들여져 乙의 손해배상 채권 5천만원에 기판력이 발생한다. 따라서 乙이 상계항변에 제공된 손해배상금 5천만원의 지급을 구하는 후소를 제기하면 법원은 이를 각하하여야 한다.

[2] 피고가 상계항변으로 2개 이상의 반대채권을 주장하였는데 법원이 그 중 어느 하나의 반대채권의 존재를 인정하여 수동채권의 일부와 대등액에서 상계하는 판단을 하고, 나머지 반대채권들은 모두 부존재한다고 판단하여 그 부분 상계항변은 배척한 경우에, 수동채권 중 위와 같이 상계로 소멸하는 것으로 판단된 부분은 피고가 주장하는 반대채권들 중 그 존재가 인정되지 않은 채권들에 관한 분쟁이나 그에 관한 법원의 판단과는 관련이 없어 기판력의 관점에서 동일하게 취급할 수 없으므로, 그와 같이 반대채권들이 부존재한다는 판단에 대하여 기판력이 발생하는 전체 범위는 위와 같이 상계를 마친 후의 수동채권의 잔액을 초과할 수 없다고 보아야 한다. 그리고 이러한 법리는 피고가 주장하는 2개 이상의 반대채권의 원리금 액수의 합계가 법원이 인정하는 수동채권의 원리금 액수를 초과하는 경우에도 마찬가지로 적용된다. 이때 '부존재한다고 판단된 반대채권'에 관하여 법원이 그 존재를 인정하여 수동채권 중 일부와 상계하는 것으로 판단하였을 경우를 가정하더라도, 그러한 상계에 의한 수동채권과 당해 반대채권의 차액 계산 또는 상계충당은 수동채권과 당해 반대채권의 상계적상의 시점을 기준으로 하였을 것이고, 그 이후에 발생하는 이자, 지연손해금 채권은 어차피 그 상계의 대상이 되지 않았을 것이므로, 위와 같은 가정적인 상계적상 시점이 '실제 법원이 상계항변을 받아들인 반대채권'에 관한 상계적상 시점보다 더 뒤라는 등의 특별한 사정이 없는 한, 앞에서 본 기판력의 범위의 상한이 되는 '상계를 마친 후의 수동채권의 잔액'은 수동채권의 '원금'의 잔액만을 의미한다고 보아야 한다(대판 2018.08.30. 2016다46338).

[3] 채무명의인 확정판결의 변론종결 전에 상대방에 대하여 상계적상에 있는 채권을 가지고 있었다 하여도 변론종결 이후에 비로소 상계의 의사표시를 한 때에는 그 청구이의의 원인이 변론종결 이후에 생긴 때에 해당하는 것으로서 당사자들이 그 변론종결 전에 상계적상에 있는 여부를 알았던 몰랐던 간에 적법한 이의의 사유가 된다(대판 1966.06.28. 66다780).

정답 O, O, O

15년·21년 변시, 16년(3)·17년(2)·18년(1)·20년(3)·21년(3) 모의

99. (1) 상계 주장의 대상이 된 수동채권이 소송물로서 심판되는 소구채권이거나 그와 실질적으로 동일하다고 보이는 경우에는 상계 주장에 관한 판단에 기판력이 인정된다.

(2) 상계 주장의 대상이 된 수동채권이 피고에 의해 동시이행항변으로 행사된 채권일 경우 그러한 상계주장에 대한 판단에도 기판력이 발생한다.

(3) 토지매도인 甲이 매수인 乙을 상대로 소를 제기하여 매매계약을 해제하고 토지인도를 구함에 대하여 乙이 해제에 따른 중도금 반환채권으로써 동시이행항변을 하였고, 甲이 다시 그간의 토지점유사용에 따른 점용료채권으로써 상계재항변을 한 경우에, 그 상계재항변에 대한 판단에는 기판력이 발생한다.

(4) 합의에 의한 상계가 있었다는 항변이 있는 경우, 그 상계로 대항한 액수에 대하여는 판결이유에서 판단되었더라도 기판력이 발생하지 않는다.

해설 [1], [2] 상계 주장에 관한 판단에 기판력이 인정되는 경우는, 상계 주장의 대상이 된 수동채권이 소송물로서 심판되는 소구채권이거나 그와 실질적으로 동일하다고 보이는 경우(가령 원고가 상계를 주장하면서 청구이의 소송을 제기하는 경우 등)로서 상계를 주장한 반대채권과 그 수동채권을 기판력의 관점에서 동일하게 취급하여야 할 필요성이 인정되는 경우를 말한다고 봄이 상당하므로 만일 상계 주장의 대상이 된 수동채권이 동시이행항변에 행사된 채권일 경우에는 그러한 상계주장에 대한 판단에는 기판력이 발생하지 않는다(대판 2005.07.22. 2004다17207). [3] 원칙적으로 확정판결의 기판력은 주문에 포함된 것에 한하여 인정되지만, 이유에 포함된 것이라도 상계항변으로 주장된 자동채권에 관해서는 상계로써 대항한 액수에 한하여 기판력이 미친다(민사소송법 제216조). 그러나 여기서 말하는 상계는 민법 제492조 이하에 규정된 단독행위로서의 상계를 의미한다(대판 2014.04.10. 2013다54390). 따라서 합의에 의한 상계가 있었다는 항변을 하는 것은 본래 의미의 상계를 주장하는 것이 아니므로 그 부분에 대한 판단에는 기판력이 미치지 않는다.

정답 O, ×, ×, O

13년(2)·17년(1) 모의

100. 식물인간 피해자의 여명이 종전의 예측에 비하여 수년 연장되어 그에 상응한 향후치료, 보조구 및 개호 등이 추가적으로 필요하게 된 것은 전소의 변론종결 당시에는 예견할 수 없었던 새로운 중한 손해라고 할지라도, 확정된 전소인 손해배상청구의 소와 별도로 새로운 손해배상청구의 소를 제기하였다면 이 소는 전소의 기판력에 저촉된다.

해설 원고가 식물인간 상태로 지속하다가 2004. 4. 23.경 사망할 것으로 예측된 전소의 감정결과와는 달리 원고의 여명이 종전의 예측에 비하여 최대 약 9년이나 더 연장되어 그에 상응한 향후치료, 보조구 및 개호 등이 추가적으로 필요하게 된 중대한 손해가 새로이 발생하리라고는 전소의 소송과정에서 예상할 수 없었다 할 것이고, 따라서 원고의 연장된 여명에 따른 손해는 전소의 변론종결 당시에는 예견할 수 없었던 새로운 중한 손해라고 할 것이므로 이 사건 소는 전소와는 별개의 소송물로서 전소의 기판력에 저촉되지 않는 것이다(대판 2007.04.13. 2006다78640).

정답 ×

17년(1) 모의

101. 일부청구임을 명시하지 않은 채 적극적 재산상 손해를 구성하는 손해항목 중 일부를 청구금액으로 하여 본안의 확정판결을 받았다면 그 사실심 변론종결 이전에 발생했던 나머지 적극적 재산상 손해의 항목에 대하여서도 기판력이 미친다.

해설 가분채권의 일부에 대한 이행청구의 소를 제기하면서 나머지를 유보하고 일부만을 청구한다는 취지를 명시하지 아니한 이상 그 확정판결의 기판력은 청구하고 남은 잔부청구에까지 미치는 것이므로 그 나머지 부분을 별도로 다시 청구할 수 없다(대판 1993.06.25. 92다33008).

정답 ○

15년·17년 변시, 15년(1)·16년(2)·18년(3) 모의

102. (1) 채권자대위소송이 제기된 사실을 채무자가 안 경우 그 판결의 효력이 채무자에게 미치므로, 채권자가 채권자대위권을 행사하는 방법으로 제3채무자를 상대로 소를 제기하였다가 피보전채권이 인정되지 않는다는 이유로 소각하 판결을 받아 확정되었다면 그 판결의 기판력은 채권자가 채무자를 상대로 피보전채권의 이행을 구하는 후소에 미친다.

(2) 채권자대위소송에서 판결의 효력은 채무자가 채권자대위권에 의한 소송이 제기된 것을 알았는지 여부와 관계없이 채무자에게 미친다.

해설 민사소송법 제218조 제3항은 '다른 사람을 위하여 원고나 피고가 된 사람에 대한 확정판결은 그 다른 사람에 대하여도 효력이 미친다.'고 규정하고 있으므로, 채권자가 채권자대위권을 행사하는 방법으로 제3채무자를 상대로 소송을 제기하고 판결을 받은 경우 채권자가 채무자에 대하여 민법 제405조 제1항에 의한 보존행위 이외의 권리행사의 통지, 또는 민사소송법 제84조에 의한 소송고지 혹은 비송사건절차법 제49조 제1항에 의한 법원에 의한 재판상 대위의 허가를 고지하는 방법 등 어떠한 사유로 인하였든 적어도 채권자대위권에 의한 소송이 제기된 사실을 채무자가 알았을 때에는 그 판결의 효력이 채무자에게 미친다고 보아야 한다. 이때 채무자에게도 기판력이 미친다는 의미는 채권자대위소송의 소송물인 피대위채권의 존부에 관하여 채무자에게도 기판력이 인정된다는 것이고, 채권자대위소송의 소송요건인 피보전채권의 존부에 관하여 당해 소송의 당사자가 아닌 채무자에게 기판력이 인정된다는 것은 아니다. 따라서 채권자가 채권자대위권을 행사하는 방법으로 제3채무자를 상대로 소송을 제기하였다가 채무자를 대위할 피보전채권이 인정되지 않는다는 이유로 소각하 판결을 받아 확정된 경우 그 판결의 기판력이 채권자가 채무자를 상대로 피보전채권의 이행을 구하는 소송에 미치는 것은 아니다(대판 2014.01.23. 2011다108095).

정답 ×, ×

🕐 12년·21년 변시, 14년(1)·16년(3) 모의

103. **(1)** 제1심에서 원고가 전부승소하고 동 판결이 확정된 경우에도 피고는 집행단계에서 원고에 대한 채권을 자동채권으로 하여 상계권을 행사하고 이를 토대로 청구에 관한 이의의 소를 제기할 수 있다.

(2) 甲은 乙에게 과실로 인한 손해배상으로 3,000만 원을 청구하는 이 사건 소를 제기하였다. 한편, 乙은 甲에 대하여 위 청구와 상계적상에 있는 5,000만 원의 별도의 대여금채권이 존재하고 있다. 만약 이 사건 소송에서 乙의 상계항변 없이 甲의 승소판결이 확정된 경우, 그 후 乙의 상계권 행사를 허용한다면 甲이 위 확정판결에 기하여 강제집행할 수 있는 지위가 무너지게 되어 부당하므로, 乙은 상계권을 행사하여 甲의 집행을 저지할 수 없다.

(3) 채권자가 채무자를 상대로 제기한 소송에서 채무자가 사실심 변론종결 전에 채권자에 대하여 상계적상에 있는 채권을 가지고 있었음에도 상계의 의사표시를 하지 않아 채권자 승소판결이 확정된 경우, 그 후 채무자가 채권자에 대하여 상계의 의사표시를 한 사실은 위 확정판결에 대한 청구이의 사유에 해당한다.

▶ 해설 ◀ 당사자 쌍방의 채무가 서로 상계적상에 있다 하더라도 그 자체만으로 상계로 인한 채무소멸의 효력이 생기는 것은 아니고, 상계의 의사표시를 기다려 비로소 상계로 인한 채무소멸의 효력이 생기는 것이므로, 채무자가 채무명의인 확정판결의 변론종결 전에 상대방에 대하여 상계적상에 있는 채권을 가지고 있었다 하더라도 채무명의인 확정판결의 변론종결 후에 이르러 비로소 상계의 의사표시를 한 때에는 민사소송법 제505조 제2항이 규정하는 '이의원인이 변론종결 후에 생긴 때'에 해당하는 것으로서, 당사자가 채무명의인 확정판결의 변론종결 전에 자동채권의 존재를 알았는가 몰랐는가에 관계없이 적법한 청구이의 사유로 된다(대판 1998.11.24. 98다25344).

 정답 O, X, O

🕐 15년·21년 변시, 16년(1) 모의

104. 채권자가 상속인을 상대로 상속채무의 이행을 구하는 소송에서 상속인이 한정승인을 하고도 이를 주장하지 아니하여 책임의 범위에 관한 유보없는 판결이 선고되고 확정된 경우, 상속인은 그 후 위 한정승인 사실을 내세워 청구이의의 소를 제기할 수 없다.

▶ 해설 ◀ 채권자가 피상속인의 금전채무를 상속한 상속인을 상대로 그 상속채무의 이행을 구하여 제기한 소송에서 채무자가 한정승인 사실을 주장하지 않으면 책임의 범위는 현실적인 심판대상으로 등장하지 아니하여 주문에서는 물론 이유에서도 판단되지 않으므로 그에 관하여 기판력이 미치지 않는다. 그러므로 채무자가 한정승인을 하고도 채권자가 제기한 소송의 사실심 변론종결시까지 그 사실을 주장하지 아니하여 책임의 범위에 관한 유보 없는 판결이 선고되어 확정되었다고 하더라도, 채무자는 그 후 위 한정승인 사실을 내세워 청구에 관한 이의의 소를 제기할 수 있다(대판 2006.10.13. 2006다23138).

정답 X

🍊 12년 변시, 14년(3)·15년(1) 모의

105. 상속인이 상속포기를 하였으나 상속채권자가 상속인을 상대로 제기한 소송에서 이를 주장하지 않아 상속채권자의 승소판결이 확정된 경우에는 상속인은 상속포기를 이유로 청구이의의 소를 제기할 수 있다.

해설 채무자가 한정승인을 하였으나 채권자가 제기한 소송의 사실심 변론종결시까지 이를 주장하지 아니하는 바람에 책임의 범위에 관하여 아무런 유보 없는 판결이 선고·확정된 경우라 하더라도 채무자가 그 후 위 한정승인 사실을 내세워 청구에 관한 이의의 소를 제기하는 것이 허용되는 것은, 한정승인에 의한 책임의 제한은 상속채무의 존재 및 범위의 확정과는 관계없이 다만 판결의 집행 대상을 상속재산의 한도로 한정함으로써 판결의 집행력을 제한할 뿐으로, 채권자가 피상속인의 금전채무를 상속한 상속인을 상대로 그 상속채무의 이행을 구하여 제기한 소송에서 채무자가 한정승인 사실을 주장하지 않으면 책임의 범위는 현실적인 심판대상으로 등장하지 아니하여 주문에서는 물론 이유에서도 판단되지 않는 관계로 그에 관하여는 기판력이 미치지 않기 때문이다. 위와 같은 기판력에 의한 실권효 제한의 법리는 채무의 상속에 따른 책임의 제한 여부만이 문제되는 한정승인과 달리 상속에 의한 채무의 존재 자체가 문제되어 그에 관한 확정판결의 주문에 당연히 기판력이 미치게 되는 상속포기의 경우에는 적용될 수 없다(대판 2009.05.28. 2008다79876).

정답 ×

🍊 20년 변시

106. 甲이 乙로부터 토지거래허가구역 내에 있는 A 토지를 매수하는 계약을 체결한 후에 乙을 상대로 토지거래허가신청절차의 이행(제1청구)과 매매를 원인으로 한 소유권이전등기절차의 이행(제2청구)을 구하는 소(전소)를 제기하였고, 법원은 제1청구를 인용하고 제2청구를 기각하는 판결을 선고하여 그대로 확정되었는데, 위 소송의 변론종결 전에 A 토지가 토지거래허가구역에서 해제되었음에도 甲이 이를 알지 못해 주장하지 아니한 경우, 甲이 A 토지가 토지거래허가구역에서 해제되었음을 이유로 乙을 상대로 위 매매를 원인으로 한 소유권이전등기청구의 소(후소)를 제기한 때에는 제2청구에 관한 전소 판결의 기판력이 후소에 미친다.

해설 확정판결의 기판력은 소송물로 주장된 법률관계의 존부에 관한 판단에 미치는 것이므로 동일한 당사자 사이에서 전소와 동일한 소송물에 대한 후소에서 전소 변론종결 이전에 존재하고 있던 공격방어방법을 주장하여 전소 확정판결에서 판단된 법률관계의 존부와 모순되는 판단을 구하는 것은 확정판결의 기판력에 반하는 것이고, 전소에서 당사자가 그 공격방어방법을 알고서 주장하지 못하였는지 또는 알지 못한 데에 과실이 있는지 여부는 묻지 아니한다. 앞에서 본 소송진행경과를 이러한 법리에 비추어 보면, 비록 이 사건 전소는 이 사건 토지가 토지거래허가구역 내에 위치하고 있음을 전제로 하는 장래이행 청구인 반면 이 사건 소는 이 사건 토지에 대한 토지거래허가구역 지정이 해제되었음을 전제로 하는 청구라고 하더라도 이 사건 소의 소송물과 이 사건 전소 중 소유권이전등기청구의 소송물은 모두 이 사건 매매계약을 원인으로 하는 소유권이전등기청구권으로서 동일하다고 할 것이다. 또한 이 사건 토지가 토지거래허가구역에서 해제되어 이 사건 매매계약이 확정적으로 유효하게 되었다는 사정은 이 사건 전소의 변론종결 전에 존재하던 사유이므로, 원고가 그러한 사정을 알지 못하여 이 사건 전소에서 주장하지 못하였다고 하더라도 이를 이 사건 소에서 새로이 주장하여 이 사건 전소에서의 법률관계의 존부에 관한 판단, 즉 이 사건 매매계약에 기한 원고의 피고에 대한 소유권이전등기청구권의 존부에 대한 판단과 모순되는 판단을 구하는 것은 이 사건 전소 확정판결의 기판력에 반하는 것이다(대판 2014.03.27. 2011다79968).

정답 O

20년 변시

107. 甲이 乙을 상대로 제기한 어음금청구 소송의 제1심 변론종결 전에 백지보충권을 행사할 수 있었음에도 행사하지 아니하여 이를 이유로 패소하였고, 그 판결이 확정된 후에 백지보충권을 행사한 다음 어음이 완성되었음을 이유로 乙을 상대로 위 어음금의 지급을 구하는 소를 제기한 때에는 특별한 사정이 없는 한 전소 판결의 기판력이 후소에 미친다.

해설 약속어음의 소지인이 어음요건의 일부를 흠결한 이른바 백지어음에 기하여 어음금 청구소송(이하 '전소'라고 한다)을 제기하였다가 위 어음요건의 흠결을 이유로 청구기각의 판결을 받고 위 판결이 확정된 후 위 백지 부분을 보충하여 완성한 어음에 기하여 다시 전소의 피고에 대하여 어음금 청구소송(이하 '후소'라고 한다)을 제기한 경우에는, 원고가 전소에서 어음요건의 일부를 오해하거나 그 흠결을 알지 못했다고 하더라도, 전소와 후소는 동일한 권리 또는 법률관계의 존부를 목적으로 하는 것이어서 그 소송물은 동일한 것이라고 보아야 한다. 그리고 확정판결의 기판력은 동일한 당사자 사이의 소송에 있어서 변론종결 전에 당사자가 주장하였거나 주장할 수 있었던 모든 공격 및 방어방법에 미치는 것이므로, 약속어음의 소지인이 전소의 사실심 변론종결일까지 백지보충권을 행사하여 어음금의 지급을 청구할 수 있었음에도 위 변론종결일까지 백지 부분을 보충하지 않아 이를 이유로 패소판결을 받고 그 판결이 확정된 후에 백지보충권을 행사하여 어음이 완성된 것을 이유로 전소 피고를 상대로 다시 동일한 어음금을 청구하는 경우에는, 위 백지보충권 행사의 주장은 특별한 사정이 없는 한 전소판결의 기판력에 의하여 차단되어 허용되지 않는다(대판 2008.11.27. 2008다59230).

정답 O

15년(3) 모의

108. 원고가 피고를 상대로 건물에 관한 소유권이전등기말소의 소를 제기하여 승소확정판결을 받았는데, 그 변론종결 후에 피고로부터 소유권이전등기를 받아 원고를 상대로 동일 건물의 인도 및 차임상당 부당이득의 반환을 구하는 소를 제기한 제3자는 변론종결 후의 승계인이다.

해설 甲 등이 乙을 상대로 건물 등에 관한 소유권이전등기의 말소등기절차 이행을 구하는 소를 제기하여 승소확정판결을 받았는데, 위 판결의 변론종결 후에 乙로부터 건물 등의 소유권을 이전받은 丙이 甲 등을 상대로 위 건물의 인도 및 차임 상당 부당이득의 반환을 구하는 소를 제기한 사안에서, 전소 판결에서 소송물로 주장된 법률관계는 건물 등에 관한 말소등기청구권의 존부이고 건물 등의 소유권의 존부는 전제가 되는 법률관계에 불과하여 전소 판결의 기판력이 미치지 아니하고, 전소인 말소등기청구권에 대한 판단이 건물인도 등 청구의 소의 선결문제가 되거나 건물인도청구권 등의 존부가 전소의 소송물인 말소등기청구권의 존부와 모순관계에 있다고 볼 수 없어 전소의 기판력이 건물인도 등 청구의 소에 미친다고 할 수 없으며, 이는 丙이 전소 판결의 변론종결 후에 乙로부터 건물을 매수하여 소유권이전등기를 마쳤더라도 마찬가지이므로, 丙이 변론종결 후의 승계인이어서 전소 확정판결의 기판력이 미쳐 건물 등의 소유권을 취득할 수 없다고 본 원심판결에 법리오해 등의 위법이 있다(대판 2014.10.30. 2013다53939).

15년(3) 모의

109. 甲과 乙 사이에 乙이 채무원리금을 소정기일까지 지급하지 아니할 때에는 乙이 甲에게 계쟁부동산에 관하여 가등기에 기한 본등기절차를 이행하기로 제소전화해를 하였는데, 甲이 이로 인한 소유권이전등기를 마치기 전에 乙로부터 계쟁부동산을 매수하여 소유권이전등기를 마친 자는 변론종결 후의 승계인이다.

▸해설 甲과 乙 사이에 乙이 채무원리금을 소정기일까지 지급하지 아니할 때에는 乙이 甲에게 계쟁부동산에 관하여 가등기에 기한 본등기절차를 이행하기로 제소전 화해를 한 경우 甲이 이로 인한 소유권이전등기를 마치기 전에 乙로부터 계쟁부동산을 매수한 것으로 하여 소유권이전등기를 마친 丙은 민사소송법 제204조(현행법 제218조) 소정의 변론종결 후의 승계인에 해당하지 아니한다(대판 1992.11.10. 92다22121).

15년(3) 모의

110. 전차권을 양수하여 다시 전대차계약을 체결한 자가 그 양도인을 대위하여 점포의 점유자를 상대로 한 점포인도청구소송에서 승소판결을 받았으나 그 소송의 변론종결 후 점포의 점유자가 점포를 양도한 경우 그 양수인은 변론종결 후의 승계인이다.

▸해설 건물명도소송에서의 소송물인 청구가 물권적 청구 등과 같이 대세적인 효력을 가진 경우에는 그 판결의 기판력이나 집행력이 변론종결 후에 그 재판의 피고로부터 그 건물의 점유를 취득한 자에게도 미치나 그 청구가 대인적인 효력밖에 없는 채권적 청구만에 그친 때에는 위와 같은 점유승계인에게 위의 효력이 미치지 아니한다. 원고가 甲으로부터 乙에 대한 점포의 전차권을 양도받아 다시 乙과 전대차계약을 맺은 다음, 그 점포를 점유하고 있는 丙을 상대로 甲으로부터 양수한 전차권을 보전하기 위하여 甲을 대위하여 점포의 명도청구소송을 제기하여 승소판결을 받았으나 丙이 그 사건의 변론종결 후에 마음대로 피고에게 위 점포를 양도함으로써 피고가 이를 점유하고 있는 경우 원고의 위 소송에서의 청구는 채권적 청구이므로 피고에 대하여는 그 판결의 기판력과 집행력이 미치지 아니하고, 따라서 그 승소판결만으로 피고에 대하여 명도집행을 할 수 없게 된 원고로서는 피고를 상대로 다시 위 점포의 명도를 구할 소송상의 이익이 있다(대판 1991.01.15. 90다9964).

정답 ×

15년(2)·(3) 모의

111. 소유권이전등기 및 근저당권설정등기가 원인무효임을 이유로 말소를 명하는 판결이 확정된 후 그 근저당권 실행으로 소유권이전등기를 마친 자는 변론종결 후의 승계인이다.

해설 소유권이전등기 및 근저당권설정등기가 당초부터 원인무효임을 이유로 각 그 말소를 명하는 판결이 확정되었다면 그 판결의 변론종결후의 승계인인 임의경매실행으로 인한 소유권취득자에 대하여는 경매절차의 진행을 저지하는 절차나 등기부상의 조처를 취한 여부에 불구하고 기판력이 미친다(대판 1974.12.10. 74다1046).

정답 ○

15년(2) 모의

112. 소유권이전등기말소청구 소송을 제기당한 자가 소송계속 중 당해 부동산의 소유권을 타인에게 이전한 경우에는 그 타인에게 소유권이전등기가 이루어진 시점을 기준으로 그 승계가 변론종결 전의 것인지 변론종결 후의 것인지 여부를 판단하여야 한다.

해설 소유권이전등기말소 청구소송을 제기당한 자가 소송 계속 중 당해 부동산의 소유권을 타인에게 이전한 경우에는, 부동산물권 변동의 효력이 생기는 때인 소유권이전등기가 이루어진 시점을 기준으로 그 승계가 변론종결 전의 것인지 변론종결 후의 것인지 여부를 판단하여야 한다(대판 2005.11.10. 2005다34667).

정답 ○

14년(1) 모의

113. 청구에 관한 이의의 소를 제기한다고 해서 당연히 강제집행이 정지되는 것은 아니며 별도의 잠정처분이 필요하다.

해설 민사집행법 제44조 제1항, 동법 제46조 제1항, 제2항 참조.

민사집행법 제44조(청구에 관한 이의의 소) ① 채무자가 판결에 따라 확정된 청구에 관하여 이의하려면 제1심 판결법원에 청구에 관한 이의의 소를 제기하여야 한다.
민사집행법 제46조(이의의 소와 잠정처분) ① 제44조 및 제45조의 이의의 소는 강제집행을 계속하여 진행하는 데에는 영향을 미치지 아니한다.
② 제1항의 이의를 주장한 사유가 법률상 정당한 이유가 있다고 인정되고, 사실에 대한 소명(疏明)이 있을 때에는 수소법원(受訴法院)은 당사자의 신청에 따라 판결이 있을 때까지 담보를 제공하게 하거나 담보를 제공하게 하지 아니하고 강제집행을 정지하도록 명할 수 있으며, 담보를 제공하게 하고 그 집행을 계속하도록 명하거나 실시한 집행처분을 취소하도록 명할 수 있다.

정답 ○

14년(1) 모의

114. 乙이 甲으로부터 토지를 매수하였으나 그 소유권이전등기를 마치지 않은 상태에서 대금을 완납하고 이를 점유하여 사실상 처분권을 가지고 있던 중 그 지상에 건물을 신축하고 소유권보존등기를 마쳤다. 그 후 건물에 관한 강제경매절차에서 丙에게 위 건물이 매각되었다. 乙이 위 대지에 관한 소유권이전등기를 마치고 丙을 상대로 건물철거 및 대지 인도소송을 제기하였는데 패소판결이 확정된 경우, 확정판결의 최종변론종결 이후에 대법원에서 판례가 변경되었다는 사유로 동일 소송을 제기할 수 없다.

해설 기판력은 사실심 변론종결시의 권리관계의 존부 판단에 생기므로, 전소 변론종결 후에 발생한 사유는 실권효의 제재를 받지 않아 이를 가지고 당사자는 전소 확정판결의 기판력을 다툴 수 있다. 다만, 이는 변론종결 후 발생한 '사실자료'에 한하는 것이고 법률이나 판례, 사실에 대한 평가의 변경은 이에 해당하지 않는다. 따라서 패소판결이 확정된 경우 확정판결의 최종변론종결 이후에 대법원에서 판례가 변경되었다는 사유로는 전소 확정판결의 기판력을 다툴 수 없다. 乙은 동일 소송을 제기할 수 없으며 만약 제기하는 경우 모순금지설에 의하면 기각판결을 받게 된다.

판례 확정판결의 최종변론 종결 이후에 대법원에서 판례가 변경되었다는 사유는 변론 종결 이후에 생긴 새로운 사정 변경에 해당하지 아니한다(대판 1969.01.14. 68다2134).

정답

115. 건물의 소유를 목적으로 하는 토지 임대차에서 임대인이 임차인을 상대로 토지인도 및 건물철거의 소를 제기하였는데 임차인이 임대인에 대하여 건물매수청구권을 행사할 수 있었음에도 행사하지 아니하여 건물철거를 명하는 내용의 판결이 확정된 경우, 임차인은 그 확정판결에 의하여 건물철거가 집행되지 않았다 하더라도 임대인에 대하여 건물매수청구권을 행사하여 별소로써 건물 매매대금의 지급을 청구할 수 없다.

해설 임대인이 제기한 토지인도 및 건물철거 청구소송에서 임차인이 건물매수청구권을 행사하지 아니한 채 패소 확정된 후, 임차인이 별소로써 건물매수청구권을 행사할 수 있는지 여부 – 건물의 소유를 목적으로 하는 토지 임대차에 있어서, 임대차가 종료함에 따라 토지의 임차인이 임대인에 대하여 건물매수청구권을 행사할 수 있음에도 불구하고 이를 행사하지 아니한 채, 토지의 임대인이 임차인에 대하여 제기한 토지인도 및 건물철거청구 소송에서 패소하여 그 패소판결이 확정되었다고 하더라도, 그 확정판결에 의하여 건물철거가 집행되지 아니한 이상 토지의 임차인으로서는 건물매수청구권을 행사하여 별소로써 임대인에 대하여 건물매매대금의 지급을 구할 수 있다(대판 1995.12.26. 95다42195).

정답

◎ 14년 변시

116. 乙이 甲을 상대로 먼저 X 토지의 인도를 구하는 소를 제기하여 승소판결이 확정되었다. 이후 다시 乙이 甲을 상대로 Y 건물의 철거를 구하는 소를 제기하였는데, 이때 甲이 'Y 건물의 소유를 위하여 X 토지를 임차하였으므로 Y 건물에 관하여 건물매수청구권을 행사한다'고 주장하는 경우, 甲 주장의 임차권은 위 토지인도청구소송의 변론종결일 전부터 존재하던 사유로서 위 확정판결의 기판력에 저촉되는 것이다.

해설 원심은 피고가 원고로부터 건물의 소유를 목적으로 토지를 임차하였으므로 건물에 대하여 건물매수청구권을 행사한다는 피고의 항변에 대하여, 원고가 건물철거를 구하는 본소를 제기하기에 앞서 피고를 상대로 토지의 인도를 구하는 전소를 제기하여 승소판결을 받아 그 판결이 확정되었고, 전소 확정판결의 기판력은 전소 변론종결일 당시의 원고인의 피고에 대한 토지인도청구권의 존재에 미치며, 피고 주장의 임차권은 위 변론종결일 전부터 존재하던 것으로서 위 토지인도청구권을 다투는 방법에 불과하므로, 피고가 지금에 와서 임차권을 주장하는 것은 전소 확정판결의 기판력에 저촉되어 허용되지 않는다고 판단하였으나, 전소 확정판결의 기판력은 전소에서의 소송물인 토지인도청구권의 존부에 대한 판단에 대하여만 발생하는 것이고 토지의 임차권의 존부에 대하여까지 미친다고 할 수는 없으므로 원심판결에는 기판력에 관한 법리를 오해하고 심리를 다하지 아니한 위법이 있다(대판 1994.09.23. 93다37267).

정답

◎ 13년 변시

117. 甲이 乙을 상대로 X 토지에 관한 매매계약의 무효를 원인으로 하여 매매대금의 반환을 구하는 소송에서 乙이 甲의 청구를 인낙하는 내용의 인낙조서가 작성된 경우, 위 인낙조서의 기판력은 乙이 甲을 상대로 위 매매계약을 원인으로 한 소유권이전등기절차의 이행을 구하는 소에 미친다.

해설 매매계약의 무효 또는 해제를 원인으로 한 매매대금반환청구에 대한 인낙조서의 기판력은 그 매매대금반환청구권의 존부에 관하여만 발생할 뿐, 그 전제가 되는 선결적 법률관계인 매매계약의 무효 또는 해제에까지 발생하는 것은 아니므로 소유권이전등기청구권의 존부를 소송물로 하는 후소는 전소에서 확정된 법률관계와 정반대의 모순되는 사항을 소송물로 하는 것이라 할 수 없으며, 기판력이 발생하지 않는 전소와 후소의 소송물의 각 전제가 되는 법률관계가 매매계약의 유효 또는 무효로 서로 모순된다고 하여 전소에서의 인낙조서의 기판력이 후소에 미친다고 할 수 없다(대판 2005.12.23. 2004다55698).

정답

13년 변시, 12년(3) 모의

118. 甲이 乙을 상대로 X 토지의 소유권에 기한 방해배제로서 X 토지에 관하여 乙 명의로 마쳐진 소유권이전등기의 말소를 구하는 소송 중에 甲과 乙 사이에 "乙은 甲에게 X 토지에 관하여 진정명의회복을 원인으로 한 소유권이전등기절차를 이행한다."라는 내용의 화해권고결정이 확정되었다. 그 후 乙이 丙에게 X 토지에 관한 소유권이전등기를 마쳐준 경우, 위 화해권고결정의 기판력은 丙에 대하여 미치지 아니한다.

해설 변론종결뒤의 승계인의 범위의 문제로서 판례의 입장인 구이론에 따라 살펴보아야 한다. 이에 따르면 전소 소송물이 물권적 청구권인 경우에 피고 지위 승계인이 변종뒤 승계인에 해당하게 된다. 지문에서 말소를 구하는 소송 중 화해권고결정이 확정되어도 청구권의 법적 성질이 여전히 물권적 청구권이고 또한 여전히 물권적인 방해배제의무를 지는 것이므로, 乙로부터 소유권이전등기를 경료받은 丙은 변론종결 후의 승계인으로써 화해권고결정의 기판력이 미치게 된다.

판례 소유권에 기한 물권적 방해배제청구로서 소유권등기의 말소를 구하는 소송이나 진정명의 회복을 원인으로 한 소유권이전등기절차의 이행을 구하는 소송 중에 그 소송물에 대하여 화해권고결정이 확정되면 상대방은 여전히 물권적인 방해배제의무를 지는 것이고, 화해권고결정에 창설적 효력이 있다고 하여 그 청구권의 법적 성질이 채권적 청구권으로 바뀌지 아니한다(대판 2012.05.10. 2010다2558).

정답

12년(3) 모의

119. 전소에서 피고의 과실을 증명하지 못하여 손해배상청구소송에서 패소한 원고가 사고를 목격한 증인을 발견하였더라도 동일한 사고를 원인으로 하는 손해배상청구의 후소에서 그를 증인으로 신청하여 피고의 과실을 증명하는 것은 허용되지 아니한다.

해설 기판력이 발생하고 나면 표준시 이전에 존재하였던 사실에 기한 공격·방어방법으로써 제출되지 않았던 것은 제출하지 못함에 과실이 있는지 여부를 불문하고 이제 더 이상 제출할 수 없게 되는데, 이를 실권효 내지 차단효라 한다. 예를 들어 전소에서 피고의 과실을 증명하지 못하여 손해배상청구소송에서 패소확정된 원고가 사고를 목격한 증인을 변론종결시 이후에 발견한 경우 또는 다른 서증 등을 발견한 경우라 하여도 후소에서 그를 증인신청 또는 서증신청을 하여 피고의 과실을 증명하는 것은 허용되지 않는다.

판례 당사자가 최종 사실심의 변론종결 이전에 존재한 사실증거를 동 종결이전의 변론에서 주장 제출하지 아니하고 패소한 경우 다시 동 사실이나 증거를 이유로 패소된 확정판결의 내용을 다툴 수 없다 (대판 1961.12.14. 4293민상837).

정답 O

❖ 선택형 사례문제

문 1
21년(2) 모의

다음 중 기판력이 미치는 경우는? (다툼이 있는 경우 판례에 의함)

① 동일한 원인에 기인하여 청구한 부당이득반환청구에 대한 판결과 불법행위로 인한 손해배상청구
② 동일한 불법행위로 인한 손해배상청구에 대한 판결과 미리 예측하지 못한 후유증으로 인한 추가적 배상청구
③ 동일한 토지에 관한 소유권이전등기 말소청구에 대한 판결과 진정명의 회복을 위한 이전등기청구
④ 1필 토지의 특정부분에 관한 소유권이전등기청구에 대한 판결과 그 토지 중 일정 지분에 대한 소유권이전등기청구
⑤ 일부 청구임을 명시하여 한 이행청구에 대한 판결과 나머지 부분의 이행청구

해설 기판력

① (X) 부당이득반환청구권과 불법행위로 인한 손해배상청구권은 서로 실체법상 별개의 청구권으로 존재하고 그 각 청구권에 기초하여 이행을 구하는 소는 소송법적으로도 소송물을 달리하므로, 채권자로서는 어느 하나의 청구권에 관한 소를 제기하여 승소 확정판결을 받았다고 하더라도 아직 채권의 만족을 얻지 못한 경우에는 다른 나머지 청구권에 관한 이행판결을 얻기 위하여 그에 관한 이행의 소를 제기할 수 있다. 그리고 채권자가 먼저 부당이득반환청구의 소를 제기하였을 경우 특별한 사정이 없는 한 손해 전부에 대하여 승소판결을 얻을 수 있었을 것임에도 우연히 손해배상청구의 소를 먼저 제기하는 바람에 과실상계 또는 공평의 원칙에 기한 책임제한 등의 법리에 따라 그 승소액이 제한되었다고 하여 그로써 제한된 금액에 대한 부당이득반환청구권의 행사가 허용되지 않는 것도 아니다(대판 2013.09.13. 2013다45457).

② (X) 불법행위로 인한 적극적 손해의 배상을 명한 전소송의 변론종결 후에 새로운 적극적 손해가 발생한 경우에 그 소송의 변론종결 당시 그 손해의 발생을 예견할 수 없었고 또 그 부분 청구를 포기하였다고 볼 수 없는 등 특별한 사정이 있다면 전소송에서 그 부분에 관한 청구가 유보되어 있지 않다고 하더라도 이는 전소송의 소송물과는 별개의 소송물이므로 전소송의 기판력에 저촉되는 것이 아니다(대판 2007.04.13. 2006다78640).

③ (O) 진정한 등기명의의 회복을 위한 소유권이전등기청구는 이미 자기 앞으로 소유권을 표상하는 등기가 되어 있었거나 법률에 의하여 소유권을 취득한 자가 진정한 등기명의를 회복하기 위한 방법으로 현재의 등기명의인을 상대로 그 등기의 말소를 구하는 것에 갈음하여 허용되는 것인데, 말소등기에 갈음하여 허용되는 진정명의회복을 원인으로 한 소유권이전등기청구권과 무효등기의 말소청구권은 어느 것이나 진정한 소유자의 등기명의를 회복하기 위한 것으로서 실질적으로 그 목적이 동일하고, 두 청구권 모두 소유권에 기한 방해배제청구권으로서 그 법적 근거와 성질이 동일하므로, 비록 전자는 이전등기, 후자는 말소등기의 형식을 취하고 있다고 하더라도 그 소송물은 실질상 동일한 것으로 보아야 하고, 따라서 소유권이전등기말소청구소송에서 패소확정판결을 받았다면 그 기판력은 그 후 제기된 진정명의회복을 원인으로 한 소유권이전등기청구소송에도 미친다(대판 2001.09.20. 99다37894).

④ (X) 갑이 을로부터 1필의 토지의 일부를 특정하여 매수하였다고 주장하면서 을을 상대로 그 부분에 대한 소유권이전등기청구소송을 제기하였으나, 목적물이 갑의 주장과 같은 부분으로 특정되었다고 볼 증거가 없다는 이유로 청구가 기각되었고, 이에 대한 갑의 항소·상고가 모두 기각됨으로써 판결이 확정되자, 다시 을을 상대로 그 전체 토지 중 일정 지분을 매수하였다고 주장하면서 그 지분에 대한 소유권이전등기를 구하는 소를 제기한 경우, 전소와 후소는 그 각 청구취지를 달리하여 소송물이 동일하다고 볼 수 없으므로, 전소의 기판력은 후소에 미칠 수 없다(대판 1995.04.25. 94다17956(전합)).

⑤ (X) 가분채권의 일부에 대한 이행청구의 소를 제기하면서 나머지를 유보하고 일부만을 청구한다는 취지를 명시하지 아니한 이상 그 확정판결의 기판력은 청구하고 남은 잔부청구에까지 미치는 것이므로 그 나머지 부분을 별도로 다시 청구할 수 없다(대판 1993.06.25. 92다33008).

정답 ③

문 2   21년(1) 모의

甲은 乙과의 사이에서 乙 소유의 X부동산을 대금 2억 원에 매수하는 매매계약을 체결하고, 乙에게 계약금 및 중도금으로 1억 원을 지급하였다. 이와 관련된 다음 설명 중 옳은 것을 모두 고른 것은? (다툼이 있는 경우 판례에 의함)

ㄱ. 乙이 甲에게 소유권이전등기를 경료해 주었으나 甲이 잔금 지급을 지체하자, 乙은 甲을 상대로 위 매매계약에 따른 잔금지급청구의 소를 제기하여 승소하였고 위 판결은 확정되었다. 위 소송의 변론종결 이후에 乙로부터 위 잔금채권을 양수받아 대항력을 갖춘 丙은, 위 확정판결에 대하여 승계집행문을 부여받아 甲의 재산을 강제집행할 수 있다.

ㄴ. 甲으로부터 X부동산을 증여받기로 한 丙이 甲에 대한 소유권이전등기청구권을 보전하기 위하여 甲을 대위하여 乙을 상대로 위 부동산에 대한 소유권이전등기절차의 이행을 청구하는 소를 제기하였다가, 丙의 甲에 대한 소유권이전등기청구권의 부존재를 이유로 소각하판결을 선고받아 위 판결이 확정되었다. 이후 丙이 甲을 상대로 위 X부동산에 대한 증여계약을 원인으로 한 소유권이전등기절차의 이행을 구하는 소를 제기한 경우, 이는 전소 확정판결의 기판력에 저촉된다.

ㄷ. 甲에 대하여 대여금채권을 가진 丙이 그 채권을 보전하기 위하여 甲을 대위하여 乙을 상대로 매매계약 무효를 이유로 기지급 매매대금 1억 원의 반환을 구하는 소(전소)를 제기하였으나 청구기각판결이 선고되었다. 甲에 대하여 부당이득반환채권을 가진 丁이 전소 판결이 확정된 이후에 乙을 상대로 전소와 동일한 내용의 대위소송(후소)을 제기하였다면, 전소 확정판결의 기판력은 언제나 후소에 미친다.

ㄹ. 甲 명의로 소유권이전등기가 완료된 후에, 乙의 채권자인 丙이 甲을 상대로 사해행위취소 및 원상회복청구로써 위 매매계약의 취소를 구하고 甲 명의의 소유권이전등기의 말소등기절차의 이행을 청구하는 소를 제기하여 승소판결을 받아 위 판결이 확정되었다면, 이로써 乙의 다른 채권자 丁이 甲을 상대로 제기한 동일한 내용 후소(위 매매계약의 취소를 구하고 甲 명의의 소유권이전등기의 말소등기절차의 이행을 구하는 소)는 소의 이익이 없게 된다.

① ㄱ ② ㄱ, ㄴ
③ ㄱ, ㄴ, ㄷ ④ ㄷ
⑤ ㄴ, ㄷ, ㄹ

해설 **기판력의 주관적 범위**

ㄱ. (O) 승계집행문은 판결에 표시된 채권자의 포괄승계인이나 그 판결에 기한 채권을 특정하여 승계한 자가 강제집행을 신청하거나 그 속행을 신청할 수 있도록 부여하는 것이다. 강제집행절차에서는 권리관계의 공권적인 확정과 그 신속·확실한 실현을 도모하기 위하여 절차의 명확·안정을 중시하는데, 승계집행문에 관한 규정도 이러한 취지에 따라 운용되어야 한다. 집행권원상의 청구권(이하 '집행채권'이라 한다)이 양도되어 대항요건을 갖춘 경우에는 집행당사자적격이 양수인으로 변경되며, 양수인이 승계집행문을 부여받음에 따라 집행채권자가 양수인으로 확정된다. 승계집행문의 부여로 인하여 양도인에 대한 기존 집행권원의 집행력은 소멸한다(대판 2019.01.31. 2015다26009).

ㄴ. (X) 채권자가 채권자대위권을 행사하는 방법으로 제3채무자를 상대로 소송을 제기하였다가 채무자를 대위할 피보전채권이 인정되지 않는다는 이유로 소각하 판결을 받아 확정된 경우 그 판결의 기판력이 채권자가 채무자를 상대로 피보전채권의 이행을 구하는 소송에 미치는 것은 아니다(대판 2014.01.23. 2011다108095).

ㄷ. (X) 어느 채권자가 채권자대위권을 행사하는 방법으로 제3채무자를 상대로 소송을 제기하여 판결을 받은 경우, 어떠한 사유로든 채무자가 채권자대위소송이 제기된 사실을 알았을 경우에 한하여 그 판결의 효력이 채무자에게 미치므로, 이러한 경우에는 그 후 다른 채권자가 동일한 소송물에 대하여 채권자대위권에 기한 소를 제기하면 전소의 기판력을 받게 된다고 할 것이지만, 채무자가 전소인 채권자대위소송이 제기된 사실을 알지 못하였을 경우에는 전소의 기판력이 다른 채권자가 제기한 후소인 채권자대위소송에 미치지 않는다(대판 1994.08.12. 93다52808).

ㄹ. (X) 채권자취소권의 요건을 갖춘 각 채권자는 고유의 권리로서 채무자의 재산처분 행위를 취소하고 그 원상회복을 구할 수 있는 것이므로 여러 명의 채권자가 동시에 또는 시기를 달리하여 사해행위취소 및 원상회복청구의 소를 제기한 경우 이들 소가 중복제소에 해당하지 아니할 뿐만 아니라, 어느 한 채권자가 동일한 사해행위에 관하여 사해행위취소 및 원상회복청구를 하여 승소판결을 받아 그 판결이 확정되었다는 것만으로는 그 후에 제기된 다른 채권자의 동일한 청구가 권리보호의 이익이 없게 되는 것은 아니고, 그에 기하여 재산이나 가액의 회복을 마친 경우에 비로소 다른 채권자의 사해행위취소 및 원상회복청구는 그와 중첩되는 범위 내에서 권리보호의 이익이 없게 된다(대판 2008.04.24. 2007다84352).

정답 ①

문 3
21년(1) 모의

다음과 같은 형성권 중 기판력의 표준시 전에 존재하였으나 이를 행사하지 않고 있다가 그 후에 행사하여 기판력을 부정할 수 있는 것을 모두 고른 것은? (다툼이 있는 경우 판례에 의함)

> ㄱ. 취소권
> ㄴ. 상계권
> ㄷ. 토지 임대차 종료로 인한 토지반환청구소송에서 원고승소판결이 확정된 후의 임차인의 건물매수청구권
> ㄹ. 어음금 청구소송이 확정된 후 당해 어음의 백지보충권

① ㄱ, ㄴ
② ㄱ, ㄹ
③ ㄴ, ㄷ
④ ㄴ, ㄹ
⑤ ㄷ, ㄹ

해설 기판력의 시적 범위

ㄱ. (X) 확정된 법률관계에 있어 동 확정판결의 변론종결 전에 이미 발생하였던 취소권을 그 당시에 행사하지 않음으로 인하여 취소권자에게 불리하게 확정된 경우 그 확정후 취소권을 뒤늦게 행사함으로써 동 확정의 효력을 부인할 수 없다(대판 1979.08.14. 79다1105).

ㄴ. (○) 당사자 쌍방의 채무가 서로 상계적상에 있다 하더라도 그 자체만으로 상계로 인한 채무소멸의 효력이 생기는 것은 아니고, 상계의 의사표시를 기다려 비로소 상계로 인한 채무소멸의 효력이 생기는 것이므로, 채무자가 채무명의인 확정판결의 변론종결 전에 상대방에 대하여 상계적상에 있는 채권을 가지고 있었다 하더라도 채무명의인 확정판결의 변론종결 후에 이르러 비로소 상계의 의사표시를 한 때에는 민사소송법 제505조 제2항이 규정하는 '이의원인이 변론종결 후에 생긴 때'에 해당하는 것으로서, 당사자가 채무명의인 확정판결의 변론종결 전에 자동채권의 존재를 알았는가 몰랐는가에 관계없이 적법한 청구이의 사유로 된다(대판 1998.11.24. 98다25344).

ㄷ. (○) 건물의 소유를 목적으로 하는 토지 임대차에 있어서, 임대차가 종료함에 따라 토지의 임차인이 임대인에 대하여 건물매수청구권을 행사할 수 있음에도 불구하고 이를 행사하지 아니한 채, 토지의 임대인이 임차인에 대하여 제기한 토지인도 및 건물철거청구 소송에서 패소하여 그 패소판결이 확정되었다고 하더라도, 그 확정판결에 의하여 건물철거가 집행되지 아니한 이상 토지의 임차인으로서는 건물매수청구권을 행사하여 별소로써 임대인에 대하여 건물매매대금의 지급을 구할 수 있다(대판 1995.12.26. 95다42195).

ㄹ. (X) 약속어음의 소지인이 어음요건의 일부를 흠결한 이른바 백지어음에 기하여 어음금 청구소송(이하 '전소'라고 한다)을 제기하였다가 위 어음요건의 흠결을 이유로 청구기각의 판결을 받고 위 판결이 확정된 후 위 백지 부분을 보충하여 완성한 어음에 기하여 다시 전소의 피고에 대하여 어음금 청구소송(이하 '후소'라고 한다)을 제기한 경우에는, 원고가 전소에서 어음요건의 일부를 오해하거나 그 흠결을 알지 못했다고 하더라도, 전소와 후소는 동일한 권리 또는 법률관계의 존부를 목적으로 하는 것이어서 그 소송물은 동일한 것이라고 보아야 한다. 그리고 확정판결의 기판력은

동일한 당사자 사이의 소송에 있어서 변론종결 전에 당사자가 주장하였거나 주장할 수 있었던 모든 공격 및 방어방법에 미치는 것이므로, 약속어음의 소지인이 전소의 사실심 변론종결일까지 백지보충권을 행사하여 어음금의 지급을 청구할 수 있었음에도 위 변론종결일까지 백지 부분을 보충하지 않아 이를 이유로 패소판결을 받고 그 판결이 확정된 후에 백지보충권을 행사하여 어음이 완성된 것을 이유로 전소 피고를 상대로 다시 동일한 어음금을 청구하는 경우에는, 위 백지보충권 행사의 주장은 특별한 사정이 없는 한 전소판결의 기판력에 의하여 차단되어 허용되지 않는다(대판 2008.11.27. 2008다59230).

정답 ③

III 기판력의 후소에 대한 작용

19년(3)·20년(3) 모의

120. (1) 피고의 소송상 상계항변에 대하여 원고가 소송상 상계의 재항변을 하는 것은 일반적으로 허용할 이익이 없다.

(2) 반대채권이 부존재한다는 판결이유 중의 판단의 기판력은 특별한 사정이 없는 한 '법원이 반대채권의 존재를 인정하였더라면 상계에 관한 실질적 판단으로 나아가 수동채권의 상계적상일까지의 원리금과 대등액에서 소멸하는 것으로 판단할 수 있었던 반대채권의 원리금 액수'의 범위에서 발생한다.

해설 [1] 원고가 소송물인 청구채권 외에 피고에 대하여 다른 채권을 가지고 있다면 소의 추가적 변경에 의하여 그 채권을 당해 소송에서 청구하거나 별소를 제기할 수 있다. 그렇다면 원고의 소송상 상계의 재항변은 일반적으로 이를 허용할 이익이 없다(대판 2014.06.12. 2013다95964). [2] 반대채권이 부존재한다는 판결이유 중의 판단의 기판력은 특별한 사정이 없는 한 '법원이 반대채권의 존재를 인정하였더라면 상계에 관한 실질적 판단으로 나아가 수동채권의 상계적상일까지의 원리금과 대등액에서 소멸하는 것으로 판단할 수 있었던 반대채권의 원리금 액수'의 범위에서 발생한다고 보아야 한다. 그리고 이러한 법리는 피고가 상계항변으로 주장하는 반대채권의 액수가 소송물로서 심판되는 소구채권의 액수보다 더 큰 경우에도 마찬가지로 적용된다(대판 2018.08.30. 2016다46338).

정답 ○, ○

18년(3) 모의

121. 주위적 청구와 예비적 청구가 병합된 소송에서 법원이 주위적 청구를 전부 인용하고 예비적 청구에 대하여 판단하지 아니하는 판결을 선고하여 그 판결이 확정된 경우, 원고의 소송목적은 전부 달성되었고 예비적 청구는 성질상 주위적 청구에 의존하는 것이므로 예비적 청구에 관하여서도 기판력이 발생한다.

해설 확정판결의 기판력은 그 판결의 주문에 포함된 것, 즉 소송물로 주장된 법률관계의 존부에 관한 판단의 결론 그 자체에만 생기는 것이고, 판결이유에 설시된 그 전제가 되는 법률관계의 존부에까지 미치는 것은 아니다. 그리하여 부동산소유권이전등기절차의 이행청구에 관한 확정판결의 기판력은 그 소송물이었던 이전등기청구권의 존부에만 미치고 그 목적부동산의 소유권자체의 존부에까지 미치는 것은 아니며 이것은 당원의 확립된 견해로 되어 있다. 그러므로 비록 이 사건 계쟁토지에 관하여 원고에게 소외회사에의 소유권이전등기절차이행을 명하는 확정판결이 있었고, 그 판결이유 가운데 위 토지가 소외회사의 소유라고 설시한 부분과 이 사건 주위적 청구원인과 같은 내용의 원고의 항변을 배척한 부분이 있었다고 할지라도, 위 확정판결의 기판력은 이 사건 계쟁토지가 원고의 소유임을 전제로 하여 그 소유권확인과 소유권에 기하여 방해배제를 구하는 이 사건 주위적 청구에는 미칠 수 없다고 할 것이다. 이 사건 예비적 청구가 서울고등법원 71나1597,1598 사건에 관한 확정판결의 기판력에 저촉된다고 주장하나 원심판결은 이 사건 주위적 청구를 모두 인용하고 예비적 청구를 인용한 바 없으므로 더 나아가 따져 볼 필요 없이 이유 없다(대판 1990.01.12. 88다카24622).

정답 ×

18년(3) 모의

122. **1필지 토지 전부에 대한 소유권이전등기청구소송에서 토지 일부의 매수사실은 인정되나 매수부분을 특정할 수 없다는 이유로 전부패소판결을 받아 확정된 후, 매수부분을 특정하여 다시 제기된 소유권이전등기 청구의 소는 기판력에 저촉되지 않는다.**

해설 1필지 토지 전부에 대한 소유권이전등기청구소송에서 토지 일부의 매수사실은 인정되나 특정할 수 없다는 이유로 전부패소판결을 받아 확정된 후 매수부분을 특정하여 소유권이전등기를 구하는 경우 전소에서는 그 부분을 매수하였는지 여부, 즉 권리관계의 존부에 대하여 실질적으로 판단이 되었다고 할 수 없으므로 전소는 매수부분에 관한 한 기판력이 생기지 아니한다(대판 1992.11.24. 91다28283).

정답 ○

 21년 변시, 12년(2)·(3)·15년(1)·17년(3) 모의

123. **백지어음의 소지인이 어음금청구소송의 사실심 변론종결일까지 그 백지 부분을 보충하지 아니하여 소지인의 패소판결이 확정된 경우, 그 후 소지인이 그 백지 부분을 보충하여 위 소송의 피고를 상대로 다시 동일한 어음금청구의 소를 제기하는 것은 특별한 사정이 없는 한 위 확정판결의 기판력에 저촉된다.**

해설 약속어음의 소지인이 어음요건의 일부를 흠결한 이른바 백지어음에 기하여 어음금 청구소송(이하 '전소'라고 한다)을 제기하였다가 위 어음요건의 흠결을 이유로 청구기각의 판결을 받고 위 판결이 확정된 후 위 백지 부분을 보충하여 완성한 어음에 기하여 다시 전소의 피고에 대하여 어음금 청구소송(이하 '후소'라고 한다)을 제기한 경우에는, 원고가 전소에서 어음요건의 일부를 오해하거나 그 흠결을 알지 못했다고 하더라도, 전소와 후소는 동일한 권리 또는 법률관계의 존부를 목적으로 하는 것이어서 그 소송물은 동일한 것이라고 보아야 한다. 그리고 확정판결의 기판력은 동일한 당사자 사이의 소송에 있어서 변론종결 전에 당사자가 주장하였거나 주장할 수 있었던 모든 공격 및 방어방법에 미치는 것이므로, 약속어음의 소지인이 전소의 사실심 변론종결일까지 백지보충권을 행사하여 어음금의 지급을 청구할 수 있었음에도 위 변론종결일까지 백지 부분을 보충하지 않아 이를 이유로 패소판결을 받고 그 판결이 확정된 후에 백지보충권을 행사하여 어음이 완성된 것을 이유로 전소 피고를 상대로 다시 동일한 어음금을 청구하는 경우에는, 위 백지보충권 행사의 주장은 특별한 사정이 없는 한 전소판결의 기판력에 의하여 차단되어 허용되지 않는다(대판 2008.11.27. 2008다59230).

정답 ○

🍊 16년·17년·22년 변시, 13년(2)·16년(3) 모의

124. **(1) 원인무효를 이유로 소유권이전등기의 말소를 구하는 전소에서 패소확정판결을 받은 원고는 전소의 사실심 변론종결 전에 주장할 수 있었던 등기원인의 무효사유를 당사자와 청구취지가 동일한 후소에서 주장할 수 없다.**

(2) 원인무효를 이유로 소유권이전등기의 말소를 구하는 전소에서 원고가 패소확정판결을 받았더라도 동일한 당사자 사이에 후소로 소유권확인청구를 할 수 있다.

> **해설** [1] 말소등기청구사건의 소송물은 당해 등기의 말소등기청구권이고 그 동일성 식별의 표준이 되는 청구원인, 즉 말소등기청구권의 발생원인은 당해 등기원인의 무효라 할 것으로서 등기원인의 무효를 뒷받침하는 개개의 사유는 독립된 공격방어방법에 불과하여 별개의 청구원인을 구성하는 것이 아니라 할 것이므로 전소에서 원고가 주장한 사유나 후소에서 주장하는 사유들은 모두 등기의 원인무효를 뒷받침하는 공격방법에 불과할 것일 뿐 그 주장들이 자체로서 별개의 청구원인을 구성한다고 볼 수 없고 모두 전소의 변론종결 전에 발생한 사유라면 전소와 후소는 그 소송물이 동일하여 후소에서의 주장사유들은 전소의 확정판결의 기판력에 저촉되어 허용될 수 없는 것이다(대판 1993.06.29. 93다11050). [2] 확정판결의 기판력은 소송물로 주장된 법률관계의 존부에 관한 판단의 결론에만 미치고 그 전제가 되는 법률관계의 존부에까지 미치는 것은 아니므로, 계쟁 부동산에 관한 피고 명의의 소유권이전등기가 원인무효라는 이유로 원고가 피고를 상대로 그 등기의 말소를 구하는 소송을 제기하였다가 청구기각의 판결을 선고받아 확정되었다고 하더라도, 원고로서는 그의 소유권을 부인하는 피고에 대하여 계쟁 부동산이 원고의 소유라는 확인을 구할 법률상 이익이 있으며, 이러한 법률상의 이익이 있는 이상에는 특별한 사정이 없는 한 소유권확인 청구의 소제기 자체가 신의칙에 반하는 것이라고 단정할 수 없는 것이다(대판 2002.09.24. 2002다11847).

정답 ○, ○

16년(1) 모의

125. **전소에서 원고가 X부동산에 관하여 소유권에 기한 이전등기청구를 하여 승소·확정된 후, 피고가 X부동산의 소유자가 자신이라고 주장하면서 소유권확인청구의 후소를 제기하면 전소판결의 기판력이 미친다.**

> **해설** 확정판결의 기판력은 소송물로 주장된 법률관계의 존부에 관한 판단의 결론 그 자체에만 미치는 것이고 전제가 되는 법률관계의 존부에까지 미치는 것이 아니므로 부동산에 관한 소유권이전등기의 말소를 인용한 판결이 확정되었다고 하더라도 확정판결의 기판력은 소송물이었던 말소등기청구권의 존부에만 미치는 것이고, 그 전제가 되는 부동산의 소유권 자체의 존부에는 미치는 것이 아니므로 소유권이전등기 말소청구소송에서 패소한 당사자도 그 후 소유권확인을 구하거나 진정한 소유자 명의의 회복을 위한 소유권이전등기를 청구할 수 있다(대판 1996.12.20. 95다37988).

정답 ×

16년(1) 모의

126. 전소에서 원고가 X부동산에 관한 소유권확인청구를 하여 승소·확정된 후, 후소에서 소유권에 기하여 X부동산에 대한 목적물반환 또는 이전등기청구를 하였다면 피고가 X부동산에 관한 원고의 소유권을 다투는 것은 기판력에 저촉된다.

> 해설 확정된 전소의 기판력 있는 법률관계가 후소의 소송물 자체가 되지 아니하여도 후소의 선결문제가 되는 때에는 전소의 확정판결의 판단은 후소의 선결문제로서 기판력이 작용한다고 할 것이므로, 소유권확인청구에 대한 판결이 확정된 후 다시 동일 피고를 상대로 소유권에 기한 물권적 청구권을 청구원인으로 하는 소송을 제기한 경우에는 전소의 확정판결에서의 소유권의 존부에 관한 판단에 구속되어 당사자로서는 이와 다른 주장을 할 수 없을 뿐만 아니라 법원으로서도 이와 다른 판단은 할 수 없다(대판 2000.06.09. 98다18155).

정답

16년(3) 모의

127. 甲이 乙로부터 1필의 토지의 일부를 특정하여 매수하였다고 주장하면서 乙을 상대로 그 부분에 대한 소유권이전등기청구의 소(전소)를 제기하였으나, 목적물이 甲의 주장과 같은 부분으로 특정되었다고 볼 증거가 없다는 이유로 청구가 기각되었고, 이 판결이 확정된 후 甲이 다시 乙을 상대로 그 전체 토지 중 일정 지분을 매수하였다고 주장하면서 그 지분에 대한 소유권이전등기를 구하는 소(후소)를 제기한 경우, 전소의 기판력은 후소에 미치지 않는다.

> 해설 갑이 을로부터 1필의 토지의 일부를 특정하여 매수하였다고 주장하면서 을을 상대로 그 부분에 대한 소유권이전등기청구소송을 제기하였으나, 목적물이 갑의 주장과 같은 부분으로 특정되었다고 볼 증거가 없다는 이유로 청구가 기각되었고, 이에 대한 갑의 항소·상고가 모두 기각됨으로써 판결이 확정되자, 다시 을을 상대로 그 전체 토지 중 일정 지분을 매수하였다고 주장하면서 그 지분에 대한 소유권이전등기를 구하는 소를 제기한 경우, 전소와 후소는 그 각 청구취지를 달리하여 소송물이 동일하다고 볼 수 없으므로, 전소의 기판력은 후소에 미칠 수 없다(대판 1995.04.25. 94다17956 (전합)).

정답

16년(1) 모의

128. 패소확정된 전소의 원금채권청구소송의 변론종결시가 2007. 10. 1.인데 후소로 그 원금채권의 존재를 전제로 2005. 1. 1.부터 2012. 12. 31.까지의 이자청구를 하였다면, 2007. 10. 1.부터 2012. 12. 31.까지의 이자에 대한 청구에는 전소의 기판력이 미치지만, 2005. 1. 1.부터 2007. 9. 30.까지의 이자에 대한 청구에는 전소의 기판력이 미치지 않는다.

> 해설 확정판결의 기판력은 사실심의 최종변론종결 당시의 권리관계를 확정하는 것이므로, 원고의 청구 중 확정판결의 사실심 변론종결시 후의 이행지연으로 인한 손해배상(이자) 청구부분은 그 선

결문제로서 확정판결에 저촉되는 금원에 대한 피고의 지급의무의 존재를 주장하게 되어 논리상 확정판결의 기판력의 효과를 받게 되는 것이라고 할 것이나 그외의 부분(변론종결당시까지의 분)의 청구는 확정판결의 기판력의 효과를 받지 않는다(대판 1976.12.14. 76다1488).

정답 O

16년(1) 모의

129. 불법행위로 인한 인신손해에 대한 손해배상청구소송에서 판결이 확정된 후 피해자가 그 판결에서 손해배상액 산정의 기초로 인정된 기대여명보다 일찍 사망한 경우라도 그 판결에 기하여 지급받은 손해배상금 중 일부를 법률상 원인 없는 이득이라 하여 반환을 구하는 것은 그 판결의 기판력에 저촉된다.

해설 확정판결이 실체적 권리관계와 다르다 하더라도 그 판결이 재심의 소 등으로 취소되지 않는 한 그 판결의 기판력에 저촉되는 주장을 할 수 없어 그 판결의 집행으로 교부받은 금원을 법률상 원인 없는 이득이라 할 수 없는 것이므로, 불법행위로 인한 인신손해에 대한 손해배상청구소송에서 판결이 확정된 후 피해자가 그 판결에서 손해배상액 산정의 기초로 인정된 기대여명보다 일찍 사망한 경우라도 그 판결이 재심의 소 등으로 취소되지 않는 한 그 판결에 기하여 지급받은 손해배상금 중 일부를 법률상 원인 없는 이득이라 하여 반환을 구하는 것은 그 판결의 기판력에 저촉되어 허용될 수 없다(대판 2009.11.12. 2009다56665).

정답 O

15년(1) 모의

130. 피고가 상계항변에 제공한 자동채권이 존재하지 않는다는 이유로 항변을 배척한 판결이 확정된 후에 그 자동채권의 이행을 구하는 소를 제기하는 것은 기판력에 저촉된다.

해설 판결이유에서 판단되는 피고의 유치권, 동시이행항변권 등의 항변에 대해서는 원칙적으로 기판력이 발생하지 않는다. 항변은 소송물이 아니고 그 판단을 위한 전제일 뿐이기 때문이다. 그러나 피고가 상계의 항변을 제출한 경우 자동채권 존부에 대해 비록 판결이유에서 판단하지만 예외적으로 기판력이 발생한다(민사소송법 제216조 제2항). 그 이유는 상계로 주장한 청구에 기판력을 인정하지 않으면, 소구채권에 관한 분쟁이 후소에서 반대채권에 관한 분쟁으로 모습만 바뀌어 반복되므로 전소판결이 무의미해지기 때문이다. 지문의 경우 피고의 상계항변에 제공된 자동채권의 부존재를 이유로 그 항변이 배척된 경우로서 현재 자동채권(반대채권)이 부존재 한다는 판단에 기판력이 발생한다는데 이견이 없다(즉 반대채권이 변론종결시에 부존재한다는 판단에 기판력이 발생한다). 따라서 피고가 다시 후소에서 그 자동채권의 이행을 구하는 소를 제기하는 것은 기판력에 저촉된다.

민사소송법 제216조(기판력의 객관적 범위) ② 상계를 주장한 청구가 성립되는지 아닌지의 판단은 상계하자고 대항한 액수에 한하여 기판력을 가진다.

정답 O

13년(3) 모의

131. 甲이 변호사 X를 선임하여 乙을 상대로 A 토지에 관하여 매매계약을 원인으로 한 소유권이전등기청구의 소를 제기하였다. 甲이 승소확정판결을 받고 그 판결에 기하여 이전등기를 마친 뒤에 乙이 다시 甲을 상대로 매매계약이 무효라고 주장하면서 소유권이전등기말소청구의 소를 제기하는 경우 기판력이 작용하지 않는다.

해설 부동산의 소유자에 대하여 소유권이전등기를 청구할 지위에 있기는 하지만 아직 그 소유권이전등기를 경료하지 않은 상태에서, 제3자가 부동산의 소유자를 상대로 그 부동산에 관한 소유권이전등기절차 이행의 확정판결을 받아 소유권이전등기를 경료한 경우, 그 확정판결이 당연무효이거나 재심의 소에 의하여 취소되지 않는 한, 종전의 소유권이전등기청구권을 가지는 자가 부동산의 소유자에 대한 소유권이전등기청구권을 보전하기 위하여 부동산의 소유자를 대위하여 제3자 명의의 소유권이전등기가 원인무효임을 내세워 그 등기의 말소를 구하는 것은 확정판결의 기판력에 저촉되므로 허용될 수 없다(대판 1999.02.24. 97다46955).

정답 X

 13년 변시

132. 甲이 乙을 대위하여 丙을 상대로 제기한 취득시효 완성을 원인으로 한 소유권이전등기절차의 이행을 구하는 소송에서 乙을 대위할 피보전채권의 부존재를 이유로 한 소각하 판결이 확정된 후, 丙이 甲을 상대로 제기한 토지인도청구소송에서 甲이 다시 乙에 대한 위 피보전채권의 존재를 항변사유로 주장하는 것은 위 확정판결의 기판력에 저촉되어 허용될 수 없다.

해설 전소에서 확정된 것이 甲의 乙에 대한 피보전채권의 부존재이므로 후소에서 다시 피보전채권의 존재를 주장하는 것은 모순되는 주장으로 전소 기판력에 저촉된다.

판례 [1] 기판력이라 함은 기판력 있는 전소판결의 소송물과 동일한 후소를 허용하지 않는 것임은 물론, 후소의 소송물이 전소의 소송물과 동일하지 않다고 하더라도 전소의 소송물에 관한 판단이 후소의 선결문제가 되거나 모순관계에 있을 때에는 후소에서 전소판결의 판단과 다른 주장을 하는 것을 허용하지 않는 작용을 하는 것이다. [2] 갑이 을을 대위하여 병을 상대로 취득시효 완성을 원인으로 한 소유권이전등기 소송을 제기하였다가 을을 대위할 피보전채권의 부존재를 이유로 소각하 판결을 선고받고 확정된 후 병이 제기한 토지인도 소송에서 갑이 다시 위와 같은 권리가 있음을 항변사유로서 주장하는 것은 기판력에 저촉되어 허용될 수 없다(대판 2001.01.16. 2000다41349).

정답 O

 13년 변시, 18년(2) 모의

133. (1) 제소전 화해에 기하여 마쳐진 소유권이전등기가 원인무효라고 주장하며 말소등기절차의 이행을 청구하는 것은 위 제소전 화해의 기판력에 저촉된다.

(2) 甲이 乙에게 X 토지에 관하여 신탁해지를 원인으로 한 소유권이전등기절차를 이

> 행하기로 한 제소전 화해에 기하여 X 토지에 관하여 乙 명의의 소유권이전등기가 마쳐진 경우, 위 제소전 화해의 기판력은 甲이 乙을 상대로 위 소유권이전등기가 원인무효라고 주장하며 그 말소등기절차의 이행을 구하는 소에 미친다.

해설 전소판결의 기판력은 후소와 소송물이 동일하거나, 모순되거나, 선결관계인 경우 미치게 된다. 사안에서 제소전 화해에 기해 마쳐진 소유권이전등기에 대해 무효라고 주장하는 것은 전소판단과 모순된 주장을 하는 것으로 전소 기판력에 저촉된다.

판례 [1] 전, 후 양소의 소송물이 동일하지 않다고 하더라도, 후소의 소송물이 전소에서 확정된 법률관계와 모순되는 정반대의 사항을 소송물로 삼았다면 이러한 경우에는 전소 판결의 기판력이 후소에 미친다. [2] 제소전 화해조서는 확정판결과 같은 효력이 있어 당사자 사이에 기판력이 생기는 것이므로, 원고가 피고에게 토지에 관하여 신탁해지를 원인으로 한 소유권이전등기절차를 이행하기로 한 제소전 화해가 준재심에 의하여 취소되지 않은 이상, 그 제소전 화해에 기하여 마쳐진 소유권이전등기가 원인무효라고 주장하며 말소등기절차의 이행을 청구하는 것은 제소전 화해에 의하여 확정된 소유권이전등기청구권을 부인하는 것이어서 그 기판력에 저촉된다(대판 2002.12.06. 2002다44014).

정답 ○, ○

IV 기판력이 작용하는 경우 후소에 대한 법원의 조치

❖ **선택형 사례문제**

문 1
20년(1) 모의

다음 중 전·후소의 당사자가 동일하다는 것을 전제로 하여 전소의 기판력이 후소에 미치는 경우를 모두 고른 것은? (다툼이 있는 경우 판례에 의함)

> ㄱ. 대여금청구의 소에서 승소확정판결을 받은 원고가 판결 확정 후 10년이 다가오자 소멸시효의 완성을 막기 위해 전소 판결로 확정된 채권의 시효를 중단시키기 위한 재판상의 청구가 있다는 점에 대하여만 확인을 구하는 후소를 제기하는 경우
> ㄴ. 소유권확인청구소송에서 패소확정된 원고가 소유권에 기하여 피고 명의의 소유권이전등기의 말소등기청구의 소를 제기하는 경우
> ㄷ. 제소전 화해에 의하여 소유권이전등기를 넘겨준 자가 원인무효를 주장하면서 그 말소등기절차의 이행을 구하는 소를 제기하는 경우
> ㄹ. 부동산에 관한 소유권이전등기가 원인무효라는 이유로 등기의 말소를 구하는 판결이 확정된 후 피고가 전소의 변론종결 전에 동일 토지를 매수하였음을 원인으로 한 소유권이전등기청구의 소를 제기하는 경우
> ㅁ. 매매계약의 무효 또는 해제를 원인으로 한 매매대금반환청구에 대해 인낙조서가 작성된 후 전소의 원고가 동일한 매매계약에 기한 소유권이전등기청구의 소를 제기한 경우

① ㄱ, ㄴ
② ㄴ, ㄷ
③ ㄴ, ㄷ, ㄹ
④ ㄷ, ㄹ, ㅁ
⑤ ㄹ, ㅁ

해설 기판력

ㄱ. (X) 종래 대법원은 시효중단사유로서 재판상의 청구에 관하여 반드시 권리 자체의 이행청구나 확인청구로 제한하지 않을 뿐만 아니라, 권리자가 재판상 그 권리를 주장하여 권리 위에 잠자는 것이 아님을 표명한 것으로 볼 수 있는 때에는 널리 시효중단사유로서 재판상의 청구에 해당하는 것으로 해석하여 왔다. 이와 같은 법리는 이미 승소 확정판결을 받은 채권자가 그 판결상 채권의 시효중단을 위해 후소를 제기하는 경우에도 동일하게 적용되므로, 채권자가 전소로 이행청구를 하여 승소 확정판결을 받은 후 그 채권의 시효중단을 위한 후소를 제기하는 경우, 후소의 형태로서 항상 전소와 동일한 이행청구만이 시효중단사유인 '재판상의 청구'에 해당한다고 볼 수는 없다. … 시효중단을 위한 후소로서 이행소송 외에 전소 판결로 확정된 채권의 시효를 중단시키기 위한 조치, 즉 '재판상의 청구'가 있다는 점에 대하여만 확인을 구하는 형태의 '새로운 방식의 확인소송'이 허용되고, 채권자는 두 가지 형태의 소송 중 자신의 상황과 필요에 보다 적합한 것을 선택하여 제기할 수 있다고 보아야 한다(대판 2018.10.18. 2015다232316(전합)).

ㄴ. (O) 확정된 전소의 기판력 있는 법률관계가 후소의 소송물 자체가 되지 아니하여도 후소의 선결문제가 되는 때에는 전소의 확정판결의 판단은 후소의 선결문제로서 기판력이 작용한다고 할 것이므로, 소유권확인청구에 대한 판결이 확정된 후 다시 동일 피고를 상대로 소유권에 기한 물권적 청구권을 청구원인으로 하는 소송을 제기한 경우에는 전소의 확정판결에서의 소유권의 존부에 관한 판단에 구속되어 당사자로서는 이와 다른 주장을 할 수 없을 뿐만 아니라 법원으로서도 이와 다른 판단은 할 수 없다(대판 2000.06.09. 98다18155).

ㄷ. (O) 제소전 화해조서는 확정판결과 같은 효력이 있어 당사자 사이에 기판력이 생기는 것이므로, 원고가 피고에게 토지에 관하여 신탁해지를 원인으로 한 소유권이전등기절차를 이행하기로 한 제소전 화해가 준재심에 의하여 취소되지 않은 이상, 그 제소전 화해에 기하여 마쳐진 소유권이전등기가 원인무효라고 주장하며 말소등기절차의 이행을 청구하는 것은 제소전 화해에 의하여 확정된 소유권이전등기청구권을 부인하는 것이어서 그 기판력에 저촉된다(대판 2002.12.06. 2002다44014).

ㄹ. (X) 확정판결의 기판력은 소송물로 주장된 법률관계의 존부에 관한 판단 그 자체에만 미치는 것이고 전소와 후소가 그 소송물이 동일한 경우에 작용하는 것이므로, 부동산에 관한 소유권이전등기가 원인무효라는 이유로 그 등기의말소를 명하는 판결이 확정되었다고 하더라도 그 확정판결의 기판력은 그 소송물이었던 말소등기청구권의 존부에만 미치는 것이므로, 그 소송에서 패소한 당사자도 전소에서 문제된 것과는 전혀 다른 청구원인에 기하여 상대방에 대하여 소유권이전등기청구를 할 수 있다(대판 1995.06.13. 93다43491). ▶ 소유권이전등기말소 청구소송에서 패소한 당사자가 그 후 상대방에 대하여 전소송의 변론종결 전에 동일 토지를 매수하였음을 원인으로 한 소유권이전등기 청구소송을 제기하는 것이 전소판결의 기판력에 저촉되지 않는다고 한 판례

ㅁ. (X) 매매계약의 무효 또는 해제를 원인으로 한 매매대금반환청구에 대한 인낙조서의 기판력은 그 매매대금반환청구권의 존부에 관하여만 발생할 뿐, 그 전제가 되는 선결적 법률관계인 매매계약의 무효 또는 해제에까지 발생하는 것은 아니므로 소유권이전등기청구권의 존부를 소송물로 하는 후소는 전소에서 확정된 법률관계와 정반대의 모순되는 사항을 소송물로 하는 것이라 할 수 없으며, 기판력이 발생하지 않는 전소와 후소의 소송물의 각 전제가 되는 법률관계가 매매계약의 유효 또는 무효로 서로 모순된다고 하여 전소에서의 인낙조서의 기판력이 후소에 미친다고 할 수 없다고 한 사례(대판 2005.12.23. 2004다55698).

정답 ②

문 2
20년(1) 모의

다음 <사례>에 관한 설명 중 옳은 것은? (다툼이 있는 경우 판례에 의함)

<사례>
甲은 A에 대하여 1억 원의 대여금채권이 있다. A의 상속인으로는 아들 乙이 있다. A가 사망한 이후 3개월 이내에 乙은 한정승인신고를 하였다.

① 가정법원은 그 신고가 한정승인의 형식적 요건 이외에 한정승인의 실체적 요건을 구비하였는지를 함께 심리하여 수리여부를 심판하여야 한다.
② 甲은 다른 소송의 선결문제로서 가정법원의 한정승인수리심판의 효력을 다툴 수 없다.
③ 상속채무의 이행을 구하는 소송에서 乙의 한정승인 항변이 받아들여져서 원고 승소판결인 집행권원 자체에 '상속재산의 범위 내에서만' 금전채무를 이행할 것을 명하는 이른바 유한책임의 취지가 명시되어 있음에도 불구하고, 乙의 고유재산임이 명백한 임금채권 등에 대하여 위 집행권원에 기한 압류 및 전부명령이 발령되었을 경우에, 상속인인 乙로서는 청구에 관한 이의의 소에 의하여 불복할 수 있다.
④ 甲이 乙을 상대로 A의 상속채무의 이행을 구하는 소를 제기하자 乙이 한정승인심판을 받았음에도 불구하고 소송절차에서 한정승인의 항변을 하지 아니하여 유보 없는 판결이 선고되고 확정되었다. 甲이 乙의 고유재산에 대하여 집행을 한 경우 乙은 변론종결 전의 한정승인을 강제집행단계에서 뒤늦게 주장하여 청구이의의 방법으로 강제집행을 거부할 수 없다.
⑤ 甲이 乙을 상대로 A의 상속채무의 이행을 구하는 전소에서 상속인의 한정승인이 인정되어 상속재산의 한도에서 지급을 명하는 판결이 확정된 경우, 그 후 甲이 乙을 상대로 전소 사실심의 변론종결시 이전에 존재한 법정단순승인 등 한정승인과 양립할 수 없는 사실을 주장하여 위 채권에 대해 책임의 범위에 관한 유보가 없는 판결을 구하는 것은 허용되지 아니한다.

해설 한정승인

① (X) 가정법원의 한정승인신고수리의 심판은 일응 한정승인의 요건을 구비한 것으로 인정한다는 것일 뿐 그 효력을 확정하는 것이 아니고 상속의 한정승인의 효력이 있는지 여부의 최종적인 판단은 실체법에 따라 민사소송에서 결정될 문제이므로, 민법 제1019조 제3항에 의한 한정승인신고의 수리 여부를 심판하는 가정법원으로서는 그 신고가 형식적 요건을 구비한 이상 상속채무가 상속재산을 초과하였다거나 상속인이 중대한 과실 없이 이를 알지 못하였다는 등의 실체적 요건에 대하여는 이를 구비하지 아니하였음이 명백한 경우 외에는 이를 문제삼아 한정승인신고를 불수리할 수 없다(대결 2006.02.13. 2004스74).

② (X) 한정승인 수리심판은 실체법적 요건 구비에 대한 법원의 판단이 아니므로 다른 소송을 제기하면서 선결문제로서의 한정승인수리심판의 효력을 다툴 수 있다.

> 참조판례 한정승인신고의 수리심판 그 자체에 대해서는 상속채권자도 불복할 수 없고(가사소송법 제43조, 가사소송규칙 제27조), 상속채무의 이행을 청구하는 소송 등을 제기하면서 그 선결 문제로 한정승인의 무효를 주장할 수 있으므로, 독립된 한정승인 무효확인의소는 소의 이익이 없어 부적법하다(부산고등법원 2003.05.33 2002나8001).

③ (X) 상속채무의 이행을 구하는 소송에서 피고의 한정승인 항변이 받아들여져서 원고 승소판결인 집행권원 자체에 '상속재산의 범위 내에서만' 금전채무를 이행할 것을 명하는 이른바 유한책임의 취지가 명시되어 있음에도 불구하고, 상속인의 고유재산임이 명백한 임금채권 등에 대하여 위 집행권원에 기한 압류 및 전부명령이 발령되었을 경우에, 상속인인 피고로서는 책임재산이 될 수 없는 재산에 대하여 강제집행이 행하여졌음을 이유로 제3자이의 소를 제기하거나, 그 채권압류 및 전부명령 자체에 대한 즉시항고를 제기하여 불복하는 것은 별론으로 하고, 청구에 관한 이의의 소에 의하여 불복할 수는 없다고 보아야 하고, 나아가 만약 그 채권압류 및 전부명령이 이미 확정되어 강제집행절차가 종료된 후에는 집행채권자를 상대로 부당이득의 반환을 구하되, 피전부채권 중 실제로 추심한 금전 부분에 관하여는 그 상당액을 반환을 구하고, 아직 추심하지 아니한 부분에 관하여는 그 채권 자체의 양도를 구하는 방법에 의할 수밖에 없다(대결 2005.12.19. 2005그128).

④ (X) 채무자가 한정승인을 하였으나 채권자가 제기한 소송의 사실심 변론종결시까지 이를 주장하지 아니하는 바람에 책임의 범위에 관하여 아무런 유보 없는 판결이 선고·확정된 경우라 하더라도 채무자가 그 후 위 한정승인 사실을 내세워 청구에 관한 이의의 소를 제기하는 것이 허용되는 것은, 한정승인에 의한 책임의 제한은 상속채무의 존재 및 범위의 확정과는 관계없이 다만 판결의 집행대상을 상속재산의 한도로 한정함으로써 판결의 집행력을 제한할 뿐으로, 채권자가 피상속인의 금전채무를 상속한 상속인을 상대로 그 상속채무의 이행을 구하여 제기한 소송에서 채무자가 한정승인 사실을 주장하지 않으면 책임의 범위는 현실적인 심판대상으로 등장하지 아니하여 주문에서는 물론 이유에서도 판단되지 않는 관계로 그에 관하여는 기판력이 미치지 않기 때문이다. 이와 같은 기판력에 의한 실권효 제한의 법리는 채무의 상속에 따른 책임의 제한 여부만이 문제되는 한정승인과 달리 상속에 의한 채무의 존재 자체가 문제되어 그에 관한 확정판결의 주문에 당연히 기판력이 미치게 되는 상속포기의 경우에는 적용될 수 없다(대판 2009.05.28. 2008다79876). ▸ 전소에서 채무자가 한정승인의 항변을 하지 않아도 책임의 범위에 대해서 판결 주문, 이유에서 현실적으로 판단되지 않아 기판력이 발생하지 않는다. 따라서 설문에서의 甲은 청구 이의의 소를 제기할 수 있다.

⑤ (O) 피상속인에 대한 채권에 관하여 채권자와 상속인 사이의 전소에서 상속인의 한정승인이 인정되어 상속재산의 한도에서 지급을 명하는 판결이 확정된 때에는 그 채권자가 상속인에 대하여 새로운 소에 의해 위 판결의 기초가 된 전소 사실심의 변론종결시 이전에 존재한 법정단순승인 등 한정승인과 양립할 수 없는 사실을 주장하여 위 채권에 대해 책임의 범위에 관한 유보가 없는 판결을 구하는 것은 허용되지 아니한다. 왜냐하면 전소의 소송물은 직접적으로는 채권(상속채무)의 존재 및 그 범위이지만 한정승인의 존재 및 효력도 이에 준하는 것으로서 심리·판단되었을 뿐만 아니라 한정승인이 인정된 때에는 주문에 책임의 범위에 관한 유보가 명시되므로 한정승인의 존재 및 효력에 대한 전소의 판단에 기판력에 준하는 효력이 있다고 해야 하기 때문이다. 그리고 이러한 법리는 채권자의 급부청구에 대하여 상속인으로부터의 한정승인의 주장이 받아들여져 상속재산의 한도 내에서 지급을 명하는 판결이 확정된 경우와 채권자 스스로 위와 같은 판결을 구하여 그에 따라 판결이 확정된 경우 모두에 마찬가지로 적용된다(대판 2012.05.09. 2012다3197).

정답 ⑤

문 3
> 20년 변시

甲은 乙을 상대로 1억 원의 매매대금청구의 소를 제기하였는데, 乙은 매매계약이 무효임을 이유로 매매대금채권의 부존재를 주장하는 한편, 甲에 대한 1억 5,000만 원의 대여금채권을 반대채권으로 하여 상계항변을 하였다. 이에 관한 설명 중 옳지 않은 것은? (다툼이 있는 경우 판례에 의함)

① 위 소송에서 법원이 甲의 주장 및 乙의 상계항변을 모두 받아들여 甲의 청구를 기각한 경우, 위 판결에 대하여 乙은 항소이익이 있다.
② 위 소송에서 법원이 甲의 주장 및 乙의 상계항변을 모두 받아들여 甲의 청구를 기각하였다. 위 판결에 대하여 甲만이 항소하고 乙은 부대항소도 하지 아니한 경우, 항소심 법원이 甲의 매매대금채권이 부존재한다고 판단하였다면, 乙의 대여금채권 존부와 관계없이 항소심 법원은 위 판결을 취소하고 원고의 청구를 기각하여야 한다.
③ 위 소송에서 법원이 甲의 소를 각하하였고 위 판결에 대하여 甲만이 항소한 경우, 항소심 법원이 甲의 매매대금청구의 소는 적법하나 매매계약이 무효여서 매매대금채권이 존재하지 아니한다고 판단하였다면, 항소심 법원은 甲의 항소를 기각하여야 한다.
④ 위 소송에서 법원이 甲의 주장 및 乙의 상계항변을 모두 받아들여 甲의 청구를 기각하였고 위 판결이 그대로 확정된 경우, 위 확정판결의 기판력은 乙의 甲에 대한 5,000만 원(상계로 대등액에서 소멸되고 남은 금액)의 대여금 지급을 구하는 후소에 미치지 아니한다.
⑤ 위 소송에서 법원이 甲의 주장은 받아들였으나 乙의 상계항변은 대여금채권 전액 부존재를 이유로 배척하여 甲의 청구를 전부 인용하였고 위 판결이 그대로 확정된 경우, 위 확정판결의 기판력은 乙의 甲에 대한 5,000만 원(대여금채권의 존재가 인정되었다면 상계로 대등액에서 소멸되고 남았을 금액)의 대여금 지급을 구하는 후소에 미치지 아니한다.

::해설 **상계항변의 기판력**

① (O) 원고의 청구를 전부 기각한 판결에 대하여는 피고가 판결이유 중의 판단에 불복이 있더라도, 상계를 주장한 청구가 성립되어 원고의 청구가 기각된 때와 같이 예외적으로 기판력이 있는 경우를 제외하고는, 상소를 할 이익이 없다(대판 1993.12.28. 93다47189). ▶ 피고의 상계항변이 받아 들여 원고 전부기각 판결선고 되더라도 피고에게는 항소할 이익이 있다.
② (X) 항소심은 당사자의 불복신청범위 내에서 제1심판결의 당부를 판단할 수 있을 뿐이므로, 설령 제1심판결이 부당하다고 인정되는 경우라 하더라도 그 판결을 불복당사자의 불이익으로 변경하는 것은 당사자가 신청한 불복의 한도를 넘어 제1심판결의 당부를 판단하는 것이 되어 허용될 수 없다(대판 2005.08.19. 2004다8197). 따라서 제1심판결이 원고가 청구한 채권의 발생을 인정한 후 피고가 한 상계항변을 받아들여 원고 청구의 전부 또는 일부를 기각하고 이에 대하여 원고만이 항소한 경우에 항소심이 제1심과는 다르게 원고가 청구한 채권의 발생이 인정되지 않는다는 이유로 원고의 청구를 기각하는 것은 항소심의 심판범위를 벗어나 항소인인 원고에게 불이익하게 제1심 판결을 변경하는 것이어서 허용되지 않는다(대판 2011.10.13. 2011다51205).
③ (O) 항소심이 청구기각 판결을 하여야 할 사건에 대하여 소각하 판결을 하였으나 원고만이 상고한 경우, 소를 각하한 항소심판결을 파기하여 원고에게 더 불리한 청구기각의 판결을 할 수는 없으므로, 항소심판결을 그대로 유지하지 않을 수 없다(대판 1999.06.08. 99다17401).

④ (○) 사안에서 甲의 소구채권이자 수동채권 1억에 대해 乙이 반대채권 1억5천만으로 상계항변을 하였고 법원은 상계항변을 받아들였는바, 기판력은 법원이 판단한 1억원에 대해 발생한다. 그러므로 상계로 대등액(1억)에서 소멸하고 소멸하고 남은 乙의 5천만원에 대해서는 기판력이 발생하지 않는다. 따라서 乙의 甲에 대한 5천만원의 대여금 청구를 구하는 후소에 전소의 기판력이 미치지 않는다.

> 민사소송법 제216조(기판력의 객관적 범위) ① 확정판결(확정판결)은 주문에 포함된 것에 한하여 기판력(기판력)을 가진다.
> ② 상계를 주장한 청구가 성립되는지 아닌지의 판단은 상계하자고 대항한 액수에 한하여 기판력을 가진다.

⑤ (○) 확정된 판결의 이유 부분의 논리구조상 법원이 당해 소송의 소송물인 수동채권의 전부 또는 일부의 존재를 인정하는 판단을 한 다음 피고의 상계항변에 대한 판단으로 나아가 피고가 주장한 반대채권(또는 자동채권, 이하 '반대채권'이라고만 한다)의 존재를 인정하지 않고 상계항변을 배척하는 판단을 한 경우에, 그와 같이 반대채권이 부존재한다는 판결이유 중의 판단의 기판력은 특별한 사정이 없는 한 '법원이 반대채권의 존재를 인정하였더라면 상계에 관한 실질적 판단으로 나아가 수동채권의 상계적상일까지의 원리금과 대등액에서 소멸하는 것으로 판단할 수 있었던 반대채권의 원리금 액수'의 범위에서 발생한다고 보아야 한다. 그리고 이러한 법리는 피고가 상계항변으로 주장하는 반대채권의 액수가 소송물로서 심판되는 소구채권의 액수보다 더 큰 경우에도 마찬가지로 적용된다(대판 2018.08.30. 2016다46338). ▶ 사안에서 甲의 소구채권 1억 원은 인정되었으나 乙의 반대채권 1억 5천만의 부존재를 이유로 乙의 상계항변이 배척 되었는바, 법원이 乙이 주장한 반대채권 1억5천만의 존재를 인정 하였다면 소구채권인 甲의 매매대금 1억의 범위내에서 乙의 상계항계변의 기판력이 발생한다. 따라서 乙의 甲에 대한 5천만원의 대여금 청구를 구하는 후소에 전소의 기판력이 미치지 않는다.

 정답 ②

문 4   19년 변시

甲은 乙에 대하여 매매대금의 지급을 구하는 소를 제기하였다(이를 '제1소송'이라 함). 이 소송 도중에 乙은 甲에게 대여금의 반환을 구하는 별소를 제기하였다(이를 '제2소송'이라 함). 이후 제1소송의 기일에서 乙은 주위적으로 소멸시효가 완성되었다고 항변하면서, 예비적으로 제2소송의 대여금채권을 자동채권으로 하는 상계항변을 하였다. 이에 관한 설명 중 옳지 않은 것은? (다툼이 있는 경우 판례에 의함)

① 乙이 주위적 항변으로 주장한 사실 또는 예비적 항변으로 주장한 사실은 乙에게 증명책임이 있다.
② 제1소송에서 예비적 항변이 받아들여져 청구기각의 판결이 선고된 경우에 甲에게는 항소의 이익이 있지만 乙에게는 항소의 이익이 없다.
③ 상계를 주장한 청구가 성립되는지 아닌지의 판단은 상계하자고 대항한 액수에 한하여 기판력을 가진다.
④ 상계적상 시점 이전에 수동채권의 변제기가 이미 도래한 경우, 법원은 상계적상의 시점 및 수동채권의 지연손해금 기산일과 이율 등을 구체적으로 특정해 줌으로써 자동채권에 대하여 어느 범위에서 상계의 기판력이 미치는지 판결이유에서 분명히 밝혀야 한다.
⑤ 乙이 계속 중인 제2소송에서 청구한 대여금채권을 제1소송에서 자동채권으로 하여 소송상 상계의 주장을 하는 것은 허용된다.

해설 증명책임, 항소이익, 상계

① (○) 증명책임과 관련해 법률요건분류설은 각 당사자는 자기에게 유리한 법규의 요건사실의 존부에 대해 증명책임을 지는 것으로 분배시키고 있다. 따라서 권리의 존재를 다투는 상대방은 자기에게 유리한 반대규정의 요건사실에 대해 증명책임을 진다. 소멸시효완성 이나 상계항변은 권리소멸(멸각)규정의 요건사실에 해당되는바 이를 주장하는 자가 증명책임을 진다(이시윤, 신민사소송법 제11판, p.544~545). 사안에서 乙이 소멸시효완성과 상계를 주장하는 바 이는 乙에게 유리한 사실로 乙에게 증명책임이 있다.

② (X) 원심은 원고의 청구원인사실을 모두 인정한 다음 피고의 상계항변을 받아들여 상계 후 잔존하는 원고의 나머지 청구부분만을 일부 인용하였는데, 이 경우 피고들로서는 원심판결 이유 중 원고의 소구채권을 인정하는 전제에서 피고의 상계항변이 받아들여진 부분에 관하여도 상고를 제기할 수 있고, 상고심에서 원고의 소구채권 자체가 인정되지 아니하는 경우 더 나아가 피고의 상계항변의 당부를 따져볼 필요도 없이 원고 청구가 배척될 것이므로, 결국 원심판결은 그 전부에 대하여 파기를 면치 못한다(대판 2002.09.06. 2002다34666). ▶ 지문에서 상계항변은 출혈적 항변이므로 乙은 항소심에서 원고 甲의 소구채권 자체가 인정되지 않는 경우는 乙의 상계로 주장한 채권은 여전히 청구가 가능할 수 있어 乙에게도 항소이익이 있다.

③ (○) 민사소송법 제216조 제2항 참조.

> 민사소송법 제216조(기판력의 객관적 범위) ② 상계를 주장한 청구가 성립되는지 아닌지의 판단은 상계하자고 대항한 액수에 한하여 기판력을 가진다.

④ (○) 상계를 주장하면 그것이 받아들여지든 아니든 상계하자고 대항한 액수에 대하여 기판력이 생긴다(민사소송법 제216조 제2항). 따라서 여러 개의 자동채권이 있는 경우에 법원으로서는 그 중 어느 자동채권에 대하여 어느 범위에서 상계의 기판력이 미치는지 판결이유 자체로 당사자가 분명하게 알 수 있을 정도까지는 밝혀 주어야 한다. 그러므로 상계항변이 이유 있는 경우에는, 상계에 의하여 소멸되는 채권의 금액을 일일이 계산할 것까지는 없다고 하더라도, 최소한 상계충당이 지정충당에 의하게 되는지 법정충당에 의하게 되는지 여부를 밝히고, 지정충당이 되는 경우라면 어느 자동채권이 우선 충당되는지를 특정하여야 할 것이며, 자동채권으로 이자나 지연손해금채권이 함께 주장되는 경우에는 그 기산일이나 이율 등도 구체적으로 특정해 주어야 할 것이다(대판 2011.08.25. 2011다24814).

⑤ (○) 상계의 항변을 제출할 당시 이미 자동채권과 동일한 채권에 기한 소송을 별도로 제기하여 계속 중인 경우, 사실심의 담당재판부로서는 전소와 후소를 같은 기회에 심리·판단하기 위하여 이부, 이송 또는 변론병합 등을 시도함으로써 기판력의 저촉·모순을 방지함과 아울러 소송경제를 도모함이 바람직하였다고 할 것이나, 그렇다고 하여 특별한 사정이 없는 한 별소로 계속 중인 채권을 자동채권으로 하는 소송상 상계의 주장이 허용되지 않는다고 볼 수는 없다(대판 2001.04.27. 2000다4050).

정답 ②

문 5
18년(1) 모의

甲에 대하여 채무를 부담하고 있던 乙은 무자력 상태에서 소송절차를 통해 丙에게 자신의 X토지를 이전하기로 丙과 합의하였다. 이 후 丙은 乙을 상대로 X토지에 관한 소유권이전등기 청구의 소를 제기하였고, 乙이 이 소송에서 자백함으로써 청구인용판결(A판결)이 선고되어 확정되었으며, A판결에 기해 丙 앞으로 X토지에 대한 소유권이전등기가 마쳐졌다. 이에 甲은 丙을 상대로 사해행위 취소 및 원상회복으로서 위 소유권이전등기의 말소를 구하는 소를 제기하여 청구인용판결(B판결)을 선고받았고, B 판결은 확정되었다. 이에 대한 설명 중 옳은 것을 모두 묶은 것은? (다툼이 있는 경우 판례에 의함)

ㄱ. 乙과 丙 사이의 이전합의는 위 사해행위취소 소송에서 취소의 대상이 될 수 없다.
ㄴ. B판결에 의하여 위 소유권이전등기가 말소된 후 乙이 X토지를 제3자에게 처분한 경우, 乙로부터 제3자에게 마쳐진 소유권이전등기는 원인무효이다.
ㄷ. 아직 B판결에 기한 위 소유권이전등기의 말소등기가 마쳐지지 아니한 상태에서 乙의 다른 채권자가 B판결에 기하여 乙을 대위하여 위 말소등기를 신청하여 위 말소등기가 마쳐졌다면 그 등기는 무효이다.
ㄹ. 위 소유권이전등기가 B 판결에 의하여 말소된다고 하더라도, 그것이 A판결의 효력에 반하거나 모순되는 것이라고는 할 수 없다.

① ㄱ, ㄴ   ② ㄴ, ㄷ   ③ ㄷ, ㄹ
④ ㄱ, ㄷ   ⑤ ㄴ, ㄹ

해설 사해행위 취소소송

ㄱ. (X) 무자력상태의 채무자가 소송절차를 통해 수익자에게 자신의 책임재산을 이전하기로 하여, 수익자가 제기한 소송에서 자백하는 등의 방법으로 패소판결 또는 그와 같은 취지의 화해권고결정 등을 받아 확정시키고, 이에 따라 수익자 앞으로 책임재산에 대한 소유권이전등기 등이 마쳐졌다면, 이러한 일련의 행위의 실질적인 원인이 되는 채무자와 수익자 사이의 이전합의는 다른 일반채권자의 이익을 해하는 사해행위가 될 수 있다(대판 2017.04.07. 2016다204783). 채무자의 법률행위가 통정허위표시인 경우에도 채권자취소권의 대상이 되고, 한편 채권자취소권의 대상으로 된 채무자의 법률행위라도 통정허위표시의 요건을 갖춘 경우에는 무효라고 할 것이다(대판 1998.02.27. 97다50985).

ㄴ. (O) 사해행위의 취소는 채권자와 수익자의 관계에서 상대적으로 채무자와 수익자 사이의 법률행위를 무효로 하는 데에 그치고 채무자와 수익자 사이의 법률관계에는 영향을 미치지 아니하므로, 채무자와 수익자 사이의 부동산매매계약이 사해행위로 취소되고 그에 따른 원상회복으로 수익자 명의의 소유권이전등기가 말소되어 채무자의 등기명의가 회복되더라도, 그 부동산은 취소채권자나 민법 제407조에 따라 사해행위 취소와 원상회복의 효력을 받는 채권자와 수익자 사이에서 채무자의 책임재산으로 취급될 뿐, 채무자가 직접 부동산을 취득하여 권리자가 되는 것은 아니다. 채무자가 사해행위 취소로 등기명의를 회복한 부동산을 제3자에게 처분하더라도 이는 무권리자의 처분에 불과하여 효력이 없으므로, 채무자로부터 제3자에게 마쳐진 소유권이전등기나 이에 기초하여 순차로 마쳐진 소유권이전등기 등은 모두 원인무효의 등기로서 말소되어야 한다. 이 경우 취소채권자나 민법 제407조에 따라 사해행위 취소와 원상회복의 효력을 받는 채권자는 채무자의 책

임재산으로 취급되는 부동산에 대한 강제집행을 위하여 원인무효 등기의 명의인을 상대로 등기의 말소를 청구할 수 있다(대판 2017.03.09. 2015다217980).

ㄷ. (X) 어느 채권자가 수익자를 상대로 사해행위 취소 및 원상회복으로 소유권이전등기의 말소를 명하는 판결을 받았으나 말소등기를 마치지 아니한 상태라면 소송의 당사자가 아닌 다른 채권자는 위 판결에 기하여 채무자를 대위하여 말소등기를 신청할 수 없다. 그럼에도 불구하고 다른 채권자의 등기신청으로 말소등기가 마쳐졌다면 등기에는 절차상의 흠이 존재한다. 그러나 채권자가 사해행위 취소의 소를 제기하여 승소한 경우 취소의 효력은 민법 제407조에 따라 모든 채권자의 이익을 위하여 미치므로 수익자는 채무자의 다른 채권자에 대하여도 사해행위의 취소로 인한 소유권이전등기의 말소등기의무를 부담하는 점, 등기절차상의 흠을 이유로 말소된 소유권이전등기가 회복되더라도 다른 채권자가 사해행위취소판결에 따라 사해행위가 취소되었다는 사정을 들어 수익자를 상대로 다시 소유권이전등기의 말소를 청구하면 수익자는 말소등기를 해 줄 수밖에 없어서 결국 말소된 소유권이전등기가 회복되기 전의 상태로 돌아가는데 이와 같은 불필요한 절차를 거치게 할 필요가 없는 점 등에 비추어 보면, 사해행위 취소 및 원상회복으로 소유권이전등기의 말소를 명한 판결의 소송당사자가 아닌 다른 채권자가 위 판결에 기하여 채무자를 대위하여 마친 말소등기는 등기절차상의 흠에도 불구하고 실체관계에 부합하는 등기로서 유효하다(대판 2015.11.17. 2013다84995).

ㄹ. (○) 채권자가 사해행위의 취소와 함께 수익자 또는 전득자로부터 책임재산의 회복을 명하는 사해행위취소의 판결을 받은 경우 수익자 또는 전득자가 채권자에 대하여 사해행위의 취소로 인한 원상회복 의무를 부담하게 될 뿐, 채권자와 채무자 사이에서 취소로 인한 법률관계가 형성되는 것은 아니다. 따라서 위와 같이 채무자와 수익자 사이의 소송절차에서 확정판결 등을 통해 마쳐진 소유권이전등기가 사해행위취소로 인한 원상회복으로써 말소된다고 하더라도, 그것이 확정판결 등의 효력에 반하거나 모순되는 것이라고는 할 수 없다(대판 2017.04.07. 2016다204783).

정답 ⑤

문 6
16년 변시

매수인 甲과 매도인 乙이 2015. 10. 10. X 부동산에 대해 매매계약을 체결한 후, 甲은 乙을 상대로 위 매매계약에 기하여 X 부동산에 관한 소유권이전등기청구의 소를 제기하였다. 이 소송에서 乙은 동시이행 항변으로 甲으로부터 5,000만 원의 지급을 받으면 이전등기를 하겠다고 주장하였지만, 법원은 "乙은 甲으로부터 3,000만 원을 지급받음과 동시에 甲에게 X 부동산에 관하여 2015. 10. 10. 매매를 원인으로 한 소유권이전등기절차를 이행하라."는 판결을 선고하였다. 이에 관한 설명 중 옳은 것은? (다툼이 있는 경우 판례에 의함)

① 위 판결 확정 후 乙이 丙에게 X 부동산을 매도하고 丙 앞으로 소유권이전등기를 마쳐 주었다면, 위 판결의 기판력은 丙에게도 미친다.
② 위 판결 확정 후 기판력이 발생하는 부분은 위 동시이행의 조건이 붙은 소유권이전등기절차의 이행을 명한 부분이고, 甲이 乙에게 3,000만 원을 지급하는 부분에 대해서는 기판력이 발생하지 않는다.
③ 위 판결 확정 후 甲이 다시 乙을 상대로 X 부동산에 관하여 2015. 5. 10. 대물변제약정을 원인으로 한 소유권이전등기청구의 소를 제기하였다면, 그 청구는 위 판결의 기판력에 저촉된다.
④ 위 소송에서 甲은 乙에 대한 2,000만 원의 대여금채권을 자동채권으로 하여 乙이 동시이행 항변으로 주장한 채권에 대해 상계 재항변을 하였고, 법원이 판결이유 중에 상계 재항변을 받아들여 동시이행 항변을 배척하는 판단을 하였다면, 2,000만 원의 대여금채권이 존재한다는 판단에도 기판력이 발생한다.

⑤ 위 판결 선고 후 甲만이 항소를 제기한 경우, 항소심 법원은 乙의 동시이행 항변을 모두 받아들여 "乙은 甲으로부터 5,000만 원을 지급받음과 동시에 甲에게 X 부동산에 관하여 2015. 10. 10. 매매를 원인으로 한 소유권이전등기절차를 이행하라."는 판결을 할 수 있다.

해설 기판력

① (X) 기판력의 주관적 범위에 관하여 소송물 자체를 승계한 것은 아니지만 계쟁물에 관한 당사자적격을 승계한 자도 포함하는 것이 통설 및 판례이다. 다만 승계의 범위에 대하여 소송물이론에 따라 견해가 대립한다. 판례는 구소송물이론의 입장에서 ㉠ 청구가 소유권에 기한 이전등기말소청구권인 경우 변론종결후 피고로부터 소유권이전등기를 경료받은 자는 승계인으로 보지만(대판 1979.02.13. 78다2290), ㉡ 청구가 매매에 기한 소유권이전등기청구권인 경우 변론종결후 피고로부터 소유권이전등기를 경료받은 자는 승계인에 해당하지 않는다고 한다(대판 2003.05.13. 2002다64148).

② (O) 확정판결이 동시이행판결인 경우 동시이행관계에 있는 반대채권의 존부 및 액수 등에 대하여서는 기판력이 생길 여지가 없으나 동시이행의 조건이 붙어 있다는 점에 관하여는 기판력이 미친다(대판 1975.05.27. 74다2074, 대판 1996.07.12. 96다19017).

③ (X) 판례의 입장인 구소송물이론에 의하면 등기원인을 달리하는 소유권이전등기청구권의 경우 별개의 소송물로 보게 된다. 따라서 전소 확정판결의 기판력이 후소인 2015. 5. 10. 대물변제약정을 원인으로 한 소유권이전등기청구의 소에 미치지 않는다.

> **판례** 대물변제예약에 기한 소유권이전등기청구권과 매매계약에 기한 소유권이전등기청구권은 그 소송물이 서로 다르므로 동일한 계약관계에 대하여 그 계약의 법적 성질을 대물변제의 예약이라고 하면서도 새로운 매매계약이 성립되었음을 인정하여 매매를 원인으로 한 소유권이전등기절차를 이행할 의무가 있다고 하는 것은 위법하다(대판 1997.04.25. 96다32133).

④ (X) 상계항변에 기판력이 발생하기 위해서는 수동채권이 소송물로서 심판되는 소구채권이거나 그와 실질적으로 동일하다고 보이는 경우여야 한다. 따라서 사안과 같이 수동채권이 동시이행항변에 행사된 채권인 경우에는 그러한 상계 주장에 대한 판단에는 기판력이 발생하지 않는다.

> **판례** 상계 주장에 관한 판단에 기판력이 인정되는 경우는, 상계 주장의 대상이 된 수동채권이 소송물로서 심판되는 소구채권이거나 그와 실질적으로 동일하다고 보이는 경우(가령 원고가 상계를 주장하면서 청구이의의 소송을 제기하는 경우 등)로서 상계를 주장한 반대채권과 그 수동채권을 기판력의 관점에서 동일하게 취급하여야 할 필요성이 인정되는 경우를 말한다고 봄이 상당하므로 만일 상계 주장의 대상이 된 수동채권이 동시이행항변에 행사된 채권일 경우에는 그러한 상계 주장에 대한 판단에는 기판력이 발생하지 않는다고 보아야 할 것인바, 위와 같이 해석하지 않을 경우 동시이행항변이 상대방의 상계의 재항변에 의하여 배척된 경우에 그 동시이행항변에 행사된 채권을 나중에 소송상 행사할 수 없게 되어 민사소송법 제216조가 예정하고 있는 것과 달리 동시이행항변에 행사된 채권의 존부나 범위에 관한 판결 이유 중의 판단에 기판력이 미치는 결과에 이르기 때문이다(대판 2005.07.22. 2004다17207).

⑤ (X) 항소심은 당사자의 불복신청범위 내에서 제1심판결의 당부를 판단할 수 있을 뿐이므로, 설사 제1심 판결이 부당하다고 인정되는 경우라 하더라도 그 판결을 불복당사자의 불이익으로 변경하는

것은 당사자가 신청한 불복의 한도를 넘어 제1심 판결의 당부를 판단하는 것이 되어 허용될 수 없다 할 것인바, 원고만이 항소한 경우에 항소심으로서는 제1심보다 원고에게 불리한 판결을 할 수는 없고, 한편 불이익하게 변경된 것인지 여부는 기판력의 범위를 기준으로 하나 공동소송의 경우 원·피고별로 각각 판단하여야 하고, 동시이행의 판결에 있어서는 원고가 그 반대급부를 제공하지 아니하고는 판결에 따른 집행을 할 수 없어 비록 피고의 반대급부이행청구에 관하여 기판력이 생기지 아니하더라도 반대급부의 내용이 원고에게 불리하게 변경된 경우에는 불이익변경금지 원칙에 반하게 된다(대판 2005.08.19. 2004다8197).

정답 ②

제❺항 | 기타 판결의 효력

제❻항 | 판결의 부존재

제❼항 | 당연무효의 판결

13년(1) 모의

134. 제소 전에 사망한 자를 당사자로 한 판결은 무효이다.

해설 사망한 자를 상대로 한 판결은 무효이므로 이 판결에 대하여 위 사망자의 수계인이 한 항소는 부적법한 것으로서 그 흠결을 보정할 수 없는 경우에 해당한다(대판 1965.11.23. 65다1989).

정답 ○

제❽항 | 판결의 편취(사위판결)

24년 변시

135. 원고가 피고의 주소를 허위로 기재함으로써 소장부본 및 원고승소 판결정본이 공시송달의 방법으로 송달된 경우, 피고는 항소기간 도과 후 추후보완 항소 또는 재심의 소를 제기하여 구제받을 수 있다.

해설 소장부본과 판결정본 등이 공시송달의 방법에 의하여 송달되었다면 특별한 사정이 없는 한 피고는 과실 없이 그 판결의 송달을 알지 못한 것이고, 이러한 경우 피고는 그 책임을 질 수 없는 사유로 인하여 불변기간을 준수할 수 없었던 때에 해당하여 그 사유가 없어진 후 2주일(그 사유가 없어질 당시 외국에 있었던 경우에는 30일) 내에 추완항소를 할 수 있는 바, 여기에서 '사유가 없어진 후'라 함은 당사자나 소송대리인이 단순히 판결이 있었던 사실을 안 때가 아니고 나아가 그 판결이 공시송달의 방법으로 송달된 사실을 안 때를 가리키는 것으로서, 다른 특별한 사정이 없는 한 통상의 경우에는 당사자나 소송대리인이 그 사건기록의 열람을 하거나 새로이 판결정본을 영수한 때에 비로소 그 판결이 공시송달의 방법으로 송달된 사실을 알게 되었다고 보아야 한다(대판 2006.02.24. 2004다8005).

정답 ○

136.
24년 변시, 19년(1) 모의

(1) 甲이 乙을 상대로 S 토지의 소유권존재확인의 소를 제기하면서, 乙의 주소를 자신의 지인인 丙의 주소로 허위기재하여 丙이 소송서류를 받아 자백간주를 이유로 판결이 선고된 경우, 丙이 판결정본을 수령한 날로부터 2주가 경과되어도 乙은 상소를 제기할 수 있다.

(2) 원고가 피고의 주소를 허위로 기재함으로써 그 주소로 소장부본 및 무변론 원고승소 판결정본이 보내져 피고가 아닌 제3자가 수령하여 송달된 것으로 처리된 경우, 피고는 항소를 제기하여 구제받을 수 있다.

(3) 참칭대표자를 대표자로 표시하여 소송을 제기한 결과 그 앞으로 소장부본 및 변론기일소환장이 송달되어 변론기일에 참칭대표자의 불출석으로 의제자백 판결이 선고된 경우, 재심사유에 해당한다.

(4) 대여금 중 일부를 변제받고도 이를 속이고 대여금 전액에 대하여 소를 제기하여 승소 확정판결을 받은 후 강제집행에 의하여 판결금을 수령한 채권자에 대하여, 채무자는 재심절차 등을 거치지 아니하고도 그 일부 변제금 상당액이 법률상 원인 없는 이득에 해당한다는 이유로 부당이득반환을 구할 수 있다.

해설 [1] 제소자가 상대방의 주소를 허위로 기재함으로써 그 허위주소로 소송서류가 송달되어 그로 인하여 상대방 아닌 다른 사람이 그 서류를 받아 의제자백의 형식으로 제소자 승소의 판결이 선고되고 그 판결정본 역시 허위의 주소로 보내어져 송달된 것으로 처리된 경우에는 상대방에 대한 판결의 송달은 부적법하여 무효이므로 상대방은 아직도 판결정본의 송달을 받지 않은 상태에 있어 이에 대하여 상소를 제기할 수 있을 뿐만 아니라, [2] 위 사위판결에 기하여 부동산에 관한 소유권이전등기나 말소등기가 경료된 경우에는 별소로서 그 등기의 말소를 구할 수도 있다(대판 1995.05.09. 94다41010). [3] 참칭대표자를 대표자로 표시하여 소송을 제기한 결과 그 앞으로 소장부본 및 변론기일소환장이 송달되어 변론기일에 참칭대표자의 불출석으로 의제자백 판결이 선고된 경우, 이는 적법한 대표자가 변론기일소환장을 송달받지 못하였기 때문에 실질적인 소송행위를 하지 못한 관계로 위 의제자백 판결이 선고된 것이므로, 민사소송법 제422조 제1항 제3호(현행 민사소송법 제451조 제1항 제3호) 소정의 재심사유에 해당한다(대판 1999.02.26. 98다47290).

민사소송법 제451조(재심사유) ① 다음 각호 가운데 어느 하나에 해당하면 확정된 종국판결에 대하여 재심의 소를 제기할 수 있다. 다만, 당사자가 상소에 의하여 그 사유를 주장하였거나, 이를 알고도 주장하지 아니한 때에는 그러하지 아니하다.
  3. 법정대리권·소송대리권 또는 대리인이 소송행위를 하는 데에 필요한 권한의 수여에 흠이 있는 때. 다만, 제60조 또는 제97조의 규정에 따라 추인한 때에는 그러하지 아니하다.

[4] 피고가 위 소외인으로부터 위 대여금 중 금 25,000,000원을 변제받고도 이를 속이고, 위 대여금 전액에 대하여 소송을 제기하여 승소 확정판결을 받은 후 강제집행에 의하여 위 금원을 수령하였으므로, 그 금원 중 금 25,000,000원의 원금 및 그에 대한 이자상당액은 법률상 원인 없는 이득으로 반환하여야 하거나 또는 피고가 법원을 기망하여 원고들로부터 편취한 금원이므로, 원고들에게 위 금원 상당의 손해를 배상하여야 한다고 주장하자 그중 부당이득반환청구에 관하여는 위 변제주장은 위 대여금반환청구소송의 확정판결 전의 사유로서 위 판결이 재심의 소 등으로 취소되지 아니하는 한 위 판결의 기판력에 저촉되어 원고들이 이를 주장할 수 없으므로, 위 확정판결의 강제집행으로

교부받은 금원을 법률상 원인 없는 이득이라고 할 수 없다는 이유로 배척하였고, 그중 손해배상청구에 관하여는 위 변제주장을 인정할 만한 증거가 없다(대판 1995.06.29. 94다41430).

정답 ○, ○, ○, ×

24년 변시

137. 편취된 확정판결에 기한 강제집행이 불법행위로 되는 것은 당사자의 절차적 기본권이 근본적으로 침해된 상태에서 판결이 선고되었거나 확정판결에 재심사유가 존재하는 등 확정판결의 효력을 존중하는 것이 정의에 반함이 명백하여 이를 묵과할 수 없는 경우로 한정하여야 한다.

 판결이 확정되면 기판력에 의하여 대상이 된 청구권의 존재가 확정되고 그 내용에 따라 집행력이 발생하는 것이므로, 그에 따른 집행이 불법행위를 구성하기 위하여는 소송당사자가 상대방의 권리를 해할 의사로 상대방의 소송 관여를 방해하거나 허위의 주장으로 법원을 기망하는 등 부정한 방법으로 실체의 권리관계와 다른 내용의 확정판결을 취득하여 집행을 하는 것과 같은 특별한 사정이 있어야 하고, 그와 같은 사정이 없이 확정판결의 내용이 단순히 실체적 권리관계에 배치되어 부당하고 또한 확정판결에 기한 집행 채권자가 이를 알고 있었다는 것만으로는 그 집행행위가 불법행위를 구성한다고 할 수 없는바, 편취된 판결에 기한 강제집행이 불법행위로 되는 경우가 있다고 하더라도 당사자의 법적 안정성을 위해 확정판결에 기판력을 인정한 취지나 확정판결의 효력을 배제하기 위하여는 그 확정판결에 재심사유가 존재하는 경우에 재심의 소에 의하여 그 취소를 구하는 것이 원칙적인 방법인 점에 비추어 볼 때 불법행위의 성립을 쉽게 인정하여서는 아니되고, 확정판결에 기한 강제집행이 불법행위로 되는 것은 당사자의 절차적 기본권이 근본적으로 침해된 상태에서 판결이 선고되었거나 확정판결에 재심사유가 존재하는 등 확정판결의 효력을 존중하는 것이 정의에 반함이 명백하여 이를 묵과할 수 없는 경우로 한정하여야 한다(대판 2001.11.13. 99다32899).

정답 ○

18년(3)·20년(3) 모의

138. 원고가 피고의 주소를 허위로 기재하여 제소하였고, 위 주소로 송달을 시도하였으나 송달불능되어 법원이 공시송달명령을 하고 소장 및 소송서류와 판결정본을 모두 공시송달의 방법에 의하여 송달한 경우, 그 판결에 대하여 항소기간 내에 항소하지 않으면 판결은 형식적으로 확정된다.

 제1심판결 정본이 공시송달의 방법에 의하여 피고에게 송달되었다면 비록 피고의 주소가 허위이거나 그 요건에 미비가 있다 할지라도 그 송달은 유효한 것이므로 항소기간의 도과로 위 판결은 형식적으로 확정되어 기판력이 발생하고, 이 경우에 피고로서는 항소기간 내에 항소를 제기할 수 없었던 것이 자신이 책임질 수 없었던 사유로 인한 것임을 주장하여 추완항소를 제기할 수 있다고 할 것이다(대판 1994.10.21. 94다27922).

정답 ○

139. (1) 재심사유와 추후보완항소사유가 동시에 존재하는 경우 추후보완항소기간이 경과하였다 하더라도 재심제기의 기간이 경과하지 않았다면 재심청구를 할 수 있다.

(2) 甲은 乙의 주소를 알고 있었음에도 소재불명으로 속여 乙에 대해 대여금 청구의 소를 제기하였다. 乙에 대한 공시송달에 의한 재판진행 결과 甲 일부 승소의 제1심 판결이 공시송달로 확정되었다. 그 후 乙은 위 사건기록 열람과 판결정본의 수령으로 위와 같이 공시송달에 의해 재판이 진행된 것을 알게 되었다. 乙이 추후보완항소 제기기간을 도과하였을 경우에는 재심청구 제기기간 내에 있더라도 재심을 제기할 수 없다.

> 해설 추완상소와 재심의 소는 독립된 별개의 제도이므로 추완상소의 방법을 택하는 경우에는 추완상소의 기간 내에, 재심의 방법을 택하는 경우에는 재심기간 내에 이를 제기하여야 하는 것으로 보이는 점을 고려하면, 공시송달에 의하여 판결이 선고되고 판결정본이 송달되어 확정된 이후에 추완항소의 방법이 아닌 재심의 방법을 택한 경우에는 추완상소기간이 도과하였다 하더라도 재심기간 내에 재심의 소를 제기할 수 있다고 보아야 한다(대판 2011.12.22. 2011다73540).

정답 ○, ×

140. (1) 공시송달에 의한 판결편취의 경우, 이로 인해 패소한 당사자는 추후보완상소 또는 재심의 소를 통해 구제받을 수 있다.

(2) 원고가 피고의 주소를 허위로 기재하여 피고가 아닌 원고에게 소장부본이 송달되어 자백간주에 의한 원고승소판결이 선고되고 판결정본 역시 위와 같은 방법으로 송달된 것으로 처리되었다면, 판결정본은 피고에게 적법하게 송달되었다고 할 수 없으므로 그 판결은 형식적으로 확정되었다고 할 수 없어 소송행위의 추후보완 문제는 발생하지 않는다.

(3) 원고가 피고의 주소를 허위로 기재함으로써 그 허위주소로 소송서류가 송달되어 그로 인하여 피고가 아닌 다른 사람이 그 서류를 받아 무변론원고승소판결이 선고되고 그 판결정본 역시 허위의 주소로 보내어져 송달된 것으로 처리된 경우에는, 피고는 아직도 판결정본의 송달을 받지 않은 상태에 있어 이에 대하여 상소를 제기할 수 있을 뿐만 아니라, 위 편취판결에 기하여 부동산에 관한 소유권이전등기가 경료된 경우에는 별소로 그 등기의 말소를 구할 수 있다.

> 해설 [1] 당사자가 그 상대방의 주소 내지 거소를 알고 있음에도 불구하고 소재불명 또는 허위의 주소나 거소로 하여 소를 제기한 탓으로 공시송달의 방법에 의하여 판결이나 심판 등 정본이 송달되어 불변기간인 상소기간이 도과된 경우에는 특단의 사정이 없는 한 상소 기간을 준수치 못한 것은 그 상대방이 책임질 수 없는 때에 해당된다고 할 것이니 민사소송법 제160조에 의한 추완상소를 할 수 있으며 이런 경우 민사소송법 제422조 제1항 제11호에 의한 재심을 제기할 수 있다 하여 위의 해석을 달리할 바 아니다(대판 1985.10.08. 85므40). [2] 원고가 피고의 주소를 허위로 기재하여

이 사건 소를 제기함으로써 그 허위주소로 소송서류가 송달되어 피고 아닌 사람이 그 서류를 받아 의제자백의 형식으로 원고승소의 제1심판결이 선고되고 그 판결정본 역시 허위의 주소로 보내어져 송달된 것으로 처리되었다면, 그 제1심 판결정본은 피고에게 적법하게 송달되었다고 할 수 없으므로 그 판결에 대한 항소기간은 진행을 개시할 수 없어 그 판결은 형식적으로 확정되었다고 할 수 없고, 따라서 소송행위의 추후보완의 문제는 나올 수 없고, 피고는 여전히 그 제1심 판결정본을 송달받지 않은 상태에 있으므로 이에 대하여 상소를 제기할 수 있다(대판 2011.12.22. 2011다78910). [3] 종국판결의 기판력은 판결의 형식적 확정을 전제로 하여 발생하는 것이므로 공시송달의 방법에 의하여 송달된 것이 아니고 허위로 표시한 주소로 송달하여 상대방 아닌 다른 사람이 그 소송서류를 받아 의제자백의 형식으로 판결이 선고되고 다른 사람이 판결정본을 수령하였을 때에는 상대방은 아직도 판결정본을 받지 않은 상태에 있는 것으로서 위 사위판결은 확정판결이 아니어서 기판력이 없다(대판 1978.05.09. 75다634(전합)).

정답 O, O, O

제5절 종국판결의 부수적 재판

🕐 20년 변시

141. 피고가 원고에게 제1심 판결 선고 후 위 판결 주문 중 인용 부분에 따라 지급한 돈이 제1심 판결 주문 중 가집행선고로 인한 지급물임에도 불구하고, 항소심이 이를 피고가 원고에게 임의로 변제한 것으로 보아 제1심 판결을 취소하고 원고의 청구를 기각해서는 아니된다.

해설 가집행으로 인한 변제의 효력은 확정적인 것이 아니고 어디까지나 상소심에서 그 가집행의 선고 또는 본안판결이 취소되는 것을 해제조건으로 하여 발생하는 것에 지나지 않으므로, 제1심 가집행선고부 판결에 기하여 그 가집행선고 금액을 지급받았다 하더라도 항소심법원으로서는 이를 참작함이 없이 당해 청구의 당부를 판단하여야 한다(대판 2000.07.06. 2000다560). 따라서 가집행선고부 제1심 판결에 기하여 그 가집행선고 금액을 지급한 사실을 항소심절차에서 주장하더라도 항소심은 그러한 지급사실을 전혀 고려함이 없이, 즉 그러한 지급이 없었던 것으로 취급하여 판단을 하게 되고, 따라서 위와 같은 금원의 지급의 효과는 그 판결이 확정된 때에 발생하고(다만 실제로 지급한 때로 소급하여 변제의 효과가 발생하여 실제로 지급한 때까지의 지연손해금만 발생한다), 만약 위와 같은 지급을 고려하지 않은 판결에 기하여 강제집행을 할 경우 위와 같은 금원의 지급 사실은 청구이의사유가 된다.

정답 O

> 20년 변시, 18년(1) 모의

142. (1) 가지급물반환의무는 가집행으로 인한 원상회복의 일환으로서 인정되며 부당이득반환채무의 법적 성질을 갖는다.

(2) 가집행선고 있는 제1심 판결에 기하여 피고가 원고에게 금원을 지급하였다가 다시 항소심 판결의 선고로 제1심 판결 선고가 실효됨으로 인하여 원고가 피고에게 부담하는 가지급물 반환의무는 부당이득 반환채무이므로, 피고가 가지급물 반환신청 시 「소송촉진 등에 관한 특례법」 소정의 지연손해금을 청구하더라도 그 가지급물의 반환을 명하는 항소심 판결 주문 중 지연손해금에 대하여는 같은 법 제3조 제1항 소정의 법정이율이 적용되지 아니한다.

[해설] [1] 원고가 가집행선고부 판결을 채무명의로 하여 피고의 제3채무자에 대한 채권에 대하여 전부명령을 얻어 전부금을 수령한 후에 본안판결의 변경으로 가집행선고가 실효된 경우에 있어, 위 전부금의 수령은 피고의 채권에 대한 집행으로서 채권의 추심으로 이루어진 것이므로 피고가 이행한 급부와 마찬가지로 보아야 하고, 원고는 그로 인하여 피고의 손해 아래 전부채권액에 상당하는 부당이득을 얻은 결과가 되어 이는 원상회복으로서 피고에게 반환되어야 할 성질의 것임이 분명하므로 위 전부금은 이를 가집행선고로 인한 지급물로 보아 피고의 가지급물반환신청에 따른 원상회복의무의 내용에 포함시켜야 옳다(대판 1993.01.15. 92다38812). [2] 제1심의 가집행선고부 판결에 기하여 금원을 지급하였다가 다시 상소심 판결의 선고로 그 선고가 실효됨으로 인하여 그 금원의 수령자가 부담하게 되는 가지급물의 반환의무는 성질상 부당이득의 반환채무라 할 것이므로 그 가지급물의 반환을 명하는 판결은 특별한 사정이 없는 한 구 소송촉진등에관한특례법(2003. 5. 10. 법률 제6868호로 개정되기 전의 것) 소정의 '금전채무의 전부 또는 일부의 이행을 명하는 판결'에 해당하므로 위 법률의 적용을 받는다(대판 2005.01.14. 2001다81320).

> 20년 변시

143. (1) 가집행선고 있는 제1심 판결에 대한 강제집행정지를 위한 담보는 채권자가 그 강제집행정지로 인하여 입게 될 손해배상채권을 확보하기 위한 것이다.

(2) 제1심 판결에 붙은 가집행선고는 그 본안판결을 변경한 항소심 판결에 의하여 변경되는 한도에서 효력을 잃게 되지만 그 실효는 변경된 그 본안판결의 확정을 해제조건으로 하는 것이다.

(3) 금전 지급을 명하는 제1심 판결 주문에 가집행 주문이 있는 경우, 항소심 법원이 제1심 판결을 취소하고 원고의 청구를 전부 기각하는 판결을 선고한 후 상고심 법원이 그 항소심 판결을 전부 파기 환송하는 판결을 선고하면, 제1심 판결 주문상 가집행선고의 효력은 다시 회복된다.

[해설] [1] 가집행선고 있는 판결에 대한 강제집행정지를 위한 담보는 채권자가 그 강제집행정지로 인하여 입게 될 손해의 배상채권을 확보하기 위한 것이다. [2] 제1심판결에 붙은 가집행선고는 그 본안판결을 변경한 항소심판결에 의하여 변경의 한도에서 효력을 잃게 되지만 그 실효는 변경된 그

본안판결의 확정을 해제조건으로 하는 것이어서 [3] 그 항소심판결을 파기하는 상고심판결이 선고되면 가집행선고의 효력은 다시 회복되기에, 그 항소심판결이 확정되지 아니한 상태에서는 가집행선고부 제1심판결에 기한 가집행이 정지됨으로 인하여 입은 손해의 배상을 상대방에게 청구할 수 있는 가능성이 여전히 남아 있다고 할 것이므로 가집행선고부 제1심판결이 항소심판결에 의하여 취소되었다 하더라도 그 항소심판결이 미확정인 상태에서는 가집행선고부 제1심판결에 대한 강제집행정지를 위한 담보는 그 사유가 소멸되었다고 볼 수 없다(대판 1999.12.03. 99마2078(전합)).

정답 ○, ○, ○

18년(1) 모의

144. 제1심 가집행선고부 판결에 대해 피고가 상소를 제기하면 가집행선고부 판결에 따른 강제집행이 자동적으로 정지된다.

해설 민사소송법 제500조, 제501조 참조.

민사소송법 제500조(재심 또는 상소의 추후보완신청으로 말미암은 집행정지) ① 재심 또는 제173조에 따른 상소의 추후보완신청이 있는 경우에 불복하는 이유로 내세운 사유가 법률상 정당한 이유가 있다고 인정되고, 사실에 대한 소명이 있는 때에는 법원은 당사자의 신청에 따라 담보를 제공하게 하거나 담보를 제공하지 아니하게 하고 강제집행을 일시정지하도록 명할 수 있으며, 담보를 제공하게 하고 강제집행을 실시하도록 명하거나 실시한 강제처분을 취소하도록 명할 수 있다.
민사소송법 제501조(상소제기 또는 변경의 소제기로 말미암은 집행정지) 가집행의 선고가 붙은 판결에 대하여 상소를 한 경우 또는 정기금의 지급을 명한 확정판결에 대하여 제252조 제1항의 규정에 따른 소를 제기한 경우에는 제500조의 규정을 준용한다.

정답

18년(1) 모의

145. 제1심에서 승소한 당사자 본인이 항소심에서 가집행선고를 받은 청구를 취하하는 경우에도 위 가집행선고는 효력을 잃는다.

해설 갑이 제1심에서 을 점유 토지의 인도청구소송을 제기하여 가집행선고부 승소판결을 선고받고, 항소심에서 경계확정소송으로 소를 교환적으로 변경하였다면, 변경 전 청구인 토지인도청구의 소는 취하되었다고 할 것이고, 따라서 이에 붙여진 가집행선고도 실효되었다고 할 것이므로, 갑이 그 가집행선고부 판결에 기하여 그 토지를 점유하게 된 것이라면, 갑은 을에 대하여 당연히 원상회복으로서 자신이 점유하고 있는 토지를 인도할 의무가 있다(대판 1995.04.21. 94다58490).

정답

18년(1) 모의

146. 청구에 관한 이의의 소를 제기한다고 해서 당연히 강제집행이 정지되는 것은 아니며 별도의 잠정처분이 필요하다.

해설 청구에 관한 이의의 소는 강제집행을 계속하여 진행하는 데에 영향을 미치지 아니하므로 별도의 잠정처분이 필요하다.

민사집행법 제44조(청구에 관한 이의의 소) ① 채무자가 판결에 따라 확정된 청구에 관하여 이의하려면 제1심 판결법원에 청구에 관한 이의의 소를 제기하여야 한다.
민사집행법 제46조(이의의 소와 잠정처분) ① 제44조 및 제45조의 이의의 소는 강제집행을 계속하여 진행하는 데에는 영향을 미치지 아니한다.

정답 O

18년(1) 모의

147. 제1심 판결에 붙은 가집행선고는 그 본안판결을 변경한 항소심판결에 의하여 변경의 한도에서 실효된다.

해설 항소심에서의 변경판결은 실질적으로는 항소가 이유 있는 부분에 대하여는 항소를 인용하여 제1심판결 중 일부를 취소하고 항소가 이유 없는 부분에 대하여는 항소를 기각하는 일부취소의 판결과 동일한 것인데 다만 주문의 내용이 복잡하게 되는 것을 피하고 주문의 내용을 알기 쉽게 하기 위한 편의상의 요청을 좇은 것에 불과하므로 위 변경판결에 의한 제1심판결 실효의 효과도 일부취소판결의 경우와 마찬가지로 항소가 이유 있는 부분에 국한되고, 제1심판결에 가집행선고가 붙은 경우에는 일부취소를 의미하는 항소심의 변경판결에 의하여 청구인용범위가 줄어들더라도 그 가집행선고는 제1심판결보다 청구인용범위가 줄어든 차액부분에 한하여 실효되고 그 나머지 부분에는 여전히 효력이 미친다(대판 1992.08.18. 91다35953).

정답 O

MEMO

# 꼭 봐야 할 민소법 핵심기출 OX

제5편
병합소송

제1장 병합청구소송
제2장 다수당사자소송(당사자의 복수)

제1장 병합청구소송

제1절 소의 객관적 병합

I 서 설
II 병합조건

1. 행정처분에 대한 무효확인청구와 취소청구는 선택적 청구로서의 병합이 허용된다.

   해설 행정처분에 대한 무효확인과 취소청구는 서로 양립할 수 없는 청구로서 주위적·예비적 청구로서만 병합이 가능하고 선택적 청구로서의 병합이나 단순 병합은 허용되지 아니한다(대판 1999.08.20. 97누6889).

   정답 ×

2. (1) 소유권이전등기를 명하는 확정판결에 대하여 그 피고가 재심을 청구하는 경우, 재심대상판결에 의하여 경료된 소유권이전등기의 말소를 구하는 청구를 병합하여 제기할 수 있다.

   (2) 甲이 乙에 대한 확정판결에 기하여 X 토지에 관한 소유권이전등기를 마친 경우, 乙이 甲을 상대로 위 확정판결에 대한 재심의 소를 제기하면서 위 소유권이전등기의 말소청구를 병합하는 것은 허용되지 아니한다.

   해설 피고들이 재심대상판결의 취소와 그 본소청구의 기각을 구하는 외에, 원고와 승계인을 상대로 재심대상판결에 의하여 경료된 원고 명의의 소유권이전등기와 그 후 승계인의 명의로 경료된 소유권이전등기의 각 말소를 구하는 청구를 병합하여 제기하고 있으나, 그와 같은 청구들은 별소로 제기하여야 할 것이고 재심의 소에 병합하여 제기할 수 없다(대판 1997.05.28. 96다41649).

Ⅲ 병합의 모습

23년 변시, 23년(1) 모의

3. 채권자가 본래적 급부청구에 이를 대신할 전보배상을 부가하여 대상청구를 병합하여 소구한 경우, 이는 본래적 급부청구권이 현존함을 전제로 하여 이것이 판결확정 전에 이행불능되거나 또는 판결확정 후에 집행불능이 되는 경우에 대비하여 전보배상을 미리 청구하는 것이므로 양자의 병합은 현재의 급부청구와 장래의 급부청구의 단순병합에 속하는 것으로 허용된다.

▸해설 채권자가 본래적 급부청구인 부동산소유권 이전등기청구에다가 이에 대신할 전보배상(塡補賠償)을 부가하여 대상청구(代償請求)를 병합하여 소구(訴求)한 경우의 대상청구는 본래적 급부청구의 현존함을 전제로 하여 이것이 판결확정 전에 이행불능되거나 또는 판결확정 후에 집행불능이 되는 경우에 대비하여 전보배상을 미리 청구하는 경우로서 양자의 병합은 현재의 급부청구와 장래의 급부청구와의 단순병합에 속하는 것으로 허용되고(대법원 1975.07.22. 75다450).

정답

23년 변시, 21년(1) 모의

4. (1) 단순병합청구에 관하여 법원이 판결을 하면서 어느 하나의 청구에 대하여 재판을 누락한 경우, 이에 대한 상소가 제기되면 상소심법원은 누락된 부분에 대해서 추가판결을 하여야 한다.

(2) 논리적으로 전혀 관계없는 수개의 청구를 선택적 또는 예비적으로 병합하여 청구하였는데 법원이 어떠한 보정도 명하지 않고 본안판결을 하면서 그중 하나의 청구에 대해서만 판단하여 인용하고 나머지 청구를 판단하지 아니하였다면, 피고의 항소에 따라 이심되는 청구는 제1심에서 심리·판단하여 인용된 청구에 국한된다.

▸해설 논리적으로 전혀 관계가 없어 순수하게 단순병합으로 구하여야 할 수개의 청구를 선택적 또는 예비적 청구로 병합하여 청구하는 것은 부적법하여 허용되지 않는다. 따라서 원고가 그와 같은 형태로 소를 제기한 경우 제1심법원이 본안에 관하여 심리·판단하기 위해서는 소송지휘권을 적절히 행사하여 이를 단순병합 청구로 보정하게 하는 등의 조치를 취하여야 하는바, 법원이 이러한 조치를 취함이 없이 본안판결을 하면서 그 중 하나의 청구에 대하여만 심리·판단하여 이를 인용하고 나머지 청구에 대한 심리·판단을 모두 생략하는 내용의 판결을 하였다 하더라도 그로 인하여 청구의 병합 형태가 선택적 또는 예비적 병합 관계로 바뀔 수는 없으므로, 이러한 판결에 대하여 피고만이 항소한 경우 제1심법원이 심리·판단하여 인용한 청구만이 항소심으로 이심될 뿐, 나머지 심리·판단하지 않은 청구는 여전히 제1심에 남아 있게 된다(대판 2008.12.11. 2005다51495). ▸ 민사소송법 제212조 참조.

민사소송법 제212조(재판의 누락) ① 법원이 청구의 일부에 대하여 재판을 누락한 경우에 그 청구부분에 대하여는 그 법원이 계속하여 재판한다.

정답 ×, ○

23년 변시, 18년(2)·23년(1) 모의

5.
(1) 병합의 형태는 병합청구의 성질에도 불구하고 당사자의 의사를 기준으로 판단하여야 한다.

(2) 실질적으로 선택적 병합 관계에 있는 두 청구에 관하여 당사자가 주위적·예비적으로 순위를 붙여 청구하였고, 그에 대하여 제1심 법원이 주위적 청구를 기각하고 예비적 청구만을 인용하는 판결을 선고하여 피고만이 항소를 제기한 경우, 항소심 법원은 위 예비적 청구 부분만을 심판의 대상으로 하여야 한다.

해설 판례는 병합의 형태가 선택적 병합인지 예비적 병합인지(대판 2014.05.29. 2013다96868), 또는 단순 병합인지 주위적·예비적 병합인지(대판 2016.07.27. 2015두46994)는 당사자의 의사가 아닌 병합청구의 성질을 기준으로 판단하여야 한다고 판시하였다. 따라서 실질적으로 선택적 병합 관계에 있는 두 청구에 관하여 가 주위적·예비적으로 순위를 붙여 청구하였고, 그에 대하여 제1심법원이 주위적 청구를 기각하고 예비적 청구만을 인용하는 판결을 선고하여 피고만이 항소를 제기한 경우에도, 항소심으로서는 두 청구 모두를 심판의 대상으로 삼아 판단하여야 한다(대판 2014.05.29. 2013다96868).

정답 ×, ×

23년(3) 모의

6.
(1) 피고의 사기행위로 인한 재산상 손해배상청구와 피고의 강제추행으로 인한 정신적 손해배상청구를 심판순서를 붙여 주위적·예비적 청구로 하여 병합할 수 있다.

(2) 부진정 예비적 병합의 경우, 주위적 청구만을 배척하고 예비적 청구에 대하여 판단하지 않은 판결에 대한 상소가 제기되면 판단되지 않은 예비적 청구 부분도 상소심으로 이심이 되고, 그 부분이 재판의 누락에 해당하여 원심에 계속 중이라고 볼 것은 아니다.

해설 선지의 재산상 손해배상청구와 정신적 손해배상청구는 논리적 관계가 밀접한 경우에 해당한다고 볼 수 없으므로 부진정예비적 병합은 허용되지 않는다고 할 것이다.
청구의 예비적 병합은 논리적으로 양립할 수 없는 수 개의 청구에 관하여 주위적 청구의 인용을 해제조건으로 예비적 청구에 대하여 심판을 구하는 형태의 병합이다. 그러나 논리적으로 양립할 수 있는 수 개의 청구라고 하더라도, 주위적으로 재산상 손해배상을 청구하면서 그 손해가 인정되지 않을 경우에 예비적으로 같은 액수의 정신적 손해배상을 청구하는 것과 같이 수 개의 청구 사이에 논리적 관계가 밀접하고, 심판의 순위를 붙여 청구를 할 합리적 필요성이 있다고 인정되는 경우에는, 당사자가 붙인 순위에 따라서 당사자가 먼저 구하는 청구를 심리하여 이유가 없으면 다음 청구를 심리하는 이른바 부진정 예비적 병합 청구의 소도 허용된다. … 예비적 병합의 경우에는 수 개의 청구가 하나의 소송절차에 불가분적으로 결합되어 있기 때문에 주위적 청구를 먼저 판단하지 않고 예비적 청구만을 인용하거나 주위적 청구만을 배척하고 예비적 청구에 대하여 판단하지 않는 등의 일부판결은 예비적 병합의 성질에 반하는 것으로서 법률상 허용되지 않는다. 그런데도 주위적 청구를 배척하면서 예비적 청구에 대하여 판단하지 않은 판결을 한 경우에는 그 판결에 대한 상소가 제기되면 판단이 누락된 예비적 청구 부분도 상소심으로 이심이 되고 그 부분이 재판의 누락에 해당하여 원심에 계속 중이라고 볼 것은 아니다. 이러한 법리는 부진정 예비적 병합의 경우에도 달리 볼 이유가 없다(대판 2021.05.07. 2020다292411).

정답 ×

21년(1) 모의

7. 원고 패소의 제1심판결에 대하여 원고가 항소한 후 항소심에서 예비적 청구를 추가한 경우, 항소심이 종래의 주위적 청구에 대한 항소가 이유 없다고 판단한 때에는 예비적 청구에 대하여 제1심으로 판단하여야 한다.

해설 원고 패소의 제1심판결에 대하여 원고가 항소한 후 항소심에서 예비적 청구를 추가하면 항소심이 종래의 주위적 청구에 대한 항소가 이유 없다고 판단한 경우에는 예비적 청구에 대하여 제1심으로 판단하여야 한다. 한편 예비적 병합의 경우에는 수개의 청구가 하나의 소송절차에 불가분적으로 결합되어 있기 때문에 주위적 청구를 배척하면서 예비적 청구에 대하여 판단하지 아니한 경우 그 판결에 대한 상소가 제기되면 판단이 누락된 예비적 청구 부분도 상소심으로 이심이 되고 그 부분이 재판의 탈루에 해당하여 원심에 계속 중이라고 볼 것은 아니다(대판 2017.03.30. 2016다253297).

정답 ○

21년(1) 모의

8. (1) 항소심 법원은 선택적으로 병합된 수개의 청구 중 제1심에서 심판되지 아니한 청구를 임의로 선택하여 심판할 수 있으며 심리 결과 그 청구가 이유 있다고 인정하는 경우, 그 결론이 제1심판결의 주문과 동일하여도 제1심판결을 취소한 다음 새로이 청구를 인용하는 주문을 선고하여야 한다.

(2) 甲이 乙을 상대로 A청구와 B청구를 선택적으로 병합하여 청구한 것에 대하여 제1심 법원이 A청구를 인용하였고, 이에 대하여 乙이 항소하였다. 항소심 법원은 제1심과 달리 B청구를 인용하고자 하나 그 결론이 제1심 판결의 주문과 동일한 경우에는 乙의 항소를 기각하여야 한다.

해설 수개의 청구가 제1심에서 처음부터 선택적으로 병합되고 그 중 어느 한 개의 청구에 대한 인용판결이 선고되어 피고가 항소를 제기한 경우는 물론, 원고의 청구를 인용한 판결에 대하여 피고가 항소를 제기하여 항소심에 이심된 후 청구가 선택적으로 병합된 경우에 있어서도 항소심은 제1심에서 인용된 청구를 먼저 심리하여 판단할 필요는 없고, 원심이 한 것처럼 선택적으로 병합된 수개의 청구 중 제1심에서 심판되지 아니한 청구를 임의로 선택하여 심판할 수 있다고 할 것이나, 심리한 결과 그 청구가 이유 있다고 인정되고 그 결론이 제1심판결의 주문과 동일한 경우에도 피고의 항소를 기각하여서는 안 되며 제1심판결을 취소한 다음 새로이 청구를 인용하는 주문을 선고하여야 한다(대판 2006.04.27. 2006다7587).

정답 ○, ×

21년(1) 모의

9. 동일 당사자 사이의 청구의 예비적 병합에 있어서, 주위적 청구 기각, 예비적 청구 인용의 제1심 판결에 대하여 피고만이 그 패소부분에 대하여 항소한 경우, 주위적 청구와 예비적 청구 모두 항소심의 심판대상이 된다.

해설 제1심 법원이 원고들의 주위적 청구와 예비적 청구를 병합 심리한 끝에 주위적 청구는 기각하고 예비적 청구만을 인용하는 판결을 선고한 데 대하여 피고만이 항소한 경우, 항소제기에 의한 이심의 효력은 당연히 사건 전체에 미쳐 주위적 청구에 관한 부분도 항소심에 이심되는 것이지만, 항소심의 심판범위는 이에 관계없이 피고의 불복신청의 범위에 한하는 것으로서 예비적 청구를 인용한 제1심 판결의 당부에 그치고 원고들의 부대항소가 없는 한 주위적 청구는 심판대상이 될 수 없다(대판 1995.02.10. 94다31624).

정답

13년(3)·18년(2)·20년(3) 모의

10. (1) 논리적으로 양립할 수 있는 수 개의 청구라 하더라도 당사자가 심판의 순위를 붙여 청구를 할 합리적 필요성이 있는 경우에는 당사자가 붙인 순위에 따라서 당사자가 먼저 구하는 청구를 심리하여 이유가 없으면, 다음 청구를 심리하여야 한다.

(2) 성질상 선택적 관계에 있는 양 청구를 당사자가 주위적, 예비적 청구 병합의 형태로 제소함에 있어서 그 심판의 순위와 범위를 한정하여 청구하는 경우 법원은 합리적 필요성이 있다고 판단되면 그 순서에 따라 판단한다.

해설 청구의 예비적 병합은 논리적으로 양립할 수 없는 수 개의 청구에 관하여 주위적 청구의 인용을 해제조건으로 예비적 청구에 대하여 심판을 구하는 형태의 병합이라 할 것이지만, 논리적으로 양립할 수 있는 수 개의 청구라 하더라도 당사자가 심판의 순위를 붙여 청구를 할 합리적 필요성이 있는 경우에는 당사자가 붙인 순위에 따라서 당사자가 먼저 구하는 청구를 심리하여 이유가 없으면, 다음 청구를 심리하여야 한다(대판 2002.02.08. 2002다17633).

정답

18년(2)·20년(3) 모의

11. (1) 논리적으로 전혀 관계가 없어 순수하게 단순병합으로 구하여야 할 수개의 청구를 선택적 또는 예비적 청구로 병합하여 청구하는 것은 부적법하여 허용되지 않는다.

(2) 병합되는 청구가 논리적으로 관계가 없더라도 양립하지 않으면 예비적 병합의 방법으로 청구할 수 있다.

해설 논리적으로 전혀 관계가 없어 순수하게 단순병합으로 구하여야 할 수개의 청구를 선택적 또는 예비적 청구로 병합하여 청구하는 것은 부적법하여 허용되지 않는다. 따라서 원고가 그와 같은 형태로 소를 제기한 경우 제1심법원이 본안에 관하여 심리·판단하기 위해서는 소송지휘권을 적절히 행사하여 이를 단순병합 청구로 보정하게 하는 등의 조치를 취하여야 하는 바, 법원이 이러한 조치를 취함이 없이 본안판결을 하면서 그 중 하나의 청구에 대하여만 심리·판단하여 이를 인용하고 나머지 청구에 대한 심리·판단을 모두 생략하는 내용의 판결을 하였다 하더라도 그로 인하여 청구의 병합 형태가 선택적 또는 예비적 병합 관계로 바뀔 수는 없으므로, 이러한 판결에 대하여 피고만이 항소한 경우 제1심법원이 심리·판단하여 인용한 청구만이 항소심으로 이심될 뿐, 나머지 심리·판단하지 않은 청구는 여전히 제1심에 남아 있게 된다(대판 2008.12.11. 2005다51495).

정답

13년(3)·18년(2) 모의

12. **(1) 채권자가 본래적 급부청구에다가 집행불능에 대비한 전보배상청구를 병합하여 제소한 경우 양자는 주위적, 예비적 병합 관계에 있다.**

(2) 특정 부동산에 관하여 소유권이전등기를 구하면서 예비적으로 금전지급과 상환으로 소유권이전등기를 구하는 병합은 인정된다.

해설 [1] 채권자가 본래적 급부청구에 이를 대신할 전보배상을 부가하여 대상청구를 병합하여 소구한 경우 대상청구는 본래적 급부청구권이 현존함을 전제로 하여 이것이 판결확정 전에 이행불능되거나 또는 판결확정 후에 집행불능이 되는 경우에 대비하여 전보배상을 미리 청구하는 경우로서 양자의 병합은 현재 급부청구와 장래 급부청구의 단순병합에 속하는 것으로 허용된다(대판 2011.08.18. 2011다30666). [2] 주위적으로 무조건적인 소유권이전등기절차의 이행을 구하고, 예비적으로 금전지급과 상환으로 소유권이전등기절차의 이행을 구하는 경우, 위 예비적 청구는 주위적 청구를 질적으로 일부 감축하여 하는 청구에 지나지 아니할 뿐, 그 목적물과 청구원인은 주위적 청구와 완전히 동일하므로 소송상의 예비적 청구라고는 볼 수 없다(대판 1999.04.23. 98다61463).

정답

15년(1) 모의

13. **선택적 병합의 경우에 한 개의 청구를 인용한 판결에 대하여 피고가 항소한 경우에 제1심에서 심판하지 않은 청구까지 모두 항소심으로 이심된다.**

해설 수개의 청구가 제1심에서 선택적으로 병합되고 그 중 어느 하나의 청구에 대한 인용판결이 선고되어 피고가 항소를 제기한 때에는 제1심이 판단하지 아니한 나머지 청구까지도 항소심으로 이심되어 항소심의 심판 범위가 되므로, 항소심이 원고의 청구를 인용할 경우에는 선택적으로 병합된 수개의 청구 중 어느 하나를 임의로 선택하여 심판할 수 있으나, 원고의 청구를 모두 기각할 경우에는 원고의 선택적 청구 전부에 대하여 판단하여야 한다(대판 2010.05.27. 2009다12580).

정답

Ⅳ 병합청구의 심리

16년(3)·21년(1)·(3) 모의

14. **(1) 논리적으로 양립할 수 없는 수개의 청구가 선택적으로 병합된 경우 이들 청구는 동일 소송절차 내에서 동시에 심판될 수 없다.**

(2) 원고가 매매계약에 기한 대금지급청구를 하면서 매매가 무효로 되는 경우를 대비하여 선택적으로 목적물반환청구를 병합할 수 있다.

(3) 토지에 관한 피고 명의의 소유권이전등기가 원인무효임을 이유로 그 말소를 구하는 청구와 그 등기가 명의신탁등기이나 신탁이 해지되었음을 이유로 소유권이전등기를 구하는 청구를 선택적으로 병합하는 것은 허용되지 않는다.

해설 청구의 선택적 병합이란 원고가 양립할 수 있는 수개의 경합적 청구권에 기하여 동일 취지의 급부를 구하거나 양립할 수 있는 수개의 형성권에 기하여 동일한 형성적 효과를 구하는 경우에 그 어느 한 청구가 인용될 것을 해제조건으로 하여 수개의 청구에 관한 심판을 구하는 병합 형태이므로 논리적으로 양립할 수 없는 수개의 청구는 성질상 선택적 병합으로 동일 소송절차내에서 동시에 심판될 수 없는 것이고 이러한 수개의 청구가 동일 소송절차내에서 모순없이 심리되기 위하여는 그 청구간에 주위적, 예비적인 관계가 있을 것을 요한다 고 할 것인바, 이 사건에서 피고 명의의 위 각 등기가 원인무효임을 이유로 그 말소를 구하는 청구와 그 등기가 유효한 명의신탁등기이나 신탁이 해지되었음을 이유로 소유권이전등기를 구하는 청구는 서로 양립할 수 없는 관계에 있으므로 이들 청구에 대하여는 선택적 병합에 의한 병합심리를 할 수 없다고 할 것이고, 따라서 이와 같은 선택적 병합으로 하는 청구의 변경은 직권으로 불허하여야 할 것임에도 불구하고 이를 그대로 받아들인 원심의 조치는 필경 청구의 병합과 청구의 변경에 관한 법리를 오해한 것이어서 위법하다고 하지 않을 수 없다(대판 1982.07.13. 81다카1120).

정답  O, O, ×

21년(3)·22년(1) 모의

15. 원고의 주위적 청구 중 일부를 인용하고 예비적 청구를 모두 기각한 제1심판결에 대하여 피고가 불복 항소하자 항소심이 피고의 항소를 받아들여 제1심판결을 취소하고 그에 해당하는 원고의 주위적 청구를 기각하는 경우, 항소심은 기각하는 주위적 청구 부분과 관련된 예비적 청구를 심판대상으로 삼아 판단하여야 한다.

해설 원고의 주위적 청구 중 일부를 인용하고 예비적 청구를 모두 기각한 제1심판결에 대하여 피고가 불복 항소하자 항소심이 피고의 항소를 받아들여 제1심판결을 취소하고 그에 해당하는 원고의 주위적 청구를 기각하는 경우, 항소심은 기각하는 주위적 청구 부분과 관련된 예비적 청구를 심판대상으로 삼아 판단하여야 한다(대판 2000.11.16. 98다22253(전합)).

정답 O

21년(3) 모의

16. 실질적으로 선택적 병합 관계에 있는 두 청구를 당사자가 주위적·예비적으로 순위를 붙여 청구하였고, 이에 대해 제1심법원이 주위적 청구를 기각하고 예비적 청구를 인용하는 판결을 선고하여 피고만이 항소를 제기한 경우, 항소심은 두 청구 모두를 심판의 대상으로 삼아 판단하여야 한다.

해설 병합의 형태가 선택적 병합인지 예비적 병합인지는 당사자의 의사가 아닌 병합청구의 성질을 기준으로 판단하여야 하고, 항소심에서의 심판 범위도 그러한 병합청구의 성질을 기준으로 결정하여야 한다. 따라서 실질적으로 선택적 병합 관계에 있는 두 청구에 관하여 당사자가 주위적·예비적으로 순위를 붙여 청구하였고, 그에 대하여 제1심법원이 주위적 청구를 기각하고 예비적 청구만을 인용하는 판결을 선고하여 피고만이 항소를 제기한 경우에도, 항소심으로서는 두 청구 모두를 심판의 대상으로 삼아 판단하여야 한다(대판 2014.05.29. 2013다96868).

20년(3) 모의

17. 선택적 병합의 경우에는 수개의 청구가 하나의 소송절차에 불가분적으로 결합되어 있으므로 선택적 청구 중 하나만을 기각하고 다른 선택적 청구에 대하여 아무런 판단을 하지 아니한 것은 위법하다.

 청구의 선택적 병합은, 양립할 수 있는 여러 개의 청구권에 의하여 동일한 취지의 급부를 구하거나 양립할 수 있는 여러 개의 형성권에 기하여 동일한 형성적 효과를 구하는 경우에, 그 어느 한 청구가 인용될 것을 해제조건으로 하여 여러 개의 청구에 관한 심판을 구하는 병합 형태이다. 이와 같은 선택적 병합의 경우에는 여러 개의 청구가 하나의 소송절차에 불가분적으로 결합되어 있기 때문에, 선택적 청구 중 하나만을 기각하고 다른 선택적 청구에 대하여 아무런 판단을 하지 아니한 것은 위법하다(대판 2017.10.26. 2015다42599).

정답 ○

20년(3) 모의

18. 제1심법원이 원고의 주위적 청구와 예비적 청구를 병합심리한 끝에 주위적 청구는 기각하고 예비적 청구만을 인용하는 판결을 선고한 데 대하여 피고만 항소한 경우, 항소의 제기에 의한 이심의 효력은 사건 전부에 미쳐 주위적 청구도 항소심에 이심되나 그 주위적 청구는 심판대상이 아니므로 피고는 항소심의 변론에서 원고의 주위적 청구를 인낙할 수 없다.

 제1심 법원이 원고의 주위적 청구와 예비적 청구를 병합심리한 끝에 주위적 청구는 기각하고 예비적 청구만을 인용하는 판결을 선고한 데 대하여 피고만 항소를 하더라도, 항소의 제기에 의한 이심의 효력은 피고의 불복신청의 범위와는 관계없이 사건 전부에 미쳐 주위적 청구에 관한 부분도 항소심에 이심되는 것이므로, 피고가 항소심의 변론에서 원고의 주위적 청구를 인낙하여 그 인낙이 조서에 기재되면 그 조서는 확정판결과 동일한 효력이 있는 것이고, 따라서 그 인낙으로 인하여 주위적 청구의 인용을 해제조건으로 병합심판을 구한 예비적 청구에 관하여는 심판할 필요가 없어 사건이 그대로 종결되는 것이다(대판 1992.06.09. 92다12032).

정답 ×

19년(1)·20년(3)·21년(3) 모의

19. (1) 선택적 병합사건에서 어느 한 개의 청구에 대한 인용판결이 선고되어 피고가 항소를 제기한 경우, 항소심은 제1심에서 인용된 청구를 먼저 심리하여 판단하여야 한다.

(2) 원고의 청구를 인용한 판결에 대하여 피고가 항소를 제기하여 사건이 항소심에 이심된 후 청구가 선택적으로 병합된 경우, 항소심은 제1심에서 인용된 청구를 먼저 심리하여 판단할 필요는 없고 선택적으로 병합된 수 개의 청구 중 제1심에서 심판되지 아니한 청구를 임의로 선택하여 심판할 수 있다.

(3) 선택적으로 병합된 수개의 청구를 모두 기각한 항소심판결에 대하여 원고가 상고한 경우, 상고법원이 선택적 청구 중 어느 하나의 청구에 관한 상고가 이유 있다고 인정할 때에는 원심판결을 전부 파기하여야 한다.

(4) 통상공동소송에서 공동소송인 중 일부에 대해서만 불복한 경우 항소로 인한 확정차단의 효력은 당사자별로 판단하여야 한다.

[해설] [1], [2] 수개의 청구가 제1심에서 처음부터 선택적으로 병합되고 그중 어느 한 개의 청구에 대한 인용판결이 선고되어 피고가 항소를 제기한 경우는 물론, 원고의 청구를 인용한 판결에 대하여 피고가 항소를 제기하여 항소심에 이심된 후 청구가 선택적으로 병합된 경우에 있어서도 항소심은 제1심에서 인용된 청구를 먼저 심리하여 판단할 필요는 없고, 선택적으로 병합된 수개의 청구 중 제1심에서 심판되지 아니한 청구를 임의로 선택하여 심판할 수 있다고 할 것이나, 심리한 결과 그 청구가 이유 있다고 인정되고 그 결론이 제1심판결의 주문과 동일한 경우에도 피고의 항소를 기각하여서는 안되며 제1심판결을 취소한 다음 새로이 청구를 인용하는 주문을 선고하여야 할 것이다(대판 1992.09.14. 92다7023). [3] 선택적으로 병합된 수개의 청구를 모두 기각한 항소심판결에 대하여 원고가 상고한 경우에 상고법원이 선택적 청구 중 어느 하나의 청구에 관한 상고가 이유 있다고 인정할 때에는 원심판결을 전부 파기하여야 한다(대판 2017.10.26. 2015다42599).
[4] 공동소송인독립의 원칙 (민사소송법 제66조 참조).

민사소송법 제66조(통상공동소송인의 지위) 공동소송인 가운데 한 사람의 소송행위 또는 이에 대한 상대방의 소송행위와 공동소송인 가운데 한 사람에 관한 사항은 다른 공동소송인에게 영향을 미치지 아니한다.

19년(1) 모의

20. (1) 예비적 병합사건에서 주위적 청구를 인용하는 판결에 대하여 피고만 항소하면 제1심에서 심판을 받지 않은 예비적 청구도 모두 이심되고 항소심이 제1심에서 인용되었던 주위적 청구를 배척할 때에는 다음 순위의 예비적 청구에 관하여 심판하여야 한다.

(2) 주위적 청구를 배척하면서 예비적 청구에 대하여 판단하지 아니하는 판결을 한 경우에는 그 판결에 대한 상소가 제기되면 판단이 누락된 예비적 청구 부분도 상소심으로 이심이 되고 그 부분이 재판의 누락에 해당하여 원심에 계속 중이라고 볼 것은 아니다.

(3) 주위적 청구가 전부 인용되지 않을 경우에는 주위적 청구에서 인용되지 아니한 금액 범위 내에서의 예비적 청구에 대해서도 판단하여 주기를 바라는 취지로 성질상 선택적 관계에 있는 양 청구를 불가분적으로 결합하여 제소할 수 있다.

[해설] [1] 청구의 예비적 병합이란 병합된 수개의 청구 중 주위적 청구(제1차 청구)가 인용되지 않을 것에 대비하여 그 인용을 해제조건으로 예비적 청구(제2차 청구)에 관하여 심판을 구하는 병합형태로서, 이와 같은 예비적 병합의 경우에는 원고가 붙인 순위에 따라 심판하여야 하며 주위적 청구를 배척할 때에는 예비적 청구에 대하여 심판하여야 하나 주위적 청구를 인용할 때에는 다음 순위

인 예비적 청구에 대하여 심판할 필요가 없는 것이므로, 주위적 청구를 인용하는 판결은 전부판결로서 이러한 판결에 대하여 피고가 항소하면 제1심에서 심판을 받지 않은 다음 순위의 예비적 청구도 모두 이심되고 항소심이 제1심에서 인용되었던 주위적 청구를 배척할 때에는 다음 순위의 예비적 청구에 관하여 심판을 하여야 하는 것이다. [2] 주위적 청구를 배척하면서 예비적 청구에 대하여 판단하지 아니한 판결은 예비적 병합의 제도취지에 반하여 위법하게 되고 상고에 의하여 주위적 청구와 예비적 청구가 함께 상고심에 이심되는 것이며 예비적 청구부분의 소송의 재판 탈루가 되는 것은 아니다. 주위적 청구가 전부 인용되지 않을 경우에는 주위적 청구에서 인용되지 아니한 금액 범위 내에서의 예비적 청구에 대해서도 판단하여 주기를 바라는 취지로 성질상 선택적 관계에 있는 양 청구를 불가분적으로 결합하여 제소할 수 있다(대판 2002.09.04. 98다17145).

정답 O, O, O

19년(3) 모의

21. (1) 원고가 주위적으로 임대차 계약의 권리금 상당의 손해배상을 구하고, 예비적으로 같은 계약의 임대차보증금 상당의 손해배상을 구하는 내용으로 청구를 병합한 경우 법원이 권리금 상당 손해배상청구 중 일부만을 인용하고 나머지 청구에 대한 심리·판단을 모두 생략하는 내용의 판결을 할 수 있다.

(2) 원고가 손해배상에 관한 청구를 교환적으로 변경하면서 채무불이행을 원인으로 한 청구를 주위적으로, 불법행위를 원인으로 한 청구를 예비적으로 구한 경우 법원은 주위적 청구를 인용하였다면 예비적 청구를 기각하여야 한다.

해설 지문의 두 청구는 단순병합에 해당하므로 양 청구 모두를 심판하여야 한다.

판례 병합의 형태가 선택적 병합인지 예비적 병합인지는 당사자의 의사가 아닌 병합청구의 성질을 기준으로 판단하여야 한다(대판 2018.02.28. 2013다26425).

판례 논리적으로 전혀 관계가 없어 순수하게 단순병합으로 구하여야 할 수 개의 청구를 예비적 청구로 병합하여 청구하는 것은 부적법하여 허용되지 않는다. 따라서, 원고가 주위적으로 이 사건 계약의 권리금 상당 손해배상을 구하고, 예비적으로 이 사건 계약의 임대차보증금 상당 손해배상을 구하는 내용으로 청구를 병합한 것을 제1심 법원이 단순병합 청구로 보정하게 하는 등의 조치를 취하지 아니하고 권리금 상당 손해배상청구 중 일부만을 인용하고 나머지 청구에 대한 심리·판단을 모두 생략하는 내용의 판결을 하였다 하더라도 그로 인하여 청구의 병합 형태가 예비적 병합 관계로 바뀔 수는 없다. 그러므로, 이에 대하여 피고만이 항소한 이 사건에서 제1심법원이 심리·판단하지 않은 임대차보증금 상당 손해배상청구는 여전히 제1심에 남아 있게 된다(대판 2008.12.11. 2005다51495). 따라서 원심이 이와 같이 제1심에서 이심되지 않은 임대차보증금 상당 손해배상청구를 그 심판범위에서 제외한 것은 정당하고, 한편 원심이 제1심에서 이심되지도 않은 부분에 관하여 제1심에서 추가판결을 받도록 하는 등의 소송지휘권을 행사하여 청구를 병합시킬 의무가 있다고 할 수는 없으므로, 원심의 심판범위에 관한 원고의 상고는 받아들일 수 없다(대판 2009.12.24. 2009다10898).

[2] 지문의 채무불이행을 원인으로 한 청구와 불법행위를 원인으로 한 청구는 동일한 목적을 달성하기 위한 청구로 하나의 채권이 변제로 소멸하면 나머지 채권도 소멸하므로 선택적 병합관계에 있다. 선택적 병합에서 선택적 청구 중 어느 하나가 인용된다면 해제조건의 성취에 의하여 다른 청구에 관하여 심판할 수 없다. 지문에서 어느 하나의 청구가 인용된 이상 나머지 청구는 심판할 수 없다.

정답 ×, ×

19년(3)·21년(3) 모의

22. **(1) 청구의 예비적 병합에서 주위적 청구를 배척하면서 예비적 청구에 대하여 판단하지 아니한 판결은 재판의 누락에 해당되어 추가판결의 대상이 된다.**

(2) 채권자가 본래적 급부청구에 이를 대신할 전보배상을 부가하여 대상청구를 예비적으로 병합하여 소구한 경우 본래의 급부청구가 인용된다는 이유로 예비적 청구에 대한 판단을 생략할 수는 없다.

해설 [1] 판단누락이므로 추가판결의 대상이 아니다.

판례 주위적 청구를 배척하면서 예비적 청구에 대하여 판단하지 아니한 판결은 예비적 병합의 제도취지에 반하여 위법하게 되고 상고에 의하여 주위적 청구와 예비적 청구가 함께 상고심에 이심되는 것이며 예비적 청구부분의 소송의 재판 탈루가 되는 것은 아니다(대판 2002.09.04. 98다17145).

[2] 채권자가 본래적 급부청구에 이를 대신할 전보배상을 부가하여 대상청구를 병합하여 소구한 경우 대상청구는 본래적 급부청구권이 현존함을 전제로 하여 이것이 판결확정 전에 이행불능되거나 또는 판결확정 후에 집행불능이 되는 경우에 대비하여 전보배상을 미리 청구하는 경우로서 양자의 병합은 현재 급부청구와 장래 급부청구의 단순병합에 속하는 것으로 허용된다. 이러한 대상청구를 본래의 급부청구에 예비적으로 병합한 경우에도 본래의 급부청구가 인용된다는 이유만으로 예비적 청구에 대한 판단을 생략할 수는 없다(대판 2011.08.18. 2011다30666).

정답 ×, ○

18년(2) 모의

23. **선택적으로 병합된 청구를 모두 기각할 때, 판결 이유에서는 병합된 청구 중 하나만을 선택하여 이유 없다는 판단을 하면 된다.**

해설 선택적 병합에서 원고 승소판결을 할 때에는 청구가운데 어느 하나를 선택하여 판단하면 되고, 나머지 청구에 대하여는 심판을 요하지 아니한다. 원고 패소판결을 할 때에는 병합된 청구 전부에 대하여 배척하는 판단을 요한다(김홍엽, 민사소송법 제7판, p.921).

정답 ×

16년(1) 모의

24. **항소심에서 추가한 선택적 병합은 심급의 이익을 침해하는 것이 아니며, 항소심에서 예비적 청구를 병합하기 위해서는 피고의 동의를 얻어야 한다.**

해설 항소심에서는 소의 변경이 가능한데, 상대방의 동의도 필요하지 않다. 다만 교환적 변경은 상대방의 동의가 필요하다는 견해가 있으나 판례는 교환적 변경의 경우에 있어서도 동의를 요하지 않는다.

정답 ×

🕐 13년 변시, 15년(1)·16년(1) 모의

25.
(1) 항소심에서 선택적으로 청구를 병합한 경우라도 항소심 법원은 제1심에서 전부 인용되어 항소의 대상으로 된 청구를 먼저 심리하여 판단하여야 하는 것은 아니다.

(2) 제1심에서 청구가 기각되어 원고가 항소한 다음 항소심에서 청구를 선택적으로 병합한 경우 제1심에서 기각된 청구를 먼저 심리하여야 한다.

(3) 수 개의 청구가 제1심에서 선택적으로 병합되고 그중 어느 하나의 청구에 대한 인용판결이 선고되어 피고가 항소를 제기한 경우, 항소심에서는 선택적으로 병합된 위 수 개의 청구 중 어느 하나를 임의로 선택하여 인용할 수 있다.

해설 원고의 청구를 인용한 판결에 대하여 피고가 항소를 제기하여 항소심에 이심된 후 청구가 선택적으로 병합된 경우에 있어 항소심은 제1심에서 인용된 청구를 먼저 심리하여 판단할 필요는 없고, 원심이 한 것처럼 선택적으로 병합된 수개의 청구 중 제1심에서 심판되지 아니한 청구를 임의로 선택하여 심판할 수 있다고 할 것이나, 심리한 결과 그 청구가 이유 있다고 인정되고 그 결론이 제1심판결의 주문과 동일한 경우에도 피고의 항소를 기각하여서는 안 되며 제1심판결을 취소한 다음 새로이 청구를 인용하는 주문을 선고하여야 한다(대판 2006.04.27. 2006다7587).

판례 제1심에서 원고의 청구가 기각되어 원고가 항소한 다음 항소심에서 청구를 선택적으로 병합한 경우에는 제1심에서 수개의 청구가 선택적으로 병합되었다가 그 청구가 모두 이유 없다고 인정되어 청구기각 판결이 선고되고 이에 원고가 항소한 경우와 마찬가지로 법원은 병합된 수개의 청구 중 어느 하나의 청구를 선택하여 심리할 수 있고, 제1심에서 기각된 청구를 먼저 심리할 필요는 없다(대판 1993.10.26. 93다6669).

정답 ○, ×, ○

Ⅴ 종국판결

21년 변시

26. 원고의 대여금청구와 매매대금청구를 모두 인용한 제1심 판결 중 일부에 대해서만 피고가 항소한 경우, 항소하지 않은 나머지 부분도 확정이 차단되고 항소심으로 이심은 되지만, 피고가 변론종결 시까지 항소취지를 확장하지 않는 한 그 나머지 부분은 항소심의 심판대상이 되지 않는다.

해설 단순병합에서 전부판결의 일부에 대하여 상소하면 모든 청구에 대해 이심과 확정차단의 효력이 생긴다(이시윤, 민사소송법 제14판, p.707). 그러나 항소하지 않은 나머지 부분에 대해서는 항소취지를 확장해야 항소심의 심판대상이 된다.

판례 청구를 모두 기각한 제1심판결에 대하여 원고가 그 중 일부에 대하여만 항소를 제기한 경우, 항소되지 않았던 나머지 부분도 항소로 인하여 확정이 차단되고 항소심에 이심은 되나 원고가 그 변론종결시까지 항소취지를 확장하지 아니하는 한 나머지 부분에 관하여는 원고가 불복한 바가 없어 항소심의 심판대상이 되지 아니하므로 항소심으로서는 원고의 청구 중 항소하지 아니한 부분을 다시 인용할 수는 없다(대판 2001.04.27. 99다30312).

정답 O

 18년 변시

27. 소송비용의 재판을 누락한 경우에 법원은 직권으로 또는 당사자의 신청에 따라 그 소송비용에 대한 재판을 한다.

해설 민사소송법 제212조 제2항 참조.

민사소송법 제212조(재판의 누락) ② 소송비용의 재판을 누락한 경우에는 법원은 직권으로 또는 당사자의 신청에 따라 그 소송비용에 대한 재판을 한다. 이 경우 제114조의 규정을 준용한다.

정답 O

 18년 변시

28. 당사자가 주장한 사항에 대한 구체적·직접적인 판단이 판결에 표시되어 있지 않더라도 판결이유의 전반적인 취지에 비추어 그 주장을 인용하였거나 배척하였음을 알 수 있는 정도라면 판단누락이라고 할 수 없다.

해설 법원의 판결에 당사자가 주장한 사항에 대한 구체적·직접적인 판단이 표시되어 있지 않더라도 판결이유의 전반적인 취지에 비추어 그 주장을 인용하거나 배척하였음을 알 수 있는 정도라면 판단누락이라고 할 수 없고, 설령 실제로 판단을 하지 아니하였다고 하더라도 그 주장이 배척될 경우임이 분명한 때에는 판결 결과에 영향이 없어 판단누락의 위법이 있다고 할 수 없다(대판 2012.04.26. 2011다87174).

정답 O

🍊 18년 변시, 14년(2)·15년(1) 모의

29. **(1) X 토지의 인도청구에 소유권이전등기말소청구가 단순병합된 소에서 X 토지의 인도청구에 대하여만 판단하고 소유권이전등기말소청구에 대한 재판을 누락한 판결이 확정된 경우, 소유권이전등기말소청구 부분에 대한 상소는 허용되지 않는다.**

(2) 단순병합의 경우에 병합된 청구에 관하여 법원이 하나의 청구라도 판단을 빠뜨리면 추가판결을 하여야 한다.

(3) 제1심 법원이 단순병합 된 청구의 일부에 대하여 재판을 누락한 경우에 항소가 있으면 누락된 부분도 항소심으로 이심된다.

해설 단순병합은 판결의 모순, 저촉의 우려가 없으므로 일부판결이 허용되며, 일부판결 사실을 제1심 법원이 알지 못하고 판결시, 이를 재판누락이라고 한다. 이에 대해 당사자의 구제책과 관련하여, 누락된 부분의 상소는 상소의 대상적격이 없어 부적법하고, 누락된 부분은 원심의 추가판결의 대상이 된다.

민사소송법 제212조(재판의 누락) ① 법원이 청구의 일부에 대하여 재판을 누락한 경우에 그 청구부분에 대하여는 그 법원이 계속하여 재판한다.

 정답 O, O, ×

16년(3) 모의

30. **단순병합으로 구하여야 할 여러 개의 청구를 선택적 병합으로 청구한 경우, 법원이 그 모든 청구의 본안에 대하여 심리한 다음 그 중 하나의 청구를 인용하고 나머지 청구를 기각하는 판결을 하였다면, 피고가 위 인용된 청구에 대하여 항소한 때에는 모든 청구가 항소심으로 이심되나 항소심의 심판범위는 피고가 불복한 청구에 한정된다.**

해설 단순병합으로 구하여야 할 수개의 청구를 선택적 또는 예비적 청구로 병합하여 청구하는 것은 부적법하여 허용되지 않는다 할 것인바, 원고가 그와 같은 형태로 소를 제기한 경우 제1심법원이 그 모든 청구의 본안에 대하여 심리를 한 다음 그 중 하나의 청구만을 인용하고 나머지 청구를 기각하는 내용의 판결을 하였다면, 이는 법원이 위 청구의 병합관계를 본래의 성질에 맞게 단순병합으로서 판단한 것이라고 보아야 할 것이고, 따라서 피고만이 위 인용된 청구에 대하여 항소를 제기한 때에는 일단 단순병합관계에 있는 모든 청구가 전체적으로 항소심으로 이심되기는 하나 항소심의 심판범위는 이심된 청구 중 피고가 불복한 청구에 한정된다(대판 2008.12.11. 2005다51471).

 정답 O

13년(1)·15년(1) 모의

31. (1) 예비적 병합의 경우에 주위적 청구를 기각하고 예비적 청구를 인용한 판결에 대하여 피고만 항소하면 항소법원은 예비적 청구에 대해서만 심판하여야 한다.

(2) 예비적 병합의 경우 주위적 청구를 기각하고 예비적 청구에 대하여 법원이 판결을 하지 아니하였으나 당사자가 다투지 아니하여 판결이 확정되었다면 판결하지 않은 부분은 별소로 다툴 수 있다.

해설 [1] 제1심 법원이 원고들의 주위적 청구와 예비적 청구를 병합 심리한 끝에 주위적 청구는 기각하고 예비적 청구만을 인용하는 판결을 선고한 데 대하여 피고만이 항소한 경우, 항소제기에 의한 이심의 효력은 당연히 사건 전체에 미쳐 주위적 청구에 관한 부분도 항소심에 이심되는 것이지만, 항소심의 심판범위는 이에 관계없이 피고의 불복신청의 범위에 한하는 것으로서 예비적 청구를 인용한 제1심 판결의 당부에 그치고 원고들의 부대항소가 없는 한 주위적 청구는 심판대상이 될 수 없다(대판 1995.02.10. 94다31624). [2] 항소심판결상 예비적 청구에 관하여 이루어져야 할 판단이 누락되었음을 알게 된 당사자로서는 상고를 통하여 그 오류의 시정을 구하였어야 함에도 상고로 다툴 수 없는 특별한 사정이 없었음에도 상고로 다투지 아니하여 그 항소심판결을 확정시켰다면 그 후에는 그 예비적 청구의 전부나 일부를 소송물로 하는 별도의 소송을 새로 제기함은 부적법한 소제기이어서 허용되지 않는다(대판 2002.09.04. 98다17145).

정답 ,

❖ 선택형 사례문제

문 1
18년(3) 모의

甲이 乙에게 2억 원의 지급을 청구하면서, 청구원인으로 주위적으로 소비대차에 기한 대여금반환을, 예비적으로 부당이득반환을 주장하였다. 이에 관한 설명 중 옳은 것을 모두 모은 것은(부대상소는 고려하지 말 것)? (다툼이 있는 경우 판례에 따름)

ㄱ. 제1심 법원이 소비대차 사실을 인정하여 원고승소 판결을 한 데 대하여 乙만이 항소한 경우, 부당이득반환청구는 제1심에서 심리되지 않았으므로 항소심에 이심되지 않는다.

ㄴ. 제1심 법원이 대여금반환청구는 기각하고 부당이득반환청구를 인용하는 판결을 한 데 대하여 乙만이 항소한 경우, 대여금반환청구는 이심은 되지만 항소심의 심판대상이 아니다.

ㄷ. 제1심 법원이 대여금반환청구는 기각하고 부당이득반환청구를 인용하는 판결을 한 데 대하여 乙만이 항소하였는데, 항소심 법원이 제1심 법원과 마찬가지로 대여금반환청구를 기각하고 부당이득반환청구를 인용한 경우, 甲만이 상고하면 상고심 법원은 대여금반환청구와 부당이득반환청구를 모두 심판하여야 한다.

ㄹ. 제1심 법원이 대여금반환청구 중 1억 원만을 인용하고, 부당이득반환청구를 모두 기각하는 판결을 하여 乙이 항소하였는데, 항소심 법원이 乙의 항소를 받아들여 제1심 판결을 취소하고 그에 해당하는 대여금반환청구를 기각하는 경우, 항소심 법원은 기각하는 대여금반환청구 부분과 관련된 부당이득반환청구에 대하여 심판하여야 한다.

① ㄱ, ㄴ ② ㄱ, ㄷ ③ ㄴ, ㄷ
④ ㄴ, ㄹ ⑤ ㄷ, ㄹ

:: 해설 **예비적 병합**

ㄱ. (X) 예비적 병합의 경우에는 원고가 붙인 순위에 따라 심판하여야 하며 주위적 청구를 배척할 때에는 예비적 청구에 대하여 심판하여야 하나 주위적 청구를 인용할 때에는 다음 순위인 예비적 청구에 대하여 심판할 필요가 없는 것이므로, 주위적 청구를 인용하는 판결은 전부판결로서 이러한 판결에 대하여 피고가 항소하면 제1심에서 심판을 받지 않은 다음 순위의 예비적 청구도 모두 이심되고 항소심이 제1심에서 인용되었던 주위적 청구를 배척할 때에는 다음 순위의 예비적 청구에 관하여 심판을 하여야 하는 것이다(대판 2000.11.16. 98다22253(전합)).

ㄴ. (O) 제1심 법원이 원고들의 주위적 청구와 예비적 청구를 병합 심리한 끝에 주위적 청구는 기각하고 예비적 청구만을 인용하는 판결을 선고한 데 대하여 피고만이 항소한 경우, 항소제기에 의한 이심의 효력은 당연히 사건 전체에 미쳐 주위적 청구에 관한 부분도 항소심에 이심되는 것이지만, 항소심의 심판범위는 이에 관계없이 피고의 불복신청의 범위에 한하는 것으로서 예비적 청구를 인용한 제1심 판결의 당부에 그치고 원고들의 부대항소가 없는 한 주위적 청구는 심판대상이 될 수 없다(대판 1995.02.10. 94다31624).

ㄷ. (X) [1] 제1심법원이 주위적 청구인 입양무효확인청구와 예비적 청구인 파양 및 위자료청구를 병합심리한 끝에 주위적 청구는 기각하고 예비적 청구만을 인용하는 판결을 선고한 데 대하여 피고만이 항소한 경우, 항소제기에 의한 이심의 효력은 당연히 사건 전체에 미쳐 주위적 청구에 관한 부분도 항소심에 이심되지만, 항소심의 심판범위는 피고가 불복신청한 범위, 즉 예비적 청구를 인용한 제1심판결의 당부에 한정되는 것이므로, 원고의 부대항소가 없는 한 주위적 청구는 심판대상이 될 수 없고, 그 판결에 대한 상고심의 심판대상도 예비적 청구 부분에 한정된다. [2] 항소심이 심판의 대상이 아닌 주위적청구인 입양무효확인청구에 대하여도 판단하여 이 부분을 배척하는 취지의 판결을 하였다고 하더라도, 원고가 그에 대하여 상고함으로써 입양무효확인청구 부분이 상고심의 심판대상이 되는 것은 아니므로, 이 부분에 관한 원고의 상고는 심판대상이 되지 않은 부분에 대한 상고로서 불복의 이익이 없어 부적법하다(대판 2002.12.26. 2002므852). 따라서 이러한 판례의 취지를 고려할 때, 대여금반환청구에 관한 부분은 상고심의 심판대상이 아니므로 대여금반환청구에 대한 甲의 상고는 부적법하다고 해야 한다.

ㄹ. (O) 원고의 주위적 청구 중 일부를 인용하고 예비적 청구를 모두 기각한 제1심판결에 대하여 피고가 불복 항소하자 항소심이 피고의 항소를 받아들여 제1심판결을 취소하고 그에 해당하는 원고의 주위적 청구를 기각하는 경우, 항소심은 기각하는 주위적 청구 부분과 관련된 예비적 청구를 심판대상으로 삼아 판단하여야 한다(대판 2000.11.16. 98다22253(전합)).

정답 ④

문 2

매수인인 甲은 매도인인 乙을 상대로 하여 주위적으로 매매계약이 유효하다고 주장하면서 매매를 원인으로 한 소유권이전등기절차의 이행을, 예비적으로 위 매매계약이 무효인 경우 이미 지급한 매매대금의 반환을 구하는 소를 제기하였다. 이에 관한 설명 중 옳지 않은 것은? (다툼이 있는 경우 판례에 의함)

① 甲의 매매대금반환청구는 예비적 청구이므로, 제1심 법원은 소유권이전등기청구의 인용을 해제조건으로 하여 이를 심판하여야 한다.
② 제1심 법원이 甲의 소유권이전등기청구를 인용하였고, 乙이 그 패소 부분에 대하여 항소하자 항소심 법원이 乙의 항소를 받아들여 위 소유권이전등기청구를 전부 배척하는 경우, 항소심 법원은 제1심 법원이 판단하지 않았던 매매대금반환청구에 관하여 반드시 심판을 하여야 한다.
③ 제1심 법원이 소유권이전등기청구를 기각하면서 매매대금반환청구에 대하여 판단하지 아니하는 판결을 한 경우, 甲이 그 판결에 대하여 항소하더라도 매매대금반환청구는 항소심으로 이심(移審)되지 않고 제1심 법원에 계속된다.
④ 제1심 법원이 소유권이전등기청구를 기각하고 매매대금반환청구를 인용하자 乙만이 그 패소 부분에 대하여 항소한 경우, 항소심 법원의 심판범위는 매매대금반환청구를 인용한 제1심 판결의 당부에 그치고 甲의 부대항소가 없는 한 소유권이전등기청구는 심판대상이 될 수 없다.
⑤ 제1심 법원이 소유권이전등기청구를 기각하고 매매대금반환청구를 인용하자 乙만이 그 패소 부분에 대하여 항소한 후 乙이 항소심에서 소유권이전등기청구를 인낙한 경우, 매매대금반환청구는 심판 없이 종결된다.

해설 예비적 병합

① (○) 예비적 병합은 양립할 수 없는 여러 개의 청구를 순서를 붙여 병합하여 주위적 청구(사안의 경우 소유권이전등기청구)의 인용을 해제조건으로 예비적 청구(사안의 경우 매매대금반환청구)에 관하여 심판을 구하는 형태의 병합이다.

② (○) 예비적 병합의 경우에는 원고가 붙인 순위에 따라 심판하여야 하며 주위적 청구를 배척할 때에는 예비적 청구에 대하여 심판하여야 하나 주위적 청구를 인용할 때에는 다음 순위인 예비적 청구에 대하여 심판할 필요가 없는 것이므로, 주위적 청구를 인용하는 판결은 전부판결로서 이러한 판결에 대하여 피고가 항소하면 제1심에서 심판을 받지 않은 다음 순위의 예비적 청구도 모두 이심되고 항소심이 제1심에서 인용되었던 주위적 청구를 배척할 때에는 다음 순위의 예비적 청구에 관하여 심판을 하여야 하는 것이다(대판 2000.11.16. 98다22253(전합)).

③ (X) 예비적 병합의 경우에는 수개의 청구가 하나의 소송절차에 불가분적으로 결합되어 있기 때문에 주위적 청구를 먼저 판단하지 않고 예비적 청구만을 인용하거나 주위적 청구만을 배척하고 예비적 청구에 대하여 판단하지 않는 등의 일부판결은 예비적 병합의 성질에 반하는 것으로서 법률상 허용되지 아니하며, 그럼에도 불구하고 주위적 청구를 배척하면서 예비적 청구에 대하여 판단하지 아니하는 판결을 한 경우에는 그 판결에 대한 상소가 제기되면 판단이 누락된 예비적 청구 부분도 상소심으로 이심이 되고 그 부분이 재판의 탈루(재판의 누락)에 해당하여 원심에 계속중이라고 볼 것은 아니다(대판 2000.11.16. 98다22253(전합)).

④ (○) 제1심 법원이 원고들의 주위적 청구와 예비적 청구를 병합심리한 끝에 주위적 청구는 기각하고 예비적 청구만을 인용하는 판결을 선고한 데 대하여 피고만이 항소한 경우, 항소제기에 의한 이심의 효력은 당연히 사건 전체에 미쳐 주위적 청구에 관한 부분도 항소심에 이심되는 것이지만, 항소심의 심판범위는 이에 관계없이 피고의 불복신청의 범위에 한하는 것으로서 예비적 청구를 인용한 제1심 판결의 당부에 그치고 원고들의 부대항소가 없는 한 주위적 청구는 심판대상이 될 수 없다(대판 1995.02.10. 94다31624).

⑤ (○) 제1심 법원이 원고의 주위적 청구와 예비적 청구를 병합심리한 끝에 주위적 청구는 기각하고 예비적 청구만을 인용하는 판결을 선고한 데 대하여 피고만 항소를 하더라도, 항소의 제기에 의한 이심의 효력은 피고의 불복신청의 범위와는 관계없이 사건 전부에 미쳐 주위적 청구에 관한 부분도 항소심에 이심되는 것이므로, 피고가 항소심의 변론에서 원고의 주위적 청구를 인낙하여 그 인낙이 조서에 기재되면 그 조서는 확정판결과 동일한 효력이 있는 것이고, 따라서 그 인낙으로 인하여 주위적 청구의 인용을 해제조건으로 병합심판을 구한 예비적 청구에 관하여는 심판할 필요가 없어 사건이 그대로 종결되는 것이다(대판 1992.06.09. 92다12032).

정답 ③

제2절 청구의 변경

I 총 설

20년(1)·21년(2) 모의

32. 가등기에 기한 본등기청구를 하면서 그 등기원인을 매매예약완결이라고 주장하는 한편 위 가등기의 피담보채권을 처음에는 대여금채권이라고 주장하였다가 나중에는 손해배상채권이라고 주장한 경우 청구의 변경에 해당하지 아니한다.

해설 가등기에 기한 본등기청구를 하면서 그 등기원인을 매매예약완결이라고 주장하는 한편 위 가등기의 피담보채권을 처음에는 대여금채권이라고 주장하였다가 나중에는 손해배상채권이라고 주장한 경우 가등기에 기한 본등기청구의 등기원인은 위 주장의 변경에 관계없이 매매예약완결이므로 등기원인에 변경이 없어 청구의 변경에 해당하지 아니하고, 위 가등기로 담보되는 채권이 무엇인지는 공격방어방법에 불과하다(대판 1992.06.12. 92다11848).

정답 ○

33. (1) 사해행위의 취소를 구하면서 피보전채권을 추가하거나 교환하는 것은 소의 변경에 해당한다.

(2) 채권자취소권은 채권자의 고유한 권리이므로 동일한 채권자가 채무자의 동일한 법률행위에 대하여 피보전채권을 달리하여 채권자취소의 소를 제기하더라도 이는 중복제소에 해당하지 아니한다.

(3) 채권자가 사해행위의 취소를 청구한 후 피보전채권을 교환하는 것은 소송물 자체를 변경하는 것이므로 그 변경의 취지가 기재된 서면이 채권자가 취소원인을 안 날로부터 1년이 경과되어 제출되었다면 법원은 소각하 판결을 하여야 한다.

> 해설 채권자가 사해행위취소 및 원상회복청구를 하면서 보전하고자 하는 채권을 추가하거나 교환하는 것은 사해행위취소권과 원상회복청구권을 이유 있게 하는 공격방법에 관한 주장을 변경하는 것일 뿐이지 소송물 또는 청구 자체를 변경하는 것이 아니므로, 채권자가 보전하고자 하는 채권을 달리하여 동일한 법률행위의 취소 및 원상회복을 구하는 채권자취소의 소를 이중으로 제기하는 경우 전소와 후소는 소송물이 동일하다고 보아야 하고, 이는 전소나 후소 중 어느 하나가 승계참가신청에 의하여 이루어진 경우에도 마찬가지이다(대판 2012.07.05. 2010다80503).

정답 ×, ×, ×

34. 소장에서 심판을 구하는 대상이 불분명한 경우 이를 명확하게 하기 위하여 청구취지를 보충, 정정하는 것은 청구의 변경에 해당하지 않는다.

> 해설 소장에서 심판을 구하는 대상이 불분명한 경우 이를 명확하게 하기 위하여 청구취지를 보충·정정하는 것은 민사소송법 제262조가 정하는 청구의 변경에 해당하지 아니한다(대판 1982.09.28. 81누106).

정답 ○

Ⅱ 청구변경의 형식
Ⅲ 청구변경의 모습

35. 소유권이전등기청구를 하면서 등기원인을 매매에서 취득시효완성으로 변경하는 것은 청구변경에 해당한다.

> 해설 매매 또는 취득시효 완성을 원인으로 하는 소유권이전등기청구소송에서 그 대상을 1필지 토지의 일부에서 전부로 확장하는 것은 청구의 양적 확장으로서 소의 추가적 변경에 해당하고, 동일 부동산에 대하여 이전등기를 구하면서 그 등기청구권의 발생원인을 처음에는 매매로 하였다가 후에 취득시효의 완성을 선택적으로 추가하는 것도 단순한 공격방법의 차이가 아니라 별개의 청구를 추가시킨 것이므로 역시 소의 추가적 변경에 해당한다(대판 1997.04.11. 96다50520).

정답 ○

🕐 15년 변시, 14년(1)·16년(1)·(3)·21년(3) 모의

36. (1) 소송 진행 중에 원고가 청구금액을 감축하였으나 그 의사가 분명하지 않은 경우 법원은 이를 청구의 일부포기로 보아야 한다.

(2) 소송상 청구금액을 감축한다는 것은 소의 일부취하를 뜻한다.

(3) 수량적으로 가분인 동일 청구권에 기한 청구금액의 감축은 소의 일부 취하에 해당하므로 원고가 착오로 청구금액을 감축했다 하더라도 이를 무효로 볼 수 없다.

▫해설 수량적으로 가분인 동일 청구권에 기한 청구금액의 감축은 소의 일부 취하로 해석되고, 소의 취하는 원고가 제기한 소를 철회하여 소송계속을 소멸시키는 원고의 법원에 대한 소송행위이며, 소송행위는 일반 사법상의 행위와 달리 내심의 의사보다 그 표시를 기준으로 하여 그 효력 유무를 판정할 수밖에 없는 것이므로 원고가 착오로 소의 일부를 취하하였다 하더라도 이를 무효라고 볼 수는 없다(대판 2004.07.09. 2003다46758). ▶ 청구의 감축의 경우 소의 일부취하인지 청구의 일부포기인지는 원고의 의사가 명확하다면 그에 따라 정할 것이나 그 의사가 불분명한 경우 원고에게 유리하게 일부취하로 해석한다.

정답 ×, ○, ○

Ⅳ 청구변경의 요건

20년(1)·(2)·21년(2)·23년(3) 모의

37. (1) 청구의 변경에 대하여 상대방이 지체 없이 이의하지 아니하고 변경된 청구에 관한 본안의 변론을 한 때에는 상대방은 더 이상 그 청구 변경의 적법 여부에 대하여 다투지 못한다.

(2) 청구의 변경에 대하여 상대방이 지체 없이 이의하지 아니하고 변경된 청구에 관한 본안의 변론을 하였더라도 상대방은 청구 기초의 동일성의 적법 여부에 대하여 다툴 수 있다.

(3) 피고가 청구의 변경에 동의하거나 이의 없이 응소하더라도 '청구 기초의 동일성' 요건을 갖추지 않았다면 청구의 변경은 허용되지 아니한다.

▫해설 청구의 변경에 대하여 상대방이 지체 없이 이의하지 아니하고 변경된 청구에 관한 본안의 변론을 한 때에는 상대방은 더 이상 그 청구 변경의 적법 여부에 대하여 다투지 못한다. 기록에 의하면, 원고는 원심 제1차 변론기일에 이 사건 2007. 10. 24.자 청구취지 및 원인 변경신청서를 진술하였는데, 피고들 소송대리인은 이에 대하여 아무런 이의를 제기하지 아니하고 제2차 변론기일에는 변경된 청구에 관한 원고의 주장을 부인하는 본안의 변론을 하였다가, 제10차 최종 변론기일에 이르러 비로소 위 청구의 변경은 청구의 기초에 동일성이 없어 허용될 수 없다는 주장을 하였음이 명백하므로, 이 사건 청구 변경이 피고들 주장과 같이 그 기초에 변경이 있는 것이라고 하더라도 피고들은 더 이상 이를 다툴 수 없게 되었다고 할 것이다(대판 2011.02.24. 2009다33655).

정답 ○, ×, ×

20년(2) 모의

38. 제1심에서 적법하게 반소를 제기하였던 당사자가 항소심에서 반소를 교환적으로 변경하는 경우에 변경된 청구와 종전 청구가 청구의 기초에 변경이 없으면 그와 같은 청구의 변경도 허용된다.

해설 제1심에서 적법하게 반소를 제기하였던 당사자가 항소심에서 반소를 교환적으로 변경하는 경우에 변경된 청구와 종전 청구가 그 실질적인 쟁점이 동일하여 청구의 기초에 변경이 없으면 그와 같은 청구의 변경도 허용된다 할 것이다(대판 2012.03.29. 2010다28338).

정답

14년·17년 변시

39. 항소심에서 청구가 교환적으로 변경된 경우 항소법원은 구청구에 대해서는 판단을 해서는 아니되며, 신청구에 대해서만 사실상 제1심으로서 판단한다.

해설 우리나라 민사항소심은 속심제로서 항소심에서도 소의 교환적 변경이 가능하며 이 경우에는 구청구의 취하의 효력이 발생할 때에 그 소송계속은 소멸되는 것이므로 항소심에서는 구 청구에 대한 제1심 판결을 취소할 필요 없이 신청구에 대하여만 제1심으로서 판결을 하게 된다(대판 1989.03.28. 87다카2372).

정답

15년(2) 모의

40. 제1심에서 청구기각판결을 선고받은 원고가 항소심에서 청구를 교환적으로 변경한 경우, 항소법원이 신청구 역시 기각하여야 한다면 항소기각의 주문과 그 신청구에 대한 청구기각의 주문을 모두 표시하여야 한다.

해설 항소심에 이르러 소가 추가적으로 변경된 경우와 소가 교환적으로 변경된 경우에는 항소심은 신청구에 대하여 재판하여야 하고, 위 두 경우에 제1심이 원고의 청구를 기각하였고, 항소심이 추가된 신소와 교환적으로 변경된 신청구를 기각할 경우라 하더라도 '원고의 청구를 기각한다'는 주문 표시를 하여야 하고, '항소를 기각한다'는 주문 표시를 하여서는 아니된다(대판 1997.06.10. 96다25449).

정답

Ⅴ 청구변경의 절차

20년(1) 모의

41. 원고가 제1심에서 부당이득반환청구를 하였다가 항소심에서 명의신탁해지를 원인으로 한 소유권이전등기청구로 청구를 교환적으로 변경하였음에도 항소심이 신청구에 대하여 아무런 판단을 하지 아니한 것은 재판의 누락에 해당하여 신청구에 관한 소송은 항소심에 그대로 계속된다.

해설 원래의 부당이득반환청구를 기각한 제1심판결을 유지하여 원고의 항소를 기각하고 있을 뿐임을 알 수 있다. 항소심에서 청구가 교환적으로 변경된 경우에는 구 청구는 취하되고 신 청구가 심판의 대상이 되는 것이므로 원고의 2016. 1. 5.자 소의 교환적 변경으로 구 청구인 부당이득반환청구는 취하되고 신 청구인 소유권이전등기청구가 심판의 대상이 되었음에도, 원심이 신 청구에 대하여는 아무런 판단도 하지 아니한 채(재판의 누락에 해당되고 신 청구에 관한 소송은 원심에 그대로 계속되어 있다) 오히려 구 청구에 대하여 판단한 것은 소의 변경의 효력에 관한 법리를 오해한 위법을 저지른 데 해당한다(대판 2017.02.21. 2016다45595).

정답 O

20년(1) 모의

42. 회생채권자가 채무자에 대한 회생절차개시결정으로 중단된 회생채권 관련 소송절차를 수계하는 경우에는 회생채권의 확정을 구하는 것으로 청구취지 등을 변경하여야 한다.

해설 채무자 회생 및 파산에 관한 법률 제59조 제1항, 제118조, 제131조 등에 의하면 회생절차개시결정이 있는 때에는 채무자의 재산에 관한 소송절차는 중단되고, 회생절차개시 전의 원인으로 생긴 재산상의 청구권이나 회생절차개시 후의 불이행으로 인한 손해배상금 등 회생채권에 관하여는 특별한 규정이 있는 경우를 제외하고는 회생계획에 규정된 바에 따르지 아니하고는 변제받는 등 회생절차 외에서 개별적인 권리행사를 할 수 없다. 따라서 회생채권자가 채무자에 대한 회생절차개시결정으로 중단된 회생채권 관련 소송절차를 수계하는 경우에는 회생채권의 확정을 구하는 것으로 청구취지 등을 변경하여야 하고, 이러한 법리는 회생채무자의 관리인 등이 회생절차에서 회생채권으로 신고된 채권에 관하여 이의를 하고 중단된 소송절차를 수계하는 때에도 마찬가지이다(대판 2015.07.09. 2013다69866).

정답   O

17년 변시

43. 청구취지변경을 불허한 결정에 대하여는 독립하여 항고할 수 없고 종국판결에 대한 상소로써만 다툴 수 있다.

해설 청구취지변경을 불허한 결정에 대하여는 독립하여 항고할 수 없고 종국판결에 대한 상소로써만 다툴 수 있다(대판 1992.09.25. 92누5096).

정답 O

🕒 14년 변시, 15년(2)·16년(3) 모의

44. (1) 제1심 법원에서 청구를 추가하여 선택적 병합으로 구하였음에도 원고 패소판결을 하면서 병합된 청구 중 어느 하나를 판단하지 않은 경우, 이는 판단누락으로서 원고가 그 판결에 대하여 항소하였다면 누락된 부분까지 선택적 청구 전부가 항소심으로 이심된다.

(2) 제1심 법원에서 청구를 추가하여 단순병합으로 구하였음에도 그중 일부의 청구에 대하여만 판단한 경우, 나머지 청구는 재판누락으로 제1심에 계속 중이므로 추가판결의 대상이 될 뿐이고 항소심은 이심된 부분에 대하여만 판단한다.

 [1] 제1심법원이 원고의 선택적 청구 중 하나만을 판단하여 기각하고 나머지 청구에 대하여는 아무런 판단을 하지 아니한 조치는 위법한 것이고, 원고가 이와 같이 위법한 제1심판결에 대하여 항소한 이상 원고의 선택적 청구 전부가 항소심으로 이심되었다고 할 것이므로, 선택적 청구 중 판단되지 않은 청구 부분이 재판의 탈루로서 제1심법원에 그대로 계속되어 있다고 볼 것은 아니다(대판 1998.07.24. 96다99). [2] 단순병합의 경우 병합된 청구 전부에 대하여 판결하기에 성숙하면 전부판결을 한다. 모든 청구에 대하여 판단하여야 하기 때문에 어느 하나의 청구에 대해 재판누락을 하면 추가판결의 대상이 된다(이시윤, 신민사소송법 제11판, p.707).

 ○, ○

🕒 14년 변시

45. 제1심 법원에서 교환적 변경을 간과하여 신청구에 대하여는 아무런 판단도 하지 아니한 채 구청구만을 판단한 경우, 이는 취하되어 재판의 대상이 아닌 것에 대하여 판단한 것이어서 항소법원은 제1심 판결을 취소하고 구청구에 대하여는 소송종료선언을 하여야 하며, 신청구는 판단누락으로 항소심으로 이심되기에 항소심은 신청구에 대하여 판단하여야 한다.

 항소심에서 청구가 교환적으로 변경된 경우에는 구청구는 취하되고 신청구가 심판의 대상이 되는 것이므로 원고들의 2002. 6. 19.자 소의 교환적 변경으로 구청구인 손해배상청구는 취하되고 신청구인 정리채권확정청구가 심판의 대상이 되었음에도 원심이 신청구에 대하여는 아무런 판단도 하지 아니한 채(신청구에 대하여는 재판의 탈루에 해당되어 원심에 그대로 계속되어 있다) 구청구에 대하여 심리·판단한 것은 소의 변경의 효력에 관한 법리를 오해한 위법이 있다 할 것이다(대판 2003.01.24. 2002다56987).

정답 ×

제3절 중간확인의 소

제4절 반 소

I 서 설

23년(1) 모의

46. 원고의 청구에 대해 피고가 본소청구의 인용을 조건으로 하는 예비적 반소를 제기하였는데, 법원이 원고의 청구를 기각하면서 피고의 예비적 반소에 대해서도 판결하였다면 예비적 반소부분에 대한 판결은 무효이다.

> **해설** 본소청구가 인용될 경우를 대비하여 조건부로 반소청구에 대하여 심판을 구하는 형태의 예비적 반소는 본소청구 기각판결이 확정되면 해제조건의 성취로 인하여 소송의 계속은 소급적으로 소멸한다. 이러한 예비적 반소는 소송이 재판에 의하지 않고 끝난 경우에 해당하므로 당시의 소송계속 법원은 본안재판에서 반소비용에 관하여 판단할 필요가 없고, 이에 대하여 판단하였더라도 아무런 효력이 없다(대결 2018.04.06. 2017마6406).

정답

18년(3)·19년(1)·20년(2)·22년(3) 모의

47.
(1) 원고가 피고에 대하여 손해배상채무의 부존재확인을 구할 이익이 있어 본소로 그 확인을 구하였다면, 피고가 그 후에 그 손해배상채무의 이행을 구하는 반소를 제기할 경우 본소청구에 대한 확인의 이익이 소멸하여 본소가 부적법하게 된다.

(2) 제1심이 원고의 본소청구를 배척한 이상 피고의 예비적 반소는 제1심의 심판대상이 될 수 없는 것이고, 이와 같이 심판대상이 될 수 없는 소에 대하여 제1심이 판단하였다고 하더라도 그 효력이 없다.

(3) 본소가 단독사건인 경우에 피고가 반소로 합의사건에 속하는 청구를 한 때에는 법원은 직권 또는 당사자의 신청에 따른 결정으로 본소와 반소를 합의부에 이송하여야 한다.

(4) 피고가 원고 이외의 제3자를 추가하여 반소피고로 하는 반소는 원칙적으로 허용되지 아니하고, 다만 피고가 제기하려는 반소가 필수적 공동소송이 될 때에는 민사소송법상의 필수적 공동소송인 추가의 요건을 갖추면 허용될 수 있다.

> **해설** [1] 소송요건을 구비하여 적법하게 제기된 본소가 그 후에 상대방이 제기한 반소로 인하여 소송요건에 흠결이 생겨 다시 부적법하게 되는 것은 아니므로, 원고가 피고에 대하여 손해배상채무의 부존재확인을 구할 이익이 있어 본소로 그 확인을 구하였다면, 피고가 그 후에 그 손해배상채무의 이행을 구하는 반소를 제기하였다 하더라도 그러한 사정만으로 본소청구에 대한 확인의 이익이 소멸하여 본소가 부적법하게 된다고 볼 수는 없다. 민사소송법 제271조는 본소가 취하된 때에는 피고는 원고의 동의 없이 반소를 취하할 수 있다고 규정하고 있고, 이에 따라 원고가 반소가 제기되었다는 이유로 본소를 취하한 경우 피고가 일방적으로 반소를 취하함으로써 원고가 당초 추구한 기판력을 취득할 수 없는 사태가 발생할 수 있는 점을 고려하면, 위 법리와 같이 반소가 제기되었다는 사정만으로 본소청구에 대한 확인의 이익이 소멸한다고는 볼 수 없다(대판 2010.07.15. 2010다2428).
>
> **민사소송법 제271조(반소의 취하)** 본소가 취하된 때에는 피고는 원고의 동의 없이 반소를 취하할 수 있다.

[2] 피고의 예비적 반소는 본소청구가 인용될 것을 조건으로 심판을 구하는 것으로서 제1심이 원고의 본소청구를 배척한 이상 피고의 예비적 반소는 제1심의 심판대상이 될 수 없는 것이고, 이와 같이 심판대상이 될 수 없는 소에 대하여 제1심이 판단하였다고 하더라도 그 효력이 없다고 할 것이므로, 피고가 제1심에서 각하된 반소에 대하여 항소를 하지 아니하였다는 사유만으로 이 사건 예비적 반소가 원심의 심판대상으로 될 수 없는 것은 아니라고 할 것이고, 따라서 원심으로서는 원고의 항소를 받아들여 원고의 본소청구를 인용한 이상 피고의 예비적 반소청구를 심판대상으로 삼아 이를 판단하였어야 한다(대판 2006.06.29. 2006다19061).

사실관계 원고의 본소청구를 배척하면서 피고의 예비적 반소에 대하여도 판단한 제1심판결의 효력 및 그 제1심판결에 대하여 원고만이 항소하고 피고는 제1심에서 각하된 반소에 대하여 항소를 하지 아니하였는데 항소심이 원고의 항소를 받아들여 원고의 본소청구를 인용하는 경우, 항소심은 피고의 예비적 반소청구를 심판대상으로 삼아 판단하여야 한다고 한 사례.

[3] 민사소송법 제269조 제2항 참조.

민사소송법 제269조(반소) ② 본소가 단독사건인 경우에 피고가 반소로 합의사건에 속하는 청구를 한 때에는 법원은 직권 또는 당사자의 신청에 따른 결정으로 본소와 반소를 합의부에 이송하여야 한다. 다만, 반소에 관하여 제30조의 규정에 따른 관할권이 있는 경우에는 그러하지 아니하다.

[4] 피고가 원고 이외의 제3자를 추가하여 반소피고로 하는 반소는 원칙적으로 허용되지 아니하고, 다만 피고가 제기하려는 반소가 필수적 공동소송이 될 때에는 민사소송법 제68조의 필수적 공동소송인 추가의 요건을 갖추면 허용될 수 있다(대판 2015.05.29. 2014다235042).

민사소송법 제68조(필수적 공동소송인의 추가) ① 법원은 제67조제1항의 규정에 따른 공동소송인 가운데 일부가 누락된 경우에는 제1심의 변론을 종결할 때까지 원고의 신청에 따라 결정으로 원고 또는 피고를 추가하도록 허가할 수 있다. 다만, 원고의 추가는 추가될 사람의 동의를 받은 경우에만 허가할 수 있다. ② 제1항의 허가결정을 한 때에는 허가결정의 정본을 당사자 모두에게 송달하여야 하며, 추가될 당사자에게는 소장부본도 송달하여야 한다. ③ 제1항의 규정에 따라 공동소송인이 추가된 경우에는 처음의 소가 제기된 때에 추가된 당사자와의 사이에 소가 제기된 것으로 본다. ④ 제1항의 허가결정에 대하여 이해관계인은 추가될 원고의 동의가 없었다는 것을 사유로 하는 경우에만 즉시항고를 할 수 있다. ⑤ 제4항의 즉시항고는 집행정지의 효력을 가지지 아니한다. ⑥ 제1항의 신청을 기각한 결정에 대하여는 즉시항고를 할 수 있다.

정답 ×, ○, ○, ○

🕐 22년 변시, 20년(2) 모의

48. **피고의 가지급물반환신청은 예비적 반소의 성격을 가지며 항소심의 변론종결 전에 하여야 한다.**

해설 위와 같은 가지급물 반환신청은 가집행에 의하여 집행을 당한 채무자가 별도의 소를 제기하는 비용, 시간 등을 절약하고 본안의 심리 절차를 이용하여 신청의 심리를 받을 수 있는 간이한 길을 터놓은 제도로서 그 성질은 본안판결의 취소·변경을 조건으로 하는 예비적 반소에 해당한다(대판 2011.08.25. 2011다25145). 민사소송법 제201조 제2항(현행법 215조) 소정의 가집행선고로 인한 지급물의 반환신청은 가집행에 의하여 집행을 당한 채무자로 하여금 본안 심리절차를 이용하여 그 신청의 심리를 받을 수 있게 함으로써 반소나 별소를 제기하는 비용과 시간 등을 절약할 수 있게 하려는 제도로서, 그 신청은 집행을 당한 채무자가 본안에 대하여 불복을 제기함과 아울러 본안을 심리하고 있는 상소심에서 그 변론종결 전에 함이 원칙이고, 그 신청의 이유인 사실의 진술 및 그 당부의 판단을 위하여서는 소송에 준하여 변론이 필요한 것인데, 상고심은 법률심이어서 과연 집행에 의하여 어떠한 지급이 이행되었으며 어느 범위의 손해가 있었는가 등의 사실관계를 심리 확정할 수 없기 때문에 신청의 이유로서 주장하는 사실관계에 대하여 당사자 사이에 다툼이 없어 사실심리를 요하지 아니하는 경우를 제외하고는 가집행선고로 인한 지급물의 반환신청은 상고심에서는 원칙적으로 허용되지 아니한다(대판 1999.11.26. 99다36617).

정답 O

18년(3)·20년(2) 모의

49. 甲의 乙에 대한 채무이행의 소에 대해 乙이 甲을 상대로 동일한 채무의 부존재확인의 반소를 제기하는 것은 부적법하다.

해설 반소청구에 본소청구의 기각을 구하는 것 이상의 적극적 내용이 포함되어 있지 않다면 반소청구로서의 이익이 없고, 어떤 채권에 기한 이행의 소에 대하여 동일 채권에 관한 채무부존재확인의 반소를 제기하는 것은 그 청구의 내용이 실질적으로 본소청구의 기각을 구하는 데 그치는 것이므로 부적법하다(대판 2007.04.13. 2005다40709).

정답 O

15년(3)·20년(3)·21년(1) 모의

50. 甲이 乙에게 1억 5천만 원의 지급을 구하는 소를 제기하였다가 소송계속 중 청구취지를 2억 5천만 원으로 확장하는 경우에도 乙이 관할위반의 항변을 하지 않고 본안에 관하여 변론하면 단독판사의 관할이 생기고 이 경우에는 합의부로 이송할 필요가 없다.

해설 甲이 乙에게 1억 5천만 원의 지급을 구하는 소제기 후 소송계속 중 청구취지를 2억 5천만원으로 확장하는 경우에도 乙이 관할위반의 항변을 하지 않고 본안에 관해 변론하면 단독판사에 변론관할이 생긴다(민사소송법 제269조 제2항 참조)(이시윤, 신민사소송법 제14판, p.119). ▶ 현재 법조문 변경으로 합의부 소송목적의 값이 2억 초과에서 5억 초과로 변경됨.

민사 및 가사소송의 사물관할에 관한 규칙 제2조(지방법원 및 그 지원 합의부의 심판범위) 지방법원 및 지방법원지원의 합의부는 소송목적의 값이 5억원을 초과하는 민사사건 및 「민사소송 등 인지법」 제2조 제4항의 규정에 해당하는 민사사건을 제1심으로 심판한다. 다만, 다음 각호의 1에 해당하는 사건을 제외한다. <개정 2002. 6. 28., 2004. 12. 29., 2015. 1. 28., 2022. 1. 28.>
민사소송법 제269조(반소) ② 본소가 단독사건인 경우에 피고가 반소로 합의사건에 속하는 청구를 한 때에는 법원은 직권 또는 당사자의 신청에 따른 결정으로 본소와 반소를 합의부에 이송하여야 한다. 다만, 반소에 관하여 제30조의 규정에 따른 관할권이 있는 경우에는 그러하지 아니하다.
민사소송법 제30조(변론관할) 피고가 제1심 법원에서 관할위반이라고 항변(抗辯)하지 아니하고 본안(本案)에 대하여 변론(辯論)하거나 변론준비기일(辯論準備期日)에서 진술하면 그 법원은 관할권을 가진다.

정답 O

15년(3) 모의

51. 제1심의 가집행선고부승소판결에 기하여 집행을 하였으나, 항소심에서 소의 교환적 변경이 이루어진 경우에는 항소심절차에서 가지급물의 반환을 청구할 수 없고 별소의 방법에 의하여야 한다.

> 해설 제1심에서 채무자를 상대로 금전지급을 구하는 이행청구의 소를 제기하여 가집행선고부 승소판결을 받고 그에 기하여 판결원리금을 지급받았다가, 항소심에 이르러 채무자에 대한 회생절차개시로 인해 당초의 소가 회생채권확정의 소로 교환적으로 변경되어 취하된 것으로 되는 경우에는 항소심 절차에서 가지급물의 반환을 구할 수 있다고 보아야 하고, 그것을 별소의 형식으로 청구하여 반환받아야만 된다고 볼 것은 아니다(대판 2011.08.25. 2011다25145).

정답 ×

15년(2) 모의

52. 반소의 제기도 방어방법의 일종이므로, 시기에 늦은 공격방어방법의 각하에 관한 규정은 반소제기에도 그대로 적용된다.

> 해설 반소는 방어방법이 아니라 소의 변경과 같이 본안신청을 이루는 것으로서 종국판결의 주문과 청구취지에서 그 내용이 밝혀져야 하므로, 공격방어방법에 관한 민사소송법 제147조, 제149조, 제285조의 실권제재 규정이 적용되지 아니하여 단순히 시기에 늦게 제출하였다는 이유로는 각하할 수는 없다. 다만, 소의 변경과 마찬가지로 반소의 제기도 소송절차를 현저하게 지연시키지 아니할 것을 그 요건으로 한다(김홍엽, 민사소송법 제7판, p.945).

정답 ×

Ⅱ 반소의 모습

 15년 변시, 18년(3) 모의

53. 甲의 이혼 및 재산분할청구에 대해 乙이 반소로서 이혼청구를 한 경우에, 법원이 甲의 이혼청구를 배척하고 乙의 이혼청구를 인용할 때에 甲의 재산분할청구에 대해서는 판단할 필요가 없다.

> 해설 원고가 본소의 이혼청구에 병합하여 재산분할청구를 제기한 후 피고가 반소로서 이혼청구를 한 경우, 원고의 재산분할청구 중에는 본소의 이혼청구가 받아들여지지 않고 피고의 반소청구에 의하여 이혼이 명하여지는 경우에도 재산을 분할해 달라는 취지의 청구가 포함된 것으로 봄이 상당하다고 할 것이므로(이때 원고의 재산분할청구는 피고의 반소청구에 대한 재반소로서의 실질을 가지게 된다), 원고의 본소 이혼청구를 기각하고 피고의 반소청구를 받아들여 원·피고의 이혼을 명하게 되었다고 하더라도, 마땅히 원고의 재산분할청구에 대한 심리에 들어가 일체의 사정을 참작하여 원고에게 재산분할을 할 액수와 방법을 정하여야 한다(대판 2001.06.15. 2001므626).

정답 ×

Ⅲ 반소의 요건

15년(3) 모의

54. 제1심에서 전부 승소한 원고라도 상대방이 제기한 항소에 따라 항소심절차에서 청구취지를 확장하거나 변경할 수 있으며, 전부 승소한 피고도 원고가 제기한 항소심절차에서 반소를 제기할 수 있다.

> **해설** 상소는 자기에게 불이익한 재판에 대하여 유리하게 취소변경을 구하기 위하여 하는 것이므로 전부승소한 판결에 대하여는 항소가 허용되지 않는 것이 원칙이라고 할 것이나, 이러한 경우에도 법은 상대방이 항소를 제기하여 확정이 차단된 경우에는 청구취지의 확장을 위하여 부대항소를 하거나 항소심에서 청구취지를 확장하여(이 경우 부대항소를 한 것으로 의제된다) 그 나머지 부분의 청구를 할 수 있도록 허용하고 있고, 하나의 소송물에 관하여 형식상 전부승소한 당사자의 상소이익의 부정은 절대적인 것이라고 할 수도 없다고 한다(김홍엽, 민사소송법 제7판, p.1128).

> **판례** 제1심에서 원고가 전부 승소하여 피고만이 항소한 경우에 원고는 항소심에서도 청구취지를 확장할 수 있고 이는 부대항소를 한 것으로 의제된다(대판 1992.12.08. 91다43015).

정답

15년 변시, 13년(3)·15년(2) 모의

55. 단순반소가 적법하게 제기된 후에는 본소가 각하 혹은 취하되더라도 예비적 반소의 경우를 제외하고 반소의 소송계속에는 아무런 영향이 없다.

> **해설** 반소가 적법히 제기된 이상 그 후 본소가 취하되더라도 반소의 소송계속에는 아무런 영향이 없다. 본소는 취하되고 반소만이 진행 중인 반소의 항소심 소송절차에 있어서도 청구의 기초에 변경이 없는 한 청구의 교환적 변경을 할 수 있고 본법 제238조의 규정이 있다고 하여 청구의 변경에 있어서의 모든 절차상의 효력이 새로운 소제기와 같이 청구의 변경이 서면이 법원에 제출된 때로부터 발생하고 그 이전에는 미치지 아니한다고 볼 수 없다(대판 1970.09.22. 69다446).

정답

Ⅳ 반소의 제기

13년(3)·15년(3)·16년(1)·(2)·17년(1)·20년(1)·(2) 모의

56. (1) 본소가 부적법 각하되어 종료된 경우, 甲이 반소의 본안에 관하여 변론을 한 후에도 乙은 甲의 동의 없이 반소를 취하할 수 있다.

(2) 원고가 본소를 취하한 후에 피고가 반소를 취하하는 경우에는 원고의 동의가 없어도 가능하다.

> **해설** [1] 민사소송법 제244조의 규정은 원고가 반소의 제기를 유발한 본소는 스스로 취하해 놓고 그로 인하여 유발된 반소만의 유지를 상대방에게 강요한다는 것은 공평치 못하다는 이유에서 원고

가 본소를 취하한 때에는 피고도 원고의 동의 없이 반소를 취하할 수 있도록 한 규정이므로 본소가 원고의 의사와 관계없이 부적법하다 하여 각하됨으로써 종료된 경우에까지 유추적용 할 수 없고, 원고의 동의가 있어야만 반소취하의 효력이 발생한다 할 것이다(대판 1984.07.10. 84다카298).
[2] 민사소송법 제271조 참조.

민사소송법 제271조(반소의 취하) 본소가 취하된 때에는 피고는 원고의 동의 없이 반소를 취하할 수 있다.

정답 ×, ○

 13변시, 16년(2)·21년(1) 모의

57. (1) 항소심에서 반소는 상대방의 심급의 이익을 해할 우려가 없거나 상대방의 동의를 얻는 경우에 제기할 수 있다.

(2) 제1심에서 이미 충분히 심리된 쟁점과 관련한 반소를 항소심에서 제기하는 것은 상대방의 심급의 이익을 해할 우려가 없는 경우에 해당되므로 허용된다.

민사소송법 제412조 제1항 참조.

민사소송법 제412조(반소의 제기) ① 반소는 상대방의 심급의 이익을 해할 우려가 없는 경우 또는 상대방의 동의를 받은 경우에 제기할 수 있다.

정답 ○, ○

 16년(2) 모의

58. 점유권에 기한 본소의 청구에 대하여 피고는 소유권에 기한 반소를 제기할 수 없다.

점유의 소송에 있어서는 점유할 수 있는 권리인 본권에 관한 이유에 기하여 재판할 수 없는 것이고, 따라서 피고의 점유방해의 사실이 인정된다고 한다면 설사 피고가 소유권에 기하여 그 점유물의 인도를 구하는 반환청구를 하고 그 청구권이 인정된다고 하더라도 피고로서는 그 인도청구권을 적법하게 행사하지 않고 사력으로 원고의 점유를 방해할 수는 없는 것이니 이러한 경우에는 본소와 반소의 청구를 모두 인정하여야 할 것이다(대판 1957.11.14. 4290민상454).

정답 ×

Ⅴ 반소에 대한 심판

🕐 22년 변시

59. 본권자가 허용되지 않는 자력구제로 점유를 회복하자 점유자가 점유 회수의 본소를 제기하였으며 이에 대하여 본권자가 소유권에 기한 인도를 구하는 예비적 반소를 제기하여 본소 청구와 예비적 반소 청구가 모두 인용되어 확정되었다면, 특별한 사정이 없는 한 점유자가 본소 확정판결에 의하여 집행문을 부여받아 강제집행으로 물건의 점유를 회복할 수 있고 본권자는 반소 확정판결에 의하여 집행문을 부여받아 위 본소 집행 후 비로소 강제집행으로 물건의 점유를 회복할 수 있다.

▸ 해설 점유회수의 본소에 대하여 본권자가 소유권에 기한 인도를 구하는 반소를 제기하여 본소청구와 예비적 반소청구가 모두 인용되어 확정되면, 점유자가 본소 확정판결에 의하여 집행문을 부여받아 강제집행으로 물건의 점유를 회복할 수 있다. 본권자의 소유권에 기한 반소청구는 본소의 의무 실현을 정지조건으로 하므로, 본권자는 위 본소 집행 후 집행문을 부여받아 비로소 반소 확정판결에 따른 강제집행으로 물건의 점유를 회복할 수 있다. 이러한 과정은 애당초 본권자가 허용되지 않는 자력구제로 점유를 회복한 데 따른 것으로 그 과정에서 본권자가 점유 침탈 중 설치한 장애물 등이 제거될 수 있다(대판 2021.02.04. 2019다202795).

정답

🕐 22년 변시, 23년(2) 모의

60. 피고가 원고의 본소 청구가 인용될 것을 조건으로 예비적 반소를 제기하였는데, 제1심 법원이 소의 이익이 없음을 이유로 원고의 본소와 피고의 예비적 반소를 모두 각하하자, 이에 대하여 원고만이 본소 각하 부분에 대하여 항소한 경우, 항소심 법원이 원고의 항소를 받아들여 원고의 본소 청구를 인용하는 이상 피고의 예비적 반소 청구도 심판 대상으로 삼아 이를 판단하여야 한다.

▸ 해설 피고는 원고의 본소청구가 인용될 것에 대비하여 예비적 반소를 제기하였는바, 제1심은 소의 이익이 없음을 이유로 원고의 본소와 피고의 반소를 모두 각하하였고, 원심은 제1심판결에 대하여 원고만이 불복 항소하였으므로 원심의 심판범위는 본소청구에 관한 것으로 한정된다고 하면서 반소청구에 대하여 아무런 판단을 하지 아니하였다. 그러나 피고의 예비적 반소는 본소청구가 인용될 것을 조건으로 심판을 구하는 것으로서 제1심이 원고의 본소청구를 배척한 이상 피고의 예비적 반소는 제1심의 심판대상이 될 수 없는 것이고, 이와 같이 심판대상이 될 수 없는 소에 대하여 제1심이 판단하였다고 하더라도 그 효력이 없다고 할 것이므로(대법원 2000. 11. 16. 선고 98다22253 전원합의체 판결 등 참조), 피고가 제1심에서 각하된 반소에 대하여 항소를 하지 아니하였다는 사유만으로 이 사건 예비적 반소가 원심의 심판대상으로 될 수 없는 것은 아니라고 할 것이고, 따라서 원심으로서는 원고의 항소를 받아들여 원고의 본소청구를 인용한 이상 피고의 예비적 반소청구를 심판대상으로 삼아 이를 판단하였어야 할 것이다(대판 2006.06.29. 2006다19061).

정답

🍊 22년 변시

61. 원고가 본소의 이혼청구에 병합하여 재산분할청구를 한 후 피고가 반소로 이혼청구를 한 경우, 원고가 반대의 의사를 표시하였다는 등의 특별한 사정이 없는 한 원고의 재산분할청구 중에는 본소의 이혼청구가 받아들여지지 않고 피고의 반소청구에 의하여 이혼이 명하여지는 경우에도 재산을 분할해 달라는 취지의 청구가 포함된 것으로 봄이 상당하다.

해설 원고가 본소의 이혼청구에 병합하여 재산분할청구를 제기한 후 피고가 반소로서 이혼청구를 한 경우, 원고가 반대의 의사를 표시하였다는 등의 특별한 사정이 없는 한, 원고의 재산분할청구 중에는 본소의 이혼청구가 받아들여지지 않고 피고의 반소청구에 의하여 이혼이 명하여지는 경우에도 재산을 분할해 달라는 취지의 청구가 포함된 것으로 봄이 상당하다고 할 것이므로(이때 원고의 재산분할청구는 피고의 반소청구에 대한 재반소로서의 실질을 가지게 된다), 이러한 경우 사실심으로서는 원고의 본소 이혼청구를 기각하고 피고의 반소청구를 받아들여 원·피고의 이혼을 명하게 되었다고 하더라도, 마땅히 원고의 재산분할청구에 대한 심리에 들어가 원·피고가 협력하여 이룩한 재산의 액수와 당사자 쌍방이 그 재산의 형성에 기여한 정도 등 일체의 사정을 참작하여 원고에게 재산분할을 할 액수와 방법을 정하여야 한다(대판 2001.06.15. 2001므626).

정답

15년(2)·(3)·16년(2)·17년(1)·18년(3)·21년(1) 모의

62. (1) 피고가 원고의 본소청구가 인용될 경우를 대비하여 예비적 반소를 제기한 경우, 법원이 원고의 본소청구를 기각한다면 반소청구에 대하여서는 판단할 필요가 없다.

(2) 원고의 본소 청구가 인용될 것을 조건으로 반소를 제기하는 경우, 수소법원이 원고의 본소 청구를 기각하면 피고의 예비적 반소에 대하여는 소의 이익이 없다는 이유로 각하하여야 한다.

(3) 본소청구가 인용되는 것을 조건으로 심판을 구하는 예비적 반소의 경우에 있어서 법원이 본소청구를 기각하면서 반소청구에 대해 판단하지 아니한 경우, 이에 대한 피고의 항소는 부적법하게 된다.

(4) 본소청구를 기각하고 예비적 반소에 대해 심판하지 아니한 제1심판결에 대해 원고만이 항소한 경우, 항소법원이 원고의 청구를 인용할 때에는 피고의 반소에 대해서도 심판하여야 한다.

(5) 乙이 甲의 본소 청구의 인용을 조건으로 예비적 반소를 제기하였는데 법원이 본소와 반소를 모두 각하한 데 대하여 甲만이 항소를 제기한 경우, 항소심이 甲의 본소를 인용하였다면 乙이 항소하지 않았다고 하여도 乙의 반소에 대해서 판단하여야 한다.

해설 피고의 예비적 반소는 본소청구가 인용될 것을 조건으로 심판을 구하는 것으로서 제1심이 원고의 본소청구를 배척한 이상 피고의 예비적 반소는 제1심의 심판대상이 될 수 없는 것이고, 이와 같이 심판대상이 될 수 없는 소에 대하여 제1심이 판단하였다고 하더라도 그 효력이 없다고 할 것이

므로, 피고가 제1심에서 각하된 반소에 대하여 항소를 하지 아니하였다는 사유만으로 이 사건 예비적 반소가 원심의 심판대상으로 될 수 없는 것은 아니라고 할 것이고, 따라서 원심으로서는 원고의 항소를 받아들여 원고의 본소청구를 인용한 이상 피고의 예비적 반소청구를 심판대상으로 삼아 이를 판단하였어야 한다(대판 2006.06.29. 2006다19061). ▶ 예비적 반소의 심판방법은 ① 본소청구가 각하·취하되면 반소청구는 소멸되며, ② 본소청구가 기각되면 반소청구에는 아무런 판단을 요하지 아니한다(이시윤, 신민사소송법 제11판, p.728).

사실관계 원고의 본소청구를 배척하면서 피고의 예비적 반소에 대하여도 판단한 제1심판결의 효력 및 그 제1심판결에 대하여 원고만이 항소하고 피고는 제1심에서 각하된 반소에 대하여 항소를 하지 아니하였는데 항소심이 원고의 항소를 받아들여 원고의 본소청구를 인용하는 경우, 항소심은 피고의 예비적 반소청구를 심판대상으로 삼아 판단하여야 한다고 한 사례.

정답 O, ×, O, O, O

17년(1) 모의

63. 법원이 본소의 심리를 마치고 반소에 대한 심리를 마치지 않았다면 본소에 대하여 먼저 종국판결을 선고할 수 있다.

해설 본소와 반소는 심리의 중복·재판의 불통일을 피하기 위하여 원칙적으로 병합심리를 하여야 한다. 절차의 번잡·지연의 염려 등 특별한 사정이 있는 경우 변론의 분리·일부판결을 할 수 있다(김홍엽, 민사소송법 제7판, p.955).

민사소송법 제200조(일부판결) ① 법원은 소송의 일부에 대한 심리를 마친 경우 그 일부에 대한 종국판결을 할 수 있다.
② 변론을 병합한 여러 개의 소송 가운데 한 개의 심리를 마친 경우와, 본소(本訴)나 반소의 심리를 마친 경우에는 제1항의 규정을 준용한다.

정답 O

17년(1)·20년(2) 모의

64. 甲이 乙을 상대로 제기한 소송(본소) 도중 乙이 반소를 제기하였다. 乙이 본소에 대한 추완항소를 한 후 항소심에서 반소를 제기한 경우, 항소심법원이 추완항소를 각하하였다면 반소에 대하여는 판단할 필요가 없다.

해설 피고가 본소에 대한 추완항소를 하면서 항소심에서 비로소 반소를 제기한 경우에 항소가 부적법 각하되면 반소도 소멸하는바, 원심으로서는 위 추완항소를 각하한 이상 반소에 대하여 판단할 필요가 없음에도 불구하고 반소에 대한 본안판단을 한 잘못을 범하였다 할 것이고, 본소청구 부분에 대한 피고의 상고가 이유 없음은 앞서 본 바이므로 결국 이 사건 반소청구 소송은 위 추완항소의 각하로 인하여 종료되었다고 할 것이다(대판 2003.06.13. 2003다16962).

정답 O

❖ 선택형 사례문제

문 1
23년(1) 모의

甲이 乙을 상대로 대여금 1억 원의 반환을 청구하는 소를 제기하여 제1심에서 "1. 乙은 甲에게 1억 원을 지급하라. 2. 제1항은 가집행할 수 있다."라는 판결을 선고받았는데, 乙은 甲에게 가지급물로서 4천만 원(이하 '위 4천만 원'이라고 함)을 지급한 후 항소기간 내에 제1심 판결 전부에 대하여 항소를 제기하였다. 다음 설명 중 옳지 않은 것은? (다툼이 있는 경우 판례에 의함)

① 항소심에서 乙이 위 4천만 원의 변제사실을 주장하더라도 이는 적법한 항변이 되지 못한다.
② 항소심에서 乙은 甲을 상대로 하여 제1심 판결의 취소·변경을 조건으로 위 4천만 원의 반환과 손해배상을 구하는 예비적 반소를 제기할 수 있다.
③ 항소심 도중 甲이 제1심 판결에 기하여 乙 소유의 X부동산에 대하여 강제경매신청을 함으로써 경매절차가 진행되어 매각대금이 완납되었더라도 그 후 항소심에서 "1. 제1심 판결을 취소한다. 2. 甲의 청구를 기각한다."라는 판결이 선고되어 확정되면 위 경매절차는 무효로 되고 X부동산의 소유권은 乙에게 복귀한다.
④ 가집행선고로 인하여 지급된 물건이 있다면 乙은 항소심에서 가지급물의 반환과 가집행으로 인한 손해배상을 청구할 수 있는데, 이 경우 손해배상은 공평의 원칙에 입각한 무과실책임이다.
⑤ 항소심에서 항소기각 판결이 선고되어 확정되자 甲이 청구채권 1억 원에 관하여 乙의 재산에 강제집행을 신청하였다면 乙은 위 4천만 원 부분에 관한 집행력의 배제를 구하는 청구이의의 소를 제기할 수 있다.

해설 가집행

ㄱ. (○) 가집행이 붙은 제1심 판결을 선고받은 채무자가 선고일 약 1달 후에 그 판결에 의한 그때까지의 원리금을 추심 채권자에게 스스로 지급하기는 하였으나 그 제1심 판결에 대하여 항소를 제기하여 제1심에서 인용된 금액에 대하여 다투었다면, 그 채무자는 제1심 판결이 인용한 금액에 상당하는 채무가 있음을 스스로 인정하고 이에 대한 확정적 변제행위로 추심 채권자에게 그 금원을 지급한 것이 아니라, 제1심 판결이 인용한 지연손해금의 확대를 방지하고 그 판결에 붙은 가집행 선고에 기한 강제집행을 면하기 위하여 그 금원을 지급한것으로 봄이 상당하고, 이와 같이 제1심 판결에 붙은 가집행선고에 의하여 지급된 금원은 확정적으로 변제의 효과가 발생하는 것이 아니어서 채무자가 그금원의 지급 사실을 항소심에서 주장하더라도 항소심은 그러한 사유를 참작하지 않으므로, 그 금원 지급에 의한 채권 소멸의 효과는 그 판결이 확정된 때에 비로소 발생한다고 할 것이며, 따라서 채무자가 그와 같이 금원을 지급하였다는 사유는 본래의 소송의 확정판결의 집행력을 배제하는 적법한 청구이의사유가 된다(대판 1995.06.30. 95다15827).

ㄴ. (○) 가집행선고부 판결에 기한 집행의 효력은 확정적인 것이 아니고 후일 본안판결 또는 가집행선고가 취소·변경될 것을 해제조건으로 하는 것이다. 즉 가집행선고에 의하여 집행을 하였다고 하더라도 후일 본안판결의 일부 또는 전부가 실효되면 이전의 가집행선고부 판결에 기하여는 집행을 할 수 없는 것으로 확정이 되는 것이다. 따라서 가집행선고에 기하여 이미 지급받은 것이 있다면 이는 법률상 원인이 없는 것이 되므로 부당이득으로서 반환하여야 한다. 위와 같은 가지급물 반환

신청은 가집행에 의하여 집행을 당한 채무자가 별도의 소를 제기하는 비용, 시간 등을 절약하고 본안의 심리 절차를 이용하여 신청의 심리를 받을 수 있는 간이한 길을 터놓은 제도로서 그 성질은 본안판결의 취소·변경을 조건으로 하는 예비적 반소에 해당한다(대판 2011.08.25. 2011다25145).

> **민사소송법 제215조 (가집행선고의 실효, 가집행의 원상회복과 손해배상)** ① 가집행의 선고는 그 선고 또는 본안판결을 바꾸는 판결의 선고로 바뀌는 한도에서 그 효력을 잃는다.
> ② 본안판결을 바꾸는 경우에는 법원은 피고의 신청에 따라 그 판결에서 가집행의 선고에 따라 지급한 물건을 돌려 줄 것과, 가집행으로 말미암은 손해 또는 그 면제를 받기 위하여 입은 손해를 배상할 것을 원고에게 명하여야 한다.
> ③ 가집행의 선고를 바꾼 뒤 본안판결을 바꾸는 경우에는 제2항의 규정을 준용한다.

ㄷ. (X) 가집행선고 있는 판결에 기한 강제집행은 확정판결에 기한 경우와 같이 본집행이므로 상소심의 판결에 의하여 가집행선고의 효력이 소멸되거나 집행채권의 존재가 부정된다 하더라도 그에 앞서 이미 완료된 집행절차나 이에 기한 경락인의 소유권취득의 효력에는 아무런 영향을 미치지 아니한다 할 것이고, 다만 강제경매가 반사회적 법률행위의 수단으로 이용된 경우에는 그러한 강제경매의 결과를 용인할 수 없다(대판 1993.04.23. 선고 93다3165).

ㄹ. (O) 본안판결의 변경으로 가집행의 선고가 실효되었을 경우, 법원은 가집행선고로 인하여 지급된 물건의 반환은 물론 가집행으로 인한 손해의 배상까지를 명할 수 있는데, 위 배상의무는 공평원칙에 입각한 일종의 무과실책임이라고 봄이 상당하다(대판 1979.09.11. 79다1123).

ㅁ. (O) 가집행이 붙은 제1심 판결을 선고받은 채무자가 선고일 약 1달 후에 그 판결에 의한 그때까지의 원리금을 추심 채권자에게 스스로 지급하기는 하였으나 그 제1심 판결에 대하여 항소를 제기하여 제1심에서 인용된 금액에 대하여 다투었다면, 그 채무자는 제1심 판결이 인용한 금액에 상당하는 채무가 있음을 스스로 인정하고 이에 대한 확정적 변제행위로 추심 채권자에게 그 금원을 지급한 것이 아니라, 제1심 판결이 인용한 지연손해금의 확대를 방지하고 그 판결에 붙은 가집행 선고에 기한 강제집행을 면하기 위하여 그 금원을 지급한것으로 봄이 상당하고, 이와 같이 제1심 판결에 붙은 가집행선고에 의하여 지급된 금원은 확정적으로 변제의 효과가 발생하는 것이 아니어서 채무자가 그금원의 지급 사실을 항소심에서 주장하더라도 항소심은 그러한 사유를 참작하지 않으므로, 그 금원 지급에 의한 채권 소멸의 효과는 그 판결이 확정된 때에 비로소 발생한다고 할 것이며, 따라서 채무자가 그와 같이 금원을 지급하였다는 사유는 본래의 소송의 확정판결의 집행력을 배제하는 적법한 청구이의사유가 된다.(대판 1995.06.30. 95다15827).

정답 ③

제2장 다수당사자소송(당사자의 복수)

제1절 공동소송(소의 주관적 병합)

제❶항 │ 총 설

I 서 설
II 발생원인과 소멸원인

제❷항 │ 공동소송의 요건

I 주관적 요건 : 항변사항

20년(2) 모의

65. (1) 소송목적인 권리·의무가 여러 사람에게 공통되는 경우에 공동소송이 가능하다.

(2) 소송목적인 권리·의무의 사실상·법률상 발생원인이 같거나, 그 권리·의무 동종(同種)이고 사실상·법률상 동종의 원인으로 발생한 경우에도 공동소송이 가능하다.

▶해설 민사소송법 제65조 참조.

민사소송법 제65조(공동소송의 요건) 소송목적이 되는 권리나 의무가 여러 사람에게 공통되거나 사실상 또는 법률상 같은 원인으로 말미암아 생긴 경우에는 그 여러 사람이 공동소송인으로서 당사자가 될 수 있다. 소송목적이 되는 권리나 의무가 같은 종류의 것이고, 사실상 또는 법률상 같은 종류의 원인으로 말미암은 것인 경우에도 또한 같다.

정답 ◯, ◯

20년(2) 모의

66. 권리의무가 여러 사람에게 공통되는 경우의 예로는 동일한 교통사고 피해자들이 함께 제기하는 손해배상청구의 소를 들 수 있다.

▶해설 동일한 교통사고 피해자들이 함께 제기하는 것은 권리·의무 발생이 동일한(민사소송법 제65조 전문 후단) 예이고, 권리·의무가 공통(민사소송법 제65조 전문 전단)인 경우가 아니다(이시윤, 신민사소송법 제11판, p.737).

정답

20년(2) 모의

67. 아파트 구분소유자들이 각 전유부분의 개별적 하자 때문에 시공회사를 상대로 손해배상청구의 소를 제기하는 것은 '권리·의무가 동종이고 사실상·법률상 동종의 원인으로 발생한 경우'에 해당한다.

해설 아파트 구분소유자들이 전유부분의 개별적 하자 때문에 시공사를 상대로 손해배상청구의 소를 제기하는 것은 권리나 의무가 동종이고 사실상 또는 법률상 동종의 원인으로 발생한 경우(민사소송법 제65조 후문)에 해당한다(이시윤, 신민사소송법 제11판, p.737).

정답 ○

20년(2) 모의

68. 소송목적인 권리·의무가 '동종(同種)'인 경우는 공동소송의 요건에는 해당하지만, 관련재판적 제도는 이 경우에 이용할 수 없다.

해설 민사소송법 제25조, 제65조 참조.

민사소송법 제25조(관련재판적) ① 하나의 소로 여러 개의 청구를 하는 경우에는 제2조 내지 제24조의 규정에 따라 그 여러 개 가운데 하나의 청구에 대한 관할권이 있는 법원에 소를 제기할 수 있다.
② 소송목적이 되는 권리나 의무가 여러 사람에게 공통되거나 사실상 또는 법률상 같은 원인으로 말미암아 그 여러 사람이 공동소송인(共同訴訟人)으로서 당사자가 되는 경우에는 제1항의 규정을 준용한다.
민사소송법 제65조(공동소송의 요건) 소송목적이 되는 권리나 의무가 여러 사람에게 공통되거나 사실상 또는 법률상 같은 원인으로 말미암아 생긴 경우에는 그 여러 사람이 공동소송인으로서 당사자가 될 수 있다. 소송목적이 되는 권리나 의무가 같은 종류의 것이고, 사실상 또는 법률상 같은 종류의 원인으로 말미암은 것인 경우에도 또한 같다.

▶ 민사소송법 제25조 제2항에서 제65조 전문에 해당되는 경우만을 관련재판적을 인정하는 반면, 소송의 목적인 권리의무가 동종인 경우는 관련재판적을 인정하지 않고 있다.

정답

12년(3) 모의

69. A신도시의 아파트에 입주한 B아파트 주민 50명(이하 甲이라 칭함)은 새로이 확장된 고속도로로부터의 소음이 심하여 피해가 발생하였다는 것을 근거도 한국도로공사를 상대로 손해배상청구의 소를 제기하였다. 甲은 공동소송의 요건을 충족하므로 공동소송인이 되어 소송을 진행할 수 있다.

해설 甲은 권리의무의 사실상·법률상 발생원인이 동일하므로 공동소송인이 될 수 있다.

민사소송법 제65조(공동소송의 요건) 소송목적이 되는 권리나 의무가 여러 사람에게 공통되거나 사실상 또는 법률상 같은 원인으로 말미암아 생긴 경우에는 그 여러 사람이 공동소송인으로서 당사자가 될 수 있다. 소송목적이 되는 권리나 의무가 같은 종류의 것이고, 사실상 또는 법률상 같은 종류의 원인으로 말미암은 것인 경우에도 또한 같다.

정답 ○

Ⅱ 객관적 요건 : 직권조사사항

제❸항 | 공동소송의 유형

Ⅰ 통상공동소송(단순공동소송)

22년(2) 모의

70. 원고가 제출한 증거에 대하여 피고가 자신의 이익으로 원용한다는 진술을 하여야만 피고에게 유리한 사실인정의 자료로 사용될 수 있다.

 당사자의 일방으로부터 제출된 증거를 상대방이 원용한 여부에 관계없이 상대방의 이익되는 자료로 채증할 수 있음은 증거공통의 원칙상 법원이 당사자쌍방의 증거에 대하여 자유로이 이를 판단의 자료로 할 수 있다는 데 불과하며 그렇다고 당사자의 원용하지 아니하는 증거에 관하여도 당사자 자신이 제출한 증거와 마찬가지로 이의 채부판단을 하여야 하는 것은 아니다(대판 1974.10.08. 73다1879).

정답 ×

21년(2) 모의

71. 아파트의 하자보수에 갈음하는 손해배상청구는 구분소유권자들 전원이 원고가 되어 소를 제기해야하는 필수적 공동소송에 해당한다.

 구 집합건물의 소유 및 관리에 관한 법률(2003. 7. 18. 법률 제6925호로 개정되기 전의 것) 제9조에 의한 하자보수에 갈음하는 손해배상청구권은 특별한 사정이 없는 한 구분소유자 등 권리자에게 전유부분의 지분비율에 따라 분할 귀속하는 것이 원칙이므로, **구분소유자 등 권리자는 각자에게 분할 귀속된 하자담보추급권을 개별적으로 행사하여 분양자를 상대로 손해배상청구의 소를 제기할 수 있다**(대판 2012.09.13. 2009다23160).

정답 ×

21년(2) 모의

72. 순차 경료된 등기 또는 수인 앞으로 경료된 공유등기의 말소청구소송은 권리관계의 합일적인 확정을 필요로 하는 필수적 공동소송에 해당한다.

해설 순차경료된 등기 또는 수인 앞으로 경료된 공유등기의 말소청구소송은 권리관계의 합일적인 확정을 필요로 하는 필요적 공동소송이 아니라 보통공동소송이며, 이와 같은 보통공동소송에서는 공동당사자들 상호간의 공격 방어 방법의 차이에 따라 모순되는 결론이 발생할 수 있고, 이는 변론주의를 원칙으로 하는 소송제도 아래서는 부득이한 일로서 판결의 이유모순이나 이유불비가 된다고 할 수 없다(대판 1991.04.12. 90다9872).

정답 ×

20년(3) 모의

73. 통상공동소송은 병합하여 심리되지만, 공동소송인 중 1인의 소송행위, 공동소송인 중 1인에 대한 상대방의 소송행위 및 공동소송인 1인에 관하여 생긴 사항은 다른 공동소송인에게 영향을 미치지 않는다는 것을 '공동소송인 독립의 원칙'이라 한다.

해설 통상공동에 있어서는 각 공동소송인은 다른 공동소송인에 의한 제한·간섭을 받지 않고 각자 독립하여 소송수행을 가지며, 상호간에 연합관계나 협력관계가 없는 것을 공동소송인 독립의 원칙이라 한다(이시윤, 신민사소송법 제14판, p.738).

민사소송법 제66조(통상공동소송인의 지위) 공동소송인 가운데 한 사람의 소송행위 또는 이에 대한 상대방의 소송행위와 공동소송인 가운데 한 사람에 관한 사항은 다른 공동소송인에게 영향을 미치지 아니한다.

정답

20년(3) 모의

74. 통상공동소송에서 1인의 공동소송인이 제출한 증거는 다른 공동소송인의 원용이 없더라도 그를 위한 사실인정자료로 삼을 수 있다는 법리가 증거공통의 원칙이다.

해설 병합심리인 이상 변론의 전취지 및 증거조사결과 얻은 심증(민사소송법 제202조)은 각 공동소송인에 대해 공통으로 되기 때문에 한 사람의 공동소송인이 제출한 증거는 다른 공동소송인의 원용이 없어도 그를 위한 유리한 자료로 사용할 수 있다. 이를 공동소송인간의 증거공통의 원칙이라고 한다(이시윤, 신민사소송법 제14판, p.740).

정답

20년(3) 모의

75. 甲이 乙에게 1억 원을 대여하고 丙이 이를 보증하였다고 주장하면서 乙, 丙을 상대로 제기한 소에서, 乙, 丙은 변제의 항변을 하였으며, 乙이 신청한 증인의 증언으로써 3천만 원 변제가 인정되는 경우, 공동소송인 독립의 원칙을 수정한 증거공통 원칙에 의하면 법원은 아무런 변제증거를 제출하지 않은 丙에 대해서도 3천만 원 변제사실을 인정해야 한다.

해설 통상공동소송의 예로는 여러 사람의 피해자가 같은 가해자를 상대로 한 손해배상 청구, 채권자가 주채무자와 보증채무자를 상대로 하는 청구 등 공동소송의 대부분의 경우이다(이시윤, 신민사소송법 제14판, p.740). ▶ 설문에서 甲이 주채무자 乙과 보증채무자 丙을 상대로 제기한 소는 乙과 丙 사이에 실체법상 관리처분권이 공동으로 귀속되지도 않고 소송법적으로도 합일확정의 필요가 없는 공동소송형태로서 乙과 丙 통상공동소송인 관계에 있다. 따라서 공동소송인독립의 원칙을 수정한 증거공통 원칙에 의하면 한 사람의 공동소송인 乙이 신청한 증인의 증언으로써 3천만 원을 변제하였다는 변제 증거는 다른 공동소송인 丙에게도 3천만원 변제 효과가 미치는 유리한 증거자료가 되므로 丙의 변제 증거의 원용이 없어도 丙에 대해서도 3천만원 변제사실을 인정해야 한다.

정답

20년(3) 모의

76. 통상공동소송인 중의 1인이 한 자백은 다른 공동소송인에 대해서도 효력이 있다.

해설 통상 공동소송에 있어서 공동소송인의 1인의 상대방에 대한 소송행위는 다른 공동소송인에 대하여 효력이 생기지 않는다. 통상 공동소송에 있어서 공동 소송인의 일인의 소송행위는 다른 공동소송인에게 영향을 미치지 아니하므로 공동 소송인의 일인인 피고 3이 원고 주장사실을 자백한 경우에도 다른 공동 소송인인 피고 2, 1에게 대하여는 아무런 효력이 생기지 아니하므로 법원은 원고의 주장을 다투는 피고 2, 1에게 대한 관계에 있어서는 그 사실을 증거에 의하여 확정하여야 할 것임에도 불구하고, 원판결이 이를 증거에 의하여 확정하지 아니하고, 위에서 본바와같이 판단하였음은 잘못이라 아니할 수 없고, 이는 판결의 결과에 영향을 미쳤다 할 것이므로 논지는 이유있다(대판 1968.05.14. 67다2787).

정답

20년(2) 모의

77. 통상공동소송에서는 결론을 내릴 때에 합일확정의 필요가 없다.

해설 통상 공동소송인 독립의 원칙(제66조)의 구체적인 내용으로 통상공동소송인간에 재판의 통일이 필요 없으며 판결내용이 공동소송인들 상호간의 공격방어방법의 차이에 따라 구구하게 되어도 상관없다(재판의 불통일)(이시윤, 신민사소송법 제11판, p.739).

민사소송법 제66조(통상공동소송인의 지위) 공동소송인 가운데 한 사람의 소송행위 또는 이에 대한 상대방의 소송행위와 공동소송인 가운데 한 사람에 관한 사항은 다른 공동소송인에게 영향을 미치지 아니한다.

참조판례 민사소송법 제139조에 의하면 당사자가 공시송달에 의하지 아니한 적법한 소환을 받고도 변론기일에 출석하지 아니하고 답변서 기타 준비서면마저 제출하지 아니하여 상대방이 주장한 사실을 명백히 다투지 아니한 때에는 그 사실을 자백한 것으로 간주하도록 되어 있으므로, 그 결과 의제자백이 된 피고들과 원고의 주장을 다툰 피고들 사이에서 동일한 실체관계에 대하여 서로 배치되는 내용의 판단이 내려진다고 하더라도 이를 위법하다고 할 수 없다(대판 1997.02.28. 96다53789).

정답

20년(2) 모의

78. (1) 소송요건의 존부는 공동소송인별로 각각에 대하여 개별적으로 심사해야 하며, 각자에게 소송계속이 발생하는 시점도 서로 다르다.

(2) 통상공동소송인 중 1인이 기일·기간을 지키지 않더라도 이는 다른 공동소송인에게 효과가 미치지 않지만, 그 일부에 대하여 사망 등 중단사유가 생기면 다른 공동소송인을 포함하여 그 소송절차가 중단된다.

해설 통상공동소송인의 소송요건의 존부는 각 공동소송인마다 개별 심사처리해야 하고(소송요건의 개별처리)(이시윤, 신민사소송법 제11판 p.738), 통상공동소송인의 한 사람에 관한 사항은 다른 공동소송인에게 영향이 없다 할 것이므로(소송진행의 불통일)(이시윤, 신민사소송법 제11판 p.739), 통상공동소송인들 각자에게 소송계속이 발생하는 시점도 서로 다르고 통상공동소송인 한사람에 대해 기일·기간의 해태가 있어도 다른 공동소송인에게 그 효과가 미치지 않고 한 사람에게 생긴 사망 등 중단이나 중지의 사유는 그 자의 소송관계에 대해서만 절차가 중단이나 정지하게 된다(소송진행의 불통일).

정답 O, ×

20년(2) 모의

79. **통상공동소송인들은 공격방어방법을 각각 따로 제출할 수 있다.**

해설 통상공동소송인은 공격방어방법을 개별적으로 제출할 수 있으며 그 주장을 서로 달리하여도 관계없다(소송자료의 불통일)(이시윤, 신민사소송법 제11판, p.739).

정답 O

20년(2) 모의

80. **甲과 乙이 원고로서 丙에 대하여 통상공동소송을 제기하여 제1심 판결이 선고된 후 甲만 상소한 경우에, 확정차단효와 이심효는 甲의 丙에 대한 청구에 관해서만 생긴다.**

해설 통상공동인은 각자가 상소의 제기 등의 소송행위를 할 수 있으며 그 행위를 한 자에 대해서만 효력이 미치고 다른 공동소송인에 대해서는 영향이 없다(소송자료의 불통일).

참조판례 통상의 공동소송에 있어 공동당사자 일부만이 상고를 제기한 때에는 피상고인은 상고인인 공동소송인 이외의 다른 공동소송인을 상대방으로 하거나 상대방으로 보태어 부대상고를 제기할 수는 없다(대판 1994.12.23. 94다40734).

정답 O

12년·17년 변시, 18년(3)·20년(3) 모의

81. **(1) 통상공동소송인 중 1인의 주장이나 항변이 다른 공동소송인에게 유리한 경우라도 명시적인 원용이 없으면 다른 공동소송인에게 효력이 미치지 않는다.**

(2) 주장책임의 대상이 되는 사실을 반드시 주장책임을 지는 당사자가 진술해야 하는 것은 아니고 어느 당사자이든 변론에서 주장하기만 하면 된다는 것이 주장공통의 원칙인데, 이는 공동소송인 간에는 적용되지 않는다는 것이 판례의 입장이다.

(3) 대여금 채권자가 주채무자와 그 보증인을 공동피고로 하여 대여금청구의 소를 제기하였는데 보증인인 피고가 항변을 전혀 하지 않았다면, 설사 위 채무가 변제되었고 주채무자인 피고가 변제항변을 하였더라도 보증인인 피고에게는 변제항변의 효과가 미치지 않는다.

해설 [1] 민사소송법 제66조의 명문의 규정과 우리 민사소송법이 취하고 있는 변론주의 소송구조 등에 비추어 볼 때, 통상의 공동소송에 있어서 이른바 주장공통의 원칙은 적용되지 아니한다. [2],

[3] 주채무자와 보증인간에는 통상공동소송관계에 있고 통상공동소송에서는 공동소송인 독립의 원칙이 적용되고 주장공통의 원칙은 적용되지 아니한다(대판 1994.05.10. 93다47196).

정답 O, O, O

18년(3) 모의

82. 조합의 채권자가 조합원에 대하여 조합재산에 의한 공동책임을 묻는 것이 아니라 각 조합원의 개인적 책임에 기하여 당해 채권을 행사하는 경우에는 조합원 각자를 상대로 하여 그 이행의 소를 제기할 수 있다.

해설 조합의 채권자가 조합원에 대하여 조합재산에 의한 공동책임을 묻는 것이 아니라 각 조합원의 개인적 책임에 기하여 당해 채권을 행사하는 경우에는 조합원 각자를 상대로 하여 그 이행의 소를 제기할 수 있다. 조합채무가 특히 조합원 전원을 위하여 상행위가 되는 행위로 인하여 부담하게 된 것이라면 그 채무에 관하여 조합원들에 대하여 상법 제57조 제1항을 적용하여 연대책임을 인정함이 마땅하다(대판 1991.11.22. 91다30705).

정답 O

17년(2) 모의

83. (1) 甲이 사망하여 그 소유이던 X건물이 乙과 丙에게 공동상속된 후 X건물의 부지 소유자인 丁이 토지소유권에 기한 방해배제청구로서 X건물의 철거를 청구하는 경우, 丙만을 피고로 그의 공유지분에 관하여 철거를 구한 소는 적법하다.

(2) 甲, 乙, 丙이 X토지를 각 1/3 지분에 따라 공유하고 있는데, 丁이 X토지 중 특정 부분의 1/3 지분에 관하여 점유취득시효 완성을 원인으로 하는 소유권이전등기절차의 이행을 청구하는 경우, 甲, 乙, 丙 전원을 피고로 삼지 않으면 그 소는 부적법하다.

해설 [1] 건물의 공동상속인 전원을 피고로 하여서만 건물의 철거청구를 할 수 있는 것은 아니고 공동상속인 중의 한 사람만을 상대로 그 상속분의 한도에서만 건물의 철거를 청구할 수 있다(대판 1968.07.31. 68다1102). [2] 공유임야 중 일부에 대하여 취득시효완성을 이유로 공유자들을 공동 피고로 하여 취득부분에 대한 소유권이전등기절차 이행을 청구하는 소송은 필요적 공동소송이라고 할 수 없다(대판 1965.07.20. 64다412).

정답 O, ×

15년·17년 변시

84. (1) 통상공동소송에서 공동당사자 일부만이 항소를 제기한 경우, 피항소인은 항소인인 공동소송인 이외의 다른 공동소송인을 상대로 부대항소를 제기할 수 있다.

(2) 통상공동소송의 피고 乙, 丙, 丁 중 乙, 丙만이 상고를 제기하고 상고기간이 경과한 상태라면 원고 甲은 丁을 상대로 부대상고를 제기할 수 있다.

해설 통상의 공동소송에 있어 공동당사자 일부만이 항소를 제기한 때에는 피항소인은 항소인인 공동소송인 이외의 다른 공동소송인을 상대방으로 하거나 상대방으로 보태어 부대항소를 제기할 수는 없다(대판 1994.12.23. 94다40734).

정답 ×, ×

 17년 변시, 22년(1) 모의

85. (1) 예비적 공동소송에서 주위적 피고에 대한 예비적 청구와 예비적 피고에 대한 청구가 서로 법률상 양립할 수 있는 관계에 있으면 양 청구를 병합하여 통상공동소송으로 보아 심리, 판단할 수 있다.

(2) 부진정연대채무관계에 있는 채무자들을 공동피고로 하여 이행의 소를 제기하는 경우에는 예비적·선택적 공동소송이 성립될 수 없다.

해설 처음에는 주위적 피고에 대한 주위적·예비적 청구만을 하였다가 그 청구 중 주위적 청구 부분이 받아들여지지 아니할 경우 그와 법률상 양립할 수 없는 관계에 있는 예비적 피고에 대한 청구를 받아들여 달라는 취지로 예비적 피고에 대한 청구를 결합하기 위하여 예비적 피고를 추가하는 것도 민사소송법 제70조 제1항 본문에 의하여 준용되는 민사소송법 제68조 제1항에 의하여 가능하다. 이 경우 주위적 피고에 대한 예비적 청구와 예비적 피고에 대한 청구가 서로 법률상 양립할 수 있는 관계에 있으면 양 청구를 병합하여 통상의 공동소송으로 보아 심리·판단할 수 있다. 부진정연대채무 관계는 서로 별개의 원인으로 발생한 독립된 채무라 하더라도 동일한 경제적 목적을 가지고 있고 서로 중첩되는 부분에 관하여 일방의 채무가 변제 등으로 소멸할 경우 타방의 채무도 소멸하는 관계에 있으면 성립할 수 있고, 반드시 양 채무의 발생원인, 채무의 액수 등이 서로 동일할 것을 요한다고 할 수는 없다. 그리고 부진정연대채무의 관계에 있는 채무자들을 공동피고로 하여 이행의 소가 제기된 경우 그 공동피고에 대한 각 청구가 서로 법률상 양립할 수 없는 것이 아니므로 그 소송을 민사소송법 제70조 제1항 소정의 예비적·선택적 공동소송이라고 할 수 없다(대판 2009.03.26. 2006다47677).

정답 ○, ○

 15년 변시

86. (1) 통상공동소송에서 피고 공동소송인 乙, 丙 사이의 주장이 일치하지 아니하면 법원은 석명의무가 있다.

(2) 통상공동소송에서 공동소송인 乙, 丙, 丁 중 乙이 자백을 하였다면 법원은 원칙상 乙에 대해서는 증거에 의한 심증이 자백한 내용과 다르더라도 자백한 대로 사실을 인정하여야 하며, 丙과 丁에 대해서는 이를 변론 전체의 취지로 참작할 수 있다.

해설 [1] 석명권은 당사자의 진술이 모순, 흠결이 있거나 애매하여 그 진술취지를 알 수 없을 때 이를 명백히 하기 위하여 하는 것이지, 피고 중 (甲), (乙)이 소송형태상 피고이나 실질상으로는 원고와 이해관계를 같이 하고 있는 경우에 있어서 공동피고 상호간에 그 주장이 일치하지 아니하고 다른 입장을 취하고 있다하여 재판장이 당사자에게 그에 대한 발문을 하고 진상을 규명하여야 할 의무는 없다 할 것이다(대판 1982.11.23. 81다39). [2] 공동소송인 중 1인이 자백한 경우 자백한 공동소송인에 대해서는 증거에 의한 심증에 불구하고 자백대로 사실확정을 해야 하나 다른 공동소송인에 대해서는 변론 전체의 취지로 영향을 미칠 수 있다(대판 1976.08.24. 75다2152).

정답 ×, ○

🍊 12년·17년·18년 변시, 14년(1) 모의

87. (1) 소유권이전등기가 차례로 경료된 경우 최종 명의인을 상대로 그 말소를 구하는 소송과 그 직전 명의인을 상대로 소유권이전등기를 구하는 소송은 통상공동소송이다.

(2) A부동산에 관하여 甲, 乙, 丙 명의로 순차적인 소유권이전등기가 경료 되었다. 甲은 乙, 丙 명의의 등기가 각 원인무효라며 乙, 丙을 상대로 순차 경료된 소유권이전등기의 말소절차를 이행하라는 소를 제기 하였다. 이 소송절차에서 乙은 원고 청구를 부인하는 내용의 변론을 하였고, 丙은 원고 청구를 부인하면서 가사 인정된다고 할지라도 등기부시효취득을 하였기 때문에 실체관계에 부합하는 등기라고 항변하였다. 법원의 심리결과 원고의 청구원인사실과 丙의 항변이 모두 인정된다면 乙에 대한 청구인용 판결, 丙에 대한 청구기각 판결을 하여야 한다.

(3) 甲은 자신의 소유인 X 부동산에 관하여 丁을 거쳐 乙 명의로 순차 소유권이전등기가 경료되어 있는 것을 발견하고, 소유권에 기한 말소등기청구의 소를 제기하려고 한다. 이 경우 甲은 丁과 乙 전원을 피고로 삼아야 하고, 그렇지 않을 경우에는 소의 이익을 인정할 수 없어 부적법한 소송이 된다.

해설 [1] 소유권이전등기가 차례로 경료된 경우 최종 명의인을 상대로 그 말소를 구하는 소송과 그 직전 명의인을 상대로 소유권이전등기를 구하는 소송은 권리관계의 합일적인 확정을 필요로 하는 필수적 공동소송이 아니라 통상 공동소송이다(대판 2011.09.29. 2009다7076). [2] 甲의 乙, 丙을 상대로 한 각 말소절차 이행청구소송은 설사 공동으로 제소하더라도 통상의 공동소송으로써 합일확정의 필요가 없다. <乙에 대한 원고 甲의 청구> 중 적법요건과 관련하여, 판결절차는 분쟁의 관념적인 해결절차로서 사실적인 강제집행절차와는 별도로 소의 이익유무를 판단하며, 승소판결을 보유하면 채무자에게 심리적 압박이 되어 장래에 집행이 가능할 수도 있기 때문에 집행불능이거나 현저하게 곤란한 사유(丙의 등기부취득시효 완성)가 있더라도 소의 이익이 있고, 본안판결 관련하여 乙의 부인에도 불구하고 법원의 심리결과 원고 甲의 청구원인사실이 인정되는 경우이므로 乙에 대한 원고 甲의 청구는 청구인용 판결을 하여야 한다. 또한 <丙에 대한 원고 甲의 청구> 중 적법요건과 관련하여 문제될 사정이 없고, 본안판결과 관련하여 丙의 등기부취득시효 완성의 예비적 항변이 인정되는 경우이므로 법원은 丙에 대한 원고 甲의 청구에 대하여 청구기각 판결을 하여야 한다. [3] 원인 없이 경료된 최초의 소유권이전등기와 이에 기하여 순차로 경료된 일련의 소유권이전등기의 각 말소를 구하는 소송은 필요적 공동소송이 아니므로 그 말소를 청구할 권리가 있는 사람은 각 등기의무자에 대하여 이를 각각 청구할 수 있는 것이어서 위 일련의 소유권이전등기 중 최후의 등기명의자만을 상대로 그 등기의 말소를 구하고 있다 하더라도 그 승소의 판결이 집행불능의 판결이 된다거나 종국적인 권리의 실현을 가져다 줄 수 없게 되어 소의 이익이 없는 것으로 된다고는 할 수 없다(대판 1987.10.13. 87다카1093).

정답 ○, ○, ×

13년(2) 모의

88. (1) 대지소유자인 戊는 甲과 乙(甲, 乙은 건물을 공유하고 있다)을 상대로 무단건축을 이유로 소유권에 기한 건물철거청구소송 중, 이 소송이 있기 전부터 건물 임차인으로 건물을 점유하고 있는 丁을 상대로 건물퇴거를 구하기 위해 丁을 피고로 추가할 수 있다.

(2) 공동상속인을 상대로 하여 상속채무의 이행을 구하는 소송을 제기할 경우에는 공동상속인 전원을 피고로 하여야 하며, 일부 상속인이 누락된 경우에는 민사소송법 제68조 제1항에 따라 누락된 상속인을 추가하는 신청을 할 수 있다.

(3) 공동상속인이 다른 공동상속인을 상대로 어떤 특정 재산이 상속재산임의 확인을 구하는 소는 고유필수적 공동소송이지만, 피상속인의 채권자가 공동상속인들을 상대로 상속채무의 이행을 구하는 소는 필수적 공동소송이 아니다.

해설 대법원은 '필요적 공동소송이 아닌 사건에 있어 소송 도중에 피고를 추가하는 것은 그 경위가 어떻든 간에 허용될 수 없다'(대판 1993.09.28. 93다32095)라고 판시하였다. (1)의 경우 건물의 소유자와 임차인은 필수적 공동소송인의 관계에 해당하지 않아 공동소송인으로 추가할 수 없다. 다만 임차인에 대한 별소를 제기하여 변론을 병합하는 방법에 의한다면 가능할 것이다. (2)의 경우 공동상속인들을 상대로 피상속인이 이행하여야 할 부동산소유권이전등기 절차 이행을 청구하는 소는 필요적 공동소송이 아니다(대판 1964.12.29. 64다1054). 따라서 필수적 공동소송인의 추가에 관한 민사소송법 제68조는 적용할 수 없다.

 ✕, ✕, ✕

Ⅱ 필수적 공동소송(합일확정 공동소송)

23년 변시, 21년(2) 모의

89. 타인 소유의 토지 위에 설치되어 있는 공작물을 철거할 의무가 있는 수인을 상대로 그 공작물의 철거를 청구하는 소송은 필수적 공동소송에 해당한다.

해설 타인 소유의 토지 위에 설치되어 있는 공작물을 철거할 의무가 있는 수인을 상대로 그 공작물의 철거를 청구하는 소송은 필요적공동소송이 아니다(대판 1993.02.23. 92다49218).

 ✕

23년변시

90. 조합재산에 속하는 채권에 관한 소송은 합유물에 관한 소송으로서 특별한 사정이 없는 한 고유필수적 공동소송에 해당한다.

해설 아파트 신축사업을 동업하는 조합이 시공회사에 공사대금 명목으로 제공한 건물에 대하여 분양계약을 체결하거나 수분양권을 양수한 자가 조합원들을 상대로 조합재산인 위 건물에 관하여 매매를 원인으로 한 소유권이전등기절차의 이행을 구하는 소를 제기한 사안에서, 그 소는 합유물에 관한 소송으로서 조합원들 전부를 공동피고로 하여야 하는 고유필수적 공동소송에 해당한다고 한 사례(대판 2010.04.29. 2008다50691).

정답 ✕

91. 공유물분할청구의 소는 분할을 청구하는 공유자가 원고가 되어 다른 공유자 전부를 공동피고로 하여야 하는 고유필수적 공동소송이다.

해설 공유물분할청구 소송은 분할을 청구하는 공유자가 원고가 되어 다른 공유자 전부를 공동피고로 해야 하는 고유필수적 공동소송이다(대판 2022.06.30. 2022다217506).

정답

92. (1) 甲, 乙, 丙의 합유로 소유권이전등기가 된 부동산에 관하여 甲, 乙, 丙을 상대로 명의신탁 해지를 원인으로 한 소유권이전등기절차의 이행을 구하는 소는 고유필수적 공동소송에 해당한다.
(2) 고유필수적 공동소송에서 공동소송인 중 1인이 한 청구의 포기, 인낙, 화해는 효력이 없으나 1인이 한 소 취하는 유효하다.

해설 고유필수적 공동소송에서 자백·청구의 포기·인낙 또는 재판상 화해는 불리한 소송행위이기 때문에 전원이 함께 하지 않으면 그 효력이 생기지 아니한다(이시윤, 신민사소송법 제14판, p.751). 고유필수적 공동소송인 중 한 사람이 상대방의 주장사실을 다투면 전원이 다툰 것으로 되고 피고인 측 한 사람이라도 본안에 응소하였으면 소의 취하에 전원의 동의를 필요로 한다(이시윤, 신민사소송법 제14판, p.750).

판례 합유로 소유권이전등기가 된 부동산에 관하여 명의신탁해지를 원인으로 한 소유권이전등기절차의 이행을 구하는 소송은 합유물에 관한 소송으로서 고유필요적 공동소송에 해당하여 합유자 전원을 피고로 하여야 할 뿐 아니라 합유자 전원에 대하여 합일적으로 확정되어야 하므로, 합유자 중 일부의 청구인낙이나 합유자 중 일부에 대한 소의 취하는 허용되지 않는다(대판 1996.12.10. 96다23238).

민사소송법 제67조(필수적 공동소송에 대한 특별규정) ① 소송목적이 공동소송인 모두에게 합일적으로 확정되어야 할 공동소송의 경우에 공동소송인 가운데 한 사람의 소송행위는 모두의 이익을 위하여서만 효력을 가진다.

정답

93. 토지 공유자 甲, 乙, 丙이 인접 토지의 소유자인 丁을 상대로 제기하는 경계의 확정을 구하는 소는 고유필수적 공동소송에 해당한다.

해설 토지의 경계는 토지소유권의 범위와 한계를 정하는 중요한 사항으로서, 그 경계와 관련되는 인접 토지의 소유자 전원 사이에서 합일적으로 확정될 필요가 있으므로, 인접하는 토지의 한편 또는 양편이 여러 사람의 공유에 속하는 경우에, 그 경계의 확정을 구하는 소송은, 관련된 공유자 전원이 공동하여서만 제소하고 상대방도 관련된 공유자 전원이 공동으로서만 제소될 것을 요건으로 하는 고유필요적 공동소송이라고 해석함이 상당하다(대판 2001.06.26. 2000다24207).

정답

24년 변시, 12년(3)·14년(1)·15년(1) 모의

94. 고유필수적 공동소송에 해당동업자 甲, 乙이 동업 이외의 특정 목적을 위하여 각자가 분담하여 출연한 돈을 공동명의로 예치해 두고 그 목적을 달성하기 전에는 甲이나 乙 혼자서는 인출할 수 없도록 감시하려는 목적으로 공동명의로 예금을 개설한 경우, 甲과 乙이 은행을 상대로 하는 예금반환청구의 소는 고유필수적 공동소송에 해당한다.

> 해설 동업자들이 동업자금을 공동명의로 예금한 경우라면 채권의 준합유관계에 있어 합유의 성질상 은행에 대한 예금반환청구가 필요적 공동소송에 해당한다고 볼 것이나, 공동명의 예금채권자들 중 1인이 전부를 출연하거나 또는 각자가 분담하여 출연한 돈을 동업 이외의 특정목적을 위하여 공동명의로 예치해 둠으로써 그 목적이 달성되기 전에는 공동명의 예금채권자가 자신의 예금에 대하여도 혼자서는 인출할 수 없도록 방지, 감시하고자 하는 목적으로 공동명의로 예금을 개설한 경우에는 그 예금에 관한 관리처분권까지 공동명의 예금채권자 전원에게 공동으로 귀속된다고 볼 수 없을 것이므로, 이러한 경우에는 은행에 대한 예금반환청구가 민사소송법상의 필요적 공동소송에 해당한다고 할 수 없다(대판 1994.04.26. 93다31825).

정답

21년(3) 모의

95. 동업약정에 따라 A, B가 공동으로 건물을 매수한 후 매도인 C를 상대로 제기한 건물소유권이전등기 청구소송은 고유필수적 공동소송에 해당한다.

> 해설 동업약정에 따라 동업자 공동으로 토지를 매수하였다면 그 토지는 동업자들을 조합원으로 하는 동업체에서 토지를 매수한 것이므로 그 동업자들은 토지에 대한 소유권이전등기청구권을 준합유하는 관계에 있고, 합유재산에 관한 소는 이른바 고유필요적공동소송이라 할 것이므로 그 매매계약에 기하여 소유권이전등기의 이행을 구하는 소를 제기하려면 동업자들이 공동으로 하지 않으면 안 된다(대판 1994.10.25. 93다54064).

정답

13년·24년 변시, 11년(1)·13년(1)·14년(1)·20년(1)·21년(3) 모의

96. 공동상속인 甲, 乙, 丙 중 甲과 乙이 원고가 되어 丙을 상대로 어떤 재산이 상속재산임의 확인을 구하는 소는 고유필수적 공동소송이다.

> 해설 공동상속인이 다른 공동상속인을 상대로 어떤 재산이 상속재산임의 확인을 구하는 소는 이른바 고유필수적 공동소송이라고 할 것이고, 고유필수적 공동소송에서는 원고들 일부의 소 취하 또는 피고들 일부에 대한 소 취하는 특별한 사정이 없는 한 그 효력이 생기지 않는다(대판 2007.08.24. 2006다40980).

정답

21년(2) 모의

97. 파산관재인이 여럿인 경우에는 그 여럿의 파산관재인 각자가 파산재단에 대한 관리처분권을 갖고 있기 때문에 이들을 상대로 하는 소송은 통상공동소송에 해당한다.

해설 구 파산법(2005. 3. 31. 법률 제7428호 채무자 회생 및 파산에 관한 법률 부칙 제2조로 폐지) 제7조에 의하면 파산재단에 속하는 재산의 관리처분권은 파산자로부터 이탈하여 파산관재인에게 전속하게 되고, 같은 법 제152조에 의하면 파산재단에 관한 소송에 있어서는 파산관재인이 원고 또는 피고가 되므로, 파산관재인이 여럿인 경우에는 법원의 허가를 얻어 직무를 분장하였다는 등의 특별한 사정이 없는 한 그 여럿의 파산관재인 전원이 파산재단의 관리처분권을 갖고 있기 때문에 파산관재인 전원이 소송당사자가 되어야 하므로 그 소송은 필수적 공동소송에 해당한다(대판 2008.04.24. 2006다14363).

정답

21년 변시

98. 고유필수적 공동소송인인 피고 甲, 乙, 丙 중 甲이 소송계속 중 사망하였으나 甲에게 소송대리인 A가 있어 소송절차 중단의 효과가 발생하지 아니하였다고 하더라도, 그 소송에 관한 판결이 A에게 송달되면 A에게 상소제기에 관한 특별한 권한이 없는 한 그 송달과 동시에 甲, 乙, 丙 전원에 대하여 중단 효과가 발생한다.

해설 고유필수적 공동소송에서는 공동소송인 가운데 한 사람에게 소송절차를 중단 또는 중지하여야 할 이유가 있는 경우 그 중단 또는 중지는 모두에게 효력이 미친다(민사소송법 제67조). 당사자가 사망하더라도 소송대리인의 소송대리권은 소멸하지 아니하며(민사소송법 제95조 제1호), 소송계속 중 당사자가 사망하였으나 소송대리인이 있는 경우에는 소송절차가 중단되지 아니한다(민사소송법 제238조, 제233조 제1항). 소송대리권의 범위는 특별한 사정이 없는 한 당해 심급에 한정되어, 소송대리인의 소송대리권의 범위는 수임한 소송사무가 종료하는 시기인 당해 심급의 판결을 송달받은 때까지라고 할 것이다(대판 2000.01.31. 99마6205). 설문에서 당해 심급의 판결이 송달된 때 사망한 갑의 소송대리인의 소송대리권이 소멸하였으므로 갑, 을, 병, 정 전원에 대하여 소송중단의 효과가 생긴다.

정답

99. (1) 공유물분할청구의 소는 분할을 청구하는 공유자가 원고가 되어 다른 공유자 전원을 공동피고로 하여야 하는 고유필수적 공동소송이다.
(2) 공유물분할 판결은 일부 공유자에 대하여 상소기간이 만료되면 그 공유자에 대한 판결 부분은 분리·확정된다.

해설 공유물분할청구의 소는 분할을 청구하는 공유자가 원고가 되어 다른 공유자 전부를 공동피고로 하여야 하는 고유필수적 공동소송이다. 공유물분할청구의 소는 분할을 청구하는 공유자가 원고가 되어 다른 공유자 전부를 공동피고로 하여야 하는 고유필수적 공동소송이고, 공동소송인과 상대방 사이에 판결의 합일확정을 필요로 하는 고유필수적 공동소송에서는 공동소송인 중 일부가 제기한 상소는 다른 공동소송인에게도 효력이 미치므로 공동소송인 전원에 대한 관계에서 판결의 확정이 차단되고 소송은 전체로서 상소심에 이심된다. 따라서 공유물분할 판결은 공유자 전원에 대하여 상소기간이 만료되기 전에는 확정되지 않고, 일부 공유자에 대하여 상소기간이 만료되었다고 하더라도 그 공유자에 대한 판결 부분이 분리·확정되는 것은 아니다(대판 2017.09.21. 2017다233931).

정답 ○, ×

 21년 변시, 20년(1) 모의

100. 토지를 수인이 공유하는 경우 그 공유토지의 일부에 대하여 취득시효완성을 원인으로 공유자들을 상대로 그 시효완성 부분에 대한 소유권이전등기절차의 이행을 청구하는 소송은 필수적 공동소송이다.

해설 토지를 수인이 공유하는 경우에 공유자들의 소유권이 지분의 형식으로 공존하는 것뿐이고, 그 처분권이 공동에 속하는 것은 아니므로 공유토지의 일부에 대하여 취득시효완성을 원인으로 공유자들을 상대로 그 시효취득부분에 대한 소유권이전등기절차의 이행을 청구하는 소송은 필요적 공동소송이라고 할 수 없다(대판 1994.12.27. 93다32880).

정답 ×

 21년 변시

101. 수인의 합유로 소유권이전등기가 마쳐진 부동산에 대하여 원고의 명의신탁해지로 인한 소유권이전등기청구소송은 고유필수적 공동소송에 해당한다.

해설 합유로 소유권이전등기가 된 부동산에 관하여 명의신탁 해지를 원인으로 한 소유권이전등기절차의 이행을 구하는 소송은 조합재산인 합유물의 처분에 관한 소송으로서 합유자 전원을 피고로 하여야 할 뿐 아니라 합유자 전원에 대하여 합일적으로 확정되어야 하는 고유필수적 공동소송에 해당하며, 그 명의신탁 해지를 구하는 당사자가 합유자 중의 1인이라는 사유만으로 달리 볼 것은 아니다(대판 2015.09.10. 2014다73794).

정답 ○

20년(3) 모의

102. (1) 합일확정의 필요는 있으나 소송공동수행의 필요는 없는 경우에도 고유필수적 공동소송에 해당할 수 있다.
(2) 고유필수적 공동소송을 "소송법상 이유에 의한 필수적 공동소송"이라고도 한다.

해설 고유필수적 공동소송은 소송공동이 법률상 강제되고, 또 합일확정의 필요가 있는 소송이다(이시윤, 신민사소송법 제14판, p.742). 반면, 소송공동은 강제되지 않으나 합일확정의 필요가 있는 공동소송은 유사필수적 공동소송이다. 소송법상 판결의 효력이 제3자에게 확장되는 소에서 공동소송인간의 판결의 모순저촉의 회피라는 소송법상 이유 때문에 생겼다고 하여 유사필수적 공동소송을 소송법상 이유에 의한 필수적 공동소송이라고도 한다(이시윤, 신민사소송법 제14판, p.747).

참조판례 공유물분할청구의 소는 분할을 청구하는 공유자가 원고가 되어 다른 공유자 전부를 공동피고로 하여야 하는 고유필수적 공동소송이고, 공동소송인과 상대방 사이에 판결의 합일확정을 필요로 하는 고유필수적 공동소송에서는 공동소송인 중 일부가 제기한 상소는 다른 공동소송인에게도 효력이 미치므로 공동소송인 전원에 대한 관계에서 판결의 확정이 차단되고 소송은 전체로서 상소심에 이심된다. 따라서 공유물분할 판결은 공유자 전원에 대하여 상소기간이 만료되기 전에는 확정되지 않고, 일부 공유자에 대하여 상소기간이 만료되었다고 하더라도 그 공유자에 대한 판결 부분이 분리·확정되는 것은 아니다(대판 2017.09.21. 2017다233931).
채무자가 채권자대위권에 의한 소송이 제기된 것을 알았을 경우에는 그 확정판결의 효력은 채무자에게도 미친다는 것이 판례인바, 다수의 채권자가 각 채권자대위권에 기하여 공동하여 채무자의 권리를 행사하는 이 사건의 경우 소송계속 중 채무자인 박봉규가 제1심 증인으로 증언까지 한 바 있어 당연히 채권자대위권에 의한 소송이 제기중인 것을 알았다고 인정되므로 그 판결의 효력은 위 박봉규에게도 미치게 되는 것이다. 따라서 위 망인의 소송수계인들은 유사필요적 공동소송관계에 있다고 하여야 할 것이다(대판 1991.12.27. 91다23486).

정답

20년(3) 모의

103. 공유물의 점유를 빼앗겼거나 방해당한 경우에, 공유자 측이 보존행위로서 공유물의 인도청구 또는 방해제거청구를 할 수 있는데, 이는 고유필수적 공동소송이다.

해설 판례는 공유물이 방해되거나 그 점유를 빼앗긴 경우에 각 공유자는 보존행위로서 방해제거청구의 소나 공유물 인도청구의 소를 제기 할 수 있다고 하였다(이시윤, 신민사소송법 제14판, p.745).
※ 변경된 최신판례(대판 2020.05.21. 2018다287522(전합))에 의하면 보존행위로서 공유물의 소수지분권자가 공유물 인도청구의 소를 제기하는 경우 그 상대방은 공유물의 소수지분권자인이 아니라 제3자에 의해서 공유물이 방해되거나 그 점유를 빼앗긴 경우를 의미할 것이다.

참조판례 건물의 공유지분권자는 동 건물 전부에 대하여 보존행위로서 방해배제 청구를 할 수 있다(대판 1968.09.17. 68다1142).

정답

20년(3) 모의

104. 합유재산이라도 현실적으로 점유하고 있는 합유자만을 상대로 명도청구를 할 수 있다.

해설 합유재산이라도 현실적으로 점유하고 있는 합유자만을 상대로 명도청구를 할 수 있고 합유자 전원을 상대로 한 필요적 공동소송이 아니다(대판 1969.12.23. 69다1053).

정답

20년(1)·21년(2) 모의

105. 민법상 조합계약에 따른 조합재산에 속하는 채권에 관한 소송은 고유필수적 공동소송에 해당한다.

> 해설 민법상 조합계약은 2인 이상이 상호 출자하여 공동으로 사업을 경영할 것을 약정하는 계약으로서, 조합재산은 조합의 합유에 속하므로 조합재산에 속하는 채권에 관한 소송은 합유물에 관한 소송으로서 특별한 사정이 없는 한 조합원들이 공동으로 제기하여야 하는 고유필수적 공동소송에 해당한다(대판 2012.11.29. 2012다44471).

정답 ○

20년(1) 모의

106. 건물의 공동상속인들에 대한 건물철거청구 소송은 고유필수적 공동소송에 해당한다.

> 해설 공유물에 대하여 철거를 구하는 소송은 그 성질상 공유자 전원에 대하여 합일적으로 확정하여야 할 필요적 공동소송은 아니다(대판 1974.08.30. 74다537).

정답

20년(1) 모의

107. 공동상속재산의 지분에 관한 지분권존재확인을 구하는 소송은 고유필수적 공동소송에 해당한다.

> 해설 공동상속재산의 지분에 관한 지분권존재확인을 구하는 소송은 필수적 공동소송이 아니라 통상의 공동소송이다(대판 2010.02.25. 2008다96963).

정답

19년·21년 변시, 17년(2)·18년(3) 모의

108. (1) 종중 소유 재산의 보존행위로서 소를 제기하는 경우, 종중결의를 거쳐 종중 명의로 하거나 그 구성원 전원이 당사자가 되어 필수적 공동소송의 형태를 취하여야 한다.

(2) A종중의 대표자인 甲이 X토지에 관하여 A종중으로부터 乙 앞으로 마쳐진 소유권이전등기가 원인무효라고 주장하면서 대표자 甲을 원고로 하여 위 소유권이전등기의 말소를 청구하는 소를 제기한 경우, 소의 제기에 찬성하는 A종중의 결의가 있었다면 위 소는 적법하다.

(3) 총유물의 보존행위에 해당하는 소송은 사원총회의 결의를 거쳐 대표자 자신의 이름으로 소를 제기할 수 있으므로, 이러한 경우에는 필수적 공동소송이라 할 수 없다.

> 해설 민법 제276조 제1항은 "총유물의 관리 및 처분은 사원총회의 결의에 의한다.", 같은 조 제2항은 "각 사원은 정관 기타의 규약에 좇아 총유물을 사용·수익할 수 있다."라고 규정하고 있을 뿐 공유

나 합유의 경우처럼 보존행위는 그 구성원 각자가 할 수 있다는 민법 제265조 단서 또는 제272조 단서와 같은 규정을 두고 있지 아니한바, 이는 법인 아닌 사단의 소유형태인 총유가 공유나 합유에 비하여 단체성이 강하고 구성원 개인들의 총유재산에 대한 지분권이 인정되지 아니하는 데에서 나온 당연한 귀결이라고 할 것이므로 [1] 총유재산에 관한 소송은 법인 아닌 사단이 그 명의로 사원총회의 결의를 거쳐 하거나 또는 그 구성원 전원이 당사자가 되어 필수적 공동소송의 형태로 할 수 있을 뿐 [2] 그 사단의 구성원은 설령 그가 사단의 대표자라거나 사원총회의 결의를 거쳤다 하더라도 그 소송의 당사자가 될 수 없고, [3] 이러한 법리는 총유재산의 보존행위로서 소를 제기하는 경우에도 마찬가지라 할 것이다(대판 2005.09.15. 2004다44971(전합)).

 ○, ×, ×

15년 변시, 14년(1)·17년(2) 모의

109. 甲과 乙은 상호출자하여 공동으로 나대지를 매수하여 주차장 운영사업을 하기로 약정하고 丙으로부터 X토지를 10억 원에 매수하는 내용의 매매계약을 체결하였다. 甲이 丙을 상대로 매매계약에 기한 소유권이전등기절차의 이행을 구하는 소를 단독으로 제기하는 것은 적법하지 않다.

 甲과 乙은 상호출자하여 공동으로 나대지를 매수하여 주차장 운영사업을 하기로 약정하였는바 이는 민법상 조합계약(민법 제703조)에 해당하고 조합재산은 조합원 전원의 합유에 해당하므로 조합재산에 관한 소송은 필수적 공동소송에 해당하여 조합원이 단독으로 소제기 하지 못한다.

 동업약정에 따라 동업자 공동으로 토지를 매수하였다면 그 토지는 동업자들을 조합원으로 하는 동업체에서 토지를 매수한 것이므로 그 동업자들은 토지에 대한 소유권이전등기청구권을 준합유하는 관계에 있고, 합유재산에 관한 소는 이른바 고유필요적공동소송이라 할 것이므로 그 매매계약에 기하여 소유권이전등기의 이행을 구하는 소를 제기하려면 동업자들이 공동으로 하지 않으면 안된다(대판 1994.10.25. 93다54064).

정답 ○

12년·17년 변시, 11년(1)·15년(1) 모의

110. 공유물에 경료된 원인무효의 등기에 관하여 각 공유자에게 해당 지분별로 진정명의회복을 원인으로 한 소유권이전등기를 청구하는 소송은 고유필수적 공동소송에 해당한다.

 부동산의 공유자 중 한 사람은 공유물에 대한 보존행위로서 그 공유물에 관한 원인무효의 등기 전부의 말소를 구할 수 있고, 진정명의회복을 원인으로 한 소유권이전등기청구권과 무효등기의 말소청구권은 어느 것이나 진정한 소유자의 등기명의를 회복하기 위한 것으로서 실질적으로 그 목적이 동일하고 두 청구권 모두 소유권에 기한 방해배제청구권으로서 그 법적 근거와 성질이 동일하므로, 공유자 중 한 사람은 공유물에 경료된 원인무효의 등기에 관하여 각 공유자에게 해당 지분별로 진정명의회복을 원인으로 한 소유권이전등기를 이행할 것을 단독으로 청구할 수 있다(대판 2005.09.29. 2003다40651).

정답 ×

🕐 15년 변시, 16년(1) 모의

111. 법인 아닌 사단의 대표자 乙이 특별한 사정이 없음에도 사원총회의 결의 없이 총유물의 처분에 관한 소송행위를 하였다면, 이는 소송행위를 함에 필요한 특별수권을 받지 않은 경우로서 재심사유에 해당한다.

해설 비법인사단의 대표자가 총유물의 처분에 관한 소송행위를 하려면 특별한 사정이 없는 한 민법 제276조 제1항에 의하여 사원총회의 결의가 있어야 하는 것이지만, 그 결의 없이 소송행위를 하였다고 하더라도 이는 소송행위를 함에 필요한 특별수권을 받지 아니한 경우로서, 민사소송법 제422조 제1항 제3호(현행 민사소송법 제451조 제1항 제3호) 소정의 재심사유에 해당하되, 전연 대리권을 갖지 아니한 자가 소송행위를 한 대리권 흠결의 경우와 달라서 같은 법 제427조(현행 민사소송법 제457조)는 적용되지 아니한다(대판 1999.10.22. 98다46600).

정답 ○

16년(1) 모의

112. 민법상 조합의 조합재산으로 매수한 부동산에 관한 소유권이전등기청구의 소가 계속 중 누락된 조합원을 당사자로 추가할 수 있으나, 이는 법인 아닌 사단의 구성원들의 소송에서 그 일부가 누락된 경우에는 적용되지 아니한다.

해설 (1) 동업약정에 따라 동업자 공동으로 토지를 매수하였다면 그 토지는 동업자들을 조합원으로 하는 동업체에서 토지를 매수한 것이므로 그 동업자들은 토지에 대한 소유권이전등기청구권을 준합유하는 관계에 있고, 합유재산에 관한 소는 이른바 고유필요적공동소송이라 할 것이므로 그 매매계약에 기하여 소유권이전등기의 이행을 구하는 소를 제기하려면 동업자들이 공동으로 하지 않으면 안된다(대판 1994.10.25. 93다54064). (2) 교회의 총재산에 관한 소송은 권리능력 없는 사단인 교회 자체의 명의로 하거나 그 교회 구성원 전원이 당사자가 되어 할 수 있을 뿐이고, 후자의 경우에는 필요적 공동소송이다(대판 1995.09.05. 95다21303).

정답

15년(2) 모의

113. (1) 필수적 공동소송의 경우에는 전원이 당사자로 되어야 하므로, 당사자 개개인의 소송요건은 심리대상에서 제외된다.
(2) 판결결과의 통일을 위해서 상소기간은 필수적 공동소송인 전원에 대하여 일괄적으로 적용된다.

해설 [1] 필수적 공동소송의 경우에 있어서도 소송요건은 각 공동소송인별로 독립하여 조사하여야 한다. 공동소송인 가운데 한 사람에 관하여 소송요건의 흠이 있고 그 흠을 보정할 수 없는 경우 ㉠ 고유필수적 공동소송에 있어서는 모든 사람의 소를 각하하여야 하고, ㉡ 유사필수적 공동소송에 있어서는 그 한 사람만의 소를 각하한다(김홍엽, 민사소송법 제7판, p.981). 따라서 지문은 틀린 설명이다. [2] 필수적 공동소송의 경우에는 판결의 합일확정이 요청되므로, 소송자료와 소송진행이 통일되어야 한다. 이 중 소송진행의 통일과 관련하여, 상소기간은 각 공동소송인에게 판결정본이 송달된 때로부터 개별적으로 진행되나, 공동소송인 모두에 대하여 상소기간이 만료될 때까지 판결이 확정되지 아니한다(김홍엽, 민사소송법 제7판, p.984). 따라서 상소기간이 공동소송인 전원에 대하여 일괄적으로 적용된다는 설명은 틀린 지문이다.

정답 ×, ×

15년(2) 모의

114. 필수적 공동소송인 중 1인에 대한 상대방의 소송행위는 공동소송인에게 이익이 되는 경우에 한하여 공동소송인 전원에게 효력이 있다.

해설 민사소송법 제67조 제2항 참조.

민사소송법 제67조(필수적 공동소송에 대한 특별규정) ① 소송목적이 공동소송인 모두에게 합일적으로 확정되어야 할 공동소송의 경우에 공동소송인 가운데 한 사람의 소송행위는 모두의 이익을 위하여서만 효력을 가진다.
② 제1항의 공동소송에서 공동소송인 가운데 한 사람에 대한 상대방의 소송행위는 공동소송인 모두에게 효력이 미친다.

정답 ×

13년 변시, 15년(2) 모의

115. (1) 유사필수적 공동소송에서는 원고인 공동소송인 중 일부에 의한 소의 취하는 허용되나, 법원에 의한 변론의 분리는 허용되지 않는다.
(2) 공동소송인 중 일부에 의한 청구인낙은 고유필수적 공동소송에서는 허용될 수 없으나 유사필수적 공동소송에서는 허용된다.
(3) 甲, 乙, 丙의 공유인 X 토지에 관하여 甲이 乙, 丙을 피고로 삼아 제기한 공유물분할청구의 소송 중에 丙에 대한 소를 취하하는 것은 허용되지 아니한다.

해설 [1] 유사필수적 공동소송의 경우에는 공동소송인에 관한 소의 일부취하가 허용된다는 것이 판례의 입장이다. 따라서 이 한도 내에서는 민사소송법 제67조 제1항의 규정이 배제된다. 다만 유사필수적 공동소송의 경우에도 판결의 합일확정의 요청상 소송진행의 통일이 요구되는 바, 변론·증거조사는 같은 기일에 행하며, 변론의 분리나 일부판결은 허용되지 않는다.

판례 유사필수적 공동소송의 경우에는 원고들 중 일부가 소를 취하하는 데 다른 공동소송인의 동의를 받을 필요가 없다(대결 2013.03.28. 2012아43).

[2] 판결의 합일확정 요청상 소송자료의 통일이 요청되는 점은 고유필수적 공동소송이나 유사필수적 공동소송 모두 마찬가지이므로, 기일에 출석한 공동소송인의 소송행위 가운데 불출석한 공동소송인에게 불리한 행위(예컨대 청구의 포기·인낙, 화해, 재판상 자백)는 공동소송인 모두에게 효력이 없다(김홍엽, 민사소송법 제7판, p.983). [3] 공동소송인 중 1인의 능동적 소송행위 가운데 유리한 것(기일출

석, 기간준수, 답변서 제출, 부인, 항변, 증거제출 등)은 전원에 대하여 효력이 생기며, 불리한 소송행위(자백, 청구의 포기·인낙, 화해, 소취하 등)는 모두 함께 하지 않으면 효력이 생기지 아니한다.

> **판례** 공유물분할청구의 소는 분할을 청구하는 공유자가 원고가 되어 다른 공유자 전부를 공동피고로 하여야 하는 고유필수적 공동소송이다(대판 2003.12.12. 2003다44615).

정답 O, ×, O

15년(1) 모의

116. 공유물분할의 소에 분할로 취득할 부분에 대한 지분이전등기청구의 소를 병합하여 제기할 수 있다.

해설 공유물분할의 소와 병합하여 분할판결이 날 경우에 대비하여 소유권지분이전등기를 구하는 청구는 허용되지 아니한다. 이러한 소가 허용되지 아니하는 이유는 장래의 이행의 소로써 미리 청구할 필요가 없기 때문이 아니라, 분할판결의 확정에 따라 단독소유권을 취득하며(분할판결이 확정되면 민법 제187조에 따라 등기없이 물권변동의 효력이 발생한다), 단독으로 이전등기신청을 할 수 있기 때문이다.

> **비교판례** 가처분의 피보전권리는 가처분 신청 당시 확정적으로 발생되어 있어야 하는 것은 아니고 이미 그 발생의 기초가 존재하는 한 장래에 발생할 채권도 가처분의 피보전권리가 될 수 있다고 할 것이며(대판 1993.02.12. 92다29801), 따라서 부동산의 공유지분권자가 공유물 분할의 소를 본안으로 제기하기에 앞서 그 승소 판결이 확정됨으로써 취득할 특정부분에 대한 소유권을 피보전권리로 하여 부동산 전부에 대한 처분금지가처분도 할 수 있다고 할 것이다(대결 2002.09.27. 2000마6135).

정답 ×

14년(2)·15년(1) 모의

117. 공유자 甲이 공유자 乙만을 피고로 하여 공유물분할청구의 소를 제기한 경우 항소심에서 다른 공유자 丙을 피고로 추가할 수 있다.

해설 필수적공동소송인의 추가는 제1심의 변론을 종결할 때까지만 가능하다.

> **민사소송법 제68조(필수적 공동소송인의 추가)** ① 법원은 제67조 제1항의 규정에 따른 공동소송인 가운데 일부가 누락된 경우에는 제1심의 변론을 종결할 때까지 원고의 신청에 따라 결정으로 원고 또는 피고를 추가하도록 허가할 수 있다. 다만, 원고의 추가는 추가될 사람의 동의를 받은 경우에만 허가할 수 있다.

정답 ×

118.

甲은 乙이 발행한 액면 금 1억 원, 발행일 2014. 6. 20., 지급기일 2014. 10. 20., 지급장소 주식회사 丙은행, 발행지 서울특별시, 지급지 및 수취인 각 백지, 제1배서인 丁, 제2배서인 戊로 된 약속어음 1장을 소지하고 있다. 甲은 지급지란에는 서울특별시, 수취인란에는 丁으로 보충한 후 2014. 10. 20. 위 지급장소에서 적법한 지급제시를 하였으나 예금 부족을 이유로 지급거절되었다. 배서인들의 어음금채무는 합동책임이므로 甲이 丁, 戊를 상대로 위 어음금 지급을 구하는 소를 제기할 경우 고유필수적 공동소송에 해당한다.

해설 동일한 어음 위에 수개의 어음채무가 병존하는 경우에 각 채무는 서로 독립적이지만(어음법 제7조) 각 어음채무자는 소지인에 대하여 합동으로 책임을 부담하고, 이를 합동책임이라 하는데(어음법 제47조 제1항, 어음법 제77조), 부진정연대채무와 상당히 유사한 개념으로 생각하면 된다. 어음채무자가 합동책임을 진다고 하여 반드시 어음채무자 모두에게 소를 제기하여야 하는 것이 아니고(어음법 제47조 제2항 참조) 판결의 합일확정이 요구되지도 않으므로 甲이 배서인 丁, 戊를 상대로 위 어음금 지급을 구하는 소를 제기할 경우에도 이는 고유필수적 공동소송이 아니라 통상의 공동소송에 불과하다.

어음법 제47조(어음채무자의 합동책임) ① 환어음의 발행, 인수, 배서 또는 보증을 한 자는 소지인에 대하여 합동으로 책임을 진다.
② 소지인은 제1항의 어음채무자에 대하여 그 채무부담의 순서에도 불구하고 그중 1명, 여러 명 또는 전원에 대하여 청구할 수 있다.
③ 어음채무자가 그 어음을 환수한 경우에도 제2항의 소지인과 같은 권리가 있다.
④ 어음채무자 중 1명에 대한 청구는 다른 채무자에 대한 청구에 영향을 미치지 아니한다. 이미 청구를 받은 자의 후자(後者)에 대하여도 같다.
어음법 제77조(환어음에 관한 규정의 준용) ① 약속어음에 대하여는 약속어음의 성질에 상반되지 아니하는 한도에서 다음 각 호의 사항에 관한 환어음에 대한 규정을 준용한다.
 4. 지급거절로 인한 상환청구(제43조부터 제50조까지, 제52조부터 제54조까지)

정답

119.

(1) 공동명의로 담보가등기를 마친 수인의 채권자가 각각의 지분별로 별개의 독립적인 매매예약완결권을 가지는 경우, 채권자 중 1인은 단독으로 자신의 지분에 관하여 가등기담보 등에 관한 법률이 정한 청산절차를 이행한 후 소유권이전의 본등기절차 이행청구를 할 수 있다.

(2) N이 P에게 금전을 대여하면서 담보로 P 소유 토지에 관하여 P의 다른 채권자들과 공동명의로 매매예약을 체결하고 각자 채권액 비율에 따라 지분을 특정하여 가등기를 마친 후 청산절차를 거쳐 N을 비롯한 채권자들이 P를 상대로 제기하는 가등기에 기한 본등기절차이행청구소송은 고유필수적 공동소송에 해당한다.

해설 [1] 수인의 채권자가 각기 채권을 담보하기 위하여 채무자와 채무자 소유의 부동산에 관하여 수인의 채권자를 공동매수인으로 하는 1개의 매매예약을 체결하고 그에 따라 수인의 채권자 공동명의로 그 부동산에 가등기를 마친 경우, 수인의 채권자가 공동으로 매매예약완결권을 가지는 관계인지 아니면 채권자 각자의 지분별로 별개의 독립적인 매매예약완결권을 가지는 관계인지는 매매예약의 내용에 따라야 하고, 매매예약에서 그러한 내용을 명시적으로 정하지 않은 경우에는 수인의 채권자가 공동으로 매매예약을 체결하게 된 동기 및 경위, 매매예약에 의하여 달성하려는 담보의 목적, 담보 관련 권리를 공동 행사하려는 의사의 유무, 채권자별 구체적인 지분권의 표시 여부 및 지분권 비율과 피담보채권 비율의 일치 여부, 가등기담보권 설정의 관행 등을 종합적으로 고려하여 판단하여야 한다. [2] 공동명의로 담보가등기를 마친 수인의 채권자가 각자의 지분별로 별개의 독립적인 매매예약완결권을 가지는 경우, 채권자 중 1인은 단독으로 자신의 지분에 관하여 가등기담보 등에 관한 법률이 정한 청산절차를 이행한 후 소유권이전의 본등기절차 이행청구를 할 수 있다(대판 2012.02.16. 2010다82530(전합)).

정답 O, ×

15년 변시

120. 甲과 乙은 상호출자하여 공동으로 나대지를 매수하여 주차장 운영사업을 하기로 약정하고 丙으로부터 X토지를 10억 원에 매수하는 내용의 매매계약을 체결하였다. 甲과 乙의 丙을 상대로 한 매매계약에 기한 소유권이전등기청구 소송계속 중 甲만이 소 취하를 한 경우, 특별한 사정이 없는 한 丙이 위 소 취하에 동의하더라도 소 취하의 효력은 발생하지 않는다.

 甲과 乙은 고유필수적 공동소송관계에 있고 따라서 합유자 중 일부만의 소취하는 허용되지 않으며 전원이 공동으로 해야 그 효력을 발생한다.

 합유로 소유권이전등기가 된 부동산에 관하여 명의신탁해지를 원인으로 한 소유권이전등기절차의 이행을 구하는 소송은 합유물에 관한 소송으로서 고유필요적 공동소송에 해당하여 합유자 전원을 피고로 하여야 할 뿐 아니라 합유자 전원에 대하여 합일적으로 확정되어야 하므로, 합유자 중 일부의 청구인낙이나 합유자 중 일부에 대한 소의 취하는 허용되지 않는다(대판 1996.12.10. 96다23238).

정답 O

15년 변시

121. 유사필수적 공동소송관계에 있는 공동소송인 甲, 乙의 청구를 모두 기각하는 판결이 선고되었고, 이에 대해 乙만이 항소를 제기하였더라도 甲, 乙 모두에 대해 사건이 항소심에 이심된다.

 제1심에서 유사필요적 공동소송관계에 있는 다수의 채권자들의 청구가 모두 기각되고, 그 중 1인만이 항소한 경우 민사소송법 제63조 제1항(현행 민사소송법 제67조)은 필요적 공동소송에 있어서 공동소송인 중 1인의 소송행위는 공동소송인 전원의 이익을 위하여서만 효력이 있다고 규정하고 있으므로 공동소송인 중 일부의 상소제기는 전원의 이익에 해당된다고 할 것이어서 다른 공동소송인에 대하여도 그 효력이 미칠 것이며, 사건은 필요적 공동소송인 전원에 대하여 확정이 차단되고 상소심에 이심된다고 할 것이다(대판 1991.12.27. 91다23486).

정답 O

14년(1)·(3)·15년(1) 모의

122. (1) 조합재산에 경료된 원인 무효의 소유권이전등기의 말소를 구하는 소송은 조합원 각자가 할 수 있다.

(2) 합유물에 관하여 제3자에게 경료된 원인 무효의 소유권이전등기의 말소를 구하는 소송은 합유자 각자가 할 수 있다.

(3) 제3자가 무단으로 점유하고 있는 합유물의 반환을 청구하는 소송은 고유필수적 공동소송에 해당한다.

해설 합유물에 관하여 경료된 원인 무효의 소유권이전등기의 말소를 구하는 소송, 제3자가 무단으로 점유하고 있는 합유물에 대하여 반환을 청구하는 소송은 합유물에 관한 보존행위로서 합유자 각자가 할 수 있다(대판 1997.09.09. 96다16896).

민법 제271조(물건의 합유) ① 법률의 규정 또는 계약에 의하여 수인이 조합체로서 물건을 소유하는 때에는 합유로 한다. 합유자의 권리는 합유물 전부에 미친다.
민법 제272조(합유물의 처분, 변경과 보존) 합유물을 처분 또는 변경함에는 합유자 전원의 동의가 있어야 한다. 그러나 보존행위는 각자가 할 수 있다.

 정답 O, O, ×

 14년 변시

123. X 토지의 공유자인 甲·乙·丙 사이에 X 토지의 분할에 관한 협의가 이루어지지 않자, 甲이 乙과 丙을 상대로 법원에 X 토지의 분할을 청구하였다. 위 소송계속 중 丁도 X 토지의 공유자임이 밝혀졌을 경우, 甲은 丁을 추가하기 위해 소의 주관적 추가적 병합을 할 수 있다.

해설 민사소송법 제68조 제1항 참조.

민사소송법 제68조(필수적 공동소송인의 추가) ① 법원은 제67조 제1항의 규정에 따른 공동소송인 가운데 일부가 누락된 경우에는 제1심의 변론을 종결할 때까지 원고의 신청에 따라 결정으로 원고 또는 피고를 추가하도록 허가할 수 있다. 다만, 원고의 추가는 추가될 사람의 동의를 받은 경우에만 허가할 수 있다.

 정답 O

 14년·15년 변시, 14년(2)·17년(2) 모의

124. (1) X 토지의 공유자인 甲·乙·丙 사이에 X 토지의 분할에 관한 협의가 이루어지지 않자, 甲이 乙과 丙을 상대로 법원에 X 토지의 분할을 청구하였다. 제1심 판결에 대하여 乙만 항소하였더라도 丙에 대한 제1심 판결은 확정되지 않는다.

(2) 공유물분할청구의 소는 고유필수적 공동소송이고, 공동소송인 중 일부가 상소를 제기한 경우에도 상소심은 공동소송인 전원에 대하여 심리하고 판단해야 한다.

해설 공유물분할청구의 소는 분할을 청구하는 공유자가 원고가 되어 다른 공유자 전부를 공동피고로 하여야 하는 고유필수적 공동소송이고, 공동소송인과 상대방 사이에 판결의 합일확정을 필요로 하는 고유필수적 공동소송에 있어서는 공동소송인 중 일부가 제기한 상소는 다른 공동소송인에게도 그 효력이 미치는 것이므로 공동소송인 전원에 대한 관계에서 판결의 확정이 차단되고 그 소송은 전체로서 상소심에 이심되며, 상소심판결의 효력은 상소를 하지 아니한 공동소송인에게 미치므로 상소심으로서는 공동소송인 전원에 대하여 심리·판단하여야 한다(대판 2003.12.12. 2003다44615).

정답 O, O

 13년 변시

125.
(1) 상법상 소수주주의 요건을 갖춘 주주 甲·乙이 제기하는 주주대표소송은 고유필수적 공동소송이다.
(2) 주주 甲·乙이 제기하는 회사설립무효의 소은 고유필수적 공동소송이다.
(3) 주주 甲·乙이 제기하는 회사합병무효의 소는 고유필수적 공동소송이다.
(4) 대표이사가 이사회결의 없이 주주총회를 소집한 하자를 이유로 주주 甲이 대표이사와 회사를 상대로 제기하는 주주총회결의취소의 소는 고유필수적 공동소송이다.

해설 [1], [2], [3] 합일확정의 필요가 있는 공동소송 중에서 소송의 공동이 법률상으로 강제되는 경우를 고유필수적 공동소송이라 한다. 그러나 주주대표소송, 회사합병무효의 소, 회사설립무효의 소는 모두 법률상 강제되지는 않지만(실체법상 관리처분권이 공동으로 귀속되는 관계는 아님) 합일확정의 필요성이 있는 경우라 할 수 있으므로(상법 제190조 본문에 따라 판결의 효력이 제3자에게도 미치는 대세적 효력이 있기 때문에 합일확정의 필요가 있다) 유사필수적 공동소송이다. [4] 주주총회결의취소의 소의 피고에 대해서는 명문의 규정이 없으나, 회사만이 피고적격을 가진다는데 이설이 없다. 따라서 대표이사와 회사가 둘 다 피고가 되어야 하는 고유필수적 공동소송이 아니다.

정답 X, X, X, X

 13년 변시

126. 甲, 乙, 丙의 합유로 소유권이전등기가 된 X 토지에 관하여 丁이 甲, 乙, 丙을 피고로 명의신탁해지를 원인으로 한 소유권이전등기절차의 이행을 구하는 소를 제기한 경우, 甲만이 변론기일에 출석하더라도 乙과 丙은 기일해태의 불이익을 받지 않는다.

해설 필수적 공동소송인들 중의 어느 1인이 출석하여 변론하였다면 다른 공동소송인의 불출석이 있는 경우라도 기일해태의 효과는 발생하지 않는다.

민사소송법 제67조(필수적 공동소송에 대한 특별규정) ① 소송목적이 공동소송인 모두에게 합일적으로 확정되어야 할 공동소송의 경우에 공동소송인 가운데 한 사람의 소송행위는 모두의 이익을 위하여서만 효력을 가진다.

정답 O

선택형 사례문제

문 1
17년(1·23년(3)) 모의

甲, 乙, 丙은 X토지를 각 1/3 지분에 따라 공유하고 있다. 공유물분할청구 소송에 관한 다음 설명 중 옳지 <u>않은</u> 것은? (다툼이 있는 경우 판례에 의함)

① 甲과 乙이 공동원고로서 丙을 상대로 X토지에 대한 공유물분할청구의 소를 제기하였는데 소송 도중 乙의 지분이 丁에게 이전된 경우, 丁이 변론종결시까지 소송당사자가 되지 않으면 법원은 甲과 乙의 공유물분할청구의 소를 각하해야 한다.
② 甲과 乙이 공동원고로서 丙을 상대로 X토지에 대한 공유물분할청구의 소를 제기하였는데 소송 도중 甲이 사망한 경우, 甲의 소송대리인이 없다면 乙에게 소송절차 중단의 효력이 미친다.
③ 甲과 乙이 공동원고로서 丙을 상대로 X토지에 대한 공유물분할청구의 소를 제기한 경우, 제1심 법원은 본안판결을 함에 있어 甲의 丙에 대한 청구에 대하여 먼저 판결을 선고한 후에 乙의 丙에 대한 청구에 대하여 따로 판결을 할 수 있다.
④ 甲이 乙과 丙을 공동피고로 X토지에 대한 공유물분할청구의 소를 제기한 후 소송 도중 乙에 대한 소취하서를 제출하고 乙이 소취하에 동의한 경우, 특별한 사정이 없는 한 甲의 乙에 대한 소취하는 그 효력이 생기지 않는다.
⑤ 甲이 乙과 丙을 공동피고로 X토지에 대한 공유물분할청구의 소를 제기하고 제1심 법원의 판결에 대하여 乙만이 항소를 제기한 경우, 이 항소는 丙에게도 그 효력이 미친다.

해설 공유물분할청구 소송

① (O) 공유물분할에 관한 소송계속 중 변론종결일 전에 공유자 중 1인인 甲의 공유지분의 일부가 乙 및 丙 주식회사 등에게 이전된 사안에서, 변론종결 시까지 민사소송법 제81조에서 정한 승계참가나 민사소송법 제82조에서 정한 소송인수 등의 방식으로 일부 지분권을 이전받은 자가 소송의 당사자가 되었어야 함에도 그렇지 못하였으므로 위 소송 전부가 부적법하게 되었다(대판 2014.01.29. 2013다78556).

② (O) 고유필요적 공동소송에 있어서 공동소송인 중 1인에게 중단 또는 중지의 원인이 발생한 때에는 다른 공동소송인에 대하여도 중단 또는 중지의 효과가 미치므로 공동소송인 전원에 대하여 소송절차의 진행이 정지되고 그 정지기간 중에는 유효한 소송행위를 할 수 없다(대판 1983.10.25. 83다카850). ▶ 甲이 사망하고 甲의 소송대리인이 없으므로 甲에게 소송 중단의 원인이 발생하고 이는 乙에게도 미친다.

③ (X) 고유필수적 공동소송에 대하여 본안판결을 할 때에는 공동소송인 전원에 대한 하나의 종국판결을 선고하여야 하는 것이지 공동소송인 일부에 대해서만 판결하거나 남은 공동소송인에 대해 추가판결을 하는 것은 모두 허용될 수 없다(대판 2011.06.24. 2011다1323).

④ (O), ⑤ (O) 공동소송인과 상대방 사이에 판결의 합일확정을 필요로 하는 고유필수적 공동소송에서는 공동소송인 중 일부가 제기한 상소 또는 공동소송인 중 일부에 대한 상대방의 상소는 다른 공동소송인에게도 효력이 미치는 것이므로 공동소송인 전원에 대한 관계에서 판결의 확정이 차단되고 소송은 전체로서 상소심에 이심되며, 상소심판결의 효력은 상소를 하지 아니한 공동소송인에게 미치므로 상소심으로서는 공동소송인 전원에 대하여 심리·판단하여야 한다. 이러한 공동상속인이

다른 공동상속인을 상대로 어떤 재산이 상속재산임의 확인을 구하는 소는 이른바 고유필수적 공동소송이라고 할 것이고, 고유필수적 공동소송에서는 원고들 일부의 소 취하 또는 피고들 일부에 대한 소 취하는 특별한 사정이 없는 한 그 효력이 생기지 않는다(대판 2007.08.24. 2006다40980).

정답 ③

문 2
18년(2) 모의

甲은 乙에게 자신이 소유하고 있던 S 부동산을 3억 원에 매각하는 계약을 체결하면서, 대금 3억 원을 직접 지급받는 대신 S 부동산에 대해 설정되어 있는 근저당권 말소를 확실히 하기 위하여 丁 은행에 甲과 乙의 공동명의로 예치하면서, 丁 은행과는 甲과 乙이 공동하여 예금 반환청구를 하는 경우에만 위 예금을 인출하도록 약정하였다. 甲이 근저당권을 말소한 후 위 예금을 인출하고자 한다. 이에 관한 설명 중 옳은 것은? (다툼이 있는 경우 판례에 따름)

① 甲과 乙이 丁 은행에 대해 예금반환청구를 한다면 이는 고유필수적 공동소송이다.
② 위 금전을 공동으로 丁 은행에 예치한 이상, 그 예금에 대한 관리처분권은 甲과 乙에게 준합유적으로 귀속된다.
③ 乙이 예금반환에 협조하지 않는다고 하여, 甲이 乙에게 공동반환절차에 협력하라는 취지의 소송상 청구를 하는 것은 인정되지 않는다.
④ 丁 은행이 甲에 대한 별개의 대출금채권을 가지는 경우라도 그 대출금채권을 자동채권으로 하여 甲의 지분에 상응하는 예금반환채권에 대하여 상계할 수 없다.
⑤ 甲이 乙과 丁 은행을 공동피고로 하여 승낙의 의사표시 및 예금의 반환을 구하는 소를 제기하기 위해서는 丁 은행에 대하여 미리 청구할 필요가 있어야 한다.

해설 | 공동명의 예금채권자

① (X) 공동명의 예금채권자들 중 1인이 전부를 출연하거나 또는 각자가 분담하여 출연한 돈을 동업 이외의 특정목적을 위하여 공동명의로 예치해 둠으로써 그 목적이 달성되기 전에는 공동명의 예금채권자가 자신의 예금에 대하여도 혼자서는 인출할 수 없도록 방지, 감시하고자 하는 목적으로 공동명의로 예금을 개설한 경우에는 그 예금에 관한 관리처분권까지 공동명의 예금채권자 전원에게 공동으로 귀속된다고 볼 수 없을 것이므로, 이러한 경우에는 은행에 대한 예금반환청구가 민사소송법상의 필요적 공동소송에 해당한다고 할 수 없다(대판 1994.04.26. 93다31825).

② (X), ④ (X) 은행에 대하여 공동명의로 예금을 하고 그 권리를 함께 행사하기로 한 경우에 만일 동업자금을 공동명의로 예금한 경우라면 채권의 준합유관계에 있다고 볼 것이나, 동업 이외의 특정 목적을 위하여 돈을 공동명의로 예치하여 둠으로써 그 목적이 달성되기 전에는 공동명의 예금채권자 중 1인이 단독으로 예금을 인출할 수 없도록 방지·감시하고자 하는 목적으로 공동명의로 예금을 개설한 경우라면, 그 예금채권은 각 공동명의자가 출연한 만큼 분량적으로 분할되어 각자에게 공동으로 귀속되고, 각 공동명의 예금채권자가 예금채권에 대하여 가지는 각자의 지분에 대한 관리처분권은 각자에게 귀속된다 할 것이므로, 공동명의 예금채권자 중 1인에 대한 별개의 대출금채권을 가지는 은행으로서는 그 대출금채권을 자동채권으로 하여 그의 지분에 상응하는 예금반환채권에 대하여 상계할 수 있다 할 것이다(대판 2005.09.09. 2003다28).

③ (X), ⑤ (O) 공동명의 예금채권자들 중 1인이 전부를 출연하거나 또는 각자가 분담하여 출연한 돈을 동업 이외의 특정목적을 위하여 공동명의로 예치해 둠으로써 그 목적이 달성되기 전에는 공동명의 예금채권자가 자신의 예금에 대하여도 혼자서는 인출할 수 없도록 방지, 감시하고자 하는 목적으로 공동명의로 예금을 개설한 경우가 소송법상으로는 필요적 공동소송에 해당하지 아니한다고 하더라도 공동명의 예금채권자는 그 예금을 개설할 때에는 은행과의 사이에 예금채권자들이 공동하여 예금반환청구를 하기로 한 약정에는 당연히 구속되는 것이므로, 그 예금채권자 중 1인이 은행을 상대로 자신의 예금의 반환을 청구함에 있어서는 다른 공동명의 예금채권자와 공동으로 그 반환을 청구하는 절차를 밟아야만 은행으로부터 예금을 반환받을 수 있음은 물론인바, 이 경우 만일 다른 공동명의 예금채권자가 그 공동반환청구절차에 협력하지 않을 때에는, 예금주는 먼저 그 사람을 상대로 제소하여 예금주 단독으로 하는 반환청구에 관하여 승낙의 의사표시를 하라는 등 공동반환절차에 협력하라는 취지의 판결을 얻은 다음 이 판결을 은행에 제시함으로써 예금을 반환받을 수 있고, 이와 같은 방식에 의하여 약정에 의한 공동반환청구의 요건이 충족되었음에도 불구하고 은행이 정당한 이유 없이 예금의 반환을 거절하는 경우에는 그 예금주가 은행을 상대로 단독으로 예금의 반환을 소구할 수밖에 없을 것이고, 미리 청구할 필요가 있을 때에는 다른 공동명의 예금채권자와 은행을 공동피고로 하여 위와 같은 취지의 제소를 할 수도 있다(대판 1994.04.26. 93다31825).

정답 ⑤

제❹항 ┃ 특수한 형태의 공동소송

I 예비적·선택적 공동소송(소의 주관적 예비적·선택적 병합)

22년(1) 모의

127. 예비적 공동소송은 각 당사자에 관한 청구가 논리적으로 연결되고 양립하지 않으면 소송물이 동일하지 않은 경우에도 청구할 수 있다.

해설 피고들에 대한 위자료청구를 제외한 나머지 이 사건 주위적 청구는 피고 삼성카드 주식회사(이하 '피고 삼성카드'라고만 한다)가 피고 대우자동차판매 주식회사(이하 '피고 대우자동차판매'라고만 한다)에게 차량대금을 지급하였음을 전제로 피고 대우자동차판매에 대하여 차량미인도로 인한 채무불이행책임 또는 사용자책임을 묻는 것이고, 이 사건 예비적 청구는 피고 삼성카드가 피고 대우자동차판매에게 차량대금을 지급하지 않았음을 전제로, 피고 삼성카드에 대하여 할부금 지급채무가 없음의 확인과 아울러 이미 납입한 할부금의 반환을 구하는 것임을 알 수 있는바, 이러한 각 청구의 원인을 앞서 본 법리에 비추어 살펴보면, 주위적 청구에 대한 판단이유가 예비적 청구에 대한 판단이유에 영향을 줌으로써 위 각 청구에 대한 판단과정이 필연적으로 상호 결합되어 있는 관계에 있어 위 두 청구는 법률상 양립할 수 없고, 또한 주위적 청구는 예비적 청구와 그 상대방을 달리하고 있어, 피고들에 대한 위자료청구를 제외한 나머지 이 사건 소송은 민사소송법 제70조 제1항 소정의 예비적 공동소송에 해당한다고 할 것이다(위자료청구 부분은 피고들에 대하여 연대하여 지급을 구하고 있으므로 통상공동소송으로 봄이 상당하다)(대판 2008.07.10. 2006다57872). ▶ 양립하지 않는 관계이면 소송물이 동일하지 않아도 무방하다(이시윤, 신민사소송법 제14판, p.757).

정답 ○

23년 변시, 23년(1) 모의

128. (1) 예비적·선택적 공동소송에서 법원이 일부 공동소송인에 관한 청구에 대하여만 판결을 한 경우 그 판결에서 누락된 공동소송인은 상소를 제기할 이익이 없다
(2) 예비적 공동소송에서 법원은 모든 공동소송인에 관한 청구에 대하여 판결을 하여야 하고, 그중 일부 공동소송인에 대하여만 판결을 하거나, 남겨진 자를 위하여 추가판결을 하는 것은 허용되지 않는다.

해설 주관적·예비적 공동소송은 동일한 법률관계에 관하여 모든 공동소송인이 서로 간의 다툼을 하나의 소송절차로 한꺼번에 모순 없이 해결하는 소송형태로서 모든 공동소송인에 대한 청구에 관하여 판결을 하여야 하고(민사소송법 제70조 제2항), 그 중 일부 공동소송인에 대하여만 판결을 하거나, 남겨진 자를 위하여 추가판결을 하는 것은 허용되지 않는다. … 한편, 민사소송법 제70조 제2항은 같은 조 제1항의 예비적·선택적 공동소송에서는 모든 공동소송인에 관한 청구에 대하여 판결을 하도록 규정하고 있으므로, 이러한 공동소송에서 일부 공동소송인에 관한 청구에 대하여만 판결을 하는 경우 이는 일부판결이 아닌 흠이 있는 전부판결에 해당하여 상소로써 이를 다투어야 하고, 그 판결에서 누락된 공동소송인은 이를 시정하기 위하여 상소를 제기할 이익이 있다(대판 2021.07.08. 2020다292756).

정답 ×, ○

23년 변시

129. 예비적 공동소송에서 패소한 주위적 공동소송인과 예비적 공동소송인 중 어느 한 사람이 상소를 제기하면 다른 공동소송인에 관한 청구 부분도 확정이 차단되고, 상소심은 주위적·예비적 공동소송인들 및 그 상대방 당사자 사이의 결론의 합일확정의 필요성을 고려하여 그 심판의 범위를 판단하여야 한다.

해설 주관적·예비적 공동소송에서 공동소송인 가운데 한 사람에 대한 상대방의 소송행위는 공동소송인 모두에게 효력이 미치므로, 주위적 공동소송인과 예비적 공동소송인 중 어느 한 사람에 대하여 상소가 제기되면 다른 공동소송인에 대한 청구 부분도 상소심에 이심되어 상소심의 심판대상이 되고, 이러한 경우 상소심의 심판대상은 주위적·예비적 공동소송인들 및 그 상대방 당사자 사이의 결론의 합일 확정의 필요성을 고려하여 그 심판의 범위를 판단하여야 한다(대판 2018.11.09. 2018다251851).

정답 ○

23년 변시

130. 예비적 공동소송에서 화해권고결정에 대하여 일부 공동소송인이 이의하지 않았다면, 원칙적으로 그 공동소송인에 대한 관계에서는 위 결정이 분리확정될 수 있다.

해설 민사소송법 제70조에서 정한 주관적·예비적 공동소송에서 화해권고결정에 대하여 일부 공동소송인이 이의하지 않았다면, 원칙적으로 그 공동소송인에 대한 관계에서는 위 결정이 확정될 수 있다. 다만 화해권고결정에서 분리 확정을 불허하고 있거나, 그렇지 않더라도 그 결정에서 정한 사항

이 공동소송인들에게 공통되는 법률관계를 형성함을 전제로 하여 이해관계를 조절하는 경우 등과 같이 결정 사항의 취지에 비추어 볼 때 분리 확정을 허용할 경우 형평에 반하고 또한 이해관계가 상반된 공동소송인들 사이에서의 소송 진행 통일을 목적으로 하는 민사소송법 제70조 제1항 본문의 입법 취지에 반하는 결과가 초래되는 경우에는 분리 확정이 허용되지 않는다(대판 2022.04.14. 2020다224975).

정답 O

 13년·23년 변시, 19년(1)·20년(1)·21년(3) 모의

131. (1) 예비적·선택적 공동소송에서 '법률상 양립할 수 없다'는 의미는 실체법적으로 서로 양립할 수 없는 경우뿐 아니라 소송법상으로 서로 양립할 수 없는 경우를 포함한다.

(2) A아파트 입주자대표회의의 대표자를 피고로 삼아 제기한 대표자 지위부존재확인의 제1심 소송 중에 위 아파트 입주자대표회의에 대하여 같은 내용의 확인을 구하기 위하여 위 아파트 입주자대표회의를 예비적 피고로 추가하는 신청은 적법하다.

(3) 소제기 시 주위적 피고에 대한 주위적·예비적 청구만을 하였다가 청구 중 주위적 청구 부분이 받아들여지지 아니할 경우 그와 법률상 양립할 수 없는 관계에 있는 예비적 피고에 대한 청구를 받아들여 달라는 취지로 예비적 피고에 대한 청구를 결합하기 위하여 예비적 피고를 추가하는 것은 허용된다.

(4) 주위적 피고 甲에 대한 예비적 청구와 예비적 피고 乙에 대한 청구가 서로 법률상 양립할 수 있는 관계에 있으면 양 청구를 병합하여 통상의 공동소송으로 보아 심리·판단할 수 있다.

해설 [1] 민사소송법 제70조 제1항에 있어서 '법률상 양립할 수 없다'는 것은, 동일한 사실관계에 대한 법률적인 평가를 달리하여 두 청구 중 어느 한 쪽에 대한 법률효과가 인정되면 다른 쪽에 대한 법률효과가 부정됨으로써 두 청구가 모두 인용될 수는 없는 관계에 있는 경우나, 당사자들 사이의 사실관계 여하에 의하여 또는 청구원인을 구성하는 택일적 사실인정에 의하여 어느 일방의 법률효과를 긍정하거나 부정하고 이로써 다른 일방의 법률효과를 부정하거나 긍정하는 반대의 결과가 되는 경우로서, 두 청구들 사이에서 한 쪽 청구에 대한 판단 이유가 다른 쪽 청구에 대한 판단 이유에 영향을 주어 각 청구에 대한 판단 과정이 필연적으로 상호 결합되어 있는 관계를 의미하며, 실체법적으로 서로 양립할 수 없는 경우뿐 아니라 소송법상으로 서로 양립할 수 없는 경우를 포함하는 것으로 봄이 상당하다(대결 2007.06.26. 2007마515).

민사소송법 제70조(예비적·선택적 공동소송에 대한 특별규정) ① 공동소송인 가운데 일부의 청구가 다른 공동소송인의 청구와 법률상 양립할 수 없거나 공동소송인 가운데 일부에 대한 청구가 다른 공동소송인에 대한 청구와 법률상 양립할 수 없는 경우에는 제67조 내지 제69조를 준용한다. 다만, 청구의 포기·인낙, 화해 및 소의 취하의 경우에는 그러하지 아니하다.

[2] 아파트 입주자대표회의 구성원 개인을 피고로 삼아 제기한 동대표지위 부존재확인의 소의 계속 중에 아파트 입주자대표회의를 피고로 추가하는 주관적·예비적 추가가 허용된다(대결 2007.06.26. 2007마515). [3] 민사소송법 제70조 제1항 본문이 규정하는 '공동소송인 가운데 일부에 대한 청구'

를 반드시 '공동소송인 가운데 일부에 대한 모든 청구'라고 해석할 근거는 없으므로, 주위적 피고에 대한 주위적·예비적 청구 중 주위적 청구 부분이 받아들여지지 아니할 경우 그와 법률상 양립할 수 없는 관계에 있는 예비적 피고에 대한 청구를 받아들여 달라는 취지로 주위적 피고에 대한 주위적·예비적 청구와 예비적 피고에 대한 청구를 결합하여 소를 제기하는 것도 가능하고, [4] 처음에는 주위적 피고에 대한 주위적·예비적 청구만을 하였다가 청구 중 주위적 청구 부분이 받아들여지지 아니할 경우 그와 법률상 양립할 수 없는 관계에 있는 예비적 피고에 대한 청구를 받아들여 달라는 취지로 예비적 피고에 대한 청구를 결합하기 위하여 예비적 피고를 추가하는 것도 민사소송법 제70조 제1항 본문에 의하여 준용되는 민사소송법 제68조 제1항에 의하여 가능하다. 이 경우 주위적 피고에 대한 예비적 청구와 예비적 피고에 대한 청구가 서로 법률상 양립할 수 있는 관계에 있으면 양 청구를 병합하여 통상의 공동소송으로 보아 심리·판단할 수 있다. 그리고 이러한 법리는 원고가 주위적 피고에 대하여 실질적으로 선택적 병합 관계에 있는 두 청구를 주위적·예비적으로 순위를 붙여 청구한 경우에도 그대로 적용된다(대판 2015.06.11. 2014다232913).

민사소송법 제70조(예비적·선택적 공동소송에 대한 특별규정) ① 공동소송인 가운데 일부의 청구가 다른 공동소송인의 청구와 법률상 양립할 수 없거나 공동소송인 가운데 일부에 대한 청구가 다른 공동소송인에 대한 청구와 법률상 양립할 수 없는 경우에는 제67조 내지 제69조를 준용한다. 다만, 청구의 포기·인낙, 화해 및 소의 취하의 경우에는 그러하지 아니하다.

정답 O, O, O, O

21년(3) 모의

132. 예비적 공동소송에는 민사소송법 제67조 내지 제69조가 준용되어 소송자료 및 소송진행의 통일이 요구되므로, 화해권고결정에 대하여 일부 공동소송인이 이의하지 않았더라도 다른 공동소송인이 이의하였다면 분리 확정이 허용되지 않는다.

해설 민사소송법 제70조에서 정한 주관적·예비적 공동소송에는 민사소송법 제67조 내지 제69조가 준용되어 소송자료 및 소송진행의 통일이 요구되지만, 청구의 포기·인낙, 화해 및 소의 취하는 공동소송인 각자가 할 수 있는데, 이에 비추어 보면, 조정을 갈음하는 결정이 확정된 경우에는 재판상 화해와 동일한 효력이 있으므로 그 결정에 대하여 일부 공동소송인이 이의하지 않았다면 원칙적으로 그 공동소송인에 대한 관계에서는 조정을 갈음하는 결정이 확정될 수 있다. 다만, 조정을 갈음하는 결정에서 분리 확정을 불허하고 있거나, 그렇지 않더라도 그 결정에서 정한 사항이 공동소송인들에게 공통되는 법률관계를 형성함을 전제로 하여 이해관계를 조절하는 경우 등과 같이 결정 사항의 취지에 비추어 볼 때 분리 확정을 허용할 경우 형평에 반하고 또한 이해관계가 상반된 공동소송인들 사이에서의 소송진행 통일을 목적으로 하는 민사소송법 제70조 제1항 본문의 입법 취지에 반하는 결과가 초래되는 경우에는 분리 확정이 허용되지 않는다(대법원 2008. 7. 10. 선고 2006다57872 판결 참조). 이러한 법리는 이의신청 기간 내에 이의신청이 없으면 재판상 화해와 동일한 효력을 가지는 화해권고결정의 경우에도 마찬가지로 적용된다(대판 2015.03.20. 2014다75202).

정답 ×

20년(1) 모의

133. 부진정연대채무의 관계에 있는 채무자들을 공동피고로 하여 이행의 소가 제기된 경우 민사소송법상 예비적·선택적 공동소송이라고 할 수 없다.

해설 부진정연대채무 관계는 서로 별개의 원인으로 발생한 독립된 채무라 하더라도 동일한 경제적 목적을 가지고 있고 서로 중첩되는 부분에 관하여 일방의 채무가 변제 등으로 소멸할 경우 타방의 채무도 소멸하는 관계에 있으면 성립할 수 있고, 반드시 양 채무의 발생원인, 채무의 액수 등이 서로 동일할 것을 요한다고 할 수는 없다. 그리고 부진정연대채무의 관계에 있는 채무자들을 공동피고로 하여 이행의 소가 제기된 경우 그 공동피고에 대한 각 청구가 서로 법률상 양립할 수 없는 것이 아니므로 그 소송을 민사소송법 제70조 제1항 소정의 예비적·선택적 공동소송이라고 할 수 없다(대판 2009.03.26. 2006다47677).

정답 ○

18년·22년 변시, 20년(1)·22년(2) 모의

134. (1) 甲이 乙을 주위적 피고로, 丙을 예비적 피고로 하여 제기한 예비적 공동소송에서, 법원이 甲의 乙에 대한 청구를 인용하면서도 甲의 丙에 대한 청구에 대해서는 판단하지 않아 丙이 항소한 경우, 항소심 법원이 甲의 乙에 대한 청구를 인용하기 위해서는 제1심 판결을 취소하고 甲의 乙에 대한 청구를 인용하면서 甲의 丙에 대한 청구를 기각하는 판결을 하여야 한다.
(2) 예비적 공동소송에서 일부 당사자에 대한 판결이 누락된 경우, 그 판결에서 누락된 당사자는 상소를 제기할 수 있다.

해설 민사소송법 제70조 제2항은 같은 조 제1항의 예비적·선택적 공동소송에서는 모든 공동소송인에 관한 청구에 대하여 판결을 하도록 규정하고 있으므로, 이러한 공동소송에서 일부 공동소송인에 관한 청구에 대하여만 판결을 하는 경우 이는 일부판결이 아닌 흠이 있는 전부판결에 해당하여 상소로써 이를 다투어야 하고, 그 판결에서 누락된 공동소송인은 이러한 판단유탈을 시정하기 위하여 상소를 제기할 이익이 있다. … 원고 등의 주위적 청구는 제1심 인정범위 내에서 이유 있고, 위에서 본 바와 같이 주위적 청구가 실질적으로 모두 인용되는 이상 이와 법률상 양립할 수 없는 예비적 청구는 이유가 없으므로 이와 결론을 달리하는 제1심판결은 부당하여 이를 취소하고 원고 등의 주위적 청구를 일부 인용하고, 나머지 주위적 청구 및 원고의 예비적 청구 중 피고 선정자 3, 4에 대한 부분을 기각하기로 하여 관여 대법관의 일치된 의견으로 주문과 같이 판결한다(대판 2008.03.27. 2005다49430).

판례 주관적·예비적 공동소송에서 주위적 공동소송인과 예비적 공동소송인 중 어느 한 사람이 상소를 제기하면 다른 공동소송인에 관한 청구 부분도 확정이 차단되고 상소심에 이심되어 심판대상이 되고, 이러한 경우 상소심의 심판대상은 주위적·예비적 공동소송인들 및 상대방 당사자 간 결론의 합일확정 필요성을 고려하여 판단하여야 한다(대판 2011.02.24. 2009다43355).

정답 ○, ×

18년(3)·21년(3) 모의

135. 교통사고 피해자가 자신을 충격한 버스 운전기사와 사용자인 버스회사를 상대로 선택적으로 손해배상청구를 한 경우라도 이는 실체법상 양립 가능하므로 통상공동소송에 해당한다.

해설 피용자의 사무집행중의 불법행위로 인한 사용자의 민법 756조의 규정에 의한 배상책임임과 피용자 자신의 민법 750조의 규정에 의한 불법행위 책임은 전혀 별개의 것이고 다만 피해자가 어느편으로 부터 배상에 의하여 일부 또는 전부의 만족을 얻었을 때에는 그 범위내에서 타방의 배상책임이 소멸한다 할 것이고 이러한 피용자의 업무집행중의 불법행위 책임과 사용자 배상책임이 강학상 부진정연대채무의 부류에 속한다(대판 1975.12.23. 75다1193). 부진정연대채무의 관계에 있는 채무자들을 공동피고로 하여 이행의 소가 제기된 경우 공동피고에 대한 각 청구는 법률상 양립할 수 없는 것이 아니므로 그 소송은 민사소송법 제70조 제1항에 규정한 본래 의미의 예비적·선택적 공동소송이라고 할 수 없고, 따라서 거기에 필수적 공동소송에 관한 민사소송법 제67조는 준용되지 않는다고 할 것이어서 상소로 인한 확정차단의 효력도 상소인과 그 상대방에 대해서만 생기고 다른 공동소송인에 대한 관계에는 미치지 않는다(대판 2012.09.27. 2011다76747).

정답

13년(2)·14년(2) 모의

136. (1) 예비적·선택적 공동소송에서는 필수적 공동소송에 관한 규정이 준용된다.
(2) 예비적·선택적 공동소송의 각 공동소송인은 단독으로 소의 취하, 청구의 포기·인낙, 소송상의 화해를 할 수 없다.

해설 민사소송법 제67조 내지 제69조는 필수적 공동소송에 대한 규정이다.

민사소송법 제70조(예비적·선택적 공동소송에 대한 특별규정) ① 공동소송인 가운데 일부의 청구가 다른 공동소송인의 청구와 법률상 양립할 수 없거나 공동소송인 가운데 일부에 대한 청구가 다른 공동소송인에 대한 청구와 법률상 양립할 수 없는 경우에는 제67조 내지 제69조를 준용한다. 다만, 청구의 포기·인낙, 화해 및 소의 취하의 경우에는 그러하지 아니하다.

정답

13년 변시, 21년(3) 모의

137. (1) 예비적 공동소송에서는 모든 공동소송인에 관한 청구에 대하여 판결해야 하므로, 일부 공동소송인에 대해서만 판결하거나 추가 판결하는 것은 허용되지 않는다.
(2) 예비적 공동소송에서 공동소송인 중 어느 한 사람이 상소를 제기하면 전원에 대하여 판결 확정이 차단되고 상급심으로 이심되어 심판의 대상이 된다.

해설 주관적·예비적 공동소송은 동일한 법률관계에 관하여 모든 공동소송인이 서로간의 다툼을 하나의 소송절차로 한꺼번에 모순 없이 해결하는 소송형태로서 모든 공동소송인에 대한 청구에 관하여 판결을 하여야 하고(민사소송법 제70조 제2항), 그 중 일부 공동소송인에 대하여만 판결을 하거나 남겨진 자를 위하여 추가판결을 하는 것은 허용되지 않는다. 그리고 주관적·예비적 공동소송에서 주위적 공동소송인과 예비적 공동소송인 중 어느 한 사람이 상소를 제기하면 다른 공동소송인에 관한 청구 부분도 확정이 차단되고 상소심에 이심되어 심판대상이 되고, 이러한 경우 상소심의 심판대상은 주위적·예비적 공동소송인들 및 상대방 당사자 간 결론의 합일확정 필요성을 고려하여 판단하여야 한다(대판 2011.02.24. 2009다43355).

정답 O, O

❖ 선택형 사례문제

문 1
23년 변시, 21년(1) 모의

乙의 대리인 丙과 X 토지에 관한 매매계약을 체결한 매수인 甲이, 주위적으로 乙에 대하여는 매매계약에 기한 소유권이전등기청구를, 예비적으로 丙이 무권대리일 경우를 대비하여 丙에 대하여 손해배상청구를 구하는 소를 제기하였다. 이와 관련된 설명 중 옳지 <u>않은</u> 것은? (다툼이 있는 경우 판례에 의함)

① 소송 계속 중 甲은 피고 丙과의 사이에서만 소송상 화해를 할 수 있다.
② 법원이 乙에 대해서만 판결을 하였다면, 누락된 丙에 대해서는 나중에 추가판결을 선고하면 된다.
③ 법원이 乙에 대해서만 판결을 하였다면, 누락된 丙도 위 판결에 대해 항소의 이익이 있어 항소할 수 있다.
④ 乙에 대해 전부 승소판결을 선고하더라도 丙에 대해서도 판결을 선고하여야 한다.
⑤ 乙에 대한 청구를 인용하고 丙에 대한 청구를 기각한 제1심 판결에 대하여 乙만이 항소하더라도 丙에 대한 청구부분도 항소심에 이심되어 항소심의 심판대상이 된다.

∷ 해설 | 예비적·선택적 공동소송

① () 민사소송법 제70조에서 정한 주관적·예비적 공동소송에는 민사소송법 제67조 내지 제69조가 준용되어 소송자료 및 소송진행의 통일이 요구되지만, 청구의 포기·인낙, 화해 및 소의 취하는 공동소송인 각자가 할 수 있는데, 이에 비추어 보면, 이 확정된 경우에는 재판상 화해와 동일한 효력이 있으므로 그 결정에 대하여 일부 공동소송인이 이의하지 않았다면 원칙적으로 그 공동소송인에 대한 관계에서는 조정을 갈음하는 결정이 확정될 수 있다(대판 2015.03.20. 2014다75202).

> 민사소송법 제70조(예비적·선택적 공동소송에 대한 특별규정) ① 공동소송인 가운데 일부의 청구가 다른 공동소송인의 청구와 법률상 양립할 수 없거나 공동소송인 가운데 일부에 대한 청구가 다른 공동소송인에 대한 청구와 법률상 양립할 수 없는 경우에는 제67조 내지 제69조를 준용한다. 다만, 청구의 포기·인낙, 화해 및 소의 취하의 경우에는 그러하지 아니하다.

② (X), ⑤ () 주관적·예비적 공동소송은 동일한 법률관계에 관하여 모든 공동소송인이 서로 간의 다툼을 하나의 소송절차로 한꺼번에 모순 없이 해결하는 소송형태로서 모든 공동소송인에 대한 청구에 관하여 판결을 하여야 하고(민사소송법 제70조 제2항), 그중 일부 공동소송인에 대해서만 판결을 하거나 남겨진 당사자를 위하여 추가판결을 하는 것은 허용되지 않는다. 그리고 주관적·예비적 공동소송에

서 주위적 공동소송인과 예비적 공동소송인 중 어느 한 사람이 상소를 제기하면 다른 공동소송인에 관한 청구 부분도 확정이 차단되고 상소심에 이심되어 심판대상이 된다(대판 2018.02.13. 2015다242429).

③ (○), ④ (○) 민사소송법 제70조 제2항은 같은 조 제1항의 예비적·선택적 공동소송에서는 모든 공동소송인에 관한 청구에 대하여 판결을 하도록 규정하고 있으므로, 이러한 공동소송에서 일부 공동소송인에 관한 청구에 대하여만 판결을 하는 경우 이는 일부판결이 아닌 흠이 있는 전부판결에 해당하여 상소로써 이를 다투어야 하고, 그 판결에서 누락된 공동소송인은 이러한 판단유탈을 시정하기 위하여 상소를 제기할 이익이 있다(대판 2008.03.27. 2005다49430).

> 민사소송법 제70조(예비적·선택적 공동소송에 대한 특별규정) ② 제1항의 소송에서는 모든 공동소송인에 관한 청구에 대하여 판결을 하여야 한다.

정답 ②

문 2
19년(2) 모의

원고 甲은 피고 乙을 상대로 한 소송의 제1심 법원 제1회 변론기일에서 "이 건 소장을 통해 명의신탁을 해지하고 이를 원인으로 피고 명의의 이전등기의 말소를 구한다."는 내용이 기재된 소장을 진술하였다. 이후 제2회 변론기일에서 甲이 "주위적으로 명의신탁해지를 원인으로 한 소유권이전등기절차의 이행을 구하고 예비적으로 등기의 원인무효를 이유로 말소등기절차의 이행을 구한다."고 구두로 청구취지 및 청구원인의 변경을 구하는 진술을 하였다. 다음의 설명 중 옳지 <u>않은</u> 것은? (다툼이 있는 경우 판례에 따름)

① 서면에 의하지 아니한 청구취지의 변경을 하였다면 잘못이지만 이에 대하여 상대방이 지체없이 이의를 하지 않았다면 소송절차에 관한 이의권의 상실로 그 잘못은 치유된다.
② 예비적 병합에 있어서 예비적 청구는 주위적 청구가 인용되는 것을 해제조건으로 하는 것이므로 법원의 심판순서는 당사자가 청구한 심판의 순서에 구속을 받는다.
③ 제1심 법원이 주위적 청구를 기각하였으나 예비적 청구에 대하여 판단하지 않은 경우 그 제1심 법원의 판결에 대한 상소가 제기되면 예비적 청구 부분은 재판의 누락에 해당하여 제1심 법원에 계속 중이다.
④ 주위적 청구와 동일한 목적물에 관하여 동일한 청구원인을 내용으로 하면서 주위적 청구를 양적이나 질적으로 일부 감축하여 하는 예비적 청구는 주위적 청구에 흡수되는 것일 뿐 소송상의 예비적 청구라고 할 수 없다.
⑤ 甲은 제2회 변론기일에서 예비적 병합을 하지 아니하고 명의신탁해지를 원인으로 한 소유권이전등기절차의 이행청구에서 원인무효를 이유로 한 말소등기절차의 이행청구로 교환적 변경을 할 수 있다.

해설 예비적 공동소송·교환적변경

① (○) 청구취지의 변경은 서면으로 신청하여야 하므로 서면에 의하지 아니한 청구취지의 변경은 잘못이나 이에 대하여 상대방이 지체없이 이의하지 않았다면 책문권의 상실로 그 잘못은 치유된다(대판 1990.12.26. 90다4686).

② (○) 청구의 예비적 병합에 있어서 예비적 청구는 주위적 청구가 인용되는 것을 해제조건으로 하는 것이므로 법원의 심판순서는 당사자가 청구한 심판의 순서에 구속을 받게 된다(대판 1993.03.23. 92다51204).

③ (X) 예비적 병합의 경우에는 수개의 청구가 하나의 소송절차에 불가분적으로 결합되어 있기 때문에 주위적 청구를 먼저 판단하지 않고 예비적 청구만을 인용하거나 주위적 청구만을 배척하고 예비적 청구에 대하여 판단하지 않는 등의 일부판결은 예비적 병합의 성질에 반하는 것으로서 법률상 허용되지 아니하며, 그럼에도 불구하고 주위적 청구를 배척하면서 예비적 청구에 대하여 판단하지 아니하는 판결을 한 경우에는 그 판결에 대한 상소가 제기되면 판단이 누락된 예비적 청구 부분도 상소심으로 이심이 되고 그 부분이 재판의 탈루에 해당하여 원심에 계속 중이라고 볼 것은 아니다(대판 2000.11.16. 98다22253(전합)).

④ (○) 예비적 청구는 주위적 청구와 서로 양립할 수 없는 관계에 있어야 하므로, 주위적 청구와 동일한 목적물에 관하여 동일한 청구원인을 내용으로 하면서 주위적 청구를 양적·질적으로 일부 감축하여 하는 청구는 주위적 청구에 흡수되는 것일 뿐 소송상 예비적 청구라고 할 수 없다(대판 2017.10.31. 2015다65042).

⑤ (○) 청구의 기초에 변경이 있다고 할 수 없으므로 교환적 변경을 할 수 있다.

> **판례** 원고가 토지에 대한 피고명의의 소유권이전등기가 명의신탁에 의한 것임을 전제로 명의신탁해지를 원인으로 한 소유권이전등기절차의 이행을 구하는 청구를 하였다가 같은 토지에 대한 피고명의의 소유권이전등기가 원인무효의 등기임을 전제로 그 말소를 구하는 청구로 교환적인 변경을 하는 것은 위 양청구가 동일한 생활사실 또는 경제적 이익에 관한 분쟁에 있어서 그 해결을 위한 법률적 구성만을 달리하고 있음에 불과하여 청구의 기초에 변경이 있다고 할 수 없다(대판 1987.10.13. 87다카1093).

정답 ③

Ⅱ 추가적 공동소송(주관적·추가적 병합)

제2절 선정당사자

I 서 설

II 요 건

15년(1)·16년(2)·21년(1)·21년(3) 모의

138. (1) 민사소송법 제65조 후문의 권리의무가 같은 종류이며 그 발생원인이 같은 종류의 관계에 있는 경우, 주요한 공격방어방법이 공통되는 경우라도 선정당사자를 선정할 수 없다.

(2) 수인의 임차인이 동일한 임대인을 상대로 제기한 임차보증금반환청구소송과 같은 경우 공동소송관계에 있는 당사자 사이에서는 공동의 이해관계를 인정할 여지가 없으므로 선정당사자 선정이 허용되지 않는다.

▸해설 [1] 공동의 이해관계가 있는 다수자는 선정당사자를 선정할 수 있는 것인데, 이 경우 공동의 이해관계란 다수자 상호간에 공동소송인이 될 관계에 있고, 또 주요한 공격방어 방법을 공통으로 하는 것을 의미하므로, 다수자의 권리·의무가 동종이며 그 발생 원인이 동종인 관계에 있는 것만으로는 공동의 이해관계가 있는 경우라고 할 수 없어, 선정당사자의 선정을 허용할 것이 아니다. [2] 임차인들이 甲을 임대차계약상의 임대인이라고 주장하면서 甲에게 그 각 보증금의 전부 내지 일부의 반환을 청구하는 경우, 그 사건의 쟁점은 甲이 임대차계약상의 임대인으로서 계약당사자인지 여부에 있으므로, 그 임차인들은 상호간에 공동소송인이 될 관계가 있을 뿐 아니라 주요한 공격방어 방법을 공통으로 하는 경우에 해당함이 분명하다고 할 것이어서, 민사소송법 제49조 소정의 공동의 이해관계가 있어 선정당사자를 선정할 수 있다(대판 1999.08.24. 99다15474).

III 선정의 성질 및 방법

12년 변시, 15년(1)·16년(2)·19년(3)·21년(1)·21년(3) 모의

139. (1) 심급을 한정하여 선정을 할 수 없는 것은 아니나, 선정당사자의 지위는 제1심에 한하지 않고 소송이 종결될 때까지 유지되는 것이 원칙이다.

(2) 선정당사자를 선정하는 행위는 원칙적으로 당해 심급에 한정하여 효력이 있으므로, 선정당사자가 상소를 제기하기 위해서는 별도의 수권을 받아야 한다.

(3) 당사자 선정은 총원의 합의로써 장래를 향하여 이를 취소·변경할 수 있는 만큼 당초부터 특히 어떠한 심급을 한정하여 당사자인 자격을 보유하게끔 할 목적으로 선정을 하는 것도 역시 허용된다.

▸해설 [1], [3] 선정된 당사자는 당해 소송의 종결에 이르기까지 총원을 위하여 소송을 수행할 수 있고, 당초부터 특히 어떠한 심급을 한정하여 당사자인 자격을 보유하게끔 할 목적으로 선정을 하는 것도 역시 허용된다. 또한 제1심에서 제출된 선정서에 사건명을 기재한 다음에 '제1심 소송절차에

관하여' 또는 '제1심 소송절차를 수행하게 한다'라는 문언이 기재되어 있는 경우라 하더라도, 특단의 사정이 없는 한, 그 기재는 사건명 등과 더불어 선정당사자를 선정하는 사건을 특정하기 위한 것으로 보아야 하고, 따라서 그 선정의 효력은 제1심의 소송에 한정하는 것이 아니라 소송의 종료에 이르기까지 계속하는 것으로 해석함이 상당하다(대결 1995.10.05. 94마2452). [2] 공동의 이해관계가 있는 다수자가 당사자를 선정한 경우에는 선정된 당사자는 당해 소송의 종결에 이르기까지 총원을 위하여 소송을 수행할 수 있고, 상소와 같은 것도 역시 이러한 당사자로부터 제기되어야 하는 것이지만, 당사자 선정은 총원의 합의로써 장래를 향하여 이를 취소, 변경할 수 있는 만큼 당초부터 특히 어떠한 심급을 한정하여 당사자인 자격을 보유하게끔 할 목적으로 선정을 하는 것도 역시 허용된다고 할 것이나, 선정당사자의 선정행위시 심급의 제한에 관한 약정 등이 없는 한 선정의 효력은 소송이 종료에 이르기까지 계속되는 것이다(대판 2003.11.14. 2003다34038).

정답 O, ×, O

13년(2)·16년(2)·21년(3) 모의

140. **(1) 선정당사자 자신도 공동의 이해관계를 가진 사람으로서 선정행위를 하였다면, 선정행위를 하였다는 의미에서 선정자로 표기하는 것이 허용되므로, 그 선정당사자를 선정자목록에 선정자로 표기하는 것은 적법하다.**

(2) 선정당사자가 수행한 소송의 판결문에서 당사자로 선정당사자만 적고 선정자를 적지 아니하며 선정자목록을 판결문 뒤에 별지로 붙인다.

해설 [1] 민사소송법 제53조에서 "공동의 이해관계를 가진 여러 사람이 제52조의 규정에 해당되지 아니하는 경우에는, 이들은 그 가운데에서 모두를 위하여 당사자가 될 한 사람 또는 여러 사람을 선정하거나 이를 바꿀 수 있다(제1항). 소송이 법원에 계속된 뒤 제1항의 규정에 따라 당사자를 바꾼 때에는 그 전의 당사자는 당연히 소송에서 탈퇴한 것으로 본다(제2항)."라고 규정하고 있는데, 선정당사자 자신도 공동의 이해관계를 가진 사람으로서 선정행위를 하였다면, 선정행위를 하였다는 의미에서 선정자로 표기하는 것이 허용되지 않는다고 할 수 없으므로, 선정당사자를 선정자로 표기하는 것이 위법하다고 볼 수 없다(대판 2011.09.08. 2011다17090). [2] 판결문의 당사자표시에 있어서는 선정당사자만을 표시하고, 선정자목록을 판결문 뒤에 별지로 첨부한다(이시윤, 신민사소송법 제11판, p.769).

정답 O, O

Ⅳ 선정의 효과

12년·24년 변시, 13년(2)·21년(1)·23년(2) 모의

141. **선정당사자는 선정자들로부터 소송수행을 위한 포괄적인 수권을 받은 당사자로서 특별한 약정이 없는 한 선정자들 모두를 위한 일체의 소송행위를 할 수 있다.**

해설 선정당사자는 소송대리인이 아니라 당사자에 해당한다. 선정당사자는 선정자들로부터 소송수행을 위한 포괄적인 수권을 받은 것으로서 일체의 소송행위는 물론 소송수행에 필요한 사법상의 행위도 할 수 있는 것이고 개개의 소송행위를 함에 있어서 선정자의 개별적인 동의가 필요한 것은 아니다(대판 2003.05.30. 2001다10748).

24년 변시

142. 선정당사자의 선정행위 시 심급의 제한에 관한 약정 등이 없는 한 선정의 효력은 소송의 종료에 이르기까지 계속된다.

해설 선정당사자의 제도가 당사자 다수의 소송에 있어서 소송절차를 간소화, 단순화 하여 소송의 효율적인 진행을 도모하는 것을 목적으로 하고, 선정된 자가 당사자로서 소송의 종료에 이르기까지 소송을 수행하는 것이 그 본래의 취지임에 비추어 보면 이 사건의 경우처럼 제1심에서 제출된 선정서에 사건명을 기재한 다음에 "제1심 소송절차에 관하여" 또는 "제1심 소송절차를 수행하게 한다"라는 문언이 기재되어 있는 경우라 하더라도, 특단의 사정이 없는 한, 위 기재는 사건명 등과 더불어 선정당사자를 선정하는 사건을 특정하기 위한 것으로 보아야 하고, 따라서 그 선정의 효력은 제1심의 소송에 한정하는 것이 아니라 소송의 종료에 이르기까지 계속하는 것으로 해석함이 상당하다고 할 것이다(대결 1995.10.05. 94마2452).

정답

21년(3) 모의

143. 당사자 선정은 언제든지 장래를 위하여 이를 취소·변경할 수 있으며, 선정을 철회한 경우에 선정자 또는 당사자가 상대방 또는 법원에 대하여 선정 철회 사실을 통지하지 아니하면 철회의 효력을 주장하지 못한다.

해설 당사자 선정은 언제든지 장래를 위하여 이를 취소·변경할 수 있으며, 선정을 철회한 경우에 선정자 또는 당사자가 상대방 또는 법원에 대하여 선정 철회 사실을 통지하지 아니하면 철회의 효력을 주장하지 못하지만(민사소송법 제63조 제2항, 제1항), 선정의 철회는 반드시 명시적이어야만 하는 것은 아니고 묵시적으로도 가능하다고 보아야 한다(대판 2015.10.15. 2015다31513).

정답

19년(1)·23년(3) 모의

144. 선정당사자가 선정자로부터 별도의 수권 없이 변호사 보수에 관한 약정을 하였다면 선정자들이 이를 추인하는 등의 특별한 사정이 없는 한 선정자에 대하여 효력이 없다.

해설 선정당사자는 선정자들로부터 소송수행을 위한 포괄적인 수권을 받은 것으로서 일체의 소송행위는 물론 소송수행에 필요한 사법상(사법상)의 행위도 할 수 있는 것이고 개개의 소송행위를 함에 있어서 선정자의 개별적인 동의가 필요한 것은 아니라 할 것이므로 자신과 선정자들을 위한 공격이나 방어를 위하여 필요한 범위에서 특정한 법률관계에 실체법적 효과를 발생시키는 행위나 변제의 수령 등을 할 수 있다고 할 것이지만, 변호사인 소송대리인과 사이에 체결하는 보수약정은 소송위임에 필수적으로 수반되어야 하는 것은 아니므로 선정당사자가 그 자격에 기한 독자적인 권한으로 행할 수 있는 소송수행에 필요한 사법상의 행위라고 할 수 없다. 따라서 선정당사자가 선정자로부터 별도의 수권 없이 변호사 보수에 관한 약정을 하였다면 선정자들이 이를 추인하는 등의 특별한 사정이 없는 한 선정자에 대하여 효력이 없다고 할 것이며, 뿐더러 그와 같은 보수약정을 하면서 향후 변호사 보수와 관련하여 다투지 않기로 부제소합의를 하거나 약정된 보수액이 과도함을 이유로 선정자들이 제기한 별도의 소송에서 소취하합의를 하더라도 이와 관련하여 선정자들로부터 별도로 위임받은 바가 없다면 선정자에 대하여 역시 그 효력을 주장할 수 없다(대판 2010.05.13. 2009다105246).

정답 ○

15년(1)·19년(3) 모의

145. (1) 수인의 선정당사자 중 1인이 사망한 때에는 소송절차가 중단된다.

(2) 선정당사자가 선정자들의 의사에 반해 선정자들에게 불리한 청구의 포기·인낙이나 상대방이 주장하는 사실에 대해 자백을 하더라도 그 소송행위는 유효하다.

(3) 판결의 효력은 언제나 선정자에게 미친다.

[1] 수인의 선정당사자 중 1인의 사망으로는 수송절차가 중단되지 않는다.

민사소송법 제53조(선정당사자) ① 공동의 이해관계를 가진 여러 사람이 제52조의 규정에 해당되지 아니하는 경우에는, 이들은 그 가운데에서 모두를 위하여 당사자가 될 한 사람 또는 여러 사람을 선정하거나 이를 바꿀 수 있다.
② 소송이 법원에 계속된 뒤 제1항의 규정에 따라 당사자를 바꾼 때에는 그 전의 당사자는 당연히 소송에서 탈퇴한 것으로 본다.
민사소송법 제237조(자격상실로 말미암은 중단) ① 일정한 자격에 의하여 자기 이름으로 남을 위하여 소송당사자가 된 사람이 그 자격을 잃거나 죽은 때에 소송절차는 중단된다. 이 경우 같은 자격을 가진 사람이 소송절차를 수계하여야 한다.
② 제53조의 규정에 따라 당사자가 될 사람을 선정한 소송에서 선정된 당사자 모두가 자격을 잃거나 죽은 때에 소송절차는 중단된다. 이 경우 당사자를 선정한 사람 모두 또는 새로 당사자로 선정된 사람이 소송절차를 수계하여야 한다.

[2] 선정당사자는 선정자들로부터 소송수행을 위한 포괄적인 수권을 받은 것으로서 일체의 소송행위는 물론 소송수행에 필요한 사법상의 행위도 할 수 있는 것이고 개개의 소송행위를 함에 있어서 선정자의 개별적인 동의가 필요한 것은 아니다(대판 2003.05.30. 2001다10748). ▶ 예컨대 소취하, 청구포기인낙, 화해, 상소의 제기를 할 수 있으며, 소송수행에 필요한 모든 사법상의 행위를 할 수 있다(이시윤, 신민사소송법 제7판, p.724).

[3] ㉠ 선정당사자와 선정자의 관계는 대리관계가 아니라, 선정자의 소송수행권을 선정당사자에게 신탁시킨 신탁관계이다. 따라서 선정당사자제도는 앞서 본 바와 같이 임의적 소송담당의 일종이다. 그러므로 ㉡ 선정당사자가 받은 판결의 효력은 선정자에 대해서도 그 효력이 미친다(민사소송법 제218조 제3항). 선정당사자가 이행판결을 받았으면 이를 집행권원으로 하여 선정자를 위해 또는 선정자에 대해 강제집행을 할 수 있다.

민사소송법 제218조(기판력의 주관적 범위) ③ 다른 사람을 위하여 원고나 피고가 된 사람에 대한 확정판결은 그 다른 사람에 대하여도 효력이 미친다.

정답 ×, ○, ○

Ⅴ 선정당사자의 자격흠결의 효과

12년·24년 변시, 16년(2)·21년(3)·23년(1)(3) 모의

146. 다수자 사이에 공동소송인이 될 관계에 있기는 하지만 주요한 공격방어방법을 공통으로 하는 것이 아니어서 공동의 이해관계가 없는 자가 선정당사자로 선정되었음에도 법원이 그러한 선정당사자 자격의 흠을 간과하여 그를 당사자로 한 판결이 확정된 경우, 이는 「민사소송법」상 재심사유에 해당한다.

> **해설** 다수자 사이에 공동소송인이 될 관계에 있기는 하지만 주요한 공격방어방법을 공통으로 하는 것이 아니어서 공동의 이해관계가 없는 자가 선정당사자로 선정되었음에도 법원이 그러한 선정당사자 자격의 흠을 간과하여 그를 당사자로 한 판결이 확정된 경우, 선정자가 스스로 당해 소송의 공동소송인 중 1인인 선정당사자에게 소송수행권을 수여하는 선정행위를 하였다면 그 선정자로서는 실질적인 소송행위를 할 기회 또는 적법하게 당해 소송에 관여할 기회를 박탈당한 것이 아니므로, 비록 그 선정당사자와의 사이에 공동의 이해관계가 없었다고 하더라도 그러한 사정은 민사소송법 제451조 제1항 제3호가 정하는 재심사유에 해당하지 않는 것으로 봄이 상당하고, 이러한 법리는 그 선정당사자에 대한 판결이 확정된 경우뿐만 아니라 그 선정당사자가 청구를 인낙하여 인낙조서가 확정된 경우에도 마찬가지라 할 것이다(대판 2007.07.12. 2005다10470).

정답

24년 변시, 16년(2)·21년(1)·22년(1) 모의

147. 선정당사자 본인에 대한 부분의 소가 취하되거나 판결이 확정되는 등으로 공동의 이해관계가 소멸하는 경우에 선정당사자는 그 자격을 당연히 상실한다.

> **해설** 민사소송법 제53조 소정의 선정당사자는 공동의 이해관계를 가진 여러 사람 중에서 선정되어야 하는 것이므로, 선정당사자 본인에 대한 부분의 소가 취하되거나 판결이 확정되는 등으로 공동의 이해관계가 소멸하는 경우에는 선정당사자는 선정당사자의 자격을 당연히 상실한다고 보아야 한다(대판 2006.09.28. 2006다28775).

정답 ○

15년(1) 모의

148. 선정당사자가 사망하면 그 상속인이 소송을 수계할 때까지 소송이 중단된다.

> **해설** 민사소송법 제54조, 동법 제237조 제2항 참조.
>
> 민사소송법 제54조(선정당사자 일부의 자격상실) 제53조의 규정에 따라 선정된 여러 당사자 가운데 죽거나 그 자격을 잃은 사람이 있는 경우에는 다른 당사자가 모두를 위하여 소송행위를 한다.
> 민사소송법 제237조(자격상실로 말미암은 중단) ② 제53조의 규정에 따라 당사자가 될 사람을 선정한 소송에서 선정된 당사자 모두가 자격을 잃거나 죽은 때에 소송절차는 중단된다. 이 경우 당사자를 선정한 사람 모두 또는 새로 당사자로 선정된 사람이 소송절차를 수계하여야 한다.

정답 ×

> 12년 변시, 21년(1) 모의

149. (1) 선정당사자가 변경된 경우 대리권 소멸의 경우처럼 상대방에게 통지하여야 하며, 그렇지 않으면 상대방에게 소멸의 효력을 주장하지 못한다.

(2) 선정당사자가 변경된 때 그 변경사실을 상대방에게 통지하지 않았더라도 그 사실이 법원에 알려진 경우, 종전의 선정당사자는 상대방의 동의를 얻었더라도 소를 취하하지 못한다.

해설 민사소송법 제53조, 동법 제63조, 동법 제56조 참조.

민사소송법 제63조(법정대리권의 소멸통지) ① 소송절차가 진행되는 중에 법정대리권이 소멸한 경우에는 본인 또는 대리인이 상대방에게 소멸된 사실을 통지하지 아니하면 소멸의 효력을 주장하지 못한다. 다만, 법원에 법정대리권의 소멸사실이 알려진 뒤에는 그 법정대리인은 제56조 제2항의 소송행위를 하지 못한다.
② 제53조의 규정에 따라 당사자를 바꾸는 경우에는 제1항의 규정을 준용한다.
민사소송법 제53조(선정당사자) ① 공동의 이해관계를 가진 여러 사람이 제52조의 규정에 해당되지 아니하는 경우에는, 이들은 그 가운데에서 모두를 위하여 당사자가 될 한 사람 또는 여러 사람을 선정하거나 이를 바꿀 수 있다.
② 소송이 법원에 계속된 뒤 제1항의 규정에 따라 당사자를 바꾼 때에는 그 전의 당사자는 당연히 소송에서 탈퇴한 것으로 본다.
민사소송법 제56조(법정대리인의 소송행위에 대한 특별규정) ① 법정대리인이 상대방의 소제기 또는 상소에 관하여 소송행위를 하는 경우에는 친족회로부터 특별한 권한을 받을 필요가 없다.
② 법정대리인이 소의 취하, 화해, 청구의 포기·인낙 또는 제80조의 규정에 따른 탈퇴를 하기 위하여서는 특별한 권한을 받아야 한다.

정답

제3절 소송참가

제❶항 총 설

제❷항 (단순)보조참가

Ⅰ 서 설

Ⅱ 보조참가 요건

> 19년 변시, 17년(2) 모의

150. (1) 서울특별시장과 같은 행정청은 「민사소송법」상의 보조참가를 할 수 없다.

(2) 상고심에서도 보조참가를 할 수 있다.

[해설] [1] 타인 사이의 항고소송에서 소송의 결과에 관하여 이해관계가 있다고 주장하면서 민사소송법 제71조에 의한 보조참가를 할 수 있는 제3자는 민사소송법상의 당사자능력 및 소송능력을 갖춘 자이어야 하므로 그러한 당사자능력 및 소송능력이 없는 행정청으로서는 민사소송법상의 보조참가를 할 수는 없고 다만 행정소송법 제17조 제1항에 의한 소송참가를 할 수 있을 뿐이다(대판 2002.09.24. 99두1519). ▶ 행정청에 불과한 서울특별시장은 당사자능력 및 소송능력이 없으므로 보조참가신청을 부적법하다고 한 사례.
[2] 보조참가는 소송계속 중인 경우에 허용된다(민사소송법 제71조). 상고심에서도 허용된다.

정답 O, O

19년 변시, 16년(1) 모의

151. (1) 당사자가 보조참가에 대하여 이의를 신청한 때에는, 법원이 참가 허가 여부를 결정하여야 하고, 이를 결정으로만 하여야 하며 종국판결로 하면 위법하다.
(2) 보조참가자는 당사자의 이의신청이나 법원의 소명요구가 없는 한 참가이유를 소명할 필요가 없다.
(3) 보조참가신청시 법원은 그 신청에 대한 이의신청이 있을 때는 허부결정을 한다.

[해설] 당사자가 참가에 대하여 이의를 신청한 때에는 참가인은 참가의 이유를 소명하여야 하며, 법원은 참가를 허가할 것인지 아닌지를 결정하여야 한다(민사소송법 제73조 제1항). 법원은 직권으로 참가인에게 참가의 이유를 소명하도록 명할 수 있으며, 참가의 이유가 있다고 인정되지 아니하는 때에는 참가를 허가하지 아니하는 결정을 하여야 한다(동조 제2항). 다만 이를 결정이 아닌 종국판결로써 심판하였더라도 위법한 것은 아니며, 이는 재판의 효력이 미치는 제3자가 공동소송적 보조참가를 한 경우에 그 참가에 대하여 당사자가 이의를 신청한 때도 같다(대판 2015.10.29. 2014다13044).

정답 X, O, O

16년(1) 모의

152. 보조참가신청에 대한 이의신청이 있더라도 본 소송절차는 정지되지 않으며, 불허결정이 있어도 그 확정시까지는 참가인으로서의 소송행위를 제한 없이 할 수 있고, 불허결정이 확정되어 참가인의 소송행위가 효력을 잃게 되는 경우라도 피참가인이 원용하면 그 효력이 유지된다.

[해설] 민사소송법 제75조 참조.

민사소송법 제75조(참가인의 소송관여) ① 참가인은 그의 참가에 대한 이의신청이 있는 경우라도 참가를 허가하지 아니하는 결정이 확정될 때까지 소송행위를 할 수 있다.
② 당사자가 참가인의 소송행위를 원용(援用)한 경우에는 참가를 허가하지 아니하는 결정이 확정되어도 그 소송행위는 효력을 가진다.

정답 O

> 19년 변시, 13년(3) 모의

153. (1) 특정 소송사건에서 당사자의 일방을 보조하기 위하여 보조참가를 하려면 당해 소송의 결과에 대하여 이해관계가 있어야 하고, 여기에서 말하는 이해관계라 함은 사실상, 경제상 이해관계가 아니라 법률상 이해관계를 의미한다.

(2) A주식회사가 채무자 乙을 상대로 대여금청구의 소를 제기한 경우 A주식회사의 주주 甲은 A주식회사를 위하여 보조참가를 할 수 없다.

▪해설 특정 소송사건에서 당사자의 일방을 보조하기 위하여 보조참가를 하려면 당해 소송의 결과에 대하여 이해관계가 있어야 하고, 여기에서 말하는 이해관계라 함은 사실상, 경제상 또는 감정상의 이해관계가 아니라 법률상의 이해관계를 가리킨다(대판 1999.07.09. 99다12796).

정답  O, O

Ⅲ 참가절차

> 24년 변시

154. 「민사소송법」상 보조참가신청에 대하여 수소법원은 당사자의 이의신청 유무를 불문하고 참가를 허가할 것인지 아닌지를 결정하여야 한다.

▪해설 제1심에 관여하지 아니한 보조참가인이 참가신청과 동시에 항소를 제기한 경우, 피참가인 또는 그 상대방으로부터 보조참가인의 참가신청에 대한 이의가 없는 이상 항소심법원으로서는 항소의 적법요건인 항소권의 존부를 가려보기 위하여 보조참가인의 참가요건의 구비 여부를 직권으로 조사할 필요는 없다(대판 1994.04.15. 93다39850).

정답 ×

Ⅳ 보조참가인의 소송상 지위

> 23년 변시, 21년(2) 모의

155. 피참가인은 보조참가인이 제기한 항소를 포기 또는 취하할 수 있다.

▪해설 민사소송법 제76조 제2항은 참가인의 소송행위가 피참가인의 소송행위에 어긋나는 경우에는 참가인의 소송행위는 효력을 가지지 아니한다고 규정하고 있는데, 그 규정의 취지는 피참가인들의 소송행위와 보조참가인들의 소송행위가 서로 어긋나는 경우에는 피참가인의 의사가 우선하는 것을 뜻하므로 피참가인은 참가인의 행위에 어긋나는 행위를 할 수 있고, 따라서 보조참가인들이 제기한 항소를 포기 또는 취하할 수도 있다(대판 2010.10.14. 2010다38168).

정답 O

23년 변시, 21년(2) 모의

156. 소송 계속 중 보조참가인이 사망하면 참가인의 승계인이 수계할 때까지 본소의 소송절차는 중단된다.

해설 보조참가인은 피참가인인 당사자의 승소를 위한 보조자일 뿐 자신이 당사자가 되는 것이 아니므로 소송 계속중 보조참가인이 사망하더라도 본소의 소송절차는 중단되지 아니한다(대판 1995.08.25. 94다27373).

정답 ×

 19년 변시, 17년(2)·21년(2)·22년(3) 모의

157. (1) 보조참가인에게 기일통지서 또는 출석요구서를 송달하지 아니하여 보조참가인이 불출석한 상태로 행하여진 기일의 진행은 적법한 것으로 볼 수 없다.

(2) 피참가인과는 별도로 보조참가인에 대하여도 기일의 통지를 하여야 하나, 기일통지서를 송달받지 못한 보조참가인이 변론기일에 직접 출석하여 변론할 기회를 가졌고 위 변론기일 당시 기일통지서를 송달받지 못한 점에 관하여 이의를 하지 아니하였다면, 기일통지를 하지 않은 절차상 흠이 치유된다.

해설 보조참가인의 소송수행권능은 피참가인으로부터 유래된 것이 아니라 독립의 권능이라고 할 것이므로 피참가인과는 별도로 보조참가인에 대하여도 기일의 통지, 소송서류의 송달 등을 행하여야 하고, 보조참가인에게 기일통지서 또는 출석요구서를 송달하지 아니함으로써 변론의 기회를 부여하지 아니한 채 행하여진 기일의 진행은 적법한 것으로 볼 수 없다. 기일통지서를 송달받지 못한 보조참가인이 변론기일에 직접 출석하여 변론할 기회를 가졌고, 위 변론 당시 기일통지서를 송달받지 못한 점에 관하여 이의를 하지 아니하였다면, 기일통지를 하지 않은 절차진행상의 흠이 치유된다(대판 2007.02.22. 2006다75641).

정답 ○, ○

17년(2)·21년(2) 모의

158. 보조참가인의 증거신청행위가 피참가인의 소송행위와 저촉되지 아니하고 그 증거들이 적법한 증거조사절차를 거쳐 법원에 현출되었다면, 법원은 보조참가인이 신청한 증거에 터잡아 피참가인에게 불이익한 사실을 인정할 수 있다.

해설 보조참가인의 증거신청행위가 피참가인의 소송행위와 저촉되지 아니하고(즉, 피참가인이 증거신청행위와 저촉되는 소송행위를 한 바 없고), 그 증거들이 적법한 증거조사절차를 거쳐 법원에 현출되었다면 법원이 이들 증거에 터잡아 피참가인에게 불이익한 사실을 인정하였다 하여 그것이 민사소송법 제70조 제2항(현 민사소송법 제76조 제2항)에 위배된다고 할 수 없다(대판 1994.04.29. 94다3629).

민사소송법 제76조(참가인의 소송행위) ② 참가인의 소송행위가 피참가인의 소송행위에 어긋나는 경우에는 그 참가인의 소송행위는 효력을 가지지 아니한다.

정답 ○

17년(2) 모의

159. 보조참가인도 피참가인의 소송행위와 저촉되지 않고 불리하지 않다면 소의 변경을 할 수 있다.

해설 보조참가인은 피참가인이 당사자로 되어 있는 기존의 소송을 전제로 피참가인을 승소시키기 위하여 참가하는 것이기 때문에 소의 변경과 같이 기존의 소송형태를 변형시키는 행위는 할 수 없다 (대판 1992.10.09. 92므266).

정답 ×

14년·19년 변시

160. (1) 불법행위로 인한 손해배상채권을 가지는 甲이 공동불법행위자 乙 및 丙을 상대로 제기한 손해배상청구소송의 2심에서, 甲의 乙에 대한 손해배상청구는 인용된 반면 甲의 丙에 대한 손해배상청구는 전부 기각되는 판결이 선고된 경우, 위 2심 판결 중 甲의 丙에 대한 청구 전부 기각 부분에 대하여 甲이 상고기간 내에 상고하지 않더라도 甲의 상고기간 내라면 乙이 甲을 위하여 보조참가를 함과 동시에 상고를 제기할 수 있다.

(2) 甲이 乙을 상대로 제기한 소송에서 乙을 위하여 보조참가한 丙은 乙의 상소기간이 도과하지 않은 한 상소를 제기할 수 있다.

해설 불법행위로 인한 손해배상책임을 지는 자는 피해자가 다른 공동불법행위자들을 상대로 제기한 손해배상 청구소송의 결과에 대하여 법률상의 이해관계를 갖는다고 할 것이므로, 위 소송에 원고를 위하여 보조참가를 할 수가 있고, 피해자인 원고가 패소판결에 대하여 상소를 하지 않더라도 원고의 상소기간 내라면 보조참가와 동시에 상소를 제기할 수도 있다(대판 1999.07.09. 99다127).

정답 ○, ○

Ⅴ 참가인에 대한 재판의 효력(참가적 효력)

22년 변시, 17(2)·19년(2)·21년(2)·22년(1) 모의

161. (1) 전소 확정판결의 참가적 효력은 전소 확정판결의 결론의 기초가 된 사실상 및 법률상의 판단으로서 보조참가인이 피참가인과 공동이익으로 주장하거나 다툴 수 있었던 사항에 한하여 미친다.

(2) 전소가 화해권고결정에 의하여 종료된 경우에 참가적 효력이 인정된다.

(3) 전소가 확정판결이 아닌 화해권고결정에 의하여 종료된 경우에는 확정판결에서와 같은 법원의 사실상 및 법률상의 판단이 이루어졌다고 할 수 없으므로 참가적 효력이 인정되지 아니한다.

해설 [1] 보조참가인이 피참가인을 보조하여 공동으로 소송을 수행하였으나 피참가인이 소송에서 패소한 경우에는 형평의 원칙상 보조참가인이 피참가인에게 패소판결이 부당하다고 주장할 수 없도

록 구속력을 미치게 하는 이른바 참가적 효력이 인정되지만, 전소 확정판결의 참가적 효력은 전소 확정판결의 결론의 기초가 된 사실상 및 법률상의 판단으로서 보조참가인이 피참가인과 공동이익으로 주장하거나 다툴 수 있었던 사항에 한하여 미치고, 전소 확정판결에 필수적인 요소가 아니어서 결론에 영향을 미칠 수 없는 부가적 또는 보충적인 판단이나 방론 등에까지 미치는 것은 아니다(대판 1997.09.05. 95다42133). [2] 보조참가인이 피참가인을 보조하여 공동으로 소송을 수행하였으나 피참가인이 소송에서 패소한 경우에는 형평의 원칙상 보조참가인이 피참가인에게 패소판결이 부당하다고 주장할 수 없도록 구속력을 미치게 하는 이른바 참가적 효력이 인정되지만, 전소 확정판결의 참가적 효력은 전소 확정판결의 결론의 기초가 된 사실상 및 법률상의 판단으로서 보조참가인이 피참가인과 공동이익으로 주장하거나 다툴 수 있었던 사항에 한하여 미친다. 이러한 법리에 비추어 보면 전소가 확정판결이 아닌 화해권고결정에 의하여 종료된 경우에는 확정판결에서와 같은 법원의 사실상 및 법률상의 판단이 이루어졌다고 할 수 없으므로 참가적 효력이 인정되지 아니한다(대판 2015.05.28. 2012다78184).

정답 ○, ×, ○

 14년·22년 변시, 16년(1) 모의

162. 채권자 甲이 연대보증인 丙을 상대로 연대보증채무의 이행을 구하는 소송에서 주채무자 乙이 丙을 위하여 보조참가하여 주채무의 부존재를 주장하였으나 丙이 패소하였다. 그 후 甲이 乙을 상대로 주채무의 이행을 청구한 경우 乙은 전소의 판결이 부당하다고 주장하며 주채무의 존재를 다툴 수 있다.

해설 丙과 乙 사이에는 참가적 효력, 그리고 甲과 丙 사이에는 판결확정시 기판력이 발생한다. 그러나 甲과 乙 사이에는 참가적 효력 내지 기판력이 발생하지 않는다.

판례 보조참가인이 피참가인을 보조하여 공동으로 소송을 수행하였으나 피참가인이 그 소송에서 패소한 경우에는 형평의 원칙상 보조참가인이 피참가인에게 그 패소판결이 부당하다고 주장할 수 없도록 구속력을 미치게 하는 이른바 참가적 효력이 있음에 불과하므로 피참가인과 그 소송상대방의 판결의 기판력이 참가인과 피참가인의 상대방과의 사이에까지는 미치지 아니한다(대판 1988.12.13. 86다카2289).

정답

❖ 선택형 사례문제

문 1
⏱ 20년 변시, 22년(3) 모의

乙은 甲에 대한 대여금채무자이고, 丙은 乙의 甲에 대한 위 대여금채무의 보증인이다. 甲은 丙을 상대로 보증채무의 이행을 구하는 소를 제기하였고, 위 소송계속 중 乙이 丙 측에 보조참가하여 자신의 甲에 대한 채무가 존재하지 아니한다고 주장하였다. 이에 관한 설명 중 옳지 않은 것은? (다툼이 있는 경우 판례에 의함)

① 위 소송에서 법원은 丙과는 별도로 乙에게도 소송서류를 송달하여야 한다.
② 위 소송에서 丙이 甲의 주장 사실을 명백히 다투지 아니함으로써 「민사소송법」 제150조 제1항에 의하여 그 사실을 자백한 것으로 보게 되는 경우에도 乙은 그 사실에 대하여 다툴 수 있다.
③ 위 소송에서 패소한 丙을 위하여 乙이 항소한 경우에도 丙은 乙의 위 항소를 취하할 수 있다.
④ 위 소송 결과 법원의 판결이 확정되어 참가적 효력이 인정되는 경우에도 참가적 효력은 乙과 丙 사이에서만 발생한다.
⑤ 위 소송이 화해권고결정으로 종료된 경우에도 확정판결에서와 같은 참가적 효력이 발생한다.

❖ 해설 보조참가

① (O) 보조참가인의 소송수행권능은 피참가인으로부터 유래된 것이 아니라 독립의 권능이라고 할 것이므로 피참가인과는 별도로 보조참가인에 대하여도 기일의 통지, 소송서류의 송달 등을 행하여야 하고, 보조참가인에게 기일통지서 또는 출석요구서를 송달하지 아니함으로써 변론의 기회를 부여하지 아니한 채 행하여진 기일의 진행은 적법한 것으로 볼 수 없다(대판 2007.02.22. 2006다75641).

② (O) 민사소송법 제76조 제2항이 규정하는 참가인의 소송행위가 피참가인의 소송행위에 어긋나는 경우라 함은 참가인의 소송행위가 피참가인의 행위와 명백히 적극적으로 배치되는 경우를 말하고 소극적으로만 피참가인의 행위와 불일치하는 때에는 이에 해당하지 않는 것인바, 피참가인인 피고가 원고가 주장하는 사실을 명백히 다투지 아니하여 민사소송법 제150조에 의하여 그 사실을 자백한 것으로 보게 될 경우라도 참가인이 보조참가를 신청하면서 그 사실에 대하여 다투는 것은 피참가인의 행위와 명백히 적극적으로 배치되는 경우라 할 수 없어 그 소송행위의 효력이 없다고 할 수 없다(대판 2007.11.29. 2007다53310).

③ (O) 민사소송법 제76조 제2항은 참가인의 소송행위가 피참가인의 소송행위에 어긋나는 경우에는 참가인의 소송행위는 효력을 가지지 아니한다고 규정하고 있는데, 그 규정의 취지는 피참가인들의 소송행위와 보조참가인들의 소송행위가 서로 어긋나는 경우에는 피참가인의 의사가 우선하는 것을 뜻하므로 피참가인은 참가인의 행위에 어긋나는 행위를 할 수 있고, 따라서 보조참가인들이 제기한 항소를 포기 또는 취하할 수도 있다(대판 2010.10.14. 2010다38168).

④ (O) 보조참가인이 피참가인을 보조하여 공동으로 소송을 수행하였으나 피참가인이 그 소송에서 패소한 경우에는 형평의 원칙상 보조참가인이 피참가인에게 그 패소판결이 부당하다고 주장할 수 없도록 구속력을 미치게 하는 이른바 참가적 효력이 있음에 불과하므로 피참가인과 그 소송상대방 간의 판결의 기판력이 참가인과 피참가인의 상대방과의 사이에까지는 미치지 아니한다(대판 1988.12.13. 86다카2289).

⑤ (X) 보조참가인이 피참가인을 보조하여 공동으로 소송을 수행하였으나 피참가인이 소송에서 패소한 경우에는 형평의 원칙상 보조참가인이 피참가인에게 패소판결이 부당하다고 주장할 수 없도록 구속력을 미치게 하는 이른바 참가적 효력이 인정되지만, 전소 확정판결의 참가적 효력은 전소 확정판결의 결론의 기초가 된 사실상 및 법률상의 판단으로서 보조참가인이 피참가인과 공동이익으로 주장하거나 다툴 수 있었던 사항에 한하여 미친다. 이러한 법리에 비추어 보면 전소가 확정판결이 아닌 화해권고결정에 의하여 종료된 경우에는 확정판결에서와 같은 법원의 사실상 및 법률상의 판단이 이루어졌다고 할 수 없으므로 참가적 효력이 인정되지 아니한다(대판 2015.05.28. 2012다78184).

정답 ⑤

제❸항 | 공동소송적 보조참가

I 의 의

20년(1) 모의

163. 공동소송적 보조참가인에게 소송절차를 중단 또는 중지하여야 할 사유가 있다고 하더라도 소송절차는 중단 또는 중지되지 않는다.

해설 민사소송법 제78조, 제67조 제3항 참조.

> 민사소송법 제78조(공동소송적 보조참가) 재판의 효력이 참가인에게도 미치는 경우에는 그 참가인과 피참가인에 대하여 제67조 및 제69조를 준용한다.
> 민사소송법 제67조(필수적 공동소송에 대한 특별규정) ① 소송목적이 공동소송인 모두에게 합일적으로 확정되어야 할 공동소송의 경우에 공동소송인 가운데 한 사람의 소송행위는 모두의 이익을 위하여서만 효력을 가진다.
> ② 제1항의 공동소송에서 공동소송인 가운데 한 사람에 대한 상대방의 소송행위는 공동소송인 모두에게 효력이 미친다.
> ③ 제1항의 공동소송에서 공동소송인 가운데 한 사람에게 소송절차를 중단 또는 중지하여야 할 이유가 있는 경우 그 중단 또는 중지는 모두에게 효력이 미친다.

정답 ×

20년(1) 모의

164. 공동소송적 보조참가는 성질상 고유필수적 공동소송에 준한다.

해설 공동소송적 보조참가는 그 성질상 필수적 공동소송 중에서는 이른바 유사필수적 공동소송에 준한다 할 것인데 유사필수적 공동소송의 경우에는 원고들 중 일부가 소를 취하하는 데 다른 공동소송인의 동의를 받을 필요가 없다. 또한 소취하는 판결이 확정될 때까지 할 수 있고 취하된 부분에 대해서는 소가 처음부터 계속되지 아니한 것으로 간주되며(민사소송법 제267조) 본안에 관한 종국판결이 선고된 경우에도 그 판결 역시 처음부터 존재하지 아니한 것으로 간주되므로, 이는 재판의 효력과는 직접적인 관련이 없는 소송행위로서 공동소송적 보조참가인에게 불이익이 된다고 할 것도 아니다. 따라서 피참가인이 공동소송적 보조참가인의 동의 없이 소를 취하하였다 하더라도 이는 유효하다(대판 2013.03.28. 2012아43).

정답 ×

16년(3) 모의

165. 통상의 보조참가인지 공동소송적 보조참가인지의 여부 또는 공동소송적 보조참가인지 공동소송참가인지의 여부는 당사자의 신청에 의하여 결정된다.

해설 공동소송적 보조참가로서 취급할 것인가의 여부는 당사자의 신청에 구애될 것이 아니고 법원이 법령의 해석에 의하여 결정할 성질의 것이다(대판 1962.05.17. 4294행상172).

정답 ×

Ⅱ 공동소송적 보조참가가 성립되는 경우

24년 변시, 21년(2) 모의

166. 제3자가 피고로부터 토지를 매수한 후 등기를 마치지 않고 있는 동안 피고 소유 명의의 부동산을 가압류한 원고가 피고를 상대로 대여금청구의 소를 제기한 경우, 위 제3자가 원고의 소구채권이 허위채권임에도 피고가 원고의 주장사실을 자백하여 원고를 승소시키려 한다는 것을 이유로 위 대여금청구소송에서 피고 측에 공동소송적 보조참가를 하는 것은 허용되지 않는다.

해설 피고로부터 부동산을 매수한 참가인이 소유권이전등기를 미루고 있는 사이에 원고가 피고에 대한 채권이 있다 하여 당시 피고의 소유명의로 남아 있던 위 부동산에 대하여 가압류를 하고 본안소송을 제기하자 참가인이 피고보조참가를 한 사안에서, 원고가 승소하면 위 가압류에 기하여 위 부동산에 대한 강제집행에 나설 것이고 그렇게 되면 참가인은 그 후 소유권이전등기를 마친 위 부동산의 소유권을 상실하게 되는 손해를 입게 되며, 원고가 피고에게 구하는 채권이 허위채권으로 보여지는데도 피고가 원고의 주장사실을 자백하여 원고를 승소시키려 한다는 사유만으로는 참가인의 참가가 이른바 공동소송적 보조참가에 해당하여 참가인이 피참가인인 피고와 저촉되는 소송행위를 할 수 있는 지위에 있다고 할 수 없다(대판 2001.01.19. 2000다59333).

정답

21년(2)·23년(2) 모의

167. 학교법인의 이사회결의무효확인의 소에는 제3자가 공동소송참가를 할 수 없다.

해설 공동소송참가는 타인간의 소송의 목적이 당사자 일방과 제3자에 대하여 합일적으로 확정될 경우 즉, 타인간의 소송의 판결의 효력이 제3자에게도 미치게 되는 경우에 한하여 그 제3자에게 허용되는바, 학교법인의 이사회의 결의에 하자가 있는 경우에 관하여 법률에 별도의 규정이 없으므로 그 결의에 무효사유가 있는 경우에는 이해관계인은 언제든지 또 어떤 방법에 의하든지 그 무효를 주장할 수 있고, 이와 같은 무효주장의 방법으로서 이사회결의무효확인소송이 제기되어 승소확정판결이 난 경우, 그 판결의 효력은 위 소송의 당사자 사이에서만 발생하는 것이지 대세적 효력이 있다고 볼 수는 없으므로, 이사회결의무효확인의 소는 그 소송의 목적이 당사자 일방과 제3자에 대하여 합일적으로 확정될 경우가 아니어서 제3자는 공동소송참가를 할 수 없다(대판 2001.07.13. 2001다13013).

정답 ○

13년(3) 모의

168. 甲, 乙, 丙은 A 주식회사의 주주이고, A 주식회사는 2013. 4. 10. 임시주주총회를 개최하여 '우선주의 배당률을 10%에서 5%로 인하한다'는 것과 '이사 丙을 이사직에서 해임한다'는 것을 각 의결하였다. 주주 甲이 2013. 4. 15. 주주총회 소집절차 통지의 하자를 이유로 주주총회결의취소의 소를 제기하였는데 乙이 소송계속 중인 2013. 6. 14. 위 소송에 참가하려면 공동소송참가의 형태로 하여야 한다.

해설 乙이 공동소송참가를 하기 위해서는 타인간의 소송이 계속 중일 것, 소송목적이 일방 당사자와 제3자에게 합일적으로 확정되어야 할 경우일 것(즉 판결의 효력이 미칠 것), 소송요건(당사자적격 갖출 것, 중복제소 아닐 것, 제소기간 준수 등)을 갖출 것이 요구된다. 2013. 6. 14.은 주주총회결의가 있은 날인 2013. 4. 10. 이후로 2개월이 경과되었으므로 제소기간이 도과되어 소송요건을 갖추지 못하여서 乙은 공동소송참가를 할 수 없고 보조참가밖에 할 수 없는데 이 때의 보조참가는 판결의 효력을 받지만 소제기의 실질을 갖지 아니하므로 소송요건이 불비된 자의 참가형태인 공동소송적 보조참가(민사소송법 제78조)에 해당한다.

상법 제376조(결의취소의 소) ① 총회의 소집절차 또는 결의방법이 법령 또는 정관에 위반하거나 현저하게 불공정한 때 또는 그 결의의 내용이 정관에 위반한 때에는 주주·이사 또는 감사는 결의의 날로부터 2월내에 결의취소의 소를 제기할 수 있다.
민사소송법 제78조(공동소송적 보조참가) 재판의 효력이 참가인에게도 미치는 경우에는 그 참가인과 피참가인에 대하여 제67조 및 제69조(필수적 공동소송 – 편집자 주)를 준용한다.
민사소송법 제83조(공동소송참가) ① 소송목적이 한 쪽 당사자와 제3자에게 합일적으로 확정되어야 할 경우 그 제3자는 공동소송인으로 소송에 참가할 수 있다.

정답

III 참가인의 소송상 지위

22년·23년·24년 변시, 19년(2)·20년(1) 모의

169. (1) 피참가인이 공동소송적 보조참가인의 동의 없이 소를 취하하였다 하더라도 이는 유효하다.

(2) 재심의 소에 공동소송적 보조참가인이 참가한 후에는 피참가인이 재심의 소를 취하하더라도 공동소송적 보조참가인의 동의가 없는 한 효력이 없다.

(3) 공동소송적 보조참가인은 소송의 진행 정도에 따라 피참가인이 할 수 없는 행위를 할 수 없다.

(4) 재심의 소를 취하하는 것은 재판의 효력과 직접적인 관련이 있는 소송행위로서 확정판결의 효력이 미치는 공동소송적 보조참가인에 대하여는 불리한 행위이다.

해설 [1] 공동소송적 보조참가는 그 성질상 필수적 공동소송 중에서는 이른바 유사필수적 공동소송에 준한다 할 것인데, 유사필수적 공동소송에서는 원고들 중 일부가 소를 취하하는 경우에 다른 공동소송인의 동의를 받을 필요가 없다. 또한 소취하는 판결이 확정될 때까지 할 수 있고 취하된 부분

에 대해서는 소가 처음부터 계속되지 아니한 것으로 간주되며(민사소송법 제267조), 본안에 관한 종국판결이 선고된 경우에도 그 판결 역시 처음부터 존재하지 아니한 것으로 간주되므로, 이는 재판의 효력과는 직접적인 관련이 없는 소송행위로서 공동소송적 보조참가인에게 불이익이 된다고 할 것도 아니다. 따라서 피참가인이 공동소송적 보조참가인의 동의 없이 소를 취하하였다 하더라도 이는 유효하다. 그리고 이러한 법리는 행정소송법 제16조에 의한 제3자 참가가 아니라 민사소송법의 준용에 의하여 보조참가를 한 경우에도 마찬가지로 적용된다(대판 2013.03.28. 2011두13729). [2] 재심의 소를 취하하는 것은 통상의 소를 취하하는 것과는 달리 확정된 종국판결에 대한 불복의 기회를 상실하게 하여 더 이상 확정판결의 효력을 배제할 수 없게 하는 행위이므로, 이는 재판의 효력과 직접적인 관련이 있는 소송행위로서 확정판결의 효력이 미치는 공동소송적 보조참가인에 대하여는 불리한 행위이다. 따라서 재심의 소에 공동소송적 보조참가인이 참가한 후에는 피참가인이 재심의 소를 취하하더라도 공동소송적 보조참가인의 동의가 없는 한 효력이 없다. [3] 통상의 보조참가인은 참가 당시의 소송상태를 전제로 하여 피참가인을 보조하기 위하여 참가하는 것이므로 참가할 때의 소송의 진행 정도에 따라 피참가인이 할 수 없는 행위를 할 수 없다(민사소송법 제76조 제1항 단서 참조). 공동소송적 보조참가인 또한 판결의 효력을 받는 점에서 민사소송법 제78조, 제67조에 따라 필수적 공동소송인에 준하는 지위를 부여받기는 하였지만 원래 당사자가 아니라 보조참가인의 성질을 가지므로 위와 같은 점에서는 통상의 보조참가인과 마찬가지이다(대판 2015.10.29. 2014다13044). [4] 재심의 소를 취하하는 것은 통상의 소를 취하하는 것과는 달리 확정된 종국판결에 대한 불복의 기회를 상실하게 하여 더 이상 확정판결의 효력을 배제할 수 없게 하는 행위이므로, 이는 재판의 효력과 직접적인 관련이 있는 소송행위로서 확정판결의 효력이 미치는 공동소송적 보조참가인에 대하여는 불리한 행위이다(대판 2015.10.29. 2014다13044).

정답 O, O, O, O

24년 변시, 20년(1) 모의

170. (1) 당사자가 통상의 보조참가신청에 대하여 이의를 신청하지 아니한 채 변론하거나 변론준비기일에서 진술을 한 경우에는 이의를 신청할 권리를 잃는다.
(2) 공동소송적 보조참가인이 상소를 할 경우에는 피참가인이 상소취하나 상소포기를 할 수 없다.

해설 민사소송법 제78조의 공동소송적 보조참가에는 필수적 공동소송에 관한 민사소송법 제67조 제1항, 즉 "소송목적이 공동소송인 모두에게 합일적으로 확정되어야 할 공동소송의 경우에 공동소송인 가운데 한 사람의 소송행위는 모두의 이익을 위하여서만 효력을 가진다."라고 한 규정이 준용되므로, 피참가인의 소송행위는 모두의 이익을 위하여서만 효력을 가지고, 공동소송적 보조참가인에게 불이익이 되는 것은 효력이 없으므로, 참가인이 상소를 할 경우에 피참가인이 상소취하나 상소포기를 할 수는 없다. … 민사소송법상 보조참가신청에 대하여 당사자가 이의를 신청한 때에는 수소법원은 참가를 허가할 것인지 여부를 결정하여야 하지만, 당사자가 이의를 신청하지 아니한 채 변론하거나 변론준비기일에서 진술을 한 경우에는 이의를 신청할 권리를 잃게 되고(민사소송법 제73조 제1항, 제74조) 수소법원의 보조참가 허가 결정 없이도 계속 소송행위를 할 수 있다(대판 2017.10.12. 2015두36836).

24년 변시

171. 상고하지 않은 참가인이 피참가인의 상고이유서 제출기간 경과 후 서면을 제출하여 피참가인이 적법하게 제출한 상고이유서에서 주장하지 않은 내용을 주장한 경우, 이는 적법한 기간 내에 제출된 상고이유의 주장이라고 할 수 없다.

> **해설** 공동소송적 보조참가를 한 참가인은 상고를 제기하지 않은 채 피참가인이 상고를 제기한 부분에 대한 상고이유서를 제출할 수 있지만 이 경우 상고이유서 제출기간을 준수하였는지는 피참가인을 기준으로 판단하여야 한다. 따라서 상고하지 않은 참가인이 피참가인의 상고이유서 제출기간이 지난 후 상고이유서를 제출하였다면 적법한 기간 내에 제출한 것으로 볼 수 없다(대판 2020.10.15. 2019두40611).

정답 O

21년(2) 모의

172. 공동소송적 보조참가인의 재심청구 당시 피참가인이 이미 사망하였다면, 재심청구를 허용하는 특별한 규정이 없는 한 공동소송적 보조참가인의 재심청구는 허용되지 않는다.

> **해설** 통상의 보조참가인은 참가 당시의 소송상태를 전제로 피참가인을 보조하기 위하여 참가하는 것이므로 참가할 때의 소송 진행정도에 따라 피참가인이 할 수 없는 행위는 할 수 없다(민사소송법 제76조 제1항 단서 참조). 공동소송적 보조참가인도 원래 당사자가 아니라 보조참가인이므로 위와 같은 점에서는 통상의 보조참가인과 마찬가지이다. 판결 확정 후 재심사유가 있을 때에는 보조참가인이 피참가인을 보조하기 위하여 보조참가신청과 함께 재심의 소를 제기할 수 있다. 그러나 보조참가인의 재심청구 당시 피참가인인 재심청구인이 이미 사망하여 당사자능력이 없다면, 이를 허용하는 규정 등이 없는 한 보조참가인의 재심청구는 허용되지 않는다. 이는 신분관계에 관한 소송에서 소송의 상대방이 될 자가 존재하지 않는 경우 이해관계인들의 이익을 위하여 공익의 대표자인 검사를 상대방으로 삼아 소송을 할 수 있도록 하는 경우(민법 제849조, 제864조, 제865조, 가사소송법 제24조 제3항, 제4항, 대판 1992.05.26. 90므1135)와는 구별된다(대판 2018.11.29. 2018므14210).

정답

21년(2) 모의

173. 공동소송적 보조참가인이 적법하게 상고를 제기하고 그 상고이유서를 제출기간 내에 제출하였다면, 상고를 제기하지 않은 피참가인의 상고이유서 제출기간이 도과하였다고 하더라도, 그 상고이유서의 제출은 적법하다.

> **해설** 공동소송적 보조참가를 한 참가인이 적법하게 상고를 제기하고 그 상고이유서 제출기간 내에 상고이유서를 제출하였다면, 상고를 제기하지 않은 피참가인인 피고의 상고이유서 제출기간이 도과하였다고 하더라도, 그 상고이유서의 제출은 적법하다고 보아야 할 것이다(대판 2012.11.29. 2011두30069).

정답

16년(1) 모의

174. 공동소송적 보조참가인이 소송계속중 사망한 경우 소송절차는 중단된다.

해설 재판의 효력이 참가인에게도 미치는 경우에는 그 참가인과 피참가인에 대하여 제67조 및 제69조를 준용한다(민사소송법 제78조). 필수적공동소송에서 공동소송인 가운데 한 사람에게 소송절차를 중단 또는 중지하여야 할 이유가 있는 경우 그 중단 또는 중지는 모두에게 효력이 미친다(동법 제67조 제3항).

정답

15년(3) 모의

175. 공동소송적 보조참가인은 피참가인이 상소권을 포기하면 상소할 수 없다.

해설 보조참가인이 피참가인 패소의 행정소송판결에 대하여 상고한 경우에 피참가인의 상고취하나 상고권 포기는 보조참가인에 대한 관계에 있어서는 그 효력이 없고 민사소송법 제70조 제2항(현행법 제76조 제2항)의 규정은 그 적용이 배제된다고 함이 당원의 판례이므로 보조참가인이 제기한 재심의 소를 피참가인이 취하하는 경우에도 위 상고취하에 준하여 보조참가인에 대한 관계에 있어서는 그 취하의 효력이 없다(대판 1970.07.28. 70누35). 즉 피참가인이 상소권을 포기하더라도 상소기간 내라면 상소할 수 있다고 봄이 타당하다.

정답 ✕

IV 참가인에 미치는 판결의 효력

제④항 소송고지

I 서 설

20년(1) 모의

176. 소송고지(訴訟告知)란, 당사자 일방이 법률상의 방식에 따라서 소송계속사실을 제3자에게 알리고 참가를 촉구하는 행위를 가리킨다.

해설 소송고지란 소송계속 중에 당사자가 소송참가를 할 이해관계 있는 제3자에 대하여 일정한 방식에 따라서 소송계속의 사실을 통지하는 것이다(이시윤, 신민사소송법 제11판, p.800).

참조판례 소송고지제도는 소송의 결과에 대하여 이해관계를 가지는 제3자로 하여금 소송에 참가하여 그 이익을 옹호할 기회를 부여함과 아울러 고지자가 패소한 경우에는 형평의 견지에서 그 패소의 책임을 제3자에게 분담시키려는 제도로서 피고지자는 후일 고지자와의 소송에서 전소확정판결에서의 결론의 기초가 된 사실상 법률상의 판단에 반하는 것을 주장할 수 없게 된다(대판 1991.06.25. 88다카6358).

정답

Ⅱ 소송고지의 요건

20년(1) 모의

177. 소송고지는 사실심의 계속 중에만 할 수 있으므로, 상고심 계속 중에는 할 수 없다.

 소송고지는 상소심(항소심 및 상고심)에 계속 중에도 상관없다(이시윤, 신민사소송법 제11판, p.801).

정답 ×

20년(1) 모의

178. 소송고지를 할지 여부는 고지자의 재량이지만, 예외적으로 고지의무가 정해진 경우가 있는데, 민사집행법상의 추심의 소에 관한 규정, 상법상의 주주대표소송에 관한 규정 등이 그 예이다.

 소송고지를 하고 아니하고는 고지자의 자유이며 그 권한이나, 예외적으로 소송고지가 고지자의 의무인 경우가 있다. 추심의소, 주주대표소송 등이 그 예이다(이시윤, 신민사소송법 제11판, p.801).

민사집행법 제238조(추심의 소제기) 채권자가 명령의 취지에 따라 제3채무자를 상대로 소를 제기할 때에는 일반규정에 의한 관할법원에 제기하고 채무자에게 그 소를 고지하여야 한다. 다만, 채무자가 외국에 있거나 있는 곳이 분명하지 아니한 때에는 고지할 필요가 없다.

상법 제403조(주주의 대표소송) ③ 회사가 전항의 청구를 받은 날로부터 30일내에 소를 제기하지 아니한 때에는 제1항의 주주는 즉시 회사를 위하여 소를 제기할 수 있다.
④ 제3항의 기간의 경과로 인하여 회사에 회복할 수 없는 손해가 생길 염려가 있는 경우에는 전항의 규정에 불구하고 제1항의 주주는 즉시 소를 제기할 수 있다.
상법 제404조(대표소송과 소송참가, 소송고지) ① 회사는 전조제3항과 제4항의 소송에 참가할 수 있다.
② 전조 제3항과 제4항의 소를 제기한 주주는 소를 제기한 후 지체없이 회사에 대하여 그 소송의 고지를 하여야 한다.

정답 ○

13년(3)·20년(1) 모의

179. 소송고지를 받은 피고지자는 참가할 수 있는 제3자에게 다시 소송고지를 할 수 있다.

 민사소송법 제84조 제2항 참조.

민사소송법 제84조(소송고지의 요건) ① 소송이 법원에 계속된 때에는 당사자는 참가할 수 있는 제3자에게 소송고지를 할 수 있다.
② 소송고지를 받은 사람은 다시 소송고지를 할 수 있다.

정답 ○

20년(1) 모의

180. 보조참가를 할 수 있는 사람뿐만 아니라, 독립당사자참가·공동소송참가를 할 수 있는 사람도 피고지자에 포함된다.

해설 소송고지를 받을 수 있는 자는 당사자 이외에 그 소송에 참가할 수 있는 제 3자이다. 보조참가인 뿐만 아니라 공동소송적 보조참가, 당사자참가(독립당사자 참가, 공동소송참가), 소송승계를 할 수 있는 제 3자라도 상관없다(이시윤, 신민사소송법 제11판, p.802).

정답 ○

Ⅲ 소송고지의 방식
Ⅳ 소송고지의 효과

 12년·14년 변시, 13년(3) 모의

181. 교통사고 피해자인 甲이 보험회사 丙을 상대로 제기한 손해배상청구의 소에서 소송계속 중, 甲은 교통사고 가해자인 乙을 상대로 丙이 부담하는 책임보험의 한도액을 초과하는 손해에 대하여 이를 청구할 권리가 있다는 취지의 소송고지신청을 하였고 그 소송고지서가 乙에게 송달되었다. 이와 같은 소송고지는 민법 제174조에서 정한 시효중단사유로서의 최고의 효력이 있고, 위 조항에 규정된 6월의 기간은 소송고지된 때부터 기산하여야 한다.

해설 소송고지의 요건이 갖추어진 경우에 그 소송고지서에 고지자가 피고지자에 대하여 채무의 이행을 청구하는 의사가 표명되어 있으면 민법 제174조에 정한 시효중단사유로서의 최고의 효력이 인정된다. … 고지자로서는 소송고지를 통하여 당해 소송의 결과에 따라 피고지자에게 권리를 행사하겠다는 취지의 의사를 표명한 것으로 볼 것이므로, 당해 소송이 계속중인 동안은 최고에 의하여 권리를 행사하고 있는 상태가 지속되는 것으로 보아 민법 제174조에 규정된 6월의 기간은 당해 소송이 종료된 때로부터 기산되는 것으로 해석하여야 한다. … 피고의 보험금지급의무의 범위는 소외 주식회사가 부담하는 책임보험금의 한도액에 따라 정해지는 것이어서 피고지자인 피고는 소외 주식회사에 대한 위 손해배상청구소송에 참가할 자격이 있는 자에 해당하므로 소송고지의 요건을 갖추었다 할 것이고, 소외 주식회사에 대한 위 손해배상청구소송이 종료된 2007. 8. 14.까지 위 소송고지로 인한 최고의 효력이 계속되는 것으로 볼 수 있으므로, 그 이전인 2007. 1. 16. 원고가 이 사건 소를 제기할 당시에는 이 사건 보험금청구권의 소멸시효는 중단된 상태였다고 봄이 상당하다(대판 2009.07.09. 2009다14340).

정답 ×

제❺항 | 독립당사자참가

Ⅰ 서 설
Ⅱ 구 조
Ⅲ 독립당사자참가의 요건

15년(2)·(3)·16년(2) 모의

182. (1) 甲이 乙에게 1억 원을 대여하였는데 乙이 그의 유일한 재산인 X부동산을 丙에게 처분하는 경우 丙이 乙을 상대로 대물변제약정을 청구원인으로 X부동산에 관한 소유권이전등기청구의 소를 제기한 경우 甲이 丙에 대하여 사해행위취소청구를 하면서 사해방지를 위한 독립당사자참가를 하는 것은 부적법하다.

(2) 甲이 乙에 대하여 증여계약을 청구원인으로 하여 乙 소유의 건물에 관한 소유권이전등기를 청구하고 있는 중에 丙이 위 증여계약이 사해행위에 해당한다는 이유로 甲에 대하여 사해행위취소를 청구하며 사해방지참가 신청을 한 경우, 이 신청은 부적법하다.

해설 채권자가 사해행위의 취소와 함께 수익자 또는 전득자로부터 책임재산의 회복을 명하는 사해행위취소의 판결을 받은 경우 취소의 효과는 채권자와 수익자 또는 전득자 사이에만 미치므로, 수익자 또는 전득자가 채권자에 대하여 사해행위의 취소로 인한 원상회복 의무를 부담하게 될 뿐, 채권자와 채무자 사이에서 취소로 인한 법률관계가 형성되거나 취소의 효력이 소급하여 채무자의 책임재산으로 복구되는 것은 아니다. 이러한 사해행위취소의 상대적 효력에 의하면, 원고의 피고에 대한 청구의 원인행위가 사해행위라는 이유로 원고에 대하여 사해행위취소를 청구하면서 독립당사자참가신청을 하는 경우, 독립당사자참가인의 청구가 그대로 받아들여진다 하더라도 원고와 피고 사이의 법률관계에는 아무런 영향이 없고, 따라서 그러한 참가신청은 사해방지참가의 목적을 달성할 수 없으므로 부적법하다(대판 2014.06.12. 2012다47548).

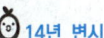

183. 甲이 乙을 상대로 근저당권설정등기의 불법말소를 이유로 그 회복등기를 구하는 소를 제기한 경우에 후순위 근저당권자인 丙은 甲과 乙이 당해 소송을 통하여 자신을 해할 의사, 즉 사해의사를 갖고 있다고 객관적으로 인정되고 그 소송의 결과 자신의 권리 또는 법률상의 지위가 침해될 염려가 있다고 인정되면 甲·乙을 상대로 근저당권부존재확인을 구하는 독립당사자참가를 할 수 있다.

해설 근저당권설정등기의 불법말소를 이유로 그 회복등기를 구하는 본안소송에서 원고가 승소판결을 받는다고 하더라도 그 후순위 근저당권자가 있는 경우에는 바로 회복등기를 할 수 있는 것은 아니고 부동산등기법 제75조에 의하여 이해관계 있는 제3자인 후순위 근저당권자의 승낙서 또는 이에 대항할 수 있는 재판의 등본을 첨부하여야 하므로 원고로서는 후순위 근저당권자를 상대로 승낙을 구하는 소송을 별도로 제기하여 승소판결을 받아야 하고, 따라서 본안소송에서 원고가 승소판결을 받는다고 하더라도 그 기판력은 회복등기에 대한 승낙을 구하는 소송에는 미치지 아니하므로 후순위 근저당권자는 그 소송에서 위 근저당권이 불법으로 말소되었는지 여부를 다툴 수 있는 것이기는 하지만, 말소회복등기소송에서의 사실인정관계가 승낙의사표시 청구소송에서도 유지되어 후순위 근저당권자는 선순위 근저당권을 수인하여야 할 것이기에 본안소송의 결과는 당연히 후순위 근저당권자를 상대로 승낙을 구하는 소에 사실상 영향을 미치게 됨으로써 후순위 근저당권자의 권리의 실현 또는 법률상의 지위가 침해될 염려가 있다 할 것이다. 따라서 후순위 근저당권자에게는 원·피고들에 대한 근저당권부존재확인청구라는 참가소송을 통하여 후일 발생하게 될 이러한 불안 내지 염려를 사전에 차단할 필요가 있는 것이고, 이러한 참가소송은 사해판결로 인하여 초래될 이러한 장애를 방지하기 위한 유효적절한 수단이 된다고 할 것이다(대판 2001.08.24. 2000다12785).

정답 O

Ⅳ 참가신청

22년 변시

184. (1) 보조참가인이 당해 소송에서 독립당사자참가를 하였다면 그와 동시에 보조참가는 종료된 것으로 보아야 한다.
(2) 독립당사자참가를 하면서 예비적으로 보조참가를 한다는 것은 허용될 수 없다.

해설 소송당사자인 독립당사자참가인은 그의 상대방 당사자인 원·피고의 어느 한 쪽을 위하여 보조참가를 할 수는 없는 것이므로 보조참가인이 독립당사자참가를 하였다면 그와 동시에 보조참가는 종료된 것으로 보아야 할 것이고, 따라서 보조참가인의 입장에서는 상고할 수 없다(대판 1993.04.27. 93다5727).

정답 O, O

16년(3) 모의

185. 독립당사자참가에서 권리주장참가인지 사해방지참가인지 명확하지 않은 경우 참가자에게 유리한 사해방지참가로 추정된다.

해설 참가인이 그 참가가 권리주장참가인지 또는 사해방지참가인지의 여부를 명백히 밝히고 있지 않다면, 원심으로서는 석명권의 행사를 통하여 그 참가가 권리주장참가인지 사해방지참가인지의 여부를 명백히 한 연후에 참가의 적법 여부를 심리하였어야 한다(대판 1994.11.25. 94다12517).

정답 X

16년(3) 모의

186. 독립당사자참가는 제1심 또는 항소심에서만 가능하며, 그 참가신청은 보조참가의 신청 방식에 준하여 한다.

해설 독립당사자참가는 실질에 있어서 소송제기의 성질을 가지고 있으므로 상고심에서는 독립당사자참가를 할 수 없다(대판 1994.02.22. 93다43682).

민사소송법 제79조(독립당사자참가) ② 제1항의 경우에는 제67조 및 제72조의 규정을 준용한다.
민사소송법 제72조(참가신청의 방식) ① 참가신청은 참가의 취지와 이유를 밝혀 참가하고자 하는 소송이 계속된 법원에 제기하여야 한다.
② 서면으로 참가를 신청한 경우에는 법원은 그 서면을 양쪽 당사자에게 송달하여야 한다.
③ 참가신청은 참가인으로서 할 수 있는 소송행위와 동시에 할 수 있다.

정답

16년(3) 모의

187. 독립당사자참가인은 독립당사자참가의 요건이 충족되지 않을 것에 대비하여 예비적으로 보조참가를 할 수 있다.

해설 권리의 침해를 받을 것을 주장하는 제3자가 독립한 당사자로서 원·피고 쌍방을 상대방으로 하여 소송에 참가하여 3당사자 사이에 서로 대립되는 권리 또는 법률관계를 하나의 판결로써 모순 없이 일거에 해결하려는 제도이고, 보조참가는 원·피고의 어느 일방의 승소를 보조하기 위하여 소송에 참가하는 것으로서, 이러한 제도의 본래의 취지에 비추어 볼 때, 당사자참가를 하면서 예비적으로 보조참가를 한다는 것은 허용될 수 없는 것이다(대판 1994.12.27. 92다22473).

정답

Ⅴ 독립당사자참가소송의 심판

14년 변시, 14년(3)·22년(1(모의

188. (1) 독립당사자참가소송에서 원·피고 사이에만 재판상 화해를 하는 것은 허용된다.
(2) 독립당사자참가 소송에서 원·피고 사이에 재판상 화해를 하면 그 효력은 화해 당사자인 원고와 피고에게만 미치고, 참가인에게는 미치지 않는다.

해설 민사소송법 제79조에 의한 소송은 동일한 권리관계에 관하여 원고, 피고 및 참가인 상호간의 다툼을 하나의 소송절차로 한꺼번에 모순 없이 해결하려는 소송형태로서 두 당사자 사이의 소송행위는 나머지 1인에게 불이익이 되는 한 두 당사자 간에도 효력이 발생하지 않는다고 할 것이므로, 원·피고 사이에만 재판상 화해를 하는 것은 3자 간의 합일확정의 목적에 반하기 때문에 허용되지 않는다(대판 2005.05.26. 2004다25901).

정답

Ⅵ 3면소송의 붕괴

❖ 선택형 사례문제

문 1
22년(2)·22년(1) 모의

甲은 乙을 상대로 X 부동산에 관한 매매를 원인으로 하는 소유권이전등기절차의 이행을 청구하는 소를 제기하였다. 제1심 소송계속 중 丙은 乙에 대하여는 X 부동산에 관한 매매를 원인으로 하는 소유권이전등기절차의 이행을 청구하고, 甲에 대하여는 X 부동산에 관하여 乙에 대한 소유권이전등기청구권이 丙에게 있다는 확인을 청구하는 독립당사자참가 신청(이하 '이 사건 신청'이라고 한다)을 하였다. 丙이 이 사건 신청 사유로서 乙이 甲과 丙에게 이중매매를 하였다고 주장하였으나 제1심 법원은 이 사건 신청이 부적법하다고 판단하였다. 증거조사 결과 乙이 甲에게 X 부동산을 매도하였다는 확신을 가지게 된 제1심 법원은 甲의 乙에 대한 청구를 인용하고 이 사건 신청을 각하하는 판결을 선고하였고, 이 판결에 대하여 丙만이 항소하였다. 다음 설명 중 옳은 것을 모두 고른 것은? (다툼이 있는 경우 판례에 의함)

> ㄱ. 이 사안에서 법원이 판결을 할 때에는 甲, 乙, 丙을 당사자로 하는 하나의 종국판결만을 내려야 하는 것이지 위 당사자의 일부에 관해서만 판결을 하는 것은 허용되지 않는다.
> ㄴ. 이 사안에서 甲의 승소판결이 내려진 후 丙만이 항소를 하였더라도 판결 전체의 확정이 차단되고 사건 전부에 대하여 이심의 효력이 생긴다.
> ㄷ. 이 사안에서 丙의 참가신청이 적법하고 나아가 합일확정의 요청상 필요성이 인정된다고 항소심이 판단한다면 甲의 乙에 대한 청구인용 부분을 甲에게 불리하게 변경할 수 있다.
> ㄹ. 이 사안에서 항소심 법원이 丙의 항소를 기각하면서 제1심 판결 중 乙이 항소하지 않은 본소 부분을 취소하고 원고의 피고에 대한 청구를 기각하더라도 그 판결은 적법하다.

① ㄱ, ㄴ, ㄷ ② ㄱ, ㄴ, ㄹ
③ ㄴ, ㄷ ④ ㄱ, ㄷ, ㄹ
⑤ ㄴ, ㄷ, ㄹ

∷ 해설 독립당사자참가소송

ㄱ. (O), ㄴ. (O), ㄷ. (O), ㄹ. (X) [1] 민사소송법 제79조 제1항에 따라 원·피고, 독립당사자참가인 간의 소송에 대하여 본안판결을 할 때에는 위 3당사자를 판결의 명의인으로 하는 하나의 종국판결만을 내려야 하는 것이지 위 당사자의 일부에 관해서만 판결을 하는 것은 허용되지 않고, 같은 조 제2항에 의하여 제67조가 준용되는 결과 독립당사자참가소송에서 원고승소의 판결이 내려지자 이에 대하여 참가인만이 상소를 한 경우에도 판결 전체의 확정이 차단되고 사건 전부에 관하여 이심의 효력이 생긴다. [2] 독립당사자참가소송에서 원고승소 판결에 대하여 참가인만이 상소를 했음에도 상소심에서 원고의 피고에 대한 청구인용 부분을 원고에게 불리하게 변경할 수 있는 것은 참가인의 참가신청이 적법하고 나아가 합일확정의 요청상 필요한 경우에 한한다. [3] 독립당사자참가소송에서 원고의 피고에 대한 청구를 인용하고 참가인의 참가신청을 각하한 제1심판결에 대하여 참가인만이 항소하였는데, 참가인의 항소를 기각하면서 제1심판결 중 피고가 항소하지도 않은 본소 부분을 취소하고 원고의 피고에 대한 청구를 기각한 것은 부적법하다고 한 사례(대판 2007.12.14. 2007다37776).

정답 ①

문 2
21년(1)·22년(1) 모의

甲이 乙에게 X 토지에 대한 취득시효 완성을 원인으로 한 소유권이전등기를 구하는 소를 제기하였고, 위 소송계속 중 丙이 甲에 대하여는 관리위탁계약의 해제를 이유로 X 토지의 인도를, 乙에 대하여는 X 토지에 대한 진정한 시효 취득자는 자신이라며 취득시효 완성을 원인으로 한 소유권이전등기를 구하는 독립당사자참가신청을 하였다. 아래 설명 중 옳은 것을 모두 고른 것은? (다툼이 있는 경우 판례에 의함)

> ㄱ. 甲의 청구와 丙의 청구는 서로 양립할 수 없는 관계에 있으므로, 丙의 독립당사자참가신청은 적법하다.
> ㄴ. 丙이 독립당사자참가를 하면서 예비적으로 보조참가를 하는 것도 허용될 수 있다.
> ㄷ. 丙의 독립당사자참가에 따라 甲은 乙의 동의 없이 탈퇴할 수 있다.
> ㄹ. 제1심 법원이 甲, 乙, 丙에 대하여 화해권고결정을 하였는데 이에 대하여 丙만이 이의를 하였다면 그 이의의 효력은 甲·乙 사이에도 미친다.
> ㅁ. 제1심 법원이 丙의 승소판결을 선고하여 이에 대하여 甲만이 항소를 제기한 경우, 항소심 법원이 항소나 부대항소를 하지 않는 乙에게 결과적으로 유리한 내용의 판결을 할 수 있다.

① ㄱ, ㄷ, ㅁ
② ㄱ, ㄹ, ㅁ
③ ㄴ, ㄷ, ㅁ
④ ㄴ, ㄷ, ㄹ
⑤ ㄷ, ㄹ, ㅁ

해설 독립당사자참가신청

ㄱ. (○) 민사소송법 제79조 제1항에 규정된 독립당사자참가는 다른 사람 사이에 소송이 계속 중일 때 소송대상의 전부나 일부가 자기의 권리라고 주장하거나, 소송결과에 따라 권리가 침해된다고 주장하는 제3자가 당사자로서 소송에 참가하여 세 당사자 사이에 서로 대립하는 권리 또는 법률관계를 하나의 판결로써 서로 모순 없이 일시에 해결하려는 것이다. 그러므로 독립당사자참가 중 권리주장참가는 원고의 본소청구와 참가인의 청구가 주장 자체에서 양립할 수 없는 관계라고 볼 수 있는 경우에 허용될 수 있고, 사해방지참가는 본소의 원고와 피고가 소송을 통하여 참가인의 권리를 침해할 의사가 있다고 객관적으로 인정되고 소송의 결과 참가인의 권리 또는 법률상 지위가 침해될 우려가 있다고 인정되는 경우에 허용될 수 있다(대판 2017.04.26. 2014다221777).

ㄴ. (X) 당사자참가는 소송의 목적의 전부나 일부가 자기의 권리임을 주장하거나 소송의 결과에 의하여 권리의 침해를 받을 것을 주장하는 제3자가 독립한 당사자로서 원·피고 쌍방을 상대방으로 하여 소송에 참가하여 3당사자 사이에 서로 대립되는 권리 또는 법률관계를 하나의 판결로써 모순없이 일거에 해결하려는 제도이고, 보조참가는 원·피고의 어느 일방의 승소를 보조하기 위하여 소송에 참가하는 것으로서, 이러한 제도의 본래의 취지에 비추어 볼 때, 당사자참가를 하면서 예비적으로 보조참가를 한다는 것은 허용될 수 없는 것이다(대판 1994.12.27. 92다22473).

ㄷ. (X) 민사소송법 제80조 참조.

> 민사소송법 제80조(독립당사자참가소송에서의 탈퇴) 제79조의 규정에 따라 자기의 권리를 주장하기 위하여 소송에 참가한 사람이 있는 경우 그가 참가하기 전의 원고나 피고는 상대방의 승낙을 받아 소송에서 탈퇴할 수 있다. 다만, 판결은 탈퇴한 당사자에 대하여도 그 효력이 미친다.

ㄹ. (O) 민사소송법 제79조에 의한 소송은 동일한 권리관계에 관하여 원고, 피고 및 참가인 상호간의 다툼을 하나의 소송절차로 한꺼번에 모순없이 해결하려는 소송형태로서 두 당사자 사이의 소송행위는 나머지 1인에게 불이익이 되는 한 두 당사자 간에도 효력이 발생하지 않는다고 할 것이므로 원·피고 사이에만 재판상 화해를 하는 것은 3자 간의 합일확정의 목적에 반하기 때문에 허용되지 않는다. 독립당사자참가인이 화해권고결정에 대하여 이의한 경우 이의의 효력이 원·피고 사이에도 미친다(대판 2005.05.26. 2004다25901).

ㅁ. (O) 민사소송법 제79조에 의한 독립당사자참가소송은 동일한 권리관계에 관하여 원고, 피고, 참가인이 서로간의 다툼을 하나의 소송절차로 한꺼번에 모순 없이 해결하는 소송형태로서, 독립당사자참가가 적법하다고 인정되어 원고, 피고, 참가인간의 소송에 대하여 본안판결을 할 때에는 위 세 당사자를 판결의 명의인으로 하는 하나의 종국판결을 선고함으로써 위 세 당사자들 사이에서 합일확정적인 결론을 내려야 하고, 이러한 본안판결에 대하여 일방이 항소한 경우에는 제1심판결 전체의 확정이 차단되고 사건 전부에 관하여 이심(移審)의 효력이 생긴다. 그리고 이러한 경우 항소심의 심판대상은 실제 항소를 제기한 자의 항소 취지에 나타난 불복범위에 한정하되 위 세 당사자 사이의 결론의 합일확정의 필요성을 고려하여 그 심판의 범위를 판단하여야 하고, 이에 따라 항소심에서 심리·판단을 거쳐 결론을 내림에 있어 위 세 당사자 사이의 결론의 합일확정을 위하여 필요한 경우에는 그 한도 내에서 항소 또는 부대항소를 제기한 바 없는 당사자에게 결과적으로 제1심판결보다 유리한 내용으로 판결이 변경되는 것도 배제할 수는 없다(대판 2007.10.26. 2006다86573).

정답 ②

문 3
17년(3) 모의

甲은 대한민국을 상대로 미등기 부동산인 X토지에 대한 소유권확인의 소를 제기하였다. 그러나 X토지에서 오래 전부터 경작을 해 온 乙은 甲이 아무런 권리가 없다는 사실을 잘 알고 있다. 다음 설명 중 옳지 않은 것은? (다툼이 있는 경우 판례에 의함)

① 乙의 권리주장참가신청 후 甲은 자신의 본소를 취하할 수 있으나 이 경우에는 대한민국뿐만 아니라 乙의 동의가 필요하다.
② 乙은 대한민국만을 상대로 소유권확인을 구하는 권리주장참가를 할 수 있다.
③ 乙이 독립당사자참가신청을 함에 있어 甲과 대한민국이 사해소송을 수행하고 있다는 등의 특별한 주장을 한 바 없다면 이는 권리주장참가를 한 것으로 보아야 한다.
④ 乙이 甲과 대한민국을 상대로 각각 소유권확인을 구하는 권리주장참가를 한 경우 甲은 대한민국의 승낙 없이 소송에서 탈퇴할 수 있다.
⑤ 乙의 독립당사자참가 후 대한민국이 소송에서 탈퇴하더라도 甲, 乙 사이의 판결의 효력은 대한민국에 미친다.

:: 해설   **독립당사자참가**

① (○) 독립당사자참가소송은 원고, 피고, 참가인 3자 사이의 분쟁을 모순 없이 해결하려는 소송이다. 따라서 소송자료와 소송진행의 통일을 도모할 필요가 있기 때문에 독립당사자참가의 경우에는 제67조(필수적 공동소송)의 규정을 준용한다(민사소송법 제79조 제2항). 한 사람의 소송행위는 모두의 이익을 위해서만 효력을 가지기 때문에(민사소송법 제67조 제1항) 한 사람의 소송행위가 다른 당사자에게 불리한 때에는 효력이 없다. 따라서 1인의 자백, 청구·인낙, 화해, 상소취하 등 불리한 소송행위이므로 다른 당사자가 문제 삼는 한 효력이 없다. 그러므로 지문에서 甲이 자신의 본소를 취하하려면 대한민국뿐만 아니라 乙의 동의가 필요하다.

② (○) 편면참가 허용 여부에 대해 견해대립이 있었으나, 소송경제 측면에서 2002년 개정법에서 편면참가를 허용하였다(민사소송법 제79조).

> **민사소송법 제79조(독립당사자참가)** ① 소송목적의 전부나 일부가 자기의 권리라고 주장하거나, 소송결과에 따라 권리가 침해된다고 주장하는 제3자는 당사자의 양 쪽 또는 한 쪽을 상대방으로 하여 당사자로서 소송에 참가할 수 있다.
> ② 제1항의 경우에는 제67조 및 제72조의 규정을 준용한다.

③ (○) 참가인이 독립당사자참가신청을 함에 있어 원고와 피고가 사해소송을 수행하고 있다는 등의 특별한 주장을 한 바 없다면 이는 민사소송법 제72조 제1항 후단의 이른바 사해방지참가가 아닌 같은 조항 전단의 이른바 권리주장참가를 한 것으로 보아야 할 것이고, 제1심 판결도 참가인의 위 참가신청이 권리주장참가의 요건을 갖추지 못하였다 하여 이를 각하한 것이라면 위 확정된 각하판결은 원고의 피고에 대한 청구에 대하여 참가인의 권리주장참가는 그 참가요건을 갖추지 못하여 부적법하다는 점에 한하여 기판력을 가진다(대판 1992.05.26. 91다4669).

④ (X), ⑤ (○) 甲은 대한민국의 승낙을 얻어야 소송에서 탈퇴할 수 있고, 乙의 독립당사자 참가 후 대한민국이 소송에서 탈퇴하더라도 甲, 乙 사이의 판결의 효력은 대한민국에 미친다(민사소송법 제80조 참조).

> **민사소송법 제80조(독립당사자참가소송에서의 탈퇴)** 제79조의 규정에 따라 자기의 권리를 주장하기 위하여 소송에 참가한 사람이 있는 경우 그가 참가하기 전의 원고나 피고는 상대방의 승낙을 받아 소송에서 탈퇴할 수 있다. 다만, 판결은 탈퇴한 당사자에 대하여도 그 효력이 미친다.

정답 ④

제❻항 | 공동소송참가

I 의 의

II 요 건

21년(2)·23년(3) 모의

189. (1) 항소심절차에서 공동소송참가가 이루어진 이후에 피참가소가 소송요건의 흠결로 각하된다면 공동소송참가도 부적법한 것으로 각하되어야 한다.

(2) 주주대표소송 도중에 회사가 원고인 주주 측에 소송 참가하는 것은 공동소송참가에 해당하며 중복소송이 아니다.

해설 주주의 대표소송에 있어서 원고 주주가 원고로서 제대로 소송수행을 하지 못하거나 혹은 상대방이 된 이사와 결탁함으로써 회사의 권리보호에 미흡하여 회사의 이익이 침해될 염려가 있는 경우 그 판결의 효력을 받는 권리귀속주체인 회사가 이를 막거나 자신의 권리를 보호하기 위하여 소송수행권한을 가진 정당한 당사자로서 그 소송에 참가할 필요가 있으며, 회사가 대표소송에 당사자로서 참가하는 경우 소송경제가 도모될 뿐만 아니라 판결의 모순저촉을 유발할 가능성도 없다는 사정과, 상법 제404조 제1항에서 특별히 참가에 관한 규정을 두어 주주의 대표소송의 특성을 살려 회사의 권익을 보호하려한 입법 취지를 함께 고려할 때, 상법 제404조 제1항에서 규정하고 있는 회사의 참가는 공동소송참가를 의미하는 것으로 해석함이 타당하고, 나아가 이러한 해석이 중복제소를 금지하고 있는 민사소송법 제234조에 반하는 것도 아니다. 공동소송참가는 항소심에서도 할 수 있는 것이고(대판 1962.06.07. 62다144 참조), 항소심절차에서 공동소송참가가 이루어진 이후에 피참가소가 소송요건의 흠결로 각하된다고 할지라도 소송의 목적이 당사자 일방과 제3자에 대하여 합일적으로 확정될 경우에 한하여 인정되는 공동소송참가의 특성에 비추어 볼 때, 심급이익 박탈의 문제는 발생하지 않는다고 볼 것이다. 같은 취지에서 원고 공동소송참가인이 항소심절차에서 이 사건 공동소송참가한 것을 적법하다고 본 원심의 처리는 정당하고, 거기에 공동소송참가 요건 등에 관한 법리오해의 위법이 없다(대판 2002.03.15. 2000다9086).

정답

17년(2)·23년(2)·22년(3) 모의

190. 채권자대위소송이 계속 중인 상황에서 다른 채권자가 동일한 채무자를 대위하여 채권자대위권을 행사하면서 공동소송참가신청을 하는 경우, 양 청구의 소송물이 동일하다면 참가신청은 적법하다.

해설 채권자대위소송이 계속 중인 상황에서 다른 채권자가 동일한 채무자를 대위하여 채권자대위권을 행사하면서 공동소송참가신청을 할 경우, 양 청구의 소송물이 동일하다면 민사소송법 제83조 제1항이 요구하는 '소송목적이 한쪽 당사자와 제3자에게 합일적으로 확정되어야 할 경우'에 해당하므로 참가신청은 적법하다(대판 2015.07.23. 2013다30301).

정답

14년 변시

191. X 토지의 공유자인 甲·乙·丙 사이에 X 토지의 분할에 관한 협의가 이루어지지 않자, 甲이 乙과 丙을 상대로 법원에 X 토지의 분할을 청구하였다. 위 소송계속 중 丁도 X 토지의 공유자임이 밝혀졌을 경우, 丁은 甲이 제기한 소송에서 乙과 丙 측에 공동소송참가할 수 있으며, 이는 상고심에서도 할 수 있다.

해설 공동소송참가가 신소 제기의 실질을 갖기 때문에 상고심에서는 불가능하다(대판 1961.05.04. 4292민상853).

정답

14년(3) 모의

192. 주주 甲은 총회결의에 중대한 흠이 있다고 하면서 회사를 상대로 주주총회결의 무효확인소송을 제기하였다. 이 경우 회사의 다른 주주 A는 원고 甲이 제기한 기존 주주총회결의 무효확인소송에 참가할 수 있다.

> **해설** 공동소송참가란 소송계속 중에 당사자 간의 판결의 효력을 받는 제3자가 원고 또는 피고의 공동소송인으로서 참가하는 것을 말한다. 예를 들면 주주 A가 회사를 상대로 주주총회결의부존재확인의 소를 제기한 경우에 그 판결의 효력을 받는 다른 주주 B가 A와 공동원고로서 그 소송에 참가하는 경우이다(이시윤, 신민사소송법 제11판, p.822).

> **민사소송법 제83조(공동소송참가)** ① 소송목적이 한 쪽 당사자와 제3자에게 합일적으로 확정되어야 할 경우 그 제3자는 공동소송인으로 소송에 참가할 수 있다.

정답

13년·14년 변시, 13년(2)·14년(1) 모의

193. 주주의 대표소송에 있어서 주주가 원고로서 제대로 소송수행을 하지 못하거나 상대방이 된 이사와 결탁함으로써 회사의 이익이 침해될 염려가 있는 경우 그 판결의 효력을 받는 권리귀속주체인 회사는 이를 막거나 자신의 권리를 보호하기 위하여 소송수행권한을 가진 정당한 당사자로서 그 소송에 참가할 필요가 있으므로, 상법 제404조 제1항에 따른 회사의 참가는 공동소송참가를 의미한다.

> **해설** 상법 제404조 제1항은 회사는 주주의 대표소송에 참가할 수 있다고 규정하고 있을 뿐 그 형태에 관하여는 밝히지 있지 않다. 주주의 대표소송은 제3자의 소송담당에 해당(회사는 이사에 대한 손해배상청구권의 권리주체)하므로 회사는 당사자적격이 있고, 주주대표소송의 확정판결은 주식회사에 미친다(민사소송법 제218조 제3항). 따라서 공동소송참가라는 판례의 입장이 타당하다.

> **판례** 상법 제404조 제1항 소정의 회사의 주주대표소송에의 참가의 법적 성격(= 공동소송참가) - 주주의 대표소송에 있어서 원고 주주가 원고로서 제대로 소송수행을 하지 못하거나 혹은 상대방이 된 이사와 결탁함으로써 회사의 권리보호에 미흡하여 회사의 이익이 침해될 염려가 있는 경우 그 판결의 효력을 받는 권리귀속주체인 회사가 이를 막거나 자신의 권리를 보호하기 위하여 소송수행권한을 가진 정당한 당사자로서 그 소송에 참가할 필요가 있으며, <u>회사가 대표소송에 당사자로서 참가하는 경우 소송경제가 도모될 뿐만 아니라 판결의 모순·저촉을 유발할 가능성도 없다는 사정</u>과, 상법 제404조 제1항에서 특별히 참가에 관한 규정을 두어 주주의 대표소송의 특성을 살려 회사의 권익을 보호하려한 입법 취지를 함께 고려할 때, 상법 제404조 제1항에서 규정하고 있는 <u>회사의 참가는 공동소송참가를 의미하는 것으로 해석함이 타당하고</u>, 나아가 이러한 해석이 <u>중복제소를 금지하고 있는 민사소송법 제234조에 반하는 것도 아니다</u>(대판 2002.03.15. 2000다9086).

정답

III 참가절차와 효과

제4절 당사자의 변경

제❶항 │ 총 설

제❷항 │ 임의적 당사자 변경

20년(1) 모의

194. 피고의 경정은 제1심 변론종결시까지 원고의 신청에 따라 법원의 결정으로 허가된다.

> 해설 민사소송법 제260조 제1항 참조.
>
> 민사소송법 제260조(피고의 경정) ① 원고가 피고를 잘못 지정한 것이 분명한 경우에는 제1심 법원은 변론을 종결할 때까지 원고의 신청에 따라 결정으로 피고를 경정하도록 허가할 수 있다. 다만, 피고가 본안에 관하여 준비서면을 제출하거나, 변론준비기일에서 진술하거나 변론을 한 뒤에는 그의 동의를 받아야 한다.

정답 O

20년(1) 모의

195. (1) 피고의 경정은 청구취지나 청구원인의 기재 내용 자체로 보아 원고가 법률적 평가를 그르치는 등의 이유로 피고의 지정이 잘못된 것이 명백하거나 법인격의 유무에 관하여 착오를 일으킨 것이 명백한 경우에 인정된다.

(2) 피고의 경정은 피고로 되어야 할 자가 누구인지를 증거조사를 거쳐 사실을 인정하고 그 인정 사실에 터잡아 법률 판단을 해야 인정할 수 있는 경우에는 인정되지 않는다.

> 해설 민사소송법 제260조 제1항 소정의 '피고를 잘못 지정한 것이 명백한 때'라고 함은 청구취지나 청구원인의 기재 내용 자체로 보아 원고가 법률적 평가를 그르치는 등의 이유로 피고의 지정이 잘못된 것이 명백하거나 법인격의 유무에 관하여 착오를 일으킨 것이 명백한 경우 등을 말하고, 피고로 되어야 할 자가 누구인지를 증거조사를 거쳐 사실을 인정하고 그 인정 사실에 터잡아 법률 판단을 해야 인정할 수 있는 경우는 이에 해당하지 않는다(대판 1997.10.17. 97마1632).

정답  O, O

20년(1) 모의

196. 피고의 경정 신청을 법원이 허가하는 결정을 하였더라도 종전의 피고에 대한 소는 취하되었다고 볼 수 없다.

> 해설 민사소송법 제261조 제4항 참조.
>
> 민사소송법 제261조(경정신청에 관한 결정의 송달 등) ④ 신청을 허가하는 결정을 한 때에는 종전의 피고에 대한 소는 취하된 것으로 본다.

정답 X

20년(1) 모의

197. 피고의 경정이 있는 경우 시효중단의 효과는 법원에 경정신청서를 제출한 때 발생한다.

> 해설 민사소송법 제269조, 제265조 참조.

> 민사소송법 제260조(피고의 경정) ② 피고의 경정은 서면으로 신청하여야 한다.
> 민사소송법 제265조(소제기에 따른 시효중단의 시기) 시효의 중단 또는 법률상 기간을 지킴에 필요한 재판상 청구는 소를 제기한 때 또는 제260조제2항·제262조제2항 또는 제264조제2항의 규정에 따라 서면을 법원에 제출한 때에 그 효력이 생긴다.

정답 ○

16년(1) 모의

198. 필수적 공동소송이 아닌 이상 소송 도중에 피고를 추가할 수 없으며, 이는 예비적·선택적 공동소송의 경우에도 마찬가지이다.

> 해설 예비적·선택적 공동소송의 경우 민사소송법 제70조에 의하여 준용되는 민사소송법 제68조에 의하여 피고를 추가할 수 있다.

> 민사소송법 제68조(필수적 공동소송인의 추가) ① 법원은 제67조 제1항의 규정에 따른 공동소송인 가운데 일부가 누락된 경우에는 제1심의 변론을 종결할 때까지 원고의 신청에 따라 결정으로 원고 또는 피고를 추가하도록 허가할 수 있다. 다만, 원고의 추가는 추가될 사람의 동의를 받은 경우에만 허가할 수 있다.
> 민사소송법 제70조(예비적·선택적 공동소송에 대한 특별규정) ① 공동소송인 가운데 일부의 청구가 다른 공동소송인의 청구와 법률상 양립할 수 없거나 공동소송인 가운데 일부에 대한 청구가 다른 공동소송인에 대한 청구와 법률상 양립할 수 없는 경우에는 제67조 내지 제69조를 준용한다.

정답 ×

15년(2) 모의

199. 현행법상 소송도중 법리상 이행의무 있는 자가 피고로 된 회사가 아닌 대표이사 개인일 가능성이 있다고 판단하여 대표이사를 예비적 피고로 추가하기로 하는 신청은 법원이 받아들일 수 있다.

> 해설 이 지문은 '2007년 제49회 사법시험 제2문의1'로 기출 되었던 문제이다. ① 먼저 민사소송법 제68조의 필수적 공동소송인의 추가로서 적법한지가 문제되나, 사안에서 회사와 대표이사는 실체법설에 의할 때 관리처분권이 공동으로 귀속되는 관계가 아니므로 고유필수적 공동소송이라 볼 수 없고, 서로 판결의 효력을 받는 사이도 아니므로 유사필수적 공동소송에도 해당되지 아니한다. 즉 통상의 공동소송관계이다. 이 때 통상의 공동소송인 중 일부가 누락된 경우에도 본조에 의한 추가신청이 허용될 것인지가 문제되는 바, 판례는 "필수적 공동소송인이 아닌 이 사건에 있어 소송도중에 피고를 추가하는 것은 그 경위가 어떻든 간에 허용될 수 없다"고 판시(대판 1993.09.28. 93다32095)하여 이를 부정한다. ② 그렇다면 민사소송법 제70조의 예비적 공동소송인의 추가로서 허용되는지가 문제된다. 그 요건으로 공동소송의 일반요건을 갖추고, 공동소송인 가운데 일부의 청구가 다른

공동소송인의 청구와 법률상 양립할 수 없거나 공동소송인 가운데 일부에 대한 청구가 다른 공동소송인에 대한 청구와 양립할 수 없는 경우이어야 한다. 사안에서는 법률상 양립불가능한지가 문제되는 바, 계약의 체결에 있어서 개인이 대표행위를 하여 법인이 책임을 지느냐, 아니면 개인 자신이 책임을 지는 가와 같이 어느 쪽으로 결정되는 경우인 택일적 사실인정의 경우에는 법률상 양립불가능한 경우로 보아야 한다. 계약은 하나 밖에 없으므로 법률상으로 개인과 법인 양쪽과 계약을 체결한다는 것은 있을 수 없기 때문이다. ③ 결론적으로 민사소송법 제68조에 의한 필수적 공동소송인의 추가는 불허되나, 민사소송법 제70조의 주관적·추가적 병합은 인정되므로 설문은 옳은 설명이다.

 ○

15년(2)·16년(1) 모의

200. (1) 현행법상 소장 기재 자체로 보아 원고를 잘못 지정하였음이 명백한 경우에 제3자로 원고를 교체하기로 하는 경정신청은 법원이 받아들일 수 있다.

(2) 원고가 공사도급계약상의 수급인을 그 계약서상의 명의인이라고 생각하여 그 명의인을 상대로 소송을 제기하였다가 심리 도중 변론과정에서 피고 측 답변이나 증거를 통해 수급인이 다른 사람임을 확인하였다면 피고를 경정할 수 있다.

[해설] [1] 판례는 부락의 구성원 중 일부가 제기한 소송에서 원고의 표시를 부락으로 정정함은 당사자의 동일성을 해한다고 하여 불허한 것으로, 당사자의 동일성을 벗어났다는 이유로 당사자표시정정도 허용하지 않고 있는 바(대판 1994.05.24. 92다50232), 이에 비추어 보면 판례는 원고의 경정은 전혀 고려하지 않음을 알 수 있다(김홍엽, 민사소송법 제7판, p.1096). 따라서 지문은 틀린 설명이다. [2] 민사소송법 제234조의2 제1항 본문은 "원고가 피고를 잘못 지정한 것이 명백한 때에는 제1심법원은 원고의 신청으로 피고의 경정을 허가할 수 있다."고 피고의 경정을 제한적으로 허용하고 있는바, 위 규정에서 피고를 잘못 지정한 것이 명백한 때라고 함은 청구취지나 청구원인의 기재 내용 자체로 보아 원고가 법률적 평가를 그르치는 등의 이유로 피고의 지정이 잘못된 것이 명백하거나 법인격의 유무에 관하여 착오를 일으킨 것이 명백한 경우 등을 말한다 할 것이고, 이 사건과 같이 원고가 공사도급계약상의 수급인은 그 계약 명의인인 피고라고 하여 피고를 상대로 소송을 제기하였다가 심리 도중 변론에서 피고측 답변이나 증거에 따라 이를 번복하여 수급인이 피고보조참가인이라고 하면서 피고경정을 구하는 경우에는 계약 명의인이 아닌 실제상의 수급인이 누구인지는 증거조사를 거쳐 사실을 인정하고, 그 인정 사실에 터잡아 법률 판단을 하여야 인정할 수 있는 사항이므로, 위 법규정 소정의 '피고를 잘못 지정한 것이 명백한 때'에 해당한다고 볼 수 없고, 피고가 공시송달중인 상태에서 피고보조참가인이 자신이 수급인이라고 주장하였다 하여 달리 볼 수도 없다(대결 1997.10.17. 97마1632).

 ×, ×

제❸항 | 소송승계

Ⅰ 서 설
Ⅱ 당연승계

🕐 21년·22년 변시

201. 당사자가 사망하였으나 그를 위한 소송대리인이 있어 소송절차가 중단되지 않는 경우, 상속인으로 당사자의 표시를 정정하지 아니한 채 망인을 그대로 당사자로 표시하여 판결하였더라도 그 판결의 효력은 망인의 소송상 지위를 당연승계한 상속인들 모두에게 미친다.

> **해설** 당사자가 사망하였으나 소송대리인이 있어 소송절차가 중단되지 아니한 경우 원칙적으로 소송수계라는 문제가 발생하지 아니하고 소송대리인은 상속인들 전원을 위하여 소송을 수행하게 되는것이며 그 사건의 판결은 상속인들 전원에 대하여 효력이 있다 할 것이고, 이때 상속인이 밝혀진 경우에는 상속인을 소송승계인으로 하여 신당사자로 표시할 것이지만 상속인이 누구인지 모를 때에는 망인을 그대로 당사자로 표시하여도 무방하며, 가령 신당사자를 잘못표시하였다 하더라도 그 표시가 망인의 상속인, 상속승계인, 소송수계인 등 망인의 상속인임을 나타내는 문구로 되어 있으면 잘못 표시된 당사자에 대하여는 판결의 효력이 미치지 아니하고 여전히 정당한 상속인에 대하여 판결의 효력이 미친다(대결 1992.11.05. 91마342).

정답

Ⅲ 소송물의 양도(특정승계)

🕐 21년·23년·24년 변시

202. 소송목적인 권리를 양도한 원고가 법원의 소송인수 결정에 따라 피고의 승낙을 받아 소송에서 탈퇴한 후 인수참가인의 소송목적인 권리 양수의 효력이 부정되어 인수참가인에 대한 청구기각 또는 소각하 판결이 확정된 경우, 탈퇴한 원고가 위 판결 확정일부터 6개월 내에 다시 탈퇴 전과 같은 재판상 청구를 한 때에는 탈퇴 전에 원고가 제기한 재판상 청구로 인하여 발생한 시효중단의 효력은 그대로 유지된다.

> **해설** 소송탈퇴는 소취하와는 성질이 다르며, 탈퇴 후 잔존하는 소송에서 내린 판결은 탈퇴자에 대하여도 효력이 미친다(민사소송법 제82조 제3항, 제80조 단서). 이에 비추어 보면 인수참가인의 소송목적 양수 효력이 부정되어 인수참가인에 대한 청구기각 또는 소각하 판결이 확정된 날부터 6개월 내에 탈퇴한 원고가 다시 탈퇴 전과 같은 재판상의 청구 등을 한 때에는, 탈퇴 전에 원고가 제기한 재판상의 청구로 인하여 발생한 시효중단의 효력은 그대로 유지된다(대판 2017.07.18. 2016다35789).

정답 ○

23년 변시

203. 소송목적인 권리를 양도받은 권리승계인이라도 상고심에서는 승계참가신청을 할 수 없다.

 승계참가는 법률심인 상고심에서는 허용되지 아니하는 것이므로 양수인에 의한 승계참가신청 역시 부적법하여 허용될 수 없다(대판 1998.12.22. 97후2934).

정답 O

23년 변시

204. 소송인수를 명하는 결정은 승계인의 적격을 인정하여 이를 당사자로서 취급하는 취지의 중간적 재판에 지나지 아니하는 것이기 때문에 이에 불복이 있으면 본안에 대한 종국판결과 함께 상소할 수 있을 뿐이고 승계인이 본안과 독립하여 위 결정에 대하여 불복할 수 없다.

 소송인수를 명하는 결정은 승계인의 적격을 인정하여 이를 당사자로서 취급하는 취지의 중간적 재판이므로 이에 불복이 있으면 본안에 대한 판결과 함께 상소할 수 있을 뿐이고, 승계인이 위 결정에 대하여 독립하여 불복할 수 없으므로, 고등법원의 위 결정에 대한 재항고는 부적법하다(대판 1981.10.29.자 81마357).

정답 O

23년 변시, 17년(2) 모의

205. (1) 소송계속 중에 소송목적인 의무의 승계가 있다는 것을 이유로 하는 소송인수신청이 있는 경우, 법원은 그 신청의 이유로 주장하는 사실관계 자체에서 그 승계적격의 흠결이 명백하지 않는 한 결정으로 그 신청을 인용하여야 한다.

(2) 원고가 X건물의 소유자인 피고를 상대로 제기한 X건물의 철거청구소송 중 피고가 제3자 앞으로 X건물의 소유권이전등기를 마쳐주자 원고가 위 소유권이전등기의 말소를 구하기 위하여 제3자를 상대로 인수승계 신청을 한 경우, 법원은 위 신청을 각하하여야 한다.

(3) 법원이 당사자의 사망으로 인한 소송수계 신청이 이유 있다고 보아 소송절차를 진행시켰는데 그 후 신청인에게 수계자격이 없다는 점이 판명된 경우, 법원은 수계재판을 취소하고 수계신청을 각하하여야 한다.

해설 [1] 소송 계속중에 소송목적인 의무의 승계가 있다는 이유로 하는 소송인수신청이 있는 경우 신청의 이유로서 주장하는 사실관계 자체에서 그 승계적격의 흠결이 명백하지 않는 한 결정으로 그 신청을 인용하여야 하는 것이고, 그 승계인에 해당하는가의 여부는 피인수신청인에 대한 청구의 당부와 관련하여 판단할 사항으로 심리한 결과 승계사실이 인정되지 않으면 청구기각의 본안판결을 하면 되는 것이지 인수참가신청 자체가 부적법하게 되는 것은 아니다(대판 2005.10.27. 2003다66691). [2] 소송당사자가 민사소송법 제75조의 규정에 의하여 제3자로 하여금 그 소송을 인수하게 하기 위하여서는 그 제3자가 소송계속 중 그 소송의 목적된 채무를 승계하였음을 전제로 하여 그 제3자에 대하여 인수한 소송의 목적된 채무이행을 구하는 경우에 허용되고 그 소송의 목적된 채무와는 전혀 별개의 채무의 이행을 구하기 위한 경우에는 허용될 수 없다 할 것이므로 기록에 의하면 재항고인은 본건 신청의 이유로서 상대방 등에 대하여 상대방 등이 본건 소송의 목적된 채무인 본건 건물철거 채무의 승계를 전제로 한 그 건물의 철거채무와는 전혀 별개의 채무인 본건 건물에 관한 재항고인 주장의 상대방등 명의로 경료된 각 등기의 말소채무의 이행을 구하기 위하여 본건 신청에 이르렀음이 뚜렷한 바이므로 본 건 신청은 위 법리에 따라 부적법하다 할 것인즉 이와 같은 취지아래 본건신청을 각하한 원결정은 정당하다(대판 1971.07.06. 71다726). [3] 당사자의 사망으로 인한 소송수계 신청이 이유있다고 하여 소송절차를 진행시켰으나 그 후에 신청인이 그 자격없음이 판명된 경우에는 수계재판을 취소하고 신청을 각하하여야 한다(대판 1981.03.10. 80다189).

정답 O, O, O

206. **(1) 소송계속 중에 제3자가 소송목적인 권리의 전부나 일부를 승계하였다고 주장하며 소송에 참가한 경우, 원고가 승계참가인의 승계 여부에 대하여 다투지 않으면서도 소송탈퇴, 소취하 등을 하지 않거나 이에 대하여 피고가 부동의하여 원고가 소송에 남아 있다면 승계로 인하여 중첩된 원고와 승계참가인의 청구 사이에는 필수적 공동소송에 관한 심판원칙이 적용된다.**

(2) 甲의 乙에 대한 손해배상청구의 소 계속 중 甲이 丙에게 위 손해배상채권을 양도하고 乙에게 채권양도의 통지를 한 다음 丙이 승계참가신청을 하자 탈퇴를 신청하였으나 乙의 부동의로 탈퇴하지 못한 경우, 甲의 청구와 丙의 청구는 통상의 공동소송으로서 모두 유효하게 존속한다.

해설 승계참가에 관한 민사소송법 규정과 2002년 민사소송법 개정에 따른 다른 다수당사자 소송제도와의 정합성, 원고 승계참가인(이하 '승계참가인'이라 한다)과 피참가인인 원고의 중첩된 청구를 모순 없이 합일적으로 확정할 필요성 등을 종합적으로 고려하면, 소송이 법원에 계속되어 있는 동안에 제3자가 소송목적인 권리의 전부나 일부를 승계하였다고 주장하며 민사소송법 제81조에 따라 소송에 참가한 경우, 원고가 승계참가인의 승계 여부에 대해 다투지 않으면서도 소송탈퇴, 소 취하 등을 하지 않거나 이에 대하여 피고가 부동의하여 원고가 소송에 남아 있다면 승계로 인해 중첩된 원고와 승계참가인의 청구 사이에는 필수적 공동소송에 관한 민사소송법 제67조가 적용된다(대판 2019.10.23. 2012다46170(전합)).

정답 O, ×

207. **(1) 소송이 법원에 계속되어 있는 동안에 제3자가 소송목적인 권리 또는 의무의 전부를 승계한 경우에만 법원은 직권 또는 당사자의 신청에 따라 그 제3자로 하여금 소송을 인수하게 할 수 있다.**

(2) 승계참가가 이루어졌다면 기존의 청구와 사이에 청구의 기초에 변경이 없는 한 승계참가인은 상대방에 대한 자기 고유의 권리를 주장하는 것이 가능하다.

[1] 일부를 승계한 경우에도 가능하다. 민사소송법 제82조 제1항 참조.

민사소송법 제82조(승계인의 소송인수) ① 소송이 법원에 계속되어 있는 동안에 제3자가 소송목적인 권리 또는 의무의 전부나 일부를 승계한 때에는 법원은 당사자의 신청에 따라 그 제3자로 하여금 소송을 인수하게 할 수 있다.

[2] 소송참가인은 권리 의무의 전부나 일부를 승계인이 독립당사자 신청방식으로 스스로 참가하여 새로운 당사자가 된다(이시윤, 신민사소송법 제11판, p.837). 그러므로 승계참가인은 자신의 고유의 권리를 주장할 수 있다. 민사소송법 제97조 제1항 및 제81조 참조.

민사소송법 제79조(독립당사자참가) ① 소송목적의 전부나 일부가 자기의 권리라고 주장하거나, 소송결과에 따라 권리가 침해된다고 주장하는 제3자는 당사자의 양 쪽 또는 한 쪽을 상대방으로 하여 당사자로서 소송에 참가할 수 있다.
② 제1항의 경우에는 제67조 및 제72조의 규정을 준용한다.

민사소송법 제81조(승계인의 소송참가) 소송이 법원에 계속되어 있는 동안에 제3자가 소송목적인 권리 또는 의무의 전부나 일부를 승계하였다고 주장하며 제79조의 규정에 따라 소송에 참가한 경우 그 참가는 소송이 법원에 처음 계속된 때에 소급하여 시효의 중단 또는 법률상 기간준수의 효력이 생긴다.

정답  X, O

 21년 변시, 19년(3) 모의

208. (1) 피고에 대한 부동산 소유권이전등기청구의 소송계속 중 그 소송목적이 된 피고의 위 부동산에 대한 이전등기이행 채무자체를 승계하지 않고 위 부동산에 대한 소유권이전등기가 피고로부터 제3자 앞으로 경료된 경우 이 소유권이전등기말소를 구하기 위한 소송의 인수는 허용된다.

(2) 소송인수신청이 있는 때에는 법원은 신청인과 제3자를 심문하고 판결로서 그 허가여부를 재판한다.

[1] 부동산소유권이전등기 청구소송계속중 그 소송목적이 된 부동산에 대한 이전등기이행채무 자체를 승계함이 없이 단순히 같은 부동산에 대한 소유권이전등기(또는 근저당설정등기)가 제3자 앞으로 경료되었다 하여도 이는 민사소송법 제75조 제1항 소정의 "그 소송의 목적이 된 채무를 승계한 때"에 해당한다고 할 수 없으므로 위 제3자에 대하여 등기말소를 구하기 위한 소송의 인수는 허용되지 않는다(대결 1983.03.22. 80마283).

[2] 결정으로 허가 여부를 재판한다. 민사소송법 제82조 제2항 참조.

민사소송법 제82조(승계인의 소송인수) ② 법원은 제1항의 규정에 따른 결정을 할 때에는 당사자와 제3자를 심문하여야 한다

정답  X, X

🍊 18년 변시

209. 청구이의의 소가 제기되기 전에 그 소의 대상이 된 집행권원에 표시된 청구권을 양수하고 대항요건을 갖춘 자가 그 청구이의의 소에 승계참가신청을 하는 것은 특별한 사정이 없는 한 부적법하다.

> **해설** 청구이의의 소가 제기되기 전에 그 채무명의에 표시된 청구권을 양수한 자의 권리승계 참가신청은 부적법한 것이다(대판 1983.09.27. 83다카1027).

정답 ○

15년(2) 모의

210. (1) 현행법상 채권의 존재확인소송 도중 원고가 소송물인 채권을 제3자에게 양도한 후 제3자로 하여금 원고의 지위를 승계하도록 하는 신청은 법원이 받아들일 수 있다.

(2) 현행법상 소유권에 기한 인도청구소송 도중 피고로부터 인도의 대상인 목적물을 양수한 제3자가 피고의 지위를 승계하기 위한 신청은 법원이 받아들일 수 있다.

> **해설** [1] 종전당사자인 원고의 인수신청으로 소송의 목적인 권리·의무의 승계인인 제3자를 새로운 당사자로 소송에 강제로 끌어들이는 것을 인수승계라고 하는 바, 설문은 이에 대한 인수승계신청의 적법여부를 묻고 있다. 인수승계의 요건 중 소송의 목적인 권리·의무의 승계가 있을 것(승계의 범위)과 관련하여, 여기에는 ① 소송물인 권리관계 자체가 제3자에게 특정승계된 경우 뿐만 아니라 ② 소송물인 권리관계의 목적물건 즉 계쟁물의 양도도 포함한다. 다만 계쟁물의 양도에서는 청구원인이 물권적 청구인지 채권적 청구인지에 따라 승계인의 범위를 달리 보는 견해 대립이 존재한다. ③ 그러나 사안은 소송물인 채권을 제3자에게 양도한 경우로서 견해대립 없이 이는 승계인의 범위에 해당되는 사안이다. 따라서 이는 적법한 인수신청으로서 옳은 지문에 해당한다. [2] 사안에서는 물권적 청구권인 소유권에 기한 인도청구소송 도중 계쟁물 승계가 이루어졌으므로 어느 소송물이론에 의하더라도 제3자는 제81조 또는 제82조의 승계인에 해당한다. 따라서 제3자는 적법한 승계인으로서 본 소송에 대한 참가신청은 적법하다.

> **판례** 건물명도소송에서의 소송물인 청구가 물권적청구 등과 같이 대세적인 효력을 가진 경우에는 그 판결의 기판력이나 집행력이 변론종결 후에 그 재판의 피고로부터 그 건물의 점유를 취득한 자에게도 미치나 그 청구가 대인적인 효력밖에 없는 채권적청구만에 그친 때에는 위와 같은 점유승계인에게 위의 효력이 미치지 아니한다(대판 1991.01.15. 90다9964).

정답 ○, ○

🍊 18년 변시

211. 매매를 원인으로 한 부동산소유권이전등기청구의 소 계속 중 제3자가 그 소송목적인 등기절차이행의무 자체를 승계한 것이 아니라 단순히 그 부동산에 대하여 자신의 명의로 소유권이전등기를 마친 경우, 그 제3자에 대하여 등기말소를 구하기 위한 소송의 인수는 허용된다.

해설 구이론(판례)은 채권적 청구권에 기한 소송 중 계쟁물을 취득한 자는 여기의 승계인에 포함되지 아니한다고 보고, 물권적 청구권에 기한 소송 중 계쟁물을 양수한 자는 승계인에 포함시키고 있다. 사안은 채권적 청구권에 기한 소송 중 계쟁물을 취득한 자로서 승계인에 포함되지 않는다.

정답 ×

18년 변시

212. 당사자인 법인이 합병에 의하여 소멸된 때에는 합병에 의하여 설립된 법인 또는 합병한 뒤의 존속법인이 소송절차를 수계하여야 한다.

해설 민사소송법 제234조 참조.

민사소송법 제234조 (법인의 합병으로 말미암은 중단) 당사자인 법인이 합병에 의하여 소멸된 때에 소송절차는 중단된다. 이 경우 합병에 의하여 설립된 법인 또는 합병한 뒤의 존속법인이 소송절차를 수계하여야 한다.

정답 ○

15년·18년 변시, 15년(2)·17년(2)·19년(3) 모의

213. (1) 참가승계를 한 경우, 참가인과의 관계에서 시효중단 또는 법률상 기간준수의 효력은 소송이 법원에 처음 계속된 때에 소급하여 생긴다.
(2) 승계참가의 경우 시효의 중단 또는 법률상 기간준수의 효력은 참가신청을 한 때부터 생긴다.
(3) 신주발행무효의 소 계속 중 그 원고적격의 근거가 되는 주식이 양도된 경우에 그 양수인은 신소를 제기할 수 있을 뿐만 아니라, 양도인이 제기한 기존의 소송을 적법하게 승계할 수도 있다.
(4) 甲은 주식회사 乙을 상대로 "피고가 2014. 6. 10.에 한 액면 금 5,000원의 보통주식 10,000주의 신주발행을 무효로 한다."라는 취지의 소를 2014. 11. 10. 제기하였다. 위 소송의 계속 중 주주인 甲의 주식이 丙에게 양도되고, 丙이 명의개서절차를 거쳐 승계참가하는 경우에 그 제소기간의 준수 여부는 승계참가 시를 기준으로 판단하여야 한다.

해설 [1], [2] 민사소송법 제81조 참조.

민사소송법 제81조(승계인의 소송참가) 소송이 법원에 계속되어 있는 동안에 제3자가 소송목적인 권리또는 의무의 전부나 일부를 승계하였다고 주장하며 제79조의 규정에 따라 소송에 참가한 경우 그 참가는 소송이 법원에 처음 계속된 때에 소급하여 시효의 중단 또는 법률상 기간준수의 효력이 생긴다.

[3], [4] 구 민사소송법 제74조에서 규정하고 있는 소송의 목적물인 권리관계의 승계라 함은 소송물인 권리관계의 양도뿐만 아니라 당사자적격 이전의 원인이 되는 실체법상의 권리 이전을 널리 포

함하는 것이므로, 신주발행무효의 소 계속 중 그 원고 적격의 근거가 되는 주식이 양도된 경우에 그 수인은 제소기간 등의 요건이 충족된다면 새로운 주주의 지위에서 신소를 제기할 수 있을 뿐만 아니라, 양도인이 이미 제기한 기존의 위 소송을 적법하게 승계할 수도 있다. 신주발행무효의 소에 승계참가하는 경우에 그 제소기간의 준수 여부는 승계참가시가 아닌 원래의 소 제기시를 기준으로 판단하여야 한다(대판 2003.02.26. 2000다42786).

정답 O, ×, O, ×

21년 변시, 17년(2) 모의

214. 제1심 법원이 참가승계인의 참가신청과 피참가인의 소송탈퇴가 적법함을 전제로 참가승계인과 상대방 사이의 소송에 대해서만 판결을 하였는데 항소심에서 참가신청이 부적법한 것으로 밝혀진 경우, 항소심 법원은 탈퇴한 피참가인의 청구에 관하여 심리·판단할 수 있다.

해설 법원이 승계참가인의 참가신청과 피참가인의 소송 탈퇴가 적법함을 전제로 승계참가인과 상대방 사이의 소송에 대해서만 판결을 하였는데 상소심에서 승계참가인의 참가신청이 부적법하다고 밝혀진 경우, 상소심법원이 탈퇴한 피참가인의 청구에 관하여 심리·판단할 수 없다(대판 2012.04.26. 2011다85789).

정답 ×

꼭 봐야 할 민소법 핵심기출 OX

제6편
상소심절차

제1장 상 소
제2장 항 소
제3장 상 고
제4장 항 고

제1장 상 소

Ⅰ 상소의 의의
Ⅱ 상소의 자유
Ⅲ 상소의 종류
Ⅳ 상소요건

20년(2) 모의

1. 결정이나 명령으로 재판할 수 없는 사항에 대하여 결정 또는 명령을 한 때에는 이에 대하여 항고로 다툴 수 있다.

   해설 민사소송법 제440조 참조.

   민사소송법 제440조(형식에 어긋나는 결정·명령에 대한 항고) 결정이나 명령으로 재판할 수 없는 사항에 대하여 결정 또는 명령을 한 때에는 항고할 수 있다.

   정답 O

20년(2) 모의

2. 결정의 이유에 그 당부 판단이 기재되어 있더라도 주문에 기재된 바 없으면 그에 대한 재판이 누락된 것으로서 아직 결정이 없는 상태이다.

   해설 판결이유에서는 예비적 청구를 이유없다고 설시하면서도 주문에서는 아무런 언급도 하지 아니한 경우는 예비적 청구에 대한 재판의 탈루이다(대판 1981.04.14. 80다1881).

   민사소송법 제212조(재판의 누락) ① 법원이 청구의 일부에 대하여 재판을 누락한 경우에 그 청구부분에 대하여는 그 법원이 계속하여 재판한다.
   민사소송법 제443조(항소 및 상고의 절차규정준용) ① 항고법원의 소송절차에는 제1장의 규정을 준용한다. ② 재항고와 이에 관한 소송절차에는 제2장의 규정을 준용한다.

   ▶ 민사소송법 제443조에 의해 항고절차와 재항고절차는 각각 항소절차와 상고절차를 준용하는 바 위 판례의 판시내용은 항고와 재항고에 적용되므로 항고 및 재항고 결정의 이유에 그 당부 판단이 기재되어있더라도 주문에 기재된바 없으면 재판이 누락된 것으로서 아직 결정이 없는 상태이다.

   정답 O

20년(2) 모의

3. **중간판결은 독립하여 상소의 대상이 될 수 없으나, 일부판결 또는 추가판결은 상소의 대상이 된다.**

    해설 민사소송법 제390조, 제422조, 제200조, 제212조, 제391조, 제392조, 제425조 참조.

    민사소송법 제390조(항소의 대상) ① 항소(抗訴)는 제1심 법원이 선고한 종국판결에 대하여 할 수 있다. 다만, 종국판결 뒤에 양 쪽 당사자가 상고(上告)할 권리를 유보하고 항소를 하지 아니하기로 합의한 때에는 그러하지 아니하다.
    민사소송법 제422조(상고의 대상) ① 상고는 고등법원이 선고한 종국판결과 지방법원 합의부가 제2심으로서 선고한 종국판결에 대하여 할 수 있다.

    민사소송법 제200조(일부판결) ① 법원은 소송의 일부에 대한 심리를 마친 경우 그 일부에 대한 종국판결을 할 수 있다.
    민사소송법 제212조(재판의 누락) ① 법원이 청구의 일부에 대하여 재판을 누락한 경우에 그 청구부분에 대하여는 그 법원이 계속하여 재판한다.

    민사소송법 제391조(독립한 항소가 금지되는 재판) 소송비용 및 가집행에 관한 재판에 대하여는 독립하여 항소를 하지 못한다.
    민사소송법 제392조(항소심의 판단을 받는 재판) 종국판결 이전의 재판은 항소법원의 판단을 받는다. 다만, 불복할 수 없는 재판과 항고(抗告)로 불복할 수 있는 재판은 그러하지 아니하다.
    민사소송법 제425조(항소심절차의 준용) 상고와 상고심의 소송절차에는 특별한 규정이 없으면 제1장의 규정을 준용한다.

    ▶ 상소의 대상이 될 수 있는 판결은 종국판결이며(민사소송법 제390조, 제422조 참조) 일부판결(제200조) 또는 추가판결(제212조)은 종국판결로서(이시윤, 신민사소송법 제11판, p.612 참조) 상소의 대상이 된다. 반면, 중간판결은 독립하여 상소할 수 없는 것이 원칙(제391조, 제392조, 제425조 참조)이다.

    정답 O

17년(3) 모의

4. **소송비용에 대한 재판은 독립해서 항소할 수 없다.**

    해설 민사소송법 제391조 참조.

    민사소송법 제391조(독립한 항소가 금지되는 재판) 소송비용 및 가집행에 관한 재판에 대하여는 독립하여 항소를 하지 못한다.

    정답 O

15년(3)·17년(1) 모의

5. **원고가 매매를 원인으로 소유권이전등기를 청구하였는데 법원이 동일 물건의 양도담보약정을 이유로 소유권이전등기를 명하는 판결을 하자 원고가 제기한 상소는 상소이익이 인정된다.**

　　해설 원고가 매매를 원인으로 한 소유권이전등기를 청구한 데 대하여 원심이 양도담보약정을 원인으로 한 소유권이전등기를 명하였다면 판결주문상으로는 원고가 전부 승소한 것으로 보이기는 하나, 매매를 원인으로 한 소유권이전등기청구와 양도담보약정을 원인으로 한 소유권이전등기청구와는 청구원인사실이 달라 동일한 청구라 할 수 없음에 비추어, 원심은 원고가 주장하지도 아니한 양도담보약정을 원인으로 한 소유권이전등기청구에 관하여 심판하였을 뿐, 정작 원고가 주장한 매매를 원인으로 한 소유권이전등기청구에 관하여는 심판을 한 것으로 볼 수 없어 결국 원고의 청구는 실질적으로 인용한 것이 아니어서 판결의 결과가 불이익하게 되었으므로 원심판결에 처분권주의를 위반한 위법이 있고 따라서 그에 대한 원고의 상소의 이익이 인정된다(대판 1992.03.27. 91다40696).

　　정답 O

 13년 변시, 15년(3)·17년(1) 모의

6. **손해배상청구소송에서 원고가 재산상 손해에 대해서는 전부승소, 위자료에 대해서는 일부패소하였다. 이에 원고가 위자료 패소부분에 대하여 항소한 경우, 전부승소한 재산상 손해에 대한 청구의 확장도 허용된다.**

　　해설 원고가 재산상 손해(소극적 손해)에 대하여는 형식상 전부 승소하였으나 위자료에 대하여는 일부 패소하였고, 이에 대하여 원고가 원고 패소부분에 불복하는 형식으로 항소를 제기하여 사건 전부가 확정이 차단되고 소송물 전부가 항소심에 계속되게 된 경우에는, 더욱이 불법행위로 인한 손해배상에 있어 재산상 손해나 위자료는 단일한 원인에 근거한 것인데 편의상 이를 별개의 소송물로 분류하고 있는 것에 지나지 아니한 것이므로 이를 실질적으로 파악하여, 항소심에서 위자료는 물론이고 재산상 손해(소극적 손해)에 관하여도 청구의 확장을 허용하는 것이 상당하다(대판 1994.06.28. 94다3063).

　　정답 O

 17년 변시, 15년(3)·16년(1)·17년(1)·21년(3) 모의

7. **가분채권에 대한 이행의 소를 제기하면서 그것이 나머지 부분을 유보하고 일부만 청구하는 것이라는 취지를 명시하지 아니한 경우, 일부 청구에 관하여 전부승소한 채권자는 나머지 부분에 관하여 청구를 확장하기 위한 항소를 제기할 수 없다.**

　　해설 가분채권에 대한 이행청구의 소를 제기하면서 그것이 나머지 부분을 유보하고 일부만 청구하는 것이라는 취지를 명시하지 아니한 경우에는 그 확정판결의 기판력은 나머지 부분에까지 미치는 것이어서 별소로써 나머지 부분에 관하여 다시 청구할 수는 없는 것이므로, 일부 청구에 관하여 전부 승소한 채권자는 나머지 부분에 관하여 청구를 확장하기 위한 항소가 허용되지 아니한다면 나머지 부분을 소구할 기회를 상실하는 불이익을 입게 된다 할 것이고, 따라서 이러한 경우에는 예외적

으로 전부 승소한 판결에 대해서도 나머지 부분에 관하여 청구를 확장하기 위한 항소의 이익을 인정함이 상당하다고 할 것이다(대판 2010.11.11. 2010두14534).

정답 ×

15년(3) 모의

8. 원고의 청구에 대해 피고가 청구기각을 구하였으나, 법원이 소송요건을 직권심리하여 소각하판결을 한 경우에, 피고가 청구기각을 구하면서 제기하는 항소는 상소이익이 인정된다.

해설 소각하판결은 원고에게 불이익할 뿐만 아니라, 만일 피고가 청구기각의 신청을 구한 때에는 본안판결을 받지 못한 점에서 피고에게도 불이익이 있기 때문에, 원·피고 모두 상소할 수 있다(김홍엽, 민사소송법 제7판, p.1131).

정답 ○

15년(3) 모의

9. 항소장이 제1심 법원이 아닌 다른 법원에 항소기간 내에 접수되었다면 그 기간 도과 후에 제1심 법원에 송부되었더라도 상소기간을 준수한 것으로 된다.

해설 판례는 원심법원제출주의(민사소송법 제397조 제1항, 제425조)를 위반하여 상고장을 바로 대법원에 제출한 사안에서 상고장이 대법원에 바로 제출되었다가 다시 원심법원에 송부된 경우에는 상고장이 원심법원에 접수된 때를 기준하여 상고 제기기간 준수 여부를 따져야 한다(대판 1981.10.13. 81누230)고 판시한 바 설문에서 항소장이 1심법원이 아닌 다른 법원에 기간 내 제출된 경우에도 상소기간 도과 후에 기록이 1심법원에 송부되었다면 상소기간은 도과한 것으로 보아야 한다.

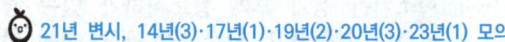

10. (1) 구체적인 어느 특정 법률관계에 관하여 당사자 쌍방이 제1심 판결선고 전에 미리 제1심 판결에 승복하여 항소하지 아니하기로 합의하였다면, 제1심 판결은 선고와 동시에 확정되고, 그 판결선고 후에는 당사자의 합의에 의하더라도 그 불항소 합의를 해제하고 소송계속을 부활시킬 수 없다.
(2) 원고는 피고에게 대여금 1천만 원의 지급을 구하는 소를 제기하여 1심에서 500만 원의 지급을 명하는 판결을 선고받았다. 항소를 한 뒤에 항소권의 포기를 하는 경우에는 항소심 법원에 서면으로 항소포기서를 제출하여야 한다.

해설 [1] 구체적인 어느 특정 법률관계에 관하여 당사자 쌍방이 제1심판결선고전에 미리 항소하지 아니하기로 합의하였다면, 제1심판결은 선고와 동시에 확정되는 것이므로 그 판결선고 후에는 당사자의 합의에 의하더라도 그 불항소합의를 해제하고 소송계속을 부활시킬 수 없다(대판 1987.06.23. 86다카2728). [2] 민사소송법 제395조 제1항은 "항소권의 포기는 항소를 하기 이전에는 제1심법원에, 항소를 한 뒤에는 소송기록이 있는 법원에 서면으로 하여야 한다."고 규정하고 있는바, 그 규정의 문언과 취지에 비추어 볼 때 항소를 한 뒤 소송기록이 제1심법원에 있는 동안 제1심법원에 항소권포기서를 제출한 경우에는 제1심법원에 항소권포기서를 제출한 즉시 항소권 포기의 효력이 발생한다고 봄이 상당하다(대결 2006.05.02. 2005마933).

정답 O, ×

11. 甲은 乙에게 과실로 인한 손해배상으로 3,000만 원을 청구하는 이 사건 소를 제기하였고, 이에 대해 乙은 甲에 대하여 가지는 5,000만 원의 대여금채권으로 상계한다는 항변을 하였다. 이 사건 소송에서 乙의 상계항변이 인정되어 甲의 전부패소판결이 선고된 경우, 乙은 甲의 3,000만 원의 손해배상채권이 원래부터 부존재함을 이유로 항소할 수 있다.

[해설] 사안의 경우에는 상계항변에 기판력이 발생하고, 乙은 항소의 이익이 있다.

[판례] 원심은 원고의 청구원인사실을 모두 인정한 다음 피고의 상계항변을 받아들여 상계 후 잔존하는 원고의 나머지 청구부분만을 일부 인용하였는데, 이 경우 피고들로서는 원심판결 이유 중 원고의 소구채권을 인정하는 전제에서 피고의 상계항변이 받아들여진 부분에 관하여도 상고를 제기할 수 있다(대판 2002.09.06. 2002다34666).

정답 O

V 상소의 효력

12. 항소기간 경과 후에 항소취하가 있는 경우에는 항소기간 만료 시로 소급하여 제1심판결이 확정되고, 항소기간 경과 전에 항소취하가 있는 경우에는 항소를 취하한 당사자라도 항소기간 내에 다시 항소할 수 있다.

[해설] 항소의 취하가 있으면 소송은 처음부터 항소심에 계속되지 아니한 것으로 보게 되나(민사소송법 제393조 제2항, 제267조 제1항), 항소취하는 소의 취하나 항소권의 포기와 달리 제1심 종국판결이 유효하게 존재하므로, 항소기간 경과 후에 항소취하가 있는 경우에는 항소기간 만료 시로 소급하여 제1심판결이 확정되나, 항소기간 경과 전에 항소취하가 있는 경우에는 판결은 확정되지 아니하고 항소기간 내라면 항소인은 다시 항소의 제기가 가능하다(대판 2016.01.14. 2015므3455).

정답 O

17년(1) 모의

13. 당사자의 일방만이 제1심 판결에 승복하여 항소를 하지 아니하기로 약정하는 합의는 공평에 어긋나 불항소 합의로서의 효력이 없다.

> **해설** 불항소의 합의는 심급제도의 이용을 배제하여 간이신속하게 분쟁을 해결하고자 하는 당사자의 의사를 존중하여 인정되는 제도이므로 당사자의 일방만이 항소를 하지 아니하기로 약정하는 합의는 공평에 어긋나 불항소 합의로서의 효력이 없다(대판 1987.06.23. 86다카2728).

정답 ○

15년(3) 모의

14. 당사자 사이에서 항소를 제기하지 않기로 하는 합의를 한 경우에는 비약적상고도 부적법하다.

> **해설** 제1심 종국판결 뒤에 양 쪽 당사자가 상고할 권리를 유보하고 항소를 하지 않기로 합의한 경우 제1심 종국판결에 대해 상고(비약적 상고)를 할 수 있다(민사소송법 제422조 제2항).

> **민사소송법 제422조(상고의 대상)** ① 상고는 고등법원이 선고한 종국판결과 지방법원 합의부가 제2심으로서 선고한 종국판결에 대하여 할 수 있다.
> ② 제390조 제1항 단서의 경우에는 제1심의 종국판결에 대하여 상고할 수 있다.
> **민사소송법 제390조(항소의 대상)** ① 항소(抗訴)는 제1심 법원이 선고한 종국판결에 대하여 할 수 있다. 다만, 종국판결 뒤에 양 쪽 당사자가 상고(上告)할 권리를 유보하고 항소를 하지 아니하기로 합의한 때에는 그러하지 아니하다.
> ② 제1항 단서의 합의에는 제29조 제2항(서면주의)의 규정을 준용한다.

정답 ×

15년(3) 모의

15. 고유필수적공동소송의 경우 공동소송인 중 1인에 대하여 상소기간이 만료하면 다른 공동소송인도 상소를 제기할 수 없다.

> **해설** 고유필수적 공동소송의 경우에도 상소기간은 각 공동소송인에게 판결정본이 송달된 때로부터 개별적으로 개별적으로 진행하며, 다만 공동소송인 모두에 대하여 상소기간이 만료될 때까지 판결이 판결이 확정되지 아니한다(김홍엽, 민사소송법 제7판, p.984). 이 경우 1인의 상소기간이 만료하였어도 다른 공동소송인의 상소제기는 가능하며, 상소불가분의 원칙에 의해 상소하지 아니한 공동소송인에 대한 관계에서도 판결의 확정이 차단되고 그 소송은 전체로서 상소심에 이심된다.

정답 ×

5년(3) 모의

16. 심리불속행 또는 상고이유서 부제출에 따른 상고기각판결은 별도의 선고를 요하지 아니하므로 그 판결정본의 송달과 동시에 확정된다.

해설 심리불속행(상고심절차에 관한 특례법 제4조 제1항) 또는 상고이유서 부제출(민사소송법 제429조)에 따른 상고기각판결은 별도의 선고를 요하지 아니하고, 그 판결정본의 송달과 동시에 확정된다(상고심절차에 관한 특례법 제5조 제2항).

민사소송법 제429조(상고이유서를 제출하지 아니함으로 말미암은 상고기각) 상고인이 제427조의 규정을 어기어 상고이유서를 제출하지 아니한 때에는 상고법원은 변론 없이 판결로 상고를 기각하여야 한다. 다만, 직권으로 조사하여야 할 사유가 있는 때에는 그러하지 아니하다.
상고심절차에 관한 특례법 제4조(심리의 불속행) ① 대법원은 상고이유에 관한 주장이 다음 각 호의 어느 하나의 사유를 포함하지 아니한다고 인정하면 더 나아가 심리를 하지 아니하고 판결로 상고를 기각한다.
 1. 원심판결이 헌법에 위반되거나, 헌법을 부당하게 해석한 경우
 2. 원심판결이 명령·규칙 또는 처분의 법률위반 여부에 대하여 부당하게 판단한 경우
 3. 원심판결이 법률·명령·규칙 또는 처분에 대하여 대법원 판례와 상반되게 해석한 경우
 4. 법률·명령·규칙 또는 처분에 대한 해석에 관하여 대법원 판례가 없거나 대법원 판례를 변경할 필요가 있는 경우
 5. 제1호부터 제4호까지의 규정 외에 중대한 법령위반에 관한 사항이 있는 경우
 6. 「민사소송법」 제424조 제1항 제1호부터 제5호까지에 규정된 사유가 있는 경우
상고심절차에 관한 특례법 제5조(판결의 특례) ① 제4조 및 「민사소송법」 제429조 본문에 따른 판결에는 이유를 적지 아니할 수 있다.
② 제1항의 판결은 선고가 필요하지 아니하며, 상고인에게 송달됨으로써 그 효력이 생긴다.

17. (1) 판결선고 후에 불항소합의를 한 경우에는 상소기간 만료 시에 판결이 확정된다.
(2) 상소를 취하한 경우에는 상소기간 만료 시에 원판결이 확정된다.
(3) 항소가 부적법하다는 이유로 항소각하 판결이 선고되면 그 항소각하 판결이 확정된 시점에 제1심 판결이 확정된다.
(4) 상소각하판결이 확정되면 원판결은 그 상소기간 만료시에 확정된다.
(5) 금전청구 중 일부 패소한 부분에 대하여 항소한 경우에 승소한 부분은 항소심의 변론종결시에 확정된다.

해설 [1] 판결선고 후에 불항소의 합의를 한 경우 이미 발생한 항소권과 부대항소권을 포기한 것이므로 그 성립과 동시에 판결이 확정된다. [2] 항소취하가 있으면 소송은 처음부터 항소심에 계속되지 아니한 것으로 보게 되나(민사소송법 제393조 제2항, 제267조 제1항), 항소취하는 소의 취하나 항소권 포기와 달리 제1심 종국판결이 유효하게 존재하므로, 항소기간 경과 후에 항소취하가 있는 경우에는 항소기간 만료 시로 소급하여 제1심판결이 확정된다(대판 2017.09.21. 2017다233931).

▶ 상소를 제기하였으나 상소를 취하한 경우, 또는 상소를 제기하였으나 상소장각하명령이 있거나 상소각하판결(상소각하결정의 경우도 마찬가지이다)이 난 경우(이들 재판이 확정되었을 것을 전제로 한다)에도 모두 상소기간 만료시에 확정된다(김홍엽, 민사소송법 제7판, P.798). [3], [4] 판결은 상소를 제기할 수 있는 기간 또는 그 기간 이내에 적법한 상소제기가 있을 때에는 확정되지 아니하며(민사소송법 제498조), 부적법한 상소가 제기된 경우에는 그 부적법한 상소를 각하하는 재판이 확정되면 상소기간이 지난 때에 소급하여 확정된다(대판 2014.10.15. 2013다25781). [5] 피고가 수개의 청구를 인용한 제1심판결 중 일부에 대하여만 항소를 제기한 경우, 항소되지 않은 나머지 부분도 확정이 차단되고 항소심에 이심은 되나, 피고가 변론종결시까지 항소취지를 확장하지 않는 한 나머지 부분에 관하여는 불복한 적이 없어 항소심의 심판대상이 되지 않고 항소심의 판결선고와 동시에 확정되어 소송이 종료된다(대판 2011.07.28. 2009다35842). 따라서 설문에서 항소심의 변론종결시에 확정된다는 부분은 잘못되었다.

정답 ×, ○, ×, ○, ×

❖ 선택형 사례문제

문 1
23년 변시, 18년(2)·23년(3) 모의

甲이 乙을 상대로 제기한 부동산인도청구와 금원지급청구의 소에 대하여 제1심이 청구를 모두 기각하여, 甲이 부동산인도청구 부분만 다투며 항소를 제기하였으나, 항소를 기각하는 항소심판결이 선고되어 甲이 상고를 하였는데, 상고심이 甲의 당해 부동산의 인도청구권이 인정된다는 이유로 원심판결을 취소하고 사건을 원심법원으로 환송하는 판결을 하였다. 이와 관련된 설명 중 옳은 것을 모두 모은 것은? (다툼이 있는 경우 판례에 따름)

> ㄱ. 甲이 항소심 변론종결 시까지 금원지급청구에 대해 항소취지를 확장하지 않았다면 환송 후 항소심은 금원지급청구 부분에 대해 심리판단을 할 수 없다.
> ㄴ. 환송 후 항소심에서 甲은 부동산인도청구에 대한 항소를 취하할 수 있다.
> ㄷ. 대법원의 소부(小部)가 위 파기환송판결에서 종래의 대법원판결을 변경하는 내용의 선고를 하였다면 파기이유로 한 법률상의 판단은 하급심이나 상고심을 기속하지 못한다.
> ㄹ. 환송 후 항소심에서는 상고심의 파기환송사유에 구속되므로, 소를 변경하거나 부대항소를 제기할 수 없다.

① ㄱ, ㄴ   ② ㄱ, ㄷ   ③ ㄴ, ㄷ
④ ㄴ, ㄹ   ⑤ ㄷ, ㄹ

해설 일부 상소

ㄱ. (○) 수개의 청구를 모두 기각한 제1심판결에 대하여 원고가 그중 일부의 청구에 대하여만 항소를 제기한 경우, 항소되지 않았던 나머지 부분도 항소로 인하여 확정이 차단되고 항소심에 이심은 되나 원고가 그 변론종결시까지 항소취지를 확장하지 아니하는 한 나머지 부분에 관하여는 원고가 불복한 바가 없어 항소심의 심판대상이 되지 아니하므로 항소심으로서는 원고의 수개의 청구 중 항소하지 아니한 부분을 다시 인용할 수는 없다. 이전등기말소청구와 금원청구를 모두 기각한 제1

심판결에 대하여 원고가 말소청구 부분에 관하여만 항소하였을 뿐 그 변론종결시까지 항소취지를 확장한 바 없어 항소심의 심판범위는 말소청구 부분에 한하고 나머지 부분에 관하여는 환송 전 원심판결의 선고와 동시에 확정되어 소송이 종료되었다(대판 1994.12.23. 94다44644).

ㄴ. (O) 항소는 항소심의 종국판결이 있기 전에 취하할 수 있는 것으로서(민사소송법 제393조 제1항), 일단 항소심의 종국판결이 있은 후라도 그 종국판결이 상고심에서 파기되어 사건이 다시 항소심에 환송된 경우에는 먼저 있은 종국판결은 그 효력을 잃고 그 종국 판결이 없었던 것과 같은 상태로 돌아가게 되므로 새로운 종국판결이 있기까지는 항소인은 피항소인이 부대항소를 제기하였는지 여부에 관계없이 항소를 취하할 수 있고, 그 때문에 피항소인이 부대항소의 이익을 잃게 되어도 이는 그 이익이 본래 상대방의 항소에 의존한 은혜적인 것으로 주된 항소의 취하에 따라 소멸되는 것이어서 어쩔 수 없다 할 것이므로, 이미 부대항소가 제기되어 있다 하더라도 주된 항소의 취하는 그대로 유효하다(대판 1995.03.10. 94다51543).

ㄷ. (X) 종전의 대법원판례를 변경하는 내용의 파기환송판결이 전원합의체가 아닌 소부에서 행해졌다고 하더라도 파기이유로 한 법률상의 판단은 하급심 및 상고심을 모두 기속한다(대판 1981.02.24. 80다2029(전합)).

ㄹ. (X) 환송 후 항소심의 소송절차는 환송 전 항소심의 속행이므로 당사자는 원칙적으로 새로운 사실과 증거를 제출할 수 있음은 물론, 소의 변경, 부대항소의 제기 이외에 청구의 확장 등 그 심급에서 허용되는 모든 소송행위를 할 수 있고, 이러한 이유로 또한 민사소송법에는 형사소송법 제368조와 같은 불이익변경의 금지 규정도 없는 이상, 환송전의 판결보다 상고인에게 불리한 결과가 생기는 것은 불가피하다(대판 1991.11.22. 91다18132).

문 2 19년 변시

건물 임대인 甲은 임대차계약기간 만료일인 2015. 5. 2.이 경과 되었음에도 불구하고 건물 임차인 乙이 건물을 인도하지 않으므로 乙을 상대로 아래 청구취지로 소를 제기하여 1심에서 아래 주문과 같은 판결을 선고받았다(임대차보증금 1억 원). 이에 관한 설명 중 옳은 것을 모두 고른 것은? (다툼이 있는 경우 판례에 의함)

<청구취지>
1. 피고는 원고에게 별지 목록 기재 건물을 인도하라.
2. 피고는 원고에게 2015. 5. 3.부터 별지 목록 기재 건물의 인도 완료일까지 매월 1,000,000원의 비율로 계산한 돈을 지급하라.
3. 소송비용은 피고가 부담한다.
4. 제1, 2항은 가집행할 수 있다.

<주문>
1. 피고는 원고로부터 100,000,000원을 지급받음과 동시에 원고에게 별지 목록 기재 건물을 인도하라.
2. 피고는 원고에게 2015. 5. 3.부터 별지 목록 기재 건물의 인도 완료일까지 매월 1,000,000원의 비율로 계산한 돈을 지급하라.

3. 원고의 나머지 청구를 기각한다.
4. 소송비용 중 1/3은 원고가, 나머지는 피고가 각 부담한다.
5. 제1, 2항은 가집행할 수 있다.

ㄱ. 甲에게는 위 판결에 대한 항소이익이 있다.
ㄴ. 법원이 주문 제2항의 판결을 선고하려면 甲의 청구에 미리 청구할 필요가 인정되어야 한다.
ㄷ. 위 청구취지와 달리 甲의 청구가 없다면 법원은 주문 제5항을 직권으로 선고하지 못한다.
ㄹ. 소송 진행 도중에 甲의 채권자 丙이 甲의 乙에 대한 차임채권에 대하여 압류 및 추심명령을 받더라도 임대차계약이 종료되어 목적물이 반환될 때에는 그때까지 추심되지 아니한 채 잔존하는 차임채권 상당액도 임대차보증금에서 당연히 공제된다.

① ㄴ
② ㄱ, ㄴ
③ ㄷ, ㄹ
④ ㄱ, ㄴ, ㄹ
⑤ ㄱ, ㄴ, ㄷ, ㄹ

해설 소의 이익, 처분권주의, 차임채권의 압류 및 추심명령

ㄱ. (O) 판례는 '상소인은 자기에게 불이익한 재판에 대해서만 상소를 제기할 수 있는 것이고 재판이 상소인에게 불이익한 것인가의 여부는 재판의 주문을 표준으로 하여 결정되는 것'이라 하여 형식적 불복설을 따랐다(이시윤, 신민사소송법 제11판, p.853, 대판 1982.10.12. 82다498). 즉 당사자의 신청과 그 신청에 대해 행한 판결을 형식적으로 비교하여 판결주문이 신청보다도 양적으로나 질적으로 불리한 경우에 불복의 이익을 긍정한다. 사안에서 甲은 단순인도청구를 신청했으나 법원은 동시이행판결을 선고하였다. 당사자의 단순이행청구에 상환이행의 판결주문은 일부인용의 한 형태이므로 이러한 범위 내에서 甲에게도 불리한 판결이므로 甲은 항소이익을 가진다.

ㄴ. (O) 주문 제2항은 현재이행의 소와 장래이행의 소가 병합되어 있는 판결의 주문으로, 사실심 변론종결시까지 청구는 현재 이행의 소에 해당하며 변론 종결 이후부터 건물인도 완료일까지는 장래이행의 소에 해당한다. 지문의 사실심 변론종결 이후의 청구는 장래이행의 소가 되므로 장래이행의 소가 적법하기 위해서는 미리 청구할 필요가 있어야 한다.

민사소송법 제251조(장래의 이행을 청구하는 소) 장래에 이행할 것을 청구하는 소는 미리 청구할 필요가 있어야 제기할 수 있다.

ㄷ. (X) 가집행선고는 재산권의 청구에 관한 판결의 경우 상당한 이유가 없는 한 당사자의 신청 유무와 관계없이 선고하게 되어 있는 것으로 법원의 직권판단사항이어서 처분권주의를 근거로 하는 민사소송법 제385조의 적용을 받지 않는 것이므로 가집행선고가 붙지 않은 제1심판결에 대하여 피고만이 항소한 항소심에서 법원이 항소를 기각하면서 가집행선고를 붙였다 하여 제1심 판결을 피고가 신청한 불복의 한도를 넘어 불이익하게 변경한 것이라 할 수 없다(대판 1991.11.08. 90다17804).

ㄹ. (O) 부동산 임대차에 있어서 수수된 보증금은 차임채권, 목적물의 멸실·훼손 등으로 인한 손해배상채무 등 임대차에 따른 임차인의 모든 채무를 담보하는 것으로서 그 피담보채무 상당액은 임대차관계의 종료 후 목적물이 반환될 때에 특별한 사정이 없는 한 별도의 의사표시 없이 보증금에서 당연히 공제되는 것이므로, 임대보증금이 수수된 임대차계약에서 차임채권에 관하여 압류 및 추심명령이

있었다 하더라도, 당해 임대차계약이 종료되어 목적물이 반환될 때에는 그 때까지 추심되지 아니한 채 잔존하는 차임채권 상당액도 임대보증금에서 당연히 공제된다(대판 2004.12.23. 2004다56554).

정답 ④

문 3
18년(2) 모의

불상소 합의 및 불항소 합의와 관련된 설명 중 옳은 것을 모두 고른 것은? (다툼이 있는 경우 판례에 따름)

ㄱ. 불상소의 합의는 변론 중에 구술로 그 취지를 진술함으로써 할 수도 있다.
ㄴ. 불상소의 합의는 소송행위이기는 하나, 당사자의 의사가 중요하므로 실체법상의 의사표시의 해석방법에 따라 규율하여야 한다.
ㄷ. 제1심 법원에 소송계속 중 불상소의 합의를 하였는데 그 후 판결이 선고되었다면, 당사자의 합의에 의하더라도 불상소의 합의를 해제할 수 없다.
ㄹ. 원고나 피고 중 일방만이 상소를 하지 않기로 하는 합의를 판결선고 전에 하였다면, 이 합의는 효력이 없다.
ㅁ. 불항소의 합의를 하였다면, 상고나 비약상고까지 불가능하게 된다.

① ㄱ, ㄷ
② ㄷ, ㄹ
③ ㄱ, ㄴ, ㄹ
④ ㄴ, ㄷ, ㅁ
⑤ ㄷ, ㄹ, ㅁ

해설 불상소 합의

ㄱ. (X) 구체적인 사건의 소송 계속중 그 소송 당사자 쌍방이 판결선고 전에 미리 상소하지 아니하기로 합의하였다면 그 판결은 선고와 동시에 확정되는 것이므로, 이러한 합의는 소송당사자에 대하여 상소권의 사전포기와 같은 중대한 소송법상의 효과가 발생하게 되는 것으로서 반드시 서면에 의하여야 할 것이며, 그 서면의 문언에 의하여 당사자 쌍방이 상소를 하지 아니한다는 취지가 명백하게 표현되어 있을 것을 요한다(대판 2007.11.29. 2007다52317).

ㄴ. (X) 당사자 쌍방이 소송 계속중 작성한 서면에 위와 같은 불상소 합의가 포함되어 있는가 여부의 해석을 둘러싸고 이견이 있어 그 서면에 나타난 당사자의 의사해석이 문제되는 경우, 이러한 불상소 합의와 같은 소송행위의 해석은 일반 실체법상의 법률행위와는 달리 내심의 의사가 아닌 철저한 표시주의와 외관주의에 따라 그 표시를 기준으로 하여야 하고, 표시된 내용과 저촉되거나 모순되어서는 아니 된다. 다만 당해 소송제도의 목적과 당사자의 권리구제의 필요성 등을 고려할 때 그 소송행위에 관한 당사자의 주장 전체를 고찰하고 그 소송행위를 하는 당사자의 의사를 참작하여 객관적이고 합리적으로 소송행위를 해석할 필요는 있다. 따라서 불상소의 합의처럼 그 합의의 존부 판단에 따라 당사자들 사이에 이해관계가 극명하게 갈리게 되는 소송행위에 관한 당사자의 의사해석에 있어서는, 표시된 문언의 내용이 불분명하여 당사자의 의사해석에 관한 주장이 대립할 소지가 있고 나아가 당사자의 의사를 참작한 객관적·합리적 의사해석과 외부로 표시된 행위에 의하여 추단되는 당사자의 의사조차도 불분명하다면, 가급적 소극적 입장에서 그러한 합의의 존재를 부정할 수밖에 없다(대판 2007.11.29. 2007다52317).

ㄷ. (○) 구체적인 어느 특정 법률관계에 관하여 당사자 쌍방이 제1심판결선고전에 미리 항소하지 아니하기로 합의하였다면, 제1심판결은 선고와 동시에 확정되는 것이므로 그 판결선고 후에는 당사자의 합의에 의하더라도 그 불항소합의를 해제하고 소송계속을 부활시킬 수 없다(대판 1987.06.23. 86다카2728).

ㄹ. (○) 불항소의 합의는 심급제도의 이용을 배제하여 간이신속하게 분쟁을 해결하고자 하는 당사자의 의사를 존중하여 인정되는 제도이므로 당사자의 일방만이 항소를 하지 아니하기로 약정하는 합의는 공평에 어긋나 불항소 합의로서의 효력이 없다(대판 1987.06.23. 86다카2728).

ㅁ. (X) 불항소의 합의는 상고할 권리를 유보하고 할 수 있다.

> 민사소송법 제390조(항소의 대상) ① 항소(抗訴)는 제1심 법원이 선고한 종국판결에 대하여 할 수 있다. 다만, 종국판결 뒤에 양 쪽 당사자가 상고(上告)할 권리를 유보하고 항소를 하지 아니하기로 합의한 때에는 그러하지 아니하다.

정답 ②

문 4

18년(2) 모의

판결의 확정과 관련된 설명 중 옳지 않은 것은? (다툼이 있는 경우 판례에 따름)

① 제1심 판결에 대하여 부적법한 항소가 제기되고 항소기간 도과 후 항소를 각하하는 판결이 선고되면 그 항소심 판결의 확정시에 제1심 판결이 확정된다.
② A 청구의 일부인용 판결에 대하여 원고만이 제기한 항소심에서 피고가 부대항소를 제기하지 않은 채 항소심 판결이 선고되면 그 선고와 동시에 A 청구 중 인용부분에 대한 제1심 판결이 확정된다.
③ 단순병합된 A 청구를 기각하고 B 청구를 인용한 판결에 대하여 피고만이 제기한 항소심에서 원고가 부대항소를 제기하지 않은 채 항소심 판결이 선고되면 그 선고와 동시에 A 청구를 기각한 제1심 판결은 확정된다.
④ 항소기간 도과 후에 항소가 전부 취하되면 항소기간 만료시로 소급하여 제1심 판결이 확정되지만, 항소기간 도과 전에 항소를 취하하면 판결은 확정되지 않으므로 항소를 취하한 당사자라도 당초의 항소기간 내에 다시 항소를 제기할 수 있다.
⑤ 항소심이 주위적 청구를 기각하고 예비적 청구를 인용한 판결에 대하여 피고만이 제기한 상고심에서 원고가 부대상고를 제기하지 않은 채 파기환송 판결이 선고되면 그 판결선고와 동시에 주위적 청구에 대한 판결은 확정되므로, 환송에 따른 항소심의 심판범위는 예비적 청구에 한정된다.

해설 판결의 확정시기

① (X) 판결은 상소를 제기할 수 있는 기간 또는 그 기간 이내에 적법한 상소제기가 있을 때에는 확정되지 아니하며, 부적법한 상소가 제기된 경우에는 그 부적법한 상소를 각하하는 재판이 확정되면 상소기간이 지난 때에 소급하여 확정된다(대판 2014.10.15. 2013다25781).

② (O) 원고의 청구를 일부 인용한 제1심판결에 대하여 원고만이 그 패소 부분에 대한 항소를 제기하고 피고는 항소나 부대항소를 제기하지 않은 경우, 제1심판결 중 원고 승소 부분은 항소심의 심판대상에서 제외됨으로써 항소심판결의 선고와 동시에 확정되는 것이고, 원고가 위와 같이 승소 확정된 부분에 대하여 상고를 제기하였다면 상고의 이익이 없어 부적법하다(대판 2008.03.14. 2006다2940).

③ (O) 피고가 수개의 청구를 인용한 제1심판결 중 일부에 대하여만 항소를 제기한 경우, 항소되지 않은 나머지 부분도 확정이 차단되고 항소심에 이심은 되나, 피고가 변론종결시까지 항소취지를 확장하지 않는 한 나머지 부분에 관하여는 불복한 적이 없어 항소심의 심판대상이 되지 않고 항소심의 판결선고와 동시에 확정되어 소송이 종료된다(대판 2011.07.28. 2009다35842).

④ (O) 항소의 취하가 있으면 소송은 처음부터 항소심에 계속되지 아니한 것으로 보게 되나, 항소취하는 소의 취하나 항소권의 포기와 달리 제1심 종국판결이 유효하게 존재하므로, 항소기간 경과 후에 항소취하가 있는 경우에는 항소기간 만료 시로 소급하여 제1심판결이 확정되나, 항소기간 경과 전에 항소취하가 있는 경우에는 판결은 확정되지 아니하고 항소기간 내라면 항소인은 다시 항소의 제기가 가능하다(대판 2016.01.14. 2015므3455).

⑤ (O) 원고의 주위적 청구를 기각하면서 예비적 청구를 일부 인용한 환송 전 항소심판결에 대하여 피고만이 상고하고 원고는 상고도, 부대상고도 하지 않은 경우, 주위적 청구에 대한 항소심판단의 적부는 상고심의 조사대상으로 되지 아니하고 환송 전 항소심판결의 예비적 청구 중 피고 패소 부분만이 상고심의 심판대상이 되는 것이므로, 피고의 상고에 이유가 있는 때에는 상고심은 환송 전 항소심판결 중 예비적 청구에 관한 피고 패소 부분만 파기하여야 하고, 파기환송의 대상이 되지 아니한 주위적 청구 부분은 예비적 청구에 관한 파기환송판결의 선고와 동시에 확정되며 그 결과 환송 후 원심에서의 심판 범위는 예비적 청구 중 피고 패소 부분에 한정된다(대판 2007.01.11. 2005다67971).

정답 ①

제2장 항소

제1절 총설

제2절 항소의 제기

I 항소제기의 방식

20년(3) 모의

18. 상소장을 다른 법원이나 기관 또는 상소심 법원에 잘못 접수한 경우 상소기간의 준수 여부는 그 다른 법원이나 기관 또는 상소심 법원에 접수된 때를 기준으로 판단한다.

> **해설** 민사소송법 제367조에 의하면 '항소의 제기는 항소장을 제1심법원에 제출함으로써 한다' 규정되어 있으므로 항소에 있어 항소제기기간의 준수여부는 항소장이 제1심 법원에 접수된 때를 기준으로 하여 판단하여야 하며 비록 항소장이 항소제기기간 내에 제1심 법원 이외의 법원에 제출되었다 하더라도 항소제기의 효력이 있는 것은 아니다(대결 1992.04.15. 92마146). 민사소송법 제367조의 규정에 의하면 항소는 제1심법원에 항소장을 제출하도록 규정되어 있으므로 항소에 있어 항소제기기간의 준수여부는 항소장이 제1심법원에 접수된 때를 기준으로 하여 판단하여야 한다(대결 1987.12.30. 87마1028). ▶ 재항고인은 1987.7.13 제1심판결정본을 송달받고 서울민사지방법원 북부지청 민사과 귀중이라고 기재한 봉투에 넣은 항소장을 우편으로 제출하여 같은 해 7.25자로 서울지방검찰청 북부지청에 접수되었는데 같은 지청에서는 이를 같은 해 7.28에야 제1심 법원에 송부하여 그 날짜로 위 법원에 접수된 사실이 명백하여 결국 이 사건 항소장은 항소제기기간이 경과한 후에 제1심법원에 접수된 것으로서 이 사건 항소는 부적법하다 할 것이므로 이와 같은 취지로 판단한 원심결정은 정당하다는 사례.
>
> 민사소송법 제397조(항소의 방식, 항소장의 기재사항) ① 항소는 항소장을 제1심 법원에 제출함으로써 한다.
> 민사소송법 제425조(항소심절차의 준용) 상고와 상고심의 소송절차에는 특별한 규정이 없으면 제1장의 규정을 준용한다.

정답

20년(3) 모의

19. 소장 부본부터 공시송달의 방법으로 송달되었고, 피고가 귀책사유 없이 소나 항소가 제기된 사실조차 모르는 상태에서 피고의 출석 없이 변론기일이 진행된 경우, 절대적 상고이유가 된다.

> **해설** 소장 부본부터 공시송달의 방법으로 송달되어 피고가 귀책사유 없이 소나 항소가 제기된 사실조차 모르고 있었고, 이러한 상태에서 피고의 출석 없이 원심 변론기일이 진행되어 제1심에서 일부 패소판결을 받은 피고가 자신의 주장에 부합하는 증거를 제출할 기회를 상실함으로써 당사자로서

절차상 부여된 권리를 침해당한 경우에는 당사자가 대리인에 의하여 적법하게 대리되지 않았던 경우와 마찬가지로 보아 민사소송법 제424조 제1항 제4호의 규정을 유추적용하여 절대적 상고이유가 되는 것으로 보아야 한다(대판 2011.04.28. 2010다98948).

> 민사소송법 제424조(절대적 상고이유) ① 판결에 다음 각호 가운데 어느 하나의 사유가 있는 때에는 상고에 정당한 이유가 있는 것으로 한다.
>   1. 법률에 따라 판결법원을 구성하지 아니한 때
>   2. 법률에 따라 판결에 관여할 수 없는 판사가 판결에 관여한 때
>   3. 전속관할에 관한 규정에 어긋난 때
>   4. 법정대리권·소송대리권 또는 대리인의 소송행위에 대한 특별한 권한의 수여에 흠이 있는 때
>   5. 변론을 공개하는 규정에 어긋난 때
>   6. 판결의 이유를 밝히지 아니하거나 이유에 모순이 있는 때

정답

13년(1)·14년(2) 모의

20. 당사자는 판결 선고 후 판결정본 송달 전에도 항소를 제기할 수 있다.

해설 민사소송법 제396조 제1항 참조.

> 민사소송법 제396조(항소기간) ① 항소는 판결서가 송달된 날부터 2주 이내에 하여야 한다. 다만, 판결서 송달전에도 할 수 있다.

정답

Ⅱ 재판장의 항소장심사권

20년(3) 모의

21. 상고이유서 제출기간이 지난 후에 제출된 상고이유보충서에 기재된 새로운 상고이유는 직권조사사항에 관한 것이라도 대법원이 심리할 수 없다.

해설 상고이유서 제출기간이 지난 후에 제출된 상고이유보충서에 기재된 상고이유는 그것이 기간 내에 제출된 상고이유서에서 이미 개진된 상고이유를 보충한 것이거나 직권조사사항에 관한 것이 아닌 새로운 주장을 포함하고 있을 때에는 그 새로운 주장은 적법한 상고이유로 삼을 수 없다(대판 1998.03.27. 97다55126).

정답 ×

17년(3) 모의

22. 항소장에 법률의 규정에 따른 인지를 붙이지 아니한 경우에는 원심재판장은 항소인에게 상당한 기간을 정하여 그 기간 이내에 흠을 보정하도록 명하여야 한다.

해설 민사소송법 제399조 제1항 참조.

민사소송법 제399조(원심재판장등의 항소장심사권) ① 항소장이 제397조제2항의 규정에 어긋난 경우와 항소장에 법률의 규정에 따른 인지를 붙이지 아니한 경우에는 원심재판장은 항소인에게 상당한 기간을 정하여 그 기간 이내에 흠을 보정하도록 명하여야 한다. 원심재판장은 법원사무관등으로 하여금 위 보정 명령을 하게 할 수 있다.

정답 O

Ⅲ 항소제기의 효력

17년(1)·21년(3) 모의

23. 제1심 판결에서 원고가 전부 승소하여 항소의 이익이 없는 경우에는 항소권을 가진 피고만 항소포기를 하면 원고의 항소기간이 만료하지 않았더라도 제1심 판결은 확정된다.

해설 상대방이 전부 승소하여 항소의 이익이 없는 경우에는 항소권을 가진 패소자만 항소포기를 하면 비록 상대방의 항소기간이 만료하지 않았더라도 제1심판결은 확정된다(대판 2006.05.02. 2005마933).

정답 O

14년(2) 모의

24. 1심에서 원고가 승소하였고, 가집행선고가 되었다면 피고는 항소를 제기하는 것과는 별도로 위 재판의 집행을 정지하는 절차를 따로 밟아야 한다.

해설 가집행의 선고가 붙은 판결에 대하여 피고가 항소한 경우, 별도로 민사소송법 제500조의 집행 정지 절차를 준용하여 가집행의 일시정지를 명하는 취지의 판결을 받아야 한다.

민사집행법 제49조(집행의 필수적 정지·제한) 강제집행은 다음 각호 가운데 어느 하나에 해당하는 서류를 제출한 경우에 정지하거나 제한하여야 한다.
 1. 집행할 판결 또는 그 가집행을 취소하는 취지나, 강제집행을 허가하지 아니하거나 그 정지를 명하는 취지 또는 집행처분의 취소를 명한 취지를 적은 집행력 있는 재판의 정본
 2. 강제집행의 일시정지를 명한 취지를 적은 재판의 정본
민사소송법 제501조(상소제기 또는 변경의 소제기로 말미암은 집행정지) 가집행의 선고가 붙은 판결에 대하여 상소를 한 경우 또는 정기금의 지급을 명한 확정판결에 대하여 제252조 제1항의 규정에 따른 소를 제기한 경우에는 제500조의 규정을 준용한다.
민사소송법 제500조(재심 또는 상소의 추후보완신청으로 말미암은 집행정지) ① 재심 또는 제173조에 따른 상소의 추후보완신청이 있는 경우에 불복하는 이유로 내세운 사유가 법률상 정당한 이유가 있다고 인정되고, 사실에 대한 소명이 있는 때에는 법원은 당사자의 신청에 따라 담보를 제공하게 하거나 담보를 제공하지 아니하게 하고 강제집행을 일시정지하도록 명할 수 있으며, 담보를 제공하게 하고 강제집행을 실시하도록 명하거나 실시한 강제처분을 취소하도록 명할 수 있다.
② 담보없이 하는 강제집행의 정지는 그 집행으로 말미암아 보상할 수 없는 손해가 생기는 것을 소명한 때에만 한다.
③ 제1항 및 제2항의 재판은 변론없이 할 수 있으며, 이 재판에 대하여는 불복할 수 없다.
④ 상소의 추후보완신청의 경우에 소송기록이 원심법원에 있으면 그 법원이 제1항 및 제2항의 재판을 한다.

정답 O

Ⅳ 항소의 취하

21년(2)·23년(2) 모의

25. 소취하는 소의 전부나 일부에 대하여 할 수 있지만 항소취하는 항소의 전부에 대하여만 허용되고 항소의 일부취하는 효력이 없다.

▸해설 항소의 취하는 항소의 전부에 대하여 하여야 하고 항소의 일부 취하는 효력이 없으므로 병합된 수개의 청구 전부에 대하여 불복한 항소에서 그중 일부 청구에 대한 불복신청을 철회하였더라도 그것은 단지 불복의 범위를 감축하여 심판의 대상을 변경하는 효과를 가져오는 것에 지나지 아니하고, 항소인이 항소심의 변론종결시까지 언제든지 서면 또는 구두진술에 의하여 불복의 범위를 다시 확장할 수 있는 이상 항소 자체의 효력에 아무런 영향이 없다(대판 2017.01.12. 2016다241249).

민사소송법 제266조(소의 취하) ① 소는 판결이 확정될 때까지 그 전부나 일부를 취하할 수 있다.
민사소송법 제393조(항소의 취하) ② 항소의 취하에는 제266조제3항 내지 제5항 및 제267조제1항의 규정을 준용한다. ▸ 민사소송법 제266조 제1항 준용 ✕

정답

21년(2) 모의

26. 소취하와 항소취하는 모두 종국판결 확정시까지 할 수 있다.

▸해설 민사소송법 제266조, 제393조 참조.

민사소송법 제266조(소의 취하) ① 소는 판결이 확정될 때까지 그 전부나 일부를 취하할 수 있다.
민사소송법 제393조(항소의 취하) ① 항소는 항소심의 종국판결이 있기 전에 취하할 수 있다.

정답

21년(2) 모의

27. 소취하와 항소취하가 각기 그 효력이 생기기 위해서는 상대방의 동의가 언제나 필요 없다.

▸해설 민사소송법 제266조, 제393조 참조.

민사소송법 제266조(소의 취하) ② 소의 취하는 상대방이 본안에 관하여 준비서면을 제출하거나 변론준비기일에서 진술하거나 변론을 한 뒤에는 상대방의 동의를 받아야 효력을 가진다.
민사소송법 제393조(항소의 취하) ② 항소의 취하에는 제266조제3항 내지 제5항 및 제267조제1항의 규정을 준용한다. ▸ 민사소송법 제266조 제2항은 준용 ✕

정답 ✕

21년(2) 모의

28. 본안에 대한 종국판결 선고 후에 소를 취하한 자는 언제나 동일한 소를 다시 제기할 수 없게 되는 효과가 발생하지만, 항소를 취하하면 원판결은 그대로 확정된다.

해설 민사소송법 제240조 제2항은 "본안에 대한 종국판결이 있은 후 소를 취하한 자는 동일한 소를 제기하지 못한다."라고 규정하고 있는바, 이는 소취하로 인하여 그 동안 판결에 들인 법원의 노력이 무용화되고 종국판결이 당사자에 의하여 농락당하는 것을 방지하기 위한 제재적 취지의 규정이므로, 본안에 대한 종국판결이 있은 후 소를 취하한 자라 할지라도 이러한 규정의 취지에 반하지 아니하고 소제기를 필요로 하는 정당한 사정이 있다면 다시 소를 제기할 수 있다(대판 1998.03.13. 95다48599). 항소취하가 있으면 소송은 처음부터 항소심에 계속되지 아니한 것으로 보게 되나(민사소송법 제393조 제2항, 제267조 제1항), 항소취하는 소의 취하나 항소권 포기와 달리 제1심 종국판결이 유효하게 존재하므로, 항소기간 경과 후에 항소취하가 있는 경우에는 항소기간 만료 시로 소급하여 제1심판결이 확정된다(대판 2017.09.21. 2017다233931).

정답

21년(2) 모의

29. 소취하와 항소취하는 반드시 서면으로 행해져야 하는 것은 아니지만, 항소취하가 서면으로 행해진 경우 그 서면이 법원에 제출되었을 때가 아니라 상대방에게 송달되었을 때 항소취하의 효력이 생긴다.

해설 적법한 항소취하서가 제출되면 그때에 취하의 효력이 발생하는 것이고, 민사소송법 제363조 제2항에서 같은법 제 239조 제4항을 준용하여 항소취하서를 상대방에게 송달하도록 한 취지는 항소취하를 알려주라는 뜻이지 그 통지를 항소취하의 요건 내지 효력으로 한다는 취지는 아니다(대판 1980.08.26. 80다376). ▶ 민사소송법 제266조, 제393조 참조.

민사소송법 제266조(소의 취하) ③ 소의 취하는 서면으로 하여야 한다. 다만, 변론 또는 변론준비기일에서 말로 할 수 있다.
민사소송법 제393조(항소의 취하) ② 항소의 취하에는 제266조제3항 내지 제5항 및 제267조제1항의 규정을 준용한다.

정답

20년(3) 모의

30. 상소권은 상소의 제기 이전에만 포기할 수 있다.

해설 민사소송법 제395조, 제425조 참조.

민사소송법 395조(항소권의 포기방식) ① 항소권의 포기는 항소를 하기 이전에는 제1심 법원에, 항소를 한 뒤에는 소송기록이 있는 법원에 서면으로 하여야 한다.
민사소송법 제425조(항소심절차의 준용) 상고와 상고심의 소송절차에는 특별한 규정이 없으면 제1장의 규정을 준용한다.

정답 ×

17년(1)·18년(1)·20년(2) 모의

31.
(1) 피고의 항소로 인한 항소심에서 원고가 소를 교환적으로 변경한 경우, 피고는 유효하게 항소를 취하할 수 있다.
(2) 제1심에서 원고 승소판결이 선고되었고 이에 대하여 피고가 추완항소를 제기하여 항소심 계속 중 원고는 청구의 교환적 변경을 하였고 피고는 이에 대해 이의하지 않았다면 그 후 피고가 항소를 취하한다 하더라도 항소취하는 그 대상이 없어 아무런 효력을 발생할 수 없다.
(3) 항소취하는 변론기일에서 말로 할 수 없다.
(4) 항소를 한 뒤의 항소권의 포기는 항소취하의 효력도 가진다.

해설 [1], [2] 피고의 항소로 인한 항소심에서 소의 교환적 변경이 적법하게 이루어졌다면 제1심판결은 소의 교환적 변경에 의한 소취하로 실효되고, 항소심의 심판대상은 새로운 소송으로 바뀌어지고 항소심이 사실상 제1심으로 재판하는 것이 되므로, 그 뒤에 피고가 항소를 취하한다 하더라도 항소취하는 그 대상이 없어 아무런 효력을 발생할 수 없다(대판 1995.01.24. 93다25875).
[3] 민사소송법 제393조 제1항, 제263조 제3항 참조.

민사소송법 제393조(항소의 취하) ① 항소는 항소심의 종국판결이 있기 전에 취하할 수 있다.
② 항소의 취하에는 제266조 제3항 내지 제5항 및 제267조제1항의 규정을 준용한다.
민사소송법 제266조(소의 취하) ① 소는 판결이 확정될 때까지 그 전부나 일부를 취하할 수 있다.
② 소의 취하는 상대방이 본안에 관하여 준비서면을 제출하거나 변론준비기일에서 진술하거나 변론을 한 뒤에는 상대방의 동의를 받아야 효력을 가진다.
③ 소의 취하는 서면으로 하여야 한다. 다만, 변론 또는 변론준비기일에서 말로 할 수 있다.

[4] 민사소송법 제395조 제3항 참조.

민사소송법 제395조(항소권의 포기방식) ③ 항소를 한 뒤의 항소권의 포기는 항소취하의 효력도 가진다.

정답  ×, ○, ×, ○

16년(3)·17년(3)·18년(1) 모의

32.
(1) 항소심 판결 선고 후에도 항소취하는 가능하다.
(2) 항소취하는 항소제기 후 항소심 변론종결시까지 할 수 있다.
(3) 항소는 항소심 종국판결 선고 전에 취하할 수 있으나 항소권은 포기할 수 없다.

해설 민사소송법 제393조 제1항, 제394조 참조.

민사소송법 제393조(항소의 취하) ① 항소는 항소심의 종국판결이 있기 전에 취하할 수 있다.
② 항소의 취하에는 제266조 제3항 내지 제5항 및 제267조제1항의 규정을 준용한다.
민사소송법 제394조(항소권의 포기) 항소권은 포기할 수 있다.

정답 ×, ×, ×

16년(3) 모의

33. 항소취하는 어느 때나 상대방의 동의가 필요 없다.

> 해설 항소심에서의 항소취하는 상대방의 동의가 필요 없다(대판 1971.10.22. 71다1965).

정답 ○

Ⅴ 부대항소

23년 변시

34. 제1심에서 원고의 청구가 일부인용되자 패소부분에 대하여 원고만 항소를 제기하고, 피고는 항소나 부대항소를 제기하지 않았음에도 원고의 항소가 기각되자 피고가 상고한 경우 그 상고는 상고의 이익이 없다.

> 해설 제1심에서 원고의 피고에 대한 청구가 일부인용되자 패소부분에 대하여 원고만 항소를 제기하고, 피고는 항소나 부대항소를 제기하지 않았다가 원고의 항소가 기각되자 피고가 상고한 경우 상고의 이익이 없어 부적법하다(대판 1992.12.08. 92다24431).

정답 ○

23년 변시, 18년(3) 모의

35. (1) 피항소인이 부대항소를 할 수 있는 범위는 항소인이 주된 항소에 의하여 불복한 범위에 의하여 제한된다.
(2) 甲과 乙 간의 소송에서, 甲의 항소에 대응하여 乙이 적법하게 부대항소를 제기한 경우에는 甲의 승소부분도 항소심의 심판대상이 되어 취소될 수 있다.

> 해설 부대항소란 피항소인의 항소권이 소멸하여 독립하여 항소를 할 수 없게 된 후에도 상대방이 제기한 항소의 존재를 전제로 이에 부대하여 원판결을 자기에게 유리하게 변경을 구하는 제도로서, 피항소인이 부대항소를 할 수 있는 범위는 항소인이 주된 항소에 의하여 불복을 제기한 범위에 의하여 제한을 받지 아니한다(대판 1999.11.26. 99므1596).

23년 변시, 19년(3) 모의

36. (1) 제1심에서 원고가 전부 승소하여 피고만이 항소한 경우에 원고는 항소심에서도 청구취지를 확장할 수 있고 이는 부대항소를 한 것으로 의제된다.
(2) 피고만이 항소한 항소심에서 원고가 청구취지를 확장·변경하여 항소심이 제1심판결의 인용금액을 초과하여 원고의 청구를 인용할 수 있다.

> 해설 피고만이 항소한 항소심에서 원고가 청구취지를 확장변경한 경우에는 그에 의하여 피고에게 불리하게 되는 한도에서 부대항소를 한 취지라고 볼 것이므로, 항소심이 1심판결의 인용금액을 초과하여 원고청구를 인용하더라도 불이익변경금지의 원칙에 위배되지 않는다(대판 1991.09.24. 91다21688).

정답 ○, ○

18년(3) 모의

37. 부대항소도 항소의 일종이므로 항소요건을 갖추어야 한다.

> 해설 학설·판례는 부대항소를 항소와는 다른 성질의 것으로 보는 입장이다(비항소설). 즉 부대항소를 항소로 보지 않고 항소기각의 단순한 방어적 신청과는 달리 제1심 판결 이상으로 자기에게 유리한 판결을 구하는 공격적 신청으로 보며 이러한 부대항소에는 항소의 이익을 요구하지 아니한다(김홍엽, 민사소송법 제7판, p.1141).

정답 ×

18년(3) 모의

38. 일부인용된 제1심 판결에 대해 항소가 제기된 후 항소제기기간 경과 후 부대항소가 제기되었다면 항소인은 항소를 취하하지 못한다.

> 해설 항소인은 항소심의 종국판결이 있기 전에 항소를 취하할 수 있으며 이는 부대항소가 있는 경우에도 마찬가지이다. 다만 부대항소인이 독립하여 항소기간 내에 제기한 부대항소는 독립한 항소로 보기 때문에 항소가 취하·각하되더라도 독립된 항소로서의 요건을 구비한때에는 부대항소의 효력을 잃지 아니한다(김홍엽, 민사소송법 제7판, p.1146).

정답 ×

18년(3) 모의

39. 甲과 乙, 丙 사이의 통상공동소송에서 패소한 甲이 乙만을 상대로 항소를 제기한 후 항소제기기간이 경과하여도 丙은 甲을 상대로 부대항소를 제기할 수 있다.

> 해설 통상의 공동소송에 있어 공동당사자 일부만이 항소를 제기한 때에는 피항소인은 항소인인 공동소송인 이외의 다른 공동소송인을 상대방으로 하거나 상대방으로 보태어 부대항소를 제기할 수는 없다(대판 2015.04.23. 2014다89287).

정답

18년(3)·20년(1) 모의

40. (1) 제1심에서 전부 승소한 원고도 피고의 항소로 항소심 계속 중 그 청구취지를 확장·변경할 수 있다.
(2) 부대항소는 청구취지확장 등의 방법으로는 할 수 없고, 명시적으로 부대항소임을 밝혀 제기하여야 한다.

해설 제1심에서 전부 승소한 원고도 항소심 계속 중 그 청구취지를 확장·변경할 수 있고, 그것이 피고에게 불리하게 하는 한도 내에서는 부대항소를 한 취지로도 볼 수 있다(대판 1995.06.30. 94다58261).

17년(1) 모의

41. 제1심 판결에 대하여 피고가 항소를 하고 원고가 부대항소를 하여 항소심의 종국판결이 있은 후 그 종국판결이 상고심에서 파기되어 사건이 다시 항소심에 환송된 경우, 피고는 항소를 취하할 수 없다.

해설 항소는 항소심의 종국판결이 있기 전에 취하할 수 있는 것으로서(민사소송법 제363조 제1항), 일단 항소심의 종국판결이 있은 후라도 그 종국판결이 상고심에서 파기되어 사건이 다시 항소심에 환송된 경우에는 먼저 있은 종국판결은 그 효력을 잃고 그 종국판결이 없었던 것과 같은 상태로 돌아가게 되므로 새로운 종국판결이 있기까지는 항소인은 피항소인이 부대항소를 제기하였는지 여부에 관계없이 항소를 취하할 수 있고, 그 때문에 피항소인이 부대항소의 이익을 잃게 되어도 이는 그 이익이 본래 상대방의 항소에 의존한 은혜적인 것으로 주된 항소의 취하에 따라 소멸되는 것이어서 어쩔 수 없다 할 것이므로, 이미 부대항소가 제기되어 있다 하더라도 주된 항소의 취하는 그대로 유효하다(대판 1995.03.10. 94다51543).

정답

16년(3) 모의

42. 부대항소는 항소심 변론종결시까지 제기하여야 한다.

해설 민사소송법 제403조 참조.

민사소송법 제403조(부대항소) 피항소인은 항소권이 소멸된 뒤에도 변론이 종결될 때까지 부대항소(附帶抗訴)를 할 수 있다.

16년(3)·17년(3) 모의

43. (1) 부대항소는 주된 항소가 취하되면 그 효력을 잃는다.

(2) 피항소인은 항소권이 소멸되기 전에도 부대항소를 할 수 있는데 이 경우는 독립적인 항소로 취급된다.

해설 민사소송법 제404조 참조.

민사소송법 제404조(부대항소의 종속성) 부대항소는 항소가 취하되거나 부적법하여 각하된 때에는 그 효력을 잃는다. 다만, 항소기간 이내에 한 부대항소는 독립된 항소로 본다.

정답

14년(3)·16년(3) 모의

44. (1) 피항소인은 항소기간이 도과한 후라도 청구의 변경 또는 반소의 제기를 위한 부대항소를 할 수 있다.

(2) 원심판결에서 전부승소한 피항소인도 청구의 확장이나 반소의 제기의 방법으로 부대항소할 수 있다.

해설 제1심에서 원고가 전부 승소하여 피고만이 항소한 경우에 원고(피항소인)는 항소심에서도 청구취지를 확장할 수 있고 이는 부대항소를 한 것으로 의제된다(대판 1992.12.08. 91다43015).

판례 제1심에서 전부 승소한 원고도 항소심 계속중 그 청구취지를 확장·변경할 수 있고, 그것이 피고에게 불리하게 하는 한도 내에서는 부대항소를 한 취지로도 볼 수 있다(대판 1995.06.30. 94다58261).

정답

❖ 선택형 사례문제

문 1

20년(2)·23년(3) 모의

甲은 乙을 상대로 주위적으로 X 토지에 대하여 매매를 원인으로 한 소유권이전등기절차의 이행을 구하고, 예비적으로는 위 매매계약이 무효일 경우에 대비하여 1억 원의 손해배상금의 지급을 구하는 소를 제기하였다. 제1심 법원은 주위적 청구를 기각하고 예비적 청구를 인용하는 판결을 선고하였다. 이에 관한 설명 중 옳지 않은 것은?

① 甲과 乙이 판결 선고 전에 미리 상소하지 않기로 서면으로 명백하게 합의한 경우 위의 판결은 선고와 동시에 확정된다.
② 위 판결에 대해 乙만이 항소를 제기한 경우 항소심 법원은 부대항소를 제기하지 않은 甲에게 결과적으로 제1심 판결보다 유리한 내용으로 판결을 변경할 수 있다.
③ 위 판결에 대해 甲이 항소를 제기하고 乙이 항소기간 내에 부대항소를 제기한 경우 항소심 법원이 甲의 항소를 각하하더라도 乙의 부대항소는 효력을 상실하지 않는다.
④ 위 판결에 대해 甲만이 항소를 제기한 경우 甲은 乙의 동의 없이 항소를 취하할 수 있다
⑤ 위 판결에 대해 甲이 항소를 제기하고 乙이 항소기간을 도과하여 부대항소를 제기한 경우 乙은 甲의 동의 없이 부대항소를 취하할 수 있다.

해설 항소·부대항소

① (○) 구체적인 어느 특정법률관계에 관하여 당사자쌍방이 제1심판결선고전에 미리 항소하지 아니하기로 합의하였다면, 제1심판결은 선고와 동시에 확정되는 것이므로, 그 판결선고 후에는 당사자의 합의에 의하더라도 그 불항소합의를 해제하고, 소송계속을 부활시킬 수 없음은 소론과 같다 할 것이나 불항소의 합의는 심급제도의 이용을 배제하여 간이 신속하게 분쟁을 해결하고자 하는 당사자의 의사를 존중하여 인정되는 제도이므로, 당사자의 일방만이 항소를 하지 아니하기로 약정하는 합의는 공평에 어긋나 불항소 합의로서의 효력이 없다 할 것이다(대판 1987.06.23. 86다카2728).

② (X) 제1심 법원이 원고들의 주위적 청구와 예비적 청구를 병합 심리한 끝에 주위적 청구는 기각하고 예비적 청구만을 인용하는 판결을 선고한 데 대하여 피고만이 항소한 경우, 항소제기에 의한 이심의 효력은 당연히 사건 전체에 미쳐 주위적 청구에 관한 부분도 항소심에 이심되는 것이지만, 항소심의 심판범위는 이에 관계없이 피고의 불복신청의 범위에 한하는 것으로서 예비적 청구를 인용한 제1심 판결의 당부에 그치고 원고들의 부대항소가 없는 한 주위적 청구는 심판대상이 될 수 없다(대판 1995.02.10. 94다31624). ▶ 원고 甲의 주위적 청구기각 예비적 청구 인용의 1심판결에 대해 피고 乙만이 항소하고 원고 甲의 부대항소가 없는 이상 항소심의 심판범위는 예비적 청구인 1억원의 손해배상금 지급 청구 한정되고 주위적 청구인 소유권이전등기절차 이행 청구는 심판대상이 될 수 없으므로 제1심 판결보다 유리한 내용으로 변경할 수는 없다.

③ (○) 민사소송법 제404조 참조.

> **민사소송법 제404조(부대항소의 종속성)** 부대항소는 항소가 취하되거나 부적법하여 각하된 때에는 그 효력을 잃는다. 다만, 항소기간 이내에 한 부대항소는 독립된 항소로 본다.

▶ 甲이 적법한 항소를 제기하고 乙은 항소기간 내에 부대항소를 제기하여 부대항소가 독립항소로서 요건을 갖춘 때 독립된 항소로 간주되어 항소심 법원이 甲의 항소를 각하하더라도 乙이 제기한 부대항소는 실효되지 아니한다.

④ (○) 민사소송법 제393조 제2항, 제266조제2항 참조.

> **민사소송법 제393조(항소의 취하)** ① 항소는 항소심의 종국판결이 있기 전에 취하할 수 있다.
> ② 항소의 취하에는 제266조제3항 내지 제5항 및 제267조제1항의 규정을 준용한다.
> **민사소송법 제266조(소의 취하)** ① 소는 판결이 확정될 때까지 그 전부나 일부를 취하할 수 있다.
> ② 소의 취하는 상대방이 본안에 관하여 준비서면을 제출하거나 변론준비기일에서 진술하거나 변론을 한 뒤에는 상대방의 동의를 받아야 효력을 가진다.

▶ 민사소송법 제393조 제2항에서는 제266조 제2항을 준용치 않으므로 甲은 乙의 동의없이 항소를 취하할 수 있다.

⑤ (○) 민사소송법 제405조, 제393조 제2항 참조.

> **민사소송법 제393조(항소의 취하)** ① 항소는 항소심의 종국판결이 있기 전에 취하할 수 있다.
> ② 항소의 취하에는 제266조제3항 내지 제5항 및 제267조제1항의 규정을 준용한다.
> **제405조(부대항소의 방식)** 부대항소에는 항소에 관한 규정을 적용한다.

▶ 부대항소는 항소를 준용하므로(제405조) 항소취하와 마찬가지로 부대항소를 취하하는 경우에도 상대방의 동의가 필요없다(제393조 2항에서 제266조 제2항 불준용).

정답 ②

제3절 항소심의 심리

I 항소의 적법성의 심리

17년(1) 모의

45. 당사자 사이에 제1심 판결에 무조건 승복하여 서로 항소를 하지 않기로 하는 합의가 있었는지 여부는 직권조사사항이 아니다.

해설 불항소 합의의 유무는 항소의 적법요건에 관한 것으로서 법원의 직권조사 사항이다(대판 1980.01.29. 79다2066).

정답 ×

 21년 변시, 17년(1) 모의

46. (1) 원고의 주위적 청구를 기각하면서 예비적 청구를 일부 인용한 항소심 판결에 대하여 피고만 상고하고 원고는 상고도 부대상고도 하지 않은 경우, 피고의 상고가 이유 있는 때에는 상고법원은 위 예비적 청구에 관한 피고 패소 부분만 파기하는 판결을 선고하여야 하고, 위 주위적 청구 부분은 위 상고법원 판결선고와 동시에 확정된다.
(2) 제1심에서 주위적 청구를 기각하고 예비적 청구를 인용한 판결에 대하여 피고만이 항소한 경우, 원고로부터 부대항소가 없으면 주위적 청구는 항소심의 심판대상이 아니다.

해설 원고의 주위적 청구를 기각하면서 예비적 청구를 일부 인용한 환송 전 항소심판결에 대하여 피고만이 상고하고 원고는 상고도 부대상고도 하지 않은 경우에, 주위적 청구에 대한 항소심판단의 적부는 상고심의 조사대상으로 되지 아니하고 환송 전 항소심판결의 예비적 청구 중 피고 패소 부분만이 상고심의 심판대상이 되는 것이므로, 피고의 상고에 이유가 있는 때에는 상고심은 환송 전 항소심판결 중 예비적 청구에 관한 피고 패소 부분만 파기하여야 하고, 파기환송의 대상이 되지 아니한 주위적 청구부분은 예비적 청구에 관한 파기환송판결의 선고와 동시에 확정되며 그 결과 환송 후 원심에서의 심판범위는 예비적 청구 중 피고 패소 부분에 한정된다(대판 2001.12.24. 2001다62213).

정답 ○, ○

II 본안심리

17년(1) 모의

47. 환송 후 항소심에서 소송당사자는 새로운 사실과 증거를 제출할 수 있지만 청구를 확장할 수는 없다.

해설 환송 후 항소심의 소송절차는 환송 전 항소심의 속행이므로 당사자는 원칙적으로 새로운 사실과 증거를 제출할 수 있음은 물론, 소의 변경, 부대항소의 제기 이외에 청구의 확장 등 그 심급에서 허용되는 모든 소송행위를 할 수 있고, 이러한 이유로 또한 민사소송법에는 형사소송법 제368조와 같은 불이익변경의 금지 규정도 없는 이상, 환송전의 판결보다 상고인에게 불리한 결과가 생기는 것은 불가피하다(대판 1991.11.22. 91다18132).

정답

제4절 항소심의 종국판결

21년(3) 모의

48. 제1심 판결에 대해 원고만이 항소를 제기하고 피고는 항소 또는 부대항소를 제기하지 않은 경우, 항소법원이 제1심 판결을 부당하다고 인정하더라도 그 판결을 원고의 불이익으로 변경하는 것은 허용될 수 없다.

해설 항소심은 당사자의 불복신청 범위내에서 제1심 판결의 당부를 판단할 수 있을 뿐이므로 설사 제1심 판결이 부당하다고 인정되는 경우라 하더라도 그 판결을 불복당사자의 불이익으로 변경하는 것은 당사자가 신청한 불복의 한도를 넘어 제1심 판결의 당부를 판단하는 것이 되어 허용될 수 없다(대판 1983.12.27. 83다카1503).

민사소송법 제415조(항소를 받아들이는 범위) 제1심 판결은 그 불복의 한도안에서 바꿀 수 있다. 다만, 상계에 관한 주장을 인정한 때에는 그러하지 아니하다.

정답

21년(3) 모의

49. 원고의 수 개의 청구 중 하나의 청구를 인용하고 나머지 청구를 기각한 제1심 판결에 대하여 원고만이 항소를 제기하고 피고가 부대항소를 하지 아니하였다면, 항소법원이 원고가 불복하지 않은 청구에 대하여 확인의 이익의 유무를 조사하여 원고의 청구를 각하하는 것은 위법하다.

해설 원고의 수 개의 청구 중 하나의 청구를 인용하고 나머지 청구를 기각한 제1심판결에 대하여 원고만이 항소를 제기하고 피고가 부대항소를 하지 아니하였다고 하더라도 원고 승소 부분은 원고의 항소로 인하여 항소심에 이심되는 것이고, 제1심판결의 변경은 불복신청의 한도에서 할 수 있다는 민사소송법 제385조의 규정은 법원이 당사자의 신청과는 관계없이 직권으로 조사하여야 할 사항에는 그 적용이 없는 것이므로, 항소심이 원고들이 불복하지 않은 청구에 대하여도 확인의 이익의 유무를 조사하여 원고들의 청구를 각하한 조치는 정당하고, 불이익변경금지의 원칙에 반하지 않는다(대판 1995.07.25. 95다14817).

정답

21년(3) 모의

50. 재산상 손해배상청구와 위자료청구를 병합하여 제기된 사건에서 항소법원이 제1심 판결에 대해 항소하지 아니한 원고에 대하여 제1심 판결보다 더 많은 위자료의 지급을 명하는 것은 위법하다.

해설 재산상 손해배상청구와 위자료청구는 소송물이 동일하지 아니한 별개의 청구이므로 원심이 1심 판결에 대하여 항소하지 아니한 원고에 대하여 1심 판결보다 더 많은 위자료의 지급을 명하였음은 위법하다(대판 1980.07.08. 80다1192).

정답 O

21년 변시, 19년(3) 모의

51. (1) 甲이 乙을 대위하여 丙을 상대로 소유권이전등기청구의 소를 제기하였다. 제1심법원은 甲의 乙에 대3한 피보전채권이 존재하지 않는다는 이유로 소각하 판결을 선고하였다. 甲이 항소를 제기하여 항소심 심리결과 甲이 乙에 대한 피보전채권은 있으나, 乙의 丙에 대한 피대위채권이 존재하지 아니한 것으로 판단하는 경우 항소심 법원은 甲의 항소를 기각하여야 한다.

(2) 제1심 법원이 원고가 청구한 채권의 발생을 인정한 후 피고의 상계항변을 받아들여 원고의 청구를 전부 기각하였는데 원고만 항소한 경우, 항소법원이 원고가 청구한 채권의 발생이 인정되지 않는다는 이유로 원고의 청구를 기각하는 것은 허용되지 않는다.

(3) 피고의 상계항변을 인용한 제1심 판결에 대하여 피고만 항소한 경우, 항소법원이 피고의 상계항변을 판단함에 있어 제1심 법원이 자동채권으로 인정하였던 부분을 인정하지 아니하고 그 부분에 관하여 피고의 상계항변을 배척하는 것은 허용되지 않는다.

(4) 주위적 청구기각, 예비적 청구인용의 원판결에 대하여 피고만이 불복 상고하여 예비적 청구부분이 파기환송된 경우 주위적 청구 부분은 환송심의 심판대상이 되지 않는다.

해설 [1] 제1심 법원에서 피보전채권의 부존재를 이유로 소각하 판결을 하였으나, 항소심법원에서 피보전채권은 존재하나 피대위채권이 부존재한 경우 항소를 인용하여 제1심판결을 취소하고 원고청구기각을 할 경우 불이익변경금지원칙에 반하므로, 판례는 항소를 기각하고 있다.

참조판례 구 국가배상법을 적용하여 배상심의회의 배상결정 등을 거치지 아니하였다는 이유로 소를 각하한 원심에 대하여 원고들만이 상고한 사건에서, 원심이 적법하게 인정한 사실에 의하더라도 원심의 청구가 기각될 것이 분명하여 불이익변경금지의 원칙에 따라 원심판결을 파기하는 대신 상고를 기각한 사례(대판 2001.09.07. 99다50392).

[2] 원고가 청구한 채권의 발생을 인정한 후 피고가 한 상계항변을 받아들여 원고 청구의 전부 또는 일부를 기각한 제1심판결에 대하여 원고만이 항소한 경우, 항소심이 원고가 청구한 채권의 발생이 인정되지 않는다는 이유로 원고의 청구를 기각할 수 없다(대판 2011.10.13. 2011다51205). ▶ 원고청

구를 기각할 경우 불복한 당사자의 불복범위를 넘어 제1심판결의 당부를 판단한 것이어서 심판의 범위를 벗어난 것일 뿐 아니라 항소인인 원고에게 불이익하게 제1심판결을 변경하는 것이 되어 허용될 수 없다(판결이유 중).

[3] 피고의 상계항변을 인용한 제1심 판결에 대하여 피고만이 항소하고 원고는 항소를 제기하지 아니하였는데, 항소심이 피고의 상계항변을 판단함에 있어 제1심이 자동채권으로 인정하였던 부분을 인정하지 아니하고 그 부분에 관하여 피고의 상계항변을 배척하였다면, 그와 같이 항소심이 제1심과는 다르게 그 자동채권에 관하여 피고의 상계항변을 배척한 것은 항소인인 피고에게 불이익하게 제1심 판결을 변경한 것에 해당한다(대판 1995.09.29. 94다18911).

[4] 제1심 법원이 원고 최정애를 제외한 나머지 원고들의 이 사건 주위적 청구와 예비적 청구를 병합심리한 끝에 주위적 청구는 기각하고 예비적 청구만을 인용하는 판결을 선고한 데 대하여 피고만이 항소하였음이 분명하다. 이러한 경우 항소제기에 의한 이심의 효력은 당연히 사건 전체에 미쳐 주위적 청구에 관한 부분도 항소심에 이심되는 것이지만, 항소심의 심판범위는 이에 관계없이 피고의 불복신청의 범위에 한하는 것으로서 예비적 청구를 인용한 제1심판결의 당부에 그치고 위 원고들의 부대항소가 없는 한 주위적 청구는 심판대상이 될 수 없는 것이다(대판 1967.09.05. 67다1323). 따라서 그 판결에 대한 상고심의 심판대상도 당연히 예비적 청구 부분에 한정되는 것이므로 그에 대한 이 사건 환송판결 후 원심이 위 원고들의 주위적 청구 부분에 대하여는 전혀 판단하지 않고 막바로 예비적 청구 부분에 대하여만 판단하였다고 하여, 거기에 소송절차상의 무슨 위법이 있다 할 수 없다(대판 1995.02.10. 94다31624).

정답 O, O, O, O

18년(1) 모의

52. 원고의 구상금 청구에 대하여 구상금 채권이 인정되지 않는다는 이유로 원고의 청구를 기각하자, 원고가 항소하였는데, 항소심 법원이 원고의 구상금채권은 인정하면서도 피고의 상계항변에 의하여 구상금채권이 소멸되었다고 판단하는 경우 원고의 항소를 기각하여야 한다.

해설 이 사건에서 제1심은 원고의 구상금채권 자체를 인정하지 아니하여 원고의 청구를 기각하였음에 반하여, 원심은 원고의 구상금채권은 인정하면서도 피고의 상계항변을 받아들인 결과 원고의 청구를 기각한 제1심판결이 정당하다고 하여 원고의 항소를 기각하였다. 그러나 소구채권 그 자체를 부정하여 원고의 청구를 기각한 제1심판결과 소구채권은 인정하면서도 상계항변을 받아들인 결과 원고의 청구를 기각한 원심판결은 민사소송법 제216조에 따라 기판력의 범위를 서로 달리하므로, 원심으로서는 그 결론이 같다고 하여 원고의 항소를 기각할 것이 아니라 제1심판결을 취소하고 다시 원고의 청구를 기각하는 판결을 하여야 한다(대판 2013.11.14. 2013다46023).

정답

🕐 14년·17년 변시, 20년(2)·21년(3) 모의

53. **(1) 제1심에서 원고가 전부 승소하여 피고만이 항소한 경우에 원고는 항소심에서 청구취지를 확장할 수 없다.**

(2) 피고만이 항소한 항소심에서 원고가 청구취지를 확장한 경우에는 그에 의하여 피고에게 불리하게 되는 한도 내에서 부대항소를 한 취지로 보아 항소법원이 제1심 판결의 인용금액을 초과하여 원고의 청구를 인용하더라도 불이익변경금지의 원칙에 반하는 것은 아니다.

> 해설 원고의 청구가 모두 인용된 제1심판결에 대하여 피고가 지연손해금 부분에 대하여만 항소를 제기하고, 원금 부분에 대하여는 항소를 제기하지 아니하였다고 하더라도 제1심에서 전부 승소한 원고가 항소심 계속중 부대항소로서 청구취지를 확장할 수 있는 것이므로, 항소심이 원고의 부대항소를 받아들여 제1심판결의 인용금액을 초과하여 원고 청구를 인용하였더라도 거기에 불이익변경금지의 원칙이나 항소심의 심판범위에 관한 법리오해의 위법이 없다(대판 2003.09.26. 2001다68914).

정답 ×, ○

14년(1) 모의

54. **피고만이 항소기간 내에 항소를 제기하였더라도 원고는 항소심절차가 진행되는 동안 원래의 청구금액을 증액할 수 있다.**

> 해설 피고만이 항소한 항소심에서 원고가 청구취지를 확장·변경한 경우에는 그에 의하여 피고에게 불리하게 되는 한도에서 부대항소를 한 취지라고 볼 것이므로, 항소심이 1심판결의 인용금액을 초과하여 원고청구를 인용하더라도 불이익변경금지의 원칙에 위배되지 않는다(대판 1991.09.24. 91다21688).

정답 ○

법무부(2) 모의

55. **원고가 제1심에서 금원의 수령과 동시에 소유권이전등기의 말소를 구하여 승소판결을 받았는데 이에 대하여 피고만이 항소를 제기한 경우 항소심에서 원고가 금원 수령과의 동시 이행부분을 철회한 것을 부대 항소로 보아 등기말소 청구만을 인용하는 변경 판결을 한 것은 불이익변경금지의 원칙에 위배되지 아니한다.**

> 해설 원고가 제1심에서 금원의 수령과 동시에 소유권이전등기의 말소를 구하여 승소판결을 받았는데 이에 대하여 피고만이 항소를 제기한 경우 항소심에서 원고가 금원 수령과의 동시이행부분을 철회한 것을 부대 항소로 보아 등기말소 청구만을 인용하는 변경 판결을 한 것은 불이익변경금지의 원칙에 위배되지 아니한다(대판 1979.08.31. 79다892).

정답 ○

14년(3)·15년(1) 모의

56. (1) 변제를 이유로 제1심에서 청구기각판결을 받은 원고의 대여금청구에 대하여 원고만이 항소하였는데, 시효 소멸을 이유로 항소를 기각한 항소심판결은 불이익변경금지의 원칙에 위배된다.

(2) 제1심 판결의 이유가 정당하지 아니한 경우에도 다른 이유에 따라 그 판결이 정당하다고 인정되는 때에는 항소를 기각하여야 한다.

해설 ㉠ 항소법원은 상대방으로부터 항소·부대항소가 없는 한, 불복하는 항소인에게 제1심판결보다 더 불리하게 변경할 수도 없다(불이익변경금지의 원칙). 항소심은 당사자의 불복신청의 범위 내에서 제1심판결의 당부를 판단할 수 있을 뿐이기 때문이다(민사소송법 제415조 본문). ㉡ 불이익변경금지에서 유리·불리의 판결은 기판력의 범위를 그 기준으로 한다. 따라서 기판력이 미치는 판결의 주문에 영향을 미치는 경우에만 위 원칙이 작용하고 기판력이 생기지 아니하는 판결이유 등의 판단에는 불이익변경금지의 원칙이 적용되지 아니한다. 다만 상계의 항변은 판결이유 중의 판단이지만 예외적으로 기판력이 발생하므로(민사소송법 제216조 제2항), 불이익변경의 문제가 발생할 수 있다. ㉢ 항소가 이유 없어 원판결을 유지하는 경우에는 항소법원은 판결로서 항소기각을 한다. 또한 제1심판결이 부당하다고 인정한 때에 항소법원은 판결로서 원판결을 취소하고, 스스로 제1심에 갈음하여 소에 대하여 종국적 해결의 재판을 하는 것이 원칙이다(민사소송법 제416조). 다만 제1심판결이 그 이유는 부당하다고 하여도 다른 이유로 정당하다고 인정할때에는 항소기각판결을 선고하여야 한다(민사소송법 제414조 제2항). 이는 판결의 기판력은 판결이유중의 판단에는 생기지 않는 것을 원칙으로 함을 전제로 규정된 것이다. ㉣ 따라서 사안의 경우 원고의 대여금청구에 대한 변제를 이유로 한 제1심의 청구기각판결에 대하여 원고만이 항소한 경우 시효소멸을 이유로 한 항소기각의 판결의 의미는 비록 제1심에서의 판결이유인 변제사실에 대하여는 부당하다고 하여도, 다른 이유인 시효소멸은 이유가 있음을 의미한다는 뜻이다. 비록 그렇다고 하여도 이 경우 항소심법원은 제1심판결이 부당하므로 항소인용판결을 하는 것이 아니라 민사소송법 제414조 제2항(제1심판결이 그 이유는 부당하다고 하여도 다른 이유로 정당하다고 인정할 때에는 항소기각판결을 선고해야 한다)에 따라 항소기각판결을 선고해야 한다. 전술한 바와 같이 이유 중 판단에는 원칙적으로 불이익변경금지가 적용되지 않기 때문이다.

민사소송법 제414조(항소기각) ① 항소법원은 제1심 판결을 정당하다고 인정한 때에는 항소를 기각하여야 한다.
② 제1심 판결의 이유가 정당하지 아니한 경우에도 다른 이유에 따라 그 판결이 정당하다고 인정되는 때에는 항소를 기각하여야 한다.
민사소송법 제415조(항소를 받아들이는 범위) 제1심 판결은 그 불복의 한도안에서 바꿀 수 있다. 다만, 상계에 관한 주장을 인정한 때에는 그러하지 아니하다.
민사소송법 제416조(제1심 판결의 취소) 항소법원은 제1심 판결을 정당하지 아니하다고 인정한 때에는 취소하여야 한다.

정답 ×, ○

15년(1)·22년(3) 모의

57. 제1심에서 피고의 상계항변을 받아들여 원고의 대여금청구를 기각하는 판결에 대하여 원고만이 항소하였는데, 금전대여 사실을 부정하면서 항소를 기각한 항소심판결은 불이익변경금지의 원칙에 위배된다.

 항소심은 당사자의 불복신청범위 내에서 제1심판결의 당부를 판단할 수 있을 뿐이므로, 설사 제1심판결이 부당하다고 인정되는 경우라 하더라도 그 판결을 불복당사자의 불이익으로 변경하는 것은 당사자가 신청한 불복의 한도를 넘어 제1심판결의 당부를 판단하는 것이 되어 허용될 수 없는 바(대판 2005.08.19. 2004다8197), 제1심판결이 원고가 청구한 채권의 발생을 인정한 후 피고가 한 상계항변을 받아들여 원고의 청구를 기각하고 이에 대하여 원고만이 항소한 경우에 항소심이 제1심과는 다르게 원고가 청구한 채권의 발생이 인정되지 않는다는 이유로 원고의 청구를 기각하는 것은 항소인인 원고에게 불이익하게 제1심판결을 변경하는 것이 되어 허용되지 아니한다(대판 2010.12.23. 2010다67258).

정답 ○

15년(1) 모의

58. 대여금청구사건에서 피고의 상계항변을 인용한 제1심판결에 대하여 피고만이 항소하였는데, 제1심에서 상계된 자동채권으로 인정하였던 부분이 인정되지 않는다는 이유로 상계 항변을 배척하면서 항소를 기각한 항소심판결은 불이익변경금지의 원칙에 위배된다.

 피고의 상계항변을 인용한 제1심 판결에 대하여 피고만이 항소하고 원고는 항소를 제기하지 아니하였는데, 항소심이 피고의 상계항변을 판단함에 있어 제1심이 자동채권으로 인정하였던 부분을 인정하지 아니하고 그 부분에 관하여 피고의 상계항변을 배척하였다면, 그와 같이 항소심이 제1심과는 다르게 그 자동채권에 관하여 피고의 상계항변을 배척한 것은 항소인인 피고에게 불이익하게 제1심 판결을 변경한 것에 해당한다(대판 1995.09.29. 94다18911).

정답 ○

1(1) 모의

59. 동시이행판결을 내렸던 제1심판결에 대하여 피고만이 항소하였는데, 원고가 부담할 반대급부의 금액만을 감축한 항소심판결은 불이익변경금지의 원칙에 위배된다.

 사안은 건물매매계약의 매수인이 아직 대금을 지급하지 않은 상태에서 매도인을 상대로 건물인도청구의 소를 제기하였으나 매도인이 대금지급의 동시이행항변권을 행사하여 제1심 법원이 매도인은 매수인으로부터 1억 원을 지급받음과 동시에 건물을 인도하라는 상환이행판결을 한 경우, 피고 매도인만이 항소를 하였고, 이에 대해 원고인 매수인이 부담할 반대급부의 액수인 1억 원에 대해 5천만 원으로 금액만을 감축한 항소심판결에 대해 불이익변경금지원칙의 위반여부가 문제된 사안이다.

판례 항소심은 당사자의 불복신청범위 내에서 제1심판결의 당부를 판단할 수 있을 뿐이므로, 설사 제1심판결이 부당하다고 인정되는 경우라 하더라도 그 판결을 불복당사자의 불이익으로 변경하는 것은 당사자가 신청한 불복의 한도를 넘어 제1심판결의 당부를 판단하는 것이 되어 허용될 수 없다 할 것인바, 원고만이 항소한 경우에 항소심으로서는 제1심보다 원고에게 불리한 판결을 할 수는 없고, 한편 불이익하게 변경된 것인지 여부는 기판력의 범위를 기준으로 하나 공동소송의 경우 원·피고별로 각각 판단하여야 하고, 동시이행의 판결에 있어서는 원고가 그 반대급부를 제공하지 아니하고는 판결에 따른 집행을 할 수 없어 비록 피고의 반대급부이행청구에 관하여 기판력이 생기지 아니하더라도 반대급부의 내용이 원고에게 불리하게 변경된 경우에는 불이익변경금지 원칙에 반하게 된다(대판 2005.08.19. 2004다8197).

정답 ○

 13년 변시

60. 소가 부적법하다는 이유로 각하를 한 제1심 판결에 대하여 원고만이 항소하고 피고는 부대항소를 하지 않은 경우, 항소심이 소 자체는 적법하지만 청구기각할 사안이라고 판단할 때에는 항소기각 판결을 해야 한다.

해설 구 국가배상법을 적용하여 배상심의회의 배상결정 등을 거치지 아니하였다는 이유로 소를 각하한 원심에 대하여 원고들만이 상고한 사건에서, 원심이 적법하게 인정한 사실에 의하더라도 원심의 청구가 기각될 것이 분명하여 불이익변경금지의 원칙에 따라 원심판결을 파기하는 대신 상고를 기각한 사례(대판 2001.09.07. 99다50392).

정답 ○

13년(2)·20년(2) 모의

61. (1) 제1심에서 원고가 5,000만 원의 청구에 대하여 전부 승소하자 피고가 항소하였고 이에 다시 원고가 부대항소를 하면서 청구를 7,000만 원으로 확장한 경우, 법원이 원고를 전부 승소시킬 경우에는 "원 판결을 다음과 같이 변경한다. 피고는 원고에게 금 7,000만 원을 지급하라"는 주문표시를 할 수 있다.

(2) 원고가 제1심에서 가옥인도청구가 인용되었는데 피고가 항소하자 항소심에서 손해배상청구를 추가한 경우, 법원이 새 청구까지 인용할 때에는 제1심 판결에 대한 항소를 기각하고 새 청구를 인용하는 주문표시를 한다.

(3) 제1심에서 청구기각판결이 있은 후 항소심에 이르러 새로운 청구가 추가된 경우, 항소심법원이 기존의 청구와 항소심에서 추가된 청구를 모두 배척할 경우에는 일괄적으로 "항소를 기각한다"는 주문표시를 한다.

해설 [1] 제1심에서 원고가 전부승소하여 피고가 항소하고 한편 부대항소로 원고가 청구를 확장하였을 때에, 항소심에서 확장부분을 포함한 청구전부를 인용하여 승소시킬 경우이면 그 주문은 「피고의 항소를 기각한다. 피고는 원고에게 금 ○○원을 지급하라(여기의 ○원은 확장된 금액」 또는 「원판결을 다음과 같이 변경한다. 피고는 원고에게 금 ○○원을 지급하라(여기의 ○원은 원청구와 확장부분을 합친 총액)」로 표시한다(이시윤, 신민사소송법 제11판, p.890). [2] 항소심에서 소의 추가적 변경이 있는 경우 새로운 청구에 대해서는 항소심이 원심이 된다. 따라서 제1심의 원고청구 인용판결에 대하여 항소이유가 없다면 항소를 기각하고 새 청구까지 적법하다면 새 청구를 인용하는 주문을 표시하면 된다. [3] 항소심에 이르러 새로운 청구가 추가된 경우, 항소심은 추가된 청구에 대하여는 실질상 제1심으로서 재판하여야 하므로 제1심이 기존의 청구를 배척하면서 "원고의 청구를 기각한다."고 판결하였는데, 항소심이 기존의 청구와 항소심에서 추가된 청구를 모두 배척할 경우 단순히 "항소를 기각한다."는 주문 표시만 하면 되는 것은 아니고, 이와 함께 항소심에서 추가된 청구에 대하여 "원고의 청구를 기각한다."는 주문 표시를 하여야 한다(대판 2004.08.30. 2004다24083).

제3장 상고

23년(3) 모의

62. 甲이 乙을 상대로 1억 원의 대여금 청구의 소를 제기하였는데 제1심 법원이 그 중 7,000만 원만을 인용하고 나머지 3,000만 원을 기각하는 판결을 하였고, 이에 대해 乙만 항소를 제기하고 甲은 항소나 부대항소를 제기하지 않았다. 항소심 법원이 乙의 항소를 일부 받아들여 甲의 청구 중 6,000만 원만을 인용하는 판결을 선고하였고, 이에 대해 甲이 상고를 제기한 경우, 상고심 법원은 심리 결과 甲의 1억 원의 청구가 모두 이유 있다고 판단되면 甲이 패소한 4,000만 원 전부에 관하여 파기환송 판결을 할 수 있다.

> **해설** 1개의 청구의 일부를 인용하는 제1심판결에 대하여 피고만이 항소하면서 그 불복범위를 그 청구 인용금액의 일부로 한정한 경우, 제1심판결의 심판대상이었던 청구 전부가 불가분적으로 항소심에 이심되지만, 항소심의 심판범위는 이심된 부분 가운데 피고가 불복신청한 한도로 제한되고 이와 같이 피고가 불복신청하지 아니하여 항소심의 심판범위에 속하지 아니한 부분은 항소심이 판결을 한 바 없어 상고대상이 될 수 없으므로, 피고는 그 부분에 관하여 상고를 제기할 수 없다(대판 2013.06.28. 2011다83110).

정답

23년(1) 모의

63. 원고 일부 승소의 제1심판결에 대하여 원고만 항소하고 피고는 항소나 부대항소를 하지 않았는데 항소심법원이 원고의 항소를 일부 인용하는 판결을 선고한 경우, 피고는 제1심판결의 원고 승소 부분에 관하여 상고를 제기할 이익이 없다.

> **해설** 원고의 청구를 일부 받아들이는 제1심판결에 대하여 원고는 항소하였으나 피고는 항소나 부대항소를 하지 아니한 경우, 제1심판결의 원고 승소 부분은 원고의 항소로 인하여 항소심에 이심은 되었으나 항소심의 심판범위에서는 제외되었다 할 것이다. 이러한 경우 항소심이 원고의 항소를 일부 받아들여 제1심판결의 원고 패소 부분 중 일부를 취소하고 그 부분에 대한 원고의 청구를 받아들였다면, 이는 제1심에서의 원고 패소 부분에 한정된 것이며 제1심판결 중 원고 승소 부분에 대하여는 항소심이 판결을 한 바 없어 이 부분은 피고의 상고대상이 될 수 없다. 그러므로 원고 일부 승소의 제1심판결에 대하여 아무런 불복을 제기하지 않은 피고는 제1심판결에서 원고가 승소한 부분에 관하여는 상고를 제기할 수 없다(대판 2015.10.29. 2013다45037).

정답

19년(3) 모의

64. 환송을 받은 원심법원이 변론을 거쳐 새로운 증거나 보강된 증거에 의하여 본안의 쟁점에 관하여 새로운 사실인정을 할 수 있다.

해설 [가] 사건에 대하여 환송을 받은 법원은 상고법원이 파기이유로 한 사실상과 법률상 판단에 기속되는 것이지만 사실상의 판단에 기속받는다 함은 상고법원이 그 직권조사사항에 대하여 한 사실상의 판단만에 기속받는다는 취지이므로 환송을 받은 원심법원이 변론을 거쳐 새로운 증거나 보강된 증거에 의하여 본안의 쟁점에 관하여 새로운 사실인정을 할 수 없다는 것은 아니다. [나] 상고법원으로부터 사건을 환송받아 심리하는 과정에서 당사자의 주장입증이 새로이 제출되거나 또는 보강되어 상고법원의 기속적 판단의 기초가 된 사실관계에 변동이 생긴 때에는 상고법원이 파기이유로 한 법률적 판단의 기속력은 미치지 않는 것이다(대판 1992.09.14. 92다4192).

정답 O

19년 변시

65. 판결이 상고인에게 불이익한 것인지는 원칙적으로 판결의 주문과 이유를 모두 표준으로 하여 판단하여야 한다.

해설 상소인은 자기에게 불이익한 재판에 대해서만 상소를 제기할 수 있는 것이고 재판이 상소인에게 불이익한 것인지의 여부는 재판의 주문을 표준으로 하여 결정되는 것이므로 원고들 승소의 제1심판결을 취소하여 원고들의 청구를 기각한 원심판결에 대하여 피고는 상고를 제기할 이익이 없다(대판 1982.10.12. 82다498).

정답 X

19년·22년 변시

66. 상고인이 적법한 상고이유서 제출기간 경과 후에 매매예약완결권이 제척기간 도과로 인하여 소멸되었다고 주장하였다고 할지라도 상고법원은 이를 판단하여야 한다.

해설 매매예약완결권의 제척기간이 도과하였는지 여부는 소위 직권조사 사항으로서 이에 대한 당사자의 주장이 없더라도 법원이 당연히 직권으로 조사하여 재판에 고려하여야 하므로, 상고법원은 매매예약완결권이 제척기간 도과로 인하여 소멸되었다는 주장이 적법한 상고이유서 제출기간 경과 후에 주장되었다 할지라도 이를 판단하여야 한다(대판 2000.10.13. 99다18725).

정답 O

67. 대법원의 파기환송 판결의 환송 후 2심(당해 사건에 대하여)은 파기의 이유가 된 잘못된 견해만 피하면 당사자가 새로 주장·증명한 바에 따른 다른 가능한 견해에 의하여 환송 전 2심 판결(당해 사건에 대하여)과 동일한 결론을 가져 온다고 하여도 대법원의 파기환송 판결의 기속력에 반하지 아니한다.

해설 대법원의 환송판결의 파기이유는 "등록된 기본의장과 유사의장 및 (가)호 의장을 함께 대비해 보면 전체적으로 유사함에도 환송 전 원심결이 유사의장과 (가)호 의장은 대비하지 아니하고 기본의장과 (가)호 의장만을 대비하여 서로 유사하지 않다고 판단하였음은 채증법칙위배, 심리미진의 위법을 저질렀다"는 것이고, 환송 후 원심결 이유는 "등록의장(기본의장)과 유사의장 및 (가)호 의장을 함께 대비해 보면 전체적으로 유사하나, (가)호 의장은 등록의장보다 선등록된 청구인의 의장에 유사하므로 결국 등록의장의 권리범위는 (가)호 의장에 미칠 수 없다"고 함에 있다면, 환송 후 원심결의 판단은 환송판결 파기이유에 따르되, 환송 전 원심결이나 환송판결에서 판단되지 아니한 청구인의 주장을 받아들여 환송 전의 원심결과 동일한 결론을 내린 것이므로 환송판결의 기속력에 관한 법리를 오해한 위법이 없다(대판 1991.06.28. 90후1123).

정답 ○

68. 상고이유서에 상고이유를 특정하여 원심판결의 어떤 점이 법령에 어떻게 위반되었는지에 관한 구체적이고도 명시적인 이유의 설시가 없는 때에는 상고이유서를 제출하지 않은 것으로 취급한다.

해설 상고법원은 상고이유에 의하여 불복신청한 한도 내에서만 조사·판단할 수 있으므로, 상고이유서에는 상고이유를 특정하여 원심판결의 어떤 점이 법령에 어떻게 위반되었는지에 관하여 구체적이고도 명시적인 이유의 설시가 있어야 할 것이므로, 상고인이 제출한 상고이유서에 위와 같은 구체적이고도 명시적인 이유의 설시가 없는 때에는 상고이유서를 제출하지 않은 것으로 취급할 수밖에 없다(대판 2001.03.23. 2000다29356).

정답 ○

69. 변론조서의 기재에 관하여 불복이 있어도 이를 상고이유로 삼을 수 없다.

해설 조서의 기재에 관하여 불복이 있으면 민사소송법 제146조 제2항(현행 제164조)의 규정에 의한 이의의 방법에 의하여야 할 것이고, 이를 상고이유로 삼을 수는 없다(대판 1995.07.14. 95누5097).

정답 ○

15년(2)·16년(1) 모의

70. (1) 환송 후의 심판은 상고심 판결의 법률상의 파기이유에는 구속되나 사실상의 이유에는 구속되지 않는다.

(2) 환송을 받은 법원은 상소법원이 파기의 이유로 한 사실상과 법률상의 판단을 재판의 기초로 하여야 한다.

(3) 환송을 받은 법원은 상고법원이 파기이유로 한 것에 한하여 기속되며, 파기이유와 논리필연적인 관계에 있는 법률상 판단에는 기속되지 않는다.

해설 민사소송법 제436조 참조.

판례 민사소송법 제436조 제2항에 의하여 환송받은 법원이 기속되는 '상고법원이 파기이유로 한 법률상 판단'에는 상고법원이 명시적으로 설시한 법률상 판단뿐 아니라 명시적으로 설시하지 아니하였더라도 파기이유로 한 부분과 논리적·필연적 관계가 있어서 상고법원이 파기이유의 전제로서 당연히 판단하였다고 볼 수 있는 법률상 판단도 포함되는 것으로 보아야 한다(대판 2012.03.29. 2011다106136).

민사소송법 제436조(파기환송, 이송) ① 상고법원은 상고에 정당한 이유가 있다고 인정할 때에는 원심판결을 파기하고 사건을 원심법원에 환송하거나, 동등한 다른 법원에 이송하여야 한다.
② 사건을 환송받거나 이송받은 법원은 다시 변론을 거쳐 재판하여야 한다. 이 경우에는 상고법원이 파기의 이유로 삼은 사실상 및 법률상 판단에 기속된다.
③ 원심판결에 관여한 판사는 제2항의 재판에 관여하지 못한다.

정답 ×, ○, ×

15년(2)·16년(1) 모의

71. (1) 파기환송판결의 구속력은 환송을 받은 법원과 그 하급심에 미치나, 재차 상고한 상고심에는 미치지 않는다.

(2) 환송을 받은 법원이 내린 판결에 관하여 다시 상고된 경우, 재상고심의 전원합의체를 제외한다면, 상고법원은 앞서 스스로 파기이유로 한 것과 다른 견해를 취할 수 없다.

해설 (1) 상고심으로부터 사건을 환송받은 법원은 그 사건을 재판함에 있어서 상고법원이 파기이유로 한 사실상 및 법률상의 판단에 대하여, 환송 후의 심리과정에서 새로운 주장이나 입증이 제출되어 기속적 판단의 기초가 된 사실관계에 변동이 생기지 아니하는 한 이에 기속을 받는다고 할 것이다. (2) 환송판결의 하급심법원에 대한 기속력을 절차적으로 담보하고 그 취지를 관철하기 위하여서는 원칙적으로 하급심법원뿐만 아니라 상고법원 자신도 동일 사건의 재상고심에서 환송판결의 법률상 판단에 기속된다고 할 것이다. 그러나 한편, 대법원은 법령의 정당한 해석적용과 그 통일을 주된 임무로 하는 최고법원이고, 대법원의 전원합의체는 종전에 대법원에서 판시한 법령의 해석적용에 관한 의견을 스스로 변경할 수 있는 것인바(법원조직법 제7조 제1항 제3호), 환송판결이 파기이유로 한 법률상 판단도 여기에서 말하는 '대법원에서 판시한 법령의 해석적용에 관한 의견'에 포함되는 것이므로 대법원의 전원합의체가 종전의 환송판결의 법률상 판단을 변경할 필요가 있다고 인정하는 경우에는, 그에 기속되지 아니하고 통상적인 법령의 해석적용에 관한 의견의 변경절차에 따라 이를 변경할 수 있다고 보아야 할 것이다(대판 2001.03.15. 98두15597(전합)).

정답 ×, ○

16년(1) 모의

72. (1) 파기환송판결에 의한 원심법원의 심리범위는 환송 전 원심의 심리범위와 같다.

(2) 환송 후의 원심은 상고심에서 승소한 당사자에게 환송 전의 원판결보다 더 불리한 판결을 할 수도 있다.

해설 [1] 원고의 청구가 일부 인용된 환송 전 원심판결에 대하여 피고만이 상고하고 상고심은 이 상고를 받아들여 원심판결 중 피고 패소부분을 파기환송하였다면 피고 패소부분만이 상고되었으므로 위의 상고심에서의 심리대상은 이 부분에 국한되었으며, 환송되는 사건의 범위, 다시 말하자면 환송 후 원심의 심판 범위도 환송 전 원심에서 피고가 패소한 부분에 한정되는 것이 원칙이고, 환송 전 원심판결 중 원고 패소부분은 확정되었다 할 것이므로 환송 후 원심으로서는 이에 대하여 심리할 수 없다(대판 2013.02.28. 2011다31706). [2] 환송 후 항소심의 소송절차는 환송 전 항소심의 속행이므로 당사자는 원칙적으로 새로운 사실과 증거를 제출할 수 있음은 물론, 소의 변경, 부대항소의 제기 이외에 청구의 확장 등 그 심급에서 허용되는 모든 소송행위를 할 수 있고 이러한 이유로 또한 민사소송법에는 형사소송법 제368조와 같은 불이익변경의 금지 규정도 없는 이상, 환송 전의 판결보다 상고인에게 불리한 결과가 생기는 것은 불가피하다고 하겠다(대판 1991.11.22. 91다18132).

정답 ×, ○

15년(2) 모의

73. 상고법원이 상고를 이유 있다고 인정하는 경우 원심판결을 파기하여 사건을 원심법원에 환송하는 것이 원칙이다.

해설 민사소송법 제436조 제1항 참조.

민사소송법 제436조(파기환송, 이송) ① 상고법원은 상고에 정당한 이유가 있다고 인정할 때에는 원심판결을 파기하고 사건을 원심법원에 환송하거나, 동등한 다른 법원에 이송하여야 한다.

정답 ○

15년(2) 모의

74. 필수적 공동소송이나 독립당사자 참가소송의 경우에는 일부 당사자에 대한 판결부분에만 위법이 있더라도 판결 전체를 파기하여야 한다.

해설 필수적 공동소송이나 독립당사자 참가소송의 경우 판결주문은 합일확정의 필요성 때문에 일부 판결은 허용되지 않는다. 따라서 일부 당사자에 대한 판결부분에만 위법이 있더라도 판결 전체를 파기하여야 한다.

정답 ○

14년(2) 모의

75. 상고장에는 상고이유를 적지 않아야 하며 상고법원의 사무관등으로부터 소송기록의 접수통지를 받은 날부터 20일 이내에 상고이유서를 제출하여야 한다.

해설 상고장에도 상고이유를 적을 수 있다(민사소송법 제427조 참조).

민사소송법 제426조(소송기록 접수의 통지) 상고법원의 법원사무관등은 원심법원의 법원사무관등으로부터 소송기록을 받은 때에는 바로 그 사유를 당사자에게 통지하여야 한다.
민사소송법 제427조(상고이유서 제출) 상고장에 상고이유를 적지 아니한 때에 상고인은 제426조의 통지를 받은 날부터 20일 이내에 상고이유서를 제출하여야 한다.

정답

14년(2) 모의

76. 상고하지 아니한 상대방 당사자는 부대상고가 가능하다.

해설 부대항소와 같이 피상고인은 상고에 부대하여 원판결을 자기에게 유리하게 변경할 것을 신청할 수 있다(민사소송법 제425조, 제403조, 제404조). 다만 법률심인 상고심에서는 소의 변경이나 반소가 허용되지 아니하므로, 부대항소와 달리 전부승소자는 부대상고를 할 수 없다. 일부승소한 피상고인은 부대상고를 할 수 있다. 판례(대판 2001.03.23. 2000다30165)에 의하면 부대상고의 제기시한은 상고이유서 제출기간 만료시라고 본다.

정답

14년(2) 모의

77. 상고법원은 모든 사건에 대해 변론을 열 수 있다.

해설 상고심은 상고기각의 경우이든 상고인용의 경우이든 변론을 열지 않아도 무방한 임의적 변론절차이다. 그러나 상고법원은 소송관계를 분명하게 하기 위하여 필요한 경우에는 변론을 열 수 있다.

민사소송법 제430조(상고심의 심리절차) ① 상고법원은 상고장·상고이유서·답변서, 그 밖의 소송기록에 의하여 변론없이 판결할 수 있다.
② 상고법원은 소송관계를 분명하게 하기 위하여 필요한 경우에는 특정한 사항에 관하여 변론을 열어 참고인의 진술을 들을 수 있다.

정답

제4장 항고

14년(3)·15년(1) 모의

78. (1) 불복을 신청할 수 없는 결정이나 명령에 대하여서도 그것이 재판에 영향을 미친 헌법 또는 법률에 위반됨을 이유로 하는 경우 대법원에 불복할 수 있다.

(2) 불복할 수 없는 결정이나 명령에 대해서도 대법원에 특별항고는 가능하다.

> **해설** [1] 특별항고는 법률상 불복할 수 없는 결정·명령에 재판에 영향을 미친 헌법 위반이 있거나, 재판의 전제가 된 명령·규칙·처분의 헌법 또는 법률의 위반 여부에 대한 판단이 부당하다는 것을 이유로 하는 때에 한하여 허용되므로(민사소송법 제449조 제1항), 결정이 법률을 위반하였다는 사유만으로는 재판에 영향을 미친 헌법 위반이 있다고 할 수 없어 특별항고 사유가 되지 못한다(대결 2008.01.24.자 2007그18).
> [2] 민사소송법 제449조 제1항 참조.

민사소송법 제449조(특별항고) ① 불복할 수 없는 결정이나 명령에 대하여는 재판에 영향을 미친 헌법위반이 있거나, 재판의 전제가 된 명령·규칙·처분의 헌법 또는 법률의 위반여부에 대한 판단이 부당하다는 것을 이유로 하는 때에만 대법원에 특별항고(特別抗告)를 할 수 있다.

정답

15년(1) 모의

79. 민사소송의 재항고 및 특별항고에는 상고심절차에 관한 특례법상의 심리불속행제도가 적용된다.

> **해설** 상고심절차에 관한 특례법 제7조 참조.

상고심절차에 관한 특례법 제7조(재항고 및 특별항고에의 준용) 민사소송, 가사소송 및 행정소송의 재항고 및 특별항고 사건에는 제3조, 제4조(심리의 불속행) 제2항·제3항, 제5조 제1항·제3항 및 제6조를 준용한다.

정답

15년(1) 모의

80. 즉시항고는 명문규정이 있는 경우에만 허용된다.

> **해설** 항고의 종류에는 통상항고, 즉시항고, 재항고, 특별항고 등이 있다. 지문의 즉시항고는 신속한 해결을 위해서 고지된 날부터 1주의 불변기간 내에 제기할 것을 요한다(민사소송법 제444조). 또한 즉시항고는 원칙적으로 집행정지의 효력이 인정된다(민사소송법 제447조). 그리고 즉시항고는 원칙

적으로 법률에 '즉시항고할 수 있다'는 명문의 규정이 있는 경우에 예외적으로 허용된다(이시윤, 신민사소송법 제11판, p.919).

정답

15년(1) 모의

81. 통상항고의 경우 불복신청기간의 정함이 없으므로 소송행위의 추후보완은 적용될 수 없다.

해설 ㉠ 통상항고의 경우 항고기간의 제한이 없는 항고로서, 항고의 이익이 있는 한 어느 때나 제기할 수 있는 것이다. 이 점이 신속한 해결을 위하여 고지된 날부터 1주의 불변기간 내에 제기할 것을 요하는 즉시항고(민사소송법 제444조)와 차이점이다(이시윤, 신민사소송법 제11판, p.919). ㉡ 추후보완의 대상인 기간은 불변기간에 한한다는 것이 민사소송법 제173조 제1항에 규정되어 있고, 그 나머지 기간은 추후보완의 대상이 되지 아니한다. 판례도 이와 동일한 입장이다(아래 판례 참조). ㉢ 따라서 통상항고의 경우 항고기간의 제한이 없고 이는 불변기간이 아니므로 소송행위의 추후보완은 인정되지 아니한다.

민사소송법 제173조(소송행위의 추후보완) ① 당사자가 책임질 수 없는 사유로 말미암아 불변기간을 지킬 수 없었던 경우에는 그 사유가 없어진 날부터 2주 이내에 게을리 한 소송행위를 보완할 수 있다. 다만, 그 사유가 없어질 당시 외국에 있던 당사자에 대하여는 이 기간을 30일로 한다.
② 제1항의 기간에 대하여는 제172조의 규정을 적용하지 아니한다.

판례 상고이유서 제출기간은 불변기간이 아니므로 추완신청의 대상이 될 수 없다(대결 1981.01.28. 81사2).

판례 … 위와 같이 불변기간인 항소기간이 진행될 수 없는 경우에는 항소기간의 추완이라는 문제는 생길 수없고 당사자는 언제라도 항소를 제기할 수 있다고 할 것인바 … (대판 1980.12.09. 80다1479).

정답

15년(1)·(3) 모의

82. (1) 당사자가 법원의 결정을 고지 받지 않았더라도 그 결정내용을 알았다면 항고를 제기할 수 있다.
(2) 결정의 원본이 법원사무관에게 교부되더라도 그 결정이 당사자에게 고지되기 전에는 당사자는 그 결정에 불복하여 항고를 제기할 수 없다.

해설 판결과 달리 선고가 필요하지 않은 결정이나 명령(이하 '결정'이라고만 한다)과 같은 재판은 원본이 법원사무관등에게 교부되었을 때 성립한 것으로 보아야 하고, 일단 성립한 결정은 취소 또는 변경을 허용하는 별도의 규정이 있는 등의 특별한 사정이 없는 한 결정법원이라도 이를 취소·변경할 수 없다. 또한 결정법원은 즉시항고가 제기되었는지 여부와 관계없이 일단 성립한 결정을 당사자에게 고지하여야 하고 고지는 상당한 방법으로 가능하며(민사소송법 제221조 제1항), 재판기록이 항고심으로 송부된 이후에는 항고심에서의 고지도 가능하므로 결정의 고지에 의한 효력 발생이 당연히 예정되어 있다. 일단 결정이 성립하면 당사자가 법원으로부터 결정서를 송달받는 등의 방법으로 결정을 직접 고지 받지 못한 경우라도 결정을 고지 받은 다른 당사자로부터 전해 듣거나 기타 방법에 의하여 결론을 아는 것이 가능하여 본인에 대해 결정이 고지되기 전에 불복 여부를 결정할 수 있다. 그럼에도 이미 성립한 결정에 불복하여 제기한 즉시항고가 항고인에 대한 결정의 고지 전에 이루어졌다는 이유만으로 부적법하다고 한다면, 항고인에게 결정의 고지 후에 동일한 즉시항고를 다시 제기하도록 하는 부담을 지우는 것이 될 뿐만 아니라 이미 즉시항고를 한 당사자는 그 후 법원으로부터 결정서를 송달받아도 다시 항고할 필요가 없다고 생각하는 것이 통상의 경우이므로 다시 즉시항고를 제기하여야 한다는 것을 알게 되는 시점에서는 이미 즉시항고기간이 경과하여 회복할 수 없는 불이익을 입게 된다. 이와 같은 사정을 종합적으로 고려하면, 이미 성립한 결정에 대하여는 결정이 고지되어 효력을 발생하기 전에도 결정에 불복하여 항고할 수 있다(대결 2014.10.08. 2014마667(전합)).

정답 ○, ×

14년(3) 모의

83. **고등법원의 결정에 대해서는 사유에 따라 항고나 재항고를 할 수 있다.**

해설 법원조직법 제28조, 민사소송법 제439조, 동법 제442조 참조.

법원조직법 제28조(심판권) 고등법원은 다음의 사건을 심판한다.
1. 지방법원합의부·가정법원합의부 또는 행정법원의 제1심 판결·심판·결정·명령에 대한 항소 또는 항고사건
2. 지방법원단독판사·가정법원단독판사의 제1심 판결·심판·결정·명령에 대한 항소 또는 항고사건으로서 형사사건을 제외한 사건중 대법원규칙으로 정하는 사건
3. 다른 법률에 의하여 고등법원의 권한에 속하는 사건

민사소송법 제439조(항고의 대상) 소송절차에 관한 신청을 기각한 결정이나 명령에 대하여 불복하면 항고할 수 있다.
민사소송법 제442조(재항고) 항고법원·고등법원 또는 항소법원의 결정 및 명령에 대하여는 재판에 영향을 미친 헌법·법률·명령 또는 규칙의 위반을 이유로 드는 때에만 재항고 할 수 있다.

정답

14년(1)·(3) 모의

84. **(1) 민사소송법상의 즉시항고는 집행을 정지시키는 효력이 있으나 민사집행법상의 즉시항고는 원칙적으로 집행을 정지시키는 효력이 없다.**
(2) 특별항고에는 집행정지의 효력이 있다.

해설 민사소송법 제447조, 민사집행법 제15조 제6항 참조. 민사소송법상 즉시항고에는 집행정지 효력을 규정하고 있으나, 민사집행법상 즉시항고 및 민사소송법상 특별항고는 이를 규정하고 있지 않다. 다만 법원은 결정이 있을 때까지 원심재판의 집행정지를 명할 수 있을 뿐이다. 따라서 민사집행법상 즉시항고 및 민사소송법상 특별항고는 항고로 인하여 당연히 집행을 정지하는 효력이 있는 것이 아니다.

민사소송법 제447조(즉시항고의 효력) 즉시항고는 집행을 정지시키는 효력을 가진다.
민사집행법 제15조(즉시항고) ① 집행절차에 관한 집행법원의 재판에 대하여는 특별한 규정이 있어야만 즉시항고를 할 수 있다.
⑥ 제1항의 즉시항고는 집행정지의 효력을 가지지 아니한다. 다만, … (이하 생략).

정답

14년(1) 모의

85. 항고법원의 소송절차에는 항소심절차를, 재항고 절차에는 상고심절차를 준용한다.

핵심 민사소송법 제443조 제1항, 제2항 참조.

민사소송법 제443조(항소 및 상고의 절차규정준용) ① 항고법원의 소송절차에는 제1장(항소)의 규정을 준용한다.
② 재항고와 이에 관한 소송절차에는 제2장(상고)의 규정을 준용한다.

정답

꼭 봐야 할 민소법 핵심기출 OX

제7편

재심절차

1. 甲이 乙 법인을 상대로 소를 제기하면서 대표권이 없는 A를 대표자로 표시하여 A가 소송을 수행하여 판결이 선고된 경우, 대리권 흠결로 인한 재심사유에 해당한다.

   해설 민사소송법 제451조 참조.

   민사소송법 제451조(재심사유) ① 다음 각호 가운데 어느 하나에 해당하면 확정된 종국판결에 대하여 재심의 소를 제기할 수 있다. 다만, 당사자가 상소에 의하여 그 사유를 주장하였거나, 이를 알고도 주장하지 아니한 때에는 그러하지 아니하다.
   3. 법정대리권·소송대리권 또는 대리인이 소송행위를 하는 데에 필요한 권한의 수여에 흠이 있는 때. 다만, 제60조 또는 제97조의 규정에 따라 추인한 때에는 그러하지 아니하다.

   정답 O

2. 甲이 乙을 상대로 소를 제기하면서 乙의 주소지를 알면서도 허위주소를 기재하여 재판장이 공시송달을 명하여 甲이 승소판결을 받은 경우, 판결이 확정되었으므로 재심청구를 할 수 있다.

   해설 당사자가 상대방의 주소 또는 거소를 알고 있었음에도 소재불명 또는 허위의 주소나 거소로 하여 소를 제기한 탓으로 공시송달의 방법에 의하여 판결(심판)정본이 송달된 때에는 민사소송법 제451조 제1항 제11호에 의하여 재심을 제기할 수 있음은 물론이나 또한 같은 법 제173조에 의한 소송행위 추완에 의하여도 상소를 제기할 수도 있다(대판 2011.12.22. 2011다73540).

   정답 O

3. 甲이 乙을 상대로 소를 제기하면서 乙의 주소를 알면서 丙의 주소를 기재하여 丙이 송달을 받아 乙의 불출석으로 인한 자백간주를 이유로 甲의 승소판결이 선고되고 丙이 판결정본을 수령한 경우, 乙은 재심을 청구할 수 있다.

   해설 종국 판결의 기판력은 판결의 형식적확정을 전제로 하여 발생하는 것이므로 공시송달의 방법에 의하여 송달된 것이 아니고 허위로 표시한 주소로 송달하여 상대방 아닌 다른 사람이 그 소송서류를 받아 의제자백의 형식으로 판결이 선고되고 다른 사람이 판결정본을 수령하였을 때에는 상대방은 아직도 판결정본을 받지 않은 상태에 있는 것으로서 위 사위 판결은 확정 판결이 아니어서 기판력이 없다(대판 1978.05.09. 75다634(전합)).

   정답 X

21년(2) 모의

4. 甲이 乙로부터 1억 원의 공사대금을 전부 지급받았음에도 불구하고 乙을 상대로 1억 원의 공사대금청구의 소를 제기하면서 乙의 주소를 허위로 기재하여 무변론원고승소판결을 받은 후 乙의 재산에 대해 강제집행을 하여 온 경우, 乙은 청구이의의 소를 제기할 수 있다.

해설 [1] 확정판결에 의한 권리라 하더라도 신의에 좇아 성실히 행사되어야 하고 그 판결에 기한 집행이 권리남용이 되는 경우에는 허용되지 않으므로 집행채무자는 청구이의의 소에 의하여 그 집행의 배제를 구할 수 있다. [2] 확정판결의 내용이 실체적 권리관계에 배치되는 경우 그 판결에 의하여 집행할 수 있는 것으로 확정된 권리의 성질과 그 내용, 판결의 성립 경위 및 판결 성립 후 집행에 이르기까지의 사정, 그 집행이 당사자에게 미치는 영향 등 제반 사정을 종합하여 볼 때, 그 확정판결에 기한 집행이 현저히 부당하고 상대방으로 하여금 그 집행을 수인하도록 하는 것이 정의에 반함이 명백하여 사회생활상 용인할 수 없다고 인정되는 경우에는 그 집행은 권리남용으로서 허용되지 않는다(대판 1997.09.12. 96다4862).

정답 ○

21년(2) 모의

5. 甲이 乙에게 부동산을 매도하여 이전등기까지 마친 후 해당 거래가 매매가 아니라 양도담보였다는 허위 주장으로 정산금청구의 소를 제기하여 승소판결을 받아 강제집행을 한 경우, 乙은 재심의 소를 제기하지 않고도 불법행위에 기한 손해배상청구를 할 수 있다.

해설 [1] 판결이 확정되면 기판력에 의하여 대상이 된 청구권의 존재가 확정되고 그 내용에 따라 집행력이 발생하는 것이므로, 그에 따른 집행이 불법행위를 구성하기 위하여는 소송당사자가 상대방의 권리를 해할 의사로 상대방의 소송 관여를 방해하거나 허위의 주장으로 법원을 기망하는 등 부정한 방법으로 실체의 권리관계와 다른 내용의 확정판결을 취득하여 집행을 하는 것과 같은 특별한 사정이 있어야 하고, 그와 같은 사정이 없이 확정판결의 내용이 단순히 실체적 권리관계에 배치되어 부당하고 또한 확정판결에 기한 집행 채권자가 이를 알고 있었다는 것만으로는 그 집행행위가 불법행위를 구성한다고 할 수 없다. 편취된 판결에 기한 강제집행이 불법행위로 되는 경우가 있다고 하더라도 당사자의 법적 안정성을 위해 확정판결에 기판력을 인정한 취지나 확정판결의 효력을 배제하기 위하여는 그 확정판결에 재심사유가 존재하는 경우에 재심의 소에 의하여 그 취소를 구하는 것이 원칙적인 방법인 점에 비추어 볼 때 불법행위의 성립을 쉽게 인정하여서는 아니되고, 확정판결에 기한 강제집행이 불법행위로 되는 것은 당사자의 절차적 기본권이 근본적으로 침해된 상태에서 판결이 선고되었거나 확정판결에 재심사유가 존재하는 등 확정판결의 효력을 존중하는 것이 정의에 반함이 명백하여 이를 묵과할 수 없는 경우로 한정하여야 한다. [2] 부동산을 매도하여 이전등기까지 마친 매도인이 매매가 아니라 양도담보였다는 허위 주장으로 정산금청구 소송을 제기하여 승소판결을 받아 강제집행을 한 경우, 불법행위의 성립을 부정한 사례(대판 1995.12.05. 95다21808).

정답

19년(2)·20년(3) 모의

6.
(1) 대법원의 환송판결은 당해 심급의 심리를 완결하여 사건을 당해 심급에서 이탈시킬 뿐 실제로는 환송받은 하급심에서 다시 심리를 계속하게 되므로 소송절차를 최종적으로 종료시키는 판결은 아니어서 종국판결이 아니다.

(2) 대법원의 환송판결은 중간판결의 특성을 갖는 판결이므로 "실질적으로 확정된 종국판결"이라고 할 수 없어 재심의 대상이 되지 않는다.

(3) 환송판결은 재심의 대상인 확정된 종국판결에 해당하므로, 환송판결을 대상으로 하여 제기한 재심의 소는 적법하다.

(4) 소송수계 또는 당사자표시정정 등 절차를 밟지 아니하고 제소전 사망한 사람을 당사자로 하여 선고된 판결은 당연무효로서 확정력이 없으나 재심의 소의 대상이 될 수 있다.

해설 [1] 원래 종국판결이라 함은 소 또는 상소에 의하여 계속중인 사건의 전부 또는 일부에 대하여 심판을 마치고 그 심급을 이탈시키는 판결이라고 이해하여야 할 것이다. 대법원의 환송판결도 당해 사건에 대하여 재판을 마치고 그 심급을 이탈시키는 판결인 점에서 당연히 제2심의 환송판결과 같이 종국판결로 보아야 할 것이다. 따라서 위의 견해와는 달리 대법원의 환송판결을 중간판결이라고 판시한 종전의 대법원판결은 이를 변경하기로 하는바, 이 점에 관하여는 관여 대법관 전원의 의견이 일치되었다(대판 1995.02.14. 93재다27(전합)). [2], [3] [다수의견] 재심제도의 본래의 목적에 비추어 볼 때 재심의 대상이 되는 "확정된 종국판결"이란 당해 사건에 대한 소송절차를 최종적으로 종결시켜 그것에 하자가 있다고 하더라도 다시 통상의 절차로는 더 이상 다툴 수 없는 기판력이나 형성력, 집행력을 갖는 판결을 뜻하는 것이라고 이해하여야 할 것이다. 대법원의 환송판결은 형식적으로 보면 "확정된 종국판결"에 해당하지만, 여기서 종국판결이라고 하는 의미는 당해 심급의 심리를 완결하여 사건을 당해 심급에서 이탈시킨다는 것을 의미하는 것일 뿐이고 실제로는 환송받은 하급심에서 다시 심리를 계속하게 되므로 소송절차를 최종적으로 종료시키는 판결은 아니며, 또한 환송판결도 동일절차 내에서는 철회, 취소될 수 없다는 의미에서 기속력이 인정됨은 물론 법원조직법 제8조, 민사소송법 제406조 제2항 후문의 규정에 의하여 하급심에 대한 특수한 기속력은 인정되지만 소송물에 관하여 직접적으로 재판하지 아니하고 원심의 재판을 파기하여 다시 심리판단하여 보라는 종국적 판단을 유보한 재판의 성질상 직접적으로 기판력이나 실체법상 형성력, 집행력이 생기지 아니한다고 하겠으므로 이는 중간판결의 특성을 갖는 판결로서 "실질적으로 확정된 종국판결"이라 할 수 없다. 종국판결은 당해 심급의 심리를 완결하여 심급을 이탈시킨다는 측면에서 상소의 대상이 되는 판결인지 여부를 결정하는 기준이 됨은 분명하지만 종국판결에 해당하는 모든 판결이 바로 재심의 대상이 된다고 이해할 아무런 이유가 없다. 통상의 불복방법인 상소제도와 비상의 불복방법인 재심제도의 본래의 목적상의 차이에 비추어 보더라도 당연하다. 따라서 환송판결은 재심의 대상을 규정한 민사소송법 제422조 제1항 소정의 "확정된 종국판결"에는 해당하지 아니하는 것으로 보아야 할 것이어서, 환송판결을 대상으로 하여 제기한 이 사건 재심의 소는 부적법하므로 이를 각하하여야 한다(대판 1995.02.14. 93재다27(전합)). [4] 원래 재심의 소는 종국판결의 확정력을 제거함을 그 목적으로 하는 것으로 확정된 판결에 대하여서만 제기할 수 있는 것이므로 소송수계 또는 당사자표시 정정 등 절차를 밟지 아니하고 사망한 사람을 당사자로 하여 선고된 판결은 당연무효로서 확정력이 없어 이에 대한 재심의 소는 부적법하다(대판 1994.12.09. 94다16564).

정답 ×, ○, ×, ×

20년(1) 모의

7. **재심사유를 안 날부터 진행하는 제소기간이 경과한 이상 재심대상판결 확정일부터 진행하는 제척기간이 경과하였는지 여부와는 관계없이 재심의 소를 제기할 수 없다.**

> 해설 재심사유의 발생일이 아니라 재심사유를 안 날로부터 진행하는 민사소송법 제426조 제1항(현행 민사소송법 제456조 제1항)의 출소기간은 같은 조 제3항 제척기간과는 별개의 재심제기기간으로서, 그 출소기간이 경과한 이상 재심대상판결의 확정일로부터 진행하는 제척기간이 경과하였는지 여부와는 관계없이 재심의 소를 제기할 수 없다(대판 1996.05.31. 95다33993).

> 민사소송법 제456조(재심제기의 기간) ① 재심의 소는 당사자가 판결이 확정된 뒤 재심의 사유를 안 날부터 30일 이내에 제기하여야 한다.
> ② 제1항의 기간은 불변기간으로 한다.
> ③ 판결이 확정된 뒤 5년이 지난 때에는 재심의 소를 제기하지 못한다.
> ④ 재심의 사유가 판결이 확정된 뒤에 생긴 때에는 제3항의 기간은 그 사유가 발생한 날부터 계산한다.

정답 ○

20년(1) 모의

8. **재심사유가 있는 것을 알았음에도 불구하고 상소를 제기하지 아니하여 그대로 확정된 경우에는 같은 사유로 재심의 소를 제기할 수 없다.**

> 해설 민사소송법 제451조 제1항 참조.

> 민사소송법 제451조(재심사유) ① 다음 각호 가운데 어느 하나에 해당하면 확정된 종국판결에 대하여 재심의 소를 제기할 수 있다. 다만, 당사자가 상소에 의하여 그 사유를 주장하였거나, 이를 알고도 주장하지 아니한 때에는 그러하지 아니하다.

정답 ○

20년(1) 모의

9. **확정된 지급명령에 대하여는 준재심의 소를 제기할 수 없다.**

> 해설 준재심의 소는 그 대상이 기판력이 발생하는 것에 한해 제기할 수 있다. 그러나 확정된 지급명령은 기판력이 생기지 않아 준재심의 소를 제기할 수 없고 청구이의의 소 등으로 다투어야 한다.

> 참조판례 지급명령은 확정되어도 기판력이 생기지 않아서 그에 대한 청구이의의 소에는 기판력의 시간적 한계에 따른 제한은 적용되지 않으므로(민사소송법 제521조 제2항), 그 청구이의의 소송심리에서는 그 지급명령에 기재된 모든 청구원인 주장에 관하여 심리·판단되어야 하고, 그 청구원인 주장을 특정함에 있어서는 서면에 의한 일방 심문으로 이루어지는 독촉절차의 특성과 소송경제의 이념을 고려하면서 구체적 사안에 적응하여 지급명령 신청서상의 청구원인 기재를 합리적으로 선해할 수 있는 것이다(대판 2002.02.22. 2001다73480).

참조판례 민사소송법 제461조에 의하여 준용되는 같은 법 제451조의 재심은 확정된 종국판결에 재심사유에 해당하는 중대한 하자가 있는 경우에 그 판결의 취소와 이미 종결된 소송을 부활시켜 재심판을 구하는 비상의 불복신청방법으로서 확정된 종국판결이 갖는 기판력, 형성력, 집행력 등 판결의 효력의 배제를 주된 목적으로 하는 것이다. 그러므로 기판력을 가지지 아니하는 확정된 이행권고결정에 설사 재심사유에 해당하는 하자가 있다고 하더라도 이를 이유로 민사소송법 제461조가 정한 준재심의 소를 제기할 수는 없고, 청구이의의 소를 제기하거나 또는 전체로서의 강제집행이 이미 완료된 경우에는 부당이득반환청구의 소 등을 제기할 수 있을 뿐이다(대판 2009.05.14. 2006다34190).

정답 O

18년(3) 모의

10. **민사소송법 제451조 제1항 제6호의 서증의 위조·변조에 관한 것 등과 같은 재심사유는 상고심 판결에 대한 재심사유로 삼을 수 없다.**

 상고심은 사실인정에 관한 한 직권조사사항을 제외하고는 증거조사와 사실인정의 권한이 없으므로 재심사유 가운데 사실인정 자체에 관한 것, 예컨대 민사소송법 제451조 제1항 제6호의 문서 등의 위조나 변조에 관한 것이거나 제7호의 증인 등의 거짓 진술에 관한 것 등에 대해서는 상고심판결을 대상으로 재심의 소를 제기 할 수 없고, 하급심판결을 대상으로 재심의 소를 제기하여야 한다(김홍엽, 민사소송법 제7판, p.1210).

정답 O

16년(1)·(3)·18년(3) 모의

11. **확정된 화해권고결정에 대해서는 준재심의 소를 제기할 수 있으나, 확정된 이행권고결정에 대해서는 준재심의 소를 제기할 수 없다.**

 화해권고결정은 재판상 화해와 같은 효력을 가지는바(민사소송법 제231조), 기판력을 가지므로 준재심의 대상이 된다. 반면 확정된 이행권고결정은 기판력을 가지지 아니하므로 준재심의 대상이 될 수 없다.

판례 기판력을 가지지 아니하는 확정된 이행권고결정에 설사 재심사유에 해당하는 하자가 있다고 하더라도 이유로 민사소송법 제461조가 정한 준재심의 소를 제기할 수는 없고, 청구이의의 소를 제기하거나 또는 전체로서의 강제집행이 이미 완료된 경우에는 부당이득반환청구의 소 등을 제기할 수 있을 뿐이다(대판 2009.05.14. 2006다34190).

정답 O

18년(3) 모의

12. **재심청구에 대한 심리 결과 재심대상판결이 부당한 경우에는 불복의 한도 내에서 재심대상판결을 취소할 수 있으나, 이때 재심대상판결보다 불이익한 판결을 선고할 수 있다.**

해설 본안의 변론과 재판은 재심청구이유의 범위 즉 원판결에 대한 불복신청의 범위 안에서 행하여야 한다. 재심피고에 의하여 부대재심이 제기되지 아니하는한 재심원고에 대하여 원래의 확정판결보다 불이익한 판결을 할 수 없다(대판 2003.07.22. 2001다76298).

정답

 18년 변시, 20년(1) 모의

13. **(1) 확정되지 아니한 판결에 대한 재심의 소는 부적법하지만, 판결 확정 전에 제기된 재심의 소가 각하되지 아니하고 있는 동안에 그 판결이 확정되었다면 재심의 소는 적법한 것이 된다.**

(2) 확정된 재심판결에 재심사유가 있더라도 그 재심판결에 대하여 다시 재심의 소를 제기할 수 없다.

해설 [1] 판결확정 전에 제기한 재심의 소가 부적법하다는 이유로 각하되지 않고 있는 동안에 판결이 확정되었다고 하더라도 위 재심의 소가 적법한 것으로 되는 것이 아니다(대판 1980.07.08. 80다1132). [2] 민사소송법 제451조 제1항은 '확정된 종국판결'에 대하여 재심의 소를 제기할 수 있다고 규정하고 있는데, 재심의 소에서 확정된 종국판결도 위 조항에서 말하는 '확정된 종국판결'에 해당하므로 확정된 재심판결에 위 조항에서 정한 재심사유가 있을 때에는 확정된 재심판결에 대하여 재심의 소를 제기할 수 있다(대판 2015.12.23. 2013다17124).

정답 ,

18년 변시

14. **재심사유 중 「민사소송법」 제451조 제1항 제3호의 대리권의 흠은 무권대리인이 실질적인 대리행위를 한 경우만을 말하고, 당사자 본인이나 그의 대리인이 실질적인 소송행위를 하지 못한 경우는 포함하지 않는다.**

해설 민사소송법 제422조 제1항 제3호 소정의 소송대리권 또는 대리인이 소송행위를 함에 필요한 수권의 흠결을 재심사유로 주장하려면 무권대리인이 소송대리인으로서 본인을 위하여 실질적인 소송행위를 하였거나 소송대리권의 흠결로 인하여 본인이나 그의 소송대리인이 실질적인 소송행위를 할 수 없었던 경우가 아니면 안된다고 봄이 상당하다(대판 1992.12.22. 92재다259).

정답

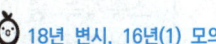 18년 변시, 16년(1) 모의

15. **채권을 보전하기 위하여 필요한 경우에는 실체법상 권리뿐만 아니라 소송법상 권리에 대하여도 대위가 허용되기 때문에 채무자와 제3채무자 사이의 소송이 계속된 이후의 그 소송과 관련한 재심의 소 제기는 채권자대위권의 목적이 될 수 있다.**

해설 채권을 보전하기 위하여 대위행사가 필요한 경우는 실체법상 권리뿐만 아니라 소송법상 권리에 대하여서도 대위가 허용되나, 채무자와 제3채무자 사이의 소송이 계속된 이후의 소송수행과 관련한 개개의 소송상 행위는 그 권리의 행사를 소송당사자인 채무자의 의사에 맡기는 것이 타당하므로 채권자대위가 허용될 수 없다. 같은 취지에서 볼 때 상소의 제기와 마찬가지로 종전 재심대상판결에 대하여 불복하여 종전 소송절차의 재개, 속행 및 재심판을 구하는 재심의 소 제기는 채권자대위권의 목적이 될 수 없다(대판 2012.12.27. 2012다75239).

정답

17년(1) 모의

16. 재심대상 판결의 승소당사자가 선정당사자인 경우, 그 선정자는 재심의 소에 있어서 재심피고가 될 수 없다.

해설 재심의 소에 있어서 재심피고는 원칙적으로 확정판결의 승소당사자 및 그 변론종결 후의 승계인과 승소당사자가 타인을 위해 원고 또는 피고가 된 경우 그 확정판결의 효력을 받는 타인(선정자) 등이다(대판 1987.12.08. 87재다24).

정답

16년(3)·17년(1) 모의

17. (1) 재심의 소는 재심을 제기할 판결을 한 법원에만 제기하여야 한다.

(2) 항소심에서 본안판결을 한 경우, 제1심 판결에 대하여 재심의 소를 제기하지 못한다.

해설 [1] 민사소송법 제453조 참조.

민사소송법 제453조(재심관할법원) ① 재심은 재심을 제기할 판결을 한 법원의 전속관할로 한다.

[2] 민사소송법 제451조 제3항 참조.

민사소송법 제451조(재심사유) ③ 항소심에서 사건에 대하여 본안판결을 하였을 때에는 제1심 판결에 대하여 재심의 소를 제기하지 못한다.

정답

17년(1) 모의

18. 소송계속 중 어느 일방 당사자의 사망에 의한 소송절차 중단을 간과하고 변론이 종결되어 판결이 선고 및 확정된 경우, 재심에 의하여 그 판결의 취소를 구할 수 있다.

해설 소송계속 중 어느 일방 당사자의 사망에 의한 소송절차 중단을 간과하고 변론이 종결되어 판결이 선고된 경우에는 그 판결은 소송에 관여할 수 있는 적법한 수계인의 권한을 배제한 결과가 되는 절차상 위법은 있지만 그 판결이 당연무효라 할 수는 없고, 다만 그 판결은 대리인에 의하여 적법하게 대리되지 않았던 경우와 마찬가지로 보아 대리권흠결을 이유로 상소 또는 재심에 의하여 그 취소를 구할 수 있을 뿐이다(대판 1995.05.23. 94다28444).

정답 ○

17년(1) 모의

19. 甲이 A소송에서 증인으로서 허위진술을 하고 이 진술이 기재된 증인신문조서가 B소송에서 서증으로 제출되어 판결의 증거가 된 경우, 그 후 甲이 위 허위진술로 인하여 위증죄로 유죄의 확정판결을 받았다면, B소송 판결에는 재심사유가 있다.

해설 민사소송법 422조 1항 7호의 증인의 허위진술이 판결의 증거된 때라 함은 그 증인이 직접 그 재심의 대상이 된 소송사건을 심리하는 법정에서 허위로 진술한 경우를 가르치는 것이지 그 증인이 그 재심의 대상이 된 소송사건 이외의 사건에서 증인으로서 허위진술을 하고 이 허위진술의 증인신문조서가 재심의 대상이 된 판결에서 서증으로 제출되어 이것이 증거로 채택된 경우까지 포함하는 취지가 아니라고 보는 것이 상당하다(대판 1977.07.12. 77다484).

정답 ×

14년(3)·16년(3) 모의

20. 당해 재심대상 판결이 확정되어 5년이 경과하거나 재심원고가 대리권 흠을 안 날로부터 30일이 지났다면 재심원고는 대리권의 흠을 이유로 재심의 소를 제기할 수 없다.

해설 대리권의 흠을 이유로 재심의 소를 제기하는 경우에는 재심사유를 안 날로부터 30일 또는 판결확정 후 5년이 지났다고 하더라도 재심의 소를 제기할 수 있다(민사소송법 제456조 제1항, 제3항, 제457조 참조).

판례 민사소송법 제457조 소정의 "대리권의 흠결"이라고 함은 대리권이 전혀 없는 경우를 의미하는 것이므로, 대리권은 있지만 소송행위를 함에 필요한 특별수권의 흠결이 있는 경우에는 위 제457조가 적용되지 않는다(대판 1994.06.24. 94다4967).

민사소송법 제456조(재심제기의 기간) ① 재심의 소는 당사자가 판결이 확정된 뒤 재심의 사유를 안 날부터 30일 이내에 제기하여야 한다.
② 제1항의 기간은 불변기간으로 한다.
③ 판결이 확정된 뒤 5년이 지난 때에는 재심의 소를 제기하지 못한다.
④ 재심의 사유가 판결이 확정된 뒤에 생긴 때에는 제3항의 기간은 그 사유가 발생한 날부터 계산한다.
민사소송법 제457조(재심제기의 기간) 대리권의 흠 또는 제451조제1항제10호에 규정한 사항을 이유로 들어 제기하는 재심의 소에는 제456조의 규정을 적용하지 아니한다.

정답 ×

16년(1) 모의

21. 판단누락과 같은 재심사유는 당사자가 상고를 제기할 때 이를 주장한 바 없으면 이를 재심사유로 삼지 못한다.

해설 민사소송법 제422조 제1항 제9호 소정의 이른바 "판결에 영향을 미칠 중대한 사항에 관하여 판단을 유탈한 때"라 함은 그것이 직권조사사항에 속하는 것이냐의 여부를 불문하고 그 판단여하에 따라 판결결과에 영향을 미치는 것으로 당사자가 이를 주장하거나 또는 직권조사를 촉구하여 그 판단을 구하였음에도 불구하고 이에 대한 판단을 유탈한 때를 말하는 것으로 당사자가 주장하지 아니하거나 그 조사를 촉구하지 아니한 사항은 이에 해당하지 아니하고 더구나 법률의 일반적 규정이나 관련이 있다고 보여지는 판례 등에 대하여 반드시 판단을 하여야 하는 것도 아니다(대판 1985.08.27. 85사43).

정답

22년 변시, 16년(1) 모의

22. (1) 재심절차에서 중간확인의 소가 제기된 때 재심청구를 기각하면 중간확인의 소는 당연히 소멸하므로 따로 이를 각하할 필요는 없다.

(2) 甲이 乙을 상대로 제1심 판결을 대상으로 제기한 재심소송 계속 중에 甲이 乙을 상대로 중간확인의 소를 제기하였는데, 법원이 재심사유가 인정되지 않는다는 이유로 甲의 재심청구를 기각하는 판결을 하면서 중간확인의 소에 대한 판단을 하지 아니한 경우, 甲이 위 중간확인의 소에 대하여 한 항소는 적법하다.

해설 [1] 재심의 소송절차에서 중간확인의 소를 제기하는 것은 재심청구가 인용될 것을 전제로 하여 재심대상소송의 본안청구에 대하여 선결관계에 있는 법률관계의 존부의 확인을 구하는 것이므로, 재심사유가 인정되지 않아서 재심청구를 기각하는 경우에는 중간확인의 소의 심판대상인 선결적 법률관계의 존부에 관하여 나아가 심리할 필요가 없으나, 한편 중간확인의 소는 단순한 공격방어방법이 아니라 독립된 소이므로 이에 대한 판단은 판결의 이유에 기재할 것이 아니라 종국판결의 주문에 기재하여야 할 것이므로 재심사유가 인정되지 않아서 재심청구를 기각하는 경우에는 중간확인의 소를 각하하고 이를 판결 주문에 기재하여야 한다. [2] 판결에는 법원의 판단을 분명하게 하기 위하여 결론을 주문에 기재하도록 하고 있으므로 주문에 설시가 없으면 그에 대한 재판은 누락된 것으로 보아야 한다. 재판이 누락된 부분의 소송은 여전히 그 심급에 계속중이어서 적법한 상소의 대상이 되지 아니하므로 그 부분에 대한 상소는 부적법하다(대판 2008.11.27. 2007다69834).

정답 ,

16년(1) 모의

23. 대법관 전원의 3분의 2에 미달하는 대법관만으로 구성된 부에서 종전 대법원판례를 변경하는 법률 등의 해석적용에 관한 판결을 하였더라도 이는 재심사유에 해당하지 않는다.

해설 종전에 대법원에서 판시한 법률적용에 관한 의견을 대법원판사 전원의 3분의2 이상으로써 구성된 합의체에서 재판하여야 하고 이에 미달하는 수의 대법원판사로써 구성된 부에서 재판을 하면 이는 법률에 의하여 판결법원을 구성하지 아니한 것이 되어 재심사유에 해당한다(대판 1982.12.28. 82사13).

정답 ×

15년 변시

24. 재심을 제기할 경우 법원은 재심의 소가 적법한지 여부와 재심사유가 있는지 여부에 관한 심리 및 재판을 본안에 관한 심리 및 재판과 분리하여 먼저 시행할 수 있다.

해설 민사소송법 제454조 제1항 참조.

> 민사소송법 제454조(재심사유에 관한 중간판결) ① 법원은 재심의 소가 적법한지 여부와 재심사유가 있는지 여부에 관한 심리 및 재판을 본안에 관한 심리 및 재판과 분리하여 먼저 시행할 수 있다.

정답 ○

15년 변시

25. 甲은 乙의 주소를 알고 있었음에도 소재불명으로 속여 乙에 대해 대여금 청구의 소를 제기하였다. 乙에 대한 공시송달에 의한 재판진행 결과 甲 일부 승소의 제1심 판결이 공시송달로 확정되었다. 그 후 乙은 위 사건기록 열람과 판결정본의 수령으로 위와 같이 공시송달에 의해 재판이 진행된 것을 알게 되었다. 乙은 위 사실을 알게 된 날부터 30일 이내에 재심을 제기할 수 있다.

해설 공시송달에 의한 판결편취의 경우에는 그 판결자체가 무효가 되는 것이 아니고 민사소송법 제451조 제1항 제11호의 재심사유 또는 추후보완상소(민사소송법 제173조)를 할 수 있다. 재심제기기간은 당사자가 판결이 확정된 뒤 재심의 사유를 안 날부터 30일이다.

> 민사소송법 제451조(재심사유) ① 다음 각호 가운데 어느 하나에 해당하면 확정된 종국판결에 대하여 재심의 소를 제기할 수 있다. 다만, 당사자가 상소에 의하여 그 사유를 주장하였거나, 이를 알고도 주장하지 아니한 때에는 그러하지 아니하다.
> 11. 당사자가 상대방의 주소 또는 거소를 알고 있었음에도 있는 곳을 잘 모른다고 하거나 주소나 거소를 거짓으로 하여 소를 제기한 때
> 민사소송법 제456조(재심제기의 기간) ① 재심의 소는 당사자가 판결이 확정된 뒤 재심의 사유를 안 날부터 30일 이내에 제기하여야 한다.

판례 당사자가 상대방의 주소 또는 거소를 알고 있었음에도 소재불명 또는 허위의 주소나 거소로 하여 소를 제기한 탓으로 공시송달의 방법에 의하여 판결(심판)정본이 송달된 때에는 민사소송법 제451조 제1항 제11호에 의하여 재심을 제기할 수 있음은 물론이나 또한 같은 법 제173조에 의한 소송행위추완에 의하여도 상소를 제기할 수도 있다(대판 2011.12.22. 2011다73540).

정답 ○

13년(3)·17년(1) 모의

26. 재심의 사유가 있는 경우라도 재심대상 판결이 정당하다고 인정한 때에는 법원은 재심청구를 기각하여야 한다.

해설 민사소송법 제460조 참조.

민사소송법 제460조(결과가 정당한 경우의 재심기각) 재심의 사유가 있는 경우라도 판결이 정당하다고 인정한 때에는 법원은 재심의 청구를 기각하여야 한다.

정답

MEMO

꼭 봐야 할 민소법 핵심기출 OX

제8편

간이소송절차

18년(1) 모의

1. **제1심 가집행선고부 판결에 대해 피고가 상소를 제기하면 가집행선고부 판결에 따른 강제집행이 자동적으로 정지된다.**

   ▶해설 민사소송법 제500조, 제501조 참조.

   민사소송법 제500조(재심 또는 상소의 추후보완신청으로 말미암은 집행정지) ① 재심 또는 제173조에 따른 상소의 추후보완신청이 있는 경우에 불복하는 이유로 내세운 사유가 법률상 정당한 이유가 있다고 인정되고, 사실에 대한 소명이 있는 때에는 법원은 당사자의 신청에 따라 담보를 제공하게 하거나 담보를 제공하지 아니하게 하고 강제집행을 일시정지하도록 명할 수 있으며, 담보를 제공하게 하고 강제집행을 실시하도록 명하거나 실시한 강제처분을 취소하도록 명할 수 있다.
   민사소송법 제501조(상소제기 또는 변경의 소제기로 말미암은 집행정지) 가집행의 선고가 붙은 판결에 대하여 상소를 한 경우 또는 정기금의 지급을 명한 확정판결에 대하여 제252조 제1항의 규정에 따른 소를 제기한 경우에는 제500조의 규정을 준용한다.

   정답 ×

18년(1) 모의

2. **제1심에서 승소한 당사자 본인이 항소심에서 가집행선고를 받은 청구를 취하하는 경우에도 위 가집행선고는 효력을 잃는다.**

   ▶해설 갑이 제1심에서 을 점유 토지의 인도청구소송을 제기하여 가집행선고부 승소판결을 선고받고, 항소심에서 경계확정소송으로 소를 교환적으로 변경하였다면, 변경 전 청구인 토지인도청구의 소는 취하되었다고 할 것이고, 따라서 이에 붙여진 가집행선고도 실효되었다고 할 것이므로, 갑이 그 가집행선고부 판결에 기하여 그 토지를 점유하게 된 것이라면, 갑은 을에 대하여 당연히 원상회복으로서 자신이 점유하고 있는 토지를 인도할 의무가 있다(대판 1995.04.21. 94다58490).

   정답 ○

18년(1) 모의

3. **청구에 관한 이의의 소를 제기한다고 해서 당연히 강제집행이 정지되는 것은 아니며 별도의 잠정처분이 필요하다.**

   ▶해설 청구에 관한 이의의 소는 강제집행을 계속하여 진행하는 데에 영향을 미치지 아니하므로 별도의 잠정처분이 필요하다.

   민사집행법 제44조(청구에 관한 이의의 소) ① 채무자가 판결에 따라 확정된 청구에 관하여 이의하려면 제1심 판결법원에 청구에 관한 이의의 소를 제기하여야 한다.
   민사집행법 제46조(이의의 소와 잠정처분) ① 제44조 및 제45조의 이의의 소는 강제집행을 계속하여 진행하는 데에는 영향을 미치지 아니한다.

   정답

18년(1) 모의

4. **가지급물반환의무는 가집행으로 인한 원상회복의 일환으로서 인정되며 부당이득반환채무의 법적 성질을 갖는다.**

   해설 원고가 가집행선고부 판결을 채무명의로 하여 피고의 제3채무자에 대한 채권에 대하여 전부명령을 얻어 전부금을 수령한 후에 본안판결의 변경으로 가집행선고가 실효된 경우에 있어, 위 전부금의 수령은 피고의 채권에 대한 집행으로서 채권의 추심으로 이루어진 것이므로 피고가 이행한 급부와 마찬가지로 보아야 하고, 원고는 그로 인하여 피고의 손해 아래 전부채권액에 상당하는 부당이득을 얻은 결과가 되어 이는 원상회복으로서 피고에게 반환되어야 할 성질의 것임이 분명하므로 위 전부금은 이를 가집행선고로 인한 지급물로 보아 피고의 가지급물반환신청에 따른 원상회복의무의 내용에 포함시켜야 옳다(대판 1993.01.15. 92다38812).

   정답

14년(2)·18년(1) 모의

5. **(1) 제1심 판결에 붙은 가집행선고는 그 본안판결을 변경한 항소심판결에 의하여 변경의 한도에서 실효된다.**

   (2) 가집행선고 있는 제1심판결이 항소심에서 취소되면 가집행선고는 실효되지만 취소된 항소심판결이 상고심에서 파기되면 가집행선고의 효력은 다시 회복된다.

   해설 항소심에서의 변경판결은 실질적으로는 항소가 이유 있는 부분에 대하여는 항소를 인용하여 제1심판결 중 일부를 취소하고 항소가 이유 없는 부분에 대하여는 항소를 기각하는 일부취소의 판결과 동일한 것인데 다만 주문의 내용이 복잡하게 되는 것을 피하고 주문의 내용을 알기 쉽게 하기 위한 편의상의 요청을 좇은 것에 불과하므로 위 변경판결에 의한 제1심판결 실효의 효과도 일부취소판결의 경우와 마찬가지로 항소가 이유 있는 부분에 국한되고, 제1심판결에 가집행선고가 붙은 경우에는 일부취소를 의미하는 항소심의 변경판결에 의하여 청구인용범위가 줄어들더라도 그 가집행선고는 제1심판결보다 청구인용범위가 줄어든 차액부분에 한하여 실효되고 그 나머지 부분에는 여전히 효력이 미치며 위 일부취소를 의미하는 항소심판결이 다시 상고심에서 파기된 때에는 실효된 가집행선고의 효력도 부활되는 것으로 보아야 할 것이다(대판 1992.08.18. 91다35953).

   정답

14년(2)·(3) 모의

6. **(1) 원고는 피고에게 대여금 1천만 원의 지급을 구하는 소를 제기하여 1심에서 500만 원의 지급을 명하는 판결을 선고받았다. 이 사건은 재산권의 청구에 관한 판결이므로 가집행선고를 붙이는 것이 원칙이지만, 담보의 제공여부는 법원의 재량이다.**

   (2) 어음금·수표금 청구에 관한 판결에는 담보를 제공하게 하지 아니하고 가집행의 선고를 하여야 한다.

해설 민사소송법 제213조 제1항 본문 및 단서 참조.

> 민사소송법 제213조(가집행의 선고) ① 재산권의 청구에 관한 판결은 가집행(假執行)의 선고를 붙이지 아니할 상당한 이유가 없는 한 직권으로 담보를 제공하거나, 제공하지 아니하고 가집행을 할 수 있다는 것을 선고하여야 한다. 다만, 어음금·수표금 청구에 관한 판결에는 담보를 제공하게 하지 아니하고 가집행의 선고를 하여야 한다.

정답 ◯, ◯

14년(2) 모의

7. **제1심 가집행선고부 판결에 기하여 피고가 그 가집행선고 금액을 지급하면 항소심 법원으로서는 이러한 지급을 변제로 참작하여 당해 청구의 당부를 판단하여야 한다.**

해설 가집행으로 인한 변제의 효력은 확정적인 것이 아니고 어디까지나 상소심에서 그 가집행의 선고 또는 본안판결이 취소되는 것을 해제조건으로 하여 발생하는 것에 지나지 않으므로, 제1심 가집행선고부 판결에 기하여 피고가 그 가집행선고 금액을 지급하였다 하더라도 항소심 법원으로서는 이를 참작함이 없이 당해 청구의 당부를 판단하여야 할 것이다(대판 2009.03.26. 2008다95953).

정답 ✕

14년(2) 모의

8. **가집행선고의 실효는 소급하는 것이 아니므로 그 이전에 이미 집행이 종료되었으면 이미 완료된 집행절차의 효력에는 영향이 없다.**

해설 가집행선고부판결을 채무명의로 하여 채무자 소유 부동산에 대하여 강제경매를 신청한 채권자가 스스로 경락인이 되어 경락허가결정이 확정된 다음 경락대금지급기일 이전에 채무명의가 된 가집행선고부 판결에서 표시된 채권을 자동채권으로 하여 경락대금지급채무와 상계신청을 한 결과 민사소송법 제660조 제2항 소정의 이의가 없어 경락대금 지급기일에 그 상계의 효력이 발생하고 경락인이 경락부동산의 소유권을 취득하였다면 그 이후에 위 가집행선고부판결이 상소심에서 취소되어 위 상계에 있어서의 자동채권의 존재가 부정되었다 할지라도 위 상계를 비롯한 이미 완료된 강제경매절차의 효력이나 이로 인한 경락인의 소유권취득의 효력에는 아무런 영향을 미치지 아니한다고 할 것이다(대판 1990.12.11. 90다카19098).

> 민사소송법 제215조(가집행선고의 실효, 가집행의 원상회복과 손해배상) ① 가집행의 선고는 그 선고 또는 본안판결을 바꾸는 판결의 선고로 바뀌는 한도에서 그 효력을 잃는다.

정답 ◯

14년(2) 모의

9. **(1) 가집행선고에 따른 집행절차가 계속 중일 때에 가집행선고 있는 판결이 상소심에서 그대로 확정되면 별도의 집행문을 부여받을 필요는 없다.**

(2) 가집행선고 있는 판결을 집행권원으로 하여 재산명시신청, 채무불이행자명부등재신청 또는 재산조회신청을 할 수 있다.

▶해설 가집행선고 있는 판결은 선고에 의하여 즉시 집행력이 발생한다. 따라서 이행판결이면 바로 집행권원(채무명의)이 된다(①). … 가집행선고 있는 판결에 기한 강제집행 즉 가집행은 가압류·가처분과 같은 집행보전에 그치는 것이 아니라, 종국적 권리의 만족에까지 이를 수 있는 점에서 확정판결에 기한 본집행과 다를 바 없다. 다만 확정판결과의 차이는 ⅰ) 본집행과 달라서 가집행은 확정적 집행이 아니며, 상급심에서 가집행선고 있는 본안판결이 취소되면 효력이 없어지는 해제조건부 집행이다(아래 63다252 참조). 확정적 집행이 아니므로 상급심에서는 가집행의 결과를 참작할 것이 아니며, 이의 참작 없이 청구의 당부를 판단하여야 한다(예:甲·乙간의 건물명도사건에서 제1심판결의 가집행에 의하여 건물이 이미 원고인 甲 앞으로 명도되었다고 하여도 항소심이 이를 참작하여 원고의 청구가 이유 없다는 기각의 판결을 해서는 안 된다). ⅱ) 확정판결과 달리 가집행선고 있는 판결을 집행권원으로 하여서는 재산명시신청·채무불이행자명부등재신청·재산조회신청을 할 수 없다(②)(이시윤, 신민사소송법 제11판, p.692).

▶판례 가집행으로 인한 변제의 효력은 확정적인 것이 아니고 상소심에서 그 가집행선고 또는 그 본안판결이 취소되는 것을 해제조건으로 하여 발생한다(대판 1963.07.11. 63다252).

정답 ○, ×

14년(1) 모의

10. 피고가 제1심 가집행선고부 판결에 대한 강제집행 정지를 위해 제공하는 담보는 지연손해금 상당액으로 족하다.

▶해설 정지결정의 경우 법원의 실무상 계쟁 권리액 전액에 상당하는 현금 납부를 담보로 요구하며(그러나 그 담보는 부당 정지로 인한 손해를 담보하는 것이다) 보증회사와의 지급보증 위탁계약을 체결한 문서(보증서)의 제출에 의한 담보제공은 허용되지 아니한다(양경승, 민사법과 민사소송의 구조 p.639). 따라서 대개 인용된 소송목적의 값 전액(다만, 일부에 대하여 가집행의 선고가 있는 경우에는 그에 해당하는 값)을 담보로 제공하도록 하는 예가 많으므로(법원행정처, 법원실무제요 민사소송1, p.438) 지연손해금 상당액으로 족하다는 지문의 내용은 틀렸다.

정답 ×

14년(1) 모의

11. 가집행선고 있는 본안판결이 항소심에서 바뀐 경우 그 가집행선고는 그 한도에서 효력을 잃는다.

▶해설 민사소송법 제215조 제1항 참조.

민사소송법 제215조(가집행선고의 실효, 가집행의 원상회복과 손해배상) ① 가집행의 선고는 그 선고 또는 본안판결을 바꾸는 판결의 선고로 바뀌는 한도에서 그 효력을 잃는다.

정답 ○

꼭 봐야 할 민소법 핵심기출 OX

제9편

민사집행법

23년 변시, 19년(3)·20년(2)·22년(3) 모의

1.
(1) 채권에 대한 압류 및 추심명령이 있으면 제3채무자에 대한 이행의 소는 추심채권자만이 제기할 수 있고 채무자는 피압류채권에 대한 이행소송을 제기할 당사자적격을 상실한다.

(2) 채권에 대한 압류 및 추심명령이 있으면 제3채무자에 대한 이행의 소는 추심채권자만이 제기할 수 있고 채무자는 피압류채권에 관한 이행의 소를 제기할 당사자적격을 상실하나, 채무자의 이행소송 계속 중에 추심채권자가 압류 및 추심명령 신청의 취하 등에 따라 추심권능을 상실하게 되면 채무자는 당사자적격을 회복한다.

(3) 추심권능의 상실과 채무자의 당사자적격 회복에 관한 사정은 직권조사사항으로서 법원이 직권으로 조사하여 판단하여야 하는 것이지만 사실심 변론종결 이후에 당사자적격 등 소송요건이 흠결되거나 그 흠결이 치유된 경우 상고심에서 이를 참작할 수는 없다.

[해설] [1] 채권에 대한 압류 및 추심명령이 있으면 제3채무자에 대한 이행의 소는 추심채권자만이 제기할 수 있고 채무자는 피압류채권에 대한 이행소송을 제기할 당사자적격을 상실한다. 그러나 [2] 채권자는 현금화절차가 끝나기 전까지 압류명령의 신청을 취하할 수 있고, 이 경우 채권자의 추심권도 당연히 소멸하게 되며, 추심금청구소송을 제기하여 확정판결을 받은 경우라도 그 집행에 의한 변제를 받기 전에 압류명령의 신청을 취하하여 추심권이 소멸하면 추심권능과 소송수행권이 모두 채무자에게 복귀하며, 이는 국가가 국세징수법에 의한 체납처분으로 채무자의 제3채무자에 대한 채권을 압류하였다가 압류를 해제한 경우에도 마찬가지이다(대판 2008.09.25. 2007다60417). [3] 채권에 대한 압류 및 추심명령이 있으면 제3채무자에 대한 이행의 소는 추심채권자만이 제기할 수 있고 채무자는 피압류채권에 대한 이행소송을 제기할 당사자적격을 상실하나, 채무자의 이행소송 계속 중에 추심채권자가 압류 및 추심명령 신청의 취하 등에 따라 추심권능을 상실하게 되면 채무자는 당사자적격을 회복한다. 이러한 사정은 직권조사사항으로서 당사자가 주장하지 않더라도 법원이 직권으로 조사하여 판단하여야 하고, 사실심 변론종결 이후에 당사자적격 등 소송요건이 흠결되거나 그 흠결이 치유된 경우 상고심에서도 이를 참작하여야 한다(대판 2010.11.25. 2010다64877).

정답 O, O, ×

22년 변시

2. 체납처분에 의한 압류가 되어 있는 부동산이라고 하더라도 경매절차가 개시되어 경매개시결정등기가 되기 전에 그 부동산에 관하여 민사유치권을 취득한 유치권자는 경매절차의 매수인에게 유치권을 행사할 수 있다.

[해설] 부동산에 관한 민사집행절차에서는 경매개시결정과 함께 압류를 명하므로 압류가 행하여짐과 동시에 매각절차인 경매절차가 개시되는 반면, 국세징수법에 의한 체납처분절차에서는 그와 달리 체납처분에 의한 압류(이하 '체납처분압류'라고 한다)와 동시에 매각절차인 공매절차가 개시되는 것이 아닐 뿐만 아니라, 체납처분압류가 반드시 공매절차로 이어지는 것도 아니다. 또한 체납처분절차와 민사집행절차는 서로 별개의 절차로서 공매절차와 경매절차가 별도로 진행되는 것이므로, 부동산에

관하여 체납처분압류가 되어 있다고 하여 경매절차에서 이를 그 부동산에 관하여 경매개시결정에 따른 압류가 행하여진 경우와 마찬가지로 볼 수는 없다. 따라서 체납처분압류가 되어 있는 부동산이라고 하더라도 그러한 사정만으로 경매절차가 개시되어 경매개시결정등기가 되기 전에 부동산에 관하여 민사유치권을 취득한 유치권자가 경매절차의 매수인에게 유치권을 행사할 수 없다고 볼 것은 아니다(대판 2014.03.20. 2009다60336).

정답

20년(2) 모의

3. 배당기일에 이의한 사람이 배당이의의 소의 첫 변론기일에 출석하지 아니한 때에는 그 변론기일에 바로 소를 취하한 것으로 본다.

해설 민사집행법 제158조 참조.

민사집행법 제158조(배당이의의 소의 취하간주) 이의한 사람이 배당이의의 소의 첫 변론기일에 출석하지 아니한 때에는 소를 취하한 것으로 본다.

정답

21년 변시

4. 당사자 사이에 양도금지의 특약이 있는 채권이라도 압류 및 전부명령에 따라 이전될 수 있으나, 양도금지의 특약이 있는 사실에 관하여 압류채권자가 악의인 경우에는 그렇지 않다.

해설 당사자 사이에 양도금지의 특약이 있는 채권이라도 압류 및 전부명령에 따라 이전될 수 있고, 양도금지의 특약이 있는 사실에 관하여 압류채권자가 선의인가 악의인가는 전부명령의 효력에 영향이 없다(대판 2002.08.27. 2001다71699).

정답

21년 변시

5. 전부명령이 확정되면 그 명령이 제3채무자에게 송달된 때에 소급하여 압류된 채권이 집행채권의 범위 안에서 당연히 압류채권자에게 이전되고 동시에 집행채권 소멸의 효력이 발생한다.

해설 전부명령이 확정되면 피압류채권은 제3채무자에게 송달된 때에 소급하여 집행채권의 범위 안에서 당연히 전부채권자에게 이전하고 동시에 집행채권 소멸의 효력이 발생한다(대판 2002.07.12. 99다68652).

정답

🍊 21년 변시

6. **금전채권에 대한 압류 및 추심명령이 있는 경우, 채무자는 제3채무자에 대하여 가지는 피압류채권에 기한 동시이행 항변권을 상실하지 않는다.**

   해설 금전채권에 대한 압류 및 추심명령이 있는 경우, 이는 강제집행절차에서 추심채권자에게 채무자의 제3채무자에 대한 채권을 추심할 권능만을 부여하는 것이므로, 이로 인하여 채무자가 제3채무자에 대하여 가지는 채권이 추심채권자에게 이전되거나 귀속되는 것은 아니므로, 추심채무자로서는 제3채무자에 대하여 피압류채권에 기하여 그 동시이행을 구하는 항변권을 상실하지 않는다(대판 2001.03.09. 2000다73490).

   정답 ○

🍊 21년 변시

7. **임대차보증금이 수수된 임대차계약에서 임대인의 차임채권에 관하여 압류 및 추심명령이 있었다 하더라도, 당해 임대차계약이 종료되어 목적물이 반환될 때에는 그때까지 추심되지 아니한 채 잔존하는 차임채권 상당액도 임대차보증금에서 공제된다.**

   해설 부동산 임대차에 있어서 수수된 보증금은 차임채무, 목적물의 멸실·훼손 등으로 인한 손해배상채무 등 임대차에 따른 임차인의 모든 채무를 담보하는 것으로서 그 피담보채무 상당액은 임대차관계의 종료 후 목적물이 반환될 때에 특별한 사정이 없는 한 별도의 의사표시 없이 보증금에서 당연히 공제되는 것이므로, 임대보증금이 수수된 임대차계약에서 차임채권에 관하여 압류 및 추심명령이 있었다 하더라도, 당해 임대차계약이 종료되어 목적물이 반환될 때에는 그 때까지 추심되지 아니한 채 잔존하는 차임채권 상당액도 임대보증금에서 당연히 공제된다(대판 2004.12.23. 2004다56554).

   정답 ○

🍊 20년 변시

8. **(1) 당사자 사이에 양도금지의 특약이 있는 채권에 대하여 집행채권자가 양도금지의 특약이 있는 사실을 알면서 전부명령을 받은 경우 위 전부명령은 무효이다.**
   (2) 적법한 집행권원에 의한 압류 및 전부명령에 기하여 채권자가 제3채무자를 상대로 전부금청구의 소를 제기한 경우, 법원은 특별한 사정이 없는 한 그 집행채권(채권자가 채무자에 대하여 가지는 채권)의 소멸에 대하여 심리·판단할 필요가 없다.

   해설 [1] 당사자 사이에 양도금지의 특약이 있는 채권이더라도 전부명령에 의하여 전부되는 데에는 지장이 없고, 양도금지의 특약이 있는 사실에 관하여 집행채권자가 선의인가 악의인가는 전부명령의 효력에 영향을 미치지 못하는 것인바, 이와 같이 양도금지특약부 채권에 대한 전부명령이 유효한 이상, 그 전부채권자로부터 다시 그 채권을 양수한 자가 그 특약의 존재를 알았거나 중대한 과실로 알지 못하였다고 하더라도 채무자는 위 특약을 근거로 삼아 채권양도의 무효를 주장할 수 없다(대판 2003.12.11. 2001다3771). [2] 집행력 있는 채무명의에 기하여 채권의 압류 및 전부명령이 적법하게 이루어진 이상 피압류채권은 집행채권의 범위내에서 당연히 집행채권자에게 이전하는 것이어서 그 집행채권이 이미 소멸하였거나 소멸할 가능성이 있다고 하더라도 위 채권의 압류 및 전부명령의 효력에는 아무런 영향이 없다 할 것이므로 전부금 청구사건에 있어서는 특단의 사정이 없는 한 그 집행채권의 소멸 또는 소멸가능성에 대하여 심리판단이 필요없다(대판 1976.05.25. 76다626).

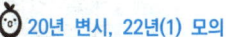

9. **(1) 채무자와 제3채무자가 아무런 합리적 이유 없이 채권의 소멸만을 목적으로 계약관계를 합의해제한다는 등의 특별한 경우를 제외하고는, 제3채무자는 채권에 대한 가압류가 있은 후에도 채권의 발생원인인 법률관계를 합의해제하고 이로 인하여 가압류채권이 소멸되었다는 사유를 들어 가압류채권자에게 대항할 수 있다.**

(2) 甲이 乙의 丙에 대한 금전채권을 압류하여 그 압류명령이 丙에게 송달된 후 丙이 乙에게 채무를 일부 변제하고 그 후에 乙의 다른 채권자인 丁이 위 금전채권을 압류하여 그 압류명령이 丙에게 송달된 경우, 丙의 乙에 대한 위 채무 변제는 丁에 대해서는 유효하다

[해설] [1] 채권에 대한 가압류는 제3채무자에 대하여 채무자에게의 지급 금지를 명하는 것이므로 채권을 소멸 또는 감소시키는 등의 행위는 할 수 없고 그와 같은 행위로 채권자에게 대항할 수 없는 것이지만, 채권의 발생원인인 법률관계에 대한 채무자의 처분까지도 구속하는 효력은 없다 할 것이므로 채무자와 제3채무자가 아무런 합리적 이유 없이 채권의 소멸만을 목적으로 계약관계를 합의해제한다는 등의 특별한 경우를 제외하고는, 제3채무자는 채권에 대한 가압류가 있은 후라고 하더라도 채권의 발생원인인 법률관계를 합의해제하고 이로 인하여 가압류채권이 소멸되었다는 사유를 들어 가압류채권자에 대항할 수 있다(대판 2001.06.01. 98다17930). [2] 압류의 처분금지 효력은 절대적인 것이 아니고, 채무자의 처분행위 또는 제3채무자의 변제로써 처분 또는 변제 전에 집행절차에 참가한 압류채권자나 배당요구채권자에게 대항하지 못한다는 의미에서의 상대적 효력만을 가지는 것이어서, 압류의 효력발생 전에 채무자가 처분하였거나 제3채무자가 변제한 경우에는, 그 보다 먼저 압류한 채권자가 있어 그 채권자에게는 대항할 수 없는 사정이 있더라도, 그 처분이나 변제 후에 압류명령을 얻은 채권자에 대하여는 유효한 처분 또는 변제가 된다(대판 2003.05.30. 2001다10748).

▶ 丙의 乙에 대한 변제는 甲을 채권자로 한 압류명령이 丙에게 송달된 이후 이루어진 것이므로 甲에게는 대항할 수 없으나 丙의 변제 후 압류명령을 얻은 丁에 대해서는 그 변제가 유효하다.

정답 ○, ○

10.
(1) 채권압류 및 추심명령의 제3채무자가 압류채권자에게 압류된 채권액 상당에 관하여 지체책임을 지는 것은 집행법원으로부터 추심명령을 송달받은 때가 아니라 추심명령이 발령된 후 압류채권자로부터 추심금청구를 받은 다음날부터이다.

(2) 채권압류 및 추심명령의 제3채무자는 위 명령을 송달받은 후 압류채무자에게 채무를 이행하더라도 압류채권자에게 대항할 수 없어 추심명령을 받은 압류채권자에게 채무를 이행하여야 할 의무를 부담하게 된다.

(3) 채권자가 채권압류 및 추심명령을 신청하면서 채무자와 제3채무자 사이의 소송의 판결결과에 따라 제3채무자가 채무자에게 지급하여야 하는 금액을 피압류채권으로 표시한 경우에는, 채권자가 받은 채권압류 및 추심명령의 효력은 위 소송결과에 따라 제3채무자가 채무자에게 실제 지급하여야 하는 판결금채권에 한하여 미치는 것으로 보아야 한다.

[해설] [1] 추심명령은 압류채권자에게 채무자의 제3채무자에 대한 채권을 추심할 권능을 수여함에 그치고, 제3채무자로 하여금 압류채권자에게 압류된 채권액 상당을 지급할 것을 명하거나 그 지급기한을 정하는 것이 아니므로, 제3채무자가 압류채권자에게 압류된 채권액 상당에 관하여 지체책임을 지는 것은 집행법원으로부터 추심명령을 송달받은 때부터가 아니라 추심명령이 발령된 후 압류채권자로부터 추심금 청구를 받은 다음날부터라고 하여야 한다(대판 2012.10.25. 2010다47117).
[2] 압류명령이 제3채무자에게 송달되면 압류의 효력이 생긴다. 압류의 효력에 따라 제3채무자는 채무자에 대해 지급이 금지된다. 따라서 제3채무자가 압류명령을 송달 받은 후 압류채무자에게 채무를 이행하더라도 압류채권자에게 대항할 수 없게 되고, 압류채권자에게 채무를 이행하여야 할 의무를 여전히 부담하게 된다. 민사집행법 제227조 참조.

민사집행법 제227조(금전채권의 압류) ① 금전채권을 압류할 때에는 법원은 제3채무자에게 채무자에 대한 지급을 금지하고 채무자에게 채권의 처분과 영수를 금지하여야 한다.
② 압류명령은 제3채무자와 채무자에게 송달하여야 한다.
③ 압류명령이 제3채무자에게 송달되면 압류의 효력이 생긴다.

[3] 판결 결과에 따라 제3채무자가 채무자에게 지급하여야 하는 금액을 피압류채권으로 표시한 경우 해당 소송의 소송물인 실체법상의 채권이 채권압류 및 추심명령의 대상이 된다고 볼 수밖에 없고, 결국 채권자가 받은 채권압류 및 추심명령의 효력은 거기에서 지시하는 소송의 소송물인 청구원인 채권에 미친다고 보아야 한다(대판 2018.06.28. 2016다203056).

사실관계 甲 주식회사가 乙을 상대로 토지 인도 및 차임 상당의 부당이득반환소송을 제기하자, 甲 회사에 대한 구상금채권자인 신용보증기금이 '그 소송에서 甲 회사가 받게 될 지료청구채권 및 합의로 소가 취하될 경우 합의금 등 청구채권'을 피압류채권으로 하는 압류명령 및 추심명령을 받았고, 그 후 위 소송에서 차임 상당의 부당이득반환을 구하는 부분이 신용보증기금에만 당사자적격이 있다는 이유로 각하판결이 선고되어 확정되자, 신용보증기금이 乙을 상대로 추심금 청구의 소를 제기하여 승소판결을 받은 다음 乙 소유 동산에 대한 강제집행을 신청하였는데, 위 각하판결 확정 후 甲 회사로부터 부당이득반환채권을 양수한 丙이 乙을 상대로 제기한 소송에서 부당이득금의 지급을 명하는 이행권고결정이 확정되어 위 강제집행의 배당절차에서 丙에게 배당금을 지급하는 내용의 배당표가 작성되자, 신용보증기금이 강제집행절차 진행 중 사망한 丙의 단독상속인 丁을 상대로 배당이의의 소를 제기한 사안에서, 신용보증기금이 채권압류 및 추심명령을 통하여 압류한 채권은 甲 회사가 乙을 상대로 제기한 부당이득반환소송의 소송물인 甲 회사의 乙에 대한 차임 상당의 부당이득반환채권으로 해석함이 타당하고, 신용보증기금이 '압류 및 추심할 채권의 표시'에 위 부당이득반환소송의 사건번호를 기재하였다고 하더라도 이는 피압류채권을 그 소송의 청구원인 채권으로 특정하기 위한 것이지 그 범위를 단순히 소송의 결과에 따라 乙이 실제 지급하여야 하는 판결금 채권만으로 한정하고자 하는 의미로 볼 수는 없으며, 피압류채권을 '압류할 채권의 표시'에 기재된 문언에 따라 객관적으로 엄격하게 해석하여야 하는 주된 이유는 제3채무자를 보호하기 위한 것인데, 제3채무자인 乙은 부당이득반환소송에서 신용보증기금만이 추심의 소를 제기할 수 있다고 주장하여 그 주장이 받아들여지기도 하였으므로, 乙의 입장에서 피압류채권의 범위 및 특정에 관하여 혼동을 하거나 문제가 발생할 여지도 없었던 것으로 보인다는 등의 이유로, 丁은 채권압류 및 추심명령의 효력이 발생한 후에 이루어진 피압류채권에 관한 채권양도로 채권압류 및 추심권자인 신용보증기금에 대항할 수 없다고 한 사례.

정답 ○, ○, ×

 20년 변시

11. 甲은 乙에 대하여 1억 원의 대여금채권을 가지고 있다. 甲에 대한 1억 원의 매매대금채권자 丙은 위 대여금채권에 대하여 2019. 10. 1. 법원에 압류 및 전부명령을 신청하였고, 법원은 같은 달 4. 위 신청에 따른 명령을 발령하였으며, 위 명령은 같은 달 7. 乙에게, 같은 달 8. 甲에게 각 송달된 후 확정되었다. 한편, 甲에 대한 1억 원의 매매대금채권자 丁은 2019. 9. 26. 법원에 위 대여금채권에 대한 가압류신청을 하였고, 법원은 같은 달 30. 위 신청에 따른 가압류결정을 하였으며, 위 가압류결정이 같은 해 10. 8. 乙에게 송달되었다면, 위 가압류결정은 효력이 없다.

해설 채권이 이중으로 양도된 경우의 양수인 상호간의 우열은 통지 또는 승낙에 붙여진 확정일자의 선후에 의하여 결정할 것이 아니라, 채권양도에 대한 채무자의 인식, 즉 확정일자 있는 양도통지가 채무자에게 도달한 일시 또는 확정일자 있는 승낙의 일시의 선후에 의하여 결정하여야 할 것이고, 이러한 법리는 채권양수인과 동일 채권에 대하여 가압류명령을 집행한 자 사이의 우열을 결정하는 경우에 있어서도 마찬가지이므로, 확정일자 있는 채권양도 통지와 가압류결정 정본의 제3채무자(채권양도의 경우는 채무자)에 대한 도달의 선후에 의하여 그 우열을 결정하여야 한다(대판 1994.04.26. 93다24223(전합)).

정답 ○

 20년·22년 변시

12. A 토지에 대하여 2019. 7. 1. 임의경매가 개시되었고, A 토지 지상 B 건물에 대하여 같은 해 8. 1. 가압류등기가 마쳐진 후 같은 해 11. 1. 강제경매가 개시되었다. 甲은 같은 해 10. 1. 乙로부터 B 건물의 점유를 이전받아 위 건물에 관한 공사대금채권을 피담보채권으로 하는 유치권을 취득하였다. 丙이 위 각 경매절차에서 A 토지와 B 건물에 관한 매각허가결정을 받아 매각대금을 지급한 경우, 특별한 사정이 없는 한 甲은 丙에게 B 건물에 대한 유치권을 주장할 수 있다.

해설 부동산에 가압류등기가 경료되면 채무자가 당해 부동산에 관한 처분행위를 하더라도 이로써 가압류채권자에게 대항할 수 없게 되는데, 여기서 처분행위란 당해 부동산을 양도하거나 이에 대해 용익물권, 담보물권 등을 설정하는 행위를 말하고 특별한 사정이 없는 한 점유의 이전과 같은 사실행위는 이에 해당하지 않는다. 다만 부동산에 경매개시결정의 기입등기가 경료되어 압류의 효력이 발생한 후에 채무자가 제3자에게 당해 부동산의 점유를 이전함으로써 그로 하여금 유치권을 취득하게 하는 경우 그와 같은 점유의 이전은 처분행위에 해당한다는 것이 당원의 판례이나, 이는 어디까지나 경매개시결정의 기입등기가 경료되어 압류의 효력이 발생한 후에 채무자가 당해 부동산의 점유를 이전함으로써 제3자가 취득한 유치권으로 압류채권자에게 대항할 수 있다고 한다면 경매절차에서의 매수인이 매수가격 결정의 기초로 삼은 현황조사보고서나 매각물건명세서 등에서 드러나지 않는 유치권의 부담을 그대로 인수하게 되어 경매절차의 공정성과 신뢰를 현저히 훼손하게 될 뿐만 아니라, 유치권신고 등을 통해 매수신청인이 위와 같은 유치권의 존재를 알게 되는 경우에는 매수가격의 즉각적인 하락이 초래되어 책임재산을 신속하고 적정하게 환가하여 채권자의 만족을 얻게 하려는 민사집행제도의 운영에 심각한 지장을 줄 수 있으므로, 위와 같은 상황하에서는 채무자의 제3자에 대한 점유이전을 압류의 처분금지효에 저촉되는 처분행위로 봄이 타당하다는 취지이다. 따라서 이와 달리 부동산에 가압류등기가 경료되어 있을 뿐 현실적인 매각절차가 이루어지지 않고 있는 상황하에서는 채무자의 점유이전으로 인하여 제3자가 유치권을 취득하게 된다고 하더라도 이를 처분행위로 볼 수는 없다(대판 2011.11.24. 2009다19246). ▶ 토지에 대한 담보권 실행 등을 위한 경매가 개시된 후 그 지상건물에 가압류등기가 경료되었는데, 甲이 채무자인 乙 주식회사에서 건물 점유를 이전받아 그 건물에 관한 공사대금채권을 피담보채권으로 한 유치권을 취득하였고, 그 후 건물에 대한 강제경매가 개시되어 丙이 토지와 건물을 낙찰받은 사안에서, 건물에 가압류등기가 경료된 후 乙 회사가 甲에게 건물 점유를 이전한 것은 처분행위에 해당하지 않아 가압류의 처분금지효에 저촉되지 않으므로, 甲은 丙에게 건물에 대한 유치권을 주장할 수 있다고 한 사례

 정답 O

 20년 변시

13. **甲의 채권자 丙이 甲의 乙에 대한 소유권이전등기청구권에 대하여 신청한 가압류결정이 乙에게 송달된 후 甲이 乙을 상대로 제기한 소유권이전등기청구 소송에서, 법원은 위 가압류의 해제를 조건으로 하지 아니하는 한 甲의 청구를 인용해서는 아니 된다.**

해설 소유권이전등기청구권에 대한 압류나 가압류는 채권에 대한 것이지 등기청구권의 목적물인 부동산에 대한 것이 아니고, 채무자와 제3채무자에게 그 결정을 송달하는 외에 현행법상 등기부에 이를 공시하는 방법이 없는 것으로서, 당해 채권자와 채무자 및 제3채무자 사이에만 효력이 있을 뿐 압류나 가압류와 관계가 없는 제3자에 대하여는 압류나 가압류의 처분금지적 효력을 주장할 수 없게 되므로, 소유권이전등기청구권의 압류나 가압류는 청구권의 목적물인 부동산 자체의 처분을 금지하는 대물적 효력은 없고, 또한 채권에 대한 가압류가 있더라도 이는 채무자가 제3채무자로부터 현실로 급부를 추심하는 것만을 금지하는 것이므로 채무자는 제3채무자를 상대로 그 이행을 구하는 소송을 제기할 수 있고 법원은 가압류가 되어 있음을 이유로 이를 배척할 수는 없는 것이지만, 소유권이전등기를 명하는 판결은 의사의 진술을 명하는 판결로서 이것이 확정되면 채무자는 일방적으로 이전등기를 신청할 수 있고 제3채무자는 이를 저지할 방법이 없게 되므로 위와 같이 볼 수는 없고 이와 같은 경우에는 가압류의 해제를 조건으로 하지 않는 한 법원은 이를 인용하여서는 안되는 것이며, 가처분이 있는 경우도 이와 마찬가지로 그 가처분의 해제를 조건으로 하여야만 소유권이전등기절차의 이행을 명할 수 있다(대판 1999.02.09. 98다42615).

 정답 O

19년(3) 모의

14. (1) 같은 채권에 관하여 추심명령이 여러 번 발부되더라도 그 추심명령 사이에는 순위의 우열이 없다.

(2) 채권의 추심명령은 압류한 금전채권을 대위절차 없이 추심할 수 있게 해주는 것으로서 유효한 압류명령이 있음을 전제하는 것이다.

해설 [1] 같은 채권에 관하여 추심명령이 여러 번 발부되더라도 그 사이에는 순위의 우열이 없고, 추심명령을 받아 채권을 추심하는 채권자는 자기채권의 만족을 위하여서 뿐만 아니라 압류가 경합되거나 배당요구가 있는 경우에는 집행법원의 수권에 따라 일종의 추심기관으로서 압류나 배당에 참가한 모든 채권자를 위하여 제3채무자로부터 추심을 하는 것이므로 그 추심권능은 압류된 채권 전액에 미치며, 제3채무자로서도 정당한 추심권자에게 변제하면 그 효력은 위 모든 채권자에게 미치므로 압류된 채권을 경합된 압류채권자 및 또 다른 추심권자의 집행채권액에 안분하여 변제하여야 하는 것도 아니다(대판 2001.03.27. 2000다43819). [2] 채권의 추심명령은 압류한 금전채권을 대위절차 없이 추심할 수 있게 해주는 것으로서 유효한 압류명령이 있음을 전제하는 것이므로, 압류할 채권이 특정되지 않아 압류명령에 따른 압류의 효력이 발생하지 않는 경우에는 그에 따른 추심명령도 효력이 없다. 그와 같은 경우 채무자는 가압류이의나 즉시항고로써 가압류결정이나 압류 및 추심명령의 효력을 다툴 수 있지만, 제3채무자로서도 추심금 소송에서 추심명령의 무효를 주장하여 다툴 수 있다(대판 2012.11.15. 2011다38394).

정답

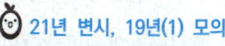

15. (1) 채권자대위소송이 제기되고 대위채권자가 채무자에게 대위권 행사사실을 통지하거나 채무자가 이를 알게 된 이후에는, 피대위채권에 대한 전부명령은 우선권 있는 채권에 기초한 것이라는 등의 특별한 사정이 없는 한 무효이다.

(2) 채권에 대한 압류 및 추심명령이 있으면 채무자는 피압류채권에 대한 이행소송을 제기할 당사자적격을 상실하나, 채무자의 이행소송 계속 중에 추심채권자가 압류 및 추심명령 신청의 취하에 따라 추심권능을 상실하게 되면 채무자는 당사자적격을 회복한다.

(3) 추심의 소에서 제3채무자가 집행채권의 소멸을 항변으로 주장·증명하면, 법원은 원고의 청구를 기각하여야 한다

해설 [1] 채권자대위소송이 제기되고 대위채권자가 채무자에게 대위권 행사사실을 통지하거나 채무자가 이를 알게 된 이후에는 민사집행법 제229조 제5항이 유추적용되어 피대위채권에 대한 전부명령은, 우선권 있는 채권에 기초한 것이라는 등의 특별한 사정이 없는 한, 무효이다(대판 2016.08.29. 2015다236547).

민법 제405조(채권자대위권행사의 통지) ① 채권자가 전조제1항의 규정에 의하여 보전행위 이외의 권리를 행사한 때에는 채무자에게 통지하여야 한다. ② 채무자가 전항의 통지를 받은 후에는 그 권리를 처분하여도 이로써 채권자에게 대항하지 못한다.

[2] 채권에 대한 압류 및 추심명령이 있으면 제3채무자에 대한 이행의 소는 추심채권자만이 제기할 수 있고 채무자는 피압류채권에 대한 이행소송을 제기할 당사자적격을 상실하나, 채무자의 이행소송 계속 중에 추심채권자가 압류 및 추심명령 신청의 취하 등에 따라 추심권능을 상실하게 되면 채무자는 당사자적격을 회복한다. 이러한 사정은 직권조사사항으로서 당사자가 주장하지 않더라도 법원이 직권으로 조사하여 판단하여야 하고, 사실심 변론종결 이후에 당사자적격 등 소송요건이 흠결되거나 그 흠결이 치유된 경우 상고심에서도 이를 참작하여야 한다(대판 2010.11.25. 2010다64877).

[3] 집행채권의 부존재나 소멸은 집행채무자가 청구이의의 소에서 주장할 사유이지 추심의 소에서 제3채무자가 이를 항변으로 주장하여 집행채무의 변제를 거절할 수 있는 것이 아니다(대판 1994.11.11. 94다34012).

정답 O, O, ×

 16년·17년 변시, 22년(2) 모의

16. 금전채권에 대한 가압류가 있더라도 가압류채무자는 제3채무자를 상대로 그 이행을 구하는 소를 제기할 수 있고, 법원은 가압류가 되어 있음을 이유로 그 청구를 배척할 수 없다.

해설 일반적으로 채권에 대한 가압류가 있더라도 이는 채무자가 제3채무자로부터 현실로 급부를 추심하는 것만을 금지하는 것일 뿐 채무자는 제3채무자를 상대로 그 이행을 구하는 소송을 제기할 수 있고 법원은 가압류가 되어 있음을 이유로 이를 배척할 수는 없는 것이 원칙이다. 왜냐하면 채무자로서는 제3채무자에 대한 그의 채권이 가압류되어 있다 하더라도 채무명의를 취득할 필요가 있고 또는 시효를 중단할 필요도 있는 경우도 있을 것이며 또한 소송 계속 중에 가압류가 행하여진 경우에 이를 이유로 청구가 배척된다면 장차 가압류가 취소된 후 다시 소를 제기하여야 하는 불편함이 있는데 반하여 제3채무자로서는 이행을 명하는 판결이 있더라도 집행단계에서 이를 저지하면 될 것이기 때문이다(대판 2002.04.26. 2001다59033).

 정답 O

 17년 변시

17. 양도금지특약이 붙은 채권이 양도된 경우에 채무자로서는 양수인의 선의 등 여부를 알 수 없다면 특별한 사정이 없는 한 채권자 불확지를 원인으로 하여 변제공탁을 할 수 있다.

해설 채권양도금지특약에 반하여 채권양도가 이루어진 경우, 그 양수인이 양도금지특약이 있음을 알았거나 중대한 과실로 알지 못하였던 경우에는 채권양도는 효력이 없게 되고, 반대로 양수인이 중대한 과실 없이 양도금지특약의 존재를 알지 못하였다면 채권양도는 유효하게 되어 채무자로서는 양수인에게 양도금지특약을 가지고 그 채무이행을 거절할 수 없게 되어 양수인의 선의, 악의 등에 따라 양수채권의 채권자가 결정되는바, 이와 같이 양도금지의 특약이 붙은 채권이 양도된 경우에 양수인의 악의 또는 중과실에 관한 입증책임은 채무자가 부담하지만, 그러한 경우에도 채무자로서는 양수인의 선의 등의 여부를 알 수 없어 과연 채권이 적법하게 양도된 것인지에 관하여 의문이 제기

될 여지가 충분히 있으므로 특별한 사정이 없는 한 민법 제487조 후단의 채권자 불확지를 원인으로 하여 변제공탁을 할 수 있다(대판 2000.12.22. 2000다55904).

정답 O

 17년 변시

18. 동일한 채권에 대하여 채권가압류명령과 채권양도통지가 동시에 제3채무자에게 송달된 경우, 제3채무자는 자기의 책임과 판단에 따라 채권자 불확지 변제공탁, 집행공탁, 혼합공탁을 선택하여 할 수 있다.

해설 채권가압류명령과 채권양도통지가 동시에 제3채무자에게 송달된 경우, 제3채무자는 송달의 선후가 불명한 경우에 준하여 채권자를 알 수 없다는 이유로 변제공탁을 할 수도 있고, 또한 민사집행법 제291조, 제248조 제1항에 의하여 가압류에 관련된 금전채권에 대한 집행공탁을 할 수도 있으며, 위와 같은 사유를 들어 채권자 불확지 변제공탁과 집행공탁을 합한 혼합공탁을 할 수도 있다. 한편 공탁자는 자기의 책임과 판단하에 변제공탁이나 집행공탁 또는 혼합공탁을 선택하여 할 수 있으므로, 제3채무자가 그중 어느 공탁을 한 것인지는 피공탁자의 지정 여부, 공탁의 근거조문, 공탁사유, 공탁사유신고 등을 종합적·합리적으로 고려하여 판단할 것이다(대판 2013.04.26. 2009다89436).

정답 O

 17년 변시

19. 채권가압류결정이 제3채무자에게 송달된 후 가압류의 대상인 채권을 양수받은 양수인은 제3채무자를 상대로 그 이행의 소를 제기할 수 있다.

해설 채권양도에 의하여 채권은 그 동일성을 잃지 않고 양도인으로부터 양수인에게 이전된다 할 것이며, 가압류된 채권도 이를 양도하는 데 아무런 제한이 없으나, 다만 가압류된 채권을 양수받은 양수인은 그러한 가압류에 의하여 권리가 제한된 상태의 채권을 양수받는다고 보아야 할 것이다(대판 2000.04.11. 99다23888).

정답 O

 17년 변시

20. 채권가압류결정의 채권자가 본안소송에서 승소하는 등으로 집행권원을 취득하는 경우에도 가압류의 대상인 채권을 양수받은 양수인에 대한 채권양도의 효력에는 영향이 없다.

해설 채권가압류의 처분금지의 효력은 본안소송에서 가압류채권자가 승소하여 채무명의를 얻는 등으로 피보전권리의 존재가 확정되는 것을 조건으로 하여 발생하는 것이므로 채권가압류결정의 채권자가 본안소송에서 승소하는 등으로 채무명의를 취득하는 경우에는 가압류에 의하여 권리가 제한된 상태의 채권을 양수받는 양수인에 대한 채권양도는 무효가 된다(대판 2002.04.26. 2001다59033).

정답 X

 16년 변시

21. 임대인이 임차인으로부터 임대차보증금반환채권의 양도통지를 받은 후에 임대인과 임차인 사이에 임대차 계약기간 연장에 관하여 합의가 있을 경우 그 합의의 효과는 그 채권의 양수인에 대하여도 미친다.

> 해설 임대인이 임대차보증금반환청구채권의 양도통지를 받은 후에는 임대인과 임차인 사이에 임대차계약의 갱신이나 계약기간 연장에 관하여 명시적 또는 묵시적 합의가 있더라도 그 합의의 효과는 보증금반환채권의 양수인에 대하여는 미칠 수 없다(대판 1989.04.25. 88다카4253).

정답 ×

 16년 변시

22. 채권양도통지와 채권가압류결정 정본이 같은 날 도달되었는데 그 선후관계에 대하여 달리 증명이 없으면 동시에 도달된 것으로 추정한다.

> 해설 채권이 이중으로 양도된 경우의 양수인 상호간의 우열은 통지 또는 승낙에 붙여진 확정일자의 선후에 의하여 결정할 것이 아니라, 채권양도에 대한 채무자의 인식, 즉 확정일자 있는 양도통지가 채무자에게 도달한 일시 또는 확정일자 있는 승낙의 일시의 선후에 의하여 결정하여야 할 것이고, 이러한 법리는 채권양수인과 동일 채권에 대하여 가압류명령을 집행한 자 사이의 우열을 결정하는 경우에 있어서도 마찬가지이므로, 확정일자 있는 채권양도 통지와 가압류결정 정본의 제3채무자(채권양도의 경우는 채무자)에 대한 도달의 선후에 의하여 그 우열을 결정하여야 한다. 이 경우 채권양도 통지와 채권가압류결정 정본이 같은 날 도달되었는데 그 선후관계에 대하여 달리 입증이 없으면 동시에 도달된 것으로 추정한다(대판 1994.04.26. 93다24223(전합)).

정답 ○

 16년 변시

23. 채권에 대한 압류 후에 피압류채권이 제3자에게 양도된 경우 그 채권양도는 압류채무자에 대한 다른 채권자와의 관계에서 유효하다.

> 해설 채권에 대한 압류의 처분금지의 효력은 절대적인 것이 아니고, 이에 저촉되는 채무자의 처분행위가 있어 압류의 효력이 미치는 범위에서 압류채권자에게 대항할 수 없는 상대적 효력을 가지는 데 그치므로, 압류 후에 피압류채권이 제3자에게 양도된 경우 채권양도는 압류채무자의 다른 채권자 등에 대한 관계에서는 유효하다. 그리고 채권양도 행위가 사해행위로 인정되어 취소 판결이 확정된 경우에도 취소의 효과는 사해행위 이전에 이미 채권을 압류한 다른 채권자에게는 미치지 아니한다(대판 2015.05.14. 2014다12072).

정답 ○

16년 변시

24. 추심명령을 받은 압류채권자는 채무자가 제3채무자를 상대로 제기하여 계속 중인 소에 「민사소송법」 제81조(승계인의 소송참가), 제79조(독립당사자참가)에 따라 언제든지 참가할 수 있다.

> 해설 압류채권자는 채무자가 제3채무자를 상대로 제기한 이행의 소에 민사소송법 제81조(승계인의 소송참가), 제79조(독립당사자참가)에 따라 참가할 수도 있으나, 채무자의 이행의 소가 상고심에 계속 중인 경우에는 승계인의 소송참가가 허용되지 아니하므로 압류채권자의 소송참가가 언제나 가능하지는 않으며, 압류채권자가 채무자가 제기한 이행의 소에 참가할 의무가 있는 것도 아니다(대판 2013.12.18. 2013다202120(전합)).

정답 ×

 16년 변시

25. 추심의 소에서 피압류채권의 존재는 채권자인 원고가 증명하여야 한다.

> 해설 채권압류 및 추심명령에 기한 추심의 소에서 피압류채권의 존재는 채권자가 증명하여야 하는 점, 민사집행법 제195조 제3호, 제246조 제1항 제8호, 민사집행법 시행령 제7조의 취지와 형식 등을 종합적으로 고려하여 보면, 채권자가 채권압류 및 추심명령에 기하여 채무자의 제3채무자에 대한 예금채권의 추심을 구하는 소를 제기한 경우 추심 대상 채권이 압류금지채권에 해당하지 않는다는 점, 즉 채무자의 개인별 예금 잔액과 민사집행법 제195조 제3호에 의하여 압류하지 못한 금전의 합계액이 150만 원을 초과한다는 사실은 채권자가 증명하여야 한다(대판 2015.06.11. 2013다40476).

정답 ○

 16년 변시

26. 추심의 소에서 제3채무자인 피고는 집행채권의 부존재나 소멸을 항변으로 주장하여 집행채무의 변제를 거절할 수 없다.

> 해설 집행채권의 부존재나 소멸은 집행채무자가 청구이의의 소에서 주장할 사유이지 추심의 소에서 제3채무자인 피고가 이를 항변으로 주장하여 채무의 변제를 거절할 수 있는 것이 아니다(대판 1996.09.24. 96다13781).

정답 ○

14년(1) 모의

27. 확정된 종국판결, 인낙조서, 화해권고결정조서, 조정조서와 다르게 집행증서는 소송을 거치지 않고 집행권원을 확보할 수 있다는 점에서 다른 집행권원과 비교된다.

▣해설 집행권원이란 사법상 일정한 이행청구권의 존재와 범위를 표시함과 동시에 강제집행으로 그 청구권을 실현할 수 있는 집행력을 인정한 공정증서로서, 확정된 종국판결(민사집행법 제24조), 공증인이 작성한 공정증서 등 집행증서(동법 제56조), 조정조서(민사조정법 제29조), 인낙조서(민사집행법 제56조), 확정된 화해권고결정(민사소송법 제231조) 등이 있다. 이 중 집행증서는 소송을 거치지 않고 집행권원을 확보할 수 있다는 점에서 다른 집행권원과 비교된다. 따라서 甲이 공증사무소에 가서 채무자 乙의 집행수락문구가 기재된 차용증을 공증한 집행증서는 다른 집행권원과 성질을 달리한다.

민사집행법 제24조(강제집행과 종국판결) 강제집행은 확정된 종국판결(終局判決)이나 가집행의 선고가 있는 종국판결에 기초하여 한다.
민사집행법 제56조(그 밖의 집행권원) 강제집행은 다음 가운데 어느 하나에 기초하여서도 실시할 수 있다.
 4. 공증인이 일정한 금액의 지급이나 대체물 또는 유가증권의 일정한 수량의 급여를 목적으로 하는 청구에 관하여 작성한 공정증서로서 채무자가 강제집행을 승낙한 취지가 적혀 있는 것
 5. 소송상 화해, 청구의 인낙(認諾) 등 그 밖에 확정판결과 같은 효력을 가지는 것

정답

❖ 선택형 사례문제

문 1
21년(1) 모의

甲은 乙을 상대로 매매대금의 지급을 구하는 소를 제기하고 승소확정판결을 받았다. 乙이 임의이행을 하지 않자 甲은 乙의 재산을 조사하여 乙이 A 은행에 예금채권이 있음을 알게 되었다. 이에 甲은 위 확정판결을 집행권원으로 하여 乙의 A 은행에 대한 채권압류와 추심명령을 신청하려고 한다. 이와 관련된 아래의 설명 중 옳지 않은 것은? (다툼이 있는 경우 판례에 의함)

① 甲의 다른 채권자 B가 위 집행권원에 표시된 매매대금채권을 압류하여도 甲이 乙을 상대로 한 채권압류명령에는 집행장애사유가 될 수 없다.
② 甲이 채권압류 및 추심명령에 기한 추심의 소를 제기하면 피압류채권의 존재는 甲이 증명하여야 한다.
③ 甲이 A 은행을 상대로 추심의 소를 제기하기 전에 이미 乙이 A 은행을 상대로 제기한 예금채권의 반환을 구하는 소가 법원에 계속되어 있어도, 甲의 A 은행에 대한 추심의 소는 중복제소가 되지 않는다.
④ 甲이 A 은행을 상대로 제기한 추심의 소에서, A 은행은 여러 개의 채권 중 압류된 채권이 특정되지 않아 압류명령에 따른 압류의 효력이 발생하지 않았다는 이유로 추심명령의 무효를 주장하여 다툴 수 있다.
⑤ A 은행이 압류된 채권액 상당에 관하여 甲에게 지체책임을 지는 것은 집행법원으로부터 추심명령을 송달받은 때부터이다.

:: 해설   **채권압류, 추심명령**

① (O) 채권압류명령은 비록 강제집행절차에 나아간 것이기는 하나 채권추심명령이나 채권전부명령과는 달리 집행채권의 현금화나 만족적 단계에 이르지 아니하는 보전적 처분으로서 집행채권을 압류한 채권자를 해하는 것이 아니기 때문에 집행채권에 대한 압류의 효력에 반하는 것은 아니므로, 집행채권에 대한 압류는 집행채권자가 채무자를 상대로 한 채권압류명령에는 집행장애사유가 될 수 없다(대판 2016.09.28. 2016다205915).

② (O) 채권압류 및 추심명령에 기한 추심의 소에서 피압류채권의 존재는 채권자가 증명하여야 하는 점, 민사집행법 제195조 제3호, 제246조 제1항 제8호, 민사집행법 시행령 제7조의 취지와 형식 등을 종합적으로 고려하여 보면, 채권자가 채권압류 및 추심명령에 기하여 채무자의 제3채무자에 대한 예금채권의 추심을 구하는 소를 제기한 경우 추심 대상 채권이 압류금지채권에 해당하지 않는다는 점, 즉 채무자의 개인별 예금 잔액과 민사집행법 제195조 제3호에 의하여 압류하지 못한 금전의 합계액이 150만 원을 초과한다는 사실은 채권자가 증명하여야 한다(대판 2015.06.11. 2013다40476).

③ (O) 채무자가 제3채무자를 상대로 제기한 이행의 소가 법원에 계속되어 있는 경우에도 압류채권자는 제3채무자를 상대로 압류된 채권의 이행을 청구하는 추심의 소를 제기할 수 있고, 제3채무자를 상대로 압류채권자가 제기한 추심의 소는 채무자가 제기한 이행의 소에 대한 관계에서 민사소송법 제259조가 금지하는 중복된 소제기에 해당하지 않는다고 봄이 타당하다(대판 2013.12.18. 2013다202120(전합)).

④ (O) 채권의 추심명령은 압류한 금전채권을 대위절차 없이 추심할 수 있게 해주는 것으로서 유효한 압류명령이 있음을 전제하는 것이므로, 압류할 채권이 특정되지 않아 압류명령에 따른 압류의 효력이 발생하지 않는 경우에는 그에 따른 추심명령도 효력이 없다. 그와 같은 경우 채무자는 가압류이의나 즉시항고로써 가압류결정이나 압류 및 추심명령의 효력을 다툴 수 있지만, 제3채무자로서도 추심금 소송에서 추심명령의 무효를 주장하여 다툴 수 있다(대판 2012.11.15. 2011다38394).

⑤ (X) 추심명령은 압류채권자에게 채무자의 제3채무자에 대한 채권을 추심할 권능을 수여함에 그치고, 제3채무자로 하여금 압류채권자에게 압류된 채권액 상당을 지급할 것을 명하거나 그 지급 기한을 정하는 것이 아니므로, 제3채무자가 압류채권자에게 압류된 채권액 상당에 관하여 지체책임을 지는 것은 집행법원으로부터 추심명령을 송달받은 때부터가 아니라 추심명령이 발령된 후 압류채권자로부터 추심금 청구를 받은 다음날부터라고 하여야 한다(대판 2012.10.25. 2010다47117).

정답 ⑤

문 2
18년(1) 모의

甲은 乙에 대하여 1억 원의 대여금채권을 갖고 있었고, 乙은 丙에 대하여 1억 원의 매매대금채권을 갖고 있었다. 甲은 위 대여금채권을 피보전채권으로 하여 위 매매대금채권을 가압류하였다. 다음 설명 중 옳지 않은 것은? (다툼이 있는 경우 판례에 의함)

① 乙은 丙을 상대로 위 매매대금의 지급을 청구할 수 있다.
② 위 가압류에 의한 시효중단의 효력은 가압류의 집행보전의 효력이 존속하는 동안은 계속된다.
③ 위 가압류가 본압류로 이행되고 甲이 위 매매대금채권에 대한 추심명령을 발령받아 丙을 상대로 추심금청구의 소를 제기한 경우, 丙은 이 소송에서 "위 가압류명령이 丙에게 송달되기 전에 이미 위 대여금채권이 변제로 인하여 소멸되었다."라는 사실을 주장증명하여 추심금의 지급을 거절할 수 있다.
④ 甲이 乙에 대한 대여금반환청구 소송에서 승소확정판결을 받았다면 법원에 乙로부터 위 매매대금채권을 이전받기 위한 신청을 할 수 있다.
⑤ 乙은 위 매매대금채권을 제3자에게 양도할 수 있다.

해설 | 채권의 가압류, 추심금, 전부명령, 가압류된 채권의 양도

① (O) 채권의 가압류는 제3채무자에 대하여 채무자에게 지급하는 것을 금지하는 데 그칠 뿐 채무 그 자체를 면하게 하는 것이 아니고, 가압류가 있다 하여도 그 채권의 이행기가 도래한 때에는 제3채무자는 그 지체책임을 면할 수 없다고 보아야 할 것이다(대판 1994.12.13. 93다951). 채권의 가압류는 채무 그 자체를 면하게 하는 것이 아니므로 사안의 경우 乙은 丙을 상대로 매매대금의 지급을 청구할 수 있다. ▶ 가압류에 불구하고 제3채무자가 채무자에게 변제를 한 때에는 나중에 채권자에게 이중으로 변제하여야 할 위험을 부담하게 되므로 제3채무자로서는 민법 제487조의 규정에 의하여 공탁을 함으로써 이중변제의 위험에서 벗어나고 이행지체의 책임도 면할 수 있다(대판 1994.12.13. 93다951).

② (O) 민법 제168조에서 가압류를 시효중단사유로 정하고 있는 것은 가압류에 의하여 채권자가 권리를 행사하였다고 할 수 있기 때문인데 가압류에 의한 집행보전의 효력이 존속하는 동안은 가압류채권자에 의한 권리행사가 계속되고 있다고 보아야 할 것이므로 가압류에 의한 시효중단의 효력은 가압류 집행보전의 효력이 존속하는 동안은 계속된다(대판 2011.05.13. 2011다10044).

③ (X) 집행채권의 부존재나 소멸은 집행채무자가 청구이의의 소에서 주장할 사유이지 추심의 소에서 제3채무자가 이를 항변으로 주장하여 집행채무의 변제를 거절할 수 있는 것이 아니다(대판 1994.11.11. 94다34012).

④ (O) 확정된 종국판결은 집행권원이다(민사집행법 제24조 참조). 압류한 금전채권에 대하여 압류채권자는 추심명령이나 전부명령을 신청할 수 있다(민사집행법 제229조 제1항). ▶ 채권가압류 뒤에 가압류채권자가 집행권을 취득하더라도 직접 전부명령을 신청할 수는 없고, 가압류에서 본압류로 이전하는 압류명령을 신청하면서 전부명령을 함께 신청하여야 한다(사법연수원, 민사집행법(2013), p.321).

⑤ (O) 채권양도는 구 채권자인 양도인과 신 채권자인 양수인 사이에 채권을 그 동일성을 유지하면서 전자로부터 후자에게로 이전시킬 것을 목적으로 하는 계약을 말한다 할 것이고, 채권양도에 의하여 채권은 그 동일성을 잃지 않고 양도인으로부터 양수인에게 이전된다 할 것이며, 가압류된 채권도 이를 양도하는데 아무런 제한이 없다 할 것이나, 다만 가압류된 채권을 양수받은 양수인은 그러한 가압류에 의하여 권리가 제한된 상태의 채권을 양수받는다고 보아야 할 것이고, 이는 채권을 양도받았으나 확정일자 있는 양도통지나 승낙에 의한 대항요건을 갖추지 아니하는 사이에 양도된 채권이 가압류된 경우에도 동일하다(대판 2002.04.26. 2001다59033).

정답 ③

MEMO

꼭 봐야 할 민소법 핵심기출 OX

판례색인

[서울중앙지법]

서울중앙지법 2004.10.07. 2002나58487 ... 160

[부산고등법원]

부산고등법원 2003.05.33 2002나8001 ... 379

[대법원 결정]

대결 2008.01.24.자 2007그18 ... 547
대결 1965.02.16. 64마907 ... 31
대결 1972.11.30. 72마787 ... 310
대결 1977.11.09. 77마284 ... 41
대결 1980.07.22. 80마208 ... 36
대결 1980.09.26. 80마403 ... 40, 42
대결 1981.01.28. 81사2 ... 215, 548
대결 1983.03.22. 80마283 ... 502
대결 1985.04.30. 84그24 ... 194
대결 1987.12.30. 87마1028 ... 521
대결 1990.11.28. 90마914 ... 220
대결 1991.12.27. 91마631 ... 24, 30
대결 1992.04.15. 92마146 ... 521
대결 1992.11.05. 91마342 ... 240, 499
대결 1993.06.18. 93마434 ... 270, 279
대결 1993.12.06. 93마524(전합) ... 48
대결 1994.05.26. 94마536 ... 37
대결 1995.05.15. 94마1059 ... 45
대결 1995.10.05. 94마2452 ... 468
대결 1996.04.04. 96마148 ... 83
대결 1997.05.19. 97마600 ... 222
대결 1997.10.17. 97마1632 ... 498
대결 2000.01.31. 99마6205 ... 83, 84
대결 2000.08.22. 2000모42 ... 218
대결 2002.09.27. 2000마6135 ... 451
대결 2004.07.14. 2004무20 ... 31
대결 2004.07.21. 2004마535 ... 227
대결 2005.12.19. 2005그128 ... 380
대결 2006.02.13. 2004스74 ... 379
대결 2006.05.02. 2005마933 ... 512
대결 2006.07.04. 2005마425 ... 54
대결 2007.05.02. 2008마427 ... 28
대결 2007.06.26. 2007마515 ... 460
대결 2008.04.18. 2008마392 ... 82
대결 2008.06.12. 2006모82 ... 279
대결 2008.08.28. 2008마1073 ... 126
대결 2008.09.26. 2007마672 ... 275
대결 2009.10.29. 2009마1029 ... 232
대결 2011.07.14. 2011그65 ... 36
대결 2011.09.29. 2011마1335 ... 220
대결 2011.09.29. 2011마62 ... 15
대결 2013.03.28. 2012아43 ... 450
대결 2013.07.31. 2013마670 ... 127
대결 2013.09.09. 2013마1273 ... 125
대결 2014.10.08. 2014마667(전합) ... 549
대결 2016.07.01. 2014마2239 ... 270, 274, 275
대결 2018.05.04. 2018무513 ... 126
대결 2018.10.04. 2017마6308 ... 135

[대법원 판결]

대판 1968.09.17. 68다1142	446
대판 1953.03.12. 4285민상102	312
대판 1956.05.17. 4289민상155	323
대판 1957.11.14. 4290민상454	426
대판 1961.05.04. 4292민상853	494
대판 1961.12.14. 4293민상837	366
대판 1962.04.26. 4294민상1071	248
대판 1962.05.17. 4294행상172	480
대판 1962.06.07. 62다144	494
대판 1963.01.31. 62다812	162
대판 1963.07.11. 63다252	571
대판 1964.11.17. 64다328	53
대판 1964.12.29. 64다1054	441
대판 1965.02.03. 64다1387	104
대판 1965.03.02. 64다1761	260
대판 1965.03.23. 65다24	196
대판 1965.07.20. 64다412	438
대판 1965.10.26. 65다1660	267
대판 1965.11.23. 65다1989	387
대판 1966.06.28. 66다780	356
대판 1967.07.18. 67다1042	314
대판 1967.09.05. 67다1323	535
대판 1967.10.25. 66다2489	114
대판 1967.10.31. 67다1848	318
대판 1967.12.26. 67다2073	69
대판 1968.01.23. 67다2494	314
대판 1968.03.19. 68다123	346
대판 1968.04.23. 68다217	311
대판 1968.05.14. 67다2787	436
대판 1968.07.31. 68다1102	438
대판 1969.01.14. 68다2134	364
대판 1969.03.25. 68다2024	320
대판 1969.05.27. 68다1798	135
대판 1969.05.27. 69다130	310, 311
대판 1969.12.09. 69다1230	56
대판 1969.12.23. 69다1053	446
대판 1970.06.05. 70마325	219
대판 1970.06.30. 70다743	32
대판 1970.07.28. 70누35	484
대판 1970.08.18. 70다1240	203
대판 1970.09.22. 69다446	425
대판 1971.02.23. 70다2938	24
대판 1971.02.23. 70다44	60
대판 1971.03.23. 70다3013	262
대판 1971.04.30. 71다452	264
대판 1971.07.06. 71다726	501
대판 1971.10.22. 71다1965	527
대판 1972.02.29. 71다2770	196
대판 1972.07.25. 72다935	356
대판 1973.12.11. 73다1553	63
대판 1974.08.30. 74다537	447
대판 1974.12.10. 74다1046	256, 363
대판 1975.05. 13. 74다1664(전합)	68
대판 1975.05.27. 74다2074	386
대판 1975.12.23. 75다1193	463
대판 1976.05.25. 76다626	577
대판 1976.06.22. 75다819	166
대판 1976.07.27. 76다1394	285

대판 1976.08.24. 75다2152	440		대판 1980.10.14. 80다623, 624	55
대판 1976.09.28. 75다2064	33		대판 1980.11.11. 80다1182	306
대판 1976.11.23. 76다1391	321		대판 1980.12.09. 80다1479	548
대판 1976.12.14. 76다1488	353, 375		대판 1981.02.24. 80다2029(전합)	516
대판 1977.03.08. 76다2461	295		대판 1981.03.10. 80다189	501
대판 1977.07.12. 77다484	561		대판 1981.04.14. 80다1881	508
대판 1977.08.23. 75다1676	68		대판 1981.07.07. 80다2751	349
대판 1978.02.14. 77다2139	97		대판 1981.07.14. 81다64	316
대판 1978.04.11. 77다2509	151		대판 1981.07.28. 80다2668	138
대판 1978.05.09. 75다634(전합)	234, 391, 554		대판 1981.08.11. 81다262	288
대판 1978.07.11. 78므7	103		대판 1981.09.22. 80다2270	165
대판 1978.09.12. 78다879	248		대판 1981.10.13. 81누230	511
대판 1978.11.01. 78다1206	58		대판 1981.12.08. 80다577	312
대판 1979.02.13. 78다2290	386		대판 1982.02.09. 80다2424	65
대판 1979.02.27. 78다913	103		대판 1982.03.09. 선고 81다1312	320
대판 1979.03.13. 78다2330	352		대판 1982.04.27. 80다851	252
대판 1979.08.14. 79다1105	370		대판 1982.05.11. 80다916	206
대판 1979.08.31. 79다892	536		대판 1982.06.08. 81다636	88
대판 1979.09.25. 78다153	200		대판 1982.06.22. 81다791	197
대판 1979.09.25. 78다2448	233		대판 1982.06.22. 81다911	195
대판 1979.10.10. 78므39	339		대판 1982.07.13. 81다카1120	404
대판 1980.01.29. 79다1863	185		대판 1982.08.24. 81누270	289
대판 1980.01.29. 79다2066	532		대판 1982.09.14. 80다2425(전합)	65
대판 1980.02.26. 80다56	165		대판 1982.09.28. 81누106	416
대판 1980.05.27. 80다735	57		대판 1982.10.12. 82다498	517, 542
대판 1980.07.08. 80다1132	559		대판 1982.10.26. 81다108	108
대판 1980.07.08. 80다118	349		대판 1982.11.23. 81다39	439
대판 1980.07.08. 80다1192	534		대판 1982.12.28. 82다카349	221
대판 1980.08.26. 80다76	525		대판 1982.12.28. 82사13	563
대판 1980.09.09. 79다1281(전합)	275		대판 1983.02.08. 81다카621	91

대판 1983.03.08. 82다카1203	122
대판 1983.06.14. 80다3231	294
대판 1983.06.28. 83다191	181
대판 1983.08.23. 83다카597	295
대판 1983.09.27. 83다카1027	503
대판 1983.10.25. 83다카850	456
대판 1983.12.13. 83다카1489(전합)	178
대판 1983.12.27. 83다카1503	533
대판 1984.02.28. 83다카1981(전합)	50
대판 1984.03.13. 82프40	82
대판 1984.05.15. 83다카2009	26
대판 1984.05.29. 82다카963	318
대판 1984.06.12. 81다558	302
대판 1984.07.10. 84다카298	311, 426
대판 1984.11.13. 84다카722	180
대판 1985.08.27. 85사43	562
대판 1985.09.10. 85프27	234
대판 1985.09.24. 82다카312	320
대판 1985.10.08. 85프40	390
대판 1985.11.12. 84다카1934	69
대판 1985.11.26. 84다카1880	328
대판 1986.07.22. 85다카944	250
대판 1986.12.23. 86다카536	147
대판 1987.02.24. 86다카1625	179
대판 1987.03.10. 84다카2132	137, 354
대판 1987.03.10. 86다카2224	216, 225
대판 1987.06.09. 86다카2600	186
대판 1987.06.23. 86다카2728209,	511, 513, 519, 531
대판 1987.07.28. 87마590	27
대판 1987.09.08. 83다카982	177
대판 1987.09.22. 87프8	217
대판 1987.10.13. 87다카1093	440, 466
대판 1987.11.10. 87다카1405	314
대판 1987.11.10. 87다카1761	114
대판 1987.12.08. 87재다24	560
대판 1987.12.22. 87다카707	284
대판 1988.02.23. 87다카961	258, 260
대판 1988.04.12. 87다카576	274, 277
대판 1988.04.25. 87다카2285	249
대판 1988.08.09. 88다카2332	324, 327
대판 1988.09.27. 88다카1797	187
대판 1988.10.24. 87다카804	184
대판 1988.11.22. 87다카414	69
대판 1988.12.13. 86다카2289	477, 478
대판 1988.12.20. 88다카3083	252, 285
대판 1989.03.28. 87다카2372	418
대판 1989.04.25. 88다카4253	584
대판 1989.04.25. 88다카6815	287
대판 1989.05.09. 87다카749	252, 255
대판 1989.06.13. 88다카19231	161
대판 1989.06.27. 87다카2478	147
대판 1989.06.27. 88다카14076	292
대판 1989.07.25. 88다카26499	68
대판 1989.08.08. 89다카5628	280
대판 1989.09.26. 87프13	237
대판 1989.09.29. 88다카17181	14
대판 1989.10.10. 88다카18023	315
대판 1990.01.12. 88다카24622	372
대판 1990.01.25. 89마939	224

대판 1990.04.10. 89다카20252	262
대판 1990.04.13. 89다카1084	287
대판 1990.04.27. 88다카25274	133, 138
대판 1990.06.26. 88다카22169	279
대판 1990.06.26. 89다카14240	251
대판 1990.06.26. 89다카15359	173
대판 1990.08.14. 90누2024	151
대판 1990.09.11. 90누868	222
대판 1990.11.27. 90다카27662	298
대판 1990.12.11. 88다카4727	96
대판 1990.12.11. 90다카19098	570
대판 1990.12.26. 90다4686	465
대판 1991.01.15. 90다9964	362, 503
대판 1991.01.15. 90다카25970	318
대판 1991.03.27. 90마970	83
대판 1991.04.09. 91다2892	152
대판 1991.04.12. 90다9872	434
대판 1991.04.23. 91다6009	169
대판 1991.06.25. 88다카6358	57, 484
대판 1991.06.28. 90후1123	543
대판 1991.08.13. 91다13717	67
대판 1991.09.24. 91다21688	528, 536
대판 1991.10.11. 91다21039	183
대판 1991.10.22. 91다9985	226
대판 1991.11.08. 90다17804	160, 517
대판 1991.11.08. 91다15775	203
대판 1991.11.22. 91다18132	516, 533, 545
대판 1991.11.22. 91다30705	438
대판 1991.11.26. 91다31661	99
대판 1991.12.10. 91다15317	114
대판 1991.12.24. 90다12243(전합)	102, 118
대판 1991.12.27. 91다23486	446, 453
대판 1992.02.11. 91누4126	180
대판 1992.03.27. 91다40696	161, 254, 510
대판 1992.03.31. 91다32053(전합)	153
대판 1992.05.12. 92다2066	44
대판 1992.05.22. 91다41187	134
대판 1992.05.26. 91다4669	493
대판 1992.06.09. 92다12032	405, 415
대판 1992.06.12. 92다11848	415
대판 1992.07.10. 92다15376	113
대판 1992.07.14. 92다2455	60
대판 1992.07.24. 91다43176	32
대판 1992.07.24. 91다45691	181, 259
대판 1992.07.28. 91다35816	280
대판 1992.07.28. 92다7726	15
대판 1992.08.18. 91다35953	394, 569
대판 1992.09.14. 92다4192	542
대판 1992.09.14. 92다7023	406
대판 1992.09.25. 92누5096	419
대판 1992.10.09. 92다23087	59
대판 1992.10.09. 92므266	476
대판 1992.10.27. 92다22879	281
대판 1992.10.27. 92다32463	288
대판 1992.11.05. 91마342	243
대판 1992.11.10. 92다22121	362
대판 1992.11.10. 92다4680(전합)	120
대판 1992.11.24. 91다28283	372
대판 1992.12.08. 91다43015	425, 530
대판 1992.12.08. 92다41955	179

대판 1992.12.22. 92재다259		559
대판 1993.01.15. 92다38812		392, 569
대판 1993.02.12. 92다2980		240
대판 1993.02.12. 92다29801		245, 451
대판 1993.02.23. 92다49218		441
대판 1993.03.23. 92다51204		466
대판 1993.03.26. 92다38065		173
대판 1993.04.13. 92다12070		269, 281, 291
대판 1993.04.27. 93다5727		488
대판 1993.06.25. 92다33008		132, 358, 368
대판 1993.06.25. 93다15991		278
대판 1993.06.29. 93다11050		373
대판 1993.07.13. 93다20955		104, 112
대판 1993.08.24. 93다22074		317
대판 1993.09.14. 92다1353		344
대판 1993.09.14. 93다28379		181
대판 1993.09.28. 93다20832		299
대판 1993.09.28. 93다32095		441, 497
대판 1993.10.26. 93다6669		409
대판 1993.11.09. 92다43128		112
대판 1993.12.28. 93다47189		381
대판 1993.12.28. 93다777		175
대판 1994.01.11. 93누9606		55
대판 1994.01.25. 93다9422		161, 171
대판 1994.02.08. 93다53092		132
대판 1994.02.22. 93다42047		88
대판 1994.02.22. 93다43682		488
대판 1994.02.25. 93다39225		62
대판 1994.04.26. 93다24223(전합)		579, 584
대판 1994.04.26. 93다31825		443, 457, 458
대판 1994.04.29. 94다3629		475
대판 1994.05.10. 93다47196		438
대판 1994.05.10. 93다47615		212
대판 1994.05.24. 92다50232		498
대판 1994.06.14. 94다14797		250
대판 1994.06.24. 94다14339		63
대판 1994.06.24. 94다4967		561
대판 1994.06.24. 94다14339		144
대판 1994.06.28. 94다3063		510
대판 1994.08.12. 93다52808		369
대판 1994.08.26. 94누2718		266
대판 1994.09.23. 93다37267		204, 365
대판 1994.09.27. 94다22897		253
대판 1994.09.30. 94다16700		190
대판 1994.10.14. 94다10153		186
대판 1994.10.21. 94다27922		217, 234, 389
대판 1994.10.25. 93다54064		443, 448, 449
대판 1994.10.28. 94다39253		194
대판 1994.11.04. 94다37868		172, 249
대판 1994.11.11. 94다34012		582, 588
대판 1994.11.11. 94다35008		111
대판 1994.11.11. 94다36278		220
대판 1994.11.25. 94다12517		488
대판 1994.11.25. 94다12517, 94다12524		331
대판 1994.12.09. 94다16564		556
대판 1994.12.09. 94다42402		119
대판 1994.12.13. 93다951		588
대판 1994.12.23. 94다40734		437, 439
대판 1994.12.23. 94다44644		516
대판 1994.12.27. 92다22473		489, 491

대판 1994.12.27. 93다32880	445
대판 1994.12.27. 94다4684	353
대판 1995.01.24. 93다25875	15, 526
대판 1995.02.10. 94다31624402	412, 413, 415, 531, 535
대판 1995.02.14. 93재다27(전합)	556
대판 1995.03.03. 94다7348	256
대판 1995.03.10. 94다39567	293, 302
대판 1995.03.10. 94다51543	516, 529
대판 1995.03.24. 93다52488	349
대판 1995.04.07. 93다54736	66
대판 1995.04.14. 94다29256	134, 145
대판 1995.04.21. 94다58490	393, 568
대판 1995.04.25. 94다17956(전합)	368, 374
대판 1995.04.28. 95다3077	82
대판 1995.05.09. 94다41010	388
대판 1995.05.12. 94다6802	189
대판 1995.05.15. 94마1059	49
대판 1995.05.23. 94다28444	561
대판 1995.05.23. 94다28444(전합)	236, 238
대판 1995.05.23. 95다5288	183
대판 1995.05.26. 94다59257	107
대판 1995.05.26. 95다7550	170
대판 1995.06.13. 93다43491	378
대판 1995.06.29. 94다41430	389
대판 1995.06.30. 94다39086	128
대판 1995.06.30. 94다58261	530
대판 1995.06.30. 94다58261	529
대판 1995.07.11. 94다34265	204
대판 1995.07.11. 94다34265(전합)	188
대판 1995.07.14. 95누5097	543
대판 1995.07.25. 94다62017	320
대판 1995.07.25. 95다14817	533
대판 1995.07.25. 95다8393	140
대판 1995.07.28. 94다44903	90
대판 1995.08.25. 94다27373	475
대판 1995.08.25. 94다35886	175, 185
대판 1995.09.05. 95다21303	449
대판 1995.09.29. 94다18911	535, 538
대판 1995.09.29. 95다22849	163
대판 1995.10.12. 94다47483	255
대판 1995.10.13. 95다33047	148
대판 1995.12.05. 94다59028	138, 345
대판 1995.12.05. 95다21808	555
대판 1995.12.26. 95다42195	364, 370
대판 1996.01.12. 95그59	48
대판 1996.02.09. 94다61649	240, 243
대판 1996.02.09. 95다27998	145
대판 1996.02.23. 94다31976	284
대판 1996.02.23. 95다9310	110, 164
대판 1996.02.27. 95다43044	172
대판 1996.03.08. 95다46319	14
대판 1996.03.08. 95다48667	291
대판 1996.04.23. 95다23835	303
대판 1996.04.23. 95다54761	95
대판 1996.05.31. 95다33993	557
대판 1996.06.14. 94다53006	121, 189
대판 1996.07.12. 96다19017	343, 386
대판 1996.07.12. 96다190170	346
대판 1996.07.18. 94다20051(전합)	261

대판 1996.07.30. 94다51840	16	대판 1997.09.09. 96다20093	21
대판 1996.09.20. 93다20177	315, 317	대판 1997.09.12. 96다4862	555
대판 1996.09.24. 96다13781	585	대판 1997.10.10. 96다35484	241
대판 1996.10.11. 96다3852	61	대판 1997.10.10. 96다40578	183
대판 1996.10.25. 96다29700	293	대판 1997.10.10. 97다22843	336
대판 1996.11.15. 94다35343	326	대판 1997.10.10. 97다8687	102
대판 1996.11.22. 96다34009	118	대판 1997.10.17. 97마1632	496
대판 1996.12.10. 96다23238	442, 453	대판 1997.10.24. 95다11740	211
대판 1996.12.20. 95다26773	338	대판 1997.11.11. 97다30646	251
대판 1996.12.20. 95다37988	373	대판 1997.11.28. 95다29390	162
대판 1996.12.23. 95다40038	178	대판 1997.11.28. 97다36231	276
대판 1997. 10.24. 95다11740	310	대판 1997.12.09. 94다41249	60
대판 1997.01.24. 96다32706	345	대판 1997.12.12. 95다38240	281
대판 1997.02.28. 96다53789	259, 436	대판 1997.12.23. 97다45341	318
대판 1997.03.11. 96다49902	187	대판 1998.01.23. 96다41496	52
대판 1997.03.14. 96다25227	87	대판 1998.01.23. 97다 38305	249
대판 1997.04.22. 95다10204	248	대판 1998.02.27. 97다45532	133
대판 1997.04.25. 96다32133	121, 386	대판 1998.02.27. 97다50985	384
대판 1997.04.25. 96다46484	176	대판 1998.03.13. 95다48599	316
대판 1997.05.28. 96다41649	398	대판 1998.03.13. 95다48599, 48605	94
대판 1997.06.13. 96다56115	23	대판 1998.03.13. 97다45259	299
대판 1997.06.13. 96재다462	282, 285, 286	대판 1998.03.27. 97다55126	522
대판 1997.06.24. 95다43327	276	대판 1998.05.12. 97다34037	176
대판 1997.06.27. 97다6124	319	대판 1998.05.15. 96다24668	251
대판 1997.06.27. 97후235	98	대판 1998.05.15. 97다57658	115
대판 1997.07.11. 96므1380	199, 201	대판 1998.05.29. 96다51110	122
대판 1997.07.25. 96다39301	97, 98	대판 1998.06.12. 98다1645	344
대판 1997.08.22. 96다30427	213	대판 1998.06.26. 97다48937	108
대판 1997.09.05. 95다42133	477	대판 1998.07.10. 96다488	58
대판 1997.09.09. 96다16896	454	대판 1998.07.10. 98다6763	249

대판 1998.07.24. 96다27988   103
대판 1998.07.24. 96다99   337, 420
대판 1998.08.21. 98다8974   300
대판 1998.09.22. 98다29568   300
대판 1998.10.02. 97다50152   217
대판 1998.11.24. 98다25344   359, 370
대판 1998.11.27. 97다4104   63
대판 1998.12.17. 97다39216(전합)   20
대판 1999.02.09. 98다42615   119, 254, 580
대판 1999.02.24. 97다46955   376
대판 1999.02.26. 98다47290   388
대판 1999.04.13. 98다9915   294
대판 1999.04.23. 98다61463   403
대판 1999.04.23. 99다4504   58
대판 1999.05.28. 99다2188   106
대판 1999.06.08. 99다17401   108, 171, 381
대판 1999.06.11. 98다22963   120
대판 1999.06.11. 99다9622   214
대판 1999.07.09. 99다127   476
대판 1999.07.09. 99다12796   474
대판 1999.07.13. 97다57979   268
대판 1999.08.20. 97누6889   398
대판 1999.08.24. 99다15474   467
대판 1999.10.22. 98다46600   449
대판 1999.11.26. 99다36617   423
대판 1999.11.26. 99므1596   527
대판 1999.12.03. 99마2078(전합)   393
대판 2000.01.14. 99다39418   122
대판 2000.01.31. 99마6205)   444
대판 2000.02.25. 99다53704   163

대판 2000.02.25. 99다55472   292
대판 2000.03.10. 99다67703   323
대판 2000.04.11. 2000다5640   64, 108
대판 2000.04.11. 99다23888   67, 583
대판 2000.04.11. 99다51685   293
대판 2000.06.09. 98다18155   374, 378
대판 2000.06.09. 98다54397   117
대판 2000.06.09. 99다37009   284
대판 2000.07.06. 2000다560   391
대판 2000.08.18. 2000재다87   25
대판 2000.10.13. 99다18725   182, 542
대판 2000.11.16. 98다22253(전합)404,   413,
414,   466
대판 2000.12.22. 2000다55904   583
대판 2001.01.16. 2000다41349   376
대판 2001.01.19. 2000다59333   480
대판 2001.03.09. 2000다73490   576
대판 2001.03.15. 98두15597(전합)   545
대판 2001.03.23. 2000다29356   543
대판 2001.03.23. 2000다30165   546
대판 2001.03.27. 2000다43819   581
대판 2001.04.24. 2001다5654   278
대판 2001.04.27. 2000다4050137,   145, 208,
383
대판 2001.04.27. 99다17319   325
대판 2001.06.01. 98다17930   577
대판 2001.06.12. 99다20612   167
대판 2001.06.15. 2001프626   424, 428
대판 2001.06.26 2000다24207   442
대판 2001.06.29. 2001다21441   210

대판 2001.07.13. 2001다13013 480
대판 2001.07.24. 2001다22246 135, 352
대판 2001.08.24. 2000다12785 488
대판 2001.08.31. 2001마3790 232
대판 2001.09.04. 2000다66416 97, 166
대판 2001.09.07. 2001다30025 230
대판 2001.09.07. 99다50392 534, 539
대판 2001.09.20. 99다37894 367
대판 2001.09.20. 99다37894(전합) 348
대판 2001.10.09. 2001다15576 190
대판 2001.11.13. 99두2017 53
대판 2001.12.24. 2001다62213 532
대판 2002.02.08. 2002다17633 402
대판 2002.02.22. 2001다73480 557
대판 2002.03.15. 2000다9086 494, 495
대판 2002.04.26. 2000다30578 236
대판 2002.04.26. 2001다59033 582, 583, 588
대판 2002.05.10. 2000다55171 143
대판 2002.05.10. 2002마1156 36
대판 2002.05.14. 2000다42908 183, 249
대판 2002.05.31. 2001다42080 207
대판 2002.06.14. 2000다37517 111
대판 2002.06.28. 2000다62254 172
대판 2002.07.12. 99다68652 575
대판 2002.07.26. 2001다60491 200
대판 2002.08.27. 2001다71699 575
대판 2002.09.04. 98다17145 407, 408, 412
대판 2002.09.06. 2002다34666 383, 512
대판 2002.09.10. 2002다34581 159
대판 2002.09.24. 2002다11847 373

대판 2002.09.24. 99두1519 473
대판 2002.10.11. 2000다17803 209
대판 2002.10.25. 2000다21802 238
대판 2002.12.06. 2002다44014 323, 377, 378
대판 2002.12.26. 2002프852 413
대판 2003.01.10. 2002다57904 100
대판 2003.01.24. 2000다5336 295
대판 2003.01.24. 2002다56987 420
대판 2003.02.26. 2000다42786 505
대판 2003.03.11. 2002두8459 52, 53
대판 2003.04.08. 2001다29254 188
대판 2003.04.08. 2002다69686 284
대판 2003.04.11. 2001다11406 270, 285, 286, 287
대판 2003.05. 30. 2001다10748 468
대판 2003.05.13. 2002다64148 386
대판 2003.05.27. 2001다13532 141
대판 2003.05.30. 2001다10748 470, 577
대판 2003.05.30. 2003다15556 90
대판 2003.06.13. 2003다16962 429
대판 2003.06.13. 2003다17927 147
대판 2003.07.22. 2001다76298 559
대판 2003.09.26. 2001다68914 536
대판 2003.11.14. 2003다34038 468
대판 2003.12.11. 2001다3771 576
대판 2003.12.12. 2003다44615 451, 455
대판 2003.12.12. 2003마1694 127
대판 2004.01.15. 2002다3891 112
대판 2004.01.16. 2003다30890 154
대판 2004.03.23. 2003다60549 293

대판 2004.03.25. 2002다20742	108, 116		대판 2006.01.13. 2004므1378	12
대판 2004.03.26. 2003다21834	186		대판 2006.01.26. 2005다37185	182
대판 2004.03.26. 2003다60549	292		대판 2006.02.23. 2005다53187	180
대판 2004.05.28. 2004다6542	170		대판 2006.04.14. 2006다5710	141
대판 2004.06.11. 2004다13533	251, 291		대판 2006.04.27. 2006다7587	401, 409
대판 2004.07.09. 2003다46758	417		대판 2006.05.02. 2005마933	523
대판 2004.07.10. 2004마535	223		대판 2006.05.25. 2005다77848	266
대판 2004.07.22. 2004다10183	168		대판 2006.06.29. 2006다19061	422, 427, 429
대판 2004.08.30. 2004다24083	338, 339, 540		대판 2006.06.30. 2005다21531	178
대판 2004.09.24. 2004다21305	257		대판 2006.07.04. 2004다61280	300
대판 2004.10.14. 2004다30583	95, 330		대판 2006.08.25. 2005다67476	65
대판 2004.12.23. 2004다56554	518, 576		대판 2006.09.08. 2006다1880	180
대판 2005.01.14. 2001다81320	392		대판 2006.09.28. 2006다28775	69, 471
대판 2005.05.26. 2004다25901	489, 492		대판 2006.10.13. 2006다23138	359
대판 2005.05.26. 2004다25901, 25918	331		대판 2006.10.27. 2004다69581	199
대판 2005.05.27. 2004다67806	139		대판 2006.12.21. 2006다52723	58
대판 2005.06.10. 2005다14861	329		대판 2007.01.11. 2005다67971	520
대판 2005.07.22. 2004다17207	357, 386		대판 2007.01.11. 2006다33364	154
대판 2005.08.19. 2004다8197381,	387, 538, 539		대판 2007.02.22. 2006다75641	192, 475, 478
대판 2005.09.09. 2003다28	457		대판 2007.04.13. 2005다40709	423
대판 2005.09.15. 2004다44971(전합)	62, 448		대판 2007.04.13. 2006다78640	357, 367
대판 2005.09.29. 2003다40651	448		대판 2007.05.11. 2005후1202209,	210, 313, 321
대판 2005.10.07. 2003다44387	208, 213		대판 2007.05.31. 2005다28686	299
대판 2005.10.27. 2003다66691	500		대판 2007.05.31. 2005다5867	302
대판 2005.10.28. 2003다69638	333		대판 2007.06.14. 2005다29290	106, 114
대판 2005.11.10. 2005다34667	363		대판 2007.06.28. 2007다26424	253
대판 2005.11.10. 2005다41443	355		대판 2007.07.12. 2005다10470	471
대판 2005.11.25. 2002다59528	252		대판 2007.07.12. 2005다39617	298
대판 2005.12.23. 2004다55698	365, 378		대판 2007.08.24. 2006다40980	443, 457

대판 2007.10.26. 2006다86573		492	대판 2009.01.05. 2008다74130	109
대판 2007.11.16. 2006다41297		59	대판 2009.01.30. 2006다60908	59
대판 2007.11.29. 2007다52317		518, 519	대판 2009.02.12. 2008두20109	148
대판 2007.11.29. 2007다53013		296	대판 2009.03.26. 2006다47677	439, 462
대판 2007.11.29. 2007다53310		478	대판 2009.03.26. 2008다95953	570
대판 2007.11.29. 2007다63362		99	대판 2009.04.23. 2009다3234	184
대판 2007.11.30. 2007다54610		152	대판 2009.05.14. 2006다34190	558
대판 2007.12.13. 2007다53822		227	대판 2009.05.28. 2008다79876	360, 380
대판 2007.12.14. 2007다52		231	대판 2009.07.09. 2006다67602	295
대판 2008.01.10. 2006다41204		283	대판 2009.07.09. 2009다14340	150, 486
대판 2008.02.01. 2007다8914		187	대판 2009.07.09. 2009다21386	104
대판 2008.03.14. 2006다2940		520	대판 2009.09. 24. 2009다37831	273
대판 2008.03.27. 2005다49430		462, 465	대판 2009.09.10. 2009다46347	189
대판 2008.03.27. 2006다70929		176	대판 2009.09.24. 2009다37831	277, 297
대판 2008.04.10. 2007다82028		103	대판 2009.10.15. 2009다49964	55
대판 2008.04.24. 2006다14363		444	대판 2009.11.12. 2009다56665	375
대판 2008.04.24. 2007다84352		134, 369	대판 2009.12.24. 2009다10898	407
대판 2008.05.08. 2008다2890		202	대판 2009.12.24. 2009다72070	299
대판 2008.05.15. 2007다71318		129	대판 2010.01.14. 2009다69531	174
대판 2008.06.12. 2007다37837		164	대판 2010.02.11. 2009다78467	29
대판 2008.06.26. 2006다84874		301	대판 2010.02.25. 2008다96963	447
대판 2008.08.21. 2007다79480		71, 87, 90	대판 2010.02.25. 2009다96403	273, 284
대판 2008.09.25. 2007다60417		574	대판 2010.03.25. 2009다88617	188
대판 2008.10.09. 2008다35128		177	대판 2010.04.15. 2009다98058	66
대판 2008.10.09. 2008다45378		60	대판 2010.05.13. 2007도1397	266
대판 2008.11.27. 2007다69834		562	대판 2010.05.13. 2009다102254	23
대판 2008.11.27. 2008다59230		361, 371, 372	대판 2010.05.13. 2009다105246	85, 470
대판 2008.12.11. 2005다51471		411	대판 2010.05.27. 2007다25971	303
대판 2008.12.11. 2005다51495		399, 402, 407	대판 2010.05.27. 2009다12580	403
대판 2008.12.24. 2008다51649		147	대판 2010.06.24. 2010다12852	299

대판 2010.06.24. 2010다17284 153
대판 2010.07.08. 2007다55866 303
대판 2010.07.15. 2009다67276 279
대판 2010.07.15. 2010다2428 421
대판 2010.07.22. 2010다21702 298
대판 2010.08.26. 2008다42416 156
대판 2010.10.14. 2010다38168 474, 478
대판 2010.10.28. 2009다20840 64
대판 2010.11.11. 2010다43597 142
대판 2010.11.11. 2010다56616 270
대판 2010.11.11. 2010두14534 511
대판 2010.11.25. 2010다64877 574, 582
대판 2010.12.23. 2007다22859237, 239, 241, 243, 244, 245
대판 2010.12.23. 2010다58889 350
대판 2010.12.23. 2010다67258 538
대판 2011.01.27. 2008다27615 53
대판 2011.01.27. 2010다81957 272
대판 2011.02.10. 2010다82639 67
대판 2011.02.24. 2009다33655 417
대판 2011.02.24. 2009다43355 462, 464
대판 2011.03.10. 2010다87641 96
대판 2011.03.10. 2010다92506 95
대판 2011.04.28. 2009다19093 22
대판 2011.04.28. 2010다103048 308
대판 2011.04.28. 2010다98948 217
대판 2011.05.13. 2011다10044 588
대판 2011.06.09. 2011다29307 67
대판 2011.06.24. 2011다1323 456
대판 2011.07.14. 2011다23323 160, 162, 207

대판 2011.07.28. 2009다35842 515, 520
대판 2011.07.28. 2009도14928 264
대판 2011.07.28. 2010다97044 96
대판 2011.08.18. 2009다60077 113
대판 2011.08.18. 2011다30666 403, 408
대판 2011.08.25. 2011다24814 205, 383
대판 2011.08.25. 2011다25145 422, 424
대판 2011.09.08. 2011다17090 468
대판 2011.09.29. 2009다7076 440
대판 2011.10.13. 2010다80930 153, 156
대판 2011.10.13. 2011다51205 381, 534
대판 2011.10.27. 2010다88682 273
대판 2011.11.24. 2009다19246 580
대판 2011.12.13. 2009다16766 20
대판 2011.12.13. 2009다5162 167, 174
대판 2011.12.22. 2011다73540 390, 554, 563
대판 2011.12.22. 2011다78910 391
대판 2011.12.22. 2011다84298 110, 118
대판 2012.01.12. 2011다78606 149
대판 2012.02.09. 2011다77146 163
대판 2012.02.16. 2010다82530(전합) 453
대판 2012.03.29. 2011다106136 544
대판 2012.03.29. 2011다81541 140
대판 2012.04.12. 2011다109357 325
대판 2012.04.26. 2011다85789 505
대판 2012.04.26. 2011다87174 410
대판 2012.05.09. 2012다3197 380
대판 2012.05.10. 2010다2558326, 331, 333, 366
대판 2012.05.17. 2010다28604(전합) 168, 256

대판 2012.06.14. 2010다105310   54, 330
대판 2012.07.05. 2010다80503   136, 139, 416
대판 2012.09.13. 2009다23160   434
대판 2012.09.13. 2010다97846   329, 334
대판 2012.09.27. 2011다76747   463
대판 2012.10.11. 2012다44730   215
대판 2012.10.25. 2010다47117   578, 587
대판 2012.11.15. 2011다38394   581, 587
대판 2012.11.15. 2012다65058   116
대판 2012.11.29. 2011두30069   483
대판 2012.11.29. 2012다44471   447
대판 2012.12.27. 2012다75239   560
대판 2013.01.10. 2010다75044   216
대판 2013.01.10. 2011다64607   59
대판 2013.02.15. 2012다68217   206
대판 2013.02.28. 2011다21556   206, 336
대판 2013.02.28. 2011다31706   545
대판 2013.03.28. 2011다3329   205, 208
대판 2013.03.28. 2011두13729   482
대판 2013.03.28. 2012아43   479
대판 2013.04.11. 2012후436   195
대판 2013.04.25. 2012다98423   229
대판 2013.04.26. 2009다89436   583
대판 2013.05.09. 2012다108863   115
대판 2013.05.23. 2013다10482   169
대판 2013.06.14. 2013다8830   337
대판 2013.07.12. 2006다17539   21
대판 2013.07.12. 선고 2013다19571   321
대판 2013.08.23. 2012다17585   107
대판 2013.09.13. 2012다36661   110

대판 2013.09.13. 2013다45457121, 345, 348, 367
대판 2013.10.31. 2013다59050   166
대판 2013.11.14. 2013다46023   535
대판 2013.11.21. 2011두1917(전합)   326
대판 2013.11.28. 2011다80449   99, 100, 186
대판 2013.12.18. 2013다202120(전합)136, 143,   585,   587
대판 2014.01.23. 2011다108095   358, 369
대판 2014.01.23. 2013다64793   344
대판 2014.01.29. 2013다78556   456
대판 2014.02.27. 2013다94312   155
대판 2014.03.13. 2011다111459   124
대판 2014.03.20. 2009다60336   575
대판 2014.03.27. 2009다104960   326
대판 2014.03.27. 2011다49981   352
대판 2014.03.27. 2011다79968   361
대판 2014.04.10. 2010다84932   106
대판 2014.04.10. 2013다54390   357
대판 2014.04.24. 2012다105314   155
대판 2014.05.29. 2013다96868   400, 404
대판 2014.06.12. 2012다47548   140, 487
대판 2014.06.12. 2013다95964   205, 208, 371
대판 2014.07.10. 2012다89832   159
대판 2014.09.04. 2014다36771   67
대판 2014.10.15. 2013다25781   515, 520
대판 2014.10.27. 2013다27343   194
대판 2014.10.30. 2013다53939   362
대판 2014.11.13. 2010다63591   143
대판 2015.01.29. 2014다34041   57, 324

판례	페이지
대판 2015.02.12. 2014다228440	151, 156
대판 2015.02.12. 2014다229870	247, 254, 257
대판 2015.03.20. 2014다75202	461, 464
대판 2015.04.09. 2012다118020	296
대판 2015.04.23. 2014다89287	528
대판 2015.05.14. 2014다12072	584
대판 2015.05.14. 2014다16494	151
대판 2015.05.21. 2012다952(전합)	141
대판 2015.05.28. 2012다78184	477, 479
대판 2015.05.29. 2014다235042	422
대판 2015.06.11. 2013다40476	585, 587
대판 2015.06.11. 2014다232913	461
대판 2015.06.23. 2013므2397	160, 183
대판 2015.07.09. 2013다69866	419
대판 2015.07.09. 2013두3658,3665	276
대판 2015.07.23. 2013다30301	494
대판 2015.09.10. 2014다73794	445
대판 2015.09.14. 2015마813	178
대판 2015.10.15. 2015다31513	469
대판 2015.10.29. 2014다13044	310, 473, 482
대판 2015.11.17. 2013다84995	385
대판 2015.11.17. 2014다81542	303
대판 2015.12.10. 2012다16063	223
대판 2015.12.21. 2015마4174	275
대판 2015.12.23. 2013다17124	559
대판 2015.12.23. 2014다14627	16
대판 2016.01.14. 2015므3455	333, 512, 520
대판 2016.03.10. 2013다99409	109, 174
대판 2016.04.15. 2015다201510	229
대판 2016.04.29. 2014다21044956	235, 241, 242, 243
대판 2016.07.07. 2014다1447	83
대판 2016.07.27. 2015두46994	400
대판 2016.08.29. 2015다236547	581
대판 2016.08.30. 2016다222149	353
대판 2016.09.28. 2016다205915	587
대판 2016.11.10. 2014다54366	228
대판 2016.5.27. 2015다21967	351
대판 2016.9.28. 2016다13482	351
대판 2017.01.12. 2016다208792	141
대판 2017.01.12. 2016다241249	524
대판 2017.02.21. 2016다45595	419
대판 2017.03.09. 2015다217980	385
대판 2017.03.16. 2015다3570	64
대판 2017.03.22. 2016다258124	176, 185
대판 2017.03.30. 2016다253297	401
대판 2017.04.07. 2016다204783	141, 384, 385
대판 2017.04.26. 2014다221777	491
대판 2017.05.17. 2017다1097	213
대판 2017.07.18. 2016다35789	499
대판 2017.09.12. 2015다225011	296
대판 2017.09.21. 2017다233931330	445, 446, 514, 525
대판 2017.10.12. 2015두36836	482
대판 2017.10.26. 2015다42599	405, 406
대판 2017.10.31. 2015다65042	466
대판 2018.01.19. 2017마1332	48
대판 2018.02.13. 2015다242429	465
대판 2018.02.28. 2013다26425	407
대판 2018.05.30. 2017다21411	333

대판 2018.06.28. 2016다203056	578
대판 2018.06.28. 2018다210775	294
대판 2018.07.12. 2015다36167	256
대판 2018.08.01. 2018다229564	249
대판 2018.08.30. 2016다46338208, 355, 371,	356, 382
대판 2018.09.13. 2018다231031	350
대판 2018.10.04. 2016다41869	173
대판 2018.10.12. 2016다243115	267
대판 2018.10.18. 2015다232316	105
대판 2018.10.18. 2015다232316(전합)	378
대판 2018.10.25. 2015다219030	297
대판 2018.11.29. 2018으14210	483
대판 2019.01.31. 2015다26009	369
대판 2019.04.03. 2018다296878	149
대판 2019.05.16. 2017다226629	149
대판 2019.05.16. 2018다242246	107
대판 2019.08.09. 2019다222140	260
대판 2019.10.23. 2012다46170(전합)	501
대판 2020.01.16. 2019다247385	105
대판 2020.02.06. 2019다223723	157
대판 2020.05.21. 2018다287522(전합)	446
대판 2020.05.21. 2018다879(전합)	330
대판 2021.02.04. 2019다202795	427
대판2001.04.27. 99다30312	410
대판2011.04.28. 2010다98948	522
대판2018.08.30. 2016다46338	356